浙江文化艺术发展基金资助项目
浙江省新型重点专业智库杭州国际城市学研究中心
浙江省城市治理研究中心成果

浙江智库
ZHEJIANG
THINK TANK

南宋全书

王国平 总主编

吴铮强 胡潮晖 编

第14册 南宋诏令编年（附金、夏、蒙元）（四）

南宋文献集成

浙江大学出版社·杭州
ZHEJIANG UNIVERSITY PRESS

南宋全书编辑委员会

《南宋全书》总序

王国平

  2007 年 12 月 22 日，举世瞩目的我国南宋商船"南海一号"在广东阳江海域打捞出水。根据探测情况估计，整船金、银、铜、铁、瓷器等文物可能达到 6 万—8 万件，据说皆为稀世珍宝。迄今为止，除了中国，全世界都未曾发现过如此巨大的千年古船。"南海一号"的发现，在世界航海史上堪称一大奇迹，也填补与复原了南宋海上"丝绸之路"历史的一些空白。[①] 不少专家认为"南海一号"的价值和影响力将不亚于西安秦始皇兵马俑。这艘沉船虽然出现在广东海域，但反映了整个南宋经济、文化的繁荣，标志着南宋社会的开放，也表明当时南宋引领着世界经济的发展。作为南宋政治、经济、文化、科技中心的都城临安（浙江杭州），则是南宋社会繁华与开放的代表。从某种意义上讲，没有以临安为代表的南宋的繁荣与开放，就会有今日"南海一号"的发现；而"南海一号"的发现，也为我们重新审视与评价南宋，带来了最好的注解、最硬的实证。

  提起南宋，往往众说纷纭，莫衷一是。长期以来，不少人把"山外青山楼外楼，西湖歌舞几时休？暖风熏得游人醉，直把杭州作汴州"[②]这首曾写在临安城一家旅店墙上的诗，当作当时南宋王朝的真实写照。虽然近现代已有海内外学者开始重新认识南宋，但相当一部分人仍认为南宋军事上妥协投降、苟且偷安，政治上腐败成风、奸相专权，经济上积贫积弱、民不聊生，生活上纸醉金迷、纵情声色，总之，把南宋王朝视为一个只图享受、不思进取的偏安小朝廷。导致这种历史误解的原因，

---

  ① 见《"南海一号"成功出水》一文，载《人民日报》2007 年 12 月 23 日。

  ② （南宋）林升：《题临安邸》，转引自田汝成：《西湖游览志余》卷二《帝王都会》，上海古籍出版社 1980 年版，第 14 页。

在很大程度上是人们对患有"恐金病"的宋高宗和权相秦桧一伙倒行逆施的义愤,这是可以理解的。但是,我们决不能坐在历史的成见之上人云亦云。只要我们以对历史负责、对时代负责、对未来负责的精神和科学求实的态度,以科学发展观为指导,对南宋进行全面、深入、系统的研究,将南宋放到当时的历史发展阶段中,放到中国社会发展的历史长河中,放到整个世界的文明进程中考察,就不难发现南宋在经济政治、思想文化、科学技术、国计民生等方面所取得的成就,就不难发现南宋对中华文明产生的巨大影响,以此对南宋做出科学、客观、公正的评价,"还原一个真实的南宋"。

宋钦宗靖康元年(1126)闰十一月,金军攻陷北宋京城开封。次年三月,金军俘徽、钦二帝北去,北宋灭亡。同年五月,宋徽宗第九子、钦宗之弟赵构,在应天府(河南商丘)即位,是为高宗,改元建炎,重建赵宋王朝。建炎三年(1129)二月,高宗来到杭州,改州治为行宫,七月升杭州为临安府。此时起,杭州实际上已成为南宋的都城。绍兴八年(1138),南宋宣布临安府为"行在所",正式定都临安。自建炎元年(1127)赵构重建宋室,至祥兴二年(1279)帝昺蹈海灭亡,历时 153 年,史称"南宋"。

我们认为,研究与评价南宋,不应当仅仅以王朝政权的强弱为依据,而应当坚持"以人为本"理念,以人们生存与生活状态的改善作为社会进步的根本标准。许多人评价南宋,往往把南宋朝廷作为对象,我们认为所谓"南宋",不仅仅是一个历史王朝的称谓,而主要是指一个特定的历史阶段和历史时期。在马克思主义看来,历史的进步是社会发展和人的发展相统一的过程,"人们的社会历史始终只是他们的个体发展的历史",[①]未来理想社会"以每个人的全面而自由的发展为基本原则"。[②] 人是社会发展的主体,人的自由与全面发展是社会进步的最高目标。这就要坚持"以人为本"的科学发展观,将人的生存与全面发展作为评价一个历史阶段的根本依据。南宋时期,虽说尚处在中国封建社会的中期,人的自由与发展受到封建集权思想与皇权统治的严重束缚,但与宋代以前漫长的封建历史时期相比,这一时期出现的对人的生存与生活的关注度以及南宋人的生活质量和创造活力达到的高度都是前所未有的。

研究与评价南宋,不应当仅仅以军事力量的大小作为评价依据,还应当以其社会经济、文化整体状况与发展水平的高低作为重要依据。我们评判一个朝代,不仅要考察其军事力量的大小,更要看其在经济、文化、科技、社会等各方面取得

①　《马克思恩格斯选集》第 4 卷,人民出版社 1995 年版,第 321 页。
②　《马克思恩格斯选集》第 23 卷,人民出版社 1995 年版,第 649 页。

的成就。两宋立国 320 年,虽不及汉唐、明清国土辽阔,却以在封建社会中无可比拟的繁荣和社会发展的高度,跻身于中国古代最辉煌的历史时期之列。无论文化教育的普及、文学艺术的繁荣、学术思想的活跃、科学技术的进步,还是社会生活的丰富多彩,南宋都达到了前所未有的程度,在当时世界上也都处于领先地位。著名史学家邓广铭认为"宋代的文化,在中国封建社会历史时期之内,截至明清之际西学东渐的时期为止,可以说,已经达到了登峰造极的高度"。① 研究与评价南宋,不能仅仅以某些研究的成果或所谓的"历史定论"为依据,而应当以其在人类文明进步中扮演的角色,以及对后世的影响作为重要标准。宋朝是中国封建社会里国祚最长的朝代,也是封建文化发展最为辉煌的时期。南宋虽然国土面积只有北宋的 3/5 左右,却维持了长达 153 年(1127—1279)的统治。南宋不但对中国境内同时代的少数民族政权和周边国家产生了积极影响,而且对后世中华文化产生了巨大影响。正如近代著名思想家严复认为:"中国所以成于今日现象者,为善为恶,姑不具论,而为宋人所造就,什八九可断言也。"② 近代史学大师陈寅恪先生也曾经指出:"华夏民族之文化,历数千载之演进,造极于赵宋之世。"③ 因此,我们既要看到南宋王朝负面的影响,更要充分肯定南宋的历史地位与历史影响,只有这样,才能"还原一个真实的南宋"。

一、在政治上,不但要看到南宋王朝外患深重、苟且偷安的一面,更要看到爱国志士精忠报国、南宋政权注重内治的一面

南宋时期民族矛盾异常尖锐,外患严重之至,前期受到北方金朝的军事讹诈和骚扰掠夺,后期又受到蒙元的野蛮侵略。这些矛盾长期威胁着南宋政权的生存与发展。在此情形下,南宋初期朝廷中以宋高宗为首的主和派,积极议和,向女真贵族纳贡称臣。南宋王朝确实存在消极抗战、苟且偷安的一面,但也要承认南宋王朝大多君王始终怀有收复中原的愿望。南宋将杭州作为"行在所",视作"临安"而非"长安",也表现了南宋统治集团不忘收复中原的意愿。我们更应该看到南宋 153 年中,涌现了以岳飞、文天祥为代表的一大批爱国将领和数百名爱国仁人志士。这是中国古代任何一个朝代都难以比拟的。

同时,南宋政权也十分注重内治,在加强中央集权制度,推行"崇尚文治"政策,倡导科举不分门第等方面均有重大建树。其主要表现在以下几方面。

1. 从军事斗争上看,南宋是造就爱国志士、民族英雄的时代

南宋王朝长期处于外族入侵的严重威胁中,为此南宋军民进行了 100 多年

---

① 邓广铭:《宋代文化的高度发展与宋王朝的文化政策》,《历史研究》1990 年第 1 期。

② 严复:《严几道与熊纯如书札节钞》,江苏古籍出版社 1999 年影印本,载《学衡》第 13 期。

③ 《陈寅恪先生文集》第 2 卷,上海古籍出版社 1980 年版,第 245 页。

艰苦卓绝的抵抗斗争,涌现了无数气壮山河、可歌可泣的爱国事迹和民族英雄。因而,南宋是面对强敌、英勇抗争的时代。众所周知,金朝是中国历史上继匈奴、突厥、契丹以后一个十分强大的少数民族政权,并非昔日汉唐时期的匈奴、突厥与之后明清时期的蒙古可比。金军先后灭亡了辽朝和北宋,南侵之势简直锐不可当,但南宋军民浴血奋战,虽屡经挫折,终于抵挡住了南侵金军一次又一次的进攻,使南宋在外患深重的困境中站稳了脚跟。在持久的宋金战争中,南宋的军事力量不但没有削弱,反而逐渐壮大起来。南宋后期的蒙元军队则更为强大,竟然以20年左右的时间横扫欧亚大陆,使全世界都谈"蒙"色变。南宋的军事力量尽管相对弱小,又面对当时世界上最为强大的蒙元军队,但广大军民同仇敌忾,顽强抵抗了整整45年之久,这不能不说是世界抗击蒙元战争史上的一个奇迹。①

南宋是呼唤英雄、造就英雄的时代。在旷日持久的宋金战争中,造就了以宗泽、韩世忠、岳飞、刘锜、吴玠吴璘兄弟为代表的一批南宋爱国将领。特别是民族英雄岳飞率领的岳家军,更使金军闻风丧胆。在南宋抗击蒙元的悲壮战争中,前有孟珙、王坚等杰出爱国将领,后有文天祥、谢枋得、陆秀夫、张世杰等抗元英雄。其中民族英雄文天祥领导的抗元斗争,更是可歌可泣,彪炳史册。

南宋是激发爱国热忱、孕育仁人志士的时代。仅《宋史·忠义列传》就收录有爱国志士277人,其中大部分是南宋人。② 南宋初期,宗泽力主抗金,并屡败金兵,因不能收复北宋失地而死不瞑目,临终时连呼3次"过河";洪皓出使金朝,被流放冷山,历尽艰辛,终不屈服,被比作宋代的苏武;陆游"死去元知万事空,但悲不见九州同"的诗句,表达了他渴望祖国统一的遗愿;辛弃疾的词则抒发了盼望祖国统一和反对主和误国的激情。因此,我们认为,南宋不但是造就民族英雄的时代,也是孕育爱国政治家、军事家、文学家和思想家的沃土。

2. 从政治制度上看,南宋是宋代继续加强中央集权、"干强枝弱"的时期

宋朝在建国之初,鉴于前朝藩镇割据、皇权削弱的经验教训,通过采取"强干弱枝"政策,不断加强中央集权统治。这一政策在南宋时得到了进一步强化。北宋王朝在中央权力上,实行军政、民政、财政"三权分立",削弱宰相的权力与地位;在地方权力上,中央派遣知州、知县等地方官,将原节度使兼领的"支郡"收归中央直接管辖;在官僚机构上,实行官(官品)、职(头衔)、差遣(实权)三者分离制度;在财权上,设置转运使掌管各路财赋,将原藩镇把持的地方财权收归中央;在

---

① 参见何忠礼《论南宋定都杭州对当地经济文化的重大影响》,载《杭州研究》2007年第2期。
② 俞兆鹏:《南宋人才之盛及其原因》,《杭州日报》2005年11月14日。

司法权上,设置县尉等职,将方镇节度使掌握的地方司法权收归中央;在军权上,实行禁军"三衙分掌",使握兵权与调兵权分离、兵与将分离,将各州军权牢牢地控制在中央手里,从而加强了中央对政权、财权、军权等方面的全面控制。南宋继承了北宋加强中央集权的这一系列措施,为维护国家内部统一、社会稳定和经济发展提供了良好的国内环境。尽管多次出现权相政治,但皇权仍旧稳定如故。

3. 从用人制度上看,南宋是所谓"皇帝与士大夫共治天下"的时代

两宋统治集团始终崇尚文治,尊重知识分子,重用文臣,提倡教育和养士,优待知识分子。与秦代"焚书坑儒"、汉代"罢黜百家"、明清"文字狱"相比,两宋时期可谓封建社会思想文化环境最为宽松的时期,客观上对经济、社会、文化发展起到了积极的促进作用。①

推行"崇尚文治"政策。宋王朝对文人士大夫采取了较为宽松宽容的态度,"欲以文化成天下",对士大夫待之以礼、"不得杀士大夫及上书言事人",②确立了"兴文教,抑武事"③的"崇文抑武"大政方针。两宋政权将"右文"定为国策。在这种政治氛围下,知识分子的思想十分活跃,参政议政的热情空前高涨,在一定程度上出现了"皇帝与士大夫共治天下"的局面,从而有力地推动了宋代思想、学术、文化的大发展。正由于两宋重用文士、优待文士,不杀文臣,因而南宋时常有正直大臣敢于上疏直谏,甚至批评朝政乃至皇帝的缺点,这与隋唐、明清时期动辄诛杀士大夫的政治状况大不相同。

采取"寒门入仕"政策。为了吸收不同阶层的知识分子参加政权,两宋对选才用人的科举制度进行了改革,消除了魏晋以来士族门阀造成的影响。两宋科举取士几乎面向社会各个阶层,再加上科举取士的名额不断增加,在社会各阶层中形成了"学而优则仕"之风。南宋时期,取士更不受出身门第的限制,只要不是重刑罪犯,即使工商、杂类、僧道、农民,甚至是杀猪宰牛的屠户,都可以应试授官。南宋的科举登第者多数为平民,如在宝祐四年(1256)登科的 601 名进士中,平民出身者就占了 70％。④

二、在经济上,不但要看到南宋连年岁贡不断、赋税沉重的状况,更要看到整个南宋生产发展、经济繁荣的一面

人们历来有一种误解,认为南宋从立国之日起,就存在着从北宋带来的"积贫积弱"老毛病。确实,南宋王朝由于长期处于前金后蒙的威胁之下,迫使其不

---

① 参见郭学信《试论两宋文化发展的历史特色》,载《江西社会科学》2003 年第 5 期。
② 陶宗仪:《说郛》卷三九上,《景印文渊阁四库全书》,台湾商务印书馆,1986 年版。
③ 李焘:《续资治通鉴长编》卷一八,"太平兴国二年正月丙寅"条,中华书局 2004 年版,第 392 页。
④ 俞兆鹏:《南宋人才之盛及其原因》,《杭州日报》2005 年 11 月 14 日。

得不以加强皇权统治作为核心利益,在对外关系上,以牺牲本国的经济利益为代价,采取称臣、割地、赔款等手段来换取王朝政权的安定。正因为庞大的兵力和连年向金朝贡,加重了南宋王朝财政负担和民众经济负担,也一定程度上影响了南宋的经济发展。但在另一方面,我们更应当看到,南宋时期,由于北方人口的大量南下,给南宋的经济发展带来了充足的劳动力、先进的生产技术和丰富的生产经验,再加上统治者出台一些积极措施,南宋在农业、手工业、商业、外贸等方面都取得了突出成就。南宋经济繁荣主要体现在:

1. 从农业生产看,南宋出现了古代中国南粮北调的新格局

由于南宋政府十分注重兴修水利,并采取鼓励垦荒的措施,加上北方人口大量南移和广大农民辛勤劳动,促进了流民复业和荒地开垦。人稠地少的两浙等平原地带,垦辟了众多的水田、圩田、梯田。曾经"几无人迹"的淮南地区也出现了"田野加辟""阡陌相望"的繁荣景象。南宋时期,农作物单位面积产量比唐代提高了两三倍,总体发展水平大大超过了唐代,有学者甚至将宋代农作物单位面积产量的大幅提高称为"农业革命"。①"苏湖熟,天下足"的谚语就出现在南宋。②元初,江浙行省虽然只是元代10个行省中的一个,岁粮收入却占了全国的37.10%,③江浙地区成了中国农业最为发达的地区,并出现了中国南粮北调的新格局。

2. 从手工业生产看,南宋达到了中国古代手工业发展的新高峰

南宋时期,随着北方手工业者大批南下和先进生产技术传入,南方的手工业生产迈上了一个新台阶。一是纺织业规模和技术都大大超过了同时代的金朝,南方自此成了中国丝织业最发达的地区。二是瓷器制造业中心从北方移至江南地区。景德镇生产的青白瓷造型优美,有"饶玉"之称;临安官窑所造青瓷极其精美,为此杭州现在官窑原址建立了官窑博物馆,将这些精美的青瓷展现给世人;龙泉青瓷达到了烧制技术的新高峰,并大量出口。三是造船业空前发展。漕船、商船、游船、渔船,数量庞大,打造奇巧,富有创造性;海船采用的多根桅杆,为前代所无;战船种类众多,功用齐全,在抗金和抗蒙元的战争中发挥了重要作用。

---

① 张邦炜:《瞻前顾后看宋代》,《河北学刊》2006年第5期。

② (宋)范成大:《吴郡志》卷五〇《杂志》,《宋元方志丛刊》本,中华书局1990年版。

③ (元)脱脱:《元史》卷九三《食货一·税粮》,中华书局2005年版,第2361页。

3. 从商业发展看,南宋开创了古代中国商品经济发展的新时代

虽然宋代主导性的经济仍然是自然经济,但由于两宋时期冲破了历朝统治者奉行的"重农抑商"观念的束缚,确立了"农商并重"的国策,采取了惠商、恤商政策措施,使社会各阶层纷纷从事商业经营,商品经济呈现划时代的发展变化,进入一个新的历史发展阶段。一是四通八达的商业网络。随着商品贸易发展,出现了临安、建康(江苏南京)、成都等全国性的著名商业大都市,当时临安已达16万户,人口最多时有150万—160万人,①同时,还出现了50多个10万户以上的商业大城市,并涌现出一大批草市、墟市等定期集市和商业集镇,形成了"中心城市—市镇集市—边境贸易—海外市场"的通达商业网络。② 二是"市坊合一"的商业格局。两宋时期由于城市商业繁荣,冲破了长期以来作为商业贸易区的"市"与作为居民住宅区的"坊"分离的封闭式市坊制度,出现了住宅与店肆混合的"市坊合一"商业格局,街坊商家店铺林立,酒肆茶楼面街而立。从《梦粱录》和《武林旧事》的记载来看,南宋临安城内商业繁荣,甚至出现了夜市刚刚结束,早市又告兴起的繁荣景象。三是规模庞大的商品交易。南宋商品的交易量虽难考证,但从商税收入可窥见一斑。淳熙年间(1174—1189)全国正赋收入6530万缗,占全国总收入30%以上。据此推测,南宋商品交易额在20000万缗以上。可见商品交易量之巨大。③ 南宋商税加专卖收益超过农业税的收入,改变了宋以前历代王朝农业税赋占主要地位的局面。

4. 从海外贸易看,南宋开辟了古代中国东西方交流的新纪元

两宋期间,由于陆上"丝绸之路"隔断,东南方向海路成为海上对外贸易的唯一通道,海外贸易成为中外经济文化交流的主要通道。南宋海外贸易繁荣表现在:一是对外贸易港口众多。广州、泉州、临安、明州(浙江宁波)等大型海港相继兴起,与外洋通商的港口已近20个,还兴起了一大批港口城镇,形成了北起淮南、东海,中经杭州湾和福、漳、泉金三角,南到广州湾和琼州海峡的南宋万余里海岸线上全面开放的新格局。这种盛况不仅唐代未见,就是明清亦未能再现。④ 二是贸易范围大为扩展。宋前,与我国通商的海外国家和地区约20个,主要集

---

① 杨宽先生在《中国古代都城制度史》一书中认为,南宋末年咸淳年间,临安府所属九县,按户籍,主客户共三十九万一千多户,一百二十四万多口;附郭的钱塘、仁和两县主客户共十八万六千多户,四十三万二千多口,占全府人口的三分之一。宋朝的"口"是男丁数,每户平均以五人计,约九十多万人。所驻屯的军队及其家属,估计有二十万人以上,总人口当在一百二十万人左右,包括城外郊区十万人和乡村十万人。

② 陈杰林:《南宋商业发展:特点与成因》,《安庆师范学院学报》2003年第4期。

③ 陈杰林:《南宋商业发展:特点与成因》,《安庆师范学院学报》2003年第4期。

④ 葛金芳:《南宋:走向开放型市场的重大转折》,《杭州研究》2007年第2期。

中在中南半岛和印尼群岛,而与南宋有外贸关系的国家和地区增至 60 个以上,范围从南洋(今南海)、西洋(今印度洋)直至波斯湾、地中海和东非海岸。三是出口商品附加值高。宋代不但外贸范围扩大、出口商品数量增加,而且进口商品以原材料与初级制品为主,而出口商品则以手工业制成品为主,附加值高。用附加值高的制成品交换附加值低的初级产品,表明宋代外向型经济在发展程度上高于其外贸伙伴。①

三、在文化上,不但要看到封闭保守、颓废安逸的一面,更要看到南宋"百家争鸣、百花齐放"的繁荣局面

由于以宋高宗为首的妥协派大多患有"恐金病",加之南宋要想收复北方失地在军事上和经济上确实存在着许多困难,收复中原失地的战争,也几度受到挫折,因此在南宋统治集团中,往往笼罩着悲观失望、颓废偷安的情绪。一些皇亲贵族,只要不是兵荒马乱,就热衷于享受山水之乐和口腹之欲,出现了软弱不争、贪图享受、胸无大志、意志消沉的"颓唐之风"。反映在一些文人士大夫的文化生活中,就是"一勺西湖水。渡江来、百年歌舞,百年醉醉"的华丽浮靡之风。但是,这并不能掩盖两宋文化的历史地位与影响。宋代是中国古代文化最为光辉灿烂的时期之一。近代的中国文化,其实皆脱胎于两宋文化。著名史学家邓广铭认为:"宋代文化发展所能达到的高度,在从十世纪后半期到十三世纪中叶这一历史时期内,是居于全世界的领先地位的。"②日本学者则将宋代称为"东方的文艺复兴时代"。③ 著名华裔学者刘子健认为:"此后中国近八百年来的文化,是以南宋文化为模式,以江浙一带为重点,形成了更加富有中国气派、中国风格的文化。"④

1. 南宋是古代中国学术思想的巅峰时期

王国维指出:"宋代学术,方面最多,进步亦最著","近世学术多发端于宋人"。宋学作为宋型文化的精神内核,是中国古代学术思想的巅峰。宋学流派纷呈,各臻其妙,大师迭出,群星璀璨,使南宋的思想文化呈现一派勃勃生机和前所未有的活跃局面。

理学思想形成。两宋统治者以文治国、以名利劝学的政策,对当时的思想、

---

① 葛金芳:《南宋:走向开放型市场的重大转折》,《杭州研究》2007 年第 2 期。
② 邓广铭:《国际宋史研讨会开幕词》,载《国际宋史研讨论文选集》,河北大学出版社 1992 年版,第 1 页。
③ [日]宫崎市定:《宫崎市定论文选集》下册,商务印书馆 1963 年版。
④ 刘子健:《代序——略论南宋的重要性》,载黄宽重主编《南宋史研究集》,台湾新文丰出版公司 1985 年版。

学术及教育产生了重要影响,最明显的一个结果是新儒学——理学思想诞生。南宋是儒学各派互争雄长的时期,各学派互相论辩、互相补充,共同构筑起中国儒学发展史上一个新的阶段。作为程朱理学集大成者的朱熹,是继孔孟以来最杰出的儒家学者。理学思想倡导国家至上、百姓至上的精神,与孟子的"君轻民贵"思想是一脉相承的。同时,两宋还倡导在儒家思想主导下的"儒佛道三教同设并行",就是在"尊孔崇儒"的同时,对佛、道两教也持尊奉的态度。理学各家出入佛老;佛门也在学理上融合儒道;道教则从佛教中汲取养分,将其融入自身的养生思想,并吸纳佛教"因果轮回"思想与儒家"纲常伦理"学说。普通百姓"读儒书、拜佛祖、做斋醮"更是习以为常。两宋"三教合流"的文化策略迎合了时代需要,使宋代儒生不同于以往之"终信一家、死守一经",从而使得南宋在思想、文化领域均有重大突破与重大建树。

思想学术界学派林立。学派林立是南宋学术思想发展的突出表现,也是当时学术界新流派勃兴的标志。在儒学复兴的思潮激荡下,尤其是在鼓励直言、自由议论的政策下,先后形成了以朱熹为代表的道学,以陆九渊为代表的心学,以叶适为代表的永嘉事功之学,以吕祖谦、陈亮为代表的永康之学等主要学派,开创了浙东学派的先河。南宋时期学派间互争雄长和欣欣向荣的景象,维持了近百年之久,形成了继春秋战国之后中国历史上第二次"百家争鸣"的盛况,为推动南宋经济文化发展起到了积极作用。尤其是浙东事功学派极力推崇义利统一,强调"商藉农而立,农赖商而行",认为只有农商并重,才能富民强国,实现国家中兴统一的目的。功利主义思想反映了当时人们希望发展南宋经济和收复北方失地的强烈愿望。

2. 南宋是古代中国文学艺术的鼎盛时期

近代国学大师王国维认为"天水一朝人智之活动与文化之多方面,前之汉唐、后之元明皆所不逮也"。[①] 南宋文学艺术繁荣的主要表现,一是宋词兴盛。宋代创造性地发展了"词"这一富有时代特征的文学形式。词的繁荣起始于北宋,鼎盛于南宋。南宋词不仅在内容上有所开拓,而且艺术上更趋于成熟。辛弃疾是南宋最伟大的爱国词人,豪放词派的最高代表,也是南宋词坛第一人,与北宋词人苏东坡一样,同为宋词成就最杰出的代表。李清照是婉约词派的代表人物,形成了别具一格的"易安体",对后世影响很大。陆游既是著名的爱国诗人,也是南宋词坛的巨匠。他的词充满了奔放激昂的爱国主义感情,与辛弃疾一起把宋词推向了艺术高峰。二是宋诗繁荣。宋诗在唐诗之后另辟蹊径,开拓了宋

---

① 王国维:《静庵文集续编·宋代之金石学》,载《王国维遗书》第 5 册,上海古籍出版社 1983 年版。

诗新境界,其影响直到清末民初。宋诗完全有资格在中国诗史上与唐诗双峰并峙,两水并流。三是话本兴起。南宋话本小说出现,在中国文学史上是一件极有意义的大事,标志着中国小说的发展已进入一个新阶段。宋代话本为中国小说的发展注入了新鲜活力,迎来了明清小说的繁荣局面。南宋还出现了以《沧浪诗话》为代表的具有现代审美特征的开创性的文学理论著作。四是南戏的出现。南宋初年,出现了具有很强的现实性和感染力的"戏文",统称"南戏"。南宋戏文是元代杂剧的先驱,它的出现标志着中国古代戏曲艺术的成熟,为我国戏剧发展奠定了雄厚基础。[①] 五是绘画的高峰。宋代是中国绘画史上的鼎盛时期,标志我国古代时期绘画高峰的出现。有研究者认为"吾国画法,至宋而始全"。[②] 宋代画家多达千人左右,以李唐、刘松年、马远、夏圭等人为代表的南宋著名画家,他们的作品在画坛至今仍享有崇高地位。此外,南宋的多位皇帝和后妃也都是绘画高手。南宋绘画题材多样,山水、人物、花鸟画等并盛于世,尤以山水画最为突出,对后世影响极大。南宋画家称西湖景色最奇者有十,这就是著名的"西湖十景"的由来。宋代工艺美术造型、装饰与总体效果堪称中国工艺史上的典范,为明清工艺美术争相效仿的对象。此外,南宋的书法、雕塑、音乐、歌舞等艺术门类也都有长足的发展。

3.南宋是古代中国文化教育的兴盛时期

宋代统治者大力倡导学校教育,将"崇经办学"作为立国之本,使宋代的教育体制较之汉唐更加完备和发达。南宋官私学盛,彻底打破了长期以来士族地主垄断教育的局面,使文化教育下移,教育更加大众化,适应了平民百姓对文化教育的需求,推动了文化大普及,提高了全社会的文化素质,促进了南宋社会文化事业进步和发展。在科举考试推动下,南宋的中央官学、地方官学、书院和私塾村校并存,各类学校都获得了蓬勃的发展。南宋各州县普遍设立了公立学校,其规模、条件、办学水平,较之北宋有了更大发展。由于理学家的竭力提倡和科举考试的需要,南宋地方书院得到了大发展。宋代共有书院397所,其中南宋占310所。[③] 南宋私塾村校遍及全国各地,学校教育由城镇延伸到乡村,南宋教育达到前所未有的普及程度。

4.南宋是古代中国史学的繁荣时期

南宋以"尊重和提倡"的形式,鼓励知识分子重视历史,研究历史,"思考历代

---

① 参见何忠礼、徐吉军《南宋史稿》,杭州大学出版社1999年版,第657页。
② 潘天寿:《中国绘画史》,上海人民美术出版社1983年版,第158页。
③ 何忠礼:《论南宋定都杭州对当地经济文化的重大影响》,《杭州研究》2007年第2期。

治乱之迹"。陈寅恪先生指出:"中国史学莫盛于宋。"①南宋史学家袁枢的《通鉴纪事本末》,创立了以重大历史事件为主体,分别立目,完整记载历史事件的纪事本末体;朱熹的《资治通鉴纲目》创立了纲目体;朱熹的《伊洛渊源录》则开启了记述学术宗派史的学案体之先河。南宋在历史上第一次提出了"经世致用"的修史思想。南宋史学家不仅重视当代史的研究,而且力主把历史与现实结合起来,从历史上寻找兴衰之源,以史培养爱国、有用的人才。这些都对后代的史学家有很大的启迪和教益。

四、在科技上,既要看到整个宋代在中国古代科技史上的地位,也要看到南宋对古代中国科学技术的杰出贡献

宋代统治集团对在科学技术上有重要发明及创造、创新之人给予物质和精神奖励,为宋代科技发展与进步注入了前所未有的强大动力。宋朝是当时世界上发明创造最多的国家,也是古代中国为世界科技发展贡献最大的时期。英国学者李约瑟说:"每当人们在中国的文献中查找一种具体的科技史料时,往往会发现它的焦点在宋代,不管在应用科学方面或纯粹科学方面都是如此。"②中国历史上的重要发明,一半以上都出现在宋朝。宋代的不少科技发明不仅在中国科技史上,而且在世界科技史上也号称第一。《梦溪笔谈》的作者沈括、活字版印刷术的发明者毕昇这两位钱塘(浙江杭州)人,都是中外公认的中国古代伟大科学巨匠。南宋的科技在北宋基础上进一步得到发展,其科技成就在很多方面居于世界领先地位。

1. 南宋对中国古代"三大发明"的贡献

活字印刷术、指南针与火药三大发明,在南宋时期获得进一步的完善和发展,并开始了大规模的实际应用。指南针在航海上的应用,始见于北宋末期,南宋时的指南针已从简单的指针,发展成为比较简易的罗盘针,并被应用于航海上,是一项具有世界意义的重大发明。李约瑟指出,指南针在航海中的应用,是"航海技艺方面的巨大改革","预示计量航海时代的来临"。中国古代火药和火药武器的大规模使用和推广也始自南宋。南宋出现的管形火器,是世界兵器史上十分重要的大事,近代的枪炮就是在这种原始的管形火器基础上发展起来的。此外,南宋还广泛使用威力巨大的火炮作战,充分反映了南宋火器制造技术的巨大进步。南宋开始推广使用活字印刷术,出现了目前世界上第一部活字印本。此外,南宋的造纸技术更为发达,生产规模大为扩展,品种繁多,质量之高,近代

---

① 陈寅恪:《陈垣〈明季滇黔佛教考〉序》《陈垣〈元西域人华化考〉序》,载《金明馆丛稿二编》,上海古籍出版社 1980 年版,第 238、240 页。

② [英]李约瑟:《李约瑟文集》,辽宁科技出版社 1986 年版,第 115 页。

也多不及。

2. 南宋在农业技术理论上的重大突破

南宋陈旉所著《陈旉农书》是我国现存最早的有关南方农业生产技术与经营的农学著作。他是中国农学史上第一个提出土地利用规划技术的人。陈旉在《农书》中首先提出了土壤肥力论等多种土地的利用和改造之法,并对搞好农业经营管理提出了卓越的见解。稻麦两熟制、水旱轮作制、"耕耙耖"耕作制,在南宋境内都得到了较好的推广。植物谱录在南宋也大量涌现。《橘录》是我国最早的柑橘专著;《菌谱》是世界历史上最早的菌类专著;《全芳备祖》是世界最早的植物学辞典,比欧洲要早 300 多年;《梅谱》是我国最早的有关梅花的专著。

3. 南宋在制造技术上的高度成

就宋代冶金技术居世界最高水平,南宋对此作出了卓越贡献。在有色金属开采与冶炼方面,南宋发明了"冶银吹灰法"和"铜合金铁"冶炼法;在煤炭开发利用上,南宋开始使用焦煤炼铁(而欧洲人是在 18 世纪时才采用焦煤炼铁的),是我国冶金史上具有重大意义的里程碑。南宋是我国纺织技术高度发展时期,特别是蚕桑丝绸生产,已形成了一整套从栽桑到成衣的过程,生产工具丰富,为明清的丝绸生产技术奠定了基础。南宋的丝纺织品、织造和染色技术在前代的基础上达到了一个新水平。南宋瓷器无论在胎质、釉料,还是在制作技术上,都达到了新的高度。同时,南宋的造船、建筑、酿酒、地学、水利、天文历法、军器制造等方面技术水平,也都比过去有很大的进步。如南宋绍熙元年绘制、淳祐七年刻石的"宋淳祐天文图"(又称苏州石刻天文图)是世界上现存年代最早、存星最多的石刻天文图,绘于南宋绍定二年(1229)的石刻《平江图》,是我国现存最古老、最完整的城市规划图,至今仍完好地保存在苏州碑刻博物馆。

4. 南宋在数学领域的巨大贡献

南宋数学不仅在中国数学史上,而且在世界数学史上取得了极为辉煌的成就。南宋杰出的数学家秦九韶撰写的《数书九章》提出的"正负开方术",与现代求数学方程正根的方法基本一致,比西方早 500 多年。另一位杰出的数学家杨辉,编撰有《详解九章算法》《日用算法》《乘除通变本末》《田亩比类乘除捷法》《续古摘奇算法》(《乘除通变本末》《田亩比类乘除捷法》《续古摘奇算法》三者合称为《杨辉算法》)等十余种数学著作,收录了不少我国现已失传的数学著作中的算题和算法。杨辉对二阶等差级数求和的论述,使之成为继沈括之后世界上最早研究高阶等差级数的人。杨辉发明的"九归口诀",不仅提高了运算速度和精确度,而且还对我国珠算的发明起到了重要作用。李约瑟把宋代称为"伟大的代数学家的时代",认为"中国的代数学在宋代达到最高峰"。①

5.南宋在医药领域的重要贡献

南宋是中国法医学正式形成的时期。宋慈的《洗冤集录》是世界上第一部法医学专著,比西方早350余年。它不仅奠定了我国古代法医学的基础,而且被奉为我国古代"官司检验"的"金科玉律",并对世界法医学产生了广泛影响。南宋是中国针灸医学的极盛时期。王执中的《针灸资生经》和闻人耆年《备急灸法》两书,皆集历代针灸学知识之大全,反映了当时针灸学的最高水平。南宋腧穴针灸铜人是针灸学上第一具教学、临床用的实物模型。陈自明著的《外科精要》一书对指导外科的临床应用具有重要意义。陈自明的《妇人大全良方》是著名的妇产科著作,直到明清时期仍被妇科医生奉为经典。朱瑞章的《卫生家宝产科方》,被称为"产科之荟萃,医家之指南"。无名氏的《小儿卫生总微论方》和刘昉的《幼幼新书》,汇集了宋以前在儿科学方面所取得的成就,是我国历史上较早的一部比较系统、全面的儿科学著作。许叔微的《普济本事方》是中国古代一部比较完备的方剂专书。

五、在社会上,不但要看到南宋一些富豪官绅生活奢华、挥霍淫乐的一面,更要看到南宋政府关注民生、注重民生保障的一面

南宋社会生活的奢侈之风,既是南宋官僚地主腐朽的集中反映,也是南宋经济文化空前繁荣的缩影。我们不但看到南宋一些富豪官绅纵情声色、恣意挥霍的社会现象,更要看到南宋政府倡导善举、关注民生、同情民苦的客观事实。②两宋社会保障制度,在中国古代救助史上占有重要地位,并为宋后社会保障制度的建立奠定了基础。有学者认为,中国古代真正意义上的社会保障事业是从两宋开始的。同时,两宋时期随着土地依附关系逐步解除和门阀制度崩溃,逐渐冲破了以前士族地主一统天下的局面。两宋社会结构开始调整重组,出现了各阶层之间经济地位升降更替、社会等级界限松动的现象,各阶层的价值取向趋近,促进社会各阶层融合,平民化、世俗化、人文化趋势明显。两宋社会平民化,不仅体现在科举面向社会各个阶层,取士不受出身门第限制,而且体现在官民身份可以相互转化,可以由贵而贱,由贱而贵;贫富之间既可以由富而贫,也可以由贫而富。③

1.南宋农民获得了更多的人身自由

两宋时期,租佃制普遍发展,这是古代专制社会中生产关系的一次重大调

---

① 参见《中国科学技术史》第1卷第1册,科学出版社1975年版,第273、284、287、292页。

② 邓小南:《宋代历史再认识》,《河北学刊》2006年第5期。

③ 郭学信:《宋代俗文化发展探源》,《西北师范大学学报》2005年第3期。

整。在租佃制下,地主招募客户耕种土地,客户只向地主缴纳地租,而不必承担其他义务。客户契约期满后有退佃起移的权利,且受到政府保护,人身依附关系大为减弱。按照宋朝的户籍制度,客户直接编入国家户籍,成为国家的正式编户,并承担国家某些赋役,而不再是地主的"私属",因而获得了一定的人身自由。两宋农民在法律上可以自由迁徙,这是历史的一大进步。① 南宋时期随着商品经济发展,农民获得了更多的自由,可以自由地离土离乡,转向城市从事手工业或商业活动。

2.南宋商人社会地位得到了提高

宋前历朝一直奉行"重农轻商"政策,士、农、工、商,商人居"四民"之末,受到社会歧视。宋代商业已被视同农业,均为创造社会财富的源泉,"士、农、工、商,皆百姓之本业"②成为社会共识,使两宋商人的社会地位得到前所未有的提高。随着工商业的发展,在南宋手工业作坊中,工匠主和工匠之间形成了雇佣与被雇佣关系。南宋手工业作坊中的雇佣制度,代替了原来带有强制性的指派和差人应役招募制度,雇佣劳动与强制性的劳役比较,工匠的人身束缚大为松弛,新的经济关系推动了南宋手工业经济发展,又促进了资本主义生产关系萌芽。

3.南宋市民阶层登上了历史舞台

"坊郭户"是城市中的非农业人口。随着工商业的日益发展,宋政府将"坊郭户"单独"列籍定等"。"坊郭户"作为法定户名在两宋时期出现,标志着城市"市民阶层"形成,市民阶层开始作为一个独立群体正式登上了历史舞台,成为不可忽视的社会力量。③ 南宋时期,还实行了募兵制,人们服役大多出于自愿,从而有效保障了城乡劳力稳定和社会安定,与唐代苛重的兵役相比,显然是一个进步。

4.南宋社会保障制度更为完善

南宋的社会保障体系主要表现在:一是"荒政"制度。就是由政府无偿向灾民提供钱粮和衣物,或由政府将钱粮贷给灾民,或由政府将灾民暂时迁移到丰收区,或将粮食调拨到灾区,或动员富豪平价售粮,并在各州县较普遍地设置了"义仓",以解决暂时的粮食短缺问题。同时,遇丰收之年,政府酌量提高谷价,大量收籴,以避免谷贱伤农;遇荒饥之年,政府低价将存粮大量粜出,以照顾灾民。二是"养恤"制度。在临安等城市中,南宋政府针对不同对象设立了不同的养恤机构。有赈济流落街头的老弱病残或贫穷潦倒乞丐的福田院,有收养孤寡等贫穷

---

① 郭学信、张素音:《宋代商品经济发展特征及原因析论》,《聊城大学学报》2006年第5期。

② (宋)陈耆卿:《嘉定赤城志》卷三七《风土》,《宋元方志丛刊》本,中华书局1990年版。

③ 郭学信:《宋代俗文化发展探源》,《西北师范大学学报》2005年第3期。

不能自存者的居养院,有收养并医治鳏寡孤独贫病不能自存之人的安济院,有收养社会弃子弃婴的慈幼局,等等。三是"义庄"制度。义庄主要由一些科举入仕的士大夫用其秩禄买田置办,义田一般出租,租金则用于赈养族人的生活。虽然义庄设置的最初动机在于为本宗族之私,但义庄的设置在一定范围保障了族人的经济生活,对两宋官方的社会保障起到了重要的辅助作用。南宋的社会保障政策与措施对倡导善举、缓和社会矛盾、维护社会稳定等发挥了积极作用。①

六、在历史地位上,既要看到南宋在当时国际国内的地位,又要看到南宋对后世中国和世界的影响

1. 南宋对东亚"儒学文化圈"和世界文明进程之影响

两宋的成就居于当时世界发展的顶峰,对周边国家和世界均产生了巨大影响。如南宋对东亚"儒学文化圈"的影响。南宋朱子学对东亚"儒学文化圈"各国文化产生了广泛而深刻的影响,至今仍然积淀在东亚各民族的文化心理中,对东亚现代化起着重要作用。在文化输入上,这些周边邻国对唐代文化主要是制度文化的模仿,而对两宋文化则侧重于精神文化的摄取,尤其是对南宋儒学、宗教、文学、艺术、政治制度的借鉴。南宋儒学文化传至东亚各国,与各国的学术思想和民族文化相融合,产生了朝鲜儒学、日本儒学、越南儒学等东亚儒学,形成了东亚"儒学文化圈"。这表明南宋儒学文化在东亚民族之间的文化交流和传播中,对高丽、日本、越南等国学术文化与东亚文明发展历史产生了重大影响,这可以说是东亚文明发展中的一大奇观。② 同时,南宋儒学文化中的优秀成分和合理精神,在现代东亚社会的政治经济、思想文化、社会生活、家庭关系等方面仍然发挥重要影响和作用。如南宋儒学中的"信义""忠诚""中庸""和""义利并取"等价值观念,在现代东亚经济社会中的积极作用显而易见。

南宋对世界经济发展的影响。随着南宋海外贸易发展,与我国通商的海外国家与地区从宋前的 20 余个增至 60 个以上。海外贸易范围从宋前中南半岛和印尼群岛,扩大到西洋(今印度洋至红海)、波斯湾、地中海和东非海岸,使雄踞于太平洋西岸的南宋帝国与印度洋地区北岸的阿拉伯帝国一起,构成了当时世界贸易圈的两大轴心。海上"丝绸之路"取代了陆上"丝绸之路",成为中外经济文化交流的主要通道。鉴于此,美籍学者马润潮把宋代视为"世界伟大海洋贸易史上的第一个时期"。同时,随着商品经济的发展,北宋出现了世界上最早的纸币——交子。至南宋时,纸币开始在全国普遍使用。有学者将纸币的产生与大

---

① 参见杜伟《略述两宋社会保障制度》,载《沙洋师范高等专科学校学报》2004 年第 1 期;陈国灿《南宋江南城市的公共事业与社会保障》,载《学术月刊》2002 年第 6 期。

② 葛金芳:《南宋:走向开放型市场的重大转折》,《杭州研究》2007 年第 2 期。

规模流通称为"金融革命"。① 纸币流通的意义远在金属铸币之上,表明我国在货币领域发展已走在世界前列。

两宋对世界文明进程的影响。宋代文化对世界文化的影响,主要表现在两宋的活字印刷术、火药、指南针的西传上。培根指出:"这三种发明已经在世界范围内把事物的全部面貌和情况都改变了:第一种是在学术方面,第二种是在战事方面,第三种是在航行方面;由此产生了无数的变化,这种变化是如此巨大,以至没有一个帝国,没有一个教派,没有一个赫赫有名的人物,能比得上这三种机械发明。"②马克思的评价则更高:"火药、指南针、印刷术——这是预告资产阶级到来的三大发明。火药把骑士阶层炸得粉碎,指南针打开了世界市场并建立了殖民地,而印刷术则变成了新教的工具和科学复兴的手段,变成对精神发展创造必要前提的强大杠杆。"③两宋"三大发明"对世界文明的决定性作用是毋庸赘言的。两宋科举考试制度也对法、美、英等西方国家选拔官吏的政治制度产生了直接作用和重要影响,被人誉为"中国的第五大发明"。

2.南宋对中国古代与近代历史发展之影响

中外学者普遍认为:"这时的文化直至 20 世纪初都是中国的典型文化。其中许多东西在以后的一千年中是中国最典型的东西,至少在唐代后期开始萌芽,而在宋代开始繁荣。"④

南宋促进了中国市民阶层的形成。随着商品经济的繁荣,两宋时期不仅出现了一大批大、中、小商业城市与集镇,而且形成了杭州、开封、成都等全国著名商业大都市,第一次出现了城市平民阶层,呈现了中国古代社会前所未有的时代开放性。南宋市民阶层的出现,世俗文化与世俗经济的形成与繁荣,意味中国市民阶层已具雏形,开启了中国社会平民化进程。正由于两宋时期出现了欧洲近代前夜的一些特征,如大城市兴起、市民阶层形成、手工业发展、商业经济繁荣、对外贸易发达、流通纸币出现、文官制度成熟等现象,美国、日本学者普遍把宋代中国称为"近代初期"。⑤

南宋促成了中国经济重心南移。由于南宋商品经济空前发展,有些学者甚至断言,宋代已经产生了资本主义萌芽。西方有学者认为南宋已处在"经济革命时代"。随着宋室南下,南宋经济的发展与繁荣,使江南成为全国经济最为发达

① 参见张邦炜《瞻前顾后看宋代》,载《河北学刊》2006 年第 5 期。

② 〔英〕培根:《新工具》,商务印书馆 1984 年版,第 103 页。

③ 〔德〕马克思:《机械、自然力和科学应用》,人民出版社 1978 年版,第 67 页。

④ 〔美〕费正清、赖肖尔:《中国:传统与变革》,江苏人民出版社 1995 年版,第 118—119 页。

⑤ 张晓淮:《两宋文化转型的新诠释》,《学海》2002 年第 4 期。

的地区。南宋时期,全国经济重心完成了由黄河流域向长江流域的历史性转移,我国经济形态自此逐渐从自然经济转向商品经济,从封闭经济走向开放经济,从内陆型经济转向海陆型经济。这是中国传统社会发展中具有路标性意义的重大转折。① 如果没有明清的海禁和极端专制的封建统治,中国的近代化社会也许会更早地到来。

南宋推进了中华民族大融合。南宋时期,中国社会出现了第三次民族大融合。宋王朝虽然先后被同时代的女真、蒙古民族征服,但无论前金还是后蒙,在其思想文化上,都被南宋代表的先进文化折服,融入中华民族大家庭之中。10—13世纪,中原王朝与北方游牧民族时战时和、时分时合,使以农耕文化为载体的两宋文化迅速向北扩散播迁,女真、蒙古政权深受南宋代表的先进政治制度、社会经济和思想文化影响,表示出对南宋文化认同、追随、仿效与移植,自觉不自觉地接受了先进的南宋文化,使其从文字到思想、从典章制度到风俗习惯均呈现出汉化趋势。② 南宋文化改变了这些民族的文化构成,提高了其文化层位,加速了这些民族由落后走向进步的进程,从而在整体上提高了中国北部地区少数民族的文明程度。

南宋奠定了理学在封建正统思想中的主导地位。理学的形成与发展,是南宋文化对中国古代思想文化的重大贡献。南宋理宗朝时,理学被钦定为封建正统思想和官方哲学,确立了程朱理学的独尊地位,并一直垄断元、明、清三代的思想和学术领域长达700余年,其影响之深广,在古代中国没有其他思想可以与之匹敌。③ 同时,两宋时期开创了中国古代儒、佛、道"三教合流"的文化格局。与汉武帝"罢黜百家、独尊儒术"不同,南宋在大兴儒学的前提下,加大了对佛、道两教的扶持,出现了"以佛修心,以道养生,以儒治世"的"三教合一"的格局。自宋后,古代中国社会基本延续了以儒学为主体,以佛、道为辅翼的文化格局。

两宋对中国后世王朝政权稳定的影响。两宋王朝虽然国土面积前不及汉唐,后不如元明清,却是中国封建史上立国时间最长的王朝之一。两宋王朝之所以在外患深重的威胁下保持长治局面,很大程度上取决于两宋精于内治,形成了一系列的中央集权制度和民族认同感,因此,自宋朝后,中华民族"大一统"思想深入人心,中国历史上再也没有出现过地方严重分裂割据的局面。

3.南宋对杭州城市发展之影响

正是南宋经济、文化、社会各方面的高度发展,促成京城临安极度繁荣,成为

---

① 参见葛金芳《南宋:走向开放型市场的重大转折》,载《杭州研究》2007年第2期。
② 参见虞云国《略论宋代文化的时代特点与历史地位》,载《浙江社会科学》2006年第3期。
③ 参见何忠礼《论南宋在中国历史上的地位和影响》,载《杭州研究》2007年第2期。

12—13 世纪最为繁华的世界大都会,也正是南宋带来民族文化大交流、生活方式大融合、思想观念大碰撞,形成了京城临安市民独特的生活观念、生活方式、性格特征、语言习惯。直到今天,杭州人独有的文化特质、社会习俗、生活理念,都深深地烙上了南宋社会的历史印迹。

京城临安,一座巍峨壮丽的世界级"华贵之城"。南宋朝廷立临安为行都,使杭州的城市性质与等级发生了根本性的巨大变化。从州府上升为国都,这是杭州城市发展的里程碑,杭州由此进入历史上最辉煌的时期。南宋统治者对临安城建设倾注了大量心血,并倾全国之人力、物力、财力加以精心营造。经过南宋诸帝持续的扩建和改建,南宋皇城布满了金碧辉煌、巍峨壮丽的宫殿,足可与北宋的汴京城媲美。南宋对临安府大规模地改造和扩建的杰出代表便是御街。南宋都城临安,经过 100 多年的精心营建,已发展成为百万以上人口的大城市,成为当时亚洲各国经济文化的交流中心,城市规模已名列 12—13 世纪时世界的首位。当时的杭州被意大利著名旅行家马可·波罗称赞为"世界上最美丽华贵之天城"。而 12 世纪时,美洲和大洋洲尚未被殖民者发现,非洲处于自生自灭状态,欧洲现有主要国家尚未完全形成,罗马内部四分五裂,北欧海盗肆虐,基辅大公国(俄罗斯)刚刚形成。[①] 到了南宋后期(即 13 世纪中叶)临安人口曾达到 150 万—160 万人,此时,西方最大最繁华的城市威尼斯也只有 10 万人口,作为世界最著名的大都会伦敦、巴黎,直至 14 世纪的文艺复兴时期,其人口也不过 4 万—6 万人。[②] 仅从城市人口规模看,800 年前的杭州就已遥遥领先于世界各大城市。

京城临安,一座繁荣繁华的"地上天宫"。临安是全国最大的手工业生产中心。南宋临安工商业发达,手工业门类齐、制作精、分工细、规模大、档次高,造船、陶瓷、纺织、印刷、造纸等行业都建有大规模的手工业作坊,并有"四百一十四行"之说。临安是全国商业最为繁华的城市。临安城内城外集市与商行遍布,天街两侧商铺林立,早市夜市通宵达旦;城北运河樯橹相接、昼夜不舍,城南钱江两岸各地商贾海舶云集、樯杆林立。临安是璀璨夺目的文化名城。京城内先后集聚了李清照、朱熹、尤袤、陆游、杨万里、范成大、辛弃疾、陈起等一批南宋著名的文化人。临安雕版印刷为全国之冠,杭刻书籍为我国宋版书之精华。城内设有全国最高的学府——太学,规模最为宏阔,与武学、宗学合称"三学"。临安的教育事业空前繁荣。城内文化娱乐业发达,瓦子数量、百戏名目、艺人人数、娱乐项

---

① 参见何亮亮《从"南海"一号看中华复兴》,载《文汇报》2008 年 1 月 6 日。

② 参见何忠礼《论南宋在中国历史上的地位和影响》,载《杭州研究》2007 年第 2 期。

目和场所设施等方面,也都是其他城市无法比拟的。临安不但是全国政治中心,也是全国经济中心和文化中心。今日杭州之所以能成为"人间天堂",成为全国历史文化名城,成为我国七大古都之一,很大程度上就是得益于南宋定都临安,得益于南宋经济文化的高度繁荣。

京城临安,一座南北荟萃、精致和谐的生活城市。北方人口的优势,使南下的中原文化全面渗透到本土的吴越文化之中,形成了临安独特的社会生活习俗,并影响至今。临安的社会是本地居民与外来人员和谐相处的社会,临安的文化是南北文化交融、中外文化交流的结晶,临安的生活是中原风俗与江南民俗相互融合的产物。总之,南宋临安是一座兼容并蓄、精致和谐的生活城市。其表现为:一是南北交融的语言。经过 100 多年流行,北方话逐渐融合到吴越方言之中,形成了南北交融的"南宋官话"。有学者指出:"越中方言受了北方话的影响,明显地反映在今日带有'官话'色彩的杭州话里。"①二是南北荟萃的饮食。自南宋起,杭人饮食结构发生了变化,从以稻米为主,发展到米、面皆食。"南料北烹"美食佳肴,结合西湖文采,形成了具有鲜明特色的"杭帮菜系",而成为中国古代菜肴一个新高峰。丰富美味的饮食,致使临安人形成追求美食美味的饮食之风。三是精致精美的物产。南宋时期,在临安无论建筑寺观,还是园林别墅、亭台楼阁和小桥流水,无不体现了江南的精细精致,更有陶瓷、丝绸、扇子、剪刀、雨伞等工艺产品,做工讲究、小巧精致。四是休闲安逸的生活。城市的繁华与西湖的秀美,使大多临安人沉醉于歌舞升平与湖山之乐中,在辛劳之后讲究吃喝玩乐、神聊闲谈、琴棋书画、花鸟鱼虫,体现了临安人求精致、讲安逸、会休闲的生活特点,也反映了临安市民注重生活与劳作结合的城市生活特色,反映了临安文化的生活化与世俗化,并融入今日杭州人的生活观念中。

4.借鉴南宋"体恤民生"的某些仁义之举,努力将今天的杭州建设成为一个全民共享的"生活品质之城"

南宋社会关注民生、同情民苦的仁义之举,尤其是针对不同人群建立较为完备的社会保障体系,在构建社会主义和谐社会,建设覆盖城乡、全民共享的"生活品质之城"的今天,有着特别重要的现实意义。建设覆盖城乡、全民共享的"生活品质之城",既是一项长期的历史任务,又是一个重大的现实课题。要使"发展为人民、发展靠人民、发展成果由人民共享、发展成效让人民检验"理念落到实处,就必须把老百姓的小事当作党委、政府的大事,以群众呼声为第一信号,以群众利益为第一追求,以群众满意为第一标准,树立起"亲民党委""民本政府"的良好

---

① 参见徐吉军《论南宋定都杭州对当地经济文化的重大影响》,载《杭州研究》2007 年第 2 期。

形象。要始终坚持以人为本、以民为先的理念,既要关注城市居民,又要关注农村居民;既要关注本地居民,又要关注外来创业务工人员;既要关注全体市民生活品质的整体提高,更要特别关注困难群众、弱势群体、低收入阶层生活品质的明显改善。要始终关注老百姓的衣食住行、安危冷暖、生老病死,让老百姓能就业、有保障,行得便捷、住得宽敞,买得放心、用得舒心,办得了事、办得好事,拥有安全感、安居又乐业,让全体市民共创生活品质、共享品质生活。

5.整合南宋"安逸闲适"的环境资源,推进杭州"东方休闲之都"和国际旅游休闲中心建设

杭州得天独厚的自然山水环境,经过南宋100多年来固江堤、疏西湖、治内河、凿新井、建宫城、造御街、设瓦子、引百戏等多方面的措施,形成都城左江(钱塘江)右湖(西湖)、内河(市区河道)外河(京杭运河)的格局,使杭州的生态环境、旅游环境、休闲环境大为改观,极大丰富了杭州的旅游资源。南宋不但为我们留下一块"南宋古都"的"金字招牌",还留下了安逸闲适的休闲环境和休闲氛围。在"三面云山一面城"的独特环境里,集中了江、河、湖、溪与西湖群山,出现了大批观光游览景点,并形成著名的"西湖十景"。沿湖、沿河、沿街的茶肆酒楼,鳞次栉比、生意兴隆;官私酒楼、大小餐馆充满"南料北烹"的杭帮菜肴和各地名肴;大街小巷布满大小馆舍旅店,是外地游客与应考士子的休息场所。同时,临安娱乐活动丰富多彩,节庆活动繁多。独特的自然山水、休闲的环境氛围,使临安人注重生活环境、讲究生活质量、追求生活乐趣。不但皇亲国戚、达官贵人纵情山水、赏花品茗,过着高贵奢华的休闲生活,而且文人士大夫交结士朋、寄情适趣,热衷高雅脱俗的休闲生活;就是普通百姓也会带妻携子泛舟游湖,享受人伦亲情及山水之乐。

今天的杭州人懂生活、会休闲,讲究生活质量,追求生活品质,都可以从南宋临安人闲情逸致的生活态度中找到印迹。今天的杭州正在推进新城建设、老城更新、环境保护、街区改善等工程,都可以从南宋临安对左江右湖、内河外河的治理和皇城街坊、园林建筑的建设中得到有益的启示。杭州要打造"东方休闲之都",共建共享"生活品质之城",建设国际旅游休闲中心,就必须重振"南宋古都"品牌,充分挖掘南宋文化遗产,珍惜杭州为数不多的地上南宋遗迹。进一步实施好西湖、西溪、运河、市区河道综合保护工程;推进"南宋御街"——中山路有机更新,以展示杭州自南宋以来的传统商业文化;加强对南宋"八卦田"景区的保护与利用,以展示南宋皇帝"与民同耕"的怀古场景;加强对南宋官窑遗址的保护与利用,以展示南宋杭州物产的精致与精美;加强对南宋皇城遗址和太庙遗址的保护与利用,以展示昔日南宋京城的繁荣与辉煌。进入21世纪的杭州,不但要保护

利用好南宋留下的"三面云山一面城"的"西湖时代",更要以"大气开放"的宏大气魄,努力建设好"一主三副六组团六条生态带"的大都市空间格局,形成"一江春水穿城过"的"钱塘江时代",实现具有千年古都神韵的文化名城与具有大都市风采的现代化新城同城辉映。

南宋文献集成第 14 册目录

南宋诏令编年　孝宗朝卷一　绍兴三十二年（1162）　·················· 1

南宋诏令编年　孝宗朝卷二　隆兴元年（1163）　·················· 92

南宋诏令编年　孝宗朝卷三　隆兴二年（1164）　·················· 209

南宋诏令编年　孝宗朝卷四　乾道元年（1165）　·················· 379

南宋诏令编年　孝宗朝卷五　乾道二年（1166）　·················· 452

南宋诏令编年　孝宗朝卷六　乾道三年（1167）　·················· 490

南宋诏令编年　孝宗朝卷七　乾道四年（1168）　·················· 519

南宋诏令编年　孝宗朝卷八　乾道五年（1169）　·················· 552

南宋诏令编年　孝宗朝卷九　乾道六年（1170）　·················· 590

南宋诏令编年　孝宗朝卷十　乾道七年（1171）　·················· 686

南宋诏令编年　孝宗朝卷十一　乾道八年（1172）　·················· 786

南宋诏令编年　孝宗朝卷十二　乾道九年（1173）　·················· 832

篇名索引　·················· 881

孝宗朝卷一　绍兴三十二年(1162)

德寿宫诸门依皇城门及宫门法诏
(绍兴三十二年六月十一日)

德寿宫诸门,令依皇城门及宫门法,仍依行宫大内置巡警守卫一次,务令如法。可疾速措置。

出处:《宋会要辑稿》职官三四之三六。

求遗书诏
(绍兴三十二年六月十一日后)

朕仰惟太上皇帝留神典籍,虽在艰难,不忘搜访。是以秘府所藏,几复承平之旧。乃者馆阁书目告具,朕适临幸,插架万层,签帙溢目,益以见太上皇帝崇儒右文之盛,朕敢不祗承? 尚虑四方藏书之家,或有可补散逸,亡繇来上,及其间卷轴浩繁,非给笔札不能传录者,宜检照祖宗及太上皇帝求遗书故事,令学士院降诏。

出处:《鄮峰真隐漫录》卷六。
撰者:史浩
考校说明:编年据宋孝宗即位时间补。

重定朝德寿宫日期诏
（绍兴三十二年六月十三日）

朕欲每日一朝德寿宫，以修晨昏之礼。昨日面奉太上皇帝圣旨，谓恐废万几，劳烦群下，不蒙赐许。可委礼官重定其期。如前代朝朔望甚为疏阔，朕不敢取。

出处：《建炎以来系年要录》卷二〇〇。又见《宋会要辑稿》礼四九之四一，《中兴礼书》卷一八〇，《宋史全文续资治通鉴》卷二三下。

登极赦文
（绍兴三十二年六月十三日）

门下：春秋法五始之要，聿严受命之符；天地以大德曰生，盍下维新之令。太上皇帝慈俭为宝，遹骏有声。垂精三纪之间，图治百王之上。神谟独运，总一日万几之繁；圣武旁昭，极四海九州之广。未尝暇逸，久积倦勤。黄屋非帝尧之心，居怀重负；泰元增汉武之策，欲介长年。顾睿训之博临，惧眇躬之弗称。凡今者发政施仁之目，皆得之问安侍膳之余。爰举旧章，式覃旷泽。可大赦天下。云云。於戏！有天下传归于子，敢忘付托之恩？建皇极敷锡厥民，允副迩遐之望。尚赖股肱同德，中外协谋，共期底于中兴，以益光于永世。咨尔有众，体朕至怀。

出处：《建炎以来系年要录》卷二〇〇。又见《中兴礼书》卷一七九，《鹤林玉露》丙编卷三，《翰苑新书》后集卷一，《古今合璧事类》后集卷二。
考校说明：此赦文内容以"云云"删，同书此赦文之后及《宋会要辑稿》等书载有所删之大部分内容，汇录于下：

祖宗朝尊礼旧弼，优待故老，有任在京宫观，及入侍经筵者甚众。至于过阙入觐，郊祀陪位，并归第就医之类，所以示眷礼。便询访者，惟恐不至，遇有大疑，亦或赐手札就问，俾之条对。故一时人臣立朝之节，雍容可观。宜令国史院检讨闻奏，当议遵用。（《建炎以来系年要录》卷二〇〇）

国家爱养士卒，非不优厚，访闻军中管辖人等，或使资倍工价，或令科买物色，多方克剥，比至请钱，除减几尽，遂使军人婚嫁丧葬多不以时，朕所矜悯。自今主帅仰各体国，务加优恤，以养士气。如尚不悛，当议显戮，以励诸军。（《建炎

2

以来系年要录》卷二〇〇)

昔太祖皇帝创业之初,亲制军政,以遗后世,如南、北仓请粮之制,平时固欲习其筋力,以戒骄惰,然禁约私役,至为严切,自今诸军除缮筑城壁、立寨栅、打造战具、搬请粮草应干工役外,不许私役战士,盖造私第,营葺房廊,修筑园圃,及兴贩工作等。太上皇帝累降指挥约束,如敢更有违犯,委御史台弹奏,当重置典宪。庶几仰合祖宗优养士卒之意。(《建炎以来系年要录》卷二〇〇)

五岳四渎、名山大川、历代圣帝名王、忠臣烈士载于祀典者,委所在长吏精洁致祭。近祠庙处,并禁樵采。如祠庙损坏,令本州支系省钱修葺,监司常切点检,毋致隳坏。(《宋会要辑稿》礼二〇)

应文臣承务郎、武臣承信郎以上,并内臣及致仕官,并与转官;合磨勘者,仍不隔磨勘。(《宋会要辑稿》职官一一)

应命官因臣僚一时论列放罢,刑寺拘于常法,以章内所言约作过犯,致使常挂罪籍,实可怜悯。如有似此之人,可并与除落,依无过人并与叙元官。(《宋会要辑稿》职官七六)

应文武致仕官并赐粟帛羊酒,即曾任太中大夫、观察使以上官者倍赐。应文臣承务郎、武臣承信郎以上,并内臣及致仕官,并与转官,合磨勘者仍不隔磨勘。(《宋会要辑稿》职官七七)

应命官引年致仕之人,令监司、郡守于所部搜访节行才识精力未衰者,具名以闻,当议量材任用。其因疾病致仕,如已痊安,不以年限满与未满,许召官二员委保自陈,特令再仕。(《宋会要辑稿》职官七七)

应举人除犯徒罪以上及真决人外,其余因事殿举及不得入科场之人,虽有不以赦降原免指挥,可并许应举。(《宋会要辑稿》选举四)

勘会太学、国子学、武学生系是久被太上皇帝教养之士,宜因庆霈,特加优异。应见在籍人并与免文解一次;已系免解人,候登第日,与升甲,如就特奏名试,亦与升等推恩;上舍已系免省人,特与先次释褐,赐进士出身,内愿赴将来殿试者,与堂除差遣一次。(《宋会要辑稿》选举四)

应合该特奏名人,并与免试,内曾经六举以上到省人与补将仕郎,五举上州文学,四举下州文学,三举诸州助教。合补助教人愿赴将来特奏名殿试者,亦听。(《宋会要辑稿》选举一三)

临安府内外买卖与贩金银匹帛杂物之类,除依省则合收门税外,访闻税务将铺户已卖物色,因所买人漏税及元未经税卖下之物,辄于铺户一例追纳罚钱。可令本府严行禁戢。如有违犯之人,计赃断罪,仍许人户越诉。(《宋会要辑稿》食货一八)

应人户典卖田产,依法合推割税赋,其得产之家避免物力,计嘱公吏,不即过割,致出产人户虚有抱纳;或虽已割而官司不为减落等第,抑令依旧差科,可立限两月,许经官陈首,画时推割。如违限不首,令元出产人户越诉,依法施行,仍令州县多出榜晓谕。(《宋会要辑稿》食货六一。又见同书食货七〇)

官司债负,其间有积年未纳之人房债、租赋、和买役钱及坊场河渡等钱,截止绍兴三十年以前,并予除放,日后不得再有违欠,官司别立名额仍前追纳者,许人户越诉,官吏并当论罪。(《宋会要辑稿》食货六三。又见《宋史》卷一七四《食货志》)

应诸路出产时新口味果实之类,所在州郡因缘贡奉烦扰,道上疲费过所,至于数外取索,多归公库,更相馈遗,习以成风。或假贡奉为名,渔夺民利,果实则封闭园林,海错则强夺商贩,至于禽兽昆虫珍味之属,则抑配人户,致使所在居民以土产之物为苦,不唯因口腹之故,广害物命,亦使斯民冒犯险阻,或至丧失躯命,岂不甚痛!太上皇帝已尝降诏禁约,窃虑岁久,未能遵奉。自今仰州军条其土产合贡之物申尚书省,下礼部参酌天地宗庙陵寝合用荐献,及德寿宫甘旨之奉,当议指挥,止许长吏修贡外,其余一切并罢,如州县奉行灭裂,因缘多取,当以违制论。(《宋会要辑稿》崇儒七六。又见《建炎以来系年要录》卷二〇〇,《宋史》卷一七四《食货志》)

两浙、京西路昨缘金人侵犯,民户逃移,今渐归业,已降指挥与免税赋及免起州军上供等钱物,以宽民力。至于调发马军,并系专委官措置津发钱粮,深虑州县巧作名色,乱行科配,及非理差役,逐路监司常切觉察。(《宋会要辑稿》食货六九)

应编配及移乡人并永不移放者,并放逐便。(《宋会要辑稿》刑法四)

勘会诸军出暴露官兵,已降指挥各与推恩。至今尚未有申奏去处,致碍定赏。仰主帅遵依已降指挥,疾速一并开具保明闻奏。(《宋会要辑稿》兵五)

绍兴三十一年以后归正士人未有应取去处,窃虑失所,理宜优恤。可令于所在州军附今秋解试。其取人分数,与依昨流寓人例施行。(《宋会要辑稿》兵一五)

应陷没州军士民不忘本朝恩德,远来归正,委是忠义,内补换官资之人,已行添差诸州军合入差遣。访闻州军多不依时支给请受,有失朝廷存抚之意。可令诸转运司行下州军,今后须管按月支破,毋令失所。如有违戾去处,按劾以闻。(《宋会要辑稿》兵一五)

应归正、归明大小使臣、校副尉、下班祗应,累降指挥添差差遣,窃虑尚有无力参部之人,理宜优恤,可令吏部更与添差一次。(《宋会要辑稿》兵一五)

应诸国归正人等皆系忠义所激,向慕而来,理宜优恤,仰州县长吏常切抚存,毋令失所。内官员已令添差差遣,候任满日,更与添差,请给、人从,依元降指挥。如留滞道路、栖止逆旅未曾推恩人,所在州县津发,日下令诣枢密院自陈,当议即与依例施行。

北来归正士民，虑有贫乏、寄居在外州军之人，深可怜悯。仰守臣将归正士人许赴学破食听读，常加存恤。百姓赈济，毋令失所。（《宋会要辑稿》兵一五）

勘会沿边诸州军置立山水寨拒捍金人，其间曾有经战立功之人，仰逐州军并帅臣、监司保明闻奏，当议参酌推恩。昨起发两浙东西路、江东西、湖南北、福建路诸州军出禁军弓弩手赴江上诸军使唤，后来并发归元来去处休息，窃虑内有曾立战功阵亡之人，仰逐州军从实开具，申诸大帅，疾速保明推恩施行。近缘军兴，立功将士除已节次推恩外，尚虑有在远方未曾保明之人，仰主帅疾速开具闻奏。内已申奏到者，疾速定赏。勘会金人侵犯州县，在任官有能结集屯聚保护居民及应副军期钱粮无旷阙之人，仰本路监司保明以闻，当议旌赏。（《宋会要辑稿》兵一九）

访闻绍兴府攒宫每岁修葺，诸色人户交纳竹木，多被攒宫官吏邀阻。自今并画时受纳，如违，许人户越诉，当议重置典宪。每季朝陵，使命往来，多是县道差近乡及沿路人户迎送应办，极为劳弊。仰本府条具合宽恤事件以闻。（《宋会要辑稿》礼三七）

吴宏叙复制
（绍兴三十二年六月十三日）

原标：左武功大夫、鄂州驻札、御前中军第十将吴宏，因搭克队下食钱等事，三十二年四月十七日圣旨降一官，令本军自效，该六月十三日大赦，叙复。

敕：坐法而贬，会赦而叙，厥惟邦典，朕则何心？具官某服在辕门，幸参将列，乃虩剥下，稍抑横阶，累月复之，可谓幸矣！夫赦固不数，而法常可畏，往思报效，勿蹈前非。可。

出处：《掖垣类稿》卷三。
撰者：周必大

诣德寿宫从驾臣僚等作歇泊假诏
（绍兴三十二年六月十五日）

今后车驾诣德寿宫起居毕，驾回，应从驾臣僚等并免奏万福，次日依例特作歇泊假一日。

出处:《中兴礼书》卷一八〇。

宰执以下诣德寿宫起居日不视事诏
（绍兴三十二年六月十五日）

今后宰执以下诣德寿宫起居日特不视事，百司并不作假。

出处:《中兴礼书》卷一八〇。

有司详议朝问太上皇帝事诏
（绍兴三十二年六月十七日）

太上皇帝有诏却五日之朝。朕于子道问寝侍膳，尤宜勤恪。圣训丁宁，朕心未安。有司宜详议以闻。

出处:《中兴礼书》卷一八〇。

修整御辇院库屋等诏
（绍兴三十二年六月十七日）

御辇院库屋等经雨损漏，并库眼围墙见今倾侧，仰两浙转运司日下如法修整。今后每季差人赴院检计修整施行。

出处:《宋会要辑稿》职官一九之一九。

直言时政阙失诏
（绍兴三十二年六月十九日）

朕钦承圣训，嗣守丕基，猥以眇躬，托于王公、士民之上，兢兢业业。惧德菲薄，不敏不明，未烛厥理，将何以缉熙初政，称太上付托之恩？永惟古先极治之朝，置鼓以延敢谏，立木以求谤言。故下情不塞于上闻，而治功所以兴起也，朕其慕之。况今荐绅之士，咸怀忠良，刍荛之言，岂无一得？朕躬有过失，朝政有缺遗,斯民有休戚,四海有利病,凡可以佐吾元元、辅朕不逮者,皆朕所乐闻。朕方虚怀延纳,容受直辞。言而可行,赏将汝劝;弗协于理,罪不汝加。悉意陈之,以启告朕。毋隐毋讳,毋惮后害。自今时政阙失,并许中外士庶直言极谏,行在诣登闻检、鼓院投进,在外于所在州军实封附递以闻。

出处:《建炎以来系年要录》卷二〇〇。又见《宋会要辑稿》帝系九之三一,《宋史全文续资治通鉴》卷二三下。

上太上皇帝太上皇后尊号诏
(绍兴三十二年六月二十日)

令学士院降诏,太上皇帝宜恭上尊号曰光尧寿圣太上皇帝,太上皇后宜恭上尊号曰寿圣太上皇后,仍令礼部太常寺疾速讨论礼仪,条具申尚书省取旨。

出处:《宋会要辑稿》仪制八之二〇。

授陈康伯左金紫光禄大夫诰
(绍兴三十二年六月二十一日)

门下:阙二十四字。之功阙二十四字。太上皇履阙二十二字。万乘之尊,阙一字。简同德以辅朕。予一人宅兆民之上,倚旧弼以代天。载畴翊赞之勋,爰峻褒崇之典。增文阶之两秩,衍赋邑之真租。以昭体貌之隆,以厚股肱之遇。惟时所望,非朕敢私。於戏!垂拱而阜天民,当谨循于尧道;功名之冠群后,正有赖于萧规。益懋尔猷,永弼予治。可特授左金紫光禄大夫、依前守尚书左仆射、同中书门下平章事、兼提举编修玉牒所、监修国史,加食邑一千户,食实封四百户如故。绍兴三十二年六月二十一日下。

出处:《陈文正公文集》卷五。又见《陈文正公家乘》卷一,民国《弋阳县志》卷一六。

设官裒集建炎绍兴诏旨诏
（绍兴三十二年六月二十二日）

朕惟太上皇帝临御三纪,法令典章,粲然备具。嗣位之初,深惧坠失。其议设官裒集建炎、绍兴以来诏旨,条例以闻,朕当与卿等恪意奉行,以对扬慈训。

出处:《玉海》卷四九。又见《宋会要辑稿》职官四一之七〇,《建炎以来系年要录》卷二〇〇,《宋史全文续资治通鉴》卷二三下。

谕工部长贰诏
（绍兴三十二年六月二十三日）

工部长贰严切措置,先将军器所私役占破借使工匠尽令改正,专一造作军器,务要精至。如敢依前违戾,监官取旨黜责,合干人重行决配,委御史台觉察弹劾。

出处:《建炎以来系年要录》卷二〇〇。又见《宋会要辑稿》职官一六之一六。
考校说明:"二十三日"据《宋会要辑稿》职官一六补。

宗子不括补承信郎制
（绍兴三十二年六月二十三日）

原标:忠州申:取应宗子赵不括昨于绍兴二十九年取到夔州路转运司文解,当年九月赴四川制置司类省试院覆试,中第六名。丁忧赴御试不及,补承信郎。

敕某人:乃者深念宗盟,或游蜀道。均以十人之制,蠲其万里之来。汝既中程,是宜锡命。往联右列,尚勉后图。可。

出处:《掖垣类稿》卷一。又见《永乐大典》卷七三二七。
撰者:周必大

军器所措置提点官叙位诏
(绍兴三十二年六月二十四日)

军器所措置提点官叙位在提辖干办官上,于入内都知押班内差。

出处:《宋会要辑稿》职官一六之一六。

文武臣僚转官磨勘该载未尽事答诏
(绍兴三十二年六月二十四日)

选人校副尉、下班祗应在职任并岳庙人,并与循转一官资;已系承直郎,候改官减二年磨勘。

出处:《宋会要辑稿》职官一一之四〇。

金华知县右通直郎周世修擅移兑折帛钱降一官制
(绍兴三十二年六月二十五日)

敕具官某:叙其财以待邦之移用,虽古职内犹不敢专也。汝今敢移用,可乎?稍褫文阶,以戒无訾省者。可。

出处:《掖垣类稿》卷三。
撰者:周必大
考校说明:明抄本、四库本"金华"前有"婺州申"三字。

权罢临安府保甲夜巡诏
(绍兴三十二年六月二十七日)

临安府保甲夜巡可权罢,其军巡人所属常切差拨数足,本府除兵官巡逻外,仍仰多差使臣撞点。

出处:《宋会要辑稿》兵三之九。

上太上皇帝太上皇后尊号诏
(绍兴三十二年六月二十九日)

门下:朕闻天子必有尊,莫大事亲之道;圣人何如于孝,敢伸归美之诚。酌前代之宏规,遵本朝之盛典。太上皇帝聪明渊懿,敦敏徇齐。积三纪之勤劳,倦万机之丛脞,遂以大宝,付之眇躬。祈天莫控于忱衷,即日勉承于景命。虽极二仪之大,无以昭揖逊之公;馨四海之丰,无以效旨甘之奉。命铺张于至德,仍订正于旧章。虔上鸿名,益恢孝治。太上皇帝宜恭上尊号曰光尧寿圣太上皇帝,太上皇后宜恭上尊号曰寿圣太上皇后。仍令礼部、太常寺疾速讨论礼仪,条具申尚书省取旨,副朕所以图报大恩之意。播告中外,咸使闻知。故兹诏示,想宜知悉。

出处:《中兴礼书》卷一八一。又见《宋会要辑稿》礼四九之二七。

铸钱司钱纲以二万贯为一全纲诏
(绍兴三十二年六月二十九日)

铸钱司今年钱纲依旧以二万贯为一全纲。自二万贯已上添押之钱,与据数推赏。谓如一万贯合得减十个月零半月磨勘,五千贯合得减五个月零七日磨勘之类。

出处:《宋会要辑稿》食货四五之一八。

强盗等流配之人刺填龙猛龙骑指挥诏
(绍兴三十二年六月)

强盗并持杖窃盗贷命流配之人,令元勘州军长贰择壮健堪充军者先次刺填龙猛或龙骑指挥,差人押赴屯驻军。

出处:《宋会要辑稿》刑法四之五五。

赐辛次膺诏
（绍兴三十二年六月）

朕顷在藩邸，知卿名德之重，即位以来，亟欲见卿。以忧制未终，所不可起。今卿既禫，宜遄其归，而复上疏请老，岂朕不德，不足与有为耶？宜勿复请。

出处：《宋名臣言行录》别集下卷六。

赐张浚赴行在手书
（绍兴三十二年六月）

朕初膺付托，以眇然一身，当万几之繁，夙夜祗惧，未知攸济。公为元老，被遇太上皇帝，礼遇之久，群臣莫及，宜有嘉谋至计，辅朕初政。方今边疆未靖，备御之道，实难遥度，思一见公，面议其当，使了然如在目中，繄公是望。公其疾驱，副朕至意。

出处：《晦庵先生朱文公文集》卷九五《张公行状》。又见《宋名臣言行录》别集下卷三，《宋宰辅编年录》卷一七，康熙《绵竹县志》卷三。

修学士院诏
（暂系于绍兴三十二年六月至七月间）

朕一日万几，自朝至昃，玩好弗营，宴游弗事，唯喜闻切直。将于禁中，辟屋数楹，使贤德之士寓直其间，时或番宿，朕当间召与之论议，以慰夙昔之愿焉。其令有司，增葺学士院。

出处：《鄮峰真隐漫录》卷六。
撰者：史浩
考校说明：编年据史浩任两制时间补。

赐观文殿大学士知绍兴军府事汤思退乞宫观不允诏
(暂系于绍兴三十二年六月至七月间)

古之大臣,一出处进退之节;至其在位,无内外轻重之心。卿早相上皇,蔚为贤宰,属维新于庶政,乃作牧于东藩。方以告猷,遽求均逸。谓朕不足以语治,则曾未接于声音;谓卿不可以有为,则尚强于筋力。纵使遂卿之请,忍即舍朕而归? 揆之人情,质之事体,皆为未可,其又奚言!

出处:《鄮峰真隐漫录》卷六。
撰者:史浩
考校说明:编年据史浩任两制时间补。

赐新除兵部侍郎周揆辞免恩命不允诏
(暂系于绍兴三十二年六月至七月间)

徽祖作成人材,桥门所储,亿万士类,卿之行艺,卓冠一时,朕固闻而知之。洎我上皇搜揽豪俊,锋车所召,二三闻人,卿之论思,实秉圣听,朕固见而知之。则奉慈训,纂洪业,收召耆硕,可后卿乎! 武部二卿,兹庸暂起。朕志既定,其勿牢辞。

出处:《鄮峰真隐漫录》卷六。
撰者:史浩
考校说明:编年据史浩任两制时间补。

赐新除右谏议大夫任古辞免恩命不允诏
(绍兴三十二年六月至七月间)

朕以眇躬,仰依慈训,托于士民之上,实赖左右忠贤之臣而共济之。矧惟谏诤之官,专以指朕不逮者,庸可后乎? 卿秉节据正,无所回执。顷为御史,亦既有声,言旨详明,事亦剀切,议者谓其得体,朕心慕焉。则辍从千里之名邦,进处七人之上列,固不为忝,其又奚辞!

出处:《鄮峰真隐漫录》卷六。

撰者:史浩

考校说明:编年据史浩任两制时间、任古官历补,见《宋会要辑稿》职官五一。

赐新除保平军节度使王彦辞免恩命不允诏
(绍兴三十二年六月至七月间)

卿英名盖世,深画过人,膺太上之眷知,受西陲之委寄。顷者风尘告警,斧钺出征,威声所临,丑类悉遁。龙韬豹略,久勤幕府之行;红旆碧幢,宜峻斋坛之拜。肆予嗣位,忽览逊章,惟帝命之已敷,岂朕心之敢易?

出处:《鄮峰真隐漫录》卷六。

撰者:史浩

考校说明:编年据史浩任两制时间补。

俞布等循资制
(暂系于绍兴三十二年六月至七月间)

敕:朕广营田,所以足兵储,裕民力也。尔等警戢之余,勤于劝课,耕卤莽,聚京坻。稍陟一资,用示优奖。

出处:《鄮峰真隐漫录》卷六。

撰者:史浩

考校说明:编年据史浩任两制时间补。

滕璵循资制
(暂系于绍兴三十二年六月至七月间)

敕:群盗剿敚,使吾民不得安其田里。尔长一方,能设谋略,悉使就擒,民用安堵。绩效之著,合于令甲。升资示劝,匪朕得私。

出处:《鄮峰真隐漫录》卷六。

撰者:史浩

考校说明:编年据史浩任两制时间补。

王宏补官知兰州制

(暂系于绍兴三十二年六月至七月间)

敕:兰去中朝数千里,民违声教三十年。有能向风,是为知义。具官某材推果毅,姿兼沈雄。夙有志于归仁,故无心于助虐。能令千户知死生祸福之机,坐使一州成礼义衣冠之地。爰兹懋赏,用奖奇勋。就领郡符,仍兼将印。尔其务宁远俗,益励初心。图惟庆誉之终,嗣有褒崇之宠。可。

出处:《鄮峰真隐漫录》卷六。

撰者:史浩

考校说明:编年据史浩任两制时间补。

宋兴祖补官制

(暂系于绍兴三十二年六月至七月间)

敕某:比者国家有事中原,而忠义之士云蒸雾合,作我前驱。非尔纠率,畴克然哉?庸进厥阶,以劝来者。

出处:《鄮峰真隐漫录》卷六。

撰者:史浩

考校说明:编年据史浩任两制时间补。

朱祥等补官制

(暂系于绍兴三十二年六月至七月间)

敕某等:士有忠义根诸心,非得人激发之,亦或因循,莫克自奋。尔等间关传檄,卒底成功,爰命以官,式奖勤勋。

出处:《鄮峰真隐漫录》卷六。

撰者:史浩

考校说明:编年据史浩任两制时间补。

萧一中亲属补官制
(暂系于绍兴三十二年六月至七月间)

敕某等:身居累地,心在本朝。竭蹙来趋,中途遭变。有嘉慕义,良用忱然。凡居姻党之联,服我褒崇之命。各思忠顺,毋忝前人。

出处:《鄮峰真隐漫录》卷六。
撰者:史浩
考校说明:编年据史浩任两制时间补。

赐尚书左仆射陈康伯乞寝罢礼仪使支赐银绢不允诏
(绍兴三十二年七月一日后)

朕仰膺慈训,光宅丕图,躬率群工,祗见九庙。时惟上宰,实总盛仪。有嘉显相之劳,宜被宠颁之渥。何谦之过,引义而辞?虽以身率人,务力行于廉逊;然为国惜体,当勉蹈于中庸。

出处:《鄮峰真隐漫录》卷六。
撰者:史浩
考校说明:编年据《宋会要辑稿》礼四九补。

御前军器所专隶提举制造御前军器所诏
(绍兴三十二年七月六日)

御前军器所可依旧例,专隶提举制造御前军器所,所有隶工部等指挥更不施行。

出处:《宋会要辑稿》职官一六之一六。

赐守令诫谕诏

(绍兴三十二年七月七日)

朕观唐虞成周之盛,众建诸侯,以抚九有。泊历秦汉,迄我祖宗,列置郡邑,亦克用乂。肆朕嗣位,顾德菲薄,夙夜祗惧。永惟邦本,实在斯民,民之休戚,实系守令。太上皇帝精求循良,留神惠养,垂及眇躬,乃敢怠忽以上羞付托?咨尔分土之臣,各既厥心,毋滋狱讼,毋纵吏奸,毋夺民时以事土木,毋掊民财以资饷遗。有一于此,必罚无赦。至于俾民安其田里,愁叹不生,增秩赐金,若古令典。朕将以尔风励四方,而明示厥志,惟尔亦有无穷之闻。

出处:《鄮峰真隐漫录》卷六。
撰者:史浩
考校说明:编年据《宋史》卷三三《孝宗纪》补。

诫谕守令诏

(绍兴三十二年七月七日)

永惟邦本,实在斯民,民之休戚,实系守令。太上皇帝精择循良,留神惠养,垂及眇躬,其敢怠忽?咨尔分土之臣,毋滋讼狱,毋纵吏奸,毋夺民时以重土木,毋掊民财以资饷遗。有一于此,必罚无赦。至于俾民安其田里,愁叹不生,增秩赐金,若古令典。

出处:《建炎以来系年要录》卷二〇〇。又见《宋史全文续资治通鉴》卷二三下。

诸军卖酒息钱减磨勘事诏

(绍兴三十二年七月七日)

户部官催督诸军卖酒收到息钱及二十万贯,减磨勘一年;每岁减磨勘依已降旨,通不得过四年。

出处:《宋会要辑稿》职官一一之四〇。又见同书食货五六之四八。

宰执等只初二日朝德寿宫诏
(绍兴三十二年七月八日)

恭奉太上皇帝圣旨:"前尝止宰执等月内两到宫。今闻尚与前说不异,缘宫前无待漏去处,缓急阴雨,使百官暴露,殊不安怀。可今后只初二日率从官等同一次来。"当恭依太上皇帝圣旨施行。

出处:《中兴礼书》卷一八〇。

两淮知县任满无过减举主一员诏
(绍兴三十二年七月八日)

两淮知县除立定赏条外,候任满无过,从本路监司保明,与减举主一员。

出处:《宋会要辑稿》职官四八之三六。

除张浚少傅依前观文殿大学士充江淮
东西路宣抚使进封魏国公制
(绍兴三十二年七月八日)

门下:周公三年而归,大慰国人之望;吉甫万邦为宪,是增盟府之勋。眷予社稷之元臣,方懋边陲之重寄。诞扬制綍,敷告廷绅。具官某自明克诚,允文且武。事亲之孝,实上通于神明;许国之忠,可兼贯于日月。畚登庸于次辅,克左右于中兴。一德格天,四海奠枕。殊方震惧,闻姓字以胆寒;多士归依,想容仪而心悦。即其效之若此,知夫中之所存。乃因勤劳,旋请闲退。久徜徉于泉石,靡事浮沈;兹表重于江淮,果烦经略。太上皇惟深眷注,予一人敢后褒崇?缔冕篆车,峻升亚傅;绣裳黼衮,改胙大邦。增使节以宠元戎,总兵符而护诸将。尚仍书殿之贵,以壮辕门之权。进衍户封,倍敦井赋。以究经纶之蕴,以终恢复之图。於戏!诵宣王任贤使能之诗,朕喜得将明之助;鉴光武略地屠城之戒,公宜以安集为先。勉期戢干戈,仁归安于槐鼎。伊惟耆哲,奚俟训词。可。

出处:《鄮峰真隐漫录》卷六。又见《宝庆四明志》卷九。

撰者:史浩

考校说明:编年据《宋史》卷三三《孝宗纪》补。《宋宰辅编年录》卷一七系于绍兴三十二年六月五日甲子,然是月无甲子日,恐误,见王瑞来《宋宰辅编年录校补》(中华书局,一九八六年,第一一五五页)。

汝州阵亡赵吉等赠官制
(绍兴三十二年七月八日)

原标:归明人忠武校尉、云骑尉赵吉同女婿车全、刘福去年十二月汝州阵亡,赵吉与换从义郎上赠三官,与恩泽三资,车全、刘福并白身,合赠承节郎,各与一子进勇副尉。

敕某人等:汝甥舅慕义,自拔来归,而锐于立功,至同时以死,达于予听,为之恻然。追命录孤,尚其知享。可。

出处:《披垣类稿》卷五。
撰者:周必大

赐新除少傅观文殿大学士魏国公张浚告口宣
(绍兴三十二年七月八日)

卿一代元勋,三边重寄。既壮犹之入告,宜宠数之骈加。体我眷私,亟其祗受。

出处:《鄮峰真隐漫录》卷六。
撰者:史浩
考校说明:编年据《宋史》卷三三《孝宗纪》补。《宋宰辅编年录》卷一七系于绍兴三十二年六月五日甲子,然是月无甲子日,恐误,见王瑞来《宋宰辅编年录校补》(中华书局,一九八六年,第一一五五页)。

川陕宣谕使司将起发赴行在纲马关报都大提举
川秦茶马两司那融差拨应付诏
(绍兴三十二年七月九日)

　　川陕宣谕使司将起发赴行在纲马,照应每纲合用使臣、牵马人兵等,关报都大提举川、秦茶马两司,那融差拨应付。赏罚并依本司团发纲马体例。其成都、潼川府、夔利州路、京西、湖北、江东西、两浙转运司行下纲马经由州县,据起到纲马合批支口券、草料、钱米,依茶马司见起发马体例,于合取拨寨名内批支应副。其新复州军,未有合发财赋,候将来买到细马起发日,据合批支口券、钱米、草料,于州县应有管寨名内应副。

出处:《宋会要辑稿》兵二四之四二。

赐少傅观文殿大学士魏国公张浚辞免册命宜允诏
(绍兴三十二年七月八日后)

　　朕于贵老尊贤,无所不用其至。卿以元勋旧德,幡然为朕而来,则其待遇之恩,洎夫褒崇之意,岂可与一介之士同日而言哉? 比以敷纶未厌舆论,故须作册以显殊私。乃引旧章,力辞缛礼。虽体貌励大臣之节,当极优隆;而执谦挹君子之光,重违恳恻。勉从所请,式慰其心。

出处:《鄮峰真隐漫录》卷六。
撰者:史浩
考校说明:编年据《宋史》卷三三《孝宗纪》补。

岳飞追复元官诏
(绍兴三十二年七月十三日)

　　飞起自行伍,不逾数年,位至将相,而能事上以忠,御众有法,屡立功效,不自矜夸,余烈遗风,至今不泯。去冬出戍,鄂渚之众师行不扰,动有纪律,道路之人归功于飞。虽坐事已殁,而太上皇帝念之不忘。今可仰承圣意,追复元官,以礼改葬,访求其后,特与录用。

出处:《宋会要辑稿》职官七六之七〇。又见《建炎以来系年要录》卷二〇〇,《鄂国金佗稡编》卷九,《鄂国金佗续编》卷一三。

梁康民张安上充差遣制
(绍兴三十二年七月十七日)

原标:干办内东门梁康民、张安上转归吏部,充德寿宫差遣。

敕具官某:恭惟太上无心黄屋,而乐游大廷之馆,命汝入卫,可无异恩?兹用解房闼之权,赋铨曹之禄。往祗乃事,勿替恭勤。可。

出处:《掖垣类稿》卷一。
撰者:周必大
考校说明:编年据《宋会要辑稿》职官五三补。

御前激赏库拨归左藏库诏
(绍兴三十二年七月十八日)

将御前桩管激赏库并拨归左藏库,自今后诸路发纳到纲运准此。

出处:《宋会要辑稿》食货五一之二九。又见《建炎以来系年要录》卷二〇〇,《宋史全文续资治通鉴》卷二三下。

令张守忠带兵前往淮西措置边备诏
(绍兴三十二年七月十九日)

主管侍卫马军司公事张守忠将带精锐官兵五千人前去淮西,同王彦、王之望措置边备。

出处:《宋会要辑稿》兵九之一五。

权借拨诸路州县官应请职租诏
(绍兴三十二年七月二十一日)

诸路州县官应请职租,可权借拨,专令常平司桩管赡军,候边事宁息日取旨。仍仰诸县各具所收实数,类申尚书省。

出处:《宋会要辑稿》职官五八之二五。

御前激赏库拨归左藏库合行事件诏
(绍兴三十二年七月二十一日)

令提点官编排见数,仰左藏库逐旋交跋,以"左藏库"为名,专一桩管应副军期,临时取旨,不得擅有支遣。

出处:《宋会要辑稿》食货五一之二九。

除吴益少傅充醴泉观使依前保康军
节度使进封大宁郡王制
(绍兴三十二年七月二十一日)

门下:朕庆席父慈,曾未进君临之道;恩先母党,盖欲广孝治之风。乃眷贤王,实为元舅。兹加地以进律,庸敷号以告廷。具官某简重而裕和,高明而博达。古训是式,说礼乐而敦诗书;直道而行,慕功名而轻富贵。英标玉立,冲量海容。蚤由肺腑之亲,久享公侯之盛。方隆谦以自牧,故虽高而不危。俾吾外家,郁为名族。念慈闱之懿德,有大造于眇躬。敦兹和润之恩,职我彩嬉之悦。是用并昭贤业,申锡宠章。爰亚爵于上孤,复肇封于王社。进领珍祠之邃密,尚仍将闑之森严。陪衍真腴,骈加多赋。於戏!申伯既闻于柔惠,喜动周邦;无忌深戒于满盈,功隆唐室。勉扬茂烈,无愧前人。可。

出处:《鄮峰真隐漫录》卷六。
撰者:史浩
考校说明:编年据《宋史》卷三三《孝宗纪》补。

除吴盖开府仪同三司充万寿观使依前宁武军节度使制
（绍兴三十二年七月二十一日）

门下：朕尊临宸极，仰繄慈母之恩；孝事坤闱，斯厚外家之泽。是为贵贵，岂独亲亲？爰诹刚日之良，用告在廷之重。具官某温恭而清约，端重而粹夷。乐在诗书，惜分阴于暇日；知尊社稷，激壮志于清时。久茂德于庆阃，乃蜚声于戚畹。矧奉慈亲之训，每权孝弟之贤。流水游龙，蔑有昔人之侈靡；路车乘马，是宜今日之褒崇。大合公言，匪存私意。进仪端揆，服纡衮绣之华；均逸殊庭，朝缀鸳鸾之序。肆加井户，贲增将坛。於戏！功名不难于图始，惟其终；富贵勿以为易得，惟其守。益驰休誉，以对宠光。可。

出处：《鄮峰真隐漫录》卷六。
撰者：史浩
考校说明：编年据《宋史》卷三三《孝宗纪》补。

赐新除少傅充醴泉观使进封大宁
郡王吴益辞免恩命不允诏
（绍兴三十二年七月二十一日后）

朕日趋德寿，祗事两宫。付托之恩，仰承睿命；鞠育之德，复繄母慈。虽罄天下养，朕心犹未安焉。锡宠外家，尊荣元舅，上怡亲志，下副朕心，此为权舆，未足多逊。

出处：《鄮峰真隐漫录》卷六。
撰者：史浩
考校说明：编年据《宋史》卷三三《孝宗纪》补。

赐新除开府仪同三司充万寿观使吴盖辞免恩命不允诏
（绍兴三十二年七月二十一日后）

卿夙承阀阅，守礼蹈义，昆弟相处，号为二难。名誉之崇，实慰我母。朕谓曾元之孝，不如曾子，故推此恩，以见朕志。不然，朕岂以名器假人者哉？卿苟知此,又何以辞为耶!

出处:《鄮峰真隐漫录》卷六。
撰者:史浩
考校说明:编年据《宋史》卷三三《孝宗纪》补。

造军器合用筋角等许客人径赴军器所中卖诏
(绍兴三十二年七月二十三日)

造军器合用筋角、牛皮、翎毛、鳔胶、箭笴之类,见令安抚司回易库拘催收买,恐偿直艰阻,自今后并免拘催,许客人径赴御前军器所中卖,令合干人依市价即时支给见钱,不得减克阻节。

出处:《宋会要辑稿》职官一六之一六。

杜胜叙复制
(绍兴三十二年七月二十三日)

原标:左武大夫、忠州团练使杜胜,因任东南第九将违法决军兵致死,降一官放罢,见降作刺史,遇登极赦叙元官。

敕:旷荡之恩,何辜不释?矧如一眚,固在亏除。具官某顷以任威,稍裁遥寄;兹逢霈泽,一洗丹书。复尔练戎,谨于御下。可。

出处:《披垣类稿》卷三。
撰者:周必大

职田米禁折纳见钱诏
(绍兴三十二年七月二十四日)

职田米自今辄敢折纳见钱,并计赃坐罪。

出处:《建炎以来系年要录》卷二〇〇。又见《宋史全文续资治通鉴》卷二三下。

输纳夏税禁令人户纽价纳钱诏
(绍兴三十二年七月二十四日)

出榜晓谕。如有违犯,许人越诉,将犯官吏重置典宪。如监司不觉察,亦与同罪。

出处:《宋会要辑稿》食货七〇之五二。

制造御前军器所依旧隶属工部诏
(绍兴三十二年七月二十五日)

制造御前军器所依旧隶属工部,近降指挥更不施行。

出处:《宋会要辑稿》职官一六之一七。

直言上书付中书门下后省看详诏
(绍兴三十二年七月二十六日)

今后直言上书,并付中书门下后省看详。有可采者,由尚书省取旨。

出处:《建炎以来系年要录》卷二〇〇。又见《宋史全文续资治通鉴》卷二三下。

圣节合进金银钱绢等权与蠲免诏
(绍兴三十二年七月二十七日)

将来圣节,诸路监司、州军应合进金银钱绢等,缘天申圣节已行进奉,合进之数权与蠲免。

出处:《建炎以来系年要录》卷二〇〇。又见《宋史全文续资治通鉴》卷二三下。

浙东等路各添招弓手五分诏
(绍兴三十二年七月二十七日)

令浙东、江东西、湖南、福建路各添招弓手五分,除依本处支破钱米则例外,先次立定初应募日,支给募钱五贯文。

出处:《宋会要辑稿》兵三之二五。又见《宋会要辑稿补编》第四二九页。

华旺除防御使制
(绍兴三十二年七月二十七日)

原标:右武大夫、成州团练使、鄂州后军副统制华旺去年策应赵樽,立功最多,未经推赏。七月二十七日圣旨,除正任防御使。

敕:中国蓄威养锐逾二十年矣,一旦胡虏盗边,士饱马腾,谁不自奋?迄资众力,捍我于艰。有功未酬,何以示劝?具官某天资忠勇,益以权谋。久处兵间,为下所服。向者率沔鄂之众,济陈蔡之师,鲠贼喉牙,固吾疆圉,肆嘉勋效,骤正捍防。今边陲少安而备御尤急,尔其建斥堠,练士卒,精器械,非常之绩,尚勉图之。可。

出处:《掖垣类稿》卷二。
撰者:周必大
考校说明:"绍兴三十二年"据《建炎以来系年要录》卷一九七补。《建炎以来系年要录》卷一九七:"(绍兴三十二年七月)丙辰,金人犯蔡州,侍卫马军司中军统制赵樽击却之。初,金既败归,樽益修守备,京湖制置使吴拱进屯南阳,遣后军统制成皋、华旺、捷胜军统制张成各以所部兵来援。"赵樽于绍兴三十一年十二月一日克复蔡州(见《建炎以来系年要录》卷一九五),"华旺去年策应赵樽"事当即指此。

令宰执等论定与金故礼及纳中原归正人事诏
(绍兴三十二年七月二十八日)

敌人求索故礼,从之则不忍屈辱,不从则遗患未已。中原归正人源源不绝,纳之则东南力不能给,不纳则绝向化之心。宰执、侍从、台谏各宜指陈定论以闻。

25

出处:《建炎以来系年要录》卷二〇〇。又见《宋史全文续资治通鉴》卷二三下,《续宋编年资治通鉴》卷七。

宋藻转左朝奉郎制
(绍兴三十二年七月二十八日)

原标:成闵下主管机宜文字宋藻,已差知江阴军,用荆襄功赏转一官。

敕具官某:自兵兴以来,国家恤下至矣。功战者厚赏,暴露者例迁爵秩,所加动以万计。而襄汉之役,闵谓汝实在行,吾不疑也。惟今有民有社,殿最可考,勉期增秩,以自见焉。可。

出处:《掖垣类稿》卷二。
撰者:周必大

徽猷阁直学士左朝散大夫致仕郑望之赠四官制
(绍兴三十二年七月二十八日)

敕:朕惟得人之难,从古所病。粤自新进,盖尝试以事为;至于老成,乃可观其德望。奄兹沦谢,宁不恤伤? 故具官某志气可以折冲,材猷可以治剧。阅世久而心尚壮,更事多而智愈明。上大夫归老于家,已辞厚禄;乡先生殁祭于社,何必旧邦? 载嘉削牍之遗忠,特茂书棺之异宠。庶几幽壤,知我追褒。可。

出处:《掖垣类稿》卷四。
撰者:周必大
考校说明:编年明抄本、四库本"郑望之"后有"上遗表特"四字。

都遇降一官与宫祠制
(绍兴三十二年七月二十九日)

原标:张浚按知濠州、忠翊郎、阁门祇候都遇不遵宣司指挥,不受归正人,乞特降一官,与宫祠。贴黄称都遇持身稍廉,惟性不通。

敕具官某:朕举江淮兵民之寄属之元老,王侯宿将未有不听指纵者。汝名典郡,实隶戏下,愚而自用,贱而自专,以犯圣人之戒,可无惩乎? 亟命投闲,仍从削秩。过而能改,朕不汝忘。可。

出处:《掖垣类稿》卷三。
撰者:周必大
考校说明:"绍兴三十二年"据《宋会要辑稿》职官七一补。

诚约诸县受民输税官吏诏
(绍兴三十二年七月)

诸县受民已输税租等钞,不即销簿者,当职官吏并科罪;民赍户钞不为使,而抑令重输者,以违制论,不以赦免,著为令。

出处:《宋史》卷一七四《食货志》。

赐王刚中敕
(绍兴三十二年七月)

朕数年前与卿相从,虽不甚久,而意之所属,殊异稠人。今卿镇抚四川,日底安妥,使国家无西顾之忧,厥功甚茂。朕嗣膺宝位,立政之初,收召四方耆老。而卿独以委寄之重,邈在万里,注想之意,朝夕不忘。惟卿宿学全才,无施不可。尚几勉成政绩,绥御军民,使遐方远俗如朕临之,则繄卿是赖。异时敌国向风,边陲罢警,策勋之后,趣卿来朝。卿之功名,已在竹帛,则朕之所以求旧报功者,当何如耶! 卿其勉之,副此眷瞩。绍兴三十二年七月。

出处:同治《乐平县志》卷首。又见道光《万年县志》卷一四。

皇子生日并诸节序依元丰令取赐诏
(绍兴三十二年八月一日)

皇子生日并诸节序各合取赐物色,除端午扇依已得指挥减半外,余并依元丰令取赐。

出处:《宋会要辑稿》礼六二之六九。

蠲减淮南路佃逃绝田税课诏
(绍兴三十二年八月二日)

淮南路去冬残破去处,展免二税,止据实垦田土量行撮收课子。其间有先佃逃绝职田等人,不问已未耕垦、逃田上等每亩二斗,中等一斗八升,下等一斗五升,绝田每亩七升,或一斗至二斗。今来州县依旧送纳全租。可将淮南残破州军民户已佃逃、绝等田,且据自今实开耕田亩,将先立定税课特与减半送纳;未开田亩权行倚阁,候及二年,并依旧输纳。

出处:《宋会要辑稿》食货七〇之五二。

诸房百司依数目差破禁军诏
(绍兴三十二年八月三日)

祖宗格法,差破禁军自有定数。比年三省、枢密院、诸房及百司例作名目差占,抽强壮披带之人,以充担擎看管杂役,实为蠹兵之弊。仰诸房百司除依数目差破,余令拘收;如敢影占,重置典宪。

出处:《建炎以来系年要录》卷二〇〇。又见《宋史全文续资治通鉴》卷二三下。

采石立功人各转官制
(绍兴三十二年八月四日)

原标:李显忠保明采石立功人各得转四官,依指挥将一官与遥郡上转行。常润、刘易、王胜、白选、苏进、马仙、孙善并转遥郡防御使,彭玘、朱真、穆春、符镇、高立并转遥郡团练使,曹高麦、郑宾等二十二人并转遥郡刺史。

敕:属者贼亮乘国家易置大将之际,亲执旗鼓,来窥天堑。吾戈船竞进,虏几歼焉。具官某等勇足冠军,忠能敌忾,并乘机会,克有隽功,特越常彝,递升遥领。昔之名将不逢辰而淹没者多矣,汝曹丁时右武,而有朕信赏劝功之君,诚能奋其智谋,扫清河洛,则万户侯何足道哉?在汝勉之而已。可。

出处:《掖垣类稿》卷二。

撰者:周必大

杨林渡阵亡王匀等赠官制
(绍兴三十二年八月六日)

原标:李显忠保明淮西杨林渡阵亡王匀等一千三百七十五人。内武显大夫董宝、武翼大夫王匀各赠六官,于横行、遥郡上分赠,各与六资恩泽。

敕:杨林之役,杀伤相当。朕一听鼙声,未尝不思当时死事之将也。具官某勇于敌忾,忠不顾身,马革裹尸,卒成素志。泰山如砺,莫副我心。遥寄横阶,举为愍典。录孤与幼,多至六人。生者既已有归,殁者庶无憾矣。可。

出处:《掖垣类稿》卷五。

撰者:周必大

孟思恭落阶官授文州刺史制
(绍兴三十二年八月七日)

原标:右谏议大夫任古言:孟思恭奉使受赂,止罢见任太轻。奉圣旨特降一官。吏部供本人元系武功大夫、吉州刺史,落阶官,授文州刺史。

敕具官某:出疆修聘,远有光华,凡以客从,岂容货取?朕惧夫流弊之未革也,故诏二三执政谆谆诲之。而汝言犹在耳,贪已萌心。纵不畏四知,独不畏朕乎?夫受金之过小而慢令之罪大,此朕所以不汝容,而谏大夫所以重劾也。削阶罢免,往自省循。可。

出处:《掖垣类稿》卷三。

撰者:周必大

光州城西威惠庙神加封制
(绍兴三十二年八月七日)

原标:光州城西威惠庙中尊威惠显应侯加封英格威惠显应侯,东位昭惠顺应侯加封武格昭惠顺应侯,西位孚惠灵应侯加封忠格孚惠灵应侯。

敕某神等:畴昔虏帅,扰吾淮服,乃眷期思之壤,有严威惠之祠,灵若降于云中,厉遂驱于山左。鼎加美号,显答阴功。尚秩祀以依人,永孚休而受职。可。

出处:《披垣类稿》卷五。

撰者:周必大

大庆殿发册宝日丽正门等开启时刻诏
(绍兴三十二年八月八日)

将来大庆殿发册宝日,丽正门、和宁门并南北宫门及合经由门户,并比常日早二刻开。

出处:《宋会要辑稿》职官三四之三六。

德顺军东北三十里陇干北山乱石湫
神嘉润公加封显应嘉润公制
(绍兴三十二年八月八日)

原标:吴璘保奏:元丰元年旱涝获应,封嘉润侯,宣和三年加封嘉润公。昨来官军与金贼大战,阴雨晦冥,三日不止,委是风云助顺。又本军新复未逾月,旱乾苗稿,祈祷沛然。

敕某神:助顺而予直,幽明之理一也。尔公早承天宠,久隔王灵,涵蓄风云,待时以发。故雷电晦冥于战攻之际,而雨旸时若于还定之初,可谓有劳于国有功于民者矣。益增美号,用侈殊休。疆事既平,则封崇之典未艾也。可。

出处:《披垣类稿》卷五。

撰者:周必大

考校说明:"陇干"原作"陇于",据《元丰九域志》卷三、《舆地广记》卷一六改。

杨从仪除防御使制
(绍兴三十二年八月九日)

原标:吴璘保奏,正侍大夫、宣州观察使、右军统制杨从仪落阶官,除正任防御使。

敕：自匈奴绝和亲，政当路塞，独西师所向无前，皆吴氏父子之功也。虽则云然，尚犹推劳诸将，亦贤矣哉。具官某久在戎行，智而有勇，素驰臧宫之念，今逢李广之时。攻散关，克虏营，据原隰，声震三辅，厥功茂焉。元帅以闻，我商赉汝，差择名郡，授以御戎之印。尔尚毕精竭虑，协赞兵机，以共平多垒，无谓万里而忘汝知。

出处：《披垣类稿》卷二。

撰者：周必大

隔奴滩功赵振董巽转官制
（绍兴三十二年八月十日）

原标：湖北京西制置使吴拱奏：虏帅刘萼窥伺襄阳，于隔奴滩奔冲，俱被官军杀退。推排立功官兵三千八百二十九人、数内第一等武功大夫、吉州刺史赵振，第三等武功大夫兼阁门宣赞舍人董巽各转一官。

敕具官某：贼萼帅师窥吾襄汉，汝能奋击，遂遏其冲。将拱以言，递升遥领。尚图忠报，毋使功疑。可。

出处：《披垣类稿》卷二。

撰者：周必大

德寿宫官吏诸色人各转两官制
（绍兴三十二年八月十三日）

原标：绍兴三十二年八月十三日圣旨：德寿宫官吏诸色人等，并系日常侍卫应奉，可令所属照应已降敕文，各转两官资推恩施行。

敕某人等：朕于事亲无所不用其至，故凡隶名西内者，推恩率有加焉。叠进官荣，往图报效。可。

出处：《披垣类稿》卷一。

撰者：周必大

31

上太上皇帝尊号册文
(绍兴三十二年八月十四日)

　　皇帝臣昚谨稽首再拜言曰：臣闻推成功而不有者，必享天下之鸿名；嗣大惓于无疆者，盍尽天下之美报。永惟神心密运，妙固莫测，如天地之大，不可以形容，日月之明，不可以摹写。而仰乾符之昭苔，俯舆情之乐推，有可以铺张扬厉，庶几强名其万一者。在于臣子，曷可已哉！是必表盛节、建显号，绳金镂玉，极其尊崇，然后为称。恭惟太上皇帝陛下刚健中正，徽柔懿恭，孝悌通于神明，诚信格于高厚。垂衣拱手于一堂之上，缓步阔视于万古之光，中兴之功，不可概举。若乃宪天聪明，克迈乃训，《说命》之典学也；内修政事，外攘夷狄，《车攻》之复古也；综核名实，信赏必罚，本始之制度也；总揽权纲，况几先物，建武之风烈也。是以方艰难之初，则明庙谟、扩雄断，以拨乱反正，而置九鼎于奠安。及底定之后，则偃金革、兴文教，以持盈守成，而措八纮于嘉靖。至于宵衣旰食，忧勤三纪。虽法宫之亲事，实黄屋之非心，则又超然远览，奋然独断，而以宗庙社稷付于冲人。历观上世，未有以春秋鼎盛之年，当安平无事之日，脱屣万乘于雍容揖逊之间，而尽善尽美若陛下者，开拓以来，一人而已。昔者尧之为君，光宅天下，允恭克逊，寿高于五帝，圣冠于百王，载籍之传，昭若云汉。今陛下不以臣为不克负荷，使受此丕丕基，方且优游退处无为之地。于万斯年，既寿且圣，以今准古，视尧为有光矣。末予小子，惧德弗类，无以答扬丕显休命，用稽典礼，仰荐徽称，臣不胜大愿。谨奉玉册、玉宝上尊号曰光尧寿圣太上皇帝。钦惟光尧寿圣太上皇帝陛下游心太古，玩意穆清，御姑射之丰年，临建德之乐国。千二百岁，陋广成子之修身；万八千年，应天皇氏之纪惓。永膺多福，垂裕后昆，实我国家无穷之休。

出处：《宋会要辑稿》礼四九之三三。又见《中兴礼书》卷一八一。
撰者：陈康伯
考校说明：陈康伯时任左仆射。

婺州观察使韩恕除知閤门事兼客省四方馆事制
(绍兴三十二年八月十五日)

　　敕：句胪传而汉仪尊，侍御正而周德懋。欲识先王之遗意，必求当世之旧人。具官某忠献诸孙，裕陵自出。见闻至广，故深闲朝会之仪；廉介有常，故不溺膏粱之习。虽尔求安于暮景,顾予思肃于昕朝。姑借重于廉车,以提纲于宾赞。勉图自力,无复怀归。可。

出处:《掖垣类稿》卷二。
撰者:周必大

伯圭除集英殿修撰知台州诏
(绍兴三十二年八月十六日)

恭奉光尧寿圣太上皇帝圣旨,右宣义郎、添差权通判明州伯圭除集英殿修撰、知台州,母张氏特与依禄氏支破诸般请给。

出处:《宋会要辑稿》帝系六之三三。

潜邸官吏转官制
(绍兴三十二年八月十九日)

原标:立皇太子,潜邸官吏等特与转两官资;登宝位,应随龙官吏并诸色祗应人军兵等各特与转四官资。八月十九日奉旨。

敕某人等:汝以中涓祗事潜邸,自己巳至于丙子,曾未浃日而值朕登储御极之庆,可谓幸矣。进阶六等,与夫累岁月而得者相万也,盍思所以称是哉! 可。

出处:《掖垣类稿》卷一。
撰者:周必大

犯贩私茶盐不得信凭供指诏
(绍兴三十二年八月二十三日)

访闻诸路乡村恶少无赖,以贩鬻私茶盐为业,良善之民多被强卖,稍不听从,日后犯贩,必行供指,逮得贿赂,乃与除免。自今应犯贩私茶盐,不得信凭供指,妄有追呼,违者许越诉,承勘官吏宜重置于法。

出处:《建炎以来系年要录》卷二〇〇。又见《宋史全文续资治通鉴》卷二三。

海船人户出力自办捍御等推恩诏
（绍兴三十二年八月二十三日）

海船人户,其间有出力自办,为国捍御之人,或许更戍而愿长役者,所属保明申奏,当议推恩。

出处:《宋会要辑稿》食货五〇之二〇。

般运粮草往屯驻州军人夫等免科役一年诏
（绍兴三十二年八月二十三日）

已降指挥,去年江上踏车人夫特与免科役一年外,所有般运粮草往屯驻州军,或在路因病身死之人,理合一体。令本路转运司将般运粮草并在路因病身故人夫核实保明,依踏车人夫与免科役一年。

出处:《宋会要辑稿》食货六五之九四。又见同书食货一四之九三。

禁州县受纳苗米官吏贪赃诏
（绍兴三十二年八月二十三日）

州县受纳秋苗,官吏并缘多收加耗,规图出溢,却将溢数肆为奸欺,虚印文钱给与人户,民间相传,谓之白钞。方时艰虞,用度未足,欲减常赋而未能,岂忍使贪赃之徒重为民蠹?今后似此违犯之人,许诸色人不以有无干己越诉。如根治得实,命官流窜,人吏决配,永不放还,仍籍家赀。

出处:《宋会要辑稿》食货九之一〇。又见《文献通考》卷五,《宋史》卷一七四《食货志》。

临安府官司所用民田合蠲免和买诏
（绍兴三十二年八月二十三日）

临安府系驻跸之地,及四方冲要去处,有民间田地为官司所占,或作寺观、花圃、营寨、宫宇等,虽已减免二税,访闻和买䌷绢,州县不曾随税除豁,却均众户送纳。自今应官司所用民间田地,其和买并随二税蠲免,不得暗敷众数。违者,听人户越诉,当议根治。

出处:《宋会要辑稿》食货七〇之五二。

两浙州县抚恤复业之人诏
(绍兴三十二年八月二十三日)

逐路安抚司相度措置,限一月条具奏闻,事小不须待报者,一面施行。

出处:《宋会要辑稿》食货一八之一。

孙璋转官制
(绍兴三十二年八月二十三日)

原标:保义郎孙璋特与转一官,令吏部添差沿边兵官一次。

敕具官某:尔久陷虏庭,耻食其禄。非天资忠义,能自守如此?进秩而官使之,庶几知逆顺者有所劝焉。可。

出处:《掖垣类稿》卷二。
撰者:周必大

御史台引赞官出职事诏
(绍兴三十二年八月二十四日)

御史台今后引赞官出职,已补授官之人,存留充主管班次,却将见今主管班次之人从上一名攒出,发遣归部。

出处:《宋会要辑稿》职官五五之二二。

李贵降罢制

（绍兴三十二年八月二十四日）

原标：右武大夫、和州防御使、添差江南西路兵马钤辖、抚州驻札李贵特降两官，仍落遥郡放罢，送抚州居住，令临安府差得力使臣军兵管押前去。

敕具官某：汉云中守尚上功差六级，下吏削爵；隋文帝著令盗边谷一升，坐法斩首。盖法严则人不犯，是乃所以为宽也。汝既欲冒陷阵得城之功，又取府库之金而有之。廷尉请论如律，朕以犯在赦前，特从宽宥，下从诸使，仍削遥防，徙之临川，可以三省其过矣。可。

出处：《掖垣类稿》卷三。
撰者：周必大

陈康伯特授特进制

（绍兴三十二年八月二十四日）

门下：朕祗绍炎图，恢崇孝治。稽经诹律，阐一代之弥文；缕玉绳金，奉两宫之硕号。眷时元辅，实总上仪。差穀旦以敷纶，即昕朝而宣众。左金紫光禄大夫、守尚书左仆射、同中书门下平章事、兼提举编修玉牒所、监修国史、兼提举一司敕令、上饶郡开国公、食邑五千九百户、食实封二千三百户陈康伯，学醇而能巨，材茂而履方。风采耸闻，魁然著宰相之望；忠忱自许，卓尔非世俗所知。逮励翼于台符，久穆宣于天缔。岩瞻增峻，国是长依。魏相非故事不行，治浸昌于更化；伊尹为斯民先觉，名绝出于中兴。属予临御之初，尤笃显亲之志。明帝尧之至德，孰拟形容；广太姒之徽音，莫殚称谓。比铺张于伟范，用仰正于鸿名。宗社尊依，臣民欢乐。繄丰功之懋著，宜信赏之先颁。冠文阶极品之华，衍赋邑多腴之实。益昭注意，并沛殊恩。於戏！扬鸿烈而章缉熙，既展慈闱之庆；尹天下而制典礼，诞膺焕命之休。茂对荣怀，永绥令誉。可特授特进，依前尚书左仆射、同中书门下平章事、兼提举编修玉牒所、监修国史、兼提举详定一司敕令，加食邑一千户，食实封四百户如故。主者施行。

出处：《陈文正公文集》卷五。又见《陈文正公家乘》卷一，同治《广信府志》卷一一，民国《弋阳县志》卷一六。

考校说明：原书题作《擢陈康伯任制诰》，与内文不符。

吴国大长公主乞罢册命答诏
（绍兴三十二年八月二十六日）

朕诵周诗唐之莘，鄙汉室沁园之制。维时懿主，钟庆泰陵。属绍服之云初，岂推尊之可后？爰布褒优之泽，亟加大长之名。诹辰将御于昕朝，备物申颁于涣册。遽观需牍，祈寝祲仪。勉狥谦冲，良深嘉叹。所请宜允。

出处：《宋会要辑稿》帝系八之三八。

郭氏追册皇后制
（绍兴三十二年八月二十六日）

朕惕奉丕图，永怀内助。二《南》基化，眷椒掖之方虚；三翟升华，怆梓宫之益远。庸敷大号，诞告治朝。故贤妃郭氏婉嬺凝姿，柔嘉宅志。齿闲自通，际梦月之珍符；政巉凤成，负倪天之异表。蚤繇冠族，来媲潜藩。振振开男子之祥，矗矗迪母师之训。总笄节縰，茂著于妇仪；琚瑀珩璜，允谐于阃则。命之不淑，生也有涯。兹予临御之初，不缓正名之典。是用参稽古谊，追建长秋。辑大议于曲台，礼存节惠；祔容衣于清庙，恩笃崇终。并照无斁之思，亶谓非常之泽。於戏！本始之求故剑，汉家及见于恭哀；大兴之下册书，晋室空悲于元敬。尚惟冥漠，其克顾歆。可特追册为皇后，令有司择日备礼册命。

出处：《中兴礼书》卷二八〇。

议皇后郭氏谥号诏
（绍兴三十二年八月二十七日）

已降故妃郭氏追册为皇后，其谥号可令有司集议以闻。

出处：《中兴礼书》卷二八〇。

牛永寿牛师正补承信郎制
(绍兴三十二年八月二十八日)

原标:承信郎牛永寿、牛师正,因父武功大夫牛皓阵亡补官,依赦换给。

敕具官某:尔父皓捐身为国,朕用闵伤,悉录其孤,仍加真命。视汉羽林之养,不曰厚恩乎! 可。王清男王伸,申贵男申明换给承信郎,同词。

出处:《掖垣类稿》卷二。
撰者:周必大

皇子愭特授少保永兴军节度使进封邓王制
(绍兴三十二年九月一日)

建皇极而锡厥民,既举非常之泽;受帝祉而施于子,庸盼不次之恩。朕祗通诒谋,诞膺丕绪。有秩我邦之佑,维时上嗣之良。端策揆辰,扬庭敷绋。皇子、蕲州防御使愭英姿山峙,令闻川流。学潜六艺之源,气韫五行之秀。办寿街之吏牍,灼见事几;讯建邺之刑书,固知物表。久奉朝于外邸,尤钟爱于上皇。迺兹临御之初,可后疏荣之律?仰承慈诲,首下徽章。驼钮鳌华,奠新疆而胙土;绣裳夏篆,列亚保以升班。启二崝节制之雄,畀千户赋腴之厚。并昭蕃数,用协师虞。於戏! 非刘氏者不王,汉约具存于方策;分康叔以大路,周盟益壮于本支。惟谦恭足以祗身,惟孝友乃能睦族。其若兹告,以绥厥猷。可特授少保、永兴军节度使,进封邓王、食邑一千户、食实封四百户,令所司择日备礼册命。

出处:《中兴礼书》卷一九七。

皇子恺特授雄武军节度使进封庆王制
(绍兴三十二年九月一日)

朕荷太上之诒谋,绍中天之兴运。德洋恩普,方均海日之休;积厚流光,可后本支之懿?眷时次嗣,凤号能贤。肆颁大册之华,敷告群工之听。皇子、贵州团练使恺质涵淑茂,气备中和。服儒雅以彰身,斥脂腴而励志。威仪可象,属文高北海之才;孝友自将,为善得东平之乐。粤从弱岁,入奉外朝,穆如信厚之容,允矣委蛇之庆。属慈闱之有命,宜徽数之是膺。金路介圭,位列真王之贵;衮衣舄履,秩参上宰之崇。植荡节于咸秦,拓干封于众邑。以壮犬牙之势,以光麟趾之风。於戏!昭令德以示子孙,宣谓非常之庆;蕃王室以和兄弟,更恢可久之规。惟钦有承,俾服无斁。可特授雄武军节度使、开府仪同三司,进封庆王,食邑一千户,食实封四百户,令所司择日备礼册命。

出处:《中兴礼书》卷一九七。又见《宋会要辑稿》帝系二之二三。

皇子惇授镇洮军节度使进封恭王制
(绍兴三十二年九月一日)

稽古而建国家,方灵承于大统;定位以广藩翰,庸诞举于旧章。乃眷嗣贤,蔚为令器。协刚辰而宣告,咨列辟以无哗。皇子、荣州刺史惇璇莘腾辉,银潢毓秀。凤赋惠和之性,弥彰庄重之风。春诵夏弦,探圣门而有;昏定晨省,询膳宰以无违。自登冠于阼阶,即入趋于朝著。若时绍服,肆议疏荣。矧慈训之临,可缓褒条之下?大启尔宇,曳王带于新邦;言观其旂,拥将牙于巨屏。参视台衡之秩,并畴邑户之输。岂曰和亲,厥惟成宪。於戏!上下序而民志定,丕昭名器之公;形势强则王室安,用辑本支之茂。往绥燕誉,益永孚休。可特授镇洮军节度使、开府仪同三司,进封恭王、食邑一千户、食实封四百户,令所司择日备礼册命。

出处:《中兴礼书》卷一九七。

常士廉带行阁门祗候制
(绍兴三十二年九月一日)

原标:秉义郎、阁门同提点、承受常士廉奏,主行登宝位典礼,应奉了毕,逐次恩赏止乞依孙舜卿例带行阁门祗候。九月一日圣旨,特依所乞。
敕具官某:朕压于慈训,拱手三辞而履帝位。汝惟幸会,周旋廷中,预观盛仪,亦可谓荣也已。稍迁厥次,毋或不祗。可。

出处:《掖垣类稿》卷一。
撰者:周必大
考校说明:“绍兴三十二年”据文中所述“主行登宝位典礼”补。

皇子府抱笏人张世昌转一官制
(绍兴三十二年九月一日后)

敕某人：朕大封诸子，藩屏京师。尔以恭勤，隶名邸第。进阶一等，其尚知荣。可。

出处：《掖垣类稿》卷一。
撰者：周必大
考校说明：编年据文中所述"朕大封诸子，藩屏京师"补，见《宋史》卷三三《孝宗纪》。

曹泽降罢制
(绍兴三十二年九月二日)

原标：武功大夫、湖南安抚司准备将、权全州驻札第九将官曹泽，不能弹压将兵，致生事窘辱知州王蒀臣，降一官放罢。

敕具官某：昔之为将，驭下有律，士宁死而不敢犯法，况敢怙众为乱乎？汝何足以知此，贬其秩而免之。可。

出处：《掖垣类稿》卷三。
撰者：周必大

御马院给还侵占盐地民产寺观等业诏
(绍兴三十二年九月三日)

御马院放牧马草地，除承买承佃并系官地并依旧存留外，应侵占盐地、民产、寺观等业，并取干照，日下给还，勿纵官吏因事苛扰。

出处：《宋会要辑稿》兵二一之三三。又见《宋会要辑稿补编》第四一八页。

皇子愭等立班序位诏
(绍兴三十二年九月四日)

皇子愭已除少保、永兴军节度使、进封邓王,恺除雄武军节度使、开府仪同三司、进封庆王,惇除镇洮军节度使、开府仪同三司、进封恭王。其序位、立班、人从待班幕次,令有司检具条例指定,申尚书省。

出处:《中兴礼书》卷一九七。

经筵开讲诏
(绍兴三十二年九月四日)

朕仰稽祖宗故事开讲,其日可召辅臣观讲。

出处:《建炎以来系年要录》卷二〇〇。又见《宋会要辑稿》崇儒七之九,《宋史全文续资治通鉴》卷二三下,《陈文正公文集》卷五,康熙《广信府志》卷二八,《陈文正公家乘》卷一。

四方献言令催促来上诏
(绍兴三十二年九月五日)

比下求言之诏,欲急闻过失。四方有献言者,并付后省看详,今已逾月,未闻推择来上。可令催促。

出处:《建炎以来系年要录》卷二〇〇。又见《宋史全文续资治通鉴》卷二三下。

侍从台谏举堪为蜀都转运使者诏
(绍兴三十二年九月五日)

蜀去行都万里,人才豫当储蓄,以备缓急。欲举一忠悫明敏之士周知蜀利害者,为都转运使,可令集侍从、台谏,各举所知,以俟采择。

出处：《建炎以来系年要录》卷二〇〇。又见《宋史全文续资治通鉴》卷二三下。

陈诚之董德元余尧弼复端明殿学士制
（绍兴三十二年九月六日）

原标：三十二年九月六日敕：陈诚之、董德元、余尧弼并与复端明殿学士，宋朴、郑仲熊、巫伋、章夏、魏师逊、汪勃、史才并与复龙图阁学士，见任宫祠人依旧，汪勃与宫观。

敕：朕以六月丙子承前训履帝位，盖南乡三辞而后受群臣之谒。眷怀迩列，虽不在廷，而庆泽所加，当繇贵始。具官某以雅正之文冠多士，以忧恤之行慕古人，参执事枢，宣昭誉闻，久游故里，实简朕心。夫礼大臣则国体尊，褒耆旧则民风厚，况于初政，其敢愆忘？秘殿通班，时惟异数。《书》不云乎："尔身在外，乃心罔不在王室。"毋以久滞周南，遂废谋猷之告也。可。

出处：《掖垣类稿》卷三。
撰者：周必大

余尧弼宋朴等复龙图阁学士制
（绍兴三十二年九月六日后）

原标：余尧弼用进班秘殿，二制既出，而臣僚有言，奉旨别听指挥。

敕：日月丽天，大人有继明之象；雷雨作解，君子推宥过之恩。盖不遗一介之臣，矧敢忘成德之彦？邦彝是式，宠命具敷。具官某雅望足以服人，宏才足以济务。寿圣常加于礼貌，眇躬尚识其仪型。久安闾里之游，兹值国家之庆，进班内阁，仍处珍台。盛德日新，方仰承于慈训；远猷辰告，尚有望于旧人。可。

出处：《掖垣类稿》卷三。
撰者：周必大
考校说明：编年据同集同卷《陈诚之董德元余尧弼复端明殿学士制》补。

史才复龙图阁学士制
（绍兴三十二年九月六日）

朕昭示公道，行之以宽，故虽先朝任使之臣，犹在清议摈排之域，历时既久，甄叙不忘。具官某，际会休辰，骤登近弼。胡然一眚，逮此累年。朕惟高庙之体貌大臣，务全终始；两朝之宠绥故老，靡间存亡。矧叠被于霈恩，宜稍从于牵复。职崇邃阁，贲及幽扃。尚其有知，服此宽渥。

出处：《育德堂外制》卷一。

考校说明：编年据周必大《掖垣类稿》卷三《陈诚之董德元余尧弼复端明殿学士制》补。此制时间与蔡幼学任两制时间相距甚远，当为《育德堂外制》误收。

安知和等各转官制
（绍兴三十二年九月八日）

原标：成忠郎安知和、杨继勋，秉义郎曹辅，武功郎江昌朝，武经郎李畯，秉义郎张士坚，并该修制奉上德寿宫册宝赏，各转一官。

敕具官某等：朕惟父母至恩大德，无物可称，乃诏攸司镂玉牒，播鸿名，少致归美之义，率百官而上之。国有大庆，所及者广，故如汝等，例获进阶。荣幸则多，廉勤乃称。可。

出处：《掖垣类稿》卷一。

撰者：周必大

郴州苏仙观冲素真人加封制
（绍兴三十二年九月十日）

原标：祷雨灵应，加号冲素普应真人。

敕：朕闻之，仙以忠孝仁义为本。然则驭风骑气，虽已游乎八极之外，而所以眷顾旧邦者宜未忘也。具封阴功宿植，妙道早成。白马飘然，千有余岁。屡丰之应，于今赖之。是用按天宝之祠，衍元符之号。至人莫测，于强名顾何有哉？亦俯从众志而已。可。

出处:《披垣类稿》卷五。

撰者:周必大

李寀差干办内藏库制
(绍兴三十二年九月十一日)

原标:入内内侍省寄资拱卫大夫、遥郡、承宣使李寀与转归吏部,特差干办内藏库填见阙。

敕:祇事宫闱,既殚勤力;易官铨部,厥有故常。具官某兢畏以自修,温纯而寡过,阶视横班之峻,职参留务之崇。藉尔干材,司吾禁帑。尚体俭勤之意,毋忘出纳之公。可。

出处:《披垣类稿》卷一。又见《永乐大典》卷一三四九九。

撰者:周必大

令差兵前去扬州屯驻诏
(绍兴三十二年九月十二日)

令殿前司左军全军,马军司于前军、左军内各差二千五百人,令刘源统押,步军司差五千人,并前去扬州屯驻,听江淮宣抚司使唤。

出处:《宋会要辑稿》兵九之一五。

宗子伯诏补承信郎与差制
(绍兴三十二年九月十九日)

原标:宗子伯诏在建康日应办事务,委有勤劳,可特与补承信郎,特添差建康府不厘务兵马监押,请给人从并依正官例支破。

敕某人:朕恭承内禅,推恩同姓,几于支庶毕侯矣。汝才智有余,顷得于一见之间,宜锡官荣,且宠以员外同正之禄。勉差其行,待器使焉。可。

出处:《披垣类稿》卷一。

撰者:周必大

张兴世孙瑙并除閤门祗候制
(绍兴三十二年九月十九日)

原标:随龙使臣张兴世、孙瑙并与除閤门祗候,先次供职,支破诸般请给。候有阙日,依资次拨填入额。

敕某人:汝服劳潜邸,会朕龙飞,可谓非常之遇矣。列名上閤,岂常格所当得哉! 深体异恩,往祗乃事。可。

出处:《掖垣类稿》卷一。
撰者:周必大

随龙从义郎赵衍依孙瑙例除閤门祗候制
(绍兴三十二年九月十九日后)

敕具官某:祖宗之世,凡隶名上閤者皆书之册,其重如此。近世用人众矣,朕欲稍遴其选,而汝遽攀附得之,非幸也耶! 尚思共恪廉平,以称恩渥,毋使人谓朕为私汝。可。

出处:《掖垣类稿》卷一。又见《永乐大典》卷一三四九九。
撰者:周必大
考校说明:编年据同集同卷《张兴世孙瑙并除閤门祗候制》补。

吴昱除閤门宣舍制
(绍兴三十二年九月二十一日)

原标:成忠郎吴昱特与除閤门宣赞舍人,日下供职。

敕具官某:唐郭子仪功止一身,而八子皆贵显朝廷。今吴氏父子兄弟并为名将,有大功于西川,其可不使汝入仕王畿而称朕宠绥之意乎? 往赞朝仪,尚识朕指。可。

出处:《掖垣类稿》卷二。
撰者:周必大

张说落阶官勘会制
(绍兴三十二年九月二十二日)

原标:九月二十二日圣旨:张说充奉使不受金,又辞免两人白身恩泽,理宜旌赏,可特与落阶官勘会。张说见系右武大夫、荣州刺史。

敕:朕嗣位之初,大明黜陟,凡膺褒典,夫岂徒然?具官某以酝藉而董宾赞之仪,以敏达而介皇华之使。既却兼金之馈,仍还应格之恩。擢正州符,以风在列。使知见小利如思恭者罚必及,而不伤廉如汝说者赏遽加,则予一人劝沮之方其庶几乎!可。

出处:《掖垣类稿》卷二。
撰者:周必大

姚仲罢宫观降充郢州防御使达州居住制
(绍兴三十二年九月二十二日)

敕:高皇之善将将,惟在赏诛;杨仆之失尊尊,难逃谴黜。具官某幸当一面,久长万夫。适狂胡麇至之秋,乘元帅鼓行之势,乃动违于节制,且多失于事机。水洛之行,故为逗挠;朝那之战,独尔败奔。劾书既已驿闻,军志固当簿责。未忍尽从于汉法,赎以庶人;姑令上比于街亭,贬之三等。仍收还于祠廪,俾循省于山城。朕恩甚隆,汝过毋贰。可。

出处:《掖垣类稿》卷三。又见《宋四六选》卷三。
撰者:周必大
考校说明:"绍兴三十二年"据姚仲宦历补,见《宋会要辑稿》兵二九。题后原注:"九月二十二日,寻改峡州。"

魏良臣追赠一官制
(绍兴三十二年九月二十三日)

原标:湖南提举司报到:资政殿学士、左中大夫、知潭州魏良臣任内起发过卖田产价钱二十二万二千九百余贯。九月二十三日圣旨,特与转一官。本官已身故。

敕:进以德者不可废功,荣其生者胡宁背死? 兹实驭臣之柄,亦惟励世之权。故具官某以重望服大僚,以威名开巨镇。属受田之中率,常增秩以酬庸。取甘茂之官,方将刻赞;奏相如之札,遽揽遗书。深惟成命之既行,岂以云亡而遂格? 追锡诏除之宠,足为身后之光。可。

出处:《掖垣类稿》卷一。

撰者:周必大

考校说明:此制四库本注其时间为辛巳年即绍兴三十一年。然魏良臣卒于绍兴三十二年三月(见周必大《杂著述》卷一《亲征录》),此制当作于绍兴三十二年。

辅达李福转官制
(绍兴三十二年九月二十三日后)

原标:军器所兼提点、右武大夫、忠州团练使辅达,兼同提点、协忠大夫、忠州团练使李福,监督制造库军器精碻,特与转行一官。辅达转阶官,李福转遥郡。李福同词,词内改"付缮"作"贰缮","横班"作"兵防"。

敕:朕玩《易》之《萃》而知戎器不可以不除,诵《诗·车攻》而知器械不可以不备。粤初嗣服,首仪图之。以尔具官某久服戎行,见称材敏,肆予选擢付缮工之事,苴职属耳,而敿干、敕甲、鍜矛、砺刃皆以善闻,朕甚嘉之。序陟横班,益勤毋怠。可。

出处:《掖垣类稿》卷二。

撰者:周必大

考校说明:"辅达",四库本作"辅逵",当以为是,见《建炎以来系年要录》卷一八三等。

权行减半差破白直兵士诏
(绍兴三十二年九月二十四日)

内外两府使相并正任刺史以上,见破书表司宣借白直兵士,委是数多,除见任宰执已经裁减,并亲王并依旧外,权行减半差破。

出处:《庆元条法事类》卷一一。

<h2 style="text-align:center">铸钱司押发钱纲推赏事诏</h2>
(绍兴三十二年九月二十四日)

敕铸钱司:应募官押发绍兴三十一年以后钱纲,并依绍兴三十年六月二十九日已降指挥推赏施行。

出处:《宋会要辑稿》食货四五之一八。

<h2 style="text-align:center">蔡州功申立元广赠官制</h2>
(绍兴三十二年九月二十四日)

原标:鄂州吴拱申,武略郎申立、成忠郎元广,今年正月内四次蔡州立奇功,卒患身死,系合转八官之人。九月二十四日圣旨,与赠八官,申立合赠右武大夫、遥郡刺史,元广赠武经郎。

敕:生而资其力,死而废其功,非人情也。具官某素推拳勇,屡战蔡城。方趣定封,遽悲薄命。峻升横列,仍刺大州,庶几有知,服我休命!可。元广同词,但改云:"进阶八等,时乃异恩。九原有知,尚或能享。"

出处:《掖垣类稿》卷五。
撰者:周必大
考校说明:"绍兴三十二年"据文中所述"今年正月内四次蔡州立奇功"补,见《建炎以来系年要录》卷一九六。

<h2 style="text-align:center">郭昇除阁门宣赞舍人制</h2>
(绍兴三十二年九月二十五日)

原标:武经郎郭昇元系敦武郎、阁门祗候,缘转武翼郎,依例除落阁职,可特与除阁门宣赞舍人。

敕具官某:介于诸使,即解上阁之职者,例也;拔自众人,进掌赞导之仪者,恩也。例不可越,公道存焉。若夫恩以驭幸,则人主执其柄矣。往思敬畏,用称所蒙。可。

出处:《掖垣类稿》卷一。又见《永乐大典》卷一三四九九。

撰者:周必大

周葵兼侍讲制
(绍兴三十二年九月二十七日)

原标:绍兴三十二年九月,任起居郎、兼权中书舍人、兵部侍郎周葵兼侍讲。

敕:朕以眇躬,学于古训。既诏有司趣讲劝之日,又延近辅预从容之观。敢专事于虚文,庶共谭于治道。增广仲尼之益友,特招太上之争臣。具官某奥学测于圣几,直声闻于天下。粤自纂承之始,首还严近之班。虽大廷可告于辰猷,而重席未亲于昼访。其以诘禁制军之暇,副予绳愆纠缪之求。在熙宁时有若司马光之正论,及元祐世亦惟范祖禹之醇儒,皆于讲读之闲,傅以箴规之谊。朕思成德之允协,汝尚古人之与稽。可。

出处:《掖垣类稿》卷二。

撰者:周必大

钱庚转官制
(绍兴三十二年九月二十七日)

原标:承节郎钱庚修临安府城第二等功,转一官。

敕具官某:汉城长安,至发侯王之徒隶,今亡是也。闲民无常职,则予其直而庸焉。人既子来,功宜亟就。迨兹第赏,虽刀笔吏不遗也。往思报称,毋怠勤廉。可。

出处:《掖垣类稿》卷二。

撰者:周必大

陈怿母罗氏封太孺人制
(绍兴三十二年九月二十八日)

原标:保义郎陈怿乞回覃恩转官与母罗氏,保义郎龚銮乞回覃恩转官与所生母刘氏,并特封太孺人。

　　敕具官某:朕以天下之大为父母之养,惟恐孝治之未广也。今尔有子,奋身右列,请还迁秩之宠,为尔汤沐之封,固朕喜闻而乐从者。《诗》不云乎:'孝子不匮,永锡尔类。'朕心庶几焉。可。

出处:《掖垣类稿》卷四。
撰者:周必大

少傅奉国军节度使吴璘授少师制
(绍兴三十二年九月二十八日)

　　门下:属大事而当一面,既茂著于肤公;诏八柄以驭群臣,顾可稽于褒律?惟时宿将,实我元勋,诞扬纶綍之华,用谂缙绅之众。少傅、奉国军节度使、四川宣抚使、领御前诸军都统制职事、充利州西路安抚使、判兴州、充陕西河东路宣抚招讨使、成国公、食邑八千四百户、食实封三千五百户吴璘,谦恭而不伐,沉鸷而善谋。忠烈天资,挺山西之猛概;韬铃世济,得圯下之异书。屹然为国之长城,久矣护屯于莫府。会戎酋之干纪,奋王旅以乘边。汉箭有神,畅天声而罙入;胡行如鬼,狙丑类以相持。气盖一时,身更百战。拔二陕土疆之半,措四川堡障之安。氛祲迄清,金汤益固。是用兼隆徽数,特表殊庸。绣黻在裳,秩亚维师之贵;珚戈导节,地仍旧镇之雄。加界爰田,申陪真户,以壮旂常之载,以增阀阅之光。於戏!爵以甄德而赏以酬功,朕敢忘于大受?文能附众而武能威敌,尔勿替于前劳。祗对孚休,毋烦多训。可特授少师,依前奉国军节度使、四川宣抚使,领御前诸军都统制职事,充利州西路安抚使,判兴州,充陕西河东路宣抚招讨使,成国公。加食邑七百户,食实封三百户。令所司择日备礼典,命主者施行。

出处:《永乐大典》卷九一八。
撰者:洪遵
考校说明:编年据《宋史》卷三三《孝宗纪》补。

御前激赏库依左藏库见行条法指挥诏
(绍兴三十二年九月二十九日)

　　桩管御前激赏库已改作行在左藏南库,所有官吏罪赏、请给人从、并差破巡防杂役等应干约束事件,并依左藏库见行条法指挥。

出处:《宋会要辑稿》食货五一之二九。

推恩上书人吴悌等诏
(绍兴三十二年九月二十九日)

吴悌、刘藻、黄开、陈骙、陈岩肖、周允闻、沈尧闻、沈尧咨、汪必明、褚观、刘祖礼上书,皆已亲览,有补治道。京朝官可减二年磨勘,选人与循一资,布衣进士与免将来文解一次。

出处:《建炎以来系年要录》卷二〇〇。又见《宋史全文续资治通鉴》卷二三下。

赣州宁都县孚惠庙神特封灵应侯制
(绍兴三十二年九月)

敕某神:赣之北鄙,有壮哉县。其民勤,故力穑而赋厚;其地芡,故闵雨则农伤。惟尔有神,祷焉辄应。削章来上,朕用叹嘉。进爵彻侯,增光庙祀。尚其受职,永庇一方。可。

出处:《披垣类稿》卷五。
撰者:周必大
考校说明:编年据《宋会要辑稿》礼二〇补。

抚问侍卫亲军步军指挥使吴拱到阙并赐银盒茶药口宣
(绍兴三十二年秋)

卿勋著上流,宠提禁旅。兹履秋阳之盛,眷言凤驾之勤。爰锡珍芳,式彰礼遇。

出处:《鄮峰真隐漫录》卷六。
撰者:史浩
考校说明:编年据吴拱官历、文中所述"兹履秋阳之盛"补,见《建炎以来系年要录》卷二〇〇。"侍卫亲军步军指挥使",《建炎以来系年要录》卷二〇〇作"主管侍卫步军司公事"。绍兴三十二年七月十日,史浩由翰林学士除参知政事。

抚问镇江府驻札御前诸军都统制张子盖
到阙并赐银盒茶药口宣
(绍兴三十二年秋)

卿制阃临边,扬旌赴阙。方秋风之凄劲,谅凫驾以驱驰。肆颁饮剂之良,用息道涂之勚。

出处:《鄮峰真隐漫录》卷六。
撰者:史浩
考校说明:编年据张子盖宦历、文中所述"方秋风之凄劲"补,见《宋史》卷三六九《张子盖传》。绍兴三十二年七月十日,史浩由翰林学士除参知政事。

能诚转官制
(暂系于绍兴三十二年九月至十月间)

原标:平和大夫、贵州团练使、判太医局能诚转两官,转成安大夫。又注:系德寿宫医官。

敕具官某:昔巫咸以鸿术为帝尧之医,后世盖祖述焉。今尔淹贯古书,发明深意,肆由推择,执艺于光尧之宫,不曰荣遇乎?叠进官荣,制食益厚。古人可勉,毋自怠也。可。

出处:《掖垣类稿》卷一。
撰者:周必大
考校说明:编年据周必大任外制时间、能诚宦历补,见同集同卷《能诚转两官制》。

侍从等举可任监司郡守之人诏
(绍兴三十二年十月三日)

令侍从、两省、台谏、卿监各举可任监司、郡守之人,以资序分为二等,一见今可任,一将来可任,限一月闻奏。仍保任终身,限满不举,必置于罚。所举人令三省注籍,仍作图进呈,朕详加廉察才行治效。果如所举,增秩赐金,举主同之;不如所举,罚亦同之。见任监司、郡守才与不才者,亦令侍从、两省、台谏限一月逐一具臧否品目闻奏。

出处:《宋会要辑稿》选举三〇之一一。又见《建炎以来系年要录》卷二〇〇,《宋史全文续资治通鉴》卷二三下。

戒公卿举所知诏
(绍兴三十二年十月三日)

朕荷太上皇帝付托之重,夙夜图回,期济大业,以称所蒙。比者忠贤之士或召或留,毕集于朝,虽一时之胜,朕心犹未餍足。其令侍从台谏卿监郎察以上各举所知,明言其材可任某职。异时擢用,当于除书之内具言举授之由。得贤则进考增秩,失实则夺俸削官。一经荐扬,终身保任,如唐陆贽所言。三省置籍来上,以备采择,副朕宝贤之意。

出处:《鄮峰真隐漫录》卷六。
撰者:史浩
考校说明:编年据《建炎以来系年要录》卷二〇〇补。史浩时为参知政事。

知抚州张孝祥复集英殿修撰制
(绍兴三十二年十月三日)

敕具官某:周有大赍,惟富善人;汉赐玺书,以勉循吏。朕初嗣服,实兼用之。以尔俊明博辨,恺悌忠信,文学政事,左右具宜,出临大邦,治状称最,是用循词垣之故步,贴书殿之新班。既厚恩荣,亦隆眷倚。夫德之裕者乃可以大受,才之充者乃可以泛应。故入则功名不减治郡,而出则智略无异在前。朕方待尔以全才,尔尚益惇于贤德。可。

出处:《披垣类稿》卷三。
撰者:周必大

左仆射陈康伯乞解机政不允御笔
(绍兴三十二年十月三日)

太上皇帝储卿以佐朕,卿遽力请,岂朕凉菲不足与为治?况今边陲未为无事,卿纵欲舍朕而去,宁忍违太上皇帝之意耶!

出处:《建炎以来系年要录》卷二〇〇。又见《宋史全文续资治通鉴》卷二三下。

改人姓犯御名者诏
(绍兴三十二年十月五日)

敕:人姓有犯御名,及同音从忄从真字,今改作填字,音镇。所有经史书籍文字内有犯御名及同音从忄从真字,如系谨戒之意,即定读曰谨;如系地名、人姓、山川、国名,即定读曰填,音镇。其经、传本字,即不当改易。

出处:《庆元条法事类》卷三。

招刺五十人赴御前马院填阙诏
(绍兴三十二年十月五日)

御前马院见管教骏,缘德寿宫并皇子三王府差过五十余人,即目阙人差使,令依见招填指挥招刺五十人,限一月差赴御前马院填阙。今后遇阙,依已降指挥施行。

出处:《宋会要辑稿》职官三二之五三。又见《宋会要辑稿补编》第四一二页。

楚国夫人吴氏特赠秦魏国夫人制
(绍兴三十二年十月五日)

敕:因亲广爱,情方笃于外家;隐卒崇终,恩盍隆于从母?肆颁徽数,用寄深悲。具封某氏婉渝而静专,肃恭而谦愻。钟令仪于德阀,托同气于坤宁。赐爵临光,无用事颛权之过;追踪马氏,敦小心有礼之风。胡不百年,奄兹长夜?是用稽

汉室封君之制,参本朝叠组之规,禠沐邑于两邦,易脂田于全楚。淑灵如在,茂渥
其承。可。

出处:《掖垣类稿》卷四。
撰者:周必大

机察纲运住滞诏
(绍兴三十二年十月六日)

诸路纲运起发,本州具的实离岸月日,及所经州军亦具到发月日,并申户部。
本部计程机察住滞。如日数多者,下所隶运司根治其由。如兴贩以规利者,就令
经历所在常切觉察。

出处:《宋会要辑稿》食货四四之七。又见同书食货四八之八,《宋会要辑稿补编》
第五七九页。

两府使相宣借兵士事诏
(绍兴三十二年十月六日)

已降指挥,内外两府使相见破宣借兵士权行减半,系为未经裁减。其已经裁
减人,自合依旧。

出处:《庆元条法事类》卷一一。

收复汝州将士推恩诏
(绍兴三十二年十月七日)

书填人依已行事理。余该出戍暴露人,并特与转一官资,内奇功第一等特更
与转两资,第二等、第三等特更与转一官资。

出处:《宋会要辑稿》兵一九之四。

太上皇帝御羊马令尚书省差人供送赴院诏
（绍兴三十二年十月八日）

太上皇帝御羊马,难以令本宫差人请草料,令尚书省行下合属去处,可依建炎三年以后累降指挥,差人供送赴院。所差脚户仰临安府量支代雇钱,仍籍定姓名轮差,与免诸般差使。

出处:《宋会要辑稿》职官三二之五三。又见《宋会要辑稿补编》第四一二页。

王友直除观察制
（绍兴三十二年十月九日）

原标:复州防御使王友直海州解围,当转三官,特除正任观察使。

敕:观风置使,今虽异于古,然恩章之厚,待遇之优,几与吾侍从之臣等,轻以授人可乎？具官某葵藿之心,惟思就日,熊罴之力,固可绝人。东海奏功,出乎伦类;超进使号,理亦宜之。夫卫上莫若忠,料敌莫若智,率下莫若勇,得士莫若公,能是四者,斯良将矣。勉之哉,毋荒沸朕心。可。

出处:《掖垣类稿》卷二。
撰者:周必大

前执政某除端明殿学士依旧宫祠制
（绍兴三十二年十月九日）

原标:前执政某人先除资政殿学士,续有言章。十月九日圣旨,改除端明殿学士,依旧宫祠。

敕:帝尧之禅重华,共工罪去;贞观之承武德,裴寂免归。惟否臧举听于金言,故用舍非繇于二道。具官某负慷慨敢为之气,被圣神特达之知。擢自禁涂,联于政路。逮冲人之绍服,方虚己以仰成。会吾耳目之官,责尔股肱之惰。谓临事乏推贤之谊,而运筹多误国之谋。非名宰而资贪,殊乖素望;如闻人而言伪,莫称具瞻。因其引咎而陈辞,许以奉身而去位。迫于重劾,虽稍裁内殿之班;曲示宽恩,犹不废外祠之禄。尚惩前事,思勉后图。可。

出处:《掖垣类稿》卷三。

撰者:周必大

考校说明:"绍兴三十二年"据《宋宰辅编年录》卷一七补。"某"指叶义问。

养济老疾贫乏乞丐诏
(绍兴三十二年十月十一日)

诸路州县老疾贫乏乞丐之人,在法以常平米斛养济,自十一月一日起,支至次年三月终,令户部检坐条法指挥申严行下,务行实惠。

出处:《建炎以来系年要录》卷二〇〇。又见《宋史全文续资治通鉴》卷二三下。

武德郎建康府驻札御前右军副将淮西安抚司统领军马侯守权转一官制
(绍兴三十二年十月十二日)

敕具官某:朕以尔乘边浸久,驭众有闻,不待搴旗斩将之劳,而锡以叙迁之命,可谓恩矣。江淮之上,备御方严,勉立殊勋,以须后宠。可。

出处:《掖垣类稿》卷二。

撰者:周必大

考校说明:"绍兴三十二年"据周必大任外制时间、同集前后文时间补。明抄本、四库本"权"字后有"十月十二日圣旨与"八字。

能诚转两官制
(绍兴三十二年十月十四日)

原标:随龙医官成安大夫、贵州团练使能诚,阶官、遥郡上各转两官。

敕具官某:朕比以汝有职西内,两进其阶。诏墨犹未乾也,今复推攀附之恩,迁官而进使领焉,徒以汝精于艺故也。汝往矣,周旋两宫,无忘祗敬,以服予一人之宠命。可。

出处:《披垣类稿》卷一。

撰者:周必大

内侍张璩特与落致仕差充追册皇后攒宫都监制
(绍兴三十二年十月十五日)

敕某人:朕兴故剑之悲,致南园之奉,思得近习之通练谨畏者掌其厉禁。询于左右,金曰汝宜。已挂之冠,为吾复弹可也。可。

出处:《披垣类稿》卷一。

撰者:周必大

岳飞叙复元官制
(绍兴三十二年十月十六日)

原标:七月十三日圣旨:故岳飞起自行伍,不逾数年,位至将相,而能事上以忠,御众有法,屡立功效,不自矜夸,余烈遗风,至今不泯。去冬出戍,鄂渚之众师行不扰,动有纪律,道路之人归功于飞。飞虽坐事以殁,而太上皇帝念之不忘。今可仰承圣意,与追复原官,以礼改葬。访求其后,特与录用。

敕:仁皇在位,亲明利用之勋;神祖御邦,首祭狄青之像。盖念旧者不忘于扶拭,而劝功者当急于褒崇。朕祗禀睿谟,眷怀宿将。兹仰承于素志,肆尽洗于丹书。故前少保、武胜定国军节度使、武昌郡开国公、食邑六千一百户、食实封二千六百户岳飞,拔自偏裨,骤当方面。知略不专于古法,沈雄殆得于天资。事上以忠,至无嫌于辰告;行师有律,几不犯于秋毫。外摧孔炽之狂胡,内夐方张之剧盗。名之难揜,众所共闻。会中原方议于櫜弓,而当路立成于投杼,坐急绛侯之系,莫然内史之灰。逮更化之云初,示褒忠之有渐。思其姓氏,既仍节制于岳阳;念尔子孙,又复孤茕于岭表。欲尽还其宠数,乃下属于眇躬。是用峻升孤棘之班,叠畀斋坛之组。近畿礼葬,少酬魏阙之心;故邑追封,更慰辕门之望。不徒发幽光于既往,庶几鼓义气于方来。嗟夫!闻李牧之为人,殆将抚髀;阙西平而未录,敢缓旌贤?如其有知,可以无憾。

出处:《披垣类稿》卷四。又见《鄂国金佗续编》卷一三,《宋四六选》卷三,《江右文钞》卷三,《两浙金石志》卷九。

撰者:周必大

考校说明:编年据《鄂国金佗续编》卷一三补。本文"原标"部分《鄂国金佗续编》题作《追复旨挥》,正文部分《鄂国金佗续编》题作《追复少保两镇告》,文末有"可特追复少保、武胜定国军节度使、武昌郡开国公、食邑六千一百户、食实封二千六百户",时间系于绍兴三十二年十月十六日。

马文贵补右迪功郎致仕制
(绍兴三十二年十月十七日)

原标:阆州南部县迳池里税户马文贵年一百二岁,依绍兴三十一年九月明堂赦,补右迪功郎致仕。

敕某人:尔生于嘉祐,及见八朝。考司民之版,如汝者盖无几也。虽微赦令,犹将录之,况宗祀有已行之庆乎! 往服冠裳,荣受孙曾之养。可补右迪功郎致仕。

出处:《掖垣类稿》卷一。

撰者:周必大

考校说明:编年年、月、日据明抄本、四库本补。清欧阳棨刻本(《全宋文》所用底本)未标注时间的制词,部分可据明抄本、四库本补,以下不再一一注明。明抄本、四库本等本《掖垣类稿》所收制词直以叙事为题,因此多数标题均甚长。清欧阳棨刻本则另拟短题,而将原有长题加上"原标"字样,今仍保留原式,"原标"之文低二格排。

访问李若朴等诏
(绍兴三十二年十月十八日)

昨闻臣僚言,秦桧诬岳飞,举世莫敢言,李若朴为狱官,独白其非罪。吕沈中发王询,所司皆迎合,林待问为勘官,独直其冤状。章杰捕赵鼎送葬酒,又搜其私家书,欲傅致士大夫之罪,翁蒙之为县尉,毅然拒之。沈昭远为王铁家治盗,欲锻炼富民,多取倍偿,王正己为司理,卒平反之。比不畏强御,节概可称。三省详加访问,其人如在,可与甄录。

出处:《鄂国金佗续编》卷一三。

岳飞孙甫申经纬纲纪并特与补承信郎制
（绍兴三十二年十月十八日）

善善及其子孙，《春秋》之谊也。乃祖既信眉于地下矣，其可使汝曹尚与编氓齿乎？各命一官，勉图报国。可。

出处：《披垣类稿》卷二。又见《鄂国金佗续编》卷一三，《永乐大典》卷七三二七。

撰者：周必大

考校说明：编年据《鄂国金佗续编》卷一三《先兄甫等复官省札》补。"纲纪"，原作"纪纲"。据《鄂国金佗续编》卷一三《先兄甫等复官省札》，岳纲、岳纪乃岳雷子，时纲年十四，纪年十二，则纲当在前，今乙。

岳飞妻李氏特与复楚国夫人制
（绍兴三十二年十月十八日）

荣悴有时而不同，忠邪既久而自判。昔飞以篆车绨冕备大将之多仪，而李以文驷雕轩正小君之显号。繄强宗之鼎盛，何奇祸之骤兴？逮兹天定之时，宜尔邪诬之辨。具封某氏柔洁以为质，勤俭而自修。处安荣不闻骄妒之愆，居患难不改幽闲之操。阖门远徙，阅岁屡迁。眷厚前朝，既下生还之命；志伸今日，载加甄叙之荣。锡以土田，为其汤沐。子孙并仕，顾惟晚岁何忧；门户再兴，尚识大恩之所自。

出处：《披垣类稿》卷四。又见《鄂国金佗续编》卷一三。

撰者：周必大

考校说明：编年据《鄂国金陀续编》卷一三补。本文《鄂国金佗续编》题作《先祖妣李氏复楚国夫人告》，文末有"可特封楚国夫人"，时间系于绍兴三十二年十月十八日。《鄂国金佗续编》卷一三又有《先祖妣李氏及先伯云等复官封旨挥》，曰："绍兴三十二年壬午十一月三日，三省同奉圣旨，故岳飞妻李氏特与复楚国夫人……"此处"十一月三日"疑为"十月三日"之误。

岳飞男云追复左武大夫忠州防御使制
(绍兴三十二年十月十八日)

汉李将军耻对刀笔之吏,宁就死焉,未几子敢亦罹非命。良将数奇,自古固然,朕未尝不抚膺而兴嗟也。故具官某慷慨忠勇,颇有父风。困于谗诬,不究勋绩。兹怀遗烈,尽复故官。朕既白杜邮之冤,尔或知辅氏之报。

出处:《掖垣类稿》卷四。又见《鄂国金佗续编》卷一三。
撰者:周必大
考校说明:编年据同集同卷《岳飞妻李氏特与复楚国夫人制》、《鄂国金陀续编》卷一三《先祖妣李氏及先伯云等复官封旨挥》补。本文《鄂国金佗续编》题作《先伯云复左武大夫忠州防御使告》,文末有"可特追复左武大夫、忠州防御使"。

岳飞男雷追复忠训郎閤门祗候制
(绍兴三十二年十月十八日)

敕具官某:前世流人多矣,亦有父子兄弟死则追褒、生则迁秩如今日者乎?国家雨露之恩与天通矣,灵如未泯,知享斯荣。

出处:《掖垣类稿》卷四。又见《鄂国金佗续编》卷一三。
撰者:周必大
考校说明:编年据同集同卷《岳飞妻李氏特与复楚国夫人制》、《鄂国金陀续编》卷一三《先祖妣李氏及先伯云等复官封旨挥》补。本文《鄂国金佗续编》题作《先伯雷复忠训郎閤门祗候告》,文末有"可特追复忠训郎、閤门祗候"。

岳飞男霖右承事郎与合入差遣震霭与补保义郎制
(绍兴三十二年十月十八日)

尔父有战胜攻取之勋,而无奇庞福艾之相。故忠足以结圣主之眷,而智不能辨权臣之诬。一郁九泉,浸寻七闰。兹申怀于鼙鼓,肆加宠于子孙。复以文阶,震、霭用"命以官荣"。续其世禄。朕于尔家可谓注意矣,尔之一门何以报我哉?

出处:《披垣类稿》卷四。又见《鄂国金佗续编》卷一三。

撰者:周必大

考校说明:编年据同集同卷《岳飞妻李氏特与复楚国夫人制》、《鄂国金陀续编》卷一三《先祖妣李氏及先伯云等复官封旨挥》补。本文《鄂国金陀续编》题作《先考霖复右承事郎告》,文末有"可特复右承事郎"。不知岳霖是否本名"霂",后改(如岳霭,孝宗改赐名"霆")。

岳云妻巩氏复恭人制
(绍兴三十二年十月十八日)

昔者大臣逞憾,诬蔑旧勋,微太上皇帝全度矜容,则岳氏一门无噍类矣。尔流离岭海,险阻备尝,上奉君姑,下抚幼稚,以至于今,非天有以相之耶!其诏攸司,还畀温恭之号。生尔者太上,恤尔者朕躬。尔其念两朝之厚恩,勉二子以忠报,庶几他日,尚有余荣。

出处:《披垣类稿》卷四。又见《鄂国金佗续编》卷一三。

撰者:周必大

考校说明:编年据同集同卷《岳飞妻李氏特与复楚国夫人制》、《鄂国金陀续编》卷一三《先祖妣李氏及先伯云等复官封旨挥》补。本文《鄂国金佗续编》题作《先伯母巩氏复恭人告》,文末有"可特追恭人"。

澧州彭山英泽庙广泽显烈公加封广泽显烈顺济公制
(绍兴三十二年十月十九日)

敕某神:朕闻至治之世阴阳和,风雨时,民无害灾,则亦无渎于神。肆惟寡昧,初承圣绪,德未足以承天意,泽未足以浸黎元。况澧阳去国数千里,懔乎惟惧岁事之艰而人生之勤也。尔公以帝子之贵,留遗爱于民。民尸而祝之,社而稷之,六百年于兹矣。旱暵之忧解,风雹之变销。威灵赫然,大芘千里。不加显号,孰著厥功?《诗》不云乎:"诞后稷之穑,有相之道。"而今而后,滋有望于公也。可。

出处:《披垣类稿》卷五。

撰者:周必大

军器所万全作坊兵匠等支给月米等事诏
(绍兴三十二年十月二十一日)

户、工部军器所万全作坊并诸州军差到兵匠、本所公吏等月米、口食米、月粮,特与依修内司工匠所请同敖,免至低下。诸处不得援例。

出处:《宋会要辑稿》职官一六之一七。

蠲免民间未纳及拖欠诸色窠名钱物米斛诏
(绍兴三十二年十月二十一日)

诸路绍兴三十年以前民间未纳及拖欠诸色窠名钱物米斛,并予除放,仰州县日下销落簿籍。

出处:《宋会要辑稿》食货六三之二〇。

瞿志行授承节郎制
(绍兴三十二年十月二十四日)

原标:武功大夫、保宁军承宣使续环,乞将昨解罢御药院恩泽内应转一官与承信郎瞿志行,见今官上收使。

敕某官:退休而貤恩,外廷之与内侍一也。汝用是以迁秩,不既幸乎! 尚思所以称此者。可。

出处:《掖垣类稿》卷一。
撰者:周必大
考校说明:"绍兴三十二年"据周纶《周益国文忠公年谱》改。"绍兴三十二年"原作"绍兴三十一年"。据周纶《周益国文忠公年谱》,周必大绍兴三十二年九月兼权中书舍人,隆兴元年三年乞祠,主管台州崇道观。

赵述转防御与观免朝制
（绍兴三十二年十月二十七日）

原标：十月二十七日圣旨：赵述系故韩王赵普五世孙，可落致仕，与转防御使，在京宫观，免奉朝请。

敕：昔我艺祖，应天顺人，革有周之命。时惟忠献王允文且武，克左右昭事厥辟，以垂统于罔极。于穆清庙，首配享于大烝，群后莫及焉。肆朕纂服，念王业之艰不可忘，思佐命之臣不可见也，故访其后人而宠绥之。以尔具官某，五世之孙而四朝之旧也。端良练达，太上所知，膂力既愆，谢事而去。朕惟擅功名者庆流苗裔，论故国者谓有世臣。其进捍防，复从官政。欲其自近，故优尔内祠之禄；矜其既老，故镯尔朝会之仪。念祖报功，庶其在此。尔尚体予至意，毋遏佚前人之光。可。

出处：《掖垣类稿》卷二。

撰者：周必大

考校说明："绍兴三十二年"据《宋会要辑稿》职官七七补。

蔡州阵亡李贵等赠官制
（绍兴三十二年十月二十八日）

原标：蔡州阵亡有家属承节郎李贵赠三官，与两资恩泽，进义校尉宋琪赠承节郎，与一子进勇副尉。

敕某人等：昔者下襄汉之甲，底定蔡方。虽师直为壮，人百其勇，而不能救尔于锋镝之下，吾是以知兵之为凶器，战之为危事也，悲夫！宜诏司勋进官而录其后。忠魂未泯，歆我闵章。可。

出处：《掖垣类稿》卷五。

撰者：周必大

蔡州阵亡官兵无家属李云等一十有九人各赠承节郎制
（绍兴三十二年十月二十八日）

敕某人等：尔等既为国而捐其躯，又无家以续其祀，可谓重不幸也已。进官何及，尚慰九泉。哀哉！可。

出处：《掖垣类稿》卷五。
撰者：周必大

海州劫寨身死长行翁颜赠承信郎与一子守阙进勇副尉制
（绍兴三十二年十月二十八日）

敕某人：尔顷以乘边，勇于摩垒。被伤而死，深所哀矜。进秩录孤，尚歆恤典。可。

出处：《掖垣类稿》卷五。
撰者：周必大

李璘项膺各循一资制
（绍兴三十二年十月二十八日）

原标：提点铸钱司魏安行申：通判饶州、权州事张纶申，幕职官李璘、项膺不肯那兑贺登极银绢，有悖慢不恭之心。送提刑司取勘。提刑叶谦亨却申张纶违法。十月二十八日奉圣旨，张纶非理借兑，魏安行按劾失当，各特展二年磨勘。李璘、项膺奉公守职，各循一资。

敕具官某等：守道次于守官，夺志难于夺帅。汝为幕职，不屈郡丞，宁受悖慢之诬，靡忘出纳之吝。劾书既上，朕为直之。进以一阶，明示好恶。凡百有位，观朕此举，亦可以奉公守职而无蹈后害矣。可。

出处：《掖垣类稿》卷二。
撰者：周必大
考校说明："绍兴三十二年"据魏安行宦历补，见《宋会要辑稿》职官四三。

故右监门卫大将军郓州防御使士伱赠昭化军承宣使追封安康郡公故右监门卫大将军眉州防御使士窨赠镇东军承宣使追封会稽郡公故右监门卫大将军复州防御使士阶赠保宁军承宣使追封东阳郡公制
（绍兴三十二年十月）

敕：朕初承天序，方将大封同姓以藩屏帝室，而天不慭遗，俾我二三伯父叔父皆早世以没，易褒崇之恩为赠襚之典，可不为之大哀耶！皇叔祖故具官某等，胄出祖宗而支属未疏，身享富贵而恭俭无伪。奄兹沦谢，命也何居！其由诸卫之联，宠以两使之重，且即其郡而加赐诸公之印绶焉。《诗》不云乎："尔之教矣，民胥效矣。"咨尔四方，尚识朕亲九族之意，岂特慰乎死者而已哉！可。故和州防御使士伓赠安庆军节度使、舒国公，同词，但改两句云："其繇扞防超界节钺，且即其地而加赐。"

出处：《掖垣类稿》卷四。

撰者：周必大

考校说明：编年据《宋会要辑稿》帝系三补。按：文后案语曰："士伱，《宋史·宗室表》作士仌，士窨《表》作士窞，士阶《表》作士愔。伱，古别字，仌，古冰字。窨、窞，阶、愔，俱形近，不知当以何者为定。"

知明州韩仲通复敷文阁直学士知平江府沈介复敷文阁待制制
（绍兴三十二年十月）

敕：视天下犹弃敝屣之易，仰惟舜德之难名；为人上若驭朽索之危，伏念禹勤之当懋。不有循良之在列，孰推德意以及民？兹颁旷荡之恩，并奖蕃宣之效。韩仲通等皆太上轩墀之旧，奉甘泉笔橐之华。或润色词垣，擅张说、苏瑰之誉；或斡旋版部，慕计然、范蠡之风。久去周行，闲临侯服。属绍承于大统，思褒表于群工。故因涤邪荡垢之文，显示考绩陟明之意。咨尔两郡，并孚众言。戢矫虔之吏而里闾安，塞并兼之涂而仓廪实。其特还于宠数，以申劝于治功。庶几中外之闻风，罔不公勤而效职。可。

出处:《掖垣类稿》卷三。

撰者:周必大

考校说明:编年据《绍定吴郡志》卷一一补。文后注曰:"先是刑部依赦检举前任侍从官并复职,而言者论其太泛,以仲通等治郡有声,故先复。"

泉州德化县威惠庙灵助侯加封嘉显灵助侯制
(绍兴三十二年十月)

敕某神:舜受尧禅,望秩于山川,遍于群神。我祖宗肆大眚于初元,亦咸秩无文,以徼福于上下。朕既不德,上帝神明未歆享也。永惟圣王先民后己,思欲远施而不求其报。今部刺史上言,尔侯利功之溥著于闽海,宁风旱,弭灾兵,驱虎豹。朕阅章悚然,何以获神之贶哉!其诏词官,亟加显号,以示无德不报之谊焉。可。

出处:《掖垣类稿》卷五。

撰者:周必大

考校说明:编年据《宋会要辑稿》礼二○补。

庐州焦湖德济庙灵应助顺妃加封孚显灵应助顺妃制
(绍兴三十二年十月)

原标:元状云:自汉庙食今千有余年,环湖四百里舟船久赖安济。去年十月,金贼败盟,首犯淮西,截绝焦湖南通之路,累要入湖剽掠,每至湖口,风涛颠猛,不敢侵犯。

敕某神:我国家敬共事神二百年于兹矣,夫岂惟水旱疫疠之是为,亦惟疆场或骇,则资神休以庇吾民也。某妃受命富媪,为吾川后。平居则安流而济舟楫,遇难则扬波而杜寇戎。州以事闻,朕用嘉叹。其增称谓,以答威灵。尚凭宠光,箫勺群慝。可。

出处:《掖垣类稿》卷五。

撰者:周必大

考校说明:编年据《宋会要辑稿》礼二○补。

馆职学官不定员数诏
(绍兴三十二年十一月二日)

馆职学官,祖宗设此储养人材,朕亦欲待方来之秀,不可定员数。

出处:《宋会要辑稿》职官一八之二九。又见同书职官二八之二五。

岳飞妻李氏及子云等复官封诏
(绍兴三十二年十一月三日)

故岳飞妻李氏特与复楚国夫人,男云复左武大夫、忠州防御使,雷复忠训郎、阁门祗候,霖复右承事郎,与合入差遣,震、霭并与补保义郎,云妻巩氏与复恭人,更不给致仕、遗表恩泽。内云令临安府以礼祔岳飞葬。

出处:《鄂国金佗续编》卷一三。又见《宋会要辑稿》职官七六之七〇。
考校说明:原书题为《先祖妣李氏及先伯云等复官封旨挥》。

李师颜除官制
(绍兴三十二年十一月三日)

原标:吴璘申:已罢姚仲都统、安抚职事,送文州知管,听候朝廷指挥。所有东路军马逐急差夔州安抚李师颜。奉圣旨依所申,差李师颜权行节制,如能任职,保明申三省枢密院。契勘中侍大夫、武当军承宣使、知夔州李师颜今年三月收复德顺军立功。自权上件职事,委能任职,乞正差充兴元府驻札、御前诸军都统制、利州东路安抚使、马步军都总管、兼知兴元府事。奉圣旨依。

敕:朕西望梁州,密连秦分,内护列营之众,外信辟国之威,谋帅甚难,得人乃授。具官某素怀忠概,屡立战功。畴昔乘边,人皆推其武略;今兹推毂,朕亦藉其威名。分东道之帅符,付汉中之军政。既闻试可,何以假为?惟国家倚尔为长城,惟士卒恃尔为司命。勿辜任使,勉赴功名。可。

出处:《掖垣类稿》卷二。
撰者:周必大

考校说明:编年据《宋会要辑稿》兵二九补。

书拟事诏
(绍兴三十二年十一月四日前)

尚书省吏房、兵房,三省枢密院机速房,尚书省刑房、户房、工房,三省枢密院看详赏功房,尚书省礼房,令左、右司郎官四员从上分房书拟;其中书门下省诸房,令检正书拟;枢密院诸房,令检详书拟。

出处:《宋会要辑稿》职官三之四七。又见同书职官四之二四。

赐陈康伯御札
(绍兴三十二年十一月四日前)

尹穑、陆游力学有闻,枢臣同荐。比令召见,果能剀切详明。宜有旌嘉,用劝来者。可并赐进士出身。

出处:《陈文正公文集》卷五。又见康熙《广信府志》卷二八,《陈文正公家乘》卷一,民国《弋阳县志》卷一六。
考校说明:编年据《宋会要辑稿》选举九补。

令杨偯等措置浙东西犒赏酒库诏
(绍兴三十二年十一月四日)

浙东西犒赏酒库,令杨偯、梁俊彦疾速前去措置,候有成效,拨归户部及两浙转运司。

出处:《宋会要辑稿》食货二一之四。

降授成忠郎閤门祗候都遇与复元官制
(绍兴三十二年十一月四日)

敕具官某:前吾元帅虽以违命劾汝,亦以廉直称汝,可谓爱而知其恶矣。朕既因其言以贬汝,亦因其言以复汝,可谓观过斯知仁矣。汝尚去所短而信所长,朕将拔擢而加任使焉。可。

出处:《披垣类稿》卷三。
撰者:周必大

武节郎侍卫步军司前军副将李师颜特
差充阁门宣赞舍人制
(绍兴三十二年十一月十二日)

敕具官某:昔吾艺祖有削平四方之心,每临便坐,躬阅战士。朕虽不武,思踵前规。尔以偏裨,长于骑射。宠加要职,归耀私门。尚思殚竭忠勇,训集部曲,以副朕见知之意焉。可。

出处:《披垣类稿》卷二。
撰者:周必大

武翼郎皇甫倜与转三官除阁门宣赞舍人制
(绍兴三十二年十一月十三日)

敕具官某:淮汉以北,燕蓟以南,民吾故民,土吾故土。沦陷虽久,其父老子弟岂无戴宋而思自奋者乎?今尔崛起陈、蔡之间,力当一面,以少击众,屡收隽功,朕甚嘉之。进阶三等,参华上阁,未足以旌尔也。修尔车马,砺尔锋刃,朕将命将徂征,而与偕行焉。可。

出处:《披垣类稿》卷二。又见《永乐大典》卷一三四九九。
撰者:周必大

镇江都统制张子盖除淮南东路招抚使制
(绍兴三十二年十一月十三日)

敕:朕初履基图,兼怀蕃汉,闵故国遗黎之无告,而北方众狄之交争。既闻襁负以来归,其忍区分而弗救?瞻言飞将,实控要津。虽以至仁伐不仁,屡赞吊民之盛举;然杀无道就有道,岂吾为政之本心? 莫如隆委寄之名,可以付绥怀之事。具官某竭忠抱义,天性使然,御众行师,家传有自。眷而诸父,首济中兴,江淮知万福之名,帷幄决子房之胜。伟奇材之复见,报旧阀以有光。起自家居,付之阃制。席卷南徐之甲,云披东海之围。既参华孤保以酬尔俊功,复假宠使权以示吾隆旨。盖招携以礼而怀之以德,朕所乐为;而抚我则后而虐之则仇,彼将焉往? 惟不争而胜者天之道,惟不战可屈者人之兵。尔其指日以图勋,朕敢逾时而吝赏? 勉思国事,力畅天声。

出处:《掖垣类稿》卷二。又见《宋四六选》卷三。
撰者:周必大

兼知临安府赵子潚修城及陴转一官制
(绍兴三十二年十一月十三日)

敕:天子守在四夷,故城成周而君子小之。虽然,清风至而城郭不修,入其国者可以观政矣。尔具官某之行内史也,有张敞之儒术而鄙其媚,有广汉之聪明而耻其讦,未尝谄附以干誉,知悉意于公家而已。故昔者事劳而今逸,昔者财困而今裕,复以余力相崇墉而新之,肆予一人汝嘉。夫京兆郡国首,尔既能以治办为二千石倡矣,朕亦何惜一官,不以风晓诸道乎? 尚其丕钦,且有后宠。可。

出处:《掖垣类稿》卷二。
撰者:周必大
考校说明:"及陴",明澹生堂抄本、四库本作"了毕"。

临安府修城官第二等通判刘邍转一官制
(暂系于绍兴三十二年十一月十三日前后)

敕具官某:汉都长安,至发侯王之徒隶,今亡是也。闲民无常职,则予其直而庸焉。民既子来,功宜亟就。迨兹第赏,小大不遗,矧汝夙著能声,久贰京邑,职虽外徙,朕岂汝忘? 序进一阶,尚图报称。可。

出处:《掖垣类稿》卷二。
撰者:周必大

考校说明:编年据同集同卷《兼知临安府赵子潚修城及障转一官制》补。

禁止创置税务诏
（绍兴三十二年十一月十四日）

应创置税务日下禁止,令诸路转运司给版牓,于从来依条法合置处张挂,晓谕客旅通知。如无转运司所给版牓,见得是私置,许客人越诉,将违法收过税钱钱数纽计,申取朝廷指挥施行。

出处:《宋会要辑稿》食货一八之一。又见《宋会要辑稿补编》第六八三页。

辛次膺除御史中丞付陈康伯御札
（绍兴三十二年十一月十五日）

辛次膺除御史中丞,日下供职。

出处:《陈文正公家乘》卷一。
考校说明:编年据《宋会要辑稿》职官一七补。

令学士院降诏改元诏
（绍兴三十二年十一月十六日）

朕仰膺太上皇帝付托之重,夙夜图回,务隆绍兴之圣政。其以来年正月一日改元为隆兴,令学士院降诏。

出处:《宋会要辑稿》礼五四之一五。

改隆兴元年诏
（绍兴三十二年十一月十六日）

朕猥以眇身,惕膺大宝。问安视膳,敢忘付托之恩;任贤使能,庶尽图回之效。自临宸极,荐阅朔辰。躬亲虽总于万机,利泽未周于四海。而迩遐咸乂,边鄙粗安。岂凉德之克堪,皆慈谋之所致。属当正岁,肇易新名,惟建隆创业之宏规,洎绍兴中天之圣烈。继高光之统,益谨丕承;合正元之称,用循故事。其以明年为隆兴元年。

出处:《宋会要辑稿》礼五四之一五。

赐四川制置使沈介诚谕诏
(绍兴三十二年十一月十六日后)

为政之道,贵乎宽猛得中。惟我蜀人,乐于宽政。昔张咏尚宽,至发奸擿伏,时用其猛,蜀人以为神明。卿材术疏通,必能本人情,顺风俗以为政,无事多训。吴璘兄弟继守西边,备极忠顺,中兴良将,未见其比。本朝设制置使,冀协和以济事。而比来进取议论,乃有不与闻者,朕问之不知,良非本意。卿可与国相体商订,务为尽善,于璘有助可也。李师颜之在兴元,王彦之在金州,皆可倚仗,赖璘与卿悉调护之。兵势稍强,民力稍裕,恢复之举,当自西陲始,卿其念之。故兹诏示,想宜知悉。

出处:《鄮峰真隐漫录》卷六。
撰者:史浩
考校说明:编年据沈介官历补,见《宋会要辑稿》选举三四。史浩时为参知政事。

刘敦义除武学博士填见阙樊仁远除武学谕填复置阙制
(绍兴三十二年十一月十七日)

敕某人:春学秋射,以考游倅之艺,列于夏官,周制也。古学盖其遗意与?尔敦义得师友之渊源,尔仁远慕功名而慷慨。进繇科选,宠以同升。古者命将在公卿,后世拔士于行伍。用非所养,议者病之。尔其即艺业以求奇士,使不待投笔而有自见者。可。

出处:《掖垣类稿》卷二。又见《永乐大典》卷一三四九九。
撰者:周必大
考校说明:"绍兴三十二年"据周必大任外制时间、刘敦义官历补,见《宋会要辑稿》选举二〇。

敷文阁直学士知潭州刘岑改除敷文阁待制依旧宫观制
（绍兴三十二年十一月二十二日）

敕：昔祖宗之待近臣也，一眚岂尝遂废，白首独拜州焉。忠厚之风，至于今是赖。肆予寡昧，欣慕前烈。旧人无几，我尚友之。具官某禀迈往之资，忘泛爱之累。绍兴初载，已践高华，流落虽久，精明未减，故加峻职，起殿大邦。朕则曰惟尔之能，人则曰非尔不任。听言念旧，思酌厥中。次对奉祠，并为尔宠。惟古之忠臣不忘君于畎亩，况通籍西清者乎？何必牧民，乃能报国？可。

出处：《掖垣类稿》卷二。
撰者：周必大

寿春阵亡兵士唐达等赠官制
（绍兴三十二年十一月二十八日）

原标：建昌军忠节指挥兵士唐达、丁达、吴早，武雄指挥兵士邓明、饶岳、吴照、邓志，昨起发赴江州驻札，前去寿春府阵亡，各赠承节郎，与一子进勇副尉。

敕某人等：国家平日养兵于诸郡，所以待一旦之用也。汝向繇出戍，效死州采。赐爵录孤，非特慰尔存殁，亦庶几卒伍之众知我无负于人。可。

出处：《掖垣类稿》卷五。
撰者：周必大

张焘辛次膺朝谒礼数诏
（绍兴三十二年十一月二十九日）

张焘朝谒礼数，并依辛次膺已得指挥，仍许乘轿出入皇城门，至宫门上下马处。

出处：《建炎以来系年要录》卷二〇〇。又见《宋会要辑稿补编》第一〇一页，《宋史全文续资治通鉴》卷二三下。

建宁军节度使提举江州太平兴国宫天水郡
开国公士劏赠少师追封咸安郡王制
（绍兴三十二年十一月）

敕：朕观安懿诸孙，蕃衍奕世。高旌巨节相望于本朝，王绂公圭交屏于帝室。实惟前人积行累功之效，岂独列圣庸勋暱近之恩？施及眇冲，敢忘敦叙？天不遗于族老，礼宜厚于闵章。故具官某袭庆仙都，承休近属。向以宗英司训齐于外，晚由祠馆奉朝请于中。被疾久之，于今已矣。惟亚师于官为甚重，惟诸王于爵为甚尊。并用追褒，少纾悼念。夫明德所以亲族，尊祖在乎敬宗。哀荣之闲，恩义斯称。尚英灵之未泯，闻禭赠以来歆。可。

出处：《掖垣类稿》卷四。
撰者：周必大
考校说明：编年据《宋会要辑稿》帝系三补。

昌化军宁济庙神加封制
（绍兴三十二年十一月）

原标：昌化军宁济庙伪汉封永清福夫人，今改封显应夫人。转运司状：三十二年亢旱，祠祷雨降，岁则大熟。又黎人作过，巡尉祈祷，雷雨大作，黎人惊散。

敕某神：儋耳在南海中，黎人杂居，厥田下下。弭寇攘之患，格丰登之祥，惟神之功，宽朕忧顾。未加翟茀，阙孰甚焉？其正位小君，以易二百年之称谓。尚凭宠命，弥广灵厘。可。

出处：《掖垣类稿》卷五。
撰者：周必大
考校说明：编年据《宋会要辑稿》礼二〇补。

赐都督张浚审订北讨长策诏
（绍兴三十二年十一月前后）

比得李显忠、邵宏渊奏北讨，已令条具，专委卿审订。卿可更召显忠、宏渊并素有谋略将校,集赞议干办官等,将前项事宜密加熟议。彼之上将为谁可以当吾宏渊? 角战平野,骑兵孰多? 既得中原,何术以守? 傥尽长策,朕当亲驾,临江督府,移幕临淮,以督诸将。成功有厚赏,误国有显戮。若姑欲示敌人以声势,使之知惧而不敢犯,是亦一策。二者必居一于此,卿可密奏来。

出处:《鄮峰真隐漫录》卷六。

撰者:史浩

考校说明:编年据文中所述"傥尽长策,朕当亲驾,临江督府,移幕临淮,以督诸将"补,见《晦庵先生朱文公文集》卷九五《张公行状》。史浩时为参知政事。

赐两淮将臣李显忠邵宏渊条具出师方略诏
(绍兴三十二年十一月前后)

览奏,备见忠谋,良深嘉叹。但未知方略如何? 方今将校出廉隅者为谁,可保不敢摅掠? 方今之兵几人出战,几人留屯,以备冲突? 兵出何道? 何处可先据险? 何处有粮可因? 馈运当从何路? 援师当出何方? 既有成谋,必非浪战。可密行条具,仍须经都督府审订以闻,当从所请。

出处:《鄮峰真隐漫录》卷六。

撰者:史浩

考校说明:编年据同集同卷《赐都督张浚审订北讨长策诏》补。史浩时为参知政事。

张纲辞免赴阙宜允诏
(绍兴三十二年十一月后)

张纲一时老成,朕所渴见,已令趣召,乃以耆老为辞,重违雅志,可从所请。

出处:《华阳集》卷四〇《张公行状》。

李宗训转翰林医官制
（暂系于绍兴三十二年九月至十二月间）

原标：成闵奏，额外翰林医效、殿前司随军医治、赐绯鱼袋李宗训该收复蔡州等赏，转额外翰林医官。

敕某人：去岁夏出禁旅，冬戍淮蔡，暑行无疠疫，士寒无瘃瘃，其医事者与有劳焉。迁秩示恩，益进其技。可。

出处：《掖垣类稿》卷二。

撰者：周必大

考校说明：编年据周必大任外制时间、文中所述"去岁夏出禁旅，冬戍淮蔡"补，见《建炎以来系年要录》卷一九三等。

戒帅臣监司举劾部内知州臧否诏
（绍兴三十二年十二月三日）

朕祗膺慈训，诞保斯民，永惟戚休，系于牧守。昔我祖宗列郡数百，患其不能尽得人也，乃分道遣使，以寄耳目之臧否，万里如见肺肝。故累朝之民安于田里，可比治古人者。法令犹存，而今莫克举，是以循良不劝而贪暴未革，将何以助朕为治？咨尔部使者，其悉乃心，察列城之政，举循良，劾贪暴，以听升黜。至于材非所长，无他大过，而授柄胥吏，吾民有受其弊者，亦条列以闻，朕当命以他官，不遂废也。刺举以公，朕则有赏。阿私失实，罚亦随之。其令诸路帅臣监司限两月各具部内知州治行臧否，连衔闻奏。苟违朕言，台谏劾之。

出处：《鄮峰真隐漫录》卷六。又见《宋会要辑稿》职官四五之二三，《建炎以来系年要录》卷二〇〇

撰者：史浩

考校说明：《宋史》卷三三《孝宗纪》系于绍兴三十二年十二月四日丙寅。《建炎以来系年要录》卷二〇〇录有本诏节文，系于绍兴三十二年八月二日丙寅。史浩时为参知政事。

赐四川宣抚使吴璘回师秦陇诏
(绍兴三十二年十二月四日)

朕比览卿奏,念卿忠劳,此心未尝一日不西向。而卿子挺又能坚守德顺,备殚忠力,世济其美,传之方册,可企古人。今若并力德顺,敌或遁去,进前所得,不过熙、原,恐将卒疲毙于偏方,无益恢复。以朕料之,若回师秦陇,留意凤翔、长安,乃为大计,卿更审处也。卿所带忠义兵却须守挈老小于秦州以里,措置屋宇屯之,必得其用。比王彦之去,闻极迟迟,此深可罪,亦有曲折,拱知其详,卿且包含用之。方时艰难,人材不易得,卿当使过以责其后效。传不云乎,"师克在和",此之谓也。边地多寒,卿宜益加保护,副朕注想。

出处:《鄮峰真隐漫录》卷六。
撰者:史浩
考校说明:编年据《宋史》卷三三《孝宗纪》补。史浩时为参知政事。

擢陈康伯兼枢密使进信国公诰
(绍兴三十二年十二月五日)

门下:熙帝载而使宅百揆,时有赖于一贤;佐天子而镇抚四夷,事难分于二柄。爰稽古训,载考勋臣。眷维文武之兼资,并用安危之注意。锡以涣命,扬于皇朝。特进、尚书左仆射、同中书门下平章事、兼提举编修玉牒所、监修国史、兼提举编类圣政所、上饶郡开国公、食邑六千九百户、食实封二千七百户陈康伯,浑厚而直温,刚方而和裕。学足以探天人之赜,识足以周事物之几。正论不回,凛松柏后雕之操;至仁自守,抱蘋蘩明信之衷。早际遇于上皇,遂登庸于硕辅。望隆华夏,名著鼎彝。胡马饮江,首决亲征之策;时龙御汉,独高显相之功。朕惟兵律之尚烦,念边防之未靖,欲图妙算,协济多虞。考艺祖、仁宗之宏规,遵建炎、绍兴之圣政。肆令东府,仍管西枢。兴言属任之专,宜有显荣之宠。用申徽数,特表殊庸。方邑增腴,并实新畬之入;公圭胙国,进荒故里之封。亶峻民瞻,允符金论。於戏!宣王复文武之境,倚元老之壮猷;齐人归郓讙之田,资真儒之无敌。顾有为者亦若是,矧时则勿以间之。其追继于前修,以益光于永世。可特授兼枢密使,依前特进、尚书左仆射、同中书门下平章事、兼提举编修玉牒所、监修国史、兼编修圣政所,进封信国公,加食邑一千户,食实封四百户。绍兴三十二年十二月五日。

出处:《陈文正公文集》卷五。又见《宋宰辅编年录》卷一七,《陈文正公家乘》卷一,同治《广信府志》卷一一,民国《弋阳县志》卷一六。

御营宿卫使司准备差遣左迪功郎卫博
结局转两官循左儒林郎制
(绍兴三十二年十二月五日)

敕具官某:尔以书生乐从军旅之事,固异乎怀安而不武者。第功幕府,优进两阶。尚励材猷,以从官政。可。

出处:《掖垣类稿》卷二。
撰者:周必大
考校说明:编年据《宋会要辑稿》兵一九补。明抄本、四库本标题"左迪功郎"在"御营宿卫使司准备差遣"前。

侍从台谏条具方今时务诏
(绍兴三十二年十二月六日)

今日早朝,集侍从、台谏赴都堂,条具方今时务,仍听诏旨。

出处:《建炎以来系年要录》卷二〇〇。又见《宋会要辑稿》帝系九之三一,《宋史全文续资治通鉴》卷二三下。

赐侍从台谏等笔札修具弊事诏
(绍兴三十二年十二月六日)

朕惟天下有弊事,无弊法。祖宗立法,夫岂不良? 今日之弊,在乎因仍习俗,固而不化,遂与法意背驰。若解而更张,宫商斯在。经不云乎:"变而通之以尽利,推而行之存乎人"。朕览张寿所奏,犁然有契于衷,已令侍从台谏集于都堂,今赐卿等笔札,宜取当今弊事悉意以闻。退各于听治之所,尽率其属,谕以朕旨,使极言之,毋得隐讳,朕有考焉。故兹诏示,想宜知悉。

出处：《鄮峰真隐漫录》卷六。又见《宋会要辑稿》帝系九之三，《宋史》卷三三《孝宗纪》，《建炎以来系年要录》卷二〇〇，《宋史全文续资治通鉴》卷二三下，周必大《平园续稿》卷二一《张忠定公焘神道碑》。

撰者：史浩

考校说明：史浩时为参知政事。

梁到福建常平义仓米钱拨充五分弓手钱诏
（绍兴三十二年十二月十日）

福建见管常平义仓米尚多，将梁到钱贯于内拨十万贯措置收籴，其余钱十五万贯专充本路州军添招五分弓手钱。

出处：《宋会要辑稿》食货六二之三九。又见同书食货五三之二九。

王栋转官制
（绍兴三十二年十二月十日）

原标：右朝奉大夫、提辖文思院上下界王栋该第二等册宝赏，转一官，减二年磨勘。

敕具官某：朕总公卿之议，奉徽号于两宫。镂玉范金，礼备而文缛。虽曰工善其事，亦惟安董治之劳。序陟文阶，尚其祗服。可。

出处：《掖垣类稿》卷一。

撰者：周必大

江东州军抛买生黄牛羊皮减免一分诏
（绍兴三十二年十二月十二日）

江东州军造三等甲叶子，抛买生黄牛皮、羊皮各一万张，以三分为率，减免一分。

出处：《宋会要辑稿》食货六三之二〇。

田开元再任制
（暂系于绍兴三十二年十二月十三日）

原标：四川宣抚并制置司奏，武功大夫、建州观察使致仕田开元系御前右军统领军马，昨因金疮发动致仕，乞令再任。十二月十三日奉，圣旨依。

敕具官某：乡以边陲罢警，听汝告归。今征西之师转战而前，此拔士为将之时也，况如汝者忠勇有闻，其可屏居南山以射猎为乐乎？勉起据鞍，共赴功名之会。可。

出处：《掖垣类稿》卷三。
撰者：周必大
考校说明："绍兴三十二年"据周必大任外制时间、同集前后文时间补。

吴谦放罢制
（绍兴三十二年十二月十八日）

原标：忠翼郎、江西安抚司准备将领王世英有产业在洪州。本州通判吴谦举觉，先次住支请受，本人安状经枢密院，称世英兼训练日，依奉朝廷指挥，裁减诸厅人从，追赴教阅，吴谦因此挟恨事。吏部称即无前件指挥，检详本人不遵守分，特降一官放罢。

敕具官某：仕于殖产之邦，虽戾吾法，可恕也。若乃矫诬而犯上，议者疾夫。削尔一阶，少戒妄发。可。

出处：《掖垣类稿》卷三。
撰者：周必大

三省详加访问王正己诏
（绍兴三十二年十二月十九日）

王正己不畏强御，节概可称，三省详加访问，其人如在，可与甄录。

出处：《攻媿集》卷九九《王公墓志铭》。

考校说明:编年据《建炎以来系年要录》卷二〇〇补。

陈州阵亡戴规赠官制
(绍兴三十二年十二月二十三日)

原标:赵樽申,忠义军副统领戴规,于绍兴三十一年十一月内,先结约陈亨祖等收复陈州。次年三月,蕃贼攻城,初十日城破,规部兵巷战夺门阵亡。特赠三官,与两资恩泽,更一名守阙进义副尉。

敕某人等:宛丘之民,世被王泽,故得之也易;地当四战,虏所必争,故守之也难。尔智足以得其城,而勇不忘于死守,可谓忠矣。追褒之典,当越常彝。魂如有知,服予一人之宠命。可。

出处:《掖垣类稿》卷五。
撰者:周必大

广西取拨钱物买马诏
(绍兴三十二年十二月二十四日)

广西买马,系拨定本路上供钱七万贯、经制赡学钱五万贯、静江府买钞钱八万贯,及每年拨定锦二百匹、盐二十万斤,令经略安抚司取拨,衮同应副支使。又广西收买战马一千五百匹为额,并要四尺二寸以上、八岁以下、阔壮堪披带马数。其买马系横山寨收买,价直画时支给。昨来已将提举买马司官吏添置干办官并罢,令本路帅臣兼提举,邕州知州兼提点,及干办公事一员,于邕州置廨宇。仰广西南路经略安抚司依见行条法,常切检察。有违法处,具当职官吏姓名,申取朝廷指挥施行。

出处:《宋会要辑稿》兵二二之二七。

起复武功大夫范旺王顺胡成李玘并特转遥郡刺史翊卫大夫利州观察使刘锐特转亲卫大夫右武大夫果州团练使秦祐特转左武大夫制
(绍兴三十二年十二月二十五日)

敕:向者虏窥襄汉,涉淮泗,吾士卒敌王所忾,竞欲先登,而大将阏智不足以料敌,恩不足以抚下,使尔具官某等有奔走之劳而失恢复之机,朕甚惜之。虽然,故疆无虞,边邑略定,众服劳而不怨,则偏裨预有力焉。其越邦彝,赐之一转,或横班弥峻,或郡绂甚华。勉图俊功,以遂前志。可。

出处:《掖垣类稿》卷二。

撰者:周必大

王实转官制
(绍兴三十二年十二月二十五日)

原标:从义郎、江淮宣抚司提辖衙兵王实招募神劲军效用,特转一官。

敕具官某:朕观方叔元老,克壮其猷,然其车三千,亦赖新田之士。今吾枢臣集万弩于江表,而为征伐獫狁之计,视《诗·采芑》,异世同符。兹览奏章丏麾下募兵之赏,进官一等,用答尔劳。可。

出处:《掖垣类稿》卷二。

撰者:周必大

追谥安穆皇后册文
(绍兴三十二年十二月二十七日)

皇帝若曰:古先哲王修身齐家,达于天下,必建中壸,正位乎内。至于哀荣之际,饰终追往,厥有典常,所以基王化,厚人伦也。朕祗荷天地宗庙之阂休,对扬太上皇帝之慈训,嗣有大统,将自家而刑国,使天下化之。乃眷良配,弗克永年,是用咨尔秩宗暨奉常,易名考行,协于金言;愍册徽章,肆以时举。皇后郭氏婉娩懿恭,祗若古训。粤自初载,嫔于潜藩,褕翟以朝,佩玉以居。下抚上承,率履弗越。命之不淑,方华而殒。日月逝矣,音容如新。朕问安寝门以天下养,而盥栉之礼后弗克亲;朕封建诸子以屏王室,而朝会之盛后弗克见。念莫予助,慨然于中,追怀平生,以诏后世。今遣某官册谥曰安穆皇后。正中宫之名,于以协阴教;升别庙之祔,于以妥神灵。于昭淑声,永永无极。呜呼哀哉!

出处:《鄮峰真隐漫录》卷六。又见《中兴礼书》卷二八〇。

撰者:史浩

考校说明:编年史浩时为参知政事。

忠义前军阵亡李义等赠官制
(绍兴三十二年十二月二十八日)

原标:枢密行府忠义前军于滁、和、寿州以来阵亡使臣,守阙进义副尉李义特赠承节郎,与一子父职名,更与一名进勇副尉,白身李全特赠承节郎,与一子进勇副尉,无家属李进等一十四人特赠承节郎。

敕某人等:黠虏不道,扰吾江淮。爰命枢臣,督兵以战。嗟而死事,是命追褒。魂如有知,尚或知享。可。

出处:《披垣类稿》卷五。

撰者:周必大

诸州赴纳行在纲运事诏
(绍兴三十二年十二月二十九日)

敕:今后诸州纲运起发赴行在送纳,内有经过建康、镇江府总领所拘截之数,许令就行在所属陈乞,取索随身逐处钞据并不彻地里水脚钱干照勘验,一并依条推赏。

出处:《宋会要辑稿》食货四五之一八。

考核立功军兵军籍诏
(绍兴三十二年十二月)

令吏部、兵部牒下三衙及诸路总领所,开具自绍兴三十一年十二月一日立功推赏之后至今降指挥日,逐离军人数、官位、姓名、年甲申朝廷照验,仍将今来臣僚奏议牒下逐处,逐一子细开说的实因依,结罪保明,申取朝廷指挥施行。

出处:《宋会要辑稿》兵一九之六。

凤州梁泉县嘉陵谷神加封制
(绍兴三十二年十二月)

原标:凤州梁泉县嘉陵谷神善济侯加封英显善济侯。近因金贼侵犯,常起云雾风雨,使贼不安,并江水常盈,不误粮饷事。

敕某神:狄人顿兵西陲,狙伺秦陇。赖神之灵,凡天时地利,吾悉得之。惟履信思顺,朕犹有愧,而获助如此,其何敢忘? 申锡嘉名,以示无德不报之义。尚恢觇施,迄静边虞。可。

出处:《掖垣类稿》卷五。
撰者:周必大
考校说明:编年据《宋会要辑稿》礼二〇补。

张说落阶官赐陈康伯御札
(绍兴三十二年十二月)

张说充奉使,不受金□,辞免两人白身恩泽,理宜旌赏。可特与落阶官。

出处:《陈文正公家乘》卷一。

节度使同知大宗正事士街赠少师追封咸义郡王制
(绍兴三十二年十二月后)

敕:自诸姬既衰,言宗室则予两汉,然秉德如间、平者才十三,而荒淫颠覆相属也。本朝以隆名厚禄优待近属,而不敢以事委焉。惟择年高德邵者,付以纠合宗盟之任。故生也尊荣无玷,殁也保其令名。轶汉从周,世守弗坠。故具官某肇功流庆,实自濮园。维祖维父,咸启王社,贵而能降,富而不溢。授以司宗之印,有年于兹,奄终寿考,朕用痛悼。既诏大仆辍视朝之仪,复以絺冕王绂告于而第。哀荣备矣,尚克享之。可。

出处:《掖垣类稿》卷四。
撰者:周必大
考校说明:编年据赵士街卒年补,见《宋会要辑稿》礼四一。

赐张浚鞍马手书
(绍兴三十二年冬)

卿以元勋,特为重望,慨风尘之未静,仗忠义以亲行。首固边防,徐谋开拓,俾朕居尊,无复轸虑。缅思赤心,益用叹嘉。

出处:《晦庵先生朱文公文集》卷九五《张公行状》。又见康熙《绵竹县志》卷三。

张浚貂帽手诏
(绍兴三十二年末)

卿以文武全才,副朕倚毗,宣威塞垣,厥功益茂。夷虏来归,中外帖然。今赐卿貂帽等。

出处:《晦庵先生朱文公文集》卷九五《张公行状》。又见康熙《绵竹县志》卷三。

王廷珪除国子监主簿诏

（绍兴三十二年）

王廷珪粹然耆儒，凛有直节。顷以言语文字，牴牾权臣，流落排根，殆逾二纪。召对便殿，敷奏详华。可特改左承奉郎，除国子监主簿。

出处：《桯史》卷一二。

赐陈康伯御札

（绍兴三十二年）

李珂乞都督府差遣，可与寻一见阙差往。

出处：《陈文正公家乘》卷一。

赐陈康伯御札

（绍兴三十二年）

早来所谕，欲遣使往江淮。阃外之事，既以付之张浚，恐徒成沮挠，别有异端。蜀道一节，更须商议。

出处：《陈文正公文集》卷五。又见康熙《广信府志》卷二八，《陈文正公家乘》卷一，民国《弋阳县志》卷一六。

赐陈康伯御札

（绍兴三十二年）

□□出战三司诸军，可令主帅勒元统兵官先具姓名，曾立功者，限五日申枢密院，候宣抚司保明到，照应推赏。

出处：《陈文正公家乘》卷一。

赐陈康伯御札
（绍兴三十二年）

比闻应出戍官兵先因借请钱粮或擎历合券,内外粮审院往往以驱磨欠剩为名,动涉数月不放勘请,户部总领官坐视不察,致令官兵往往失所。应今后官兵因差出回归,并仰户部并总领司先次按月行放钱粮;应有驱磨侵欠,一面牒主兵官并帮勘官依条除扣。敢有更似已前沮滞,其内外粮审院官便重行降黜。可令出榜晓示。其札付在外诸处,可进入令金字牌发。

出处:《陈文正公家乘》卷一。

吴挺除官制
（绍兴三十二年）

原标:荣州刺史、利州路兵马钤辖、御前中军统制吴挺除主管熙河路经略安抚司公事、马步军都总管、兼知熙州,依旧御前中军统制。

敕:朕惟熙河转战,乃得狄道、枹罕,而郡县之中值多艰,沦于戎索,一披舆地之图,未尝不深嗟而屡叹也。具官某忠孝智勇,本于家传,坐以中坚,力摧强敌,旧疆浸复,朕甚嘉焉。就畀帅权,付之西略。兵法曰:善战者致人而不致于人。尔父子为我善谋之。可。

出处:《掖垣类稿》卷二。
撰者:周必大

保义郎郝谥管押温州钱纲违程两月降一官制
（绍兴三十二年）

敕具官某等:水陆之运可以日计,傥愆期会,宜小惩之。可。

出处:《掖垣类稿》卷三。
撰者:周必大

婉容翟氏进封特与依格合得恩泽亲属
故武节郎蒋世忠特与赠武义大夫制
（绍兴三十二年）

敕具官某：朕厉精图治，始于齐家。登建嫮华，助修阴教，固未尝因其私谒而为之貤恩也。若夫推之人情而协，稽之法意而顺，则亦无所靳焉。尔以外姻，尝登右列。兹用正于七品，以追赉于九原。尚其有知，服我休命。可。

出处：《掖垣类稿》卷四。
撰者：周必大

进武副尉陈玠转承信郎制
（绍兴三十二年）

敕某人：乃者祖妣圣容归安原庙，汝尝服役，例获进阶。往祗异恩，尚勉来效。可。

出处：《掖垣类稿》卷一。又见《永乐大典》卷七三二七。
撰者：周必大

孝宗朝卷二　隆兴元年(1163)

付史浩密诏
(隆兴元年正月前)

朕粗勤庶政,然军务民事未得其要。若矿金璞玉,方以卿为良工,其毋怠焉。

出处:《攻媿集》卷九三《纯诚厚德元老之碑》。

考校说明:编年据史浩官历补,见《宋史》卷二一三《宰辅表》。

武举中荐举五等人事诏
(隆兴元年正月一日)

候逐官举到,并于枢密院置籍录用。如诚立功效,其举官取旨推赏;如或败事,亦加责罚。不许举宰执、管军并内侍官亲戚。如违,令御史台觉察以闻。

出处:《宋会要辑稿》选举三〇之一二。

蠲免安丰军进奉天申节绢诏
(隆兴元年正月七日)

安丰军绍兴三十一年分未曾起发进奉天申节绢五百匹及大礼绢二千四,并予蠲免。

出处:《宋会要辑稿》食货六三之二一。

检校少保安德军节度使龙神卫四厢都指挥使充镇江府驻札御前诸军都统制张子盖守本职致仕制
(隆兴元年正月九日)

敕:我太上皇帝之中兴也,首命将臣俊整我六师,经营四方,勋在王室,象在云台,始终无疵,非明于知人,能如是乎? 及倦于勤,复起世将以授朕。朕方倚之如长城,恃之如爪牙,乃以病闻,屡上印绶,虽欲不听其去,不可得已。具官某忠足以卫上,廉足以服众,勇足以截敌,故分阃而师旅振,薄伐而重围解。志方驰于伊吾之北,而病则止。嗟乎! 剪须可以已尔之疾,吾弗靳也;弃事可以延尔之生,吾弗强也。汝往矣,虽在里居,毋忘我家之厚遇。可。

出处:《掖垣类稿》卷三。又见光绪《丹徒县志》卷五四。
撰者:周必大

张浚除枢密使制
(隆兴元年正月九日)

曜神武以折遐冲,莫重本兵之任;儆师徒而讨乱略,尤严督府之权。自非文武之兼资,曷称安危之剧寄。畴咨旧德,属我宗臣。其敷廷绂之华,宣告垂绅之听。具官张浚器周而用远,实大而声闳。学造圣真,适尧舜文王之道;行高世表,会曾骞孝己之名。蕃际遇于中兴,浸延登于次辅。言言忠烈,与日月以争光;表表功名,安社稷以为悦。肆予绍服,趣使来归。表里江淮,畀中权而独运;汛扫宇宙,抱素志以弗渝。顾委任之虽专,念规摹之未究。是用峻登枢管,肇正使名。考葛亮总戎之称,用谢安督军之号。载畴多赋,并衍新畲。益昭幕府之光,增重本朝之势。於戏! 吉甫为宪,先元戎十乘以启行;裴度视师,宜两河诸侯之听命。惟位崇者报益厚,惟望峻者志弥坚。其茂对于孚休,终有辞于永世。

出处:《宋宰辅编年录》卷一七。

史浩除右仆射制
(隆兴元年正月九日)

朕钦奉圣谟,惕临初政。人主之职论相,念图任之维艰;大臣以道事君,岂登庸之可后?眷予贤佐,久穆政涂。宜升次辅之联,诞播明廷之号。具官史浩高明而端亮,宽裕而直方。学穷圣道之微,损益可知于百世;识周天下之务,文武为宪于万邦。盖由吁俊之公,夙有济时之望。资尔耆德,傅我潜藩。王求多闻,旧服盘庚之学;帝赉予弼,有若傅说之贤。兹嗣守于庆基,亟入参于机务。以心膂之臣而任之勿贰,竭股肱之力而知无不为。一新万化之原,浸格九功之叙。肆稽民誉,其遂相予。仍兼枢管之司,大启封侯之宇。崇阶增峻,多户申陪。惟眷倚之益隆,顾责成之弥重。於戏!予欲循尧道而致时雍之化,尔其迪百志之熙;予欲广文声而卒外攘之功,尔其赞五兵之运。同萧何之心而安四海,守宋璟之文而佐中兴。时乃之休,副朕所望。

出处:《宋宰辅编年录》卷一七。

特奏名进士请解事诏
(隆兴元年正月十一日)

将来特奏名人进士请解,并免解,因事故不曾试今次试人,与理为到省一举;两处取解已及今来特奏名举数人,虽已违限,未曾经所属保明并举之人,特许并举推恩。绍兴四年得解贡合赴五年省试,因事故至八年以前到省试下,理先得解贡年。及前举已降旨,诸路进士许将展过省、殿试理为一举,赴特奏名殿试。今如有四举年五十、七年四十以上应曾展过省、殿试之人,并许理为一举。若在七年得解、八年到省试下之人,与理作六年到省,并许赴特奏名试。进士门引不到,因事故赴试不及,若举数已该特奏名,依南省下第人例施行。如合该取会并合下所属保明之人,且令就试,其将来合推恩敕牒等,并令礼部收掌,候勘会,召保官给赴。若有违碍,即具因依并敕牒缴申尚书省。今年既不临轩策试,应该特奏名人,于省试院接目试策一篇。

出处:《宋会要辑稿》选举一三之二。又见《宋会要辑稿补编》第三一七页、第三四六页。

进士及曾经御省试人推恩诏
（隆兴元年正月十一日）

礼部贡院，今举省试进士、贡士年四十以上六举曾经御试、八举曾经省试，年五十以上四举曾经御试、五举曾经省试，内河北、河东、陕西举人特与各减一举，及曾经绍兴五年已前到省前后实得两解贡，或免解共及两举，各不限年，令礼部勘会，许特奏名试。其五年以前到省一举、见年五十五以上者，令本贯州县当职官勘实，别无违碍，结除名罪保明申礼部，内开封府、国子监即各令召见任承务郎上以贰员，亦依前结罪保明，本属关送礼部勘验闻奏，当议特与推恩。

出处：《宋会要辑稿》选举一三之二。又见《宋会要辑稿补编》第三一七页、第三四六页。

三衙诸军不得克剥士卒请给诏
（隆兴元年正月十三日）

三衙诸军遵依已降指挥。如敢再有违戾，许军人径赴三省、枢密院越诉。愿移军别入役或愿离军者听。

出处：《宋会要辑稿》刑法二之一五六。

东华门外殿司新司交割付修内司诏
（隆兴元年正月十七日）

殿司已在旧司置司，其东华门外新司，却令依旧交割付修内司。

出处：《宋会要辑稿》职官三〇之三。

翟楷韩仲通循右从政郎制
（隆兴元年正月二十日）

原标：将仕郎翟楷未有名目日，充详定一司敕令，韩仲通书奏，因绍兴十九年六月进书得转一官资赏,今循右从政郎。

敕具官某:前者刊定章程,尔以隶名应赏,兹登仕版,遂以畀之。夫舍岁月之劳,略荐举之制,而许进其秩序,不亦荣幸乎! 尚思所以称此者。可。

出处:《掖垣类稿》卷一。
撰者:周必大

诸军加转官资人请给事诏
(隆兴元年正月二十二日)

将诸军加转官资之人开具已给付身,出榜分明晓谕。仍令粮审院自揭榜日先次接续勘行合添请给,不得妄有除克。主兵官严切觉察。尚敢尚敢违,重作行遣。

出处:《宋会要辑稿》兵一九之七。

蠲免鄂州上供钱诏
(隆兴元年正月二十六日)

鄂州绍兴三十二年并以后年分合增添二分上供钱三千九百十四贯,特予蠲免。

出处:《宋会要辑稿》食货六三之二一。

江浙诸州军夏税等折纳价钱诏
(隆兴元年正月二十六日)

江、浙诸州军合发上供绅绢绵年例除进奉外,将夏税和预买准衣以分数折纳价钱补助经费,令江、浙转运司依去年所折分数酌度均拨行下折纳。

出处:《宋会要辑稿》食货七〇之五三。

令佐抄札籍记民户抛下田产屋宇诏
（隆兴元年正月三十日）

应民户抛下田产屋宇，责令佐抄札籍记，如有回归者，即依旧主业，已请佃者即时推还；出二十年委无归认之人，依户绝法。

出处：《宋会要辑稿》食货六九之六一。

宗子不庬换授右承奉郎制
（隆兴元年正月三十日）

原标：建康军节度使士劏遗表，男忠训郎不庬乞依士太男换文资，特换右承奉郎。

敕具官某：祖宗时以儒科易武弁者多矣。近世一切反之，将门戚里朱紫盖相望也，岂于吾宗室之老独有所靳而不徇其遗言乎？置尔东班，尚识朕亲亲之意。可。

出处：《掖垣类稿》卷一。
撰者：周必大

张子盖赠太尉制
（隆兴元年正月）

敕：朕遭时多虞，锐意用武，凡待爪牙之士，皆如心膂之亲，而况绍兴推毂之人，循国克家之将？驿传赴告，坐念涕流。故具官某禀忠义于天资，以功名为己任。蠢兹北狄，犯我朐山。衔王命以暑行，薄贼营而鏖击。以天之道，扫清蜂蚁之屯；返斾而旋，昭揭鲸鲵之观。足成伟绩，弥历壮图。有整军经武之志而未及施，有犁庭焚穴之心而未及究。何禀生之不淑，遂寝疾而莫兴？是用峻升掌武之官，加畀中金之赗。驰恩而褒厥后，定谥以表其身。萃此哀荣，寄予震悼。尚英魂之未泯，闻休命以来祇。可。

出处：《掖垣类稿》卷四。

撰者:周必大

考校说明:编年据《宋会要辑稿》仪制一一补。

抚定中原蜡告
(隆兴元年二月一日)

　　皇帝若曰:朕初嗣位,慨念中原之民,久此涂炭,未得休息。心怀悯恻,夙夜靡宁。非不能从事干戈以决胜负,重念人命难得,怨苦难洗。今来昭大信、明大义于天下,依周汉封建诸侯及唐立藩镇故事,抚定中原。不贪土地,不利租赋,除相度于唐、邓、海、泗等州置关隘如函谷关外,应有能据守以北州郡归命内款者,即其所得州郡并旁近城邑,裂土封建。大者为真王,带节度、镇抚大使,赐玉带、金带,涂金银印。其次为郡王,带节度、镇抚使,赐笏头、金带、金鱼,涂金铜印。并赐铁券旌节从物,听于次第私庙立戟。元系蕃中姓名者,仍赐姓名,各以长子为节度、镇抚、留后,世世传袭,永无穷已。余子弟听奏充部内防团刺史,亦令久任将佐,比类金国官品升等换授。其国内各置国相一员,委本国选择保奏,当降真命。余官准此。内不可待报者,听先次赴上。土地所出,并许截留,充赏给军兵、禄养官吏等用,更不上供分文。每岁正旦一朝,三年大礼一陪位,如有故,听遣留后或相国代行;天申、会庆节止遣本国官一员将命。应刑狱生杀,并委本国照绍兴敕令参酌施行,更不奏案。合行军法者,自从军法。四京各用近畿大国兼充留守,朝廷惟于春季遣使朝陵,余节朔止用本处官吏待祠。每遇朝贡,当厚给茶彩香药等。其遇一国有警急,诸国迭相应援,或出兵牵制,义同一家。如开辟土地,俘获金宝生口,并就赐本国。其有功将士,委本国审实保奏,当优转官资。其余恩数,有该说未尽者,续次颁行。今来所遣宣谕,各仰思念久远,趁时成立功业,子孙世世享利,毋徒死于干戈。请候议定,各遣子一人入觐,当特赐燕劳毕,即时遣回。有合奏请事宜,许其续奏。所有信誓之言,并候铁券内刊写。机会之来,时不可失,各宜勇决,以称朝廷开纳之意。隆兴元年二月一日,三省同奉圣旨,遣人密告。奉敕如右。谨告。今遣右宣议郎、试尚书兵部员外郎李申甫充宣谕使,候议定日,皇帝迁都建康府以受朝贺,遣使约诸国歃血同盟,各相保援,以固欢好。如有强国背盟,侵犯弱国,王师即为牵制,不行杀戮,但务和平,为永久子孙之利,各请无虑。

出处:《鄮峰真隐漫录》卷六。

撰者:史浩

考校说明:编年据《宋史》卷三三《孝宗纪》补。史浩时为右仆射兼枢密使。

吏部差注堂阙事诏
(隆兴元年二月三日)

除在内职事官、在外元系堂除知、通、将副以上外,其余堂阙,并令吏部差注,合行事件,条具申尚书省取旨。

出处:《宋会要辑稿》职官八之二八。又见《宋会要辑稿补编》第五二八页。

马回山下阵亡郑祥等赠官制
(隆兴元年二月三日)

原标:武节郎、成都府等路第一副将、嘉州驻札郑祥,承节郎、嘉州犍为县尉胡钦若,降授保义郎、嘉眉州巡检王忠,各赠两官,与一资恩泽。下班祗应成都府等路第一队将、嘉州驻札王彦赠承信郎,与一子父职名。并为绍兴三十一年十一月在犍为县马回山下与作过蛮人斗敌阵亡推恩。

敕具官某等:夜郎、僰中之蛮侵扰县道,尔等触白刃,冒流矢,以尽人臣之节,朕闻而伤之。优进厥官,赏延于世。忠魂未泯,尚知飨哉! 可。

出处:《披垣类稿》卷五。
撰者:周必大

董遇转遥刺制
(隆兴元年二月四日)

原标:武功大夫、马军司左军统领董遇供职满十年无过犯,转一官,与遥郡刺史。

敕具官某:尔为队帅,十阅岁华。有统督之勤,无旷瘝之咎。肆稽功令,荣假郡章。朕方捐爵赏以待殊勋,尔勿累年劳而应常格。可。

出处:《披垣类稿》卷二。
撰者:周必大

严任子法诏
（隆兴元年二月五日）

臣僚任子，见遵祖宗法度，理难遽改，可令吏部严铨试之法。自今初官，不许用恩例免铨试、呈试，并候一任回，方许收使。虽宰执亦不许用恩例陈乞回授初官免词。

出处：《宋史全文续资治通鉴》卷二四，台湾文海出版社宋史资料萃编本。

许章等转官诏
（隆兴元年二月五日）

前中军第七正将许章等管押招抚及捉获金贼一百人并家小五百九十三人口，赴行在讫。万里防护，委是艰辛，各特与转一官资，并于正名目上收使。

出处：《宋会要辑稿》兵一九之七。

周洽再转两官诏
（隆兴元年二月五日）

右修职郎周洽再转两官，左迪功郎刘甄夫添差指挥更不施行。

出处：《宋会要辑稿》兵一九之七。

许章转官制
（隆兴元年二月五日）

原标：右武功大夫、御前中军第七正将许章部押招抚及捉获金贼一百一人，并家小五百九十三人到行在，特转一官。

敕：古者诸侯有四夷之功则献之于王，今吾西师远效戎捷，或降或执，旅百于庭，得《春秋》之谊，朕甚嘉之。具官某受命辕门，归俘魏阙，舟车万里，寒暑逾时。宠进衡阶，用酬劳勤。归语尔帅，为我擒颉利而致之。可。

出处:《披垣类稿》卷二。
撰者:周必大

舒州小孤山神加封制
(隆兴元年二月七日)

原标:舒州宿松县小孤山惠济庙圣母已封安济夫人,连年调发军马,津运钱粮,及舟楫涉江湖,军民逐时祈祷,皆有灵应,加封助顺安济夫人。

敕某神:《书》曰:"至诚感神,矧兹有苗。"乃者犬戎盗边,江淮云扰,而兵民利涉,漕运无虞。迄凭天诛,丑类自北,此神母之阴相而太上之圣德也。予一人方承厥志,经理中原。相彼丛祠,屹临冲要,兹用加崇位号,赞以书命,庶几因报功之典而徼福焉。可。

出处:《披垣类稿》卷五。
撰者:周必大
考校说明:编年据明抄本及《宋会要辑稿》礼二〇补。四库本作"十月十日"。

省试诸科取士条约诏
(隆兴元年二月十一日)

令省试诸科进士务取学术深淳、文词剀切、策画优长。其阿媚阘茸者,可行黜落。

出处:《宋会要辑稿》选举四之三六。

改正将校军兵等重叠功赏付身诏
(隆兴元年二月十三日)

札下三衙并驻札诸军,仰日下出榜晓示,如将校军兵等有重叠功赏付身,并限一季经本军陈乞,牒所属改正,自祗受日为始。仍约束本军合干人不得乱有阻节,非理掊敛,乞觅钱物。如有违犯,在外许经都督府,在内经枢密院越诉,当重作施行。

出处:《宋会要辑稿》兵一九之七。

免绍兴三十一年蕲州上供钱诏
(隆兴元年二月十六日)

蕲州绍兴三十一年未起下限上供钱一万六千二百六十五贯,免行起发。

出处:《宋会要辑稿》食货六三之二一。

量试宗子补官制
(隆兴元年二月十七日)

原标:量试宗子合格二百六人,内赵汝弼补承节郎,余并补承信郎。合格杂犯附榜人赵师厚等一十人亦补承信郎,展二年出官。

敕某人等:太上皇亲以玺绶授朕,朕日承慈训,常惧德之弗嗣。永惟明俊德以亲九族,虽唐尧不敢后也,故首下量试之令以官支庶。而尔等各负文艺,应有司之格。其锡一命,使从官政。子夏曰:"仕而优则学。"学固无穷也,毋以既仕而遂自止焉。可。

出处:《掖垣类稿》卷一。
撰者:周必大

成闵落太尉在外宫祠婺州居住制
(隆兴元年二月十八日)

敕:恭惟太上皇帝德威圣武,大足以驾驭豪杰,小足以照临将士,故环列之尹,充位可也。朕以眇躬,初陟元后,正赖熊罴之士戮力一心,内肃机枢,外攘戎狄。若祈父官非其人,则《小雅》之刺兴矣。废以驭罪,恶可缓乎?具官某奋身单微,受国恩宠。向为列校,犹知趋事赴功,冀幸爵赏,及志满意得,遂负使令。议者摘其过愆,多至数十。虽更赦勿治,而不可恕者二焉。盖朕日御便殿,厉师讲武,别勇怯,齐部伍,尔则驭军无律,咈朕之心。朕俭于奉己,优于劳军,屡诏将臣毋剥下,毋贪利,非公事毋辄役一卒,尔则黩货多私,干朕之法。此而姑息,后复谁惩? 虽从罢免,未塞舆议。尉安之府,非尔宜居,其以外祠,屏居近郡。夫御将之道,赏与罚而已。赏当功则人劝,朕无吝也;罚当罪则人畏,闵自取焉。因著厥辜,用儆有位。可。

出处:《掖垣类稿》卷三。
撰者:周必大
考校说明:明抄本、四库本"成闵"后有"御军无律,黩货多私,可"九字。

诸军不得抑勒兵士回易图利诏
(隆兴元年二月十九日)

朝廷先降本钱付诸军回易,正欲赡给军用,应将帅当召募干人经营回易。访闻诸军尽将官兵强给本柄,营私图利,百端抑勒。自今后如敢仍前,必重置典宪。

出处:《宋史全文续资治通鉴》卷二四。

令将省试上十名策卷编类投进诏
(隆兴元年二月二十一日)

已降指挥,令举诸科进士务取学术深淳、文词剀切、策画优长之人。可令礼部将今来省试上十名策赐卷子编类缮写成册投进,以备亲览。如有可行事件,当下三省取旨施行。

出处:《宋史全文续资治通鉴》卷二四。又见《宋会要辑稿》职官一三之七、选举四之三六。

黄祖舜除资政殿学士知潭州制
(隆兴元年二月二十二日)

祖舜亟由禁闼,晋贰枢庭。遽抗封章,力辞位著。

出处:《宋会要辑稿》职官七八之四七。

海州立功人与转官资诏
(隆兴元年二月二十三日)

　　去年海州三次立功人,各特与转三官资,内已书填两官资人,更与转一官资,已书填一官资人,更与转两官资。两次立功人,各特与转两官资,已书填一官资人,更与转一官资。一次立功人,各特与转一官资。并于正职名上收使。

出处:《宋会要辑稿》兵一九之八。

郑思廉赠拱卫大夫遥郡团练使制
(隆兴元年二月二十五日)

　　原标:武显大夫、御前军同统制军马郑思廉,绍兴三十二年五月六日解围原州阵亡,特赠六官,与六资恩泽,合赠拱卫大夫、遥郡团练使。
　　敕:春秋贵偏战,初不以成败计也,况能捐躯殉国,而可无褒乎?具官某久在兵间,见称胆略。原州之役,视死如归。朕惟厖焚犹恐伤人,忠厚思及行苇。今闻尔讣,痛悼可知。尽录孤儿,峻加勇爵。魂兮如在,尚识我心。可。

出处:《掖垣类稿》卷五。
撰者:周必大

吴某转两官制
(隆兴元年二月二十五日后)

　　原标:右朝奉郎、新除秘阁修撰、知阆州吴某用前任四川宣抚司主管书写机宜文字功赏转两官。
　　敕具官某:尔父功在秦蜀,朕心不忘。命尔来朝,曾未阅月,而卿寺郎省,许之践更。龟紫文阶,锡命稠叠,进封之宠至下及尔室家;犹以为未也,升之论撰之华,付之蕃宜之寄。兹稽功状,复畀两官。自朕嗣位,推恩文武,亦有如是之速且厚者乎?归拜亲闱,备言朕眷。若夫忠孝,在尔勉焉。可。

出处:《掖垣类稿》卷二。

撰者:周必大

考校说明:编年据《宋会要辑稿》仪制一〇补。"吴某",原注"犯御名"。《宋会要辑稿》仪制一〇:"隆兴元年二月二十五日,诏起复右朝奉郎、尚书比部员外郎吴某除秘阁修撰、知阆州,妻赵氏特封淑人。"据文中所述"尔父功在秦蜀"及《宋会要辑稿》仪制一〇"诏起复","吴某"疑即吴璘四子吴揔。《建炎以来系年要录》卷一九六:"(绍兴三十二年正月己巳)右文殿修撰、四川制置司参议官吴援(引者注:吴璘长子)丁母忧,制置使王刚中言于朝,特起复。"《宋会要辑稿》选举三四:"(乾道元年五月)二十四日,诏秘阁修撰吴揔特与除集英殿修撰、主管佑神观。"

诸路监司州军会庆节贡物免桩发诏
(隆兴元年二月二十八日)

今后诸路监司州军进奉天申节礼物,依旧起发外,其会庆节合进贡之数,并免桩发,止令奉表附驿以闻。

出处:《中兴礼书》卷二〇五。

光化军鄀侯德怀庙特封助顺文终侯制
(隆兴元年二月)

原标:都统军马汪澈保奏:绍兴三十一年九月二十七日,虏犯光化,夜有鹿冲并船筏渡江,风吹著浅,诸军因而获捷,并传虏见甲骑与庙像一同事。

敕某神:始完颜氏之修好也,质之天地,告于鬼神曰:"渝此盟,罔克祚国。"及亮穷凶极恶,举成言而弃之。天既降威以勦绝其命,凡虏师所次,神则致殛。惟鄀城在襄汉间,相国何之旧邦也。声施后世,威灵赫然。却敌安边,法应祀典。兹用不改汉谥而丽以助顺之名,将使五戎六狄知得道者多助,违天者不祥,而常以亮为戒云。可。

出处:《掖垣类稿》卷五。
撰者:周必大
考校说明:编年据《宋会要辑稿》礼二〇补。"德怀",《宋会要辑稿》礼二〇作"怀德"。

泉州广利庙神加封制
（隆兴元年二月）

原标:泉州同安县广利庙静应威显侯加封静应威显昭护侯,赞佑夫人加封赞佑敷惠夫人。屡因盗贼侵犯,邑人迎神入市,灵应甚多,遂保无虞。

敕某神:自古盗贼凶荒,有非人力所能独弭者。故凡郡县之间,天必镇以灵祠,使视其不祥而被除焉。此利泽所以周施,灾害所以不作也。瞻言岩邑,有赫北山。庙食肇于唐余,封爵加于昭代。暨乎近岁,胖饗弥彰。朕既嘉汝侯有庇民之功,复眷厥配有赞成之助。参稽故实,增衍嘉名。尚其内外交饬,益著显效,以图称上帝分命百神之意。可。

出处:《掖垣类稿》卷五。
撰者:周必大
考校说明:编年据《宋会要辑稿》礼二○补。

静江军承宣使天水郡开国侯士嵘
赠开府仪同三司追封和国公制
（暂系于绍兴三十二年九月至隆兴元年三月间）

敕:国家宠待近属,独殊庶官。虽爵秩之并崇,曾事为之弗责。用能九族之既睦,而无二叔之不咸。逮没元身,更加异数。恩惟义称,人岂吾私? 故具官某生则戒侈骄之期,长而游翰墨之艺。谦勤待士,性实使然。共恪会朝,老犹不息。暨朕纂承之日,有怀信厚之风。命已不融,心焉是悼。衮衣赤舄,襚台路之多仪;昨土苴茅,彻历阳之奥壤。尚其未泯,知享斯荣。可。

出处:《掖垣类稿》卷四。
撰者:周必大
考校说明:编年据周必大任外制时间、同集前后文时间补。

故敷文阁待制蒋璨用二十五年二十八年
郊祀恩赠父右宣奉大夫制
（暂系于绍兴三十二年九月至隆兴元年三月间）

敕：国家飨帝之恩，过时而不废；臣子显亲之泽，虽殁而犹施。呜呼，斯亦仁之至义之尽矣！故具官某钟英望族，沈迹下僚。是生贤嗣，尝位禁从。不幸追荣之典未及，而璨之墓木拱矣。追加命秩，告于其第。死者有知，庶几父子之心亦可少慰于地下乎！可。

出处：《披垣类稿》卷四。
撰者：周必大
考校说明：编年据周必大任外制时间、同集前后文时间补。

试中书舍人兼直学士院刘珙磨勘转左朝散郎制
（暂系于绍兴三十二年九月至隆兴元年三月间）

敕：审官之法，凡中外之臣率累岁月而迁焉，况吾迩联，以言语侍从为职，其助我多矣，岂止一二计功哉？具官某以精明开济之姿，艺文政事之材，簪笔持橐，事太上皇帝、事朕，积劳而不懈，入直则敷大典册，鼓动天下，退朝则润色名命，与闻政机，用是进阶，可谓荣而无愧矣。尚思诏禄，弥务尽规。可。

出处：《披垣类稿》卷二。
撰者：周必大
考校说明：编年据周必大任外制时间、刘珙宦历补，见《晦庵先生朱文公文集》卷九七《刘公行状》。

吴璘军统领官武功大夫王玠转行右武大夫制
（暂系于绍兴三十二年九月至隆兴元年三月间）

敕：西阁置使，武阶之高选也，非有伟绩，不轻授人。具官某报国惟忠，临阵则勇。于堡之役，伤甚而气不衰，卒成厥功，威震丑虏。其迁峻秩，以劝三军。尚体异恩，益思奋励。可。

出处:《掖垣类稿》卷二。

撰者:周必大

考校说明:编年据周必大任外制时间、同集前后文时间补。

静海军节度使李宝曾祖朝散大夫
大理寺丞舜卿赠太子少保制
(暂系于绍兴三十二年九月至隆兴元年三月间)

　　敕:乡者贼亮造舟胶西,为浮海之策,天诱良将之衷,水击火攻,剿殄灭之,俾无遗育。虽曰赖国威灵,伐贼秘计,亦惟尔李氏三世将昌,以集此休命,肆予宠嘉之。具官某积善在身,阴功及物。宁啬其报,以遗后人?暨宝遂兴,成此伟绩,粤由横列一命而植六纛,近世盖未有也。兹予践祚,加宠曾门。廷尉之丞,骤亚宫保,可谓非常之泽矣。庶几幽壤,歆我追褒。可。

出处:《掖垣类稿》卷四。

撰者:周必大

考校说明:编年据周必大任外制时间、文中所述史事补。题后原注:"登极赦恩。""静海军",明抄本、四库本作"靖海军",当以为是,见《建炎以来系年要录》卷一九五,《宋史》卷三二《高宗纪》、卷三三《孝宗纪》。

蕲州防御使浙西副总管秀州驻札
郭振除宜州观察使差遣如故制
(暂系于绍兴三十二年九月至隆兴元年三月间)

　　敕:朕当馈而患无颇、牧,故创为十科,下之有司。凡秩观风而上者,许以所知三人荐于朝,盖将广拔擢之路也。若舍旧将而未用,岂称皇皇求索之意哉?具官某知略果毅,有闻于时,趣对便朝,察其可用,故不待勋效而先以异恩加焉。朕方爱惜名器,砥砺天下,尺寸之迁,不轻予人。今独超拜尔之爵秩者,非以其可与共功名耶!尚勉忠图,勿辜异眷。可。

出处:《掖垣类稿》卷二。

撰者:周必大

考校说明：编年据周必大任外制时间、同集前后文时间补。

邵希直特封成州团练使致仕制
（暂系于绍兴三十二年九月至隆兴元年三月间）

　　敕：朕间朝西内，亲奉玉卮，为父母寿，然后信孟子之三乐而王天下不与存焉。言念群臣，谁不知此。其有保亲之养者，固当锡类以宠之。宁海军承宣使、提举佑神观邵谔父任忠州刺史致仕希直，躬积善行而无过举，力教其子，谨愿有闻。会朕纂图，溥覃庆泽，佩以团兵之印，增尔垂车之荣。尚其钦承，益介眉寿。可特封成州团练使，致仕如故。

出处：《掖垣类稿》卷一。
撰者：周必大
考校说明：编年据周必大任外制时间、同集前后文时间补。明抄本、四库本等原题为《宁海军承宣使提举佑神观邵谔父任忠州刺史致仕希直特封成州团练使致仕》。

婉容翟氏进封亲属张氏淑人刘氏孺人制
（暂系于绍兴三十二年九月至隆兴元年三月间）

　　敕具封某氏：朕初嗣服，不迩声色，后宫盖阙如也。永惟妇职，有不容废，故择良家之合法相者登备嫔御之列，其选可谓重矣。夫选重则礼厚，礼厚则恩隆，于其私亲，能勿褒乎？往服嘉名，以光柔度。可。

出处：《掖垣类稿》卷四。又见《永乐大典》卷二九七二。
撰者：周必大
考校说明：编年据周必大任外制时间、同集前后文时间补。

右奉议郎湖州德清县丞张蕃降一官制
（暂系于绍兴三十二年九月至隆兴元年三月间）

　　敕具官某：傍郡狱疑，命尔鞠之。坐逾再旬，乃复规免。尔固怀安矣，独不念桁杨之系为可悯乎？削议郎之秩，以戒慢心而避事者。可。

出处:《掖垣类稿》卷三。

撰者:周必大

考校说明:编年据周必大任外制时间、同集前后文时间补。

武德大夫关保监督制造军器精碉转一官制
(暂系于绍兴三十二年九月至隆兴元年三月间)

敕具官某:备甲兵,锻戈矛,诸侯之事也,犹见称于《诗》《书》,况朕君临万方,思靖多垒,则于技巧器械乌可忽哉?嘉汝有督治之劳,兹用进秩一等。益办乃事,体予见知。可。

出处:《掖垣类稿》卷二。

撰者:周必大

考校说明:编年据周必大任外制时间、同集前后文时间补。"关保",四库本作"关宝"。《建炎以来系年要录》卷七八有"弓匠关宝",不知是否即同一人。

武翼郎池州驻扎中军统领赵思忠父端身故特与起复制
(暂系于绍兴三十二年九月至隆兴元年三月间)

敕具官某:边鄙未宁,朕方遣戍。若时裨校,岂容服丧?尔其被坚执锐,与士卒同甘苦,庶几得移孝为忠之谊,而无衣锦食稻之嫌,不亦善乎! 可。

出处:《掖垣类稿》卷三。

撰者:周必大

考校说明:编年据周必大任外制时间、赵思忠宦历补,见《宋会要辑稿》职官七一。

赵渭郭毅并转六官制
(暂系于绍兴三十二年九月至隆兴元年三月间)

敕具官某:大明丽天,万物咸被其光泽。尔等并缘幸会,服役潜藩。超进六阶,尚图报效。可。

出处:《掖垣类稿》卷一。

撰者:周必大

考校说明:编年据周必大任外制时间、同集前后文时间补。

忠训郎王瑛除阁门祗候制
(暂系于绍兴三十二年九月至隆兴元年三月间)

敕具官某:尔父久提锐旅,尝立战功。肆尔兄弟,并膺宠数。往参二阁,勉习朝仪。可。

出处:《掖垣类稿》卷二。

撰者:周必大

考校说明:编年据周必大任外制时间、同集前后文时间补。

修武郎充阁门兼祗应苏永坚转一官制
(暂系于绍兴三十二年九月至隆兴元年三月间)

敕具官某:尔以诏相之勤,攀附之旧,献言自列,援比求迁。稍进一阶,示朕记录不忘之意。益思祗敬,毋忝恩荣。可。

出处:《掖垣类稿》卷一。

撰者:周必大

考校说明:编年据周必大任外制时间、同集前后文时间补。

忠训郎阁门祗候护圣军副将王瑀
再丁母楚国夫人忧起复制
(暂系于绍兴三十二年九月至隆兴元年三月间)

敕具官某:尔职在辕门,名参上阁,阅时未久而重有忧。其卒起之,勿辞王事。可。

出处:《掖垣类稿》卷三。

撰者:周必大

考校说明:编年据周必大任外制时间、王瑀宦历补,见《建炎以来系年要录》卷一八七。此制时间当晚于同集同卷《阁门祗候王瑀持祖母余服起复充殿前司副将制》。

雷化州运判邓酢赠一官直秘阁制
(暂系于绍兴三十二年九月至隆兴元年三月间)

敕具官某:尔自为布衣,已知慷慨论事,及宰百里,又尝踊跃用兵,亦可谓有志于事功者矣。付以交广之节,盖将试而用焉。果能奋其智谋,殄灭群盗。方畴伐阅,遽叹沦亡。追锡文阶,升华册府,非徒慰夫死者,亦尚贲尔子孙。可。

出处:《披垣类稿》卷五。
撰者:周必大
考校说明:编年据周必大任外制时间、同集前后文时间补。

忠训郎武学博士张德明除阁门祗候与副都监差遣制
(暂系于绍兴三十二年九月至隆兴元年三月间)

敕具官某:服采于朝,以视人之器识;护兵于外,以观人之事功。凡用群才,皆存深意。尔修身阅古,多誉无疵。右学累年,诸生所信。列之上阁,许以外迁。尚勉尔为,朕方有试。可。

出处:《披垣类稿》卷二。又见《永乐大典》卷一三四九九。
撰者:周必大
考校说明:编年据周必大任外制时间、同集前后文时间补。

黄圭除阁门祗候制
(暂系于绍兴三十二年九月至隆兴元年三月间)

敕具官某:高门之地,文石之班,隶职其间,与有荣耀。今以命汝,尚其祗钦。可。

出处:《披垣类稿》卷一。

撰者:周必大

考校说明:编年据周必大任外制时间、同集前后文时间补。

武翼郎刘绩除阁门宣赞舍人制
(暂系于绍兴三十二年九月至隆兴元年三月间)

敕具官某:故事,官介诸使则解赞导之职,惟实隶上阁与夫显立战功者不夺焉。尔尝有牧圉之劳,兹用宠之申命,尚图后效,以答新恩。可。

出处:《掖垣类稿》卷二。

撰者:周必大

考校说明:编年据周必大任外制时间、同集前后文时间补。

忠翊郎南安军兵马监押武成同巡尉获贼转一官制
(暂系于绍兴三十二年九月至隆兴元年三月间)

敕具官某:护戎一郡,充位而已矣。今汝独能搏执贼寇,其功可嘉。命进一官,以为任职之劝。可。

出处:《掖垣类稿》卷二。

撰者:周必大

考校说明:编年据同集同卷《陈秉直转两官制》补。明抄本、四库本"贼"字后有"徒特与"三字。

故武翼大夫泰州兵马都监赵辐特赠两官与致仕恩泽制
(暂系于绍兴三十二年九月至隆兴元年三月间)

敕具官某:虏犯海陵,尔捐躯命。名编死事,家被赏延。庶几有知,歆我恤典。可。

出处:《掖垣类稿》卷五。

撰者:周必大

考校说明:编年据周必大任外制时间、同集前后文时间补。

知内库齐安郡夫人奏主管文字承信郎刘泽转一官制
（暂系于绍兴三十二年九月至隆兴元年三月间）

　　敕具官某：内命妇至于掌宫中之财，启汤沐之邑，则其更事多，宣劳久矣。遗言有请，其忍弗从？进阶之荣，遂及府史。尚思幸得，勤于在官。可。

出处：《掖垣类稿》卷一。
撰者：周必大
考校说明：编年据周必大任外制时间、同集前后文时间补。

右从事郎国大同循右儒林郎制
（暂系于绍兴三十二年九月至隆兴元年三月间）

　　敕具官某：前岁阃以吾兵环荆襄陈蔡之郊，阅时甚久，见功甚寡。然不废吏士之赏者，所以悯其劳也。例迁尔秩，尚识朕恩。可。

出处：《掖垣类稿》卷二。
撰者：周必大
考校说明：编年据周必大任外制时间、同集前后文时间补。此制时间当在同集同卷《宋藻国大同并转官制》之后。

成安大夫陈孝廉阶官遥郡上各转两官制
（暂系于绍兴三十二年九月至隆兴元年三月间）

　　敕具官某：汝久共医事，效职潜藩，肆朕龙兴，当推异数。崇阶遥寄，并以授之。朕方跻斯民于仁寿之域，尚稽汝十全之效而制食焉。勉进其技，以服新渥。可。武功大夫王公济阶官上转一官，遥郡上转行两官，改云：“以尔具官某久殚勤力，事朕初潜，特畀横阶，仍升遥领。往图报效，勿负恩施。”

出处：《掖垣类稿》卷一。
撰者：周必大
考校说明：编年据周必大任外制时间、陈孝廉官历补，见《宋会要辑稿》职官一一。

权军事判官承信郎王璪权录参承信郎孙鉴各转一官制
(暂系于绍兴三十二年九月至隆兴元年三月间)

敕具官某:属者单于遣使欵塞,而吾疆吏廷劳无违。虽曰二千石指画之勤,亦惟尔一二僚吏佽助之效。序迁一列,思称异恩。可。

出处:《披垣类稿》卷二。

撰者:周必大

考校说明:编年据周必大任外制时间、同集前后文时间补。

太尉吴盖献钱五万贯与男忠训郎吴玫转一官制
(暂系于绍兴三十二年九月至隆兴元年三月间)

敕具官某:太上皇克俭于家,于戚里未有好赐也。日吾叔舅反归赀以赡国,不亦难乎? 命尔迁官,尚知所自。可。

出处:《披垣类稿》卷一。

撰者:周必大

考校说明:编年据周必大任外制时间、吴盖官历补,见《宋会要辑稿》礼五九。

带御器械宋钧除权知閤门事制
(暂系于绍兴三十二年九月至隆兴元年三月间)

敕具官某:隰朋闲习进退,赤也愿相会同,是知朝廷之间,古人盖以观礼。尔温纯有恪,词采甚文,拔由执戟之联,试以司仪之事。逾阶历位,其纠正之。济济翔翔,则予以怿。可。

出处:《披垣类稿》卷二。

撰者:周必大

考校说明:编年据周必大任外制时间、同集前后文时间补。

司封员外郎王十朋兼崇政殿说书制
(暂系于绍兴三十二年九月至隆兴元年三月间)

敕具官某:朕惟台谏言国家之阙失,封驳救命令之过差,犹疑进见之疏,或致开陈之后。岂若谈经于闲日,许其坐论以移时,庶几博我以多闻,置我于无过。尔传诚意正心之学,怀爱君忧国之忠,气振于射策之时,誉尊于育才之地,刚方之操,中外所称。既副旁招,其令入侍。惟昔咸平之盛,稍循天策之规。遴择英髦,进陪讲读,昼则密承于顾问,夕则递宿于禁严。朕将举此旧章,尔尚知吾殊遇。可。

出处:《披垣类稿》卷二。
撰者:周必大
考校说明:编年据周必大任外制时间、王十朋官历补,见《宋会要辑稿》职官六。

温州通判张大年起发经总制钱最违慢降一官制
(暂系于绍兴三十二年九月至隆兴元年三月间)

敕具官某:自调兵戍边,用度日滋,吾不敢一毫横敛于民,若常赋又不得时至,将何赖焉?温,大州也,尔为之丞,宜先而后。镌官示沮,且警他邦。可。

出处:《披垣类稿》卷三。
撰者:周必大
考校说明:编年据周必大任外制时间、同集前后文时间补。

知化州廖颢知容州欧阳庠雷州签判欧阳坚知化州吴川县周孝称武经郎岑瑾武翊郎徐观忠翊郎胡大同保义郎陈宸罗纹承节郎贺福陈绍宗承信郎林胜王世昌成忠郎崔迪各转一官制
(暂系于绍兴三十二年九月至隆兴元年三月间)

敕具官某人等:岭海之间,寇攘啸聚。汝惟分职,各效其勤。既缚渠魁,遂歼群丑。策勋来上,序进一阶。往励忠图,称吾酢赏。可。

出处:《掖垣类稿》卷二。

撰者:周必大

考校说明:编年据周必大任外制时间、廖颢等人官历补,见《建炎以来系年要录》卷一九一。"武翊郎",明抄本、四库本作"武翼郎",当以为是。

东南第十二将武节郎高居弁武翼郎高森忠翊郎邓富进义校尉廖琮成忠郎王宏各转两官制
(暂系于绍兴三十二年九月至隆兴元年三月间)

敕具官某人等:岭海之闲,寇攘啸聚。有嘉将士,各效勇功。既缚渠魁,遂歼群丑。策勋来上,蹑进两阶。往励忠图,称吾酢赏。可。

出处:《掖垣类稿》卷二。

撰者:周必大

考校说明:编年据周必大任外制时间、高居弁官历补,见《建炎以来系年要录》卷一九一。

归正人营燮补承信郎制
(暂系于绍兴三十二年九月至隆兴元年三月间)

敕某人:尔父舍逆归顺,不幸功未究而继以死。录孤之泽,逾二十年,虽阻隔畿疆,而王命不坠。兹能自拔,申畀前恩。勿忘父冤,尚勉国事。可。

出处:《掖垣类稿》卷一。又见《永乐大典》卷七三二七。

撰者:周必大

考校说明:编年据周必大任外制时间、同集前后文时间补。

东南第四副将范雄丁母忧起复制
(暂系于绍兴三十二年九月至隆兴元年三月间)

敕某人:尔久控要津,属罹家难。方时右武,可废夺情? 勉立战功,以成陵母之志。可。武功大夫、护圣军统领官左祐起复同词,但改云“尔久服辕门”。

出处:《掖垣类稿》卷三。
撰者:周必大
考校说明:编年据周必大任外制时间、同集前后文时间补。

吉州进士易嘉谋进纳米斛准钱八千贯补右迪功郎制
(暂系于绍兴三十二年九月至隆兴元年三月间)

敕某人:振廪佐军,一时之善意。爵以驭之,终身享其荣焉。吾于士民,可谓无负矣。可。

出处:《掖垣类稿》卷一。又见《永乐大典》卷七三二五。
撰者:周必大
考校说明:编年据周必大任外制时间、同集前后文时间补。

阁门祇候王瑀持祖母余服起复充殿前司副将制
(暂系于绍兴三十二年九月至隆兴元年三月间)

敕某人:朕以汝材勇有闻,故不待遂服而付以偏裨之事。往齐部伍,用称使令。可。

出处:《掖垣类稿》卷三。
撰者:周必大
考校说明:编年据周必大任外制时间、王瑀宦历补,见《建炎以来系年要录》卷一八七。

报登宝位使副下三节人转官制
(暂系于绍兴三十二年九月至隆兴元年三月间)

敕某人等:兵交使犹在其间,况北方善意初未绝乎!此朕于御极之始所以不废传谕之使也。一时属吏,优进以官。式遄其行,毋惮远役。可。

出处：《掖垣类稿》卷一。

撰者：周必大

考校说明：编年据周必大任外制时间、文中所述"御极之始"补。

承信郎陈隽母某氏年九十五岁封太孺人制
（暂系于绍兴三十二年九月至隆兴元年三月间）

敕某氏：尔年且期颐，而有子从仕，庶几诗人所谓寿母者。肆因祭泽，列之命妇。告尔族党，侈我荣怀。可。

出处：《掖垣类稿》卷四。又见《永乐大典》卷二九七二。

撰者：周必大

考校说明：编年据周必大任外制时间、文中所述史事补。题后原注："该绍兴三十一年明堂赦。"

岳阳军节度使韩公裔遇辛巳明堂赦封赠三代制
（暂系于绍兴三十二年九月至隆兴元年三月间）

曾　祖

敕：赐位特进，吾故相也。庆泽所加，才及父祖而已。若夫拥旄授钺，实班常伯之下，然恩乃及其三世。国家宠绥右列，可谓厚矣。具官某曾祖某躬履懿行，溢为休声。肆其曾孙，享此贵仕。曩讫总章之祀，尚稽霈泽之行。正公保于储宫，发幽光于泉穸。灵爽未泯，歆我异恩。可。

曾祖母

敕：古者公卿大夫皆王侯之后，故夫人起家而居有其爵位。后世仕进有通塞，世阀有盛衰，不假追崇，则鱼轩之宠未易致也。兹推祭泽，爰举彝章。故具封某氏垂范有初，流徽无致。福禄啬于当世，富贵钟其后人。禭以小君，既颁殊宠？易之大郡，更广余荣。若存若亡，俱可以无憾矣。可。

祖

敕:行庆止于明,则其施也艾矣;恤下遗其先,则为善者怠矣。故国家每躬三岁之祀,于赦令首致意焉。此德泽所以配天地,光荣所以被存没也。具官某蓄其善不享其报,畸于人取必于天。再世而兴,叠膺邦涣。东宫之秩,遂亚师垣。尚祗服于宠章,以贻休于后嗣。可。

祖　母

敕:宗祀行乎路寝,而泽及斧封;顺孙贵乎朝廷,而宠加祖妣。此本朝之惠术,而前代之阙典也。某氏夙推妇顺,力致家肥。昔虽无汤沐之封,今屡下丝纶之命。会逢大享,乃眷遗芳。其更名郡之封,益正小君之号。存者不匮,追崇之典未央;死如有知,垂裕之心斯在。可。郑藻祖母、陈国夫人李氏特赠汉国夫人,同词,但改云:"具封某氏助成后德,力致家肥。昔已开汤沐之封,今屡下丝纶之命。会逢大享,乃眷遗芳。载更广汉之区,益正小君之号。"

父

敕:祭以大夫,不如负米之为乐;褫之华衮,不如假板于其生。谁无是心,天则难必。推我露萧之泽,慰而风木之悲。具官某善积厥躬,庆钟于子。实太上攀龙之旧,膺大藩植蕙之仪。屡宠赍其先人,浸拟伦于三少。兹缘邦赍,遂正宫师。岂特为身后之荣,抑将慰生者之志。可。

母

敕:配天其泽,小大不遗;率土之滨,幽明奚间?矧一时之劳旧,逢大祀之庆成。锡以漏泉之恩,成其念母之孝。具封某氏女工素茂,妇顺无违。家积善而庆有余,子欲养而亲不逮。属庞恩之诞布,推茂渥以徙封。尚承邦休,永燕家庙。可。

妻

敕：恭惟太上，比享合宫。既以韩侯爵禄之崇，衍其采邑；复眷王氏闺门之懿，易以脂田。顾嘉惠之已敷，逮眇躬而申锡。具封某氏事夫以正，待下则宽。早共艰难，闵勤劳而劝之义；晚同休显，循法度以承其先。久膺象服之华，兹益龙舒之壤。尚祗邦涣，以迓神厘。可。

出处：《掖垣类稿》卷四。
撰者：周必大
考校说明：编年据周必大任外制时间、文中所述史事补。

龙神卫四厢都指挥使镇南军承宣使荆南驻札御前诸军都统制李道该遇三十一年九月二日赦封赠制

（暂系于绍兴三十二年九月至隆兴元年三月间）

父

敕：恭惟太上皇帝不爱牲玉，以太享于九筵。斋明之诚上通于穹昊，渗漉之泽下浃于泉壤。有命既敷，我其申锡。具官某修身无玷，积善有余。生不逮于官荣，殁乃由于子贵。其加州绂，以广神厘。冀夫未泯之灵，服我至优之宠。可。

母

敕：夫为大夫，妻为命妇，古之制也，况乎有子通显而逢国家宗祀之庆者哉！具封某氏端静饬躬，惠和睦族。虽母训著闻于世，而邦荣不在其身。会逢胙祉之施，重锡温恭之号。服余休命，永燕烝尝。可。

妻

敕：迩者太上皇帝祭则受福，方介万年之祉，肆推惠泽，以宠绥二三豪俊之臣，可无褒章以光贲其闺闱？具官妻某氏柔顺以饬己，端肃以齐家。富贵鼎来，子孙未艾。会逢霈泽，诞举庆条。仍加硕大之封，益显庄姜之美。朕恩甚宠，其懋承之。可。

出处:《掖垣类稿》卷四。
撰者:周必大
考校说明:编年据周必大任外制时间、文中所述史事补。

左中奉大夫充敷文阁待制提举江州
太平兴国官周绾遇明堂赦封赠制
(暂系于绍兴三十二年九月至隆兴元年三月间)

父赠特进遏特赠开府仪同三司

敕:具官某休声溢于浙东,雅志赍于泉下。钟英子舍,为世儒宗。正位从班,既逢于宗祀;追荣祢庙,遂越于庶僚。往膺三事之仪,永作九京之宠。可。

母安定郡夫人叶氏特赠荣国夫人

敕:以下十句同韩公裔赠曾祖母敕词。具封某氏家积善而庆有余,子欲养而亲不待。劬躬恭后,既屡锡于夫荣;媲德娠贤,其可稽于母贵?启封成国,广我蕃厘。往持告第之书,丕显择邻之教。可。

出处:《掖垣类稿》卷四。
撰者:周必大
考校说明:编年据周必大任外制时间、文中所述史事补。

节度使曹勋赠三代制
(暂系于绍兴三十二年九月至隆兴元年三月间)

曾祖东头供奉官赠太子少保方叔太子太保

敕:朕初承大统,既增近臣之秩以共此庆泽,犹以为未也,又推其追远念祖之心而锡以三世之宠焉。呜呼,斯亦仁政之大端也!故具官某中潜懿行,外著休声。嗟下位之陆沉,逮曾孙而鼎贵。奉万年之算于太上艰难之始,迎六駏之驾于慈宁契阔之时。积有勋庸,遂膺旄钺。侈恩荣于家庙,屡下密章;正公保于储宫,益隆愍典。百年虽远,其尚有知。可。

祖辰州溆浦县尉赠太子少傅之器赠太子太傅

敕:昔之人修身隐德,知无求于世而已,夫岂知赖后世之泽而冀赠襚也哉?然国家贵其子孙而遗其父祖,殆非所以劝善而教孝也。故具官某受才甚美,学古惟勤。命乃不融,止于一尉。至孙而大,褒典屡加。邦命惟新,善人是赉。进班储傅,益正其名。告第有书,告幽有诏。服吾异宠,祚尔后昆。可。

父武经郎阁门宣赞舍人赠太师组追封谯国公

敕:朕观自昔娴于词艺之士,身既不显,家亦随替者多矣。孰能生则被遇于承平之世,殁则加襚以上公之章如曹氏乎?必繇积善使然,非徒以能自见也。故具官某才高而敏,行饬以和。逮事祐陵,赞仪上阁,闵其多祉,以遗后人。拥节在廷,奉祠赋禄。会覃御极之庆,弛尔漏泉之恩。正位公师,已云显矣;启封成国,尚克享之。可。

所生母怀泽郡夫人王氏琅琊郡夫人

敕:母以子贵,虽曰古谊,然不值我非常之庆,则何以伸尔无穷之悲?具封某氏有端静之风,有勤俭之行,是生良子,为世旧臣。观其谦敬,可以知母之贤;视其词采,可以知母之教。旌幢烜赫,怅莫奉于安舆;印绶光华,兹洊加于幽壤。配天之泽,奕世毋忘。可。

妻咸宁郡夫人王氏琅琊郡夫人

敕:朕于纂临之初,下安穆之册。言念臣工之贵,孰无伉俪之思?推广庞恩,追加宠渥。故具封某氏禀资柔洁,御下宽和。闵君子有汝坟之风,循法度得采蘋之义。嗟久同于甘苦,乃不逮其光荣。兹锡命书,徙封名郡。虽无从于偕老,尚少慰其悼亡。可。

出处:《披垣类稿》卷四。

撰者：周必大

考校说明：编年据周必大任外制时间、文中所述史事补。题后原注："登极恩赦。""祖拱备库使"，明抄本、四库本作"祖任供备库使"，当以为是。

太尉宁国军节度使主管侍卫马军司公事李显忠封赠三代制

（暂系于绍兴三十二年九月至隆兴元年三月间）

曾祖任皇城使赠太傅明德特赠太师

敕：朕嗣祚之三日，需惠泽于天下。文武之臣自通籍而上，皆得褒崇其父母，至于远及三代，则不过二三执政与夫大将帅数人而已。惟与之者甚吝，故受之者至荣。恩礼并施，亦惟其称。具官某躬禀义桀，素多阴功。肆其曾孙，名位光显。屡推愍典，贲于幽阡。兹颁庆条，遂冠槐位。国家非常之宠，尔尚歆享之哉！可。

曾祖母楚国夫人野氏特赠秦国夫人

敕：朕以凉菲之资，荷太上付托之重，方赖中外将臣，竭力以共吾事。眷其先世，延以禭章。是惟施惠于前，盖将责报于后也。具封某氏饬己正洁，成家俭勤。启相后人，位升掌武。会逢大庆，特畀异恩。徙封三秦，实迩故里。灵如未泯，其必知荣。可。

祖拱备库使赠太师中言特追封和国公

敕：传称"祭从先祖"，此言施于三代可也。本朝待群臣则不然，一用其子孙，必爵其祖父，盖有加而无已也。故夫庙室之制，笾豆之数，前以士而后以公卿者多矣，而又何从焉？礼遇优隆，自我作古。具官某材气豪迈，重于金方；积善有贻，再世而大。屡颁涣渥，发尔幽光。兹以维师之官而赐诸公之履，非特宠绥李氏，亦使凡为人孙者皆以念祖为心而自勉于功名，不其休哉！可。

祖母鲁国夫人折氏特赠魏国夫人

敕：妇人之誉，生犹不出于梱，况百年之后，墓木已拱，则夫遗芳懿行何自而发闻于世哉？然视其子孙之昌，或可知闺门之教。追褒甚渥，不在斯乎！具封某氏蕴德静专，齐家肃敬，流光著姓，钟庆后人。位正小君，其已久矣。鲁，大国也，今朕犹以为褊而徙之魏。魏，吾故都也。尔尚阴相显忠，使助成恢复，则山川土田虽不及尔汤沐之奉，独不可血食以助其烝尝乎！可。

父同州观察使赠太师追封魏国公永寄追封楚国公

敕：朕祗绍庆基，日奉荣养，思与四海共此庆泽。故生者迁，殁者显，虽疏远小臣无遗矣。况夫司万骑于内，行三军于外，班在尉府，权重节钺，贵宠如此，岂复靳殊恩于其祢庙乎？具官某负沈鸷之材而不忘肃恭，积攻战之劳而不安杀戮。所蓄既厚，利其嗣人。屡以追褒，跻登一品。兹由康叔之地，改作南荆之区。非特广朕漏泉之仁，抑亦表尔教忠之效。尚有知也，其克享之！可。

母越国夫人拓跋氏继母周国夫人蒙氏并楚国夫人

敕：邦君之妻曰夫人，古今一也。朕既推御极之恩，彻全楚之壤，以追宠将臣之父矣，顾何爱小君之号而不以加赉其母乎？具封某氏黾勉妇仪，修明阃政。幸哉有子，为国虎臣。高官厚禄，所以酬捍城之功；密印褑章，所以成显亲之孝。疏宠久荒于大国，从夫载启于南邦。纶命告幽，顾增光之未已；庙铏致享，尚垂裕于方来。可。

妻平阳郡夫人周氏安康郡夫人

敕：朕观鹊巢之居，《诗》纪荣盛；牛衣之泣，史闵厄穷。乃知妇人之贵贱贫富虽系其夫，然亦有命存焉。具封某氏天赋柔嘉，归逢昌炽。副笄以处，翟茀以朝，外命妇至于如此，亦可以为荣矣。惟郡国之小大固有次第，兹予践祚，广尔脂田。顾显忠方提兵于外，未遑内理家事也。尔其均雎鸠之德，共蘋蘩之祭，使尔夫一意以成伟绩，则朕所以宠其室家者岂有既乎？可。

出处：《披垣类稿》卷四。
撰者：周必大
考校说明：编年据周必大任外制时间、文中所述史事补。题后原注："登极恩赦。"

舒州观察使安康郡开国侯戴皋封赠父母妻制
（暂系于绍兴三十二年九月至隆兴元年三月间）

父赠武节大夫谨武显大夫

敕:日月之明,何幽不照? 雨露之泽,既殁犹沾。朕方求端于天,兹用大赉于下。具官某生而无玷,以善其身;死而有凭,以开厥后。载嘉尔子,视秩观风。会吾霈泽,追贲祢庙,益令迁秩,用答教忠。可。

母恭人彭氏硕人制

敕:国家揖逊授受于一堂之上,实无愧乎舜禹。若夫生者有秩迁之宠,没者有追崇之恩,则亦典谟所未闻也。具封某氏为妇而顺,为母则慈。兹值邦荣,有嘉子贵。其即温恭之号,追迁硕大之封。闵章甚华,幽隧知享。可。

妻恭人晋氏硕人

敕:妇人之爵虽曰从夫,然非朝廷有殊常之庆,则其褒崇也鲜矣。具封某氏祗事蘋蘩,服劳组紃,宗族敬焉,家室宜焉。是用推吾御极之恩,锡尔晋封之命。《周南》之勉以正,《召南》之劝以义,皆妇人事也,尚念之哉! 可。

出处:《掖垣类稿》卷四。
撰者:周必大
考校说明:编年据周必大任外制时间、文中所述史事补。四库本"戴皋"二字后有"该六月十三日敕"七字(明抄本作"该六月十三日")。

士街妻令人张氏清河郡夫人制
（暂系于绍兴三十二年九月至隆兴元年三月间）

原标:安德军节度使、同知大宗正事士街妻令人张氏,遇绍兴三十一年九月二日明堂赦,特赠清河郡夫人。安庆军节度使、同知大宗正事士篯妻令人曹氏,特赠永嘉郡夫人;谭氏,信安郡夫人。

敕：乃者太上皇帝以季秋上辛大享明堂，辉胞翟阁，罔不受福。矧予服属之尊，闺阃之懿，其可以既没而废漏泉之泽乎？具封某氏禀秀强宗，来嫔公族。虽柔顺有闻于世，而年龄独啬于天。会逢庆霈之行，诞锡追荣之典。勉夫以正，不及观麟趾之成；裂地而封，尚歆此鱼轩之宠。可。

出处：《掖垣类稿》卷四。

撰者：周必大

考校说明：编年据周必大任外制时间、文中所述史事补。"原标"部分原书按语曰："此当为二敕同词耳，然不应同一题也。今备原标，而题则止称士街妻焉。"

李嵩转官制
（暂系于绍兴三十二年九月至隆兴元年三月间）

原标：保义郎李嵩押川陕宣谕司御马五十匹、准备马一匹到阙，转一官，减半年磨勘。

敕具官某：受马于蜀而致之天闲，可谓远矣，宜有以赏之。可。

出处：《掖垣类稿》卷二。

撰者：周必大

考校说明：编年据周必大任外制时间、同集前后文时间补。

卫经补保义郎致仕制
（暂系于绍兴三十二年九月至隆兴元年三月间）

原标：保义郎卫百揆父经，年九十三岁，依绍兴三十一年九月二日明堂敕，补保义郎致仕。

敕某人：三代省方之制久废不讲，未暇延见高年也。故国家每肆大眚，必出爵以礼之，是亦古之遗意与。有司言尔子在官，尔年应格，故推宗祀之庆，而以一命加焉。往祇宠荣，尚保终吉。可。

出处：《掖垣类稿》卷一。又见《永乐大典》卷七三二六。

撰者：周必大

考校说明：编年据周必大任外制时间、文中所述"依绍兴三十一年九月二日明堂敕"补。

赵善仁降一官制
(暂系于绍兴三十二年九月至隆兴元年三月间)

原标:成都府勘到保义郎赵善仁娶有服妇人,不报父母,并擅离广都县商税任所,特降一官。

敕具官某:《诗》有"娶妻必告"之言,《书》以"畔官离次"为戒。汝犯二不韪,无乃伤吾信厚之风乎? 其降一官,往思补过。可。

出处:《掖垣类稿》卷三。

撰者:周必大

考校说明:编年据周必大任外制时间、同集前后文时间补。

宋藻国大同并转官制
(暂系于绍兴三十二年九月至隆兴元年三月间)

原标:成闵保明,马军司主管机宜文字宋藻,往来道路劳役,又该出戍暴露赏,转一官,随军使换;右迪功郎国大同转从事郎。

敕具官某等:《采薇》遣戍也,《杕杜》劳还也,皆告以"王事靡盬",故其诗有忧而不怨之象焉。尔顷从将臣,更涉寒暑,例迁厥秩,用酬跋涉之勤,视古歌诗盖加厚矣。往其祗服,可以忘劳! 可。

出处:《掖垣类稿》卷二。

撰者:周必大

考校说明:编年据周必大任外制时间、国大同宦历补,见《宋会要辑稿》职官六二。

瓜州及皂角林阵亡官兵赠官制
(暂系于绍兴三十二年九月至隆兴元年三月间)

原标:成闵保奏,瓜州及皂角林阵亡官兵,武功至武翼大夫郭进、张千、张进、王玘、张仙、李荣、王昱、张宥、杨和、朱洪等一十人,各赠六官,与六资恩泽,系于横行、遥郡上分赠。

敕:先日单于自将,送死广陵,王师一战于皂林,再战于瓜州,虽稍挫其锋,而吾士马亦少耗矣。具官某等皆斗将也,奋其智勇,力捍大敌,身膏野草,朕用闵伤。横班遥寄,追锡休命,且诏有司,悉录其孤。呜呼!死者不可复生,姑致吾悼念而已。可。

出处:《披垣类稿》卷五。

撰者:周必大

考校说明:编年据周必大任外制时间、文中所述史事补。

清河口皂角林立功官兵转官制
(暂系于绍兴三十二年九月至隆兴元年三月间)

原标:成闵保奏,刘锜下绍兴三十一年十月十三日楚州淮阴县清河口及十八里河口与金贼见阵立功官兵,又于十月二十六日扬州皂角林立功官兵,右武大夫、蕲州防御使宋宁等转官。宋宁、贾和仲、薛恩并三官,吴超、刘全、刘端、李进、张俊、田进、王佐、王宣、邢福、孟遇并两官,韩贵四官,韩章、宋弁、李平、刘平、李浚并一官,于阶官、遥郡上分转。

敕:贼亮十年谋我,一旦扫国入寇,惟尔帅锜抑其锋于清河,败其众于皂林。勋虽未究,而用力至矣。具官某等咸负绝人之勇,尝摅敌忾之忠,岂以锜亡而遗汝赏?递加爵秩,宠锡赞书。闻鼙鼓之声,犹思锜绩;申河山之誓,用答汝功。尚勉之哉,毋忘予报。可。

出处:《披垣类稿》卷五。

撰者:周必大

考校说明:编年据周必大任外制时间、文中所述史事补。

徐希颜降官制
(暂系于绍兴三十二年九月至隆兴元年三月间)

原标:承节郎、前监朝天嘉川两程受纳支遣烟火贼盗公事徐希颜,在任失察攒司于赤历内大桩粮米及专斗等乞觅,特降一官。

敕具官某:舞文受赇,刀笔吏之常态也。汝不绳之,是为失职。贬秩之罚,尚将何辞?可。

出处:《掖垣类稿》卷三。

撰者:周必大

考校说明:编年据周必大任外制时间、同集前后文时间补。

于诚降官制
(暂系于绍兴三十二年九月至隆兴元年三月间)

原标:承节郎于诚为建康府差监造床榻,受板木牙人人情钱,特降一官。

敕具官某:汝为小吏,不守廉隅,若无薄惩,何以示诫? 可。

出处:《掖垣类稿》卷三。

撰者:周必大

考校说明:编年据周必大任外制时间、同集前后文时间补。

刘宝封保义郎致仕制
(暂系于绍兴三十二年九月至隆兴元年三月间)

原标:承信郎刘握父宝,见年九十八岁,该遇明堂大礼赦,特封保义郎致仕。

敕某人:天子省方先见百年者,贵老之义也。矧均祭泽,何吝官荣? 服我命书,永受子孙之养。可。

出处:《掖垣类稿》卷一。

撰者:周必大

考校说明:编年据周必大任外制时间、文中所述"该遇明堂大礼赦"补,见《宋史》卷三二《高宗纪》。

李师尧转官制
(暂系于绍兴三十二年九月至隆兴元年三月间)

原标:德寿宫刘贵妃位医官、成全大夫李师尧依赦转两官。

敕具官某:尔以博习方书,通籍西内,斯亦幸矣。有司稽用赦令,优进官秩,幸又甚焉。勉称其名,无瘝而业。可。仇师颜同词。

出处：《掖垣类稿》卷一。

撰者：周必大

考校说明：编年据周必大任外制时间、李师尧官历补,见《宋会要辑稿》职官三六。

史俕转官制
(暂系于绍兴三十二年九月至隆兴元年三月间)

原标：德寿宫医官、保安郎致仕史俕依赦转两官。

敕具官某：乃者戊寅赦令,凡在服之臣咸进秩一等,而奉事吾君亲者独加厚焉。尔以医名,与逢幸会,故虽纳禄,不废推恩。深体眷私,勉图报称。可。

出处：《掖垣类稿》卷一。

撰者：周必大

考校说明：编年据周必大任外制时间、同集前后文时间补。

陈子常授防御使制
(暂系于绍兴三十二年九月至隆兴元年三月间)

原标：登极赦书：德寿宫见今侍卫亲从官僚等,于今赦合转官外,特与各转两官,数内武功大夫、成州团练使陈子常,阶官、遥郡上各转行一官。

敕：事吾君父,既有成劳,推国恩荣,岂遵常度？具官某谦恭有守,通敏无疵。属布庆条,沓来茂渥。升之横列,益以干城。往服褒嘉,务勤夙夜。可特授右武大夫、某州防御使。

出处：《掖垣类稿》卷一。

撰者：周必大

考校说明：编年据周必大任外制时间、文中所述"登极赦书"补。

张珣转两官制
(暂系于绍兴三十二年九月至隆兴元年三月间)

原标：殿前司正将、武功郎张珣,昨提举巡警德寿宫,依赦转两官。

敕具官某:朕爱惜爵赏,以待有功。惟给事亲侧,则无所靳。尔尝率其旅,徼巡警周庐。例进两官,尚知荣遇。可。

出处:《掖垣类稿》卷一。
撰者:周必大
考校说明:编年据周必大任外制时间、同集前后文时间补。

赵忠叙承信郎制
(暂系于绍兴三十二年九月至隆兴元年三月间)

原标:犯赃除名人前成忠郎赵忠寄居南安军,谙知地里,说谕贼寨傍百姓不敢从贼,并获贼四名,特与叙官。

敕某人:南方多盗,以奸氓为之地也。汝由废处,知贼根株。既止合从,不获何待! 有司言状,稍复故官,尚励廉勤,朕方使过。可。

出处:《掖垣类稿》卷二。
撰者:周必大
考校说明:编年据同集同卷《陈秉直转两官制》补。

潘师尹等落看班衔制
(暂系于绍兴三十二年九月至隆兴元年三月间)

原标:阁门看班祇候潘师尹、潘师旦、张进之并为供职岁久,祇应详熟,特与依例落看班二字。

敕具官某:朕大昕御朝,延见群下。汝娴于仪矩,久阅班联。稍正其名,益思祇敬。可。

出处:《掖垣类稿》卷一。
撰者:周必大
考校说明:编年据周必大任外制时间、同集前后文时间补。

杨厦杨麻补成忠郎制
（暂系于绍兴三十二年九月至隆兴元年三月间）

原标：故赠开府仪同三司杨政妻崇国夫人南氏献助钱引十五万道，二子杨厦、杨麻特补成忠郎。

敕某人等：昔汝父政乘寨底绩，今汝母南氏入赀赡国。予惟宠嘉之，优命以官。盖将慰鼙鼓之思，而称鸣鸠之壹。非独尊显汝曹，以风百姓也。可。

出处：《掖垣类稿》卷一。
撰者：周必大
考校说明：编年据周必大任外制时间、文中所述史事补，见《宋会要辑稿》仪制一〇。

李宏转官制
（暂系于绍兴三十二年九月至隆兴元年三月间）

原标：广东经略司申，修武郎、阁门祗候、添差东南第十一副将李宏，前去赣州龙南县，擒获凶贼沈才等及投降到出首曾珏等二十余人，特与转一官。

敕具官某：岭表郡县北接赣境，溪谷篁竹之闲群盗盖走集焉。汝能捕获约降，以举其职，进官一等，用劝事功。可。

出处：《掖垣类稿》卷二。
撰者：周必大
考校说明：编年据周必大任外制时间、李宏官历补，见《宋会要辑稿》职官七一。

陈端夫转翰林医痊制
（暂系于绍兴三十二年九月至隆兴元年三月间）

原标：翰林医愈陈端夫该婉容翟氏进封，转额外翰林医痊。

敕某人：内有九嫔，犹外之九卿也。既升位号，宜锡恩章。汝以技闻，例迁厥秩。兹惟异数，可不勉哉！可。

出处:《掖垣类稿》卷一。

撰者:周必大

考校说明:编年据周必大任外制时间、文中所述"翰林医愈陈端夫该婉容翟氏进封"补,见《宋会要辑稿》仪制一〇。

杨亨转遥刺制
(暂系于绍兴三十二年九月至隆兴元年三月间)

原标:亨系供内仪鸾御前祗应、御前忠佐马步军副都军头,该德寿宫转两资,内一资于见今职名上转行,合转御前忠佐马步军都军头,系碍正法,为系随太上皇帝龙兴,特依一般随龙李进例转行遥刺,请给并依李进例支破,依旧本官祗应。

敕具官某:周以下士为幕人,所以重其事也。况汝早共帷幄,攀附太上。比按赦令,冠忠佐六资之例。恩犹未已,遥界郡章;廪给加优,复从近比。徒以奉事君亲之旧,故于名器不敢爱焉。尚识朕心,益勤乃职。可。

出处:《掖垣类稿》卷一。

撰者:周必大

考校说明:编年据周必大任外制时间、同集前后文时间补。

时贵降官制
(暂系于绍兴三十二年九月至隆兴元年三月间)

原标:建康府都统制下使臣时贵押马五十匹,倒毙二十五匹,降一官,更展二年磨勘。

敕某人:地用莫如马,今日先务也。尔效牵虽远,何至损其半乎? 旷职如斯,恶得无罪。可。正宗政降官同词。

出处:《掖垣类稿》卷三。

撰者:周必大

考校说明:编年据周必大任外制时间、同集前后文时间补。

竹友直循右修职郎制
（暂系于绍兴三十二年九月至隆兴元年三月间）

原标：将仕郎竹友直用绍兴二十八年修展外城及修城门赏，循右修职郎。

敕具官某：修辟闉阇，今四年矣。赍伐来上，其如初诏。可。

出处：《披垣类稿》卷二。

撰者：周必大

考校说明：编年据周必大任外制时间、文中所述史事补。

李如冈转一官制
（暂系于绍兴三十二年九月至隆兴元年三月间）

原标：雷化州凶贼凌铁等就擒，并杀戮余党。官吏推恩下项：前本路帅臣李如冈见系敷文阁待制、知广州，今转一官。

敕：乃者盗发海康陵水之间，一方骚然。既底严诛，是颁信赏。具官某选厕近列，出镇南交。愚民弄兵，未遑曲突徙薪之计；元恶就絷，实有发纵指示之谋。进以一阶，用甄多绩。惟岭海去国万里，民生甚艰，蛮蜒之与居，瘴疠之是虞。尔其仁以抚之，明以察之，毋使寇攘奸宄相煽以变，然后草薙禽狝，以彰吾好生之德。往钦哉，若兹多训。可。本路提刑余良弼见知静江府，今转一官，同词，但改云"以尔选厕良吏，奉使南交"。

出处：《披垣类稿》卷二。

撰者：周必大

考校说明：编年据周必大任外制时间、李如冈宦历补，见光绪《广州府志》卷一七。

邵宏渊除正任观察使制
（暂系于绍兴三十二年九月至隆兴元年三月间）

原标：亲卫大夫、常德军承宣使、主管建康府御前诸军统制职事邵宏渊，缴纳逃亡事故人功赏告札一千五百十道，与除正任广州观察使。

敕：功疑惟重，盖急于劝劳；令出惟行，固难于逆诈。若乃绩弗成而恩溥，名虽在而实亡,微良将言焉,则吾赏僭矣。具官某奇庞福艾,沈骛骁雄,比提偏师,独控六合,有嘉宣力,姑试统军。乃于诞谩成风之时,首为忠忱体国之计,尽以虚籍,上之司勋。谓六国之印当销,而王成之侯或伪。助吾责实,赖尔不欺。将寓意于劝惩,特正名于廉察。申加宠命,仍畀帅权。夫兵无多少,精则可用;赏无厚薄,当则为荣。尚因见知,善御而众。可。

出处:《掖垣类稿》卷二。

撰者:周必大

考校说明:编年据周必大任外制时间、邵宏渊官历补,见《景定建康志》卷二六。

李藻杨师中各降一资制
(暂系于绍兴三十二年九月至隆兴元年三月间)

原标:蜀州勘到右从事郎、前崇庆军节度判官李藻,左文林郎、前崇庆军节度推官杨师中,各坐循例大支请受,及买官估卖米,及妄指远程支借送还人请受,各降一官。

敕具官某等:汉法,小吏私有附益,犹坐左迁,况尔多取于公家乎?稍褫文阶,以申邦法。《礼》曰"临财毋苟得",尚戒之哉! 可。

出处:《掖垣类稿》卷三。

撰者:周必大

考校说明:编年据周必大任外制时间、同集前后文时间补。

赵不愚等转官制
(暂系于绍兴三十二年九月至隆兴元年三月间)

原标:四川宣抚、制置两司保奏,官属赵不愚、王序辰、吴授、朱良弼、王昭辰、张洵等,往来计议边事、应办钱粮、拨遣军器有劳,并与转官。

敕具官某等:朕知蜀将之贤可倚,蜀兵之强可用,蜀塞之险可恃,而念蜀民之犹困也,西顾常闵闵焉。通侯诸校能为吾却敌安边,既论功行赏矣,士大夫参幕画,料丁壮,督馈饷,吾岂忘之哉?其各进文阶,以应本约。尚思协赞尔长,外御内抚,使全蜀无虞,三秦可定,则予一人以怿。可。

出处:《披垣类稿》卷二。

撰者:周必大

考校说明:编年据周必大任外制时间、同集前后文时间补。

瓦亭战功人等转官制
(暂系于绍兴三十二年九月至隆兴元年三月间)

原标:四川宣抚制置使司奏瓦亭战功,右武大夫高师中、高海特转遥郡刺史,武功大夫朱秀、杨万特转右武大夫,拱卫大夫、秀州刺史吴胜转遥郡团练使,武功大夫、贺州刺史朱勇转遥郡团练使,右武大夫陶师仲转左武大夫,武功大夫胡清转右武大夫,右武郎杨序转拱卫郎。

敕:完颜氏逆天败盟,首犯秦陇。吾大将励使诸校,转斗千里,兵威之盛闻于天下。惟尔具官某等禀受方略,咸奋智武,攻水洛,战瓦亭,追奔逐北,僵尸相属,执其渠卒百三十有七人,获首三百七十有六级,城邑浸平。权舆于兹,予惟宠嘉之,或递进横班,或宠升遥寄。其尚祗服厚赏,益图来效,称朕知有功之意焉。可。

出处:《披垣类稿》卷二。

撰者:周必大

考校说明:编年据周必大任外制时间、文中所述史事补,见《宋会要辑稿》职官四二、《建炎以来系年要录》卷一九八。

吴盖妻赵氏封通义郡夫人制
(暂系于绍兴三十二年九月至隆兴元年三月间)

原标:太尉、宁国军节度使、提举佑神观吴盖除太尉,封赠三代外,妻永嘉郡夫人赵氏特封通义郡夫人。

敕:朕日奉亲欢,恩隆母纲。矧如叔舅,尝冠武阶,当稽旧章,加宠内子。命既行矣,我其举之。具封某氏姆训凤闲,闺风甚肃。自上安下,比及于夫荣;秀外惠中,并嘉于妇顺。相攸封邑,改胙眉阳。尚知吾命名之嘉,以笃尔偕老之庆。可。

出处:《披垣类稿》卷四。

撰者:周必大

考校说明:编年据周必大任外制时间、文中所述史事补,见《建炎以来系年要录》卷一八五、《宋会要辑稿》职官一。"太尉、宁国军节度使、提举佑神观吴盖除太尉",前一"太尉"疑误。

蒲待聘降两资制
(暂系于绍兴三十二年九月至隆兴元年三月间)

原标:潼川府知通按劾右文林郎、知潼川府盐亭县蒲待聘失觉察人吏取觅等事,刑部断徒一年半,该赦特降两资。

敕具官某:汝前治邑亡状,以被劾于守丞,虽曰赦原,岂容幸免! 可。

出处:《披垣类稿》卷三。
撰者:周必大
考校说明:编年据周必大任外制时间、同集前后文时间补。

甄援降两官制
(暂系于绍兴三十二年九月至隆兴元年三月间)

原标:武德郎、兼阁门宣赞舍人、前权知施州甄援,为说谕合干人告首通判庞信儒,及独衔奏案又有虚妄,特降两官。

敕具官某:汝比繇功次擢守边州,幸倅贰之为奸,讽胥徒而敢告。单辞具狱,法既不容;上奏肆欺,情尤叵恕。往从贬削,无怠省循。可。

出处:《披垣类稿》卷三。
撰者:周必大
考校说明:编年据周必大任外制时间、同集前后文时间补。

曾觌除遥刺制
(暂系于绍兴三十二年九月至隆兴元年三月间)

原标:武翼郎、带御器械兼干办皇城司曾觌,用随龙恩转一官,除遥郡刺史。

敕具官某:朕祗奉睿谟,绍承圣绪。加惠不遗于远服,疏荣可废于旧劳? 尔凤蕴材猷,雅精辞艺。骖乘而临代邸,备著忠勤;舞干而卫舜阶,方资谨饬。其叙迁于诸使,仍遥刺于名邦。尚对恩华,益肩报礼。可。

出处:《掖垣类稿》卷一。

撰者:周必大

考校说明:编年据周必大任外制时间、曾觌官历补,见《宋史》卷四七〇《曾觌龙大渊传》。

<h2 style="text-align:center">侯士通转官制</h2>
(暂系于绍兴三十二年九月至隆兴元年三月间)

原标:贤妃夏氏进封本位,官吏诸色人合行推恩。数内代手分充主管文字,承信郎侯士通特与转一官。

敕某人等:朕登进列妃,助修内治,汝幸甚,乃得隶名增成而服役于外。官迁宠矣,尚往钦哉! 可。

出处:《掖垣类稿》卷一。

撰者:周必大

考校说明:编年据周必大任外制时间、文中所述"贤妃夏氏进封本位"补,见《宋会要辑稿》后妃一。

<h2 style="text-align:center">王大亨转官制</h2>
(暂系于绍兴三十二年九月至隆兴元年三月间)

原标:修制奉上册宝主管所行遣书写奏报文字、承信郎、榷货务检法使臣王大亨转一官,减三年磨勘。

敕具官某:朕以八月戊寅上鸿名于西内,惟时小吏,与有刀笔之劳。序进官荣,毋忘报称。可。

出处:《掖垣类稿》卷一。

撰者:周必大

考校说明:编年据周必大任外制时间、同集前后文时间补。

徐亿补右迪功郎致仕制
（暂系于绍兴三十二年九月至隆兴元年三月间）

原标：严州建德县百姓徐亿年一百岁，补右迪功郎致仕。

敕某人：虞夏商周所贵不同，而尚齿则一。矧朕方极事亲之孝，尤以贵老为先。尔，吾仁祖之遗民也，阅世久矣。因寿域之跻，怀既醉之福，则锡命之宠，岂独慰尔子孙哉？朕意固有属也。可。

出处：《披垣类稿》卷一。
撰者：周必大
考校说明：编年据周必大任外制时间、同集前后文时间补。

港口阵亡翁喜第赠官制
（暂系于绍兴三十二年九月至隆兴元年三月间）

原标：沿海制置使下进勇副尉、多桨船部将翁喜第，绍兴三十一年十月二十七日港口阵亡，特赠承节郎，与一子父职名，更与一名进勇副尉。

敕某人：向者海道之役，人皆凯还，而尔独亡；人皆策勋，而尔无及。录孤进爵，尚慰忠魂。

出处：《披垣类稿》卷五。
撰者：周必大
考校说明：编年据周必大任外制时间、文中所述史事补。

余武康循右从事郎制
（暂系于绍兴三十二年九月至隆兴元年三月间）

原标：右迪功郎余武康，用绍兴十六年随韩京军自广东往福建平贼，至梅州杀进赖权节、林细花一十火第一等功，转一官，循入右从事郎。

敕具官某：盗授首于梅州，今十有六年矣，而汝犹赏伐以为请。功疑惟重，不汝靳也，毋以幸得而忘报焉。可。

出处:《掖垣类稿》卷二。

撰者:周必大

考校说明:编年据周必大任外制时间、文中所述史事补。

叶均循右文林郎制
(暂系于绍兴三十二年九月至隆兴元年三月间)

原标:右奉直大夫叶灼男右迪功郎叶均献钱一万二千贯,循右文林郎。

敕具官某:入赀赐爵,前世有所不免。然非迫于养兵而重于加赋,则吾亦安取此? 汝能体国,叠命进阶。往服宠章,荣其里闬。

出处:《掖垣类稿》卷一。

撰者:周必大

考校说明:编年据周必大任外制时间、同集前后文时间补。

魏钦绪循三资制
(暂系于绍兴三十二年九月至隆兴元年三月间)

原标:右修职郎,监文思院下界魏钦绪用修制册宝赏,比类循三资。

敕具官某:朕奉宝册于二亲之侧,盖旷典也。维时庆赏,遍逮攸司。议者疑焉,故才及考工之属。汝名臣子,凡事有劳,叠进其阶,尚知荣遇。可。

出处:《掖垣类稿》卷一。

撰者:周必大

考校说明:编年据周必大任外制时间、同集前后文时间补。

程千载循右从事郎制
(暂系于绍兴三十二年九月至隆兴元年三月间)

原标:右修职郎、丹阳县尉程千载栽埋鹿角暗桩,自建康至江阴界,减二年磨勘,循右从事郎。

敕具官某:佛狸奴窥江,吾固知其送死。然植栅以安民心,有不可得而废者。汝为邑尉,董治有劳,稍进其阶,尚思报称。可。

出处:《掖垣类稿》卷二。又见《永乐大典》卷七三二五。

撰者:周必大

考校说明:编年据周必大任外制时间、同集前后文时间补。

赵汝勣转右通直郎制
(暂系于绍兴三十二年九月至隆兴元年三月间)

原标:御营宿卫使司准备差遣、右儒林郎赵汝勣结局转两官,已改左宣教郎,更转右通直郎。

敕具官某:往者第赏天营,尔既释南曹之选而隶审官之籍矣。有司稽其功状,尚以为言,故令进爵一级,以应勋格。膺兹异数,可不勉哉! 可。

出处:《掖垣类稿》卷二。

撰者:周必大

考校说明:编年据周必大任外制时间、同集前后文时间补。"左宣教郎"疑为"右宣教郎"之误。

符镇降一官制
(暂系于绍兴三十二年九月至隆兴元年三月间)

原标:张子盖按发护圣军正将、权李宝军统制官、武功大夫、吉州刺史符镇擅离任所。契勘得即非擅离,止是不曾备坐出戍军马归休指挥申镇江都统,特降一官。

敕具官某:以卑抗尊,词直且不可,况未必直乎? 尔虽奉诏班师,而不以告于统帅,是亦罪也,特薄耳,故吾亦薄罚之。可。

出处:《掖垣类稿》卷三。

撰者:周必大

考校说明:编年据周必大任外制时间、同集前后文时间补。

李绰转殿使遥郡制

（暂系于绍兴三十二年九月至隆兴元年三月间）

原标:昭宣使、福州观察使、入内内侍省都知李绰,用随龙恩转景福殿使、遥郡承宣使。

敕:景福置使,盖祥符之异恩;留后名官,为遥领之极挚。兼荣而授,岂轻也哉!具官某禀端良之资,著忠谨之誉。擢参内宰,方勉令图。兹推攀附之恩,特示褒迁之宠。尚思补报,以答眷知。可。

出处:《掖垣类稿》卷一。
撰者:周必大
考校说明:编年据周必大任外制时间、同集前后文时间补。

窦彬李权吴知新各赠官制

（暂系于绍兴三十二年九月至隆兴元年三月间）

原标:阵亡人窦彬特赠两官,与一资恩泽。李权特赠一官,与一资恩泽。吴知新特赠一官,与一子父职名。

敕某人等:盗起海滨,兴师讨击。汝曹死难,鼠辈生擒。功既当酬,忠尤可闵。追迁厥秩,仍录其孤。庶几有知,服我休命。可。

出处:《掖垣类稿》卷五。
撰者:周必大
考校说明:编年据周必大任外制时间、同集前后文时间补。

霍千吕直阵亡赠官制

（暂系于绍兴三十二年九月至隆兴元年三月间）

原标:镇江军都统制张子盖下探事人进义校尉霍千、进武副尉吕直,并在淄州淄县阵亡,各特赠承节郎,与一子父职名,更与一名进武副尉。

敕某人等:谍而遇敌,能格斗以死,斯亦忠矣。追荣录后,尚克享之。可。

出处:《披垣类稿》卷五。

撰者:周必大

考校说明:编年据周必大任外制时间、文中所述史事补。

宋实降官送潭州制
(暂系于绍兴三十二年九月至隆兴元年三月间)

原标:知澧州唐时奏,路分都监、武功大夫、降文州刺史宋实怒不支供给,意欲行凶,降一官,送潭州居住。

敕具官某:贪黩者,士伍之态也。汝稍显矣,乃不顾《伐檀》《相鼠》之刺,以被劾于守臣。其降一官,迁之会府。古有廉约小心不越法度而为将者,汝试考之,庶自警焉。

出处:《披垣类稿》卷三。

撰者:周必大

考校说明:编年据周必大任外制时间、同集前后文时间补。

阎德叙复制
(暂系于绍兴三十二年九月至隆兴元年三月间)

原标:中卫大夫、复州防御使、主管台州崇道观阎德叙复元官中亮大夫、宣州观察使。

敕:天方春而万物生,理之常也。朕率是道,以宥多辟。具官某顷陵主将,尝示诚惩。兹会霈恩,尽从甄叙。在《易》之《巽》首曰:"利武人之贞,志治也。"尔尚知此哉! 可。

出处:《披垣类稿》卷三。

撰者:周必大

考校说明:编年据周必大任外制时间、同集前后文时间补。

顿遇转遥刺制
（暂系于绍兴三十二年九月至隆兴元年三月间）

原标：中卫大夫、权发遣淮南西路兵马副都监、御前后军统制顿遇，陈乞淮西战功并暴露赏及覃恩，乞依孔福例升带遥郡。特转遥刺。

敕：殿廷之班，横阶为贵，又况益以诸侯之组，岂不为将臣之臁仕乎？具官某勇可翘关，忠能敌忾。日缘苦战，身被重创，幕府第功，已加殊奖。兹念宣劳之久，且覃缵服之恩，升刺大州，特为异数。边圉未靖，尔尚勉哉！可。

出处：《披垣类稿》卷二。

撰者：周必大

考校说明：编年据周必大任外制时间、顿遇官历补，见《宋会要辑稿》刑法六。

孙德刘广各降一官制
（暂系于绍兴三十二年九月至隆兴元年三月间）

原标：忠翊郎、阁门祇候孙德，敦武郎刘广，并为押马纲倒毙三十匹，各降一官，展磨勘一年。

敕具官某等：百金市骏骨，设喻以求贤也；若真贸焉而道毙之，岂不伤财之甚乎？其诏贬秩如律。可。

出处：《披垣类稿》卷三。

撰者：周必大

考校说明：编年据周必大任外制时间、同集前后文时间补。

宗子伯瑀补承信郎制
（暂系于绍兴三十二年九月至隆兴元年三月间）

原标：宗子伯瑀三经覆试不中，年四十以上，补承信郎。

敕某人：汝席庆天支，自力于学。虽三战不胜，而其志可嘉。礼曰：四十强而仕。汝年至矣，锡之一命，毋怠初心。可。

出处:《掖垣类稿》卷一。又见《永乐大典》卷七三二七。

撰者:周必大

考校说明:编年据周必大任外制时间、同集前后文时间补。

陈秉直转两官制
(暂系于绍兴三十二年九月至隆兴元年三月间)

原标:左朝奉郎、通判南安军陈秉直躬亲部兵,捕获凶贼邓五十九等全火六十余人,特与转两官。

敕具官某:郡有丞掌兵马,古制也。汝居其官,而能设方略,获群盗,是亦职耳,何以赏为? 顾今偷懦之风胜,吏之失职者多,有如汝功,诚不可废。优进厥秩,其益勉之。可。

出处:《掖垣类稿》卷二。

撰者:周必大

考校说明:编年据周必大任外制时间、陈秉直官历补,见嘉靖《南安府志》卷三。

陈文彦等降一官制
(暂系于绍兴三十二年九月至隆兴元年三月间)

原标:左从政郎、新德庆府教授陈文彦,前任惠安县尉、右宣义郎、新知邵武军泰宁县李叔谟,前任晋江县尉、从义郎张建,前任惠安等四县沿海小兜巡检、右文林郎、建康府观察推官曾宗镇,前任固安县尉□□,并为透漏商贩往密州,降一官。

敕具官某:古者自王畿达货贿于诸侯,犹以节传出之。今商人遵海而南放于瑯琊,可谓远矣。汝昔为尉弗察也,虽欲逃责,得乎? 可。巡检云"汝职警捕弗察也"。

出处:《掖垣类稿》卷三。

撰者:周必大

考校说明:编年据周必大任外制时间、曾宗镇官历补,见《景定建康志》卷二四。清欧阳棨刻本"原标"后仅有"左从政郎新德庆府教授陈文彦"十三字,"前任惠安"至"降一官"一段以小字置于文末,其后又有"同词"二字,殊不合体例,今照四库本改,并于新题"陈文彦"后加一"等"字。

王万修循修职郎制
(暂系于绍兴三十二年九月至隆兴元年三月间)

原标:左迪功郎王万修用昨任敕令所删定官日,经修绍兴参附尚书吏部敕令格式等,循修职郎。

敕具官某:事既无穷,法亦随制,此国家设官议令之意也。汝尝为之属,与去取焉。员虽省而成书之赏不废,朕恩厚矣,尚往钦哉。可。

出处:《掖垣类稿》卷二。又见《永乐大典》卷七三二五。

撰者:周必大

考校说明:编年据周必大任外制时间、王万官历补,见《建炎以来系年要录》卷一八二。

曹家庄阵亡韩敏等赠三官制
(隆兴元年正月至三月间)

原标:秉义郎韩敏特赠三官,与三资恩泽。进武校尉耿兴、下班祗应许进、进义副尉郑旺、守关进义副尉张福、守关进勇副尉崔谨、刘进,并赠承节郎,与一子父职名,更与一子进勇副尉。并于今年正月二日在临淮县北曹家庄阵亡。

敕某人等:边郡之士敌至而战,固其职也。抑朕不德,无以格丑虏,使汝曹肝脑涂地,如懵怛何?进秩录孤,其无憾于泉夕。可。

出处:《掖垣类稿》卷五。

撰者:周必大

考校说明:月份据文中所述史事、周必大任外制时间补。

张孝祥转朝散大夫诰
(隆兴元年三月一日)

敕朝奉大夫、新除仪司郎官张孝祥等:生民立君,既尊居于大宝;惟辟作福,斯溥锡于湛恩。兹予一人践阼之初,亦尔群臣委质之始。粤从京秩,递进华阶。臣事君以忠,宜勤厥职;官量能而授任,嗣选尔劳。张孝祥可特授朝散大夫,行尚书仪司郎官。

出处:《于湖居士文集·附录》。

支给秀王夫人张氏等请给事诏
(隆兴元年三月五日)

恭奉光尧寿圣太上皇帝圣旨:秀王夫人张氏、伯圭妻信安郡王宋氏应合得请给等,令于所在州军合发上供及经总制钱内,按月帮勘支给。

出处:《宋会要辑稿》帝系七之二。

训练禁军诏
(隆兴元年三月五日)

祖宗尝御便殿,亲阅卫士,盖以严宿卫之重,练爪牙之士,以备征讨。应诸班直、殿前、马、步军司旧管禁军,可自今特选强壮,披带教阅,其管军合各条具训练格法,申密院取旨。

出处:《宋史全文续资治通鉴》卷二四。

前执政某人落职饶州居住制
(隆兴元年三月一日至七日间)

敕:大臣法所以责小臣之廉,表民在此;前车覆所以为后车之戒,贰过可乎?虽欲废于官刑,顾难违于公论。具官某顷陪帷幄,命使江淮。军旅借曰未闻,篚篡岂容不饬？庶威夺货，曾罔念于吉人；盗器为奸，忍自同于凶德！惟处心之甚拙，何决胜之能知？旋由台谏之交攻，听解枢机而善去。寝弹文而弗下，示宠数之曲全。岂其修省之无闻，复以悔尤而并案。子孙贪墨，不知遗杨震之清；宗族凭依，乃敢恣灌夫之横。宜绝殿帷之籍，俾迁江介之居。噫！礼义廉耻以遇其臣，朕固当存于恩义；节俭正直以化在位，尔宁不体于忧诚？尚惩既往之愆，思保有终之吉。

出处：《掖垣类稿》卷三。又见《宋四六选》卷三。

撰者：周必大

考校说明：编年据《宋宰辅编年录》卷一七及《掖垣类稿》卷三《前执政子右承直郎某特降一资勒令随侍制》补。此制当在《前执政子右承直郎某特降一资勒令随侍制》之前，"前执政某人"指叶义问。

前执政子右承直郎某特降一资勒令随侍制
（隆兴元年三月七日）

敕具官某：有司言尔贪暴有状，既累乃父矣，于尔安乎？少胼禄秩，往奉诗礼之训。夫惟家有严君，尔必不戾吾法；父有争子，旧弼岂遽贬哉？毋或尤人，各思其过。可。

出处：《掖垣类稿》卷三。

撰者：周必大

考校说明："前执政"指叶义问。

御史台察案后推书吏比换事诏
（隆兴元年三月十二日）

御史台将察案后推书吏自被差到台及五年，如有愿比换之人，依察案贴司用抵保依条比换。

出处：《宋会要辑稿》职官五五之二二。

除放民间利息过本者诏
(隆兴元年三月十三日)

民间有利息债负,可截自绍兴二十八年以后,如已出息过本,谓如元钱一贯已还二贯已上者,并行除放。其息未及本者,许逐月登带入还。若转利为本钱,止分限交还本钱。

出处:《宋会要辑稿》食货六三之二一。

博访遗材诏
(隆兴元年三月十四日)

朕惟明俊德,所以和万邦之治;举逸名,所以致天下之归。方古先盛时,弓旌之招,束帛之贲,安车蒲轮之召,使阿涧无考槃之人,而台莱咏得贤之乐,朕心慕焉!故嗣位之初,驿召旁午,凡缙绅之老、儒林之秀,莫不明扬显擢,布列中外。尚念山林之际,渔钓之间,岂无荷蓧濯缨之伦,饭牛版筑之士?或自晦于卜祝,或沈痼于烟霞,未膺好爵之縻,徒剧冥鸿之慕。部刺史二千石,其为朕博访岩薮,搜罗逸遗。其有怀瑾握瑜、埋光铲采,迹其行实,咸以名闻,朕将厚礼特招,虚怀延纳。庶几得人之盛无愧于前古,而致治之美增光于祖宗,不其韪欤!咨尔多方,其体朕意。

出处:《宋会要辑稿》选举三四之四五。又见《宋史全文续资治通鉴》卷二四,《宋史记》卷一一。

付给舍御札
(隆兴元年三月十四日)

给舍论大渊等,盖为人鼓惑,议论群起,在太上时小事岂敢如此。

出处:周必大《杂著述》卷三《归庐陵日记》。又见《攻媿集》卷九四《周公神道碑》。

进奏院主管等阙留充荐举并升擢及试中人诏
(隆兴元年三月十六日)

进奏院主管,官告院、登闻检院、登闻鼓院干办,诸司粮料院干办,诸司审计司干办,诸军审计司主管,吏户部、礼兵部、刑工部架阁库、车辂院监官,行在榷货务都茶场提辖并监官,建康、镇江府榷货务都茶场监官,杂卖场提辖,六部监门,建康府、镇江府、鄂州分差粮料院监官,大宗正司主管,宗室财用主管,西、南外敦宗院、文思院提辖、点检,赡军酒库所主管文字、干办公事,籴场监官,西、南外敦宗院宗学教授,临安、绍兴、建康、平江府、洪、福、潭、婺、明、宣、秀、太平州教授,已上阙,桩留充荐举并升擢及试中人。

出处:《宋会要辑稿》职官一之五三。

周必大金安节缴驳龙大渊曾觌差遣状批答
(隆兴元年三月十六日)

罢剧就闲,已允公论,尚兹回缴,可特依奏。

出处:《攻媿集》卷九三《忠文耆德之碑》。又见同书卷九四《周公神道碑》、周必大《垣掖类稿》卷六《缴驳龙大渊曾觌差遣状》。

左太中大夫同知枢密院事新除参知政事张焘
除资政殿大学士提举万寿观兼待制制
(隆兴元年三月十八日)

一代宗儒,四朝旧德。乃辞荣而谢事,至引疾以卧家。要当就见以决疑,何可乞身而遽去。

出处:《宋会要辑稿》职官七八之四七。

通问国信使副三节人转官事诏
(隆兴元年三月十九日)

三节人于逐便已转一官,更不以折展年磨勘。王铢、龙仲淮各与转一官,候有名目日收使。

出处:《宋会要辑稿》职官五一之二二。

蠲免泰州进奉天申节绢年额绢一年诏
(隆兴元年三月二十一日)

泰州合进奉天申圣节绢一百六十七匹,年额绢一百六十七匹,予蠲免一年。

出处:《宋会要辑稿》食货六三之二一。

减年磨勘转官事诏
(隆兴元年三月二十三日)

今后以减年磨勘转官者,须将实历过年数对用,谓如一年实历用一年减年。

出处:《宋会要辑稿》职官一〇之二九。

孙谅等转官诏
(隆兴元年三月二十三日)

忠义、忠勇军保明到的实立功孙谅等三百八十一人,内借转两官资人并特补正一官资,余一官资亦与补正一官。

出处:《宋会要辑稿》兵一九之八。

诫谕郡守诏
（隆兴元年三月二十四日）

朕自践位,首行旷泽,续降宽恤十八事,而郡县之间不为布宣。继自今其各洗心涤虑,恭尔有官,俾予一人实惠孚于百姓。

出处:《宋史全文续资治通鉴》卷二四。

试特奏名进士诏
（隆兴元年三月二十五日）

今年特奏名进士试在第五等人,并与特依下州文学例施行。

出处:《宋会要辑稿》选举一三之三。又见《宋会要辑稿补编》第三一七页、第三四六页。

步军司军马改差李福统押诏
（隆兴元年三月二十八日）

步军司军马可改差统制李福统押,起发前去,其鲁安仁依旧在寨管干。

出处:《宋会要辑稿》兵九之一六。

该遇去年赦恩转行事诏
（隆兴元年三月二十八日）

应朝请大夫以上至中奉大夫,该遇去年六月十三日赦,未碍止法人并特与转行。

出处:《宋会要辑稿》职官八之二八。又见《宋会要辑稿补编》第五二八页。

监司守令赈恤困穷诏
(隆兴元年三月二十九日)

霖雨为沴,虽侧身修行,尚恐诚意未孚。可令诸路监司守令,应遇灾伤去处,常切赈恤困穷,纠察刑禁,仍各条具闻奏。

出处:《宋会要辑稿》食货六八之六二。又见同书帝系九之三二、食货五八之一、食货五九之三八、食货六八之一二五,《宋会要辑稿补编》第五九三页,《宋史全文续资治通鉴》卷二四。

考校说明:《宋会要辑稿》食货五九、食货六八系于隆兴元年三月二十八日。

胡沂除殿中侍御史赐陈康伯御札
(隆兴元年春)

胡沂除殿中侍御史,日下供职。

出处:《陈文正公家乘》卷一。

支给犒设镇江等处见今差出屯戍官兵诏
(隆兴元年四月一日)

令淮东西、湖广总领所将镇江、建康、江州、鄂州、荆南等处见今差出屯戍官兵在寨老小的实数目,依例支给犒设,使臣一贯文,军兵七百文。仍于屯驻去处出榜晓谕。

出处:《宋会要辑稿》兵五之二〇。

令速结绝公事诏
(隆兴元年四月三日)

霖雨为沴,行在委监察御史、外路委监司守令,催促见禁公事疾速结绝。事理轻者,先次决放,如有冤滥,从实改正。

出处：《宋会要辑稿》刑法五之三九。

选人改官额诏
（隆兴元年四月五日）

今后选人改官，每岁以八十员为额，内以十员待历任及十二考、减举主改官人数；如不足，并听阙。仍自今年为始。

出处：《宋会要辑稿》职官一一之四二。

福建转运司具每年造茶合用钱数闻奏诏
（隆兴元年四月六日）

福建转运司常切觉察，仍具每年造茶的实合用钱数闻奏。

出处：《宋会要辑稿》食货三一之一五。

督责浙西官吏务令水路通快诏
（隆兴元年四月十二日）

浙西路转运、常平司取见逐州人户创立塍岸包围成田，及渔户广施渔具壅遏水势所去处，疾速相度措置施行。仍令州县常切督责巡尉，每岁于农隙时修治堤防，无使阙坏，及春夏之交部集人户，于河道淤塞要害之处并工开撩，常令水路通快。

出处：《宋会要辑稿》食货六一之一一六。

王之望除集英殿修撰诏
（隆兴元年四月十五日）

王之望除集英殿修撰，提举江州太平兴国宫，其川陕宣谕司限五日结局。

出处:《宋会要辑稿》职官四一之一一一。

免真州进奉银绢等价钱一年诏
(隆兴元年四月十五日)

真州认桩转运司进奉银绢等价钱、减下人吏雇钱、供给钱、吏禄钱,并予蠲免一年。

出处:《宋会要辑稿》食货六三之二一。

许人户越诉官吏掊敛事诏
(隆兴元年四月十五日)

自绍兴三十一年军兴以来,应朝廷科降并督视行府、两淮节制司、江淮宣抚司、都督府盖造营寨之类,并系科拨经、总制及支降激赏钱银,于州县和买计置。尚虑官吏作弊,因缘掊敛,不即支还价钱。许令人户越诉,仰所属监司取索违戾去处按治以闻。

出处:《宋会要辑稿》兵六之一八。又见《宋会要辑稿补编》第三二二页,《宋史全文续资治通鉴》卷二四。

犒设差出德顺屯戍官兵诏
(隆兴元年四月十七日)

令四川总领所将诸军昨差出德顺屯戍官兵在寨老小当时的实数目,依三衙等处差出官兵例支给犒设,仍出榜晓谕。

出处:《宋会要辑稿》兵五之二〇。

客贩耕牛往淮南州县变卖免税诏
(隆兴元年四月十九日)

应客贩耕牛往淮南州县变卖,仰经所属自陈给据,与免本处投契,沿路税及船渡钱并免。如有违戾去处,仰监司按劾施行。仍令诸路漕司下所部州县多出文榜晓谕。

出处:《宋会要辑稿》食货一八之二。又见《宋会要辑稿补编》第六八三页。

令两淮知县县令招诱楚州涟水军民户耕种诏
(隆兴元年四月二十二日)

楚州并涟水军接海州界,多淮北及山东庄农,将带老幼或牛具,散在沿淮,住坐无生计,窃虑失所,委是两淮帅臣行下所部州军,责令知县、县令措置招诱。若招及三百户耕种就绪,生理不阙,知县令除到任任满赏外,与转过一官,知、通减半。若过数,并与累赏。如招不及三百户,即纽计推赏。或有虚数,当议重责。仍令本路帅、漕司同共核实,保明来上。

出处:《宋会要辑稿》食货六九之六一。

捉到私茶处罚条约诏
(隆兴元年四月二十二日)

今后捉到私茶,依龙安县园户犯私茶体例,及十斤以上,将户下茶园估价召人承买,将五分收没入官,五分支还犯人填价。

出处:《宋会要辑稿》食货三一之一五。又见《宋会要辑稿补编》第七一〇页。

虑囚诏
(隆兴元年四月二十三日)

每岁盛暑,合虑囚徒。诸路州郡委提刑于六月内遍诣所部,将见禁公事催促结绝。事理轻者,先次决放。内僻远州县,即州委守臣、县委通判职官,各具已施行事件申尚书省。

出处:《宋会要辑稿》刑法五之三九。

免光化军上供银诏
(隆兴元年四月二十六日)

光化军绍兴三十一年分上供钱三百六十八贯文,特予蠲免。

出处:《宋会要辑稿》食货六三之二一。

有司所行事件遵依祖宗条法诏
(隆兴元年四月二十七日)

今后有司所行事件,并遵依祖宗条法并绍兴三十一年十二月十七日指挥,更不得引例及称疑似取自朝廷指挥。如敢违戾,官吏重作施行。

出处:《宋会要辑稿》职官一之五三。又见同书帝系一一之六,《宋史全文续资治通鉴》卷二四。

令宗正司岁举宗子诏
(绍兴二十五年八月至十一月间或绍兴二十八年八月
至绍兴三十年正月间或绍兴三十年八月至十二月间
或绍兴三十二年五月至隆兴元年五月间)

朕缵绍丕基,图回茂烈。揽人材而并用,冀国步之多盘。畎亩之中,尚豪英之遐至;神明之胄,岂标的之无闻!殊乖右戚之方,每起遗贤之叹。若古有训,在今可稽。惟周室之建邦,茂天亲而作屏。晋、韩、鲁、卫,外列五侯;毛、单、毕、刘,世登三事。迫德向数公之右汉,而石程九相之辅唐。磊磊相望,章章尤著。孰谓我家之盛,有惭前代之风?式广荐延,用膺官使。兄弟缺矣,方怀韡韡之棣华;本根庇焉,允藉绵绵之葛藟。咨尔宗盟之长,察夫属籍之良。应一岁之终更,以二人而充赋。克膺懿德,勿事虚文。仁麟趾之化行,俾犬牙之势壮。举其子不为比,勉继祁奚之公;称其官时尔能,当懋成王之赞。

出处:《宋四六选》卷一。又见《锡山文集》卷二。
撰者:洪遵

考校说明：编年据洪遵任两制时间补。

承节郎王元庆降一官制
（绍兴二十五年八月至十一月间或绍兴二十八年八月
至绍兴三十年正月间或绍兴三十年八月至十二月间
或绍兴三十二年五月至隆兴元年五月间）

尔服事天府，不思祗敬厥职，而乃庇妓受赂，罚可逃乎？夺尔一官，往其知惧。

出处：《永乐大典》卷七三二六。
撰者：洪遵
考校说明：编年据洪遵任两制时间补。

知富州田洪昉长男思富授银青光禄大夫检校国子
祭酒知溪洞富州军州兼监察御史武骑尉制
（绍兴二十五年八月至十一月间或绍兴二十八年八月
至绍兴三十年正月间或绍兴三十年八月至十二月间
或绍兴三十二年五月至隆兴元年五月间）

尔世笃恭勤，惠绥种落，父老子继，厥有故常。峻升崇禄之阶，分畀五溪之寄。惟忠与孝，永保光荣。

出处：《永乐大典》卷一三五〇七。
撰者：洪遵
考校说明：编年据洪遵任两制时间补。题后附有以下文字："夔州路安抚司申，据银青光禄大夫、检校国子祭酒、知溪洞富州军州兼监察御史、武骑尉田洪昉状，见年八十余岁，在边行履不前。所有上件州额告印，生前乞令长男田思富依溪洞久来体例承代承袭。奉圣旨依。"

溪洞夷人首领龚万尧授银青光禄大夫检校国子祭酒兼监察御史武骑尉充宁远州溪洞巡检制
(绍兴二十五年八月至十一月间或绍兴二十八年八月至绍兴三十年正月间或绍兴三十年八月至十二月间或绍兴三十二年五月至隆兴元年五月间)

尔世笃恭勤,惠绥种落,父死子继,厥有旧章。峻升崇禄之阶,分畀五溪之寄。益肩忠孝,永保光荣。

出处:《永乐大典》卷一三五〇七。

撰者:洪遵

考校说明:编年据洪遵任两制时间补。题后附有以下文字:"枢密院奏:兵部申,夔州路钤辖安抚司奏,黔州申相阳寨管下溪洞夷人首领龚万尧状,故父龚士稀系银青光禄大夫、检校国子祭酒兼监察御史、武骑尉、充宁远州溪洞巡检,身故,乞承袭。寻行下勘会,龚士稀于绍兴二十四年七月身故,龚万尧系第二亲男,合该承袭。"

右宣义郎大理司直刘敏求除大理寺主簿制
(绍兴二十五年八月至十一月间或绍兴二十八年八月至绍兴三十年正月间或绍兴三十年八月至十二月间或绍兴三十二年五月至隆兴元年五月间)

尔为廷尉属,号通敏吏,簿书期会之职,以功次稍迁。往惟祗钦,毋怠其事。

出处:《永乐大典》卷一四六〇七。

撰者:洪遵

考校说明:编年据洪遵任两制时间补。

广勇下名副指挥使巩秀换秉义郎制
(绍兴二十五年八月至十一月间或绍兴二十八年八月
至绍兴三十年正月间或绍兴三十年八月至十二月间
或绍兴三十二年五月至隆兴元年五月间)

巩秀等十一人拍试引见,换官有差。尔服在辕门,艺隆技击,宠加官使,以奖尔勤。

出处:《永乐大典》卷七三二六。
撰者:洪遵
考校说明:编年据洪遵任两制时间补。

赵师韩赵彦纯补承信郎制
(绍兴二十五年八月至十一月间或绍兴二十八年八月
至绍兴三十年正月间或绍兴三十年八月至十二月间
或绍兴三十二年五月至隆兴元年五月间)

国家设宗子贡举之制,可谓优矣。尔四举礼部而卒无成,年及强仕,援比自言,锡汝一官,兹惟殊渥。

出处:《永乐大典》卷七三二七。
撰者:洪遵
考校说明:编年据洪遵任两制时间补。题后原注:"礼部状:'取应宗室赵师韩、赵彦纯状:四经到省,覆试不中,年四十已上,乞依贡举条令,检准诸宗室非袒免亲,取应三经覆试不中年四十已上者,取旨量材录用。'奉圣旨并与补承信郎。"

左迪功郎赵汝譓循左修职郎制
(绍兴二十五年八月至十一月间或绍兴二十八年八月
至绍兴三十年正月间或绍兴三十年八月至十二月间
或绍兴三十二年五月至隆兴元年五月间)

宗室子擢第,必优命以官,盖所以进之于善也。往祗新渥,益勉厥修。

出处:《永乐大典》卷七三二五。

撰者:洪遵

考校说明:编年据洪遵任两制时间补。

胡铨上左右史职事答诏
(隆兴元年五月一日)

侍上去处,令御史台、阁门同共检照典故讨论,申尚书省取旨。余并依。

出处:《宋会要辑稿》职官二之二〇。

张玘特添差监度牒库诏
(隆兴元年五月一日)

随龙武翼郎张玘特添差监度牒库,理任、请给等并依正官例支破。

出处:《宋会要辑稿》职官一三之四一。

隆兴元年及第进士第等授官诏
(隆兴元年五月一日)

新及第进士第一人木待问补左承事郎、签书诸州节度判官事,第二人黄洽、第三人丘崇、四川类试第一人赵雄并左文林郎,两使职官,第四人郑伯英、第五人袁枢并从事郎、初等职官,第六人以下至第四甲并左迪功郎、诸州司户簿尉,第五甲守选。

出处:《宋会要辑稿》选举二之一九。

归正官给料钱文历诏
(隆兴元年五月四日)

令户部并行出给,仍依已降旨挥分明晓示,具状经本部陈理施行。

出处:《宋会要辑稿》职官二七之三二。

荐举上书赏罚诏
(隆兴元年五月四日)

自今以荐举上书登对,真材实能,无吝褒擢。其余令籍记姓名,以俟选择。无状者罢之,仍追坐缪举。

出处:《宋史全文续资治通鉴》卷二四。

秘书省人吏解发出职年限诏
(隆兴元年五月七日)

秘书省人吏自入仕迁至都孔目官,满一年半零半月,通入仕及二十五年以上,依条解发出职。

出处:《宋会要辑稿》职官一八之三〇。

立定军须之物并兴贩条约诏
(隆兴元年五月九日)

敕立定下项:鳔胶、漆、牛皮、筋角、弓弩、竹木枪杆、篸簳箭镞、箭头、白镴、翎毛、皮鞦鞴、皮底、生熟铁、羊鹿獐麖麇麂兔犬马皮,皆为军须之物。一、契勘逐项物件,若不分所贩州军,一例禁,缘其间有系民间及州县所用之物,欲除筋不许兴贩外,其余名件不许贩海,及指往应缘边州县出卖外,许于所置买州县具物数目于税场官司出给公据,指往近里州县出卖,所经由税场,照验放行。若不经官司请给公据,又不依所指州军出卖,并卖讫不毁公据,及买者人不照公据收买者,各科杖一百,并许人告,支赏钱一百贯,其所卖物没官。虽有官司公据,若往次边、缘边州县出卖者,并依后项所立罪赏施行。一、今后兴贩军须之物泛海,不以是何州县捉获,及其余水陆路往次边州军捉获者,徒二年;以物估价,及二贯,加一等;过,徒三年;三贯,加一等;徒罪皆配千里,流罪皆配远恶州。若于极边州军捉获者,徒三年;以物估价,及二贯,加一等;徒罪皆配三千里,流罪皆配海外。十贯

163

绞。已过界捉获者,不以多寡,并依军法定断,仍并奏裁。许诸色人告捕。其知情、引领、停藏、负担乘载之人,并减犯罪一等,各依犯人配法。经由透漏州县,官吏、公人、兵级减犯人罪一等。以上并不以去官、赦降原减。一、今后告捕兴贩军须之物往极边并次边及其余州军货卖者,除尽给随行物与告捕人充赏外,徒罪:命官转一官,次边止减磨勘三年,其余州军止减磨勘二年。诸色人钱一千贯,仍补进义副尉。次边止给赏钱,其余处赏钱给半。流罪:命官转一官,仍减磨勘三年,次边止转一官,其余处止减磨勘三年。诸色人钱一千五百贯,仍补进义校尉。次边止给赏钱,其余处赏钱给半。死罪:命官转两官,仍减磨勘三年,诸色人钱二千贯,仍补承信郎。一、知情、停藏、同舡同行、梢工水手能告捕,及人力女使告首者,并与免罪,与依诸色告捕支赏补官。

出处:《庆元条法事类》卷二九。

史浩罢右仆射制
（隆兴元年五月十五日）

宅百揆以奋庸,凤倚代天之业;以八命而作牧,有严分陕之权。眷次辅之能贤,释近司之重任。其孚大号,用谂群工。具官史浩心术通明,器资强济。植学造圣贤之奥,摛文寨河汉之华。由义居仁,自许古人之事业;垂声迈烈,庶几君子之风猷。属予纂序之初,积以潜藩之旧。甫经半载,躐置中台。位虽峻而愈谦,事盖多而益办。方今内政粗修而国论未一,远人不服而边虞实深。俾图莫适于攸居,救弊方期于公道。嘉谋嘉猷则入告,繄左右之是资;朕心朕德惟乃知,亦始终之弗替。曾微纤芥,遽露封章。荐形恳款之辞,蔑副挽留之意。俾归相印,肆举邦彝。畀遶职于殊恩,疏荣既腆;茈介藩于全越,席宠维新。以昭体貌之公,以笃股肱之眷。申褒蕃数,宣谓隆私。於戏!三阶平而风雨时,相庆君臣之遇;九里润而京师福,勿云中外之殊。往祗忧言,永绥燕誉。

出处:《宋宰辅编年录》卷一七。

与张浚手书
（隆兴元年五月十六日后）

近日边报,中外鼓舞,数十年来,无此克捷。

出处:《晦庵先生朱文公文集》卷九五《张公行状》。又见《齐东野语》卷二,《宋宰辅编年录》卷一七。

考校说明:月、日据原书前文所述"李显忠至灵壁,败萧琦;邵宏渊围虹县,降(蒲察)徒穆、周仁,乘胜进克宿州,中原震动"补,见《宋史》卷三三《孝宗纪》。

秘书省员额诏
(隆兴元年五月十九日)

秘书省系育材之地,且以七员为额,不妨兼领他局。

出处:《宋会要辑稿》职官一八之三〇。

诚谕百官省役诏
(隆兴元年五月二十五日)

朕惕膺睿训,祗遹炎图。永惟国步之艰,越在海隅之阻。间者驱驰于使驿,庶几少戢于兵锋。而边候屡惊,敌情未革。既摇荡于秦陇,复窥伺于荆襄。念亿万姓之黎民,久遭残虐;慨二百年之陵寝,莫获荐陈。爰奋励于诸军,比肃清于旧壤。麾待前茅之警备,将临细柳以劳师。副上皇与子之心,摅列圣在天之愤。肆诹龟筮,躬御戎车。眷言清跸之初,申饬攸司之众。各扬乃职,明听朕言。毋徭役以烦民,毋诛求以剥下。亻成嘉绩,迄底丕平。咨尔内外,咸体至怀。

出处:《宋会要辑稿》兵七之一九。又见《宋史全文续资治通鉴》卷二四,《中兴御侮录》卷下。

御前忠勇左右中军发赴御前使唤诏
(隆兴元年五月二十七日)

御前忠勇左、右、中军并发赴都督府使唤,仍令节次起发。

出处:《宋会要辑稿》职官三九之一四。

专典作匠公吏等食用和剂局肉药赏罚条约诏
（隆兴元年五月二十八日）

和剂局所管药材，内有贵细物，除偷出门一节已有监官、亲事官搜检罪赏外，其局内有肉、药之类，若专典、作匠、公吏等缘事入局，辄将食用者，许人告，赏钱二十贯。监临不觉察，同罪。

出处：《宋会要辑稿》职官二七之六七。

支散三衙诸军夏药诏
（隆兴元年五月二十八日）

令户部行下所属，将今岁合发三衙官兵暑药目下计置津发，先期差官，趁末伏以前到军前。枢密院差使臣一员管押去，都督府差官给散。其行在诸军夏药，亦合勘量修制支散。

出处：《宋会要辑稿》职官二七之六七。

杂买库收买药材事诏
（隆兴元年五月二十八日）

杂买务收买药材并收支钱，专置库眼。盛时，及临安府税务遇有客旅贩到药材，关报和剂局，依市价收买。仍令和剂局约度月用数目，除行在库务并市舶务有见在名件取拨应副外，据实缺数报杂买务收买。遇有药物入门，令临安府与免收税。

出处：《宋会要辑稿》职官二七之六七。

责降汪澈赐陈康伯御札
（隆兴元年五月）

汪澈又有章疏，须当示之责降。随在闻有百余只船，虽比之张浚事不同，后张浚须当亦有责命,朕少间批出。汪澈指挥,可令使行。

出处:《陈文正公家乘》卷一。

给赐殿前步马军三司出戍淮上官兵家属钱银诏
(隆兴元年六月一日)

殿前、步、马军三司出戍淮上官兵家属,可令左藏南库特与给赐钱银,犒设一次。统制官银五十两,统领官银三十两,正、副将银二十两,部队将、准备将、训谏官等各钱二十贯,使臣、效用、入队军兵各钱五贯,不入队各钱三贯。内无家属人,令各司桩管,候正身到日给散。

出处:《宋会要辑稿》礼六二之六九。

赐陈康伯御札
(隆兴元年六月二日前)

王时升除权户部侍郎,陈辉差权知临安府,并日下供职。

出处:《陈文正公家乘》卷一。
考校说明:编年据陈辉宦历补,见《乾道临安志》卷三。

督视湖北京西路军马行府结局诏
(隆兴元年六月五日)

参知政事、督视湖北京西路军马汪澈已除资政殿学士、提举临安府洞霄宫,所有行府一行官吏等,限五日结局。

出处:《宋会要辑稿》职官三九之一四。

吕祖谦特授左从政郎改差南外敦宗院宗学教授制
(隆兴元年六月七日)

敕左迪功、新差南外敦宗院宗学教授吕某:唐之科目虽多而轻,故有食饵小鱼之讥。然连中者亦寡矣。此青铜钱所繇取誉于当世也。尔两科皆优选,宜有以旌其能。资叙超升,是亦常典。可特授左从政郎,差遣如故。

出处:《东莱吕成公外录》卷一,崇祯刻本。
撰者:钱周材

周葵除参政赐陈康伯御札
(隆兴元年六月九日前)

周葵除参知政事,日下供职。

出处:《陈文正公家乘》卷一。
考校说明:编年据周葵宦历补,见《宋史》卷三三《孝宗纪》。

召虞允文奏事赐陈康伯御札
(隆兴元年六月九日)

召虞允文来奏事,限十日至行在。

出处:《陈文正公文集》卷五。又见康熙《广信府志》卷二八,《陈文正公家乘》卷一。
考校说明:编年据《宋史》卷三三《孝宗纪》补。

沿海州军人户结保诏
(隆兴元年六月十日)

沿海州军专委巡尉,将管下诸乡人户从本都保正、副重别编排住处,比邻每五家结为一甲,内选一名为甲头;五甲结为一保,内选一名为保长;五保结为一队,内选物力高并人丁强壮之家一名为队首。置籍统率弹压,各从便置弓箭枪刀之类。如保正、副受财,编排不当,许人户越诉,依条断罪。如遇盗贼窃发,令队首鸣鼓集众,并力擒捕。内有托故不伏入队之人,许令队首申官勾追,从杖一百断遣;若能擒捕,依格法给赏。

出处:《宋会要辑稿》兵二之四三。

赈济两浙江东被水之家诏
(隆兴元年六月十八日)

两浙、江东下田伤水,冲损庐舍,理宜宽恤。令逐路常平司行下州县,将被水人户疾速依条借贷,以备布种。将来见得损伤,即从实检放。其冲损庐舍之家,多方存恤赈济,措置安泊,毋令失所。

出处:《宋会要辑稿》食货五九之三八。又见同书食货五八之二、食货六八之六二,《宋会要辑稿补编》第五九三页。

罢辛次膺赐陈康伯御札
(隆兴元年六月十九日前)

辛次膺可除资政殿学士、在外宫祠,任便居住。

出处:《陈文正公文集》卷五。又见康熙《广信府志》卷二八,《陈文正公家乘》卷一。
考校说明:编年据辛次膺宦历补,见《宋会要辑稿》职官七八。

虑囚诏
(隆兴元年六月十九日)

时当盛暑,深虑囹圄淹延,追逮枝蔓,行在所委刑部郎官及御史各一员,临安府属县委提点刑狱,前往催促结绝。事理轻者,先次决断。临安府属县徒已下罪,一面断遣。自今岁著为例。

出处:《宋会要辑稿》刑法五之三九。

辛次膺除资政殿学士提举临安府洞霄宫制
(隆兴元年六月十九日)

凛列朝之正色,怀复君之大忠。逮朕纂承,首加趣召。方资励翼,莫遂挽留。

出处:《宋会要辑稿》职官七八之四八。

战斗重伤官兵许令子弟亲戚承袭诏
(隆兴元年六月二十日)

诸军官兵因战斗重伤、废疾不堪披带之人,许令子弟亲戚承袭。

出处:《宋会要辑稿》职官一四之八。

广西经略司买发战马诏
(隆兴元年六月二十四日)

广西经略司每岁买发战马三十纲,合一千五百匹。买马官吏溢额,并与推赏。所有蛮人贩到马虽不及四尺一寸,如委是强壮可以披带,许额外买发。价钱就提举茶盐司卖钞钱及提刑司经总制钱内截拨。

出处:《宋会要辑稿》兵二二之二八。

蠲免信阳军进奉天申节银绢一年诏
(隆兴元年六月二十五日)

信阳军隆兴元年进奉天申节银一百两、绢二百匹,予蠲免一年。

出处:《宋会要辑稿》食货六三之二一。

蠲免二广科敷诏
（隆兴元年六月二十六日）

二广比年科敷,买卖鬻爵度牒并甲叶等,见今起发之数,尽行蠲免。

出处:《宋会要辑稿》食货六三之二一。

诫饬守令监司劝农诏
（隆兴元年六月二十八日）

守令、监司出入阡陌,劝课农桑,以殖财阜民,则赏不汝遗;厥或怠惰,邦有常刑,必罚无赦。

出处:《宋史全文续资治通鉴》卷二四。

推赏水军统制周明诏
（隆兴元年六月二十八日）

昨房酋大军临遏江面,水军统制周明教阅人舡纪律严明,未曾推赏,可特与出给料钱文历。

出处:《宋会要辑稿》兵一九之一一。

罢太学补试诏
（隆兴元年六月二十九日）

罢太学补试。每遇有试年分,本学刷具见阙人数,以诸州解发举人赴省试下者,随缺额多少拨入。如阙多,则以逐州解额十分为率拨二分。阙少,则以逐州解额十分为率拨一分之类。临时斟酌,并从逐州解榜上名拨入。上名已过省,更不拨下名。其合拨人不愿入学者,听。不许以次人充填。其合升拨之人,并赴帘前试讫,注籍为太学生。

出处:《宋会要辑稿》崇儒一之三八。

减放宫人诏

（隆兴元年六月二十九日）

朕适当多事之时,务从俭省。在内宫人虽不多,今更减放三十余人出外。

出处:《宋会要辑稿》崇儒七之八〇。

再赐张浚手诏

（隆兴元年六月）

今日边事,尤倚卿为重,卿不可以畏人言而怀犹豫。前日举事之初,朕与卿独任此事,今日亦须朕与卿终任此事,切不可先启欲和之言。

出处:《晦庵先生朱文公文集》卷九五《张公行状》。又见康熙《绵竹县志》卷三。

赐张浚待罪手诏

（隆兴元年六月）

卿屡待罪,欲罚自卿始。卿此言至公,岂不感格！朕委任卿未尝少变,卿不可以此介意。正赖卿经画,他人岂能副卿？

出处:《晦庵先生朱文公文集》卷九五《张公行状》。又见康熙《绵竹县志》卷三。

赐陈康伯御札

（隆兴元年夏）

汤思退令召赴行在,疾速前来。

出处:《陈文正公文集》卷五。又见康熙《广信府志》卷二八,《陈文正公家乘》卷一。

赐陈康伯御札
（隆兴元年夏）

王十朋乞待罪章疏令日下报行，颁使中外知之。

出处：《陈文正公文集》卷五。又见康熙《广信府志》卷二八，《陈文正公家乘》卷一。

侍御史周操兼侍讲制
（隆兴元年六月后）

德之不修，学之不讲，是吾忧也。在

出处：《胡澹庵先生文集》卷六。
撰者：胡铨
考校说明：编年据《宋会要辑稿》职官六补。《宋史翼》卷一二《周操传》系于隆兴二年。

汤思退拜右相制
（隆兴元年七月一日）

熙庶绩而代天，须弼疑之并置；肩一心而事国，乃揆牧之迭居。眷时宗工，久去宰路，方虚位之不补，亶维贤之是图。肆于来归，焕以大号。具官汤思退，宏宽而刚毅，端靖而疏通。学深造于圣微，识洞明于事变。卓尔佐王之略，伟发谟而逢辰；焕然经世之文，嘉载道以行远。爰结知于太上，遂登冠于冢司。辞然粹夷，潜消中外之衅；精诚孚达，坐格阴阳之和。顾委任而责成，念勤劳而均逸。欲考功而试以冯翊，尚施福而及于京师。自朕纂临，尤先求旧。《君陈》分正，固多入告之谋猷；姬旦于征，宜备往迎之衮绣。是用赐环趣召，前席咨询。少纡真馆之游，姑进露门之读。然所为亲贤之急，盖倚以复相之怀。是符中台，俾职亚辅。仍付本兵之寄，载崇驭贵之阶。建于上公，陪以多赋，并昭眷渥，庸侈徽章。於戏！如晦至卒从元龄，将协衷而相济；陈平今愿逊周勃，适居次以何嫌？往殚厥心，同底于治。

出处:《宋宰辅编年录》卷一七。
撰者:钱周材

赴德寿宫见谢辞起居奏事班次事诏
(隆兴元年七月十二日)

今后遇有赴德寿宫见、谢、辞、起居、奏事班次,令差官一员引奏,赞、喝等舍人共五员,提点使臣、报班承受、典书各一名,与免当日朝参等,径赴本宫祇应。

出处:《宋会要辑稿补编》第九一页。

减阁门人吏诏
(隆兴元年七月十三日)

阁门正额舍人与减二员,作二十八员为额。待阙先次供职舍人从下与减二员,候有阙日,依元名次拨填。供职阁门承受与减一人,以九人为额。典书与减一人,以五人为额。守仕人从下减二人,以三人为额,候有阙日,依名次拨填。

出处:《宋会要辑稿补编》第九一页。

天文局官王伯祚特降一官诏
(隆兴元年七月十三日)

天文局官王伯祚以天象之见不即奏闻,缘臣僚奏陈,方始具奏,特降一官。

出处:《宋会要辑稿》职官一八之九二。又见同书职官三一之八。

以旱罪求直言诏
(隆兴元年七月十六日)

秋阳亢旱,飞蝗在野,星变数见,朕心惧焉。意者政令多有所阙,赏罚有不当,朕虽侧身求应以实,卿等各思革正积弊,勿狥佞私。务塞灾异之原,称朕寅畏之意。令札与侍从、台谏、两省官照会,仍依今月十二日已降指挥,各条具时政阙失闻奏。

出处:《宋会要辑稿》帝系九之三二。又见同书瑞异三之四四。

李显忠侵欺官中金银钱物拘收入官诏
(隆兴元年七月二十一日)

李显忠侵欺过殿前司、池州、建康府及收复宿州逐处官中金银钱物,依已降指挥,拘收入官,其私家赀产并与免拘籍。其抄札到前招抚使司及都督行府支犒设军用不尽银五千一百二十一两四钱,绢六千五百匹,令平江府并起赴左藏南库送纳,另项桩管,听候朝廷指挥。

出处:《宋会要辑稿》食货五一之三〇。

文思院制造到平辇等赴御辇院交割诏
(隆兴元年七月二十三日)

文思院依样制造到平辇一乘并条衣褥事件等,可赴御辇院交割施行。

出处:《宋会要辑稿》职官一九之一九。

推恩孙俊诏
(隆兴元年七月二十四日)

左军后部带甲军兵孙俊攻取宿州,率先用命,执统领官范下认旗涉濠,首先登城,用旗四向招呼官兵一发上城,与贼血战,收复州城。特授修武郎,差充本军准备将。

出处:《宋会要辑稿》兵一九之一二。

省罢国子监官事诏
（隆兴元年七月二十六日）

国子监正、录二员并太学正、录依旧兼领，主簿一员兼书库。见任人许终满，今任已差下人依省罢法。

出处:《宋会要辑稿》职官二八之二五。

六部长贰置官诏
（隆兴元年七月二十六日）

六部长贰除尚书不常置外，置户部侍郎二员，五司郎官各一员。礼部侍郎置一员，礼部祠部郎官一员兼领。置兵部侍郎一员，兵部驾部郎官一员兼领。

出处:《宋会要辑稿》食货五六之四九。又见同书职官一三之七，职官一四之八。

太府寺省主簿一员诏
（隆兴元年七月二十六日）

太府寺并省主簿一员。见任人许终满，今任已差下人依省罢法。

出处:《宋会要辑稿》职官二七之三二。

宗正寺省主簿一员诏
（隆兴元年七月二十六日）

宗正寺并省主簿一员。见任人许终满，今任已差下人依省罢。

出处:《宋会要辑稿》职官二〇之一四。

学士院权安奉钦宗皇帝几筵诏
（隆兴元年七月二十八日）

学士院须权行安奉钦宗皇帝几筵,可依旧仍令重加修盖盖。自今后应学士院及经筵官日轮二员直宿,稍复祖宗故事。

出处:《宋会要辑稿》职官六之五五。

令将广西土丁输竹木上籍诏
（隆兴元年八月二日）

广西经略安抚司先次将土丁输竹木上籍。州县官科需,部辖人揩克,堡寨官取结,并日下严行禁绝。

出处:《宋会要辑稿》兵一之二一。

许张宋卿通理前任月日成考诏
（隆兴元年八月七日）

秘书省正字张宋卿乞将前任连州教授两考零一个月二十七日通理今任月日成考,依。

出处:《宋会要辑稿》职官一八之二五。

郡守须到任二年方许差除诏
（隆兴元年八月八日）

朕惟共理,允赖守臣。比年以来,迁易靡定。欲使宣化承流,民安田里,难矣! 载严成法,每徇私恩。今后郡守须到任二年,方许差除。

出处:《宋会要辑稿》职官四七之三四。又见《宋史全文续资治通鉴》卷二四。

郑伯熊差监潭州南岳庙诏
(隆兴元年八月八日)

左从政郎、秘书省正字郑伯熊差监潭州南岳庙,依昨罢敕令所删定官日例,许通理。候合改官,依今任条格施行。

出处:《宋会要辑稿》职官一八之三一。

借职田添助国用指挥更不施行诏
(隆兴元年八月十一日)

昨因措置财赋,议臣乞权借职田,添助国用。深虑吏无圭租,何以养廉? 前降指挥更不施行。

出处:《宋会要辑稿》职官五八之二六。又见《宋史全文续资治通鉴》卷二四。

刘宝可特授安庆军节度使依前捧日天武四厢都指挥使充镇江都统制兼淮东路招抚使节制本路军马食邑实封如故制
(隆兴元年八月十二日)

门下:遣戍役以卫中国,方深经武之图;听鼓鼙而思将臣,敢废念功之典! 惟予爪士,载总师干,既宣专阃之劳,盍复登坛之拜。式扬孚号,明告治朝。捧日天武四厢都指挥使、武泰军承宣使、充镇江府驻札御前诸军都统制兼淮东路招抚使、节制本路军马、彭城郡开国公、食邑三千六百户、食实封一千二百户刘宝,骁果冠时,韬钤决胜。笑谈劈臂,气尝盖于万夫;拳勇摧锋,身实更于百战。勋书盟府,名播远夷。早严六纛之仪,横控大江之险,军声甚振,武备聿修。中退处于宴闲,兹重分于节制,恩威未泯,号令一新。宜还豹尾之雄,俾镇龙舒之旧。因其事任,庸示眷怀。於戏! 起李广于故将军,期折彼匈奴之势;复魏尚为云中守,冀慰予钜鹿之心。益服休嘉,以伸报效。可。

出处:《汉滨集》卷三。

考校说明:编年据《宋史》卷三三《孝宗纪》补。王之望此时未任两制,此文或为《汉滨集》误收。

赐刘宝告口宣
(隆兴元年八月十二日)

复膺阃寄,克振军声。既著忠劳,宜加宠渥。龙舒旧镇,虎节载颁,祗服恩光,益茂勋烈。

出处:《汉滨集》卷三。

考校说明:编年据同集同卷《刘宝可特授安庆军节度使依前捧日天武四厢都指挥使充镇江都统制兼淮东路招抚使节制本路军马食邑实封如故制》补。王之望此时未任两制,此文或为《汉滨集》误收。

赐安庆军官吏军民僧道耆寿等示谕敕书
(隆兴元年八月十二日后)

朕以刘宝载膺边寄,克壮军威,既宣分阃之劳,宜复建旄之宠。用畀同安之节,以纾旧俗之思。惟故将之重临,谅周邦之共喜。

出处:《汉滨集》卷三。

考校说明:编年据同集同卷《刘宝可特授安庆军节度使依前捧日天武四厢都指挥使充镇江都统制兼淮东路招抚使节制本路军马食邑实封如故制》补。王之望此时未任两制,此文或为《汉滨集》误收。

消弭天灾诏
(隆兴元年八月十七日)

比日飞蝗益多,又闻诸路州县风水为灾,螟螣害稼,咎证罔测,朕甚惧焉!朕自今月十八日避正殿,减常膳,侧身修行,以祈消弭。重惟政事之阙,致奸和气,二三大臣其尽忠省过,补朕不逮。监司、郡守各务身率,戢贪禁暴,平察冤狱,以安民庶。所在灾伤,悉行具奏,依条赈恤检放。如有隐匿不以闻者,重置典宪。师徒未息,科调繁兴,江淮襄蜀,尤极劳扰,疆场之吏,宜加安辑,蠲省苛敛,以称德意。

出处:《宋会要辑稿》食货五九之三八。又见同书瑞异三之四四、食货六八之一二五,《宋史全文续资治通鉴》卷二四,《续宋编年资治通鉴》卷八。

展免淮南州县税课诏
(隆兴元年八月十七日)

淮南州县曾被绍兴三十一年贼马残破去处,昨降德音,展免二年税课。并有不经贼马县分撮取课子,亦免纳四分,并各至来年起催。尚虑民力未苏,更与展免二年。

出处:《宋会要辑稿》食货六三之二一。

诸司诸军审计司减罢吏额诏
(隆兴元年八月十七日)

见在人且令依旧,将来遇阙,更不迁补拨填。

出处:《宋会要辑稿》职官二七之六二。

诸路茶盐司起到钱物令逐项桩管诏
(隆兴元年八月二十三日)

户部将诸路茶盐司起到钱物,令逐项桩管,非奉朝廷指挥,不得擅行支用,具已收到数目申尚书省。今后遇有合起发钱物,并赴行在榷货务都茶场送纳。

出处:《宋会要辑稿》食货五五之二九。又见同书食货五六之四九。

六曹寺监裁减员阙事诏
(隆兴元年八月二十三日)

六曹寺监等处裁减员阙,见任人许满今任,已差下人依省罢法,许限两月陈乞前任一般待次窠阙。

出处:《宋会要辑稿》职官八之二九。又见《宋会要辑稿补编》第五二八页。

司农寺省主簿一员诏
(隆兴元年八月二十三日)

司农寺并省主簿一员,见任人许终满今任,已差下人依省罢法。

出处:《宋会要辑稿》职官二六之一九。

委监察御史一员催促决狱诏
(隆兴元年八月二十四日)

委监察御史一员,亲诣大理寺及三衙、临安府并钱塘、仁和县,催促见禁公事疾速结绝。内事理轻者,先次决断;如有冤滥,从实改正。

出处:《宋会要辑稿》刑法五之三九。

推赏四川茶马司官事诏
(隆兴元年八月二十七日)

四川都大提举茶马司茶场趁办息钱,如收及新额,从本司保明,将监官与减一年磨勘,主管官减半,自隆兴元年为始。

出处:《宋会要辑稿》食货三一之一五。又见《宋会要辑稿补编》第七一〇页。

知藤州廖颙降官制
(隆兴元年八月二十七日)

有民人社稷,任莫重于一麾;死城郭封疆,义可忘于二戒? 尔职在蕃宣之寄,民惟父母之依。初乏捍城如金汤之谋,徒务全身保妻子之计。寇至则先去,殊乖御侮之忠;人杀则曰兵,深负保民之望。官镌二等,庸示小惩,罪逭三危,尚云轻典。服予明训,往省厥邮。

出处:《胡澹庵先生文集》卷六。
撰者:胡铨
考校说明:编年据《宋会要辑稿》职官七一补。

与金主书
(隆兴元年八月二十八日)

海、泗、唐、邓等州,乃正隆渝盟之后,本朝未遣使之前得之。至于岁币,固非所较,第两淮凋瘵之余,恐未如数。

出处:《宋史纪事本末》卷七七。

令浙东西州军守臣条具赈恤蠲免事件闻奏诏
(隆兴元年九月十一日)

访闻浙东西州军间有螟螣、风水伤稼去处,可令守臣疾速条具应合赈恤蠲免事件闻奏,不得隐匿泛滥。

出处:《宋会要辑稿》食货五九之三九。又见同书瑞异三之六、食货六八之一二五。

覃恩南班宗室诏
(隆兴元年九月十一日)

覃恩南班宗室,节度使与除检校官,仍加恩;承宣观察使加恩回授;余碍止法人并加恩回授。

出处:《宋会要辑稿》帝系七之三。

内外主兵官进奉会庆圣节礼物事诏
（隆兴元年九月十一）

自今后内外主兵官进奉会庆圣节香疏、香合并沉香，并不得过二十两，马不得过四匹，余物并不得投进。

出处:《宋史全文续资治通鉴》卷二四。

兵将官奏报文字径赴行在通进司投进诏
（隆兴元年九月十五日）

已札付张浚、王彦，令兵将官奏报文字及有陈乞，并不得倚托近侍进达，可径赴行在通进司投进。

出处:《宋史全文续资治通鉴》卷二四。

诫谕军器所当职官吏诏
（隆兴元年九月十六日）

令军器所，今后弩箭须管如法点铜打造，务要精至。如依前灭裂，当职吏官重作施行。

出处:《宋会要辑稿》职官一六之一七。

捕蝗诏
（隆兴元年九月十八日）

淮南、江东西、两浙转运司立便行下所部州县遵依见行条法捕收蝗子，所捕收人户，于元法倍给钱谷之数，于常平仓库取拨。仍仰本司巡按督责所委官恪意奉行，务要尽绝。

出处:《宋会要辑稿》瑞异三之四四。

推赏灵璧虹县立功官兵先次回程人诏
（隆兴元年九月十九日）

宿州灵璧、虹县诸军立功官兵,已降指挥等第推赏,其五月二十四日以前先次回程人,更不推恩。访闻其间有出力苦战曾立奇功之人,窃虑无以激劝,可特与转一官资。余依已降指挥,仍令江淮都督府取索姓名核实闻奏。

出处:《宋会要辑稿》兵一九之一二。

权免绍兴府诸县住卖茶盐等比较课额诏
（隆兴元年九月二十四日）

绍兴府诸县隆兴元年住卖茶盐及批发茶引,依绍兴二十八年例,权免比较课额。

出处:《宋会要辑稿》食货二七之一三。

免放湖州乌程等六县四等以下户见欠苗税诏
（隆兴元年九月二十五日）

湖州乌程等六县,将绍兴三十一年第四等以下户见欠苗税,特予免放。

出处:《宋会要辑稿》食货六三之二一。

放免灾伤私田租诏
（隆兴元年九月二十五日）

灾伤之田,既放苗税,所有私租,亦合依例放免。若田主依前催理,许租户越诉。

出处:《宋会要辑稿》食货六三之二一。

给还归业主田土诏
(隆兴元年九月二十七日)

百姓贫乏,下户或因赋税,或因饥馑逃亡,其抛下田土,官司即时抄札拘籍,不复归业,遂至失所。令州县申严赦文五年之限,应逃亡人户有愿归业者,即给还;如州县违戾,监司按闻劾奏。

出处:《宋会要辑稿》食货六九之六一。

诚谕执政大臣勿受私谒手诏
(隆兴元年九月二十七日)

颇闻中外士大夫不安义分,希进苟求,多事造请。执政大臣宣谕此意,公事公言之,勿受私谒等事。

出处:《宋史全文续资治通鉴》卷二四。

侍卫步军司摆铺使臣王伸降官制
(隆兴元年九月前后)

《传》曰:盗所隐器,与盗同罪。尔职置邮,不能戢奸,致群卒白昼剽人于道,同罪之罚,其将焉逃? 执秩有辞,褫官二等,尚云轻典,庸示小惩。往省厥愆,勉服虽赏不窃之训。

出处:《胡澹庵先生文集》卷六。
撰者:胡铨
考校说明:编年据胡铨任两制时间补。

敷文阁待制周绾故父邊赠开府仪同三司加少保制
(隆兴元年九月前后)

伯道无儿,虽曰天命;臧孙有后,本谏君违。究观积善之家,必获自天之佑。

具官某父某义方立爱,礼学明伦,知籝金不敌于一经,谓尺璧实轻于寸晷。遂令鸰峙,近在鲤庭。重惟忠教之诚,宜享庆余之报。以显父孝之终也,谅深封冢之思;惟笃亲民兴仁焉,肆霈漏泉之泽。进居帝保,庸赫皇灵。营魄有知,歆我明命。

出处:《胡澹庵先生文集》卷六。
撰者:胡铨
考校说明:编年据胡铨任两制时间补。

曾觌解带特转遥郡一官制
(隆兴元年九月前后)

垂橐而入为非礼,则左弭为恭;执冰而倨为不武,则腰矢为毅。尔秉德朴实,赋性忠淳,知弧矢之利以威天下,而能左右佩服,奉以周旋,其视垂橐执冰者,不既贤乎! 比其解也,不有以酬其劳可哉? 爰加勇爵,序进州团,其克钦承,以图报效。夫郤縠说礼敦诗,其则不远;祭遵轻裘缓带,陈义甚高。尔能慨慕若人,俾厥后毋专以弧矢威天下,则予一人以怿。

出处:《胡澹庵先生文集》卷六。
撰者:胡铨
考校说明:编年据胡铨任两制时间补。

周绾故母荣国夫人叶氏赠定国夫人制
(隆兴元年九月前后)

大夫妻之法度,媲"南涧"之三章;大夫人之起居,继江陵之八坐。孰云兹世,无复若人。具官某母荣国夫人叶氏,有《召南》下德之均,体邹国三迁之教。阃仪端靓,世楷慈祥。家有严君,何但众人之母;门惟孝子,能令臣节之忠。肆新大国之封,庸示小君之劝。营魄不昧,歆我明灵。

出处:《胡澹庵先生文集》卷六。
撰者:胡铨
考校说明:编年据胡铨任两制时间补。

周绾故继母嘉国夫人宋氏赠福国夫人制
(隆兴元年九月前后)

读丘明声子传,而知继室之为重;读韩愈顾威状,而知继母之尤亲。其追贲之典,顾可异哉? 具封某氏系出广平,庆余枌邑。是生仲郢,每和药以助勤;能教子舆,屡徙邻而择善。疏恩饰壤,庸示发潜,没而有知,歆兹茂渥。

出处:《胡澹庵先生文集》卷六。
撰者:胡铨
考校说明:编年据胡铨任两制时间补。

成忠郎兼水军同统制冯湛转官制
(隆兴元年九月前后)

风涛战扶胥,海贼横尼子,自古所叹。朕择牧守不能尽善,致赤子弄兵潢池,陆梁广舄之滨,以残吾氓,几有扶胥、尼子之横。尔式遏寇略,克清鳄妖,聿收淮沔之功,可缓阃门之赏乎? 进官一级,庸录汝劳,祗服宠休,勉图报效。

出处:《胡澹庵先生文集》卷六。
撰者:胡铨
考校说明:编年据胡铨任两制时间补。

梁珂解带特转遥郡一官制
(隆兴元年九月前后)

古者无所不佩,以修身则曷若韦弦之戒,以御侮则莫如弧矢之威。夫韦弦之戒,朕既勉之;弧矢之威,敢忘汝佩服之劳乎? 爰昭戎果,序进州团,无忘解带之迁,勉竭内坊之节。服予明训,嗣有渥恩。

出处:《胡澹庵先生文集》卷六。
撰者:胡铨
考校说明:编年据胡铨任两制时间补。

武节郎金均房三州都巡检使冯绶降官制
(隆兴元年九月前后)

　　古之为吏者,有所谓不忍欺如虙子贱,有所谓不能欺如郑子产,有所谓不敢欺如西门豹。子贱、子产远矣,有志乎古,犹可为西门豹也。汝职三州警捕,任亦重矣。自欺其心,诡名冒券,不能使人不敢欺,视豹良有靦焉。至于近监而牟利,盖跖徒也。特镌一官,尚曰轻典,省愆自效,朕不终弃。

出处:《胡澹庵先生文集》卷六。又见《永乐大典》卷七三二五。
撰者:胡铨
考校说明:编年据胡铨任两制时间补。

刘章除秘阁修撰制
(隆兴元年九月前后)

　　观过有遗珠之叹,指疵知白璧之全。人苟无瑕,孰明其善? 具官某养气无馁,经德不回。顷对广廷,以一日而盖天下;及官潜邸,陈六学以辅眇躬。旋班起部之联,靡或行思之越。胡为久外,未此来归? 晋参云阁之华,往即琳房之便。尚须恬养,以称所蒙。噫,朕躬有罪而无以万方,予深期于闻过;直道事人而焉不三斥,尔无惩于献忠。嗣有渥恩,无忘温训。

出处:《胡澹庵先生文集》卷六。
撰者:胡铨
考校说明:编年据胡铨任两制时间补。

泉州晋江尉徐公寿循资制
(隆兴元年九月前后)

　　海鹘之患,古人深忧;尼子之横,前哲所叹。日者闽部有扶胥警,官吏望风服弁,尔乃能执馘执俘,以靖海氛。加秩策劳,庸昭懋赏。

出处:《胡澹庵先生文集》卷六。

撰者:胡铨

考校说明:编年据胡铨任两制时间补。

刑部侍郎路彬磨勘转官制
(隆兴元年九月前后)

九年黜陟,考绩之法惟公;三岁赏诛,计法之书具在。顾虽恭于法从,讵可废于常规?以尔具官经德不回,秉心无挠,守一成而弗易,明两造之惟艰。谓民罔中而惟尔之中,敢忽君牙之戒?故身蹈死以救人之死,庶几洪敏之为。是用酬尔之能,彰予之信,稽积劳于执秩,加峻等于清阶。其勿坠于家声,庶有光于时论。

出处:《胡澹庵先生文集》卷六。

撰者:胡铨

考校说明:编年据胡铨任两制时间补。

何伯谨太学博士制
(隆兴元年九月前后)

具官某:立师惟一卷之书,昔闻其语;博士中三科之选,今岂无人。尔学有渊源,行有矩矱,置诸尚席,允谓当仁。师严道尊,端在表仪之正;教行俗美,伫观长育之能。

出处:《胡澹庵先生文集》卷六。

撰者:胡铨

考校说明:编年据胡铨任两制时间补。

洪适除司农少卿江淮总领制
(隆兴元年九月前后)

具官某:昔颜氏、温氏兄弟在隋唐最盛,颜以学业优,而温以职位显,朕甚嘉之。尔兄弟学业既优,职位亦显,视颜、温何愧焉?矧总思之劳,济吾兴法,虽酂侯根本于关中,而子翼转输于河内,盖未足多。进掌周稷之业,亦云称矣。夫少皞以九扈为九农,肇兴种植;而龙朔改司农为司稼,益广耕芸。循名以考张官之由,则营田积谷,以实塞下,讵可缓哉?尔尚勉之。

出处:《胡澹庵先生文集》卷六。

撰者:胡铨

考校说明:编年据胡铨任两制时间补。

知衢州沈度转官制
(隆兴元年九月前后)

具官某:作甲非古,圣笔有重敛之讥;缮甲以时,君子叹治兵之美。尔以坐啸余暇,率先他郡,济吾兴法。至于铠仗之末,亦精其能,虽古七札之坚,三属之锐,无以加焉。进官一等,用策尔劳。其勉思有虞器不苦窳之言,使披坚执锐者无于思之讥,以固吾圉,不亦善乎!

出处:《胡澹庵先生文集》卷六。

撰者:胡铨

考校说明:编年据胡铨任两制时间补。

忠翊郎添差福州指挥使潘喜降官制
(隆兴元年九月前后)

往来使客,多是武臣,蹴越条流,广求供给,此唐第五琦所奏也。国朝多仍唐旧,驿有条流尚矣。尔不知守,而冒役递兵,斁吾成法,实戾琦奏。镌官一等,庸示小惩,往省厥愆,朕不终弃。

出处:《胡澹庵先生文集》卷六。

撰者:胡铨

考校说明:编年据胡铨任两制时间补。

实录院吏张昇循修职郎制
(隆兴元年九月前后)

昔绛侯落胆于书牍之示,温舒寒心于刻木之为。刀笔之可畏若此!汝乃能择术而吏于实录院,从事铅椠,其设心亦不恶矣。进书循资,庸录汝劳,且以愧书牍刻木者之贱,勉悉乃力。可循右修职郎。

出处:《胡澹庵先生文集》卷六。

撰者:胡铨

考校说明:编年据胡铨任两制时间补。

长大祗候东西班都知权信可敦武郎制
(隆兴元年九月前后)

昔颜高之弓六钧,技或未进;而由基之射七札,忠则无闻。尔陆戠有年,复工乎射,比加阅试,艺颇绝伦。往即铨曹,授官武列,服予宠命,毋忘报效。可特授敦武郎。

出处:《胡澹庵先生文集》卷六。

撰者:胡铨

考校说明:编年据胡铨任两制时间补。"长大祗候"当为"长入祗候"之误。

宋之才父右中散大夫道元赠官制
(隆兴元年九月前后)

已孤不为父作谥,虽曰格言;为善思贻亲令名,是谓达孝。敷文阁待制宋之才父、赠右中散大夫道元,孳孳慕枸邑之学,凛凛有广平之风。生既不能尽其才,死无可以伸其志。矧其有子,能发幽光,宜加封冢之恩,庸示漏泉之泽。噫,申鲜虞之挚,虽代有显人;栾武子之针,则后无令德。如尔义方之训,允符深叶之春。没而有知,歆我明命。

出处:《胡澹庵先生文集》卷六。又见民国《平阳县志》卷七七。

撰者:胡铨

考校说明:编年据胡铨任两制时间补。

知吉州王佐除直宝文阁制
(隆兴元年十月三日)

具官某:归颖州而夺京尹,次公蒙贬秩之羞;由北地以迁西河,延年有徙官之宠。劝惩之际,赏罚攸分。尔蚤以时髦,郁为首选,辍自记言之地,出分共理之符。拔大薮以击强,芘甘棠而听讼。念为邦之去杀,嘉临郡之有声。进班宝阁之华,增贲铃斋之靓。卓然治行,期追天下第一之称;赫尔家风,勉继京兆有三之誉。伫闻报政,亟下赐环。

出处:《胡澹庵先生文集》卷六。
撰者:胡铨
考校说明:编年据《宋会要辑稿》选举三四补。

户部支降左藏库钱与淮西总领所交割桩管诏
(隆兴元年十月六日)

户部于左藏西库见桩管钱内支降一百万贯,依省则纽折银二十万两,余数以会子贴支,前去淮西总领所交割桩管。

出处:《宋会要辑稿》职官四一之五一。

令殿前司差步骑军往江淮都督府诏
(隆兴元年十月八日)

令殿前司于护圣马军差一千人骑、步军差入队二千人,不入队一千人往江淮都督府,令内库支犒设月半起发。

出处:《宋会要辑稿》兵九之一六。

夏执中特补承信郎制
(隆兴元年十月十一日)

昔班姬虽贵,叔皮自以学闻;而冯媛之贤,野王不屑幸进。尔乃椒风之宠,获联武爵之荣,其视叔皮、野王则有间矣。苟能以冰蘖战膏粱,亦庶几焉。服我明训,俾厥后勿若汉元私后宫之陋,则予汝嘉。

出处:《胡澹庵先生文集》卷六。又见《永乐大典》卷七三二七。
撰者:胡铨
考校说明:编年据《宋会要辑稿》后妃二补。

太史局灵台郎杨觉民等转官事诏
(隆兴元年十月十二日)

太史局灵台郎杨觉民、祖世贤、李彦通、张仲该遇覃恩转官,合转直长,有碍本局试法,候试补直长了日收使。

出处:《宋会要辑稿》职官三一之八。又见同书职官一八之九二。

蠲免扬州坊场钱一年诏
(隆兴元年十月十二日)

扬州催发内藏库隆兴元年分年额坊场钱,与蠲免一年。

出处:《宋会要辑稿》食货六三之二一。

户部支会子贴助淮东大军支使诏
(隆兴元年十月十四日)

户部下左藏西库,于度牒卖田钱内支会子二十万贯,前去淮东总领所交纳,贴助大军支使。

出处:《宋会要辑稿》职官四一之五一。

养济临安乞丐诏
(隆兴元年十月十四日)

天气尚寒,其街市饥冻乞丐之人,合行措置养济。可令临安府自十一月一日为始,其合用钱米并约束事件,并依节次指挥,每岁饥冻乞丐之人,令临安府措置养济,率以十月十五日抄札,十一月一日为始俵散钱米,至次年二月终住支。大人日支米一升,钱一十文足,小儿减半。

出处:《宋会要辑稿》食货六〇之一二。又见同书食货六八之一四六。

与陈康伯御札
(隆兴元年十月十四日)

令淮东总领所寄收向子固回纳到钱十万贯,内支钱五万贯,与向子固措置马监使用。

出处:《陈文正公家乘》卷一。又见《宋会要辑稿》兵二一之一二。
考校说明:编年据《宋会要辑稿》兵二一补。

诸军主帅取索重叠补转人付身开具保明诏
(隆兴元年十月十五日)

令诸军主帅将重叠补转之人取索付身,开具保明,缴申尚书省给改付身。其合得请给,在内令户部、在外仰统领所照验付身,不候科降,先次放行。

出处:《宋会要辑稿》兵一九之一二。

贤妃夏氏立为皇后诏
(隆兴元年十月十九日)

恭奉光尧寿圣太上皇帝手诏:皇帝嗣守宗社,今已逾年,每念长秋之建,讵可久虚？贤妃夏氏嫔于列藩，备著端淑，自家刑国，允有彝章。宜正中闱，克宣阴教。可立为皇后，有司择日备礼册命。

出处:《中兴礼书》卷一九〇。

赐韩仲通御笔
(隆兴元年十月二十三日前)

闻近罢籴场，分遣库官于诸州籴米，殊非良法。将来岁课不足，当如之何？可具实利害奏来。

出处:《宋会要辑稿》食货二一之四。

王时升吏部侍郎制
(隆兴元年十月二十三日)

古吏部十铨，权在吏部，故激浊扬清，其任不分；今侍郎二选，权归朝廷，故据资按格，其职或贰。其任不分，则于振滞淹也易；其职或贰，则于振滞淹也难。尔具官某以介然自守之资，负卓尔不群之器。榷司民部，无牢盆邸阁之私；晋陟天官，协刚肠精心之誉。公方比珍，识量推涛。允合提衡，仰契玉衡之正；仁膺赐镜，以旌藻镜之明。检吏梋奸，要清糜沸；推贤扬善，毋效蝉寒。

出处:《胡澹庵先生文集》卷六。
撰者:胡铨
考校说明:编年据《宋会要辑稿》职官三九补。

王时升磨勘转官制
(隆兴元年十月二十三日后)

特囊高选，盖儒者之至荣；执秩叙迁，亦吏曹之故事。顾虽居于切禁，曷可废于常规。以尔具官某卓乎不群，介然自守。擢司民部，自言泉柄之非长；晋贰天官，众论铨衡之必允。例进文阶之等，以酬爵簿之劳。三考陟明，庶仰追于虞典；八年锡命，期远迈于周邦。嗣有渥恩，无忘温训。

出处:《胡澹庵先生文集》卷六。

撰者:胡铨

考校说明:编年据文中所述"晋贰天官,众论铨衡之必允"补,见《宋会要辑稿》职官三九。

文武臣引年致仕事诏
(隆兴元年十月二十四日)

文臣太中大夫、武臣正任观察使以上,今后引年或特乞致仕,于所出札子内带说合得恩泽资数,如遇收使,即缴连申朝廷陈乞,候批凿已收使因依讫给还。余官并令缴连末后付身,从吏部批凿因依,押印讫给还。若州军申发文字,在今降指挥月日之前,许先次给降付身,案后委知、通取索末后付身,批凿已收使因依,具状保明申吏部。

出处:《宋会要辑稿》职官七七之七三。

夏执中除阁门祗候制
(隆兴元年十月二十四日)

祖宗时常欲以阁门祗候授一武列,司马光奏云:此在文臣,犹馆职也,岂可轻授。然则其职不已荣乎!尔以椒除之宠,云幕之亲,资性小忠,遂膺兹选。宜服大练之化,勿忘濯绮之箴。毋若汉五侯依倚后家,致黄雾四塞之变。惟乃之休,予一人亦永有令闻。

出处:《胡澹庵先生文集》卷六。

撰者:胡铨

考校说明:编年据《宋会要辑稿》后妃二补。

立皇后制
(隆兴元年十月二十五日)

王者诞膺祚历,欲图邦绪之隆;宏阐化基,必自阃仪之正。顾皇英之降于妫

汭，若任姒之嫔于周京。懿烁炳六经之传，丰功起五世之盛。爰思内助，祗举国
章。仰尊太上之训言，俯徇冢司之忱请。畴淑规于禁掖，肇徽称于宫中。涣夫明
伦，告乃列位。贤妃夏氏靖专而宽裕，庄肃而惠明。粤自母家，每谨佩璜之度；逮
归京邸，益闲流苄之共。毓德浸休，腾芳滋广。实上应轩星之象，固默全坤载之
挈。兹缵御乎家邦，本兼筮于筮卜。验以光于后启，兆应大横；占居顺于长孙，繇
逢归妹。是用叶天人之意，契宗社之祥。涓良月而藏褥仪，见长秋而俪皇极。於
戏！问龙栖之膳，相予一人之孝恭；奉蚕馆之衣，训时四海之勤俭。不妬忌，所以
均睦雍于内壶；无险波，所以扼奸黩于外庭。格有生之大和，跻斯世于上治。惟
乃妇道，助兹王猷。可立为皇后，仍令有司择日备礼册命。

出处：《中兴礼书》卷一九〇。

盐场官武臣不许差军班诏
（隆兴元年十月二十六日）

盐场官武臣不许差军班，并流外人内有合措置事，令户部条具。

出处：《宋会要辑稿》食货二七之一三。

礼部太常寺奏立夏皇后事答诏
（隆兴元年十月二十六日）

撰册文官差尚书左仆射陈康伯，书册文官差尚书右仆射汤思退，篆宝文官差
参知政事周葵，余依。

出处：《中兴礼书》卷一九〇。

知盱眙军周淙除直徽猷阁制
（隆兴元年十月二十六日）

昔汉黄霸、杜延年，治郡有过则贬秩，或赐玺书加责；治理有效则增秩赐爵，
或赐玺书徙官。孝宣信赏必罚，大略具是矣。尔守盱眙，勤于招怀，有乘障之方；
审于问探，得觇国之善。治理之效，庶几黄、杜。进直凝严，亦古增秩徙官之义。

尔尚勉之,克固吾圉,自有酞赏。

出处:《胡澹庵先生文集》卷六。

撰者:胡铨

考校说明:编年据《宋会要辑稿》选举三四补。

扬州并安抚司官推赏事诏
(隆兴元年十月二十九日)

扬州并安抚司官,依舒州无为军例推赏。内选人到罢及二年磨勘以上,与一并收使。

出处:《宋会要辑稿》职官一一之四三。

王时升除集英殿修撰知婺州制
(隆兴元年十一月一日)

高位疾颠,古今所叹;急流勇退,贤哲惟艰。常恐若人,不见兹世。具官某进以德选,居以才称,方需陈力之能,遽上乞身之请。重违素志,殊咈虚怀。眷乃名家,盖本誉儿之曹;参华书殿,聊将婺女之麾。斯民方困于诛求,为政必先乎岂弟。勉思抚字,以拯凋残。噫,汲卿虽在淮阳,肯念禁闼;萧傅远居献次,雅意本朝。往祗厥官,尚期纳诲。

出处:《胡澹庵先生文集》卷六。

撰者:胡铨

考校说明:编年据《宋会要辑稿》选举三四补。

依旧制除授环卫官诏
(隆兴元年十一月五日)

朕惟祖宗选用将帅,以崇武节,外建方镇,内列环尹,品式备具。近来环卫久不除授,非所以储材而均任也。可依旧制,应以才略闻、堪任将帅,及久勤军事暂归休佚之人,并为环卫官,更不换授,并令兼领。其朝参、职事、俸给、人从,并令有司日下条具取旨。

出处:《群书考索》后集卷一二。又见《宋史全文续资治通鉴》卷二四。
考校说明:编年据《宋史全文续资治通鉴》卷二四补。

令宰执等谨察妄有荐毁者诏
(隆兴元年十一月六日)

令宰执、侍从、台谏谨察妄有荐毁、专事欺罔者,具以闻奏,当议重置于罚,以靖风俗。

出处:《宋史全文续资治通鉴》卷二四。

优恤军民诏
(隆兴元年十一月六日)

朕累降诏旨优恤军民。其令尚书省下诸路帅守、监司及诸军统兵官,各开具见已如何施行,务使实惠及人,无或失信。

出处:《宋史全文续资治通鉴》卷二四。

令福建提举司契勘常平义仓米诏
(隆兴元年十一月七日)

福建提举司具到本路见在常平米九万九千二百余石,义仓米二十九万五千六百余石,令本司契勘,如无陈腐,不须更行收籴。

出处:《宋史全文续资治通鉴》卷二四。

学士院与经筵官宿直官起居宿直事诏
(隆兴元年十一月七日)

学士院与经筵官宿直官,每月二日合赴德寿宫起居,并圣节开启满散国忌行香前一日及旬假、节假,并与免宿。

出处:《宋会要辑稿》职官六之五五。

推恩伯圭及其诸子诏
(隆兴元年十一月八日)

恭奉光尧寿圣太上皇帝圣旨:秀王夫人札子,专以子孙为请,陈辞恳切,兼闻伯圭在郡颇著政绩,可与转右通直郎、除敷文阁待制,依旧知台州。诸子有官人特与改合入官,无官人并补承务郎,合与宫观差遣。

出处:《宋会要辑稿》帝系七之三。

推恩入内内侍省官诏
(隆兴元年十一月十五日)

官吏委是勤劳,可各特转一官资。内碍正法人依条回授,白身人吏候有名目或出职日,作一官资收使;如不愿转资人,支绢二十匹。

出处:《宋会要辑稿》职官三六之二七。

犒设三衙等出戍官兵诏
(隆兴元年十一月二十五日)

三衙镇江、建康府、江、池、鄂州、荆南出戍官兵,离家日久,雪寒暴露不易。可依绍兴三十二年九月二十三日指挥体例犒设一次,令逐路总领所支给。

出处:《宋会要辑稿》礼六二之七〇。

赐右大中大夫钱端礼辞免除户部侍郎
兼枢密都承旨恩命不允诏
（隆兴元年十一月二十八日后）

敕端礼：省所奏辞免除户部侍郎兼枢密都承旨恩命事具悉。足食足兵，邦政所重，于斯二者，惟才实难。卿以变通练达之资，践更中外，所至可纪，厥声茂焉。上皇所知，已试有绩；朕实因任，其又何辞？往图尔庸，以称朕意。所请宜不允。

出处：《汉滨集》卷三。

撰者：王之望

考校说明：编年据《宋会要辑稿》职官六补。

杨由义换通直郎制
（隆兴元年十一月后）

黑肱之为子木先，冀获成言之信；郑众不对单于拜，盖其自誓之坚。

出处：《咸淳临安志》卷六七。

考校说明：编年据杨由义宦历补，见《宋史》卷三三《孝宗纪》。

赐特进尚书左仆射陈康伯等乞解机
政检会前奏速赐罢免不允诏
（隆兴元年十二月一日前）

敕康伯等：省札子所奏，乞解机政，检会前奏，速赐罢免，事具悉。机会之来，安危所系；议论之际，可否是资。卿等宜协定谋猷，切磋利害，宏济于大事，俾无有于后艰。胡恤异同，轻为去就，非朕之所望于大臣者也。备礼要君之请，在自信以何嫌；解纷排难之功，顾仰成之方切。所请宜不允。

出处：《汉滨集》卷三。

撰者：王之望

考校说明：编年据陈康伯宦历补，见《宋会要辑稿》职官七八。

赐陈康伯乞祠不允诏
(隆兴元年十二月一日前)

卿厚德元勋,两朝是赖;深诚伟量,一代所尊。勤劳王家,亦已至矣。朕所以挽留之意,岂顾问哉?方今外虞孔艰,大事未定。卿久专机轴,朕所倚毗,一旦舍朕而去,朕何以处此?传曰"时然后言",卿之告去,时乎?勉为朕留,毋复困我。

出处:《汉滨集》卷三。

撰者:王之望

考校说明:编年据陈康伯宦历补,见《宋会要辑稿》职官七八。

赐张浚腊药敕书
(隆兴元年十一月至十二月间)

为宪万邦,折冲一面。方此严凝之候,必须服饵之良。宜有匪颁,式昭至意。

出处:《汉滨集》卷三。

撰者:王之望

考校说明:编年据王之望任两制时间、文中所述"腊药"补。

陈康伯可罢尚书左仆射同中书门下平章事兼枢密使特授少保观文殿大学士判信州进封福国公加食邑食实封制
(隆兴元年十二月三日)

门下:辅相股肱于元首,身允佩于安危;帝王体貌于大臣,恩必隆于进退。眷我家司之老,恳辞魁柄之劳,既莫遂于挽留,宜有加于宠秩。肆颁明命,诞告治朝。特进、尚书左仆射、同中书门下平章事兼枢密使、兼提举编修玉牒所、监修国史兼提举编类圣政所、信国公、食邑七千九百户、食实封三千一百户陈康伯,学贯天人,才周经纬。中和自禀,言有物而行有恒;度量难名,澄不清而挠不浊。爰登揆路,六阅岁华。当国家多事之时,专廊庙万微之寄。雍容镇俗,谈笑折冲。道荡荡以遵王,无有作恶;心休休而乐善,其如有容。邦政弗愆,物情交附。惟予一人缵承之庆，本太上皇付托之诚，能将顺以输忠，实赞襄之有助。心如金石，勋在旂常。朕方委任而责成，尔亦勤劳而匪懈。久烦机务，累抗封章。丁宁谕旨而莫回，伛偻陈词而愈固。式扬典册，俾解钧衡。亚保升华，焕衮衣于左棘；鸿儒列职，冠书殿于西清。进公社于新邦，分使符于故里，载畴井邑，并衍圭腴。於戏！功名克保于始终，古今所重；出处暂均于劳逸，中外何殊。其思注意之深，勿替告猷之旧。可。

出处：《宋会要辑稿》职官七八之四七。

撰者：王之望

考校说明：编年据《宋会要辑稿》职官七八补。《宋宰辅编年录》卷一七、《宋史》卷二一三《宰辅表》均系于隆兴元年十二月一日丁巳。王瑞来《宋宰辅编年录校补》："陈康伯罢相，《宋史》卷三三《孝宗纪》记在'十二月己未'。又《宋会要稿·职官》七八记在'十二月三日'。十二月丁巳朔，'三日'正为'己未'，《会要》所记，正可作为《宋史·孝宗纪》之参证。据此，似作'己未'是。"（中华书局，一九八六年，第一一六四页）王瑞来《宋史宰辅表考证》持相同观点（中华书局，二〇一二年，第七二页）。

赐陈康伯告口宣
（隆兴元年十二月三日）

屡抗封章，恳辞机务，爰升孤棘，出镇乡枌。往服恩光，无烦谦逊。

出处：《汉滨集》卷三。

撰者：王之望

考校说明：编年据同集同卷《陈康伯可罢尚书左仆射同中书门下平章事兼枢密使特授少保观文殿大学士判信州进封福国公加食邑食实封制》补。

赐抚问张浚到阙并赐金合茶药口宣
（隆兴元年十二月九日前）

远自师屯，肃趋魏阙。朝宗在即，匽薄良勤。宜有匪颁，以申问劳；副兹虚伫，无惮疾驱。

出处：《汉滨集》卷三。

撰者：王之望

考校说明：编年据《宋史》卷三三《孝宗纪》补。

张浚除右相制
（隆兴元年十二月二十一日）

总营屯而靖难，既颛畅于国威；辅衡轴而代工，将共调于王化。朕纂承丕绪，宏济多虞。眷夫凤艾之良，实乃倚毗之旧。盖以一时之元老，而久服厪于疆场；因四海之具瞻，而使归翊于岩廊。庸锡徽章，诞敷涣号。具官张浚德醇而履正，道大而虑周。身当中外之安危，识洞古今之治乱，更委二柄，备殚百为。顾逡波之诣天，维忠气之贯日。吾适不用，则邻壤有轻秦之心；我必能兴，盖所怀维强楚之略。兹往严于师律，遂假惜于皇灵。挫猲獢之噬吞，破蚍蠹之赘聚。阴杜窥边之衅，浸坚款塞之诚。念功烈之未终，犹稽素志；观规摹之甚远，实肇宏图。是用复延登于宰庭，仍总督于军垒。若涉于川之藉舟楫，若固其室之资栋楹。势虽异宜，意则兼注。於戏！酌倅樽以献政，须平仲之在齐；借前箸而筹终，赖子房之谋汉。未鞭笞于排难解纷之日，而填抚乃安民和众之方。尚思厥猷，期协于道。

出处：《宋宰辅编年录》卷一七。

撰者：钱周材

汤思退转左仆射制
（隆兴元年十二月二十一日）

握符以临四海，论相故必惟其能；当轴而长百僚，尊君则宜正其体。眷予硕辅，载秉化钧。顾左揆之仍虚，宣具瞻之攸属。矧登崇之典自昔，且注倚之怀愈隆。用升元台，实允众听。具官汤思退，风猷峻茂，器范深纯，钟山岳之炳灵，蕴星辰之精粹。力堪治剧，斡旋之易若转圜；识洞微几，裁决之明如指掌。蚤出逢于休旦，爰历践于要涂。久勤机务之烦，遂冠冢司之重。虽或均于劳逸，然常系于安危。才任宰衡，犹详试其政事；心存王室，乃入告于谋猷。是膺前席之思，俄被赐环之趣。繄樊侯之补衮，若伊尹之格天。庶周叹仪图之难，而商推专美之间。其进持于魁柄，以观独运之能；且改胙于名邦，以示有加之宠。乘兹会遇，浸格隆昌。於戏！奏位次而莫先，雅欲萧何之处乎上；咸成功而匪懈，正须姬旦之图其终。往茂坚不息之诚,庸光辅日新之治。究尔丕烈,佐予宏规。

出处:《宋宰辅编年录》卷一七。

撰者:钱周材

考校说明:《全宋文》误系于隆兴二年正月(第一九〇册,第三一三页)。

蠲免广西广东合起牛羊皮等诏
(隆兴元年十二月二十四日)

广西合起牛羊皮军器物料,并广东路未起发牛羊皮,并予蠲免。

出处:《宋会要辑稿》食货六三之二一。

临安府常平义仓米减价出粜诏
(隆兴元年十二月二十五日)

临安府近缘河道浅涩,客米兴贩未至,深虑民庶艰食,可将本府见管常平义仓米减价出粜。其粜到价钱,不得妄用,候秋成日旋行补籴。

出处:《宋会要辑稿》食货六二之三九。又见同书食货五三之二九。

诸路州军不得侥冒赏典诏
(隆兴元年十二月二十七日)

诸路州军岁起上供钱物,例有拖欠,监司、郡守却以羡余进献,侥冒赏典。可令户部行下诸路州军,今后上供钱物须管依限起发数足。如数目未足,辄行率敛进献,仰本部按劾以闻。

出处:《宋会要辑稿》食货六四之五五。又见《群书考索》后集卷六四。

补拨前任侵支拖欠上供钱物推赏事诏
(隆兴元年十二月二十七日)

诸州补拨前官任内侵支拖欠上供诸色窠名钱物充两淮修筑城池使用,每及一万贯,与减一年磨勘,至五年止。

出处:《宋会要辑稿》食货六四之五五。

差人管押岁额川陕纲马诏
(隆兴元年十二月三十日)

茶马司将岁额川陕纲马,差人管押至汉阳军驿歇泊。仍令三衙及江上诸军将合得纲马,差人前去,就汉阳军取押。委虞允文提领措置。合用钱粮等项,仰湖广总领所应副。合行事件,令兵部看详,条具申枢密院。

出处:《宋会要辑稿》兵二一之一二。

令汉阳军收发马监选择牧地诏
(隆兴元年十二月三十日)

汉阳军收发马监,委本军知军选择宽广平易好水草处,充牧放之地。

出处:《宋会要辑稿》兵二一之三三。又见《宋会要辑稿补编》第四一八页。

令三衙及江上诸军差人前去汉阳军取押川陕纲马诏
(隆兴元年十二月三十日)

令茶马司将岁额川陕纲马,差人管押至汉阳军,置驿歇泊。仍令三衙及江上诸军差人前去,就汉阳军取押;令茶马司不得依前和顾人夫牵送。约度马到汉阳军数目,预期申取朝廷指挥,下逐处差人依资次前去,庶免拥并,在彼等候,虚费批请。其赏罚,以地里远近别行参照,比折轻重拟立。茶马司收买武骑毅士、神劲左右两军二十六纲并额外措置买马,系本司差牵送外,所有文州岁额马三十六纲,合赴荆南,止令茶马就便交纳。其江州一十纲,依今降指挥,就汉阳军马监歇泊,江州诸军差人取押。行下江州都统制遵守施行。

出处:《宋会要辑稿》兵二五之五。

奖谕临安府狱空诏
(隆兴元年十二月)

朕惟国朝之典,尤详一夫之谳,度越汉唐。惟时有虞播刑之迪,不其休哉!惟其致祥,则夫连逮左验,以曲尽听讯弊议之意,每不得暇也。卿等典狱天府,非讫于威,用佐朕惟明明德,通敏所致,不忘嘉尚。夫古之职于廷尉者,率以阴德延其庆,非一切傅于轻而已,乃罔不在中正。兹其绝地天通之道,尚监于成宪,图惟厥终。

出处:《咸淳临安志》卷六。

禁约令人代名及为人冒名赴省试诏
(隆兴元年)

应令人代名及为人冒名赴省者,各计所受财依条外,并永不得应举。

出处:《文献通考》卷三二。
考校说明:本诏与乾道元年十二月二十六日《禁士人受赂冒名入试诏》(《宋会要辑稿》职官一三)文字略同,不知是否为同一诏。

赐陈康伯御札四
(隆兴元年)

百司并省事并类聚,将上取旨。

出处:《陈文正公文集》卷五。又见康熙《广信府志》卷二八,《陈文正公家乘》卷一。

赐陈康伯御札
(隆兴元年)

胡昉可差浙西捕盗贼,先赴都堂禀议,疾速前去。

出处:《陈文正公家乘》卷一。

赐陈康伯御札
(隆兴元年)

王宣解发到降女真,令日下遣归军中自效。

出处:《陈文正公家乘》卷一。

赐陈康伯御札
(隆兴元年)

制造显仁皇后神御,自去年十二月至今年二月并不起造作,官吏工匠不合支给食钱等,可令大理寺追赴左藏库送纳。

出处:《陈文正公家乘》卷一。

孝宗朝卷三　隆兴二年(1164)

郊祀务从省约诏
(隆兴二年正月一日)

朕恭览国史,太祖皇帝乾德元年郊祀诏书有云:"务从省约,无至劳烦。"仰见事天之诚,爱民之仁,所以创无疆之业,垂万世之统者在是。朕祗膺慈训,嗣守丕祚,今岁冬至日当郊见上帝,以伸景命。用遵皇祖之典,崇俭德而戒劳民。可令有司除事神仪物、诸军赏给依旧制外,其乘舆服御及中外之费并从省约,限一月条具以闻。

出处:《宋会要辑稿》礼二八之二九。又见《中兴礼书》卷七、二〇,《宋史全文续资治通鉴》卷二四。

人户不得隔越陈诉诏
(隆兴二年正月五日)

除许越诉事外,余并依条次第经由,仍令刑部遍牒行下。

出处:《宋会要辑稿》刑法三之三一。

添破荆鄂逐军在寨老小军兵请受诏
(隆兴二年正月五日)

湖广、江西、京西路总领所,取见荆鄂逐军两等最低小请受军兵的实入队、不入队、有家累人数,依行在三衙差出军兵体例,即便添破施行,仍自今降指挥日为始。

出处:《宋会要辑稿》兵五之二〇。

蠲免广西引钱一十五万贯诏
(隆兴二年正月九日)

广西路于榷场卖引钱内,每岁特予蠲免一十五万贯,令本漕司应付缺乏州郡二年。

出处:《宋会要辑稿》食货六三之二一。又见同书食货二七之一四。

考校说明:《宋会要辑稿》食货二七载此诏文句有异:"广西路榷盐卖引钱,每岁一十五万贯,特与蠲免两年,自隆兴二年为始。"

答知潭州黄祖舜乞遇钞至县立便按籍销注诏
(隆兴二年正月十日)

依。仍检坐见行条法下诸路转运司,行下所属州县常切遵守,仍令知、通依条检察,毋令违戾,及委自本司逐时点检觉察。

出处:《宋会要辑稿》食货三五之一二。

武举第三名已上人差遣事诏
(隆兴二年正月十四日)

应武举第三名已上人一任回,仍赴枢密院陈状,铨量与合入差遣。其才识卓越者,具名以闻。

出处:《宋会要辑稿》选举一七之三〇。又见《宋会要辑稿补编》第二八四页。

禁诸州公库以钱物私馈见任官诏
(隆兴二年正月十四日)

诸州公库合支见任官供给,止许送酒,仍不得过数。敢以钱物私馈,并以违制论。令提刑司常切觉察。

出处:《宋会要辑稿》刑法二之一五六。

诸州饮燕不得丰侈过当诏
(隆兴二年正月十四日)

诸州饮燕之费丰侈过当,伤财害民。自今各令务从省约。敢有违戾,必置之罚。仍令户部条约行下。

出处:《宋会要辑稿》刑法二之一五六。

增德寿宫应奉祗应人诏
(隆兴二年正月十七日)

每遇德寿宫应奉,已差阁门官并舍人赞喝引班。提点已下报引班次,今后添作十员祗应,并侍立提点至承受典书五人前赴祗应。

出处:《宋会要辑稿补编》第九一页。

六曹依限供申都省立限勘当等文字诏
(隆兴二年正月二十一日)

六曹被受都省立限勘当等文字,并依限供申。内无格法事,从长贰裁决,先立定议申省。仍委都司官置籍拘催,将违限去处申尚书省施行。

出处:《宋会要辑稿》职官四之二四。

严惩干事等于诸军收受馈送诏
(隆兴二年正月二十二日)

敕:官司差出干事及札探使臣,辄于诸军谒见兵官、收受馈送,或诈作差出为名于军中乞觅钱物,除依条法断罪外,并许人告,赏钱五百贯。仰主兵官密具姓名申尚书省。仍于寨门首置立版榜,晓谕通知。

出处:《庆元条法事类》卷四。

先降度牒三千道下两浙等路出卖诏
(隆兴二年正月二十四日)

已降指挥,令礼部给降度牒一万道,分下两浙等路出卖,充都督府会子本钱。可先次给降三千道,令都督府差官措置。

出处:《宋会要辑稿》职官三九之一五。

民间典卖田宅等投税违限令经官自陈诏
(隆兴二年正月二十五日)

民间典卖田宅等违限,不曾经官投税白契,限一季经官自陈,止纳正税,与免入罪。如违限不首,许人告,依匿税条法断罪。

出处:《宋会要辑稿》食货三五之一二。又见同书食货七○之一四五。

令福建路监司以时结绝刑狱诏
(隆兴二年正月二十七日)

本路监司取索所部州县见禁罪囚,一一推究所犯,以时结绝。如故作淹延,具守令姓名申尚书省。

出处:《宋会要辑稿》刑法六之六八。

广西买马官买到溢额马等第推恩诏
（隆兴二年二月二日）

广西买马官于岁额外买到溢额马及二百匹,招买官各通减一年磨勘。四百匹减二年、六百匹减三年,八百匹减四年磨勘。一千匹转一官。每买及二百匹,更增减一年磨勘。如买不及一千五百匹,各展一年磨勘。或有文臣,比折施行。其招马效用,每人依招买及三百匹与转一资,依八资法转补,至承信郎止。仍差招马官不得过两资,招马效用不得过二十名。内如买到四赤以上、不及四赤二寸,计数攒申,诉以溢额。每三百匹,当溢额及格赤二百匹之数。令广西经略司,今后遇有保明上件纲马酬奖,须管分明问具若干及格赤,若干不及格赤,团发起纲数目,逐一具发往是何去处,并招买官、效用职位、姓名及效用每名下招买到马数,保奏推赏施行。即不得依前泛滥违戾,及不得于招买官、效用额外别有妄乱搀杂他官申明乞赏。

出处:《宋会要辑稿》兵二二之三〇。

吏部遇给降祠部等专差大使臣方许差拨诏
（隆兴二年二月五日）

吏部如遇有给降祠部等,专差大使臣,方许差拨,仍与依小使臣格法推赏。

出处:《宋会要辑稿》选举二四之七。

冯忠嘉等零分纲减半推赏诏
（隆兴二年二月八日）

敕:左朝奉郎冯忠嘉、右奉议郎许牧管押成都府路提刑司银绢纲赴内藏库交纳,各纽及一全纲零七分,已各减三年半磨勘了当。今来冯忠嘉等乞放行零分纲赏,令户部照应零分格法与减半推赏。今后依此施行。

出处:《宋会要辑稿》食货四五之一八。

戒谕将臣诏
(隆兴二年二月十一日)

朕若稽燕谋,宝用俭德。驾鼓车以走马,示辍游田之娱;集书囊为殿帷,盖先敦朴之务。至于耳目之玩,口腹之珍,非甲令之常共,虽一毫而莫取。欲使表端而影正,风流而令行,化贪婪衰刻之徒,为礼义廉耻之俗。而朕行未足以厉世,威弗严于训奸。乃兹内外之臣,尚狃故常之习,乾没无艺,诛求靡厌,遂令军旅之间,犹须馈赂之致。剥士卒之膏血,充权贵之苞苴,使彼抱饥寒之忧,而此供宴乐之费。有为若是,于汝安乎?当亟置于典刑,尚申加于告戒。继今以往,令出惟行,其听朕言,各循汝守。任将帅者无市恩以货赂,第令戈甲之精;居左右者宜律己以宪章,皆知簠簋之饰。傥不悛而慢命,将无赦而必诛。各迪保身之明,勿贻噬脐之悔。

出处:《于湖居士文集》卷一九。
撰者:张孝祥
考校说明:编年据《宋史全文续资治通鉴》卷二四补。

任尽言除直秘阁江淮都督府参议官制
(隆兴二年二月十三日)

具官某,朕命相臣以幕府临边,凡其自从,皆天下之选。尔忠直强明,克承厥家,所居之官,声绩较著,必能为朕协赞元老。延阁寓直,庸宠尔行,尚坚一心,益固吾围。

出处:《于湖居士文集》卷一九。
撰者:张孝祥
考校说明:编年据《宋会要辑稿》职官三九补。

放免秀州被水灾伤人户拖欠苗税诏
(隆兴二年二月十六日)

秀州去岁被水灾伤人户拖欠绍兴三十一年以前苗税,特予放免。

出处:《宋会要辑稿》食货六三之二一。

令眹子潚各荐堪任宗官者诏
(隆兴二年二月十七日)

同知大宗正事令眹、知明州子潚,于宗室文臣正郎、武臣遥郡以上,各保荐堪任宗官者二人以闻。

出处:《宋会要辑稿》帝系七之四。

大礼赏给事诏
(隆兴二年二月二十一日)

大礼赏给,行事、执事、缘祀事差委官可照应绍兴二十八年已支则例。内宰执、宗室应文武官一百匹两已上,权令减三分之二,余悉减半;五匹两而下,许令全支;内侍官银绢并权减半支破。

出处:《宋会要辑稿》礼二五之二三。

令四州总领所措置招诱商贩乾姜等诏
(隆兴二年二月二十一日)

令四州总领所措置桩办钱一百万贯,招诱商贩乾姜、绢布、茶货、丝麻之类,增直收买。仍委宣抚司同本所措置,于近边置场博易军须等物应副支用,及约束州县常切钤束专栏,不得高喝税钱,务要优润客人,广行兴贩。

出处:《宋会要辑稿》食货三八之三八。

张孝祥升中书舍人直学士院诰
(隆兴二年二月)

敕朝奉大夫、充集英殿修撰、知平江军府事、提举学事张孝祥:凤掖演纶,进涉玉堂之渐;鸾坡入直,尊居铃索之严。矧惟翰墨之司,专掌丝纶之职。念兹荣选,必属洪儒。尔学穷阃奥,文冠伦魁。治道敷陈,洋洋晁、董之对;皇猷润色,浑浑虞、夏之书。屡柄郡麾,久膺阁职。兹缘西掖之班,延入北门之直。启沃谋猷,郁典谟于三代;发挥诏命,新瞻听于四方。往服宠章,永坚素守。可依前朝奉大夫,升中书舍人、直学士院。

出处:《于湖居士文集》附录。
考校说明:编年据《宋中兴学士院题名》补。《宋代诏令全集》以《宋史》卷三八九《张孝祥传》为据系于隆兴元年(第一九〇三页)。

能说转官制
(绍兴二十八年九月至绍兴二十九年八月间或隆兴二年二月至三月间)

《周官》岁终则稽医之事,上下之以制其食。况汝服勤宗邸七年,其久全而不失,是可嘉已。迁官一等,以答汝能。

出处:《于湖居士文集》卷一九。
撰者:张孝祥
考校说明:编年据张孝祥任两制时间补。

都虞候姚元换授制
(绍兴二十八年九月至绍兴二十九年八月间或隆兴二年二月至三月间)

尔服在戎行,多历年所,其还候御,易置武阶。

出处:《于湖居士文集》卷一九。
撰者:张孝祥
考校说明:编年据张孝祥任两制时间补。

张建阵亡与子德普恩泽补承信郎制
(绍兴二十八年九月至绍兴二十九年八月间或隆兴二年二月至三月间)

尔父死于敌,录尔以官,所以报也。往哉! 惟孝惟忠,以显父休。

出处:《于湖居士文集》卷一九。又见《永乐大典》卷七三二七。

撰者:张孝祥

考校说明:编年据张孝祥任两制时间补。本制又见《永乐大典》卷七三二七,系于范成大名下,疑误。

潘得臣男汝楫补官制

(绍兴二十八年九月至绍兴二十九年八月间或隆兴二年二月至三月间)

　　尔父为吏死寇,朕既厚恤典,又录其孤,所以报也。勉哉! 惟孝惟忠,则尔父益有显休。

出处:《于湖居士文集》卷一九。

撰者:张孝祥

考校说明:编年据张孝祥任两制时间补。

田溉转官制

(绍兴二十八年九月至绍兴二十九年八月间或隆兴二年二月至三月间)

　　尔捐家赀,以佐国用,揆之古义,何爱一官!

出处:《于湖居士文集》卷一九。

撰者:张孝祥

考校说明:编年据张孝祥任两制时间补。

曹绂除湖北提举制

(绍兴二十八年九月至绍兴二十九年八月间或隆兴二年二月至三月间)

　　尔守近郡,有循良之誉。朕念湖外之民,劳苦兵事,故付汝以使者节,往抚绥之。其体朕怀,勿解于位。

出处:《于湖居士文集》卷一九。

撰者:张孝祥

考校说明:编年据张孝祥任两制时间补。

乐寅孙李抃赵达不觉察过淮人降官制
（绍兴二十八年九月至绍兴二十九年八月间或隆兴二年二月至三月间）

疆场之守,朕所致慎,尔等为吏,乃或不虔。其镌一官,以厉余者。

出处:《于湖居士文集》卷一九。
撰者:张孝祥
考校说明:编年据张孝祥任两制时间补。

胜捷都虞候谢兴换从义郎制
（绍兴二十八年九月至绍兴二十九年八月间或隆兴二年二月至三月间）

汝服勤戎服,既有年所,其还军候,往郎官联。

出处:《于湖居士文集》卷一九。又见《古今合璧事类备要》卷五二,《永乐大典》卷七三二六。
撰者:张孝祥
考校说明:编年据张孝祥任两制时间补。

王汉臣米纲折欠违程降官制
（绍兴二十八年九月至绍兴二十九年八月间或隆兴二年二月至三月间）

汝护贡输,乃敢不虔,宿留道涂,折阅什二。其还一秩,姑示薄惩。

出处:《于湖居士文集》卷一九。
撰者:张孝祥
考校说明:编年据张孝祥任两制时间补。

采石巡检时宣讯民致死降官制
(绍兴二十八年九月至绍兴二十九年八月间或隆兴二年二月至三月间)

汝职徼巡,而民以掠死,虽匪其私,顾可弗惩? 褫官一列,尚谨而后!

出处:《于湖居士文集》卷一九。

撰者:张孝祥

考校说明:编年据张孝祥任两制时间补。

进书赏人吏等转官制
(绍兴二十八年九月至绍兴二十九年八月间或隆兴二年二月至三月间)

属命诸儒,辑成大典,汝尝服役,亦俾进官。

出处:《于湖居士文集》卷一九。

撰者:张孝祥

考校说明:编年据张孝祥任两制时间补。

陈靖转遥郡承宣使制
(绍兴二十八年九月至绍兴二十九年八月间或隆兴二年二月至三月间)

王宫之官,朝夕勤事,积而至于三年之久,可无褒哉! 具官某明敏忠恪,服在此位,稽日第劳,是应迁法。夫自刺史而上,皆武著之高选,虽陷其禄,苟非尤恩,不以叙进。况承流宣化,名秩益显,尚思称塞,无或不祗。

出处:《于湖居士文集》卷一九。又见《古今合璧事类备要》后集卷六三。

撰者:张孝祥

考校说明:编年据张孝祥任两制时间补。

刘嗣立吴怿进书赏转官制
（绍兴二十八年九月至绍兴二十九年八月间或隆兴二年二月至三月间）

先帝信书之成,汝辈共劳其间,可无褒哉!

出处:《于湖居士文集》卷一九。

撰者:张孝祥

考校说明:编年据张孝祥任两制时间补。

王汉臣李大援转官制
（绍兴二十八年九月至绍兴二十九年八月间或隆兴二年二月至三月间）

朕褒录勤瘁,远臣不以废也,况周旋殿陛,赞予朝觐会同之仪而司其籍者哉!尔汉臣练习而疏通,尔大援周慎而明敏,均以积阅,协于迁令。廉车刺部,隃赋尔秩。是为茂渥,尚克钦承。

出处:《于湖居士文集》卷一九。

撰者:张孝祥

考校说明:编年据张孝祥任两制时间补。

杨庆祖李大正循资制
（绍兴二十八年九月至绍兴二十九年八月间或隆兴二年二月至三月间）

朕惟三岁之祀,业巨事丛,前期设官,是俾典治。尔以才选,服劳深时,殆兹告成,厥有褒进。

出处:《于湖居士文集》卷一九。

撰者:张孝祥

考校说明:编年据张孝祥任两制时间补。

陈汉除直宝文阁知平江府制
(绍兴二十八年九月至绍兴二十九年八月间或隆兴二年二月至三月间)

平江吾股肱郡,遴选所付,必惟其人。尔忠厚明敏,所至办治,将输畿甸,成绩可纪。其还使者之节,遂绾太守之章,宝储进直,并示优宠。尚体予意,务安辑之。

出处:《于湖居士文集》卷一九。

撰者:张孝祥

考校说明:编年据张孝祥任两制时间、陈汉官历补,见《绍定吴郡志》卷一一。"直宝文阁",《绍定吴郡志》卷一一作"直敷文阁"。《宋会要选举》选举三四亦载:"(隆兴二年)二月十四日,诏直秘阁、两浙路转运判官陈汉除直敷文阁。"

查籥除夔州路运判制
(绍兴二十八年九月至绍兴二十九年七月间或隆兴二年二月至三月间)

蜀自兵兴,困于征调,夔子之国,地墝埆而民尤贫,朕思得贤使者以抚之。尔文学议论,见推时辈,久在近服,宜知朕指。将输之任,辍汝以行,往其布宣,朕不遐弃。

出处:《于湖居士文集》卷一九。

撰者:张孝祥

考校说明:编年据张孝祥任两制时间、查籥官历补,见《南宋馆阁录》卷八。

叶谦亨除浙西提刑制
(隆兴二年二月至三月间)

部使者之在畿甸,岁时朝集,得以其职自达于上,视中都官盖等耳。尔尝执简柱下,掌诰西掖,出治剧郡,即有能称,按刑江东,狱不冤滥。徙以自近,宜知朕指。亻尔来廷,将有褒陟。

出处:《于湖居士文集》卷一九。

撰者:张孝祥

考校说明:编年据张孝祥任两制时间、叶谦亨官历补,见《绍定吴郡志》卷七。

韩元吉除度支郎中制
(隆兴二年二月至三月间)

具官某,度支之职,前世以宰相兼之,盖发敛均节,轻重取予,于是乎在。今名存而实废矣,视券牍之成,谨其数出纳之而已。尔名臣之世,率义好修,淹贯文艺,综练世故。摄司之久,肆以命尔,其为朕思所以振其职者。

出处:《于湖居士文集》卷一九。
撰者:张孝祥
考校说明:编年据张孝祥任两制时间、韩元吉官历补,见《宋会要辑稿》职官四一等。“度支郎中”,《宋会要辑稿》职官四一、职官七一均作“度支员外郎”。

张德远除利州路提刑制
(隆兴二年二月至三月间)

具官某,蜀去朝廷远,治狱之吏,或不得其平,民且无告。尔久更事任,见谓明审,其为朕典一道祥刑之寄。惟公其心,以察郡县,使毋滥系,毋贿成,毋上下其手,则汝为称职。

出处:《于湖居士文集》卷一九。
撰者:张孝祥
考校说明:编年据张孝祥任两制时间、张德远官历补,见《宋会要辑稿》选举三四。

吕搢除司农寺丞制
(隆兴二年二月至三月间)

具官某,惟尔先正有大勋劳在王室,朕顾怀其世,思有以嘉报之,而尔亦自将其身,蹈履绳检。擢丞农扈,以试尔能,益务祗恪,庸称恩遇。

出处:《于湖居士文集》卷一九。

撰者:张孝祥

考校说明:编年据张孝祥任两制时间、吕摉宦历补,见《建炎以来系年要录》卷一九九。

冯巽之除刑部郎官制
(隆兴二年二月至三月间)

具官某,狱重事也,狱成而罪疑则上之于朝,而刑曹郎参决而死生之,其不可轻付如此。尔以明法称,于文无害,使在兹位,孰曰不宜? 益务详审,以振而职。

出处:《于湖居士文集》卷一九。

撰者:张孝祥

考校说明:编年据张孝祥任两制时间、冯巽之宦历补,见《宋会要辑稿》刑法一。

韩彦直除淮东提举制
(隆兴二年二月至三月间)

惟尔先世有大勋劳在王室,朕顾怀其后,思有以褒报之,而丞相亦言尔才可录也。淮东煮盐之利,供国用什三,命汝以使者节临之。其体朕意,思振厥职。

出处:《于湖居士文集》卷一九。

撰者:张孝祥

考校说明:编年据张孝祥任两制时间、韩彦直宦历补,见《宋史》卷三六四《韩彦直传》。

张俊彦循资制
(隆兴二年二月至三月间)

显仁之丧,尔与有劳,其进文阶,益务共恪。

出处:《于湖居士文集》卷一九。

撰者:张孝祥

考校说明:编年据张孝祥任两制时间、文中所述"显仁之丧,尔与有劳"补。

晁公武除监察御史制
(隆兴二年二月至三月间)

　　御史府寄朕耳目,苟非其人,不在兹选。尔学有本原,才可经济,万里来朝,朕盖得之于一见之初。小试粉省,弥有华问,冠豸在列,肃我天宪。朕所亲擢,尔往钦哉。

出处:《于湖居士文集》卷一九。
撰者:张孝祥
考校说明:编年据晁公武官历补,见《宋会要辑稿》职官一七、《南宋馆阁录》卷八等。

戒谕将臣诏
(隆兴二年三月二日)

　　朕祇若慈闱,覃思边事,靡惮焦劳之极,欲臻康靖之期。往者披舆地之图,怆中原之俗,皆吾赤子,何忍诛夷? 申饬使轺,往修邦聘。而金国都元帅仆散忠义怙不臣之恶,挟震主之威,擅絷行人,拘之圜土。既胁降之不可,即颛命而遣还,揆彼政之如斯,繄不亡何待? 但以并边之戍,行役弥年。风霜凌厉,而朕方席广厦之居;藜藿不充,而朕则享太官之膳。所以当馈而叹,未明求衣。朕身在九重之中,而心留穷塞之上。欲驰单骑,躬劳六师,抚摩疮痍,均服劳苦。而百辟卿士,发言盈廷,止或尼之,莫孚朕指。爰命丞相,敬代朕行。夫佳兵者不祥,好生者大德,朕岂忍以一时之愤,而遂忽长世之抚? 当谨守于封疆,益缮修于兵械,使士忘露宿之苦,而将有死绥之心。恃有待而不来,宁贪功而起衅,傥穹昊之悔祸,则荡定之有时。咨尔庶方,咸体兹意。

出处:《于湖居士文集》卷一九。
撰者:张孝祥
考校说明:编年据《宋史》卷三三《孝宗纪》补。

优恤军民诏
(隆兴二年三月七日)

朕自即位以来,累降诏旨优恤军民。其令尚书省下诸路帅守、监司,开具见已如何施行,务使实惠及人,无或失信。敢有不虔,必罚无赦。

出处:《宋会要辑稿》职官四五之二四。

考校说明:原书系于"三年",按隆兴无三年,今姑系于二年。此诏与隆兴元年十一月六日《优恤军民诏》(《宋史全文续资治通鉴》卷二四)文字略同,疑为同一诏,待考。

赈济徽州诏
(隆兴二年三月十日)

徽州旱蝗为灾,可将常平义仓米出粜赈济。如本路州军亦有似此去处,依此施行。

出处:《宋会要辑稿》食货五九之三九。又见同书食货五八之二、食货六八之六二,《宋会要辑稿补编》第五九三页。

令二广四川结绝刑狱诏
(隆兴二年三月十四日)

二广、四川令提刑于六月初亲诣所部,点检结绝。内僻远州县即州委臣、县委通判职官,各具已施行事件申尚书省。

出处:《宋会要辑稿》刑法五之三九。

放罢刘度御批
(隆兴二年三月十四日后)

刘度党附,敢为欺罔,尚除大藩。可依已降放罢指挥。

出处:《宋史全文续资治通鉴》卷二四。又见《建炎以来朝野杂记》乙集卷六。

<h2 style="text-align:center">三衙军兵皆令归司诏</h2>
(隆兴二年三月十六日后)

三衙军兵,可便降指挥皆令归司,建康、镇江大军更番出戍。

出处:《宋会要辑稿》兵五之二〇。

<h2 style="text-align:center">罢诸军等创置副都统制诏</h2>
(隆兴二年三月二十七日)

应诸军并枢密院、都督府创置副都统制,可并罢,只作统制官。

出处:《宋会要辑稿》职官三二之三八。

<h2 style="text-align:center">高藤雷容州德音</h2>
(隆兴二年三月二十七日)

高、藤、雷、容州应缘曾经焚劫去处,复业人户建造屋宇,所有竹木砖瓦之类,并与免税,并免抽分一半。
出处:《宋会要辑稿》食货一八之二。又见《宋会要辑稿补编》第六八三页。

高、藤、雷、容州应曾被焚劫逃避人户,仰守令多方招诱归业。内阙食不能自存之人,依灾伤法赈恤;即虽归业而无力耕种者,令提刑司以牛具、种粮借贷之。
出处:《宋会要辑稿》食货五八之二。又见同书食货五九之三九,食货六八之六二,《宋会要辑稿补编》第五九三页。

应高、藤、雷、容州逐州县,近缘盗贼窃发,民力不易,可特放免今年夏秋二税,官司不得妄行催理。如违犯,按劾以闻,仍许人户越诉。高、藤、雷、容州民间拖欠诸色窠名钱物米斛,可接续放至隆兴元年终。
出处:《宋会要辑稿》食货六三之二一。

　　高、藤、雷、容州应因战斗阵亡,及良民无辜被害,遗骸暴露,实可矜悯。仰逐州县德音到,限三日召募僧行埋瘗。如及二百副,本州核实保明申尚书省,给降度牒一道。
出处:《宋会要辑稿》食货六八之一二五。

　　广西州军合纳秋税,访闻州县课折见钱,却以和籴、招籴等名色抑勒人户过数输纳。已降指挥下转运司,不得非理折科,及令提刑司严行觉察。尚虑奉行灭裂,重困民力,可令逐司常切遵守。如提刑司失于觉察,委御史台弹劾。如有籴过米数,未还价钱,日下支给。
出处:《宋会要辑稿》食货七〇之五五。

　　勘会高、藤、雷、容等州累降指挥禁止采捕翠羽、蚌珠、玳瑁、龟筒、鹿胎之属,非不严切,尚虑贪吏抑勒民户采捕,伤害物命,仰本路监司常切觉察。如违,按劾闻奏。
出处:《宋会要辑稿》刑法二之一五六。

　　容、雷、高、藤四州应缘近来盗贼,良民或被驱胁,因而随从作过,本非得已。限德音到日,以前罪犯并一切不问,各令归业;如曾被贼刺涅之人,令州县勘验诣实,给据放令逐便。
出处:《宋会要辑稿》兵一三之二三。

　　应盗贼窃发,逐处军民曾因捕盗实有劳效,帅守、监司未曾保奏,或虽保奏而未经推恩,及应官吏军兵等因捕贼势力不加,殁于王事,并仰本路安抚、提刑司保明诣实以闻,当议量功力推恩,或给复其家。
出处:《宋会要辑稿》兵一九之一三。

　　勘会高、藤、雷、容州土丁,昨缘教阅月日,并分番频数,是致州县因缘科需,私役差情。已降指挥住罢两月,止于十月赴教一月,分作两番。所有诸色公人等敛掠乞取钱物,官司擅自勾抽,及诸般科配私役等,亦有断罪指挥条法,非不详备。窃虑州县尚尔循习科扰,有失朝廷宽恤之意,仰本路监司常切觉察。如有违例去处,按劾以闻,当议重置典宪。
出处:《宋会要辑稿》兵一之二二。

赐左朝散大夫试兵部尚书湖北京西制置使
虞允文乞除宫祠不允诏
(隆兴元年十一月至隆兴二年四月间)

卿以文武有用之材,宣力当世,驰驱南北,险阻备尝。方倚重于上游,用纾忧于西顾。投闲之请,非朕所期。所请宜不允。

出处:《汉滨集》卷三。
撰者:王之望
考校说明:编年据王之望任两制时间补。

钱端礼王之望兼充两淮宣谕使宣布德音诏
(隆兴二年四月三日)

尚书户部侍郎钱端礼、吏部侍郎兼权直学士院王之望兼充两淮宣谕使,宣布德意,抚谕军民。应官吏自帅守以下有才能者,许令举荐;贪残不法、疲懦不职,奏劾罢易;见今牟利扰民事件,一面禁戢。

出处:《宋会要辑稿》职官四一之一一一。

军器所出文榜令逃走人匠首身诏
(隆兴二年四月四日)

工部军器所避役逃走人匠数多,仰本所多出文榜,限一月赴所首身,与免罪收管,依旧支破请给。

出处:《宋会要辑稿》职官一六之一七。

补拨前官任内侵支拖欠上供钱物推赏诏
(隆兴二年四月十二日)

诸州补拨前官任内侵支拖欠上供诸色窠名钱物,充两淮修筑城池使用,每及一万贯,与减一年磨勘,至五年止。

出处:《宋会要辑稿》食货三五之四〇。又见同书食货六四之五五。

罢江淮都督府诏
(隆兴二年四月十四日)

淮上诸军暂行休息,已差钱端礼、王之望宣谕淮东、西路,其江淮都督府可罢。应干钱物,令钱端礼、王之望同淮东、西总领所拘收,具数闻奏。应官属、使臣并罢,有差遣人令归元任。

出处:《宋会要辑稿》职官三九之一六。

除张浚少师保信军节度使判福州
依前魏国公加食邑实封制
(隆兴二年四月二十三日)

门下:宅百揆而督五兵,正赖筹边之效;冠三孤而张六纛,曲隆制阃之权。我有明缙,扬于拱著。具官某,材尊王佐,道耸民瞻。节操坚刚,曾岁寒之不改;规模远大,宁日仄而遂休。蚤逢阳九之交,上应魁三之象。叱王尊之驭,亘井络以董声;下杨仆之船,空潢池而扫祲。更险夷而一致,谓文武之兼资。粤从绿野之游,殆为苍生而起。肆予嗣服,即俾来朝。提江淮表里之封,尽颛总统;佩将相安危之寄,式重倚毗。三年于兹,庶绩用乂。蒐乘补卒,亦既输劳;增陴浚隍,未尝彻警。孟明报彭衙之役,独负壮犹;武侯引街亭之愆,靡形愠色。朕念疆陲之久戍,诏师众以代更,分遣从臣,往宣使指。棘门如儿戏耳,庸谨秋防;衮衣以公归兮,庶闻辰告。叠览指瑕之劾,且披请老之章。欲畀旧官,盖无故事。是用出枫宸之异渥,超棘位之巍班。荡节有光,择合肥之名镇;甘棠弗翦,临长乐之价藩。衍以圭腴,侈其真食。於戏!春秋责备于贤者,慨功业之惟艰;天子加礼于大臣,固始终之不替。其绥吉履,毋有退心。

出处:《盘洲文集》卷一一。又见《容斋三笔》卷八,《宋四六选》卷三。
撰者:洪适
考校说明:编年据《宋宰辅编年录》卷一七补。

229

赐张浚再辞免恩命不允不得再有陈请诏
(隆兴二年四月二十三日后)

王者守大公之道,用舍不可以私;君子高易退之风,出处谁得而议?卿三朝旧德,四海美名,虽尝垂翅于回溪,必欲快心于狼望。掌握重任,勤劳累年,精神既折于遆冲,体貌宜加于异礼。洊披来奏,未谅兹怀,亟祗涣汗之恩,可绝谦挹之请。

出处:《盘洲文集》卷一三。
撰者:洪适
考校说明:编年据《宋史》卷二一三《宰辅表》补。

赐张浚第三辞免恩命乞致仕不允不得更有陈请诏
(隆兴二年四月二十三日后)

朕去月丁丑,尝告大昕之庭,以贰公极品、重镇节旄贲卿七闽之行。卿乃轻轩冕、薄方面,殆欲长啸东山,继韦贤、疏广之迹,翛然之志。卿则高矣美矣,人其以朕为忘耆哲而忽典刑也。三章固辞,命不可反。

出处:《盘洲文集》卷一三。
撰者:洪适
考校说明:编年据《宋史》卷二一三《宰辅表》补。

赐保信军官吏军民僧道耆寿等示谕敕书
(隆兴二年四月二十三日后)

敕保信军官吏军民僧道耆寿等:朕以张浚宣力于外,阅时兹多,眷惟耆哲之臣,闵劳军旅之事,趣来归而调变,乃恩请于退休。已疏异等之恩,特宠三孤之上,相攸乐土,畀以节旄。谅草木之知名,必室家之相庆。今特授张浚少师、保信军节度使、判福州、依前魏国公、加食邑一千户、食邑实封四百户。故兹示谕,想宜知悉。夏热,汝等各比好否? 遣书指不多及。

出处:《盘洲文集》卷一六。

撰者:洪适

考校说明:编年据《宋史》卷二一三《宰辅表》补。

免滁州经总制无额钱等一年诏
(隆兴二年四月二十九日)

滁州合起今年经总制无额钱,并隆兴二年分合发进奉天申圣节银绢,并与免一年。

出处:《宋会要辑稿》食货六三之二一。

赐吴拱于祁山堡等处大获捷奖谕诏
(暂系于隆兴二年四月)

敌人寇边,再变月律,将帅罢怯,未成伟功。朕当馈而叹,时无颇、牧,赖汝父子,家传方略,天授智勇,必能为我捍西鄙之患。果闻捷音,大翦猇悍。更期尽力,勿使生存。国有恩章,朕所不惜。

出处:《盘洲文集》卷一二。

撰者:洪适

考校说明:编年据洪适任两制时间、同集前后文时间补。

赐王彦时俊戚方奖谕诏
(暂系于隆兴二年四月)

夫设险隘以固国,严烽火以守边,自古不易之道也。卿董我师旅,久屯于淮,外无犬吠之警,则已贤于长城矣。辅臣有言,汝悉心竭力修障隧,备塞之具无一不治,嘉汝忠勤,喜见于色。金帛之赐,庸示眷怀。见知则说,尚其勉之。

出处:《盘洲文集》卷一二。

撰者:洪适

考校说明:编年据洪适任两制时间、同集前后文时间补。

赐姚宪乞以籴到米一万石助平江府常州阙乏奖谕诏
（暂系于隆兴二年四月）

夫以邻国为壑者，徒知乎为我；视越人之瘠者，不足以语仁。尔治郡可称，救灾有术，损嬴余之万斛，助比近之二城。免吾移粟之忧，嘉尔泛舟之役。用颁细札，以示褒怀。

出处：《盘洲文集》卷一二。
撰者：洪适
考校说明：编年据洪适任两制时间、同集前后文时间补。

赐刘宝奖谕诏
（暂系于隆兴二年四月）

古之良将，心在国家者，当待敌之隙，必以屯田为事。今并塞多旷土，朕欲举行便宜十二利，遣九卿持节商度之。未有大将，奋然为诸军倡。卿奉公体国，自请留屯，将以丰边储而省漕挽，与避难怀诞者殊科。至于修治障隧，汰简将士，咸振阃外之职。忠勤如此，朕甚嘉之。

出处：《盘洲文集》卷一二。
撰者：洪适
考校说明：编年据洪适任两制时间、同集前后文时间补。

赐潘清卿等乞以秦国大长公主所留
金银助视师犒劳之费不受奖谕诏
（暂系于隆兴二年四月）

汉武帝时，干戈日滋，大农所储，不足以奉战士，至出御府禁臧以赡之。而鼎贵高訾之家，不拔一毫以佐县官之急。轻财体国，四海之内卜式一人而已耳。卿等戚畹之彦，心在王室，愿输橐装，以助军须。忠欵如此，与嬻鬻为我者殊科。顾卿新有陟岵之难，养生送死之费未艾也，朕亦安忍取而用之？釐不恤纬，允蹈斯言。载览所陈，不忘嘉叹。

出处:《盘洲文集》卷一二。

撰者:洪适

考校说明:编年据洪适任两制时间、同集前后文时间补。

赐王彦戚方时俊皇甫倜奖谕诏
(暂系于隆兴二年四月)

淮之西濒塞数千里,朕留意戎备不敢忽。异时将帅不以国事为怀,视它壤有故,阴拱而不恤,若秦越肥瘠者有之。卿提兵捍城,根于忠赤,列戍同心,谋无崖异。兴治关隘,修设烽燧,所以固封守,杜侵轶,势若常山之蛇。谏大夫谕使指而归,具为朕言之,防边有赖,嘉叹不忘。

出处:《盘洲文集》卷一二。

撰者:洪适

考校说明:编年据洪适任两制时间、同集前后文时间补。

金州拨隶利州路诏
(隆兴二年四月)

金州昨隶京西,依光州推赏。今拨隶利州路,依光州已获旨施行。

出处:《宋会要辑稿》职官五九之二六。

赐王彦奖谕诏
(暂系于隆兴二年四月)

军律之弊久矣,握兵者背公徇私,相师成风。朕当馈而叹,将谁使革之? 卿智勇笃诚,山西之桀,召自万里,倚重江介。不唯赖卿威望筹策以训兵固圉,亦欲号令纪律,为时标准也。故将之去,偏裨舆皁,纷然升进,羸弱冗食者众,曾不经意。卿甫入辕门,即能厘正,忠实可嘉,不负亲擢。人悉如卿,朕何忧焉!

出处:《盘洲文集》卷一二。

撰者:洪适

考校说明:编年据洪适任两制时间、同集前后文时间补。

答张浚乞留平江致仕手诏
(隆兴二年四月)

览卿奏,欲在秀州候指挥,其非朕所望也。卿忠诚为国,天下共知。和议事,专俟卿到,面尽曲折。卿宜速来。

出处:《晦庵先生朱文公文集》卷九五《张公行状》。又见康熙《绵竹县志》卷三。

赐吴璘为发遣吴拱于祁山堡等处掩杀番贼大获胜捷奖谕诏
(暂系于隆兴二年四月)

强虏骋兵,骚我四鄙,乃眷西垂之远,尤深中昊之忧。卿忠智根心,策虑超卓,遣发将士,动中事机。祁山之役,大有斩获。捷布既至,良用叹嘉。所期元戎,殄歼丑类。用驰一札,少寓褒怀。

出处:《盘洲文集》卷一二。

撰者:洪适

考校说明:编年据洪适任两制时间、同集前后文时间补。

再答张浚乞留平江致仕手诏
(隆兴二年四月)

卿赴召入觐,何为中道遽欲引嫌?自陈军国大事,正要卿同心协济。已差甘泽宣卿,宜体朕意,疾速前来。

出处:《晦庵先生朱文公文集》卷九五《张公行状》。又见康熙《绵竹县志》卷三。

赐金安节辞免吏部尚书兼侍读不允诏
（隆兴二年四月后）

敕安节：省所奏辞免除权吏部尚书兼侍读恩命事，具悉。朕惟六官之长，莫非民誉；三铨之柄，尤在得人。以卿笃实刚方，扬声中外，再仪禁路，迨今累年。石画嘉谟，据公守正。琐闱之望，如乌台时。松栢后凋，在廷寡二。小天典选，见谓清平。申命于兹，作我常伯。露门进读，班列益尊。奚为执谦，尚格成涣。所请宜不允。

出处：《盘洲文集》卷一三。

撰者：洪适

考校说明：编年据《新安文献志》卷七三《金公安节家传》补。

付淮西总领李若川御札
（隆兴二年正月至五月间）

绍兴三十年淮西总领所收支钱粮数目，并隆兴元年收支钱粮并添支数目，并要子细开具头项，疾速奏来。

出处：《景定建康志》卷四。原不系年，据诸史志考定。

考校说明：编年据李若川官历及文中所述事项补，见《景定建康志》卷二六。

赐汪应辰辞免敷文阁直学士四川安抚制置使不允诏
（隆兴二年五月一日后）

坤维之壤，邈在一隅；方伯之权，隆于九牧。卿有尊主庇民之学，负昂霄耸壑之材，倦藩絫年，方驾前哲，将驰一节，入补从橐之虚。乃眷四川，会有高牙之阙，与其尊朝以纳朝夕之诲，不若制阃以宽宵旰之忧。万里甚劳此行，六阁未足为宠。如尊乃勇，顾蜀道以何难；维周之翰，使雪山之益重。

出处：《盘洲文集》卷一三。

撰者：洪适

考校说明:编年据《宋会要辑稿》选举三四补。

赐四川制置使汪应辰银合夏药敕书
(隆兴二年五月一日后)

卿远开幕府,静镇坤维。聿临九夏之时,宜有万金之剂。爰推赐式,用示眷怀。

出处:《盘洲文集》卷一六。

撰者:洪适

考校说明:编年据汪应辰宦历补,见《宋会要辑稿》选举三四。

免无为军合起发隆兴二年上供钱物等诏
(隆兴二年五月四日)

无为军合起发隆兴二年上供钱物、斛斗、经总钱物,及诸司寨名钱物,予免一年。

出处:《宋会要辑稿》食货六三之二一。

赐四川宣抚使吴璘夏药敕书
(隆兴二年五月四日)

敕吴璘:卿权尊帅阃,威震坤维,当铄石流金之时,劳锻甲摩剑之事。远颁珍剂,庸示眷怀。今赐卿银合夏药并统制、统领、将佐官属,并依年例分赐,仍传宣抚问。故兹示谕,想宜知悉。夏热,卿等各比好否? 遣书指不多及。

出处:《盘洲文集》卷一六。

撰者:洪适

考校说明:"隆兴二年"据吴璘宦历补,见《宋史》卷三三《孝宗纪》。

会稽县税赋与免支移折变诏
(隆兴二年五月六日)

两浙运司将会稽县税赋与免支移折变,所有本县年额和买折帛,止令尽数起发,本色更不折钱。

出处:《宋会要辑稿》食货七〇之五三。

监司差除诏
(隆兴二年五月十一日)

自今后应除监司,须于阙期前具名取旨,仍令先次上殿,不得在外又以资序差除,可立为定式。

出处:《宋会要辑稿》职官四五之二四。又见同书仪制六之二四。

蠲免吉州下户二税等诏
(隆兴二年五月十七日)

吉州入县第四、第五等人户,未纳绍兴三十一年、三十二年夏秋二税、隆兴元年夏料役钱、残零税物,特予蠲免。

出处:《宋会要辑稿》食货六三之二二。

赐枢密院官满散天申节道场香口宣
(暂系于隆兴二年五月二十一日前后)

令行九夏,节纪千秋。有若枢机之贤,式严蓬贝之祝。芬香是锡,福祉斯迎。

出处:《盘洲文集》卷一六。
撰者:洪适
考校说明:编年据同集前后文时间、文中所述史事补。

237

赐殿前司满散天申节道场香口宣
(暂系于隆兴二年五月二十一日前后)

六幕迎薰,千龄纪节。有若羽林之将,载严贝叶之宫。锡尔宝芬,助予孝治。

出处:《盘洲文集》卷一六。

撰者:洪适

考校说明:编年据同集前后文时间、文中所述史事补。

赐三省官满散天申节道场香口宣
(暂系于隆兴二年五月二十一日前后)

有敕:朕孝伸蠡濩,瑞接虹流。卿等集朱紫于周行,达缁黄之善颂。名薰有赐,神策斯增。今差某官赐卿等香,想宜知悉。

出处:《盘洲文集》卷一六。

撰者:洪适

考校说明:编年据同集前后文时间、文中所述史事补。

赐皇子邓王庆王恭王满散天申节道场香口宣
(暂系于隆兴二年五月二十一日前后)

玉厄讲家人之礼,金简受仙官之祥。惟时王邸之贤,能尽孙枝之孝。宝薰是锡,寿祉斯崇。

出处:《盘洲文集》卷一六。

撰者:洪适

考校说明:编年据同集前后文时间、文中所述史事补。

尚书省置籍检举未勘鞫内外赃私不法官吏诏
（隆兴二年五月二十三日）

今后内外赃私不法官吏，或已按劾，稽于勘鞫，不即结绝，可令尚书省置籍检举，月具节目闻奏。

出处:《宋会要辑稿》刑法三之八四。

淮东西商旅贩物货减半收税诏
（隆兴二年五月二十八日）

淮东、西商旅贩物货，依立定省则，并以减半收税。如系归正人兴贩，特与全免三年。

出处:《宋会要辑稿》食货一八之二。又见同书食货六三之二二二,《宋会要辑稿补编》第六八三页。

考校说明:《宋会要辑稿》食货六三系于隆兴二年六月一日。

抚恤淮东西归正人诏
（隆兴二年五月二十八日）

淮东西归正人在军者，计口给粮绥抚外，百姓安泊诸州，所宜宽恤。又见僦官私屋居住，僦钱不以多寡，并减半。有私辄增添，以违制科罪，许由所属越诉。户下骡马、舟船，官司并免差役，见差使者即日给还。淮东西商贩，依立定省则税并减半。如系归正兴贩，特全免三年。令本路曹司大书文榜及诸处税场，咸使通知，敢有违戾，具名案劾重责，吏人配流施行。

出处:《宋会要辑稿》兵一五之一四。

臣僚乞禁盱眙并楚州界客人装载货物私相博换钱宝答诏
（隆兴二年五月二十八日）

令宋肇、严凝、刘绎依认地分，昼夜缉捕，用心捉获，格外优异推恩。

出处：《宋史全文续资治通鉴》卷二四。

阎安中中书舍人制
（隆兴二年五月）

朕考三代以来，在两京最盛。文章焕焉可述，莫非尔雅之辞；号令罔有不臧，初无替否之迹。追还古始，有待髦英。具官某，学阐丘坟，声谐韶濩。决科文陛，切直冠夫诸儒；掌翰仪曹，光焰辉夫侪辈。介然有守，卓尔不群。自入贤关，新学法，挟策负素者争亲乎模范，蹑缨整襟者咸中乎规绳。惟禁路之择材，辍师资而为诰。虽出纶出綍，欲求润色之工；顾为纪为纲，尤赖论思之助。往践厥次，时惟休哉。

出处：《盘洲文集》卷二四。
撰者：洪适
考校说明：编年据《宋中兴东宫官寮题名》补。

付钱端礼御笔
（隆兴二年五月）

泗州可弃则弃。今夏金人蓄锐，秋必犯边。彼以重兵得泗州即去，则于我无利害，不必与之争锋。若守而不去，则会重兵，绝粮道，是不战而胜也。若彼得泗州而平其城郭而去，则我亦平其城郭，如淮阳军之类是也。朕调发卿以前军屯楚州，扼清河，轻兵守泗。王琪以殿司兵二三万屯扬州，郭振屯六合，淮西自有王彦、张守忠等。敌兵虽众，何足忧？止恐调发不及而来。卿宜保江上，朕便遣三衙兵至江上。卿宜军往楚州。别有所见，即具奏来。

出处：《攻媿集》卷九二《钱公行状》。

付钱端礼御笔
(隆兴二年五月)

比得陈敏奏泗州兵少,欲增戍兵。朕俟近秋调发。设若七月敌人伺我不备,冲突泗州,轻则敌,众则避。纵使得泗州,终何能为? 卿当按兵持重图之。

出处:《攻媿集》卷九二《钱公行状》。

赐资政殿学士知潭州黄祖舜乞宫观不允诏
(暂系于隆兴二年五月前后)

长沙壤阔民繁,一都会也。夷獠错杂其间,连率不称职,则有弄兵山泽之忧。卿机宥之老,望实隐然,息偃于蕃,效见宁谧。朕方以得人为喜,贡章匄闲,难以曲徇。

出处:《盘洲文集》卷一三。
撰者:洪适
考校说明:编年据同集前后文时间、黄祖舜宦历补,见《宋史》卷二一三《宰辅表》。

赐兵部尚书湖北京西路制置使虞允文乞宫观不允诏
(暂系于隆兴二年五月前后)

朕以边祲未清,戎事为大,专阃重寄,倚我宝臣。卿潜算可以料敌,雅望可以折冲,备御之策,厥有功绪,襄汉仍年无犬吠之警,贤长城远矣。需封再至,乃欲优游林壑,以成易退之名,将使朕焦心西顾,日昃不得食,于汝安乎? 少须艾宁,归断国论。

出处:《盘洲文集》卷一三。
撰者:洪适
考校说明:编年据同集前后文时间、虞允文宦历补,见《诚斋集》卷一二〇《虞公神道碑》、《宋史》卷三三《孝宗纪》等。

赐徐林辞免给事中不允诏
(暂系于隆兴二年五月前后)

朕爱惜名器,不轻假人。侍橐才难,宁刓印而不予。卿古之直谅,为国老成,勇退再三,色无喜愠。久不见贾,形之痞痫,琐闼虚位,无以易卿。曷为引疾,未闻命驾,一节以趋,当事斯语。

出处:《盘洲文集》卷一三。

撰者:洪适

考校说明:编年据同集前后文时间补。

赐户部侍郎淮东宣谕使钱端礼乞宫观不允诏
(隆兴二年六月前)

朕垂意边防,日昃或不暇食。自淮以往,简兵调马,丰财积粟,谨堡障、备器械,其素定之策固已断然于中。卿智略辐凑,有忧国之风,嗤空言,务实用,朕故辍之论思,倚以治外。虽官以谕指为名,实行督军之事。卿叱驭甚勇,图上方略,划剔蠹弊,咸契朕心。遄归奏陈,备见计虑。岁云秋矣,岂以疾求去时耶? 日伫再行,宽我忧顾。

出处:《盘洲文集》卷一三。

撰者:洪适

考校说明:编年据钱端礼宦历补,见《攻媿集》卷九二《钱公行状》。

保正副不得泛有科扰差使诏
(隆兴二年六月一日)

诸充保正、副依条只合管烟火、盗贼外,并不得泛有科扰差使。如违,许令越诉,知县重行黜责外,守倅各坐失觉察之罪。

出处:《宋会要辑稿》食货六五之九四。又见同书食货一四之三九,《文献通考》卷一三。

郊祀大礼御札
(隆兴二年六月六日)

敕内外文武百寮等:朕受太上之燕诒,宅域中之广大,将迎景至,初款圜丘。念报本反始,匪尚乎虚文;而交神塞明,在颙乎诚意。稽皇祖之诏令,敕攸司而讨论。凡粢盛祭典,则不改故常;若卤簿赐式,则俱从省约。行潦潢污之可荐,斯举邦彝;驿驹鸾路之勿修,敢劳民力?庶函蒙于繁祉,以大庇于黎元。丰年无患于虫蝗,斥候不惊于烽火。遂成熙事,用答鸿休。大号是盼,先期迺戒。朕以今年十一月二十九日谒款于南郊,咨尔有司,各扬厥职,相予肆祀,罔或不恭。故兹札示,想宜知悉。

出处:《盘洲文集》卷一一。又见《宋会要辑稿》礼二八之二九。
撰者:洪适

赐钱端礼辞免吏部侍郎不允诏
(隆兴二年六月七日后)

卿学问渊原于今古,论议烛察于是非,再掌民曹,久劳心计,出使淮甸,如朕亲行。念累岁之用兵,独武铨之挠法,仕者徼幸而得志,吏或并缘而为奸。非资通练之材,曷救放纷之弊!虽然少进,盖匪超迁,何须踵故之辞,尚事循墙之避。

出处:《盘洲文集》卷一三。
撰者:洪适
考校说明:编年据钱端礼宦历补,见《攻媿集》卷九二《钱公行状》、《宋会要辑稿》职官四一。

严禁临安府兴贩私盐诏
(隆兴二年六月八日)

访闻临安府城内外多有不畏公法之人兴贩私盐,及结托贵势之家,倚为主张,公然货卖。令临安府重立赏钱,严行缉捉。日后有犯,如系贵要之家,令御史台具名弹奏。

出处:《宋会要辑稿》食货二七之一五。又见《宋会要辑稿补编》第七九三页。

赐龙图阁直学士赵子潇辞免知福州不允诏
(隆兴二年六月八日后)

七闽居鲸波之凑,亡命者或沈浮其间,必威爱两全、能苏枯锄奸,然后胜连率之任。卿材堪理剧,所至瘼人,尹京之美,如汉赵、张。弭盗鄞川,桴鼓不警。徙镇有命,宜疾其驱。毋使吾民,叹于来暮。

出处:《盘洲文集》卷一三。
撰者:洪适
考校说明:编年据《宝庆四明志》卷一补。

朱夏卿充郊祀大礼提点一行事务官诏
(隆兴二年六月十二日)

两浙转运副使朱夏卿充郊祀大礼提点一行事务官,依已降旨务从省约,更不差置属官。自后遇郊并同。

出处:《宋会要辑稿》礼二八之二九。又见《中兴礼书》卷二六。

相度夷陵利便等事诏
(隆兴二年六月十六日)

夷陵之地,今日为次边利害,下湖北、京西路制置使司相度有无利便。又见屯夔路兵听邻州差拨,于夔州有无妨碍,下湖北路并夔州路安抚司同共相度经久利便,申取朝廷指挥。

出处:《宋史全文续资治通鉴》卷二四。

赈济浙东两淮被水人户诏
(隆兴二年六月二十四日)

浙东近因连雨大水,及两淮亦有被水去处,理宜措置优恤。令逐路帅、漕司同共措置,委官往被水州县赈济。合用钱米,许于常平司见桩管钱米内取拨。若有溺死之人,与量给棺殓之具。内无居止人,亦仰踏逐空闲官舍及寺观权行安泊。其应干合检放宽恤事件,及用常平钱米,并开具申尚书省。

出处:《宋会要辑稿》食货六八之一二五。又见同书食货五九之三九。

蠲免淮南西路科买朴硝等诏
(隆兴二年六月二十九日)

淮南西路科买朴硝并牛皮等物,及应干科敷,并予蠲免。

出处:《宋会要辑稿》食货六三之二二。

赐宰执汤思退等乞全免南郊支赐不允诏
(暂系于隆兴二年六月前后)

朕将执牺牲圭币,初见上帝,实赖二三股肱之臣,秉德显相,以竣祠错事。卿等行为世表,济我俭德,匪颁之式,三分损二。仲春丙子制书著为令矣,忽揽来牍,又欲悉免所赐。虽由衷体国,陈义甚高,若尽废旧章,殆非中道。

出处:《盘洲文集》卷一三。
撰者:洪适
考校说明:编年据同集前后文时间、汤思退官历补,见《宋史》卷二一三《宰辅表》。

回赐南平王李天祚敕书
(暂系于隆兴二年夏)

卿奉藩丹徼,慕义清朝。拜覃渥之褒纶,驰方输之珍物,备殚忠恪,深用

245

叹嘉。

出处:《盘洲文集》卷一六。
撰者:洪适
考校说明:编年据同集前后文时间补。

赐福建路安抚使张浚夏药敕书
(隆兴二年夏)

卿甫离摸路,借重价藩。当炎赫之御辰,恐驱驰而失叙,乃分良剂,用辅生经。

出处:《盘洲文集》卷一六。
撰者:洪适
考校说明:编年据张浚宦历、文中所述"夏药"补,见《宋史》卷三三《孝宗纪》、卷二一三《宰辅表》。

赐阶文龙州经略使吴拱等夏药敕书
(暂系于隆兴二年夏)

卿蒙犯隆暑,勤劳极边。城池斯固于金汤,介胄或生于虮虱。匪盼有式,注想不忘。

出处:《盘洲文集》卷一六。
撰者:洪适
考校说明:编年据同集前后文时间、吴拱宦历、文中所述"夏药"补,见《宋会要辑稿》职官七一。

赐湖北京西路制置使虞允文淮东西路
宣谕使钱端礼王之望夏药敕书
(隆兴二年夏)

卿潜算折冲,皇华护塞,宽吾旰食,劳汝暑行。乃盼赐式之珍,以助生经之卫。

出处:《盘洲文集》卷一六。

撰者:洪适

考校说明:编年据虞允文等人宦历、文中所述"夏药"补,见《宋史》卷三三《孝宗纪》。

赐荆湖南路安抚使黄祖舜夏药敕书
(隆兴二年夏)

卿在时旧德,为国长城。当三夏之炎晖,念重湖之卑湿,爰举匪颁之式,庶迎善啬之休。

出处:《盘洲文集》卷一六。

撰者:洪适

考校说明:编年据黄祖舜宦历、文中所述"夏药"补,见《宋史》卷三三《孝宗纪》、卷二一三《宰辅表》。

赐南平王李天祚历日敕书
(暂系于隆兴二年夏)

朕钦天治历,稽古颁常,仰齐七政之文,用协九畴之叙。眷言南服,夙慕华风,欲知来岁之宜,当讲新书之锡。谅循月令,以格时和。

出处:《盘洲文集》卷一六。

撰者:洪适

考校说明:编年据同集前后文时间补。

赐户部尚书韩仲通辞免荆襄制置使不允诏
(隆兴二年七月二日后)

善保家者必固其四壁,然后穿窬之患可弭;善养生者必卫其四体,然后晦明之疢不作。朕轸虑边垂,常若临敌,东起淮泗,西抵秦蜀,以吾三从臣分专阃之权

矣。襄汉介乎其中,绵地数千里,百将所屯,障隧相望,指麾总统,厥寄非轻。卿
蚤历险艰,能知兵事,久仪禁路,备见嘉猷。忧国惓惓,实惟素缊,折冲制胜,倚俟
茂勋。上牍执谦,乃为稽命。

出处:《盘洲文集》卷一三。
撰者:洪适
考校说明:编年据《宋史》卷三三《孝宗纪》补。

抚问犒设荆襄将士口宣
(隆兴二年七月二日后)

有敕:卿等奋忠许国,擐甲临边,暑往寒来,暴露良苦。有怀制阃,兹选近臣,
益勉功名,用酬恩意。今差户部尚书、新湖北京西路制置使韩仲通,抚问荆襄将
士,其犒设依两淮宣谕司体例支给,想宜知悉。

出处:《盘洲文集》卷一六。
撰者:洪适
考校说明:编年据韩仲通宦历补,见《宋史》卷三三《孝宗纪》。

归正官注授诏
(隆兴二年七月三日)

归正官已授替阙,并依已注州军改作见阙。其未曾经注授,于江东西、湖南
路帅府节镇其余州军,各特更添差一次,任满注差。令吏部照资格即日拟给付
身。非朝廷合给付身,关给临安府,参照地里,五百里已下,给钱十千;五百里已
上,加百里增至千五十千止,仍依本等官给券历,以家属口数随券历,人日支百
钱、米二升,沿路批支,到日津遣之任。

出处:《宋会要辑稿》兵一五之一四。

奖谕詹叔善诏
（隆兴二年七月三日）

詹叔善引年知止，足励士风，依条致仕，特与一子上州文学。

出处：《宋史全文续资治通鉴》卷二四。

推恩德寿宫官吏诸色人诏
（隆兴二年七月八日）

昨来奉上光尧寿圣太上皇帝、太上皇后尊号礼毕，除修制册宝、行礼都大所一行官吏等已推恩了当，所有本宫官吏、诸色人未推恩，可令有司讨论施行。

出处：《宋史全文续资治通鉴》卷二四。

蠲免扬泰楚滁州盱眙高邮军隆兴二年坊场钱诏
（隆兴二年七月二十五日）

扬、泰、楚、滁州、盱眙、高邮军合桩发隆兴二年分内藏库岁额坊场钱，并予蠲免一年。

出处：《宋会要辑稿》食货六三之二二。

太上皇后生辰事诏
（隆兴二年七月二十八日）

八月二十一日，寿圣太上皇后生辰，车驾诣德寿宫起居上寿，前后各一日并不视事。二十二日歇泊假，同日车驾诣德寿宫起居。今后准此。

出处：《中兴礼书》卷一八〇。

蠲放船户欠米诏
(隆兴二年七月二十九日)

行在排岸司见监系官纲欠米船户。欠十石以上人,日下蠲放;其三十石以上人,司农寺各责保,知在出外填纳。

出处:《宋会要辑稿》食货六三之二二。

令侍从等疏陈阙失及当今急务诏
(隆兴二年七月三十日)

政事不修,灾异数见,江浙水涝,有害秋成。朕自八月一日避殿减膳,思所以应天之实。可令侍从、台谏、卿监、郎官、馆职疏陈阙失,及当今急务,毋有所隐。

出处:《宋会要辑稿》帝系九之三三。又见《宋史全文续资治通鉴》卷二四,《水心文集》卷一六《二刘公墓志铭》,《历代名臣奏议》卷三〇六《应诏言和议决不可成奏》,《盘洲文集》卷五〇《水灾应诏奏状》。

赐文武百寮汤思退等上表请皇帝御正殿复常膳不允批答
(隆兴二年八月一日后)

涉秋以来,天作淫雨,害我稼事,朕仄席辍餐,惕然靡宁。天灾警予,夫岂偶然? 朝思夕惟,顾无以仰答谴告。虽沴气欲解,而沈没之田农方告病。公卿大夫有足国惠民之策,能纾我之忧,则为爱君。复常之请,姑置之可也。

出处:《盘洲文集》卷一五。
撰者:洪适
考校说明:编年据《宋史》卷三三《孝宗纪》补。

赐汤思退等再上表请御正殿复常膳不允批答
(隆兴二年八月一日后)

永初遇雁雹之异,不陈庭下之车;祖己戒雉鼎之祥,尚改庙中之祀。顾予不德,方古有惭。雨集七八月之间,遂成积潦,郡灾什四分以上,迨及数城。虽采纳于谠言,亦举行于荒政,莫救西成之害,不胜南面之忧。惟卿荐贡于诚忱,在朕正怀于抑畏。上栋下宇,难讲大昕之仪;右戚左殽,敢丰中昃之御?

出处:《盘洲文集》卷一五。

撰者:洪适

考校说明:编年据《宋史》卷三三《孝宗纪》补。

赐汤思退等三上表请御正殿复常膳允批答
(隆兴二年八月一日后)

朕罪己畏威,便坐未尝安席;斋心食淡,厚味不复充庖。永念咎端,敢为文具?虽恐惧于斯而逾月,顾贬损何足以应天!卿等咸造广庭,屡腾需牍,具陈稽古之训,深见尊君之诚。陛九级而上廉,勉从来请;物百羞以俟馈,祗愧多仪。所冀责难之恭,交修除害之利。

出处:《盘洲文集》卷一五。

撰者:洪适

考校说明:编年据《宋史》卷三三《孝宗纪》补。

令江浙守臣措置水利诏
(隆兴二年八月五日)

江浙水利久不讲修,积雨无所钟泄,重为秋稼之害。可令逐州守臣考按古迹,及见今淤塞去处,条具措置闻奏。

出处:《宋会要辑稿》食货六一之一一六。又见《宋史全文续资治通鉴》卷二四。

致仕文武官许更陈乞恩泽一次诏
（隆兴二年八月五日）

文武官七十致仕，缘郊祀在近，自降指挥后已未致仕人合该奏荐子孙，并听更陈乞一次。

出处：《宋会要辑稿》职官七七之七四。

罢措置所签厅官吏诏
（隆兴二年八月十三日）

措置所签厅官吏并罢。其钱库监官大使臣一员，令沈度等辟差。

出处：《宋会要辑稿》食货二一之四。

蠲免福建路州军煎盐亭户科敷色役诏
（隆兴二年八月二十日）

福建路州军应煎盐亭户科敷色役，仰照应江湖、淮浙、京西路已得指挥一体施行。即不得受情，将兼并豪右之家及不系煎盐亭户一例作亭户名色蠲免。

出处：《宋会要辑稿》食货二七之一五。又见《宋会要辑稿补编》第七九三页。

赐皇兄岳阳军节度使开府仪同三司居广生日诏
（隆兴二年八月二十日）

九秋强半，万宝浸成。惟时宗英，集此间气，庸举廪庖之锡，以荣弧矢之辰。宜服宠光，用迎昌炽。

出处：《盘洲文集》卷一三。
撰者：洪适
考校说明：编年据洪适任两制时间、周必大《玉堂类稿》卷九《赐皇兄检校少保岳阳军节度使开府仪同三司充万寿观使永阳郡王居广生日诏》补。

赈济临安府民诏
(隆兴二年八月二十三日)

临安府米价增贵,细民艰食,令常平出米二万硕赈粜。

出处:《宋会要辑稿》食货五八之二。又见同书食货五九之四〇、食货六八之六二。

赵不溢转官诏
(隆兴二年八月二十五日)

左中奉大夫赵不溢合该覃恩,转行一官,令吏部照应止法人例施行。

出处:《宋会要辑稿》职官一一之四五。

遣官决刑狱诏
(隆兴二年八月二十六日)

久雨未晴,虑恐刑狱淹延,有干和气。特令侍御史尹穑日下躬亲前去大理寺、临安府检察决遣。

出处:《宋会要辑稿》瑞异三之六。又见同书刑法五之三九。

赐贺允中辞免落致仕提举万寿观兼侍读不允诏
(隆兴二年八月二十七日前)

朕愿见耆艾,不啻饥渴。惟时旧德,近在数百里间,乃下尺一之诏,使之乘驲造朝,济我国论。卿左右承弼,天下达尊,闻命幡然,朕心以怿。惓惓不忘君,真古之所谓忠臣也欤。祠庭经幄,何以辞为?

出处:《盘洲文集》卷一三。

撰者:洪适

考校说明:编年据贺允中宦历补,见《宋史》卷三三《孝宗纪》等。

赐贺允中赴阙诏
(隆兴二年八月二十七日前)

朕总揽纪纲,规恢绪业。思得黄发台背之杰,尊我朝廷,若睹景星凤皇之祥,编之图谍。卿器闳而用远,学广而闻多,道可侔于皋夔,言必称于尧舜。清节懿行,表诸荐绅;谠论嘉猷,烂其章奏。令德无古今之间,美声洽中外之传。崇易退之风,尚抽簪于壮岁;佐更张之政,实补衮于慈闱。有怀典刑,每劳注想。兹借露门之职,俾均云阙之休。盖大臣以忧时为心,非常人拘谢事之制。仁期朝夕之诲,毋托春秋之高。安石将如苍生何,难循墙而固避;鲁人犹望高子也,其叱驭而疾驱。特讲旧章,始盼温诏。眷惟硕辅,必体至怀。

出处:《盘洲文集》卷一三。

撰者:洪适

考校说明:编年据贺允中宦历补,见《宋史》卷三三《孝宗纪》等。

抚问贺允中到阙并赐银合茶药口宣
(隆兴二年八月二十七日前)

卿驱驰道路,密迩郊关,乃将恩筐之颁,往问行骖之次。用申眷待,益辅葆调。

出处:《盘洲文集》卷一六。

撰者:洪适

考校说明:编年据贺允中宦历补,见《宋史》卷三三《孝宗纪》等。

决遣浙西江东刑狱诏
(隆兴二年八月二十七日)

浙西、江东霖雨害稼,窃虑刑狱淹滞,可令逐路提刑司疾速躬亲前往州县检察,决遣刑狱。

出处:《宋会要辑稿》刑法五之四〇。又见同书瑞异三之六。

赐知枢密院事兼参知政事贺允中乞依旧致仕
及还纳前后锡赐恩数不允诏
（隆兴二年八月二十七日后）

　　卿凤钟踔绝之材,内抱经纶之志。针膏肓于泉石,惠然肯来;访谋谟于庙堂,酌焉不竭。政赖同寅之助,庶图再造之勋。又欲挂冠,曾不暖席。岂朕尊贤之礼有所未至,而卿致主之道亦不克终。勿轻去就之怀,有负倚毗之意。

出处:《盘洲文集》卷一四。
撰者:洪适
考校说明:编年据贺允中官历补,见《宋史》卷三三《孝宗纪》。

赐资政殿大学士左通议大夫致仕贺允中辞免
知枢密院事兼权参知政事恩命不允诏
（隆兴二年八月二十七日后）

　　朕假人不以名器,宁或虚员;执政其犹股肱,相须成体。眷本兵之任重,久选众而才难。既得老成之典刑,必致枢机之周密。卿忠在王室,行如古人。博物洽闻,言谟有补于世;独行特立,卷舒不随乎时。造朝无俟驾之淹,接昼非括囊之比。蔽自朕志,冠于宥庭。仍参像于大钧,乃弼谐之旧物。纪纲益振,帷幄可尊。亟祗两命之荣,勿执三休之美。

出处:《盘洲文集》卷一三。
撰者:洪适
考校说明:编年据《宋史》卷三三《孝宗纪》补。王瑞来《宋史宰辅表考证》:“表将贺允中除知枢密院事兼参知政事记在‘八月己酉’,然检隆兴二年八月甲寅朔,月内无己酉日。《宋史》卷三三《孝宗纪》记在‘八月庚辰’,为二十七日。据此,知表作‘八月己酉’误。”（中华书局,二〇一二年,第七三页）

赐贺允中再辞免知枢密院事兼权参知政事
恩命仍断来章批答
(隆兴二年八月二十七日后)

　　二老来归于西伯,以齿为尊;九官相推于舜朝,匪辞所命。我图耆艾,俾典事枢,庶几制胜于两楹,如彼运筹之三杰。国有成涣,人无间言,当思遇合之难,共讲治安之策。畀之召节,即不凿坯以为高;览此奏函,何乃叩阍而未已。

出处:《盘洲文集》卷一五。
撰者:洪适
考校说明:编年据《宋史》卷三三《孝宗纪》补。

赐贺允中辞免同知枢密院事断来章批答口宣
(隆兴二年八月二十七日后)

　　载稽凤望,诞布明缗;升管斗枢,茂经天绅。舆情相庆,冲节可蠲。

出处:《盘洲文集》卷一六。
撰者:洪适
考校说明:编年据贺允中宦历补,见《宋史》卷三三《孝宗纪》等。"同知枢密院事",《宋史》卷三三《孝宗纪》、卷二一三《宰辅表》均作"知枢密院事"。

赈济淮东被水人户诏
(隆兴二年八月二十八日)

　　访闻淮东有被水去处,人户迁徙,可令钱端礼于本路见管米斛内支拨一万石,措置赈济。如不足,于淮东总领所大军米内取支。

出处:《宋会要辑稿》食货六八之六二。又见同书食货五八之二、食货五九之四〇、瑞异三之六,《宋会要辑稿补编》第五九三页。
考校说明:《宋会要辑稿》食货五八系于隆兴二年八月二十日。

赐尚书左仆射汤思退生日诏
（隆兴二年八月）

仲商之吉，清籥将中，咏崧岳之降神，梦傅岩之赉弼。有若伊陟格帝，式赖宏模；可与王乔争年，宜膺寿嘏。乃申蕃锡，庸体眷怀。

出处：《盘洲文集》卷一三。

撰者：洪适

考校说明：编年据汤思退官历、文中所述"仲商之吉"补，见《宋史》卷二一三《宰辅表》。

付钱端礼御笔
（隆兴二年八月）

览卿奏札，欲遣使事。朕初遣卿为宣谕，意在肃军政，明守备，二者皆无所陈。卿当与诸将严战守。主和议，非卿事也。虽金人重兵屯于淮北，亦须待许我议事，方当遣使。若因而侵犯，则将帅之任安在哉！撤戍可早，关边无害，不可迟疑，即日便宜施行。卿恐兵一动，若彼不回书而发兵，则当何如？卿欲奏事，边上未可阙，卿可频具奏来。

出处：《攻媿集》卷九二《钱公行状》。

赐虞允文辞免显谟阁学士知平江府不允诏
（暂系于隆兴二年八月前后）

卿名驰禁路，材轶英躔。羽扇纶巾，尝扫舟中之敌；轻裘缓带，久宣塞上之劳。会吴郡之阙人，听舆言而出命，陟之内阁，重我辅藩。使道路不复拾遗，则京师于是蒙福。事无可避，行也勿迟。

出处：《盘洲文集》卷一三。

撰者：洪适

考校说明：编年据同集前后文时间、《宋会要辑稿》选举三四补。

赐崇信军节度使开府仪同三司充万寿观使赵密乞致仕不允诏
(暂系于隆兴二年八月前后)

卿识潜李法,名压花卿。蚤扬贝胄之威,入护羽林之士,伍符甚整,师律可称。兹闲馆之均休,俾昕朝之借重。据鞍矍铄,谁谓伏波之衰? 扣楫扫清,未减祖生之志。奚为上牍,遂欲挂冠? 益务葆宸,毋轻眷倚。

出处:《盘洲文集》卷一三。

撰者:洪适

考校说明:编年据同集前后文时间、赵密宦历补,见《宋史》卷三三《孝宗纪》、卷三七〇《赵密传》。

赐赵密辞免少保乞守本官致仕不允诏
(暂系于隆兴二年八月前后)

卿执戈卫社,有籍甚之雄名;结发从戎,追幡然之暮景。久奉祠而均佚,忽贡牍以遗荣。恳请既坚,去心莫遏。兹升华于亚保,用疏宠于老臣。何须伛偻之词,未体宠光之意。亟其祗服,夸彼等夷。

出处:《盘洲文集》卷一三。

撰者:洪适

考校说明:编年据同集前后文时间、赵密宦历补,见《宋史》卷三三《孝宗纪》、卷三七〇《赵密传》。

赐金安节辞免敷文阁学士不允诏
(暂系于隆兴二年八月前后)

疏广盛东门之饯,观者皆贤;孔戣怀北陌之游,去之何果? 卓然凤望,踵此高踪。卿道不诡随,言皆至当,乌台谔谔,宁抑厌而退藏;青琐昂昂,实刚方之素缊。良金既已百炼,乔木耸其千寻。忽轻禁橐之荣,遂起安车之兴。念羽仪之迨赖,况筋力之未衰,屡揽忧封,勉从雅志。虽无人乎子思之侧,长者不留;抑使亲闻伯夷之风,顽夫不变。用跻内阁之职,俾对昕朝而归。优任子之常科,尽贪贤之异礼。尚劳冲挹,曷副眷私!

出处:《盘洲文集》卷一三。

撰者:洪适

考校说明:编年据同集前后文时间、金安节官历补,见《新安文献志》卷七三《金公安节家传》。

<h2 style="text-align:center">赐汤思退等为水潦害稼待罪不允诏</h2>
(暂系于隆兴二年八月前后)

朕德不足以感召和气,乃邪阴奸阳,常雨为罚,水不润下,伤我百谷。今驻跸于兹,吴中盖根本之地而膏腴之乡也。岁一不登,如公私何?卿等宜图内外之治,思政刑之失,求救灾之方,叶心力行,消去变异,以副朕应天忧民之实。合辞引咎,非所愿闻。

出处:《盘洲文集》卷一三。

撰者:洪适

考校说明:编年据同集前后文时间、文中所述史事补,见《宋史》卷三三《孝宗纪》。

<h2 style="text-align:center">赐吏部尚书金安节乞致仕不允诏</h2>
(暂系于隆兴二年八月前后)

朕读《诗》至于"虽无老成人,尚有典刑",《书》至于"尚猷询兹黄发",未尝不辍卷三叹。盖养老乞言,古昔之令典,而限年致事,仕进之常规也。礼经之制,乃为录录凡材戒之在得者设,若不得谢,岂虚文哉!卿年高德劭,名声四驰,魁垒尊朝,徒得君重。今百僚楀然,绅佩相映,顾不能容庞眉一老以表仪班列耶?舍朕而去,人谓斯何?

出处:《盘洲文集》卷一三。

撰者:洪适

考校说明:编年据同集前后文时间、金安节官历补,见《新安文献志》卷七三《金公安节家传》。

赐汤思退等为水潦再上表待罪不允不得更有陈请诏
（暂系于隆兴二年八月前后）

朕以政之失中，水不就下，思销复之策，方尽心焉。引燮调之咎，既闻耳矣，菲躬有过，台辅何嫌？解琴瑟而更张，赖于协力；归印绶而自劾，勿复费辞。

出处：《盘洲文集》卷一三。

撰者：洪适

考校说明：编年据同集前后文时间、文中所述史事补，见《宋史》卷三三《孝宗纪》。

赐赵密再上表辞免少保不允仍断来章批答
（暂系于隆兴二年八月前后）

省表，具之。朕讲修军政，眷遇一臣。念坚甲利兵，尝冒死亡之地；故高秩厚礼，特优终始之恩。兹宿将之告休，以贰公而佚老。使师众益思于报国，知朝廷不负于用人。朕命已行，汝辞毋再。所请宜不允，仍断来章。

出处：《盘洲文集》卷一五。

撰者：洪适

考校说明：编年据同集卷一三《赐赵密辞免少保乞守本官致仕不允诏》补。

赐少保致仕赵密告口宣
（暂系于隆兴二年八月前后）

卿恳辞宦路，归憩家园。缅怀百战之劳，已陟三孤之贵，出纶有赐，承命为荣。

出处：《盘洲文集》卷一六。

撰者：洪适

考校说明：编年据同集前后文时间、赵密宦历补，见《宋史》卷三三《孝宗纪》、卷三七〇《赵密传》。

赐赵密辞免少保不允批答口宣
（暂系于隆兴二年八月前后）

卿枕戈之久,解绂而归,已出褒章,用光晚节。执文可略,拜命勿迟。

出处:《盘洲文集》卷一六。

撰者:洪适

考校说明:编年据同集前后文时间、赵密官历补,见《宋史》卷三三《孝宗纪》、卷三七〇《赵密传》。

赐少保观文殿大学士充醴泉观使福国公
陈康伯辞免判绍兴府不允诏
（隆兴二年八月后）

卿道蕴夔龙,名参魏邴,久处中而当轴,能亮采以惠畴。怀赤松之游,遂轻元宰;享绿野之佚,既阅三时。眷岳狩之辅藩,起岩瞻之旧德。几祸牙而为重,兹击柝之可闻。尚驰称疾之章,未动趣装之意,先一州而后天下,已有愧于是言;润九里而福京师,岂遂志于斯世! 即期引道,勿事循墙。

出处:《盘洲文集》卷一四。

撰者:洪适

考校说明:编年据《宋史》卷三八四《陈康伯传》补。

抚谕四川军民诏
（暂系于隆兴二年四月至九月间）

朕嗣守神器,于斯三年。乃眷坤维,邈在万里。会边尘之未靖,致戎备之不除。乘塞护关,久矣采薇之戍;逾山越谷,远哉输粟之劳。或郡邑不值于循良,故田里尚生于愁叹。兹选近臣之彦,往专外阃之权。挟纩以慰军情,下当户晓;褰帷以求民瘼,大则驿闻。推吾轸恤之恩,酌以便宜之制,必令四境之按堵,惟恐一夫之乡隅。觊休息之有期,庶荣怀而相庆。

出处:《盘洲文集》卷一二。又见《宋四六选》卷一,《锡山文集》卷二。

撰者:洪适

考校说明:编年据洪适任两制时间、文中所述"朕嗣守神器,于斯三年"、同集前后文时间补。《锡山文集》卷二署洪遵撰。

初除阁职人供职事诏
(隆兴二年九月四日)

初除阁职供职人,先令取索脚色,委簿书官审人物,不致骄骏鄙俗,须历任无遗阙,具诣实状申阁门,方许供职。如未历差遣人候经任讫,照验印纸,与理额外元名次拨填员阙。虽有专降指挥,并许执奏。

出处:《宋史全文续资治通鉴》卷二四。又见《宋会要辑稿补编》第九一页。

赐皇子镇洮军节度使开府仪同三司恭王生日诏
(隆兴二年九月四日)

节两间而吹律,式对盛秋;艮三索而得男,是占吉梦。惟璇源之毓粹,宜贝阙之延休。爰饬恩盼,以崇寿岂。

出处:《盘洲文集》卷一三。

撰者:洪适

考校说明:编年据洪适任两制时间、赵惇("恭王")生日补,见《宋史》卷三六《光宗纪》。

蠲放欠米料纲稍五十石以下人诏
(隆兴二年九月四日)

临安府见寄禁少欠米料纲稍何元等一百六十七人,可将欠五十石以上之人令户部押下元装发州军补籴,欠五十石以下人并予蠲放。

出处:《宋会要辑稿》食货六三之二二。

令江东路相度措置开决宣州童淤诏

(隆兴二年九月四日)

令本路转运司相度,如委有壅塞,候秋收毕,措置开决。

出处:《宋会要辑稿》食货六一之一一六。

浙东酒库事诏

(隆兴二年九月八日)

浙东酒库自二万贯以上库分,并依行在体例,置专知官一名,并以二年为界。所有二万贯以下库分,更不差置,止令监官管干,趁办课息。仍将见置掌管钱物官日下并罢。

出处:《宋会要辑稿》食货二一之五。

诫谕江东浙西监司郡守诏

(隆兴二年九月十二日)

江东、浙西监司郡守:朕嗣服以来,求民之瘼。比缘江东、浙右俱被水灾,思拯民于愁叹,癙痹不忘。卿等既分外台之寄,皆为共理之良,宜究乃心,各扬尔职。能于所部讲明田事,预为陂塘渠堰,防患未然,使显效著于将来者,朕当不次亲擢;其或但为文具,尚畏权势,无益于备患,徒扰于庶民,国有典刑,朕必不赦。

出处:《宋会要辑稿》食货六一之一一六。又见同书瑞异三之六、食货八之六、食货六一之一一六,《宋史全文续资治通鉴》卷二四。

赵密落致仕权殿前司职事制

(隆兴二年九月十三日)

赐安车而就第,甫遂高怀;护钩戟以周庐,仍寻故步。人既谙于要束,朝有赖于谁何。具官某,气略沉雄,智谋宏远。艺长弓剑,出山西六郡之家;学守韬钤,得济北一编之法。久掌禁门之卫,浸高盟府之勋。会疆戍之移屯,致岩除之缺帅,畴咨在列,毋易老臣。以黄发而治兵,见赤心之许国。式崇武节,可壮军声。噫! 汉室置羽林之官,盖仰侔于乾象;唐人有灵寿之赐,亦复总于师干。益励忠规,用酬恩遇。

出处:《盘洲文集》卷一九。
撰者:洪适
考校说明:编年据《宋史》卷三三《孝宗纪》补。

<h1 style="text-align:center">钱端礼兵部尚书都督府参赞军事制</h1>
(隆兴二年九月十三日)

武部所掌五兵,文昌甚高八座,必望实素谐于舆论,则登用可强于本朝。具官某,敏识照微,清才露颖。浑金璞玉,备和气于四时;错节盘根,发新硎于游刃。自骞禁密,独步版曹,因边裬之究怀,以皇华而谕指。宣劳半岁,揆策万全。借前箸筹之,明于料敌;贤长城远矣,赖以折冲。兹遣使以结盟,尚整军而修备。已开督府,命将相以视师;乃陟夏卿,率宾寮而伙画。共讲止戈之武,以凝奠枕之勋。往服恩荣,益肩忠报。

出处:《盘洲文集》卷一九。
撰者:洪适
考校说明:编年据《宋史》卷三三《孝宗纪》补。

<h1 style="text-align:center">龚茂良太常少卿制</h1>
(隆兴二年九月十四日后)

奉常居九寺之首,繇法从而下,亚卿冠乎庶寮,秩清而选甚重。况当始郊之年,稽古礼文之事,岂易属人? 尔学探渊缊,溢为文华,儒党所誉,素有直声。乃自六察,置之谏坡,庶几虑闻骨鲠之论而获拾遗补阙之益也。引嫌辞位,屡挽不留,陟之容台,以观远器。

出处:《盘洲文集》卷一九。
撰者:洪适

考校说明:编年据龚茂良宦历补,见《宋史》卷三八五《龚茂良传》、《宋会要辑稿》选举一三。

新除郎官先上殿后供职诏
(隆兴二年九月十五日)

依建炎间指挥,今后应除郎官,令先次上殿,然后供职。

出处:《宋会要辑稿》仪制六之二四。

戒戢赃吏诏
(隆兴二年九月十五日)

朕闻先王之时,人有士君子之行,在位者皆节俭廉清,冰霜其操,羔羊、素丝之诗所为作也。今则不然,贪夫徇利,廉耻道丧,亶以广田宅、厚妻子为计。溪壑无厌,漫不忌惮。甚者掩公帑之积,私仓庾之赢,贼民剥下,浚其膏血。呜呼,岂设官之意哉!朕自临御以来,崇俭德,蠲浮费,庶几虔风厉天下,奸赃之吏未有闻而不治,然逮辜相继,何耶?是朕德不能化、罚不能惧也。古者刑不上大夫,唐虞画衣冠而民不犯。孰谓搢绅之士,心无愧耻,不若古之齐民歟!夫先甲后庚,申饬教告,而抵冒不已,至于用法,岂得已哉!凡我诸臣,其洒心迁善,励淳白之节,副总核之政,以长保其禄位,无或不悛,奸我重辟。播告中外,使明知朕意。

出处:《盘洲文集》卷一二。
撰者:洪适
考校说明:编年据《宋史》卷三三《孝宗纪》补。

知盱眙军郭淑直秘阁制
(隆兴二年九月十五日)

爵禄,天下之砥石也,有劳必赏,能者斯劝。尔材智闳敏,遇事风生,一障之乘,弗惮险易,视探虎穴,如行坦途。列职道山,旌汝体国。

出处:《盘洲文集》卷一九。又见《永乐大典》卷一三四九九。

撰者:洪适

考校说明:编年据《宋会要辑稿》选举三四补。

抚问王之望到阙并赐银合茶药口宣
(隆兴二年九月十九日前)

卿久问兵甲,来归庙堂。次舍之间,神明所护。宜有恩盼之宠,以咨匮薄之劳。

出处:《盘洲文集》卷一六。

撰者:洪适

考校说明:编年据王之望宦历补,见《宋史》卷二一三《宰辅表》。

差发军马往淮东诏
(隆兴二年九月十九日)

殿司护圣马步军、神勇军、神策选锋军、前、后、右军人马,并行起发,候到,令淮东宣谕使钱端礼差殿前司前军先次往扬州、右军往真州屯驻,其余军马并于镇江府听候朝廷指挥。刘宝除魏全、邢福下两将军兵在盱眙屯守外,其余全军并令在楚州并清河口、淮阴、洪泽留屯。陈敏军依旧屯守高邮,遇有警急,令陈敏自将兵千人往楚州就刘宝同共守御,候事定日还任。如盱眙人少,更令刘宝相度那拨增戍。郭振步军司全军,令拘收,并在六合。扬州孙于、瓜洲刘端人马,候今来差拨殿前司军马到日,归刘宝军。如分屯去处人数多寡,更切量度事势轻重,一面增减分合备御。

出处:《宋会要辑稿》兵九之一六。

出内库银赈济民户诏
(隆兴二年九月十九日)

今秋霖雨害稼,细民艰食,出内库银四十万两付户部,变转收籴米斛赈济。

出处:《宋会要辑稿》食货六八之六三。又见同书食货五八之三、食货五九之四〇,《宋会要辑稿补编》第五九四页。

郭刚达州刺史制
(隆兴二年九月十九日)

日者狂虏闯边,薄我瓜渚。尔输忠贾勇,誓扫妖氛,陷阵却敌,厥功茂焉。遥领州符,兹为酬赏,益图卫社,以保荣名。

出处:《盘洲文集》卷一九。

撰者:洪适

考校说明:编年据《宋会要辑稿》兵一九补。

赐左谏议大夫充淮西宣谕使王之望再辞免
参知政事乞宫观不允诏
(隆兴二年九月十九日后)

卿禀川岳之晖,有公辅之器,英名擅乎中外,奥学达乎古今。经武整军,忧遂宽于盱食;料敌制胜,明盖察于秋豪。既强本以折冲,能运筹而合意。俾参大政,冀展壮犹。有德进则朝廷自尊,诈谋斯寝;真儒用而天下无敌,治效可成。其报非常之绩,勿牵至再之请。

出处:《盘洲文集》卷一四。

撰者:洪适

考校说明:编年据《宋宰辅编年录》卷一七补。

赐左谏议大夫淮西宣谕使王之望辞免参知政事不允诏
(隆兴二年九月十九日后)

卿乘驲马车入蜀,十年之间遍持使节,兵民疆场之事,无远近巨细皆知之。而学可以伸其志,文可以畅其说,材可以任重致远,谋可以见微照隐,邦家之桀,君子之光也。谕指淮壖,边备甚设,奏函鼎来,辍食嘉叹。与其外治于军政,不若归协于庙谟。蔽自朕心,跻之两地。夫君臣遇合,千载一时,趣装亟来,勿执谦概。

出处:《盘洲文集》卷一四。

撰者:洪适

考校说明:编年据《宋宰辅编年录》卷一七补。

给事中吴芾转左朝议大夫制
(隆兴二年九月十九日后)

寄禄之阶,二十九等,有限年无限员。独议大夫其数八十,搢绅之士官极乎正郎,望之而不能至。唯侍从则不拘此法,可以超轶而居之。具官某,直绳耸乎霜台,惠露洽乎三郡,华问瑰望,靡人不知。再上禁途,尊我朝著。兹以黄扉之权而兼军旅之事,固不以一秩为轩轾也。有司校考,实应迁品,出此言绶,为之宠光。

出处:《盘洲文集》卷一九。

撰者:洪适

考校说明:编年据吴芾官历补,见《晦庵先生朱文公文集》卷八八《吴公神道碑》、《宋史》卷三三《孝宗纪》。

赐王之望再辞免参知政事不允断来章批答
(隆兴二年九月十九日后)

朕临渊思济,寤寐实材,外而一路一州之寄,内自郎吏九卿而上,曷尝易以印绶予人,况一二辅弼,所与断天下事而系国家重轻者哉?以卿通达治体,文武宪邦,事不避难,精于远虑,必能同德合谋,兴今复古,无愧于《烝民》《车攻》之诗。兹用决之朕心,峻登政路,非以私卿一己之荣也。卿当体朕责成之意,夙夜孳孳,同寅和衷,发舒贤缊,以振可大之业。屡章不已,非所望焉。

出处:《盘洲文集》卷一五。

撰者:洪适

考校说明:编年据《宋史》卷二一三《宰辅表》补。

赐王之望辞免参知政事断来章批答口宣
(隆兴二年九月十九日后)

　　卿学擅洽闻,材堪大任,兹陟钧衡之贰,其谐中外之瞻。宜视批章,遂镯来牍。

出处:《盘洲文集》卷一六。
撰者:洪适
考校说明:编年据《宋史》卷二一三《宰辅表》补。

付钱端礼御笔
(隆兴二年九月二十日)

　　已令王琪起发。刘宝军马有分在他处者,可尽抽回,不可使兵分。诏刘宝亦如之。

出处:《攻媿集》卷九二《钱公行状》。

除汤思退都督江淮东西路建康府镇江府江阴军江池州屯驻军马依前特进尚书左仆射同中书门下平章事兼枢密使岐国公加食邑实封制
(隆兴二年九月二十一日)

　　门下:位上宰而通四海,久成调鼐之功;开莫府以督诸军,有赖止戈之略。参考古今之制,独颛内外之权,式倚宗臣,用凝丕烈。刚辰允协,显册具宣。具官某,学博而识明,器宏而用远。禀五行之间气,盖彪外而弥中;冠四辅于两朝,实光前而绝后。主盟公道,杜塞幸门,业可侔于皋夔,言必称于尧舜。当群疑之未定,每潜画而有余。事不一书,既铿鍧于竹帛;智惟千虑,追契合于蓍龟。聿高忧国之风,遑恤盈庭之咎。枢机周密,犹神爵五凤之时;庙堂雍容,增大吕九鼎之重。臻兹殊效,本自至诚。朕获缵皇基,常怀戎事。顾边尘之未靖,方议寻戈;总兵柄而非轻,孰能和众? 若时英衮,正斡洪钧。文武为宪万邦,真有兼资之美;精神折冲千里，当收无竞之勋。蔽自予衷，谐乎人欲。俾仍提于相印，往尽护于师干。焕泰阶三台之躔，益隆瞻仰；括尺籍伍符之数，咸听指麾。自然增气于貔貅，何特知名于草木！乃陪井户，并衍爰田。於戏！兵事节度皆付公，吾岂从于中御；天下平治谁舍我，尔盍励于远犹。缅惟真儒，宁烦多训？

出处：《盘洲文集》卷一一。

撰者：洪适

考校说明：编年据《宋史》卷三三《孝宗纪》补。

赐汤思退口宣
（隆兴二年九月二十一日）

卿鼎席望尊，筹帷虑审，不改夑调之职，俾专总统之权。已告昕庭，宜祗茂渥。

出处：《盘洲文集》卷一六。

撰者：洪适

考校说明：编年据文中所述"不改夑调之职，俾专总统之权"补，见《宋史》卷三三《孝宗纪》。

赐左仆射汤思退辞免都督江淮军马不允诏
（隆兴二年九月二十一日后）

夫有文事必有武备，孔子所以克齐；无智名而无勇功，张良用之兴汉。虽战陈不逮胡篦之学，而筹策自高帷幄之中。顾方略之何如，岂儒术之无益。卿临机有断，烛理甚明，已能制胜于两楹，何惮启行之十乘？惟善致君者必欲立事，恐不知我者谓之辞难。宜略执章，以图成效。

出处：《盘洲文集》卷一四。

撰者：洪适

考校说明：编年据《宋史》卷三三《孝宗纪》补。

令刘宝专一措置清河口盱眙军防御诏
(隆兴二年九月二十三日)

令刘宝部押陈敏、魏胜于楚州专一措置清河口、盱眙军一带,仍分差主兵官前去盱眙军体度备御。郭振候刘宝军到,即回六合。

出处:《宋会要辑稿》兵九之一七。

归正有差遣待阙令吏部改添差见阙一次诏
(隆兴二年九月二十三日)

应归正有差遣、侍阙,并令吏部改添差见阙一次。归正在军,借补官资并两资补一资,带阁职更增加一官。凡在军借补归正,逐路帅司开具保明申尚书省,仍令吏部榜谕。

出处:《宋会要辑稿》兵一五之一四。

除杨存中都督江淮东西路建康镇江府江阴军江池州屯驻军马依前太傅宁远军节度使和义郡王加食邑实封制
(隆兴二年九月二十三日)

门下:听鼓鼙而思帅,孰能折于遐冲;赐斧钺以视师,殆无逾于英望。仍其制阃,宠以扬廷。具官某,识邃而明,气刚以果。声扬朔野,知虎头燕颔之名;书受邠沂,非风角鸟占之术。勇爵号万人之敌,洪钟铭百战之勋。左右凝严,掌西汉羽林之卫;始终福禄,继汾阳异姓之王。近整辕门,外开幕府。饬备有金汤之固,分屯如箕翼之形。遏彼北邻,制于悍将,靡思践好,不戒穷兵。若孛斗之妖星,有逾淮之候骑。虽丞相一劳弗惮,偶未祃牙;念元戎三令已行,宜申跪毂。庶几独任,可以有成。是用诞举徽章,特隆异数。颛锡盾雕戈之柄,增淑旂元衮之威。况国家或置督军,皆宰辅用之立武,惟此总干之命,是为绝席之恩。更广圭腴,益光竹帛。於戏! 诸将于是,皆以兵属,朕既付以重权;匈奴不灭,无以家为,汝盍

271

追于前哲！必图来效,庸副眷知。

出处:《盘洲文集》卷一一。

撰者:洪适

考校说明:编年据《宋史》卷三三《孝宗纪》补。

赐吏部侍郎淮东宣谕使钱端礼辞免
兵部尚书都督府参赞军事不允诏
(隆兴二年九月二十三日后)

夫能折冲者君子之谋,不避难者忠臣之职。卿受任抚边,悉心尽虑,城隍兵甲刍粟之事,处之善矣。朕以交邻之始,将帅之心未一,故建督府以重其权,命尔为大司马以赞之。庶几制胜定功,举无失策。再三称疾,朕何望焉？

出处:《盘洲文集》卷一四。

撰者:洪适

考校说明:编年据《宋史》卷三三《孝宗纪》补。

赐少保崇信军节度使赵密辞免落
致仕权殿前司职事不允诏
(隆兴二年九月二十三日后)

昔马服善兵,能成阏与之绩;营平虽老,不惮金城之行。以卿久护周庐,屡专勇爵,必能追于鼻祖,尚有志于肤公。乃出异恩,俾还旧服,无谓挂冠之后,遂忘持戟之忠。其体眷怀,勿拘辞避。

出处:《盘洲文集》卷一四。

撰者:洪适

考校说明:编年据《宋史》卷三三《孝宗纪》补。

赐太傅宁远军节度使醴泉观使和义郡王
杨存中辞免同都督江淮军马不允诏
(隆兴二年九月二十三日后)

朕留神以治军政,拊髀而思古人。命丞相以董师,将展百笾之饯;有元戎而共服,更增十乘之光。卿甲令称忠,太常纪绩。闳茂深远,洞龙弢应敌之机;福艾奇庞,得虎头食肉之相。当兵革未能休息;岂英杰可以韬藏！谋上将以贰元台,贤长城而开大府。几万全之良策,成七德之畯功。涣命已行,谦辞勿讲。

出处:《盘洲文集》卷一四。

撰者:洪适

考校说明:编年据《宋史》卷三三《孝宗纪》补。

赐杨存中上表再辞免同都督江淮军马不允仍断来章批答
(隆兴二年九月二十三日后)

卿材资果毅,谋虑沉深。百战摧坚,屡奏稿街之捷;八营掌武,久尊兰锜之权。时有弛张,色无喜愠。兹边尘之未靖,岂王事之可辞？当思注意之隆,必奋折冲之效。夫李靖专用兵之善,盖房、杜济之以文;若子仪坚事上之诚,故齐、晋比之为褊。宜蠲冲节,往副庙谟。

出处:《盘洲文集》卷一五。

撰者:洪适

考校说明:编年据《宋史》卷三三《孝宗纪》补。

赐杨存中辞免同都督断来章批答口宣
(隆兴二年九月二十三日后)

朕畴咨良帅,共督诸军。庶有櫜弓之期,遂臻奠枕之治。往图懋绩,勿事执辞。

出处:《盘洲文集》卷一六。

撰者:洪适

考校说明:编年据《宋史》卷三三《孝宗纪》补。

赐赵密落致仕权殿前司职事告口宣
(隆兴二年九月二十三日后)

朕畴咨一老,复卫千庐,士气既增,舆言咸惬。宜袛纶命,庸副眷怀。

出处:《盘洲文集》卷一六。

撰者:洪适

考校说明:编年据《宋史》卷三三《孝宗纪》补。

赈济绍兴府御札
(隆兴二年九月二十四日)

绍兴府今秋螟害水溢,重有灾伤,令吴芾遣吏按实,速加赈恤。仍思所以济之之术,速具以闻。

出处:《宋会要辑稿》瑞异三之四四。

布置备御军马诏
(隆兴二年九月二十五日)

令刘宝遵依已降指挥,全军守把清河口,并差官往盱眙屯驻。缘近来淮西探报事宜稍重,令郭振日下回六合,陈敏将带人马前去天长。候殿前司前军到扬州,令王琪先差拨三千人抵替陈敏往楚州,同刘宝、魏胜备御楚州、盱眙军一带。其余不可待报事,令钱端礼一面随宜施行。

出处:《宋会要辑稿》兵九之一八。

决配命官犯自盗枉法赃罪条约诏
（隆兴二年九月）

今后命官犯自盗枉法赃罪抵死,除籍没家财外,取旨遵依祖宗旧制决配。仍检坐天圣故事,令学士院降诏。

出处:《宋史全文续资治通鉴》卷二四。

张宗元司农少卿制
（暂系于隆兴二年九月）

国家驻跸东南,宫禁之须,百官之奉,师兵皂隶之食,皆仰给于大农。近郡新有水害,朕已蠲民田租,虑仓庾或不能足用也。以尔出自勋阀,以材谓称,卿寺计台,所居可纪,兹用命尔掌九扈之事。尔当会其多寡,常使有余,则为称职,不独谨出内而已。

出处:《盘洲文集》卷一九。
撰者:洪适
考校说明:编年据同集前后文时间、张宗元官历补,见《宋会要辑稿》食货四〇。

向沟提举淮东常平茶盐制
（暂系于隆兴二年九月）

山泽之产,所以供邦财者不一,而鬻海为之最。淮浙闽禺,潟卤之地不一,而淮东为之最。使者非其人,则国有遗利。尔材健而通,老于吏事,把麾揭节,良有可观。盐策之柄,兹以付汝。于官吏则有澄清之权,于民又有常平之政,往哉无瘝旷厥职。

出处:《盘洲文集》卷一九。
撰者:洪适
考校说明:编年据同集前后文时间、向沟官历补,见《宋会要辑稿》职官七一。

权剑门县杜兼循资制
（暂系于隆兴二年九月）

王师出塞，以食为急。尔千里馈饷，军不乏兴，进秩之荣，用答劳效。

出处：《盘洲文集》卷一九。

撰者：洪适

考校说明：编年据同集前后文时间补。

韩彦古将作监丞制
（暂系于隆兴二年九月）

朕留意武事，凡将帅功臣之世，皆欲罗而致之，以察其可用。尔好学不怠，秀于其家，匠监美官，吾所不惜。往思振职，毋或负丞。

出处：《盘洲文集》卷一九。

撰者：洪适

考校说明：编年据同集前后文时间、韩彦古官历补，见《宋会要辑稿》职官五二。

赐左仆射汤思退乞罢机政不允不得再有陈请诏
（暂系于隆兴二年九月前后）

大丞相所与朕决中外之计，以身为天下安危者也。君臣之间无纤介猜嫌，何为连章，直欲归印？朕焦心励精，内修政事；遏冲固圉，外治军旅。以文武二柄，剸属任一相，庶几迩安远肃，奠枕于京。使朕仰有以奉慈闱之欢，俯有以遂元元之乐，则卿亦有无穷之闻也。夫忠臣在畎亩犹不忘其君，卿图回庙堂，任重济难，劳亦至矣，无谓大雅保身而轻为此去就也。

出处：《盘洲文集》卷一四。

撰者：洪适

考校说明：编年据同集前后文时间、汤思退官历补，见《宋史》卷二一三《宰辅表》。

赐太傅宁远军节度使和义郡王杨存中生日生饩诏
（暂系于隆兴二年九月前后）

日躔井宿，对桑弧蓬矢之辰；天佑将星，得燕颔虎头之相。彝鼎纪殿岩之绩，衮旒荣王社之封。恩锡有常，寿臧斯介。

出处:《盘洲文集》卷一三。

撰者:洪适

考校说明:编年据同集前后文时间、杨存中宦历补，见《宋会要辑稿》职官三九等。

赐淮东宣谕使钱端礼乞罢遣不允诏
（暂系于隆兴二年九月前后）

赵营平画军册是其计者，初什三，中什五，最后什八，宣帝听之不疑，故功名垂于亡穷。卿衔命治边，于今半载，忠谋潜画，纤悉曲折，犁然当于朕心，公卿议臣亦未尝有异同之论也。何疑上书，遂欲解印绶去？朕方治使者车结二国之好，庶几边城有晏闭之期。夫为山九仞，功亏一篑，毋惮小留，以讫成绩。

出处:《盘洲文集》卷一三。

撰者:洪适

考校说明:编年据同集前后文时间、钱端礼宦历补，见《攻媿集》卷九二《钱公行状》。

赐起复检校少保威塞军节度使充河北路招抚使建康府驻札御前忠毅军都统制萧琦乞宫观不允诏
（暂系于隆兴二年九月前后）

朕捐高爵，推赤心，以待将帅熊罴之士，无此疆尔界之殊。庶几得人如金日䃅、浑瑊等辈，宣力成功，方驾前古。卿骁毅冠军，策略深远，锐然右衽，不爽初志。入对便朝，诚谅有余。朕所以宠之斋坛，授之将钺，冀汝忠义奋发，副我倚信。神明扶持，何恙不已？求闲之事，勿效虚文。

出处:《盘洲文集》卷一三。

撰者:洪适

考校说明:编年据同集前后文时间、萧琦官历补,见《宋会要辑稿》礼四四、《宋史》卷三三《孝宗纪》。

赐张浚辞免少师保信军节度使判福州恩命不允诏
(暂系于隆兴二年九月前后)

朕以卿连年督军,殚耗心志,复调台鼎,坐不燠席。跋履江淮之间,风缁露沐,亦已劳矣。方趣来归,而抗章再三,欲追赤松之游,诏旨虽颁,顾不得而留也。跻荣亚师,盖非常典,斋钺之拜,在儒者则以少为贵。始终眷遇,所以宠卿之归,抑无负矣。全闽之寄,慰彼去思,又何以辞为?

出处:《盘洲文集》卷一三。

撰者:洪适

考校说明:编年据同集前后文时间、《宋史》卷二一三《宰辅表》补。

阎安中国子司业制
(隆兴二年十月前)

古之盛帝,投戈而讲艺,息马而论道。今仍年出车,邦赋不足,虽养士有费,朕不敢惜。盖长育秀异,以备它日之用也。尔材美于西州,名高于鼎甲。峨獬豸冠则群而不党,掌南宫笺奏则粲然有文,订五礼之制则是古而不变,非强学力行者能如是乎?兹用陟之成均,受以师说,必能使诸儒乐循理而有士君子之行也。模不模,范不范,抑无愧焉?

出处:《盘洲文集》卷二一。

撰者:洪适

考校说明:编年据阎安中宦历补,见《宋中兴东宫官寮题名》。

推恩陈敏等诏
(隆兴二年十月五日)

陈敏与遥郡上转行一官,改差知高邮军,范荣与转一官,魏胜转两官,改差知楚州,胡明、夏俊各转一官。拱卫大夫陈敏可特授忠州防御使,右武大夫范荣可特授忠州防御使,武功大夫魏胜可特授右武大夫,武翼大夫胡明可特授武经大夫,武经郎夏俊可特授武节郎。

出处:《宋会要辑稿》兵一九之一四。

镇江府后军统制胡明转武经大夫制
(隆兴二年十月五日)

尔将屯远边,久佐新垒,招携控制,劳效居多。增秩之荣,用劝同列。

出处:《盘洲文集》卷一九。
撰者:洪适
考校说明:编年据《宋会要辑稿》兵一九补。

知涟水军夏俊转武节郎制
(隆兴二年十月五日)

尔忠义奋发,有志功名,一障捍边,备宣劳效。是增命秩,以夸辕门。

出处:《盘洲文集》卷一九。又见《永乐大典》卷七三二六。
撰者:洪适
考校说明:编年据《宋会要辑稿》兵一九补。

魏胜转右武大夫忠州团练使知楚州
陈敏转成州防御使知高邮军制
（隆兴二年十月五日）

朕差择猛士,捍城四方,边最有闻,岂缓褒典! 具官某,忠义自奋,鸷勇可推,典治新邦,阅日滋久,控制外侮,军声甚张,招携流逋,绩效亦著。易守淮垒,谨吾藩篱,用陟戎团,仍超横列。当思民社之寄,不专军旅之容。内抚疲氓,远固疆圉,恩威相济,时乃之休。

出处:《盘洲文集》卷一九。

撰者:洪适

考校说明:编年据《宋会要辑稿》兵一九补。

范荣忠州防御使制
（隆兴二年十月五日）

朕记人之功,惟恐事同而赏异,师还远徼,可无饮至之恩乎? 具官某,登锋履刃,众推拳勇;誓川扣楫,有志古人。比总舟师,往临海道,捍御外侮,威声甚张。归休淮渍,未忘武备,班劳出綍,用进州防。益思奋忠,以答殊奖。

出处:《盘洲文集》卷一九。

撰者:洪适

考校说明:编年据《宋会要辑稿》兵一九补。

颁郊祀行礼仪式诏
（隆兴二年十月六日）

以礼部、太常寺言,郊祀行礼并前期献飨宫庙,读册官读至御名勿兴,坛殿彻黄道裀褥,入坛殿不张盖,百官不回班,御燎从物、伞扇不入坛殿,行礼前卫士不起居呼万岁,礼毕御端诚殿受贺,登丽正门肆赦,并如绍兴礼令施行。

出处:《宋会要辑稿》礼二八之三〇。

诚约郊祀行事执事官严肃诏
（隆兴二年十月十一日）

郊祀行事、执事官等务在严肃，如有懈怠不恭，令阁门取旨送御史台。

出处:《宋会要辑稿》礼二八之三〇。

贺允中资政殿大学士致仕制
（隆兴二年十月十五日）

出而谋国，老成厥有典刑；退则洁身，君子所其明哲。惟时硕辅，复返故山，乃发涣章，以光行李。具官某，志骄富贵，行中表仪。强识博闻，学周公、仲尼之道；同工异曲，有相如、扬雄之风。蚤践禁涂，进联政路，结眷知于太上，播膏泽于域中。凡造膝之所陈，或婴鳞而不避。朕有怀耆德，迎枚乘以蒲轮；以壮本朝，坐子房于筹幄。渊然素缊，卓尔远犹。所赖股肱之良，岂拘筋力为礼。览封章之相继，纳禄赐而欲归。念逾七望八之年，愍劳以事；图咸五登三之治，重惜其行。勉遂初心，用还旧物，特欸清间之燕，式全体貌之恩。噫！终始三休，不改赤松之乐；古今一揆，莫难黄发之留。尚期存阙之忠，无废忧时之论。益颙颐养，永介寿臧。

出处:《盘洲文集》卷一九。
撰者:洪适
考校说明:编年据《宋史》卷三三《孝宗纪》补。

郊祀大礼陈康伯免导从驾等诏
（隆兴二年十月二十二日）

大礼使、左仆射陈康伯为患脚膝，今来郊祀大礼免导从驾，令于逐处宿斋。圆坛行礼，止令大次前侍立，俟礼毕，端诚殿后幄两拜称贺，余并免。

出处:《中兴礼书》卷二二。

赐枢密院官满散会庆节道场香口宣
(隆兴二年十月二十二日前后)

卿等恭趋仁宇,肃展净筵,庆弥月之佳辰,申后天之善祝。具知忠范,爰锡名薰。

出处:《盘洲文集》卷一六。
撰者:洪适
考校说明:编年据洪适任两制时间、文中所述史事补。

赐三省官满散会庆节道场香口宣
(隆兴二年十月二十二日前后)

卿等虔集朝绅,洊崇法席,式介诞弥之祉,庸知弼亮之忠。宜锡珍芳,用成宝供。

出处:《盘洲文集》卷一六。
撰者:洪适
考校说明:编年据洪适任两制时间、文中所述史事补。

赐三衙满散会庆节道场香口宣
(隆兴二年十月二十二日前后)

卿等输忠卫戟,展敬名蓝,欲崇箕翼之符,广集乾坤之祉。乃加颁锡,以助薰严。

出处:《盘洲文集》卷一六。
撰者:洪适
考校说明:编年据洪适任两制时间、文中所述史事补。

赐皇子邓王庆王恭王满散会庆节道场香口宣
（隆兴二年十月二十二日前后）

卿竭孝兰陔，归诚莲刹，介八千春之眉寿，翻十二部之尊经。爰赐宝芬，益严胜会。

出处：《盘洲文集》卷一六。
撰者：洪适
考校说明：编年据洪适任两制时间、文中所述史事补。

令杨存中等措置捍御真阳六合险要形势诏
（隆兴二年十月二十三日）

都督江淮军马杨存中与王琪、郭振共议真、扬、六合一带占据形势险要去处，措置捍御。

出处：《宋史全文续资治通鉴》卷二四。

执政大臣入便殿奏陈诏
（隆兴二年十月二十三日）

朕每听朝议政，顷刻之际，意有未尽。自今执政大臣或有奏陈，宜于申未间入对便殿，庶可坐论，得尽所闻，期跻于治。

出处：《宋史全文续资治通鉴》卷二四。又见《宋元通鉴》卷八二，《宋史新编》卷一一。

汉阳等州军水陆般运去处人户秋税放免一半诏
（隆兴二年十月二十八日）

汉阳、荆门、信阳军、襄阳府、安、复、随、郢州人户，应水陆般运去处，今年秋税更予放免一半，其已纳者，即予理为明年合纳之数。

出处:《宋会要辑稿》食货六三之二二。

单时秘书丞王东里著作佐郎戴达先莫冲校书郎制
(隆兴二年十月)

册府储天下之材,如梗楠、豫章,积日累月,俟其昂霄耸壑然后择而用之。尔等学行纯淑,选在周行。或自簿领而徙清官,或仍笔削而佐太史,或繇是正而进校雠,并肩群居,相与言仁义之道而穷未见之书。益尊所闻,以涵远业。

出处:《盘洲文集》卷一九。
撰者:洪适
考校说明:编年据《南宋馆阁录》卷七补。

唐阅都官员外郎制
(隆兴二年十月)

六官之属,二十四司,事有剧易,而郎位应列宿等耳。尔学韬于中,入朝久次,陟之省户,俾究所长。昔薛能、李频尝为中都郎,而官曹增重。其思古人,以称推择。

出处:《盘洲文集》卷一九。
撰者:洪适
考校说明:编年据《南宋馆阁录》卷七补。

赐给事中吴芾辞免吏部侍郎不允诏
(暂系于隆兴二年十月前后)

士君子公耳忘私,当官而行,乌有亲疏阿曲之患?然三尺法大为之坊□非为端人正士□也。尔能养刚大之气,素擅直方之名,甫入东台,正赖纠驳,辅臣有连,必无偏党。援此再疏,□□甚力,朕亦不欲使汝破律造端也。小天虽高,抑汝要路,夫何辞之有?

出处：《盘洲文集》卷一四。

撰者：洪适

考校说明：编年据同集前后文时间、吴苕官历补，见《晦庵先生朱文公文集》卷八八《吴公神道碑》、《乾道临安志》卷三。

吴飞英太学博士制
（暂系于隆兴二年十月前后）

爱其子，择师教之。国家为多士选模范，乌可忽也？尔顷游胶庠，名出同辈，推其所得，不倦于诲人，则有速肖之效矣。

出处：《盘洲文集》卷一九。

撰者：洪适

考校说明：编年据同集前后文时间、吴飞英官历补，见《宋会要辑稿》选举二〇。

商江等赠官制
（暂系于隆兴二年十月前后）

尔等奋发忠勇，气吞腥膻，力战丧元，名则不朽。宠之命秩，式表重泉。

出处：《盘洲文集》卷一九。

撰者：洪适

考校说明：编年据同集前后文时间补。

苏岘太常寺主簿制
（暂系于隆兴二年十月前后）

尔四世祖精于礼学，作《太常因革书》百篇行于世，礼官有讨论，资以折衷而无聚讼之患。尔不坠家学，近臣称之，往游曲台，思赞其长。

出处：《盘洲文集》卷一九。又见《永乐大典》卷一四六〇七。

撰者：洪适

考校说明：编年据洪适任两制时间、苏岘官历补，见《南涧甲乙稿》卷二一《苏公墓志铭》、《攻媿集》卷九二《钱公行状》。

李进右武大夫制
（暂系于隆兴二年十月前后）

瓜渚之役,妖氛甚张,傥非枭俊之臣,孰建荡平之绩?具官某,精忠自誓,劲勇不群。摄甲执兵,盖将死敌;搴旗斩将,有以安边。既扫欃枪,遂全壁垒。宜陟横阶之峻,用增尺籍之光。益务捐躯,以酬恩涣。

出处:《盘洲文集》卷一九。
撰者:洪适
考校说明:编年据同集前后文时间补。

揭阳县令余致和广德县令赵善礼循资制
（暂系于隆兴二年十月前后）

国家除戎器以藏武库,尝下诸郡作甲。尔能勤其官,先期趣办,爰进一阶,示信赏也。

出处:《盘洲文集》卷一九。
撰者:洪适
考校说明:编年据同集前后文时间补。

知枢密院贺允中赠三代制
（暂系于隆兴二年十月前后）

贺允中曾祖屯田员外郎赠太子少保应机赠太子太保制

君子之泽五世,聿流积德之光;泰阶所陈六符,斯厚显亲之典。兹延登于硕辅,复追贲于曾门。具官某,探道有涯,怀材弗展,傲青云而吏隐,甘白首之郎潜。余庆所覃,后昆益大。恩加愍册,已陟东宫之孤;宠逮幽扃,更增一品之秩。尚其冥漠,歆此休嘉。

贺允中曾祖母和义郡夫人杨氏赠同安郡夫人平乐郡夫人侯氏赠文安郡夫人制

百川之水，其源深者流必远；昂霄之木，其根茂者枝必盛。辅拂股肱之臣，享高爵厚禄而有英声鸿实者，皆其先世垂光委祉之效然也。某氏钟礼郝法，宗姻化之，克配吉人，庆延后裔。副笄翟茀，载启大邦。庶几泉扃，知此愍饰。

贺允中祖朝议大夫赠少保抚辰赠太保制

昔于公治狱多阴德，乃高大其闾门，令容驷马高盖车，谓后世必有兴者。其子孙踵相，蹑为三公，天之可以责报如此。具官某，被服儒术，策名鼎科，泽加于民，仅跻卿位，非此其身，施于再叶。宥庭政路，赫赫岩瞻，宠及九原，进升公保。营魂不昧，尚克享之。

贺允中祖母嘉国夫人王氏赠蔡国夫人制

朕三聘老臣，再登政地。宏摹韪业，既尊巩于邦基；恤典禭章，必宠光其祖庙。某氏勤组紃之事，服图史之箴。温慈惠和，称于宗党；蕃衍盛大，燕及闻孙。位既峻于台阶，恩益崇于王母。小君惟旧，大国始荒，申加刻蜜之封，用展含饴之报。

贺允中父承议郎赠太子太傅坦赠少傅制

人子之事其亲，常怀三釜之养；大夫之祭于庙，遂伸五鼎之仪。惟时儒先，复陟台辅，孰慰循陔之孝，爰推告第之恩。具官某，种学绩文，道潜乎圣域；砥节砺行，名振乎俊躔。敛六翮以卑飞，侪百僚而漫仕。是生英傑，胥会明良，运机筹于帷幄之中，赞政化于陶钧之上。积善必得其报，教忠厥有自来。幽穸甚光，登春宫之传职；愍章相继，荣左棘之新名。尚其如存，歆此无斁。

贺允中母太原郡夫人王氏赠贺国夫人制

朕考儿齿黄发之章，见奉亲之燕喜；诵凯风寒泉之什，知鞠子之劬劳。常优锡类之恩,用达扬名之孝。矧吾枢极,永怆柸圈,宽其霜露之思,宠以山河之象。某氏性专静嫕,德禀柔嘉。媲厥名儒,采藻谨宗祊之荐;诲其哲嗣,断机择师友之贤。暨再应于台符,徒有怀于甘旨。从夫之氏,有国在南,乃开紫诰之封,尚作黄垆之饰。光灵不翳,休宠是歆。

贺允中妻永嘉郡夫人邓氏赠和政郡夫人制

自古士大夫以诗书起家,践于丞弼,非独祖考焘后之祉也,盖亦有壸内之助焉。某氏胄出名门,辅佐君子,柔德淑范,齐芳管彤,馈祀有年,不克偕老。已正鱼轩之贵,具膺鸾诰之荣。改胙大邦,式贲泉壤。

出处:《盘洲文集》卷一九。
撰者:洪适
考校说明:编年据同集前后文时间、贺允中官历补,见《宋史》卷二一三《宰辅表》。

徽猷阁待制周执羔封赠制
(暂系于隆兴二年十月前后)

周执羔父朝奉大夫致仕庭俟赠右朝请大夫制

朕嗣服之始,庆覃中外。禁近之臣,时方端忧,则俟其御祥琴而推祢庙之泽,所以教天下之孝也。具官某,盛德著于州闾,美名驰于仕路。一经教子,入从出藩,黄发厖眉,享其荣养。新阡属耳,襚典鼎来,追命文阶,用光庙祀。

周执羔母宜人吴氏赠令人制

妇人从夫,与子而贵。夫为大夫,子为卿,夫存则封邑不可逾其爵;今亡矣,故视其子无嫌也。某氏徽柔庄靖,夙著壸彝,三徙其邻,克成贤嗣,降年不永,板舆养阙。宜家美号,昔蒵其夫;圣善令名,兹因其子。推此协华之泽,慰夫念母之心。

周执羔继母宜人刘氏赠令人制

朕覃践阼之泽于四海,靡间存没,况从臣之亲乎?某氏出自名族,嫔于儒门,驯德淑行,六姻所称。有子通显,伸其孝思,重泉有知,歆此褒典。

出处:《盘洲文集》卷一九。
撰者:洪适
考校说明:编年据同集前后文时间、周执羔官历补,见《宋史》卷三八八《周执羔传》。

王选高州刺史制
(暂系于隆兴二年十月前后)

朐山之役,累月交兵,猛士登埤,乘机战野,摧陷强敌,御名清重围,守将之功,尔居其最。兹出褒典,宠以州旌,益思竭忠,用答恩奖。

出处:《盘洲文集》卷一九。
撰者:洪适
考校说明:编年据同集前后文时间补。

忠训郎戴青降一官制
(暂系于隆兴二年十月前后)

驭军有律,亡命必诛。尔逋逃自归,姑从末减。尚思后效,戒此薄惩。

出处:《盘洲文集》卷一九。
撰者:洪适
考校说明:编年据同集前后文时间补。

度支员外郎吴巘升郎中制
(暂系于隆兴二年十月前后)

在廷百官,惟尚书郎以资历浅深而为之别,若身登省户,则畴昔岁月虽分阴不弃也。尔少有隽誉,久于剸繁,司度剧曹,甫观所蕴。爰稽官簿,当应星文,服此宠荣,益思自勉。

出处:《盘洲文集》卷一九。
撰者:洪适
考校说明:编年据同集前后文时间补。

刘大辩太府寺主簿制
(暂系于隆兴二年十月前后)

朕比下省官之令,虽中都亦去冗员,故九卿之属,丞、簿不并置。惟司府两丞,亦得以簿代之。盖职掌文书之繁,俟人而后举也。尔以儒术决科,好谈古今治乱事,勾稽之任,姑试尔才。益摅所长,以若予采。

出处:《盘洲文集》卷一九。又见《永乐大典》卷一四六〇八。
撰者:洪适
考校说明:编年据同集前后文时间补。

抚问少保恩平郡王璩到阙并赐银合茶药口宣
(暂系于隆兴二年十月前后)

卿比趋召节,来相郊禋,蒙冒霜威,驰驱江路。庸推盼式,以示眷私。

出处:《盘洲文集》卷一六。
撰者:洪适
考校说明:编年据同集前后文时间、赵璩官历、文中所述史事补,见《宋史》卷三三《孝宗纪》。

传宣抚问宣押陈康伯赴行在口宣
（暂系于隆兴二年十月前后）

朕焦劳宵旰，注想仪刑，申遣使瑒，往迎召驲。所期倍道，以副虚怀。

出处：《盘洲文集》卷一六。
撰者：洪适
考校说明：编年据同集前后文时间、陈康伯官历补，见《宋史》卷三八四《陈康伯传》等。

考功郎中沈度直秘阁知平江府制
（隆兴二年十一月前）

吴门价藩，密接行阙，异时持橐之臣，乞左符而不可得。尔以名字典郡，威而不猛，刃游肯綮，庭无逋事，题舆是邦，厥有遗爱。辍自省户，寓直道山，用增森戟之重。凡惠民戢吏听讼理财之事，不待丁宁之训也。惟枕江连海，戒于外虞，监牧之政，营屯之寄，所以宽我戻食者，尔尚勉之。

出处：《盘洲文集》卷二〇。
撰者：洪适
考校说明：编年据《绍定吴郡志》卷一一补。

魏郊武功大夫忠州刺史制
（隆兴二年十一月四日后）

汉人取从军死事之子孙养于羽林，教以五兵，号曰“羽林孤儿”，有征伐之役则选用之。汝父北首死敌，忠勇无双。汝年虽未冠，朕不惜高秩厚禄，使汝袭乃父之品。犬戎者，不戴天之仇也，其思所以报之。

出处：《盘洲文集》卷二〇。
撰者：洪适
考校说明：编年据魏胜（魏郊父）卒年补，见《宋史》卷三三《孝宗纪》。

激谕将士诏
（隆兴二年十一月五日）

朕祗奉慈训,嗣有基业,永念祖宗陵寝,朝献路绝,黎元涂炭,屯戍未休。朕为人之后而不能报上世之愤,为人之君而不能振斯民之厄,故食不知味,寝不安枕,未尝以尊位为乐也。特以战争之役,肝脑涂地,不忍南北之人枉罹非命。自即位以来,两发聘使,冀寻旧盟,而邻帅主兵,及境弗纳。迨行人再往,始则立式邀求,继则迫胁困辱。朕以兵隙难开,隐忍自屈,仍遣魏杞,衔命复行。不较礼文,书辞屡易,不爱四郡,割以奉之。乃渝元约,又求商州,且索临阵系虏之人。是其更变无厌,必欲寻衅,初无休兵结欢之意。今使命逗留,议论不决,积粟出船,包藏叵测。朕以太上圣意,不敢重违,而宰辅群臣,前后屡请,已尽依初式,再换国书,岁币成数,亦如其议。在我可从,无一顾惜。若彼坚欲商秦之地、俘降之人,则朕有以国毙不能从也。傥或不谐前好,至于交兵,天实临之,非朕得已。想彼兵民,厌其黩武,亦当嗟怨,况我将校六师,受国家爵禄之久,忠义所激,自应奋勇捐躯,为国雪耻。夫立非常之事,彰无穷之名,酬赏厚赐,朕不敢吝。呜呼！兵凶器也,朕既无德以修二国之睦,又无威以寝敌人之谋,时当三冬而使军士有暴露之叹,人民有转输之劳,害贻尔众,痛在朕躬。凡百臣子,当念兴师用众匪朕本心,我直彼曲,动则有辞,共输报国之忠,永享安居之乐。

出处:《盘洲文集》卷一二。又见《宋会要辑稿》兵七之二。
撰者:洪适

荆南郢州出戍军马家小津发前去就粮屯驻诏
（隆兴二年十一月六日）

荆南、郢州出戍军马家小并津发,并去就粮屯驻。合用寨屋,令湖北转运司于荆南大军营寨相近踏逐系官空闲地段,疾速措置修盖。合用钱物,于本司应管官钱内支给。

出处:《宋会要辑稿补编》第三二二页。

拘收魏杞将带使金礼物充犒军支用诏
(隆兴二年十一月六日)

朕屈己遣使,欲安军民,而虏情变诈,遽尔称兵。所有魏杞等将带礼物金银匹帛,可令都督府拘收,及于左藏南库支拨见钱三十万贯,令都督江淮军马汤思退将带前去,并充犒军支用。

出处:《宋会要辑稿》职官三九之一八。又见《景定建康志》卷二五。

赐参知政事王之望辞免督视江淮军马乞致仕不允诏
(隆兴二年十一月六日后)

朕以境土分裂,宿愤不摅,顾瞻中原,未尝一日忘于心。仰禀慈谋,俯从廷议,屈意寻盟,固已逆料其不成也。夷狄无厌,竟为戎首。卿习知边琐,智略纵横,揆策运筹,吾见刚者,钧轴之拜,所恃有为。今御侮捍冲,机不容发,非揖逊救焚、从容拯溺之时。以卿忧国之忠,吞敌之气,必能执言,不复避事,视师之命,舍卿而谁?勿淹引道之期,何俟清边之效!

出处:《盘洲文集》卷一四。
撰者:洪适
考校说明:编年据《宋史》卷三三《孝宗纪》补。

改郊祀诏
(隆兴二年十一月七日)

朕惕临宝位,始祓泰坛。已敕攸司,肃茞栗齍盛之备;将因长至,展肯萧圭币之诚。会有边烽,尚驰羽檄,方治劳军之计,恐亏类帝之仪。盖事既问于甲兵,则心不专于斋戒。若昔鲁史,礼屡变于卜郊;惟我昌陵,日尝移于近晦。况当至道之载,适值继迁之虞,诏以来春,行兹元祀。旧章具在,故事可稽,参两朝烈祖之规,改嗣岁正阳之月,庶几祗敬,可荐馨香。宜颁一札之书,用谕四方之听。

出处:《盘洲文集》卷一二。

293

撰者:洪适

考校说明:编年据《宋史》卷三三《孝宗纪》补。

起用陈康伯御札
(隆兴二年十一月七日)

朕惟国有贤辅,治化攸资。人惟求旧,哲王所尚。卿老成旧臣,赞理政务有年,忠勤资望茂著,简在朕心。兹特起用,董正百官,抚绥万民,以左右我国家。卿宜即刻就道赴任,以副朕眷倚至意,毋得稽迟。敕差兵部郎、司勋郎官欧阳济卿赍札敕,令四方出榜通衢,逐秦桧党人,仍禁辄至行在。卿旧臣,直司纶綍,赞化劳心,宜恩荫子孙,酬劳改荫恩泽六品。准御前金字牒降到,吏部官照会。

出处:《陈文正公文集》卷五。又见康熙《广信府志》卷二八,《陈文正公家乘》卷一,同治《广信府志》卷一一,民国《弋阳县志》卷一六。

考校说明:编年据《宋史》卷三三《孝宗纪》补。

赐杨存中都督江淮军马告口宣
(隆兴二年十一月九日)

边尘方起,阃制非轻,赖总督之得人,能扫除而安国。已盼褒律,宜服涣恩。

出处:《盘洲文集》卷一六。

撰者:洪适

考校说明:编年据《宋史》卷三三《孝宗纪》补。

赐杨存中辞免都督不允诏
(隆兴二年十一月九日后)

朕以敌人犯塞,师众在边,欲专总统之权,用注安危之意。凡吾戍役,咸听指麾,庶三令五申之明,无十羊九牧之患。以卿老于戎事,积有智名,必能展于壮犹,遂克成于隽绩。徽章已播,舆诵谓宜,益肩卫社之忠,勿讲循墙之避。

出处:《盘洲文集》卷一四。

撰者：洪适

考校说明：编年据《宋史》卷三三《孝宗纪》补。

赐左仆射汤思退乞罢机政不允诏
（隆兴二年十一月十日前）

昔越勾践苦身焦思，图报强吴，谓镇抚国家、亲附百姓，蠡不如种，故举国政属之种而使蠡治兵甲之事。内外得人，终刷会稽之耻。今犷狄寻戈，犯我边鄙，虽卿受任董师，前有成命，念排难图全，在予左右，其责甚大。一相之动，□□易摇，非奠枕于京之计也。虑之再三，权其轻重，俾□□往代此行。举棋不定，朕则有愧，委而去之，岂君臣同患之义乎？

出处：《盘洲文集》卷一四。

撰者：洪适

考校说明：编年据《宋史》卷二一三《宰辅表》补。

晁公武侍御史制
（隆兴二年十月七日至十一月十日间）

御史府风霜肃然，远近望而畏之，南床最为雄剧，非修洁方闻之士，宁刓印而不予也。尔贯穿古今，通达治体，久劳于外，事无不历，入朝三接，满岁九迁。谏纸台评，饱闻髋论；忧时谋国，具见公忠。禁路乘骢，孰曰不可？善善恶恶，益期尽言，副我虚怀，以休广誉。

出处：《盘洲文集》卷二〇。

撰者：洪适

考校说明：编年据晁公武宦历补，见《宋会要辑稿》职官七七、职官七八。

汤思退罢尚书左仆射同中书门下平章事兼
枢密使特授观文殿大学士提领江州太平兴
国宫依前特进岐国公制
(隆兴二年十一月十日)

　　门下:冢宰佐王治国,意实注于安危;大臣以道事君,时具瞻于进退。眷惟雅望,久翊繁机,既殚上印之诚,宜厚秉钧之礼。诞扬坦制,宣告群工。具官某,器宇清明,材猷超诣。乐尧、舜之道,阿衡专美于有商;品渊、骞之篇,扬雄度越于诸子。轩然俊域,籍甚要津。烜赫北门,儗丝纶于雅诰;从容右府,运帷幄之良筹。结慈陛之深知,应台阶之上象。粤予纂绍,复俾赞襄,积熙载之忠规,罄安边之潜虑。循名责实,所期公耳忘私;应变守文,常以今而视昔。方仰成之无间,何引去之甚坚?选众举皋陶,任盖尊于一相;事亲若曾子,养已洎于千钟。遂其尝药之怀,失我和羹之助。兹推渥典,用贲归途。鼎秘殿之崇资,食珍台之优禄。式笃股肱之义,以全体貌之恩。於戏!明哲以保其身,靡失青毡之旧;喜愠不形于色,可娱绿野之游。无起遄心,斯能终誉。

出处:《盘洲文集》卷一一。又见《永乐大典》卷一三五〇六,《宋四六选》卷三,民国《庐山志》副刊之二。
撰者:洪适
考校说明:编年据《宋宰辅编年录》卷一七补。

赐汤思退提举太平兴国宫告口宣
(隆兴二年十一月十日)

　　卿洊腾需牍,祈解冢司,载嘉勇退之风,莫遂挽留之意。兹贲制渥,宜体眷怀。

出处:《盘洲文集》卷一六。
撰者:洪适
考校说明:编年据《宋史》卷二一三《宰辅表》补。

赐汤思退辞免观文殿大学士不允诏
(隆兴二年十一月十日后)

　　卿再相积年,忠劳备至,塞氛孔炽,尚赖画策出奇之助,悠然而去,朕甚惜之。规殿美名,所以增衮衣之光,亦卿之旧物也。过刑冲牍,岂谅朕怀!

出处:《盘洲文集》卷一四。

撰者:洪适

考校说明:编年据《宋史》卷二一三《宰辅表》补。

吕擢直徽猷阁知建康府制
(隆兴二年十一月十一日前)

　　长江古为天堑,建业今作陪都,非智略辐凑、有兼人之长者,不足以称方伯连率之职。尔才具纵横,驰声州县,盘根错节,迎刃有余,召对便朝,信其可用。乃跻延阁,超畀麟符。夫高牙大纛,掌我北门之管,其望甚重;地居水陆舟车之冲,一都会也,其事甚繁;内有熊罴七萃之所屯,外有捍防疆场之所系,其责甚大。惟刚柔相济,施置协中,则可以无过举而有能名。勉之哉,勿负予饰擢之意。

出处:《盘洲文集》卷一九。

撰者:洪适

考校说明:编年据《景定建康志》卷一四补。

推恩魏胜家属责罚郭淑孔福诏
(隆兴二年十一月十三日)

　　魏胜忠勇,力战阵亡,可与赠正任承宣使,仍赐其家银绢一千匹两,其子厚与恩泽。郭淑在盱眙,望风逃遁;孔福在濠州,坐视虏兵缚桥过淮,略不措置。未欲便加军法,郭淑可勒停,送静江府编管,孔福可削夺官职,白身自效。

出处:《宋史全文续资治通鉴》卷二四。

学校轻薄喜乱之辈惩戒诏
(隆兴二年十一月十三日)

学校之士,久被教养,固知礼义。方今多事之日,必能爱君体国。如经检、鼓院有所献陈,自当采用,或加旌赏。若轻薄喜乱之辈,妄相鼓扇,不经检、鼓院,辄行伏阙之人,不问是何名色,为首者重置典宪,余人等第重行编配。事在必行,仍令尚书省出榜晓谕。

出处:《宋会要辑稿》仪制七之三〇。

汤思退请到激赏金银等拨赴杨存中充激赏支用诏
(隆兴二年十一月十四日)

昨汤思退请降到激赏金银官告等,并拨赴杨存中充激赏支用,令枢密院差使臣二员管押前去。

出处:《宋会要辑稿》职官三九之二〇。

免光化军合纳天申节银等一年诏
(隆兴二年十一月十五日)

光化军合纳隆兴三年分内藏库天申节银一百两、折绢银七十五两,予免一年。

出处:《宋会要辑稿》食货六三之二二。

避正殿减常膳诏
(隆兴二年十一月十五日)

虏兵侵犯淮南,将士暴露,朕念之坐不安席,食不甘味。今月十六日当避正殿,减常膳。

出处:《宋会要辑稿》兵九之一八。

赐参知政事周葵生日诏
(暂系于隆兴二年十一月十五日前)

月律就盈,星躔分秀。笃生哲辅,能攀房、杜之名;申锡恩盼,用介乔、松之寿。

出处:《盘洲文集》卷一四。

撰者:洪适

考校说明:编年据同集前后文时间、文中所述"月律就盈"、周葵官历补,见《宋史》卷二一三《宰辅表》。

差发出戍官兵转一官资诏
(隆兴二年十一月十五日)

自隆兴元年七月以后至今年四月以前,诸军差发出戍官兵暴露劳苦,除已曾因功转两官资人外,并特与转一官资,于正职名上收使;碍止法人依条回授;白身民、义兵依陕西效用法补授;归正人依自来条例施行。仍令逐军主帅开具职位、姓名,保明申三省、枢密院。

出处:《宋会要辑稿》兵一九之一四。

赐文武百寮等再上表奏请御正殿复常膳不允第二批答
(隆兴二年十一月十五日后)

朕比警边尘,歌《采薇》而遣戍;每怀戎幕,惭细柳之劳军。难因多垒之平,便讲正朝之礼。荐披来牍,具见勤诚,宜思治内之方,姑缓复常之请。

出处:《盘洲文集》卷一五。

撰者:洪适

考校说明:编年据《宋史》卷三三《孝宗纪》补。

赐文武百寮奏请御正殿复常膳宜允批答
(隆兴二年十一月十五日后)

朕彻禁卫于两阶,甫阅七旬之久;损牵牢之百品,敢陈八物之珍? 念暴师露众之劳,行修德责躬之事。虽得沉烽之报,未施挟纩之恩。顾卜郊近斋宿之期,欲上寿讲昕朝之礼,勉从忱请,徒积愧怀。

出处:《盘洲文集》卷一五。
撰者:洪适
考校说明:编年据《宋史》卷三三《孝宗纪》补。

赐文武百寮宰臣陈康伯等上表奏请
御正殿复常膳不允第一批答
(隆兴二年十一月十五日后)

朕念戍边之暴露,躬避殿之焦劳。雨雪载涂,有感《出车》之咏;钩星在汉,未皇交戟之朝。上天储悔祸之休,邻壤结寝兵之好。虽攘甲枕戈之士,将遂归期;顾垂衣列鼎之仪,敢寻盛典?

出处:《盘洲文集》卷一五。
撰者:洪适
考校说明:编年据《宋史》卷三三《孝宗纪》补。

令有司检点郊祀故事闻奏诏
(隆兴二年十一月十六日)

郊祀上帝,诚意宜专,朕不敢轻。方四郊之未宁,虑庶事之或阙。当稽典故,特用权宜。所有今年十一月二十九日冬至郊祀,可遵艺祖近晦之议,太常改卜之诏,以来年正阳之月、雩祀之辰,恭见上帝于圜丘。仰有司检点故事闻奏。

出处:《中兴礼书》卷一。

令阶文龙州经略使兼沿边屯驻军马吴挺买马诏
（隆兴二年十一月十六日）

令阶文龙州经略使兼沿边屯驻军马吴挺买马，发御前披带阔壮马一千五百匹。所有价钱，令四川总领所先次应副，兑使银绢三万匹、两，候买足日，具出豁限帐申尚书省，御前依数支降。

出处：《宋会要辑稿》兵二二之三一。

亲往视师诏
（隆兴二年十一月十六日）

向者虏帅移书执政，复欲议和。朕以生灵之故，不惮屈己，苟可以休兵息民者，一无所吝。而虏情变诈，意有包藏、遣使在途，兴师压境，侵扰淮甸，虔刘吏民。曲直甚明，神人共愤。朕当择日亲往视师。所过务望从节省，并不得有所骚扰。可令学士院降诏。

出处：《中兴礼书》卷二三三。又见《宋会要辑稿》兵七之二一。
考校说明：原书系于隆兴二年十一月六日，据《宋会要辑稿》及《宋史》卷三三《孝宗纪》改。

又视师诏
（隆兴二年十一月十六日）

朕以连年用兵，战士苦于暴露；两国交恶，居氓不能艾安。会北帅之欲和，走行人而就议。凡往来之要约，皆委曲而听从。即归四郡之疆，庶结万年之好。岂期得地，又复逾淮，书札未回，兵锋已接，使师旅冒于矢石，生灵失其田庐。嗟尔何辜，由吾不德。想迩遐之扼腕，空宵夜而痛心。已展燔柴之期，将寻细柳之举，亲乘戎辂，用靖边尘。夫师克在和，理自分于曲直；兵应者胜，鉴可质于神明。动盖有辞，事非得已。惟我荷戈之众士，推毂之劲臣，怀累圣二百祀涵养之恩，愤中原四十载分裂之难，相勉忠义，共图功名。犹蚊虻之噆肤。所当驱逐；若熊罴之奋力，岂畏艰难！

出处:《盘洲文集》卷一二。

撰者:洪适

考校说明:编年据《宋史》卷三三《孝宗纪》补。

视师诏
(隆兴二年十一月十六日)

朕以南北生灵久苦兵革,会敌帅有通和之议,不惮屈己,委曲如约。既得四郡,尚复邀求。书札方来,兵锋已接。朕识不能料事,诚不能格物,志在寻盟,反堕其计,使我士卒暴露,民庶流离,蚤夜痛心,噬脐何及!已稽典故,改卜南郊,将临江淮,亲御戎辂,师有曲直,盖不得已。凡我文武军民,怀十圣二百年涵养之恩,愤中原四十载分裂之难,奋忠出力,勿负国家。大可以取富贵而求功名,次可以宁父母而保妻子。皇天后土,实鉴此言。已令有司,择日进发,所过务从节省,并不得有所搔扰。布告迩遐,使知朕意。

出处:《盘洲文集》卷一二。

撰者:洪适

考校说明:编年据《宋史》卷三三《孝宗纪》补。

抚问陈康伯到阙并赐银合茶药口宣
(隆兴二年十一月十七日前)

卿不惮三冬,载驰千里,副吾论相之意,知汝致君之忠。宜有恩盼,用申眷遇。

出处:《盘洲文集》卷一六。

撰者:洪适

考校说明:编年据陈康伯宦历补,见《宋史》卷二一三《宰辅表》。

除陈康伯尚书左仆射同中书门下平章事兼枢密使依前少保进封鲁国公加食邑实封制
（隆兴二年十一月十七日）

　　门下：咨四岳有能奋庸，实系朝廷之轻重；图旧人越惟共政，尤藉老成之典刑。允谐虚左之求，盖积处中之望。诞扬涣册，宣告昕廷。具官某，用博而适时，量宏而容物。阃奥莫窥乎畛域，奴隶皆知其清明。学过况、雄，贯古今之千载；道侔伊、吕，逾前后之数公。咸德慈闻，有声揆路。如蓍龟之决事，以柱石而尊朝。胡骑投鞭，畛抱火寝薪之虑；周京奠枕，赖济川作楫之功。辅我重华，历夫再岁。转洪钧之一气，块圠无私；陈泰阶之六符，规摹可久。方焦心多垒之日，岂袖手东山之年？申戒使貌，趣迎公衮，庶交修于内治，能潜弭于外虞。是用再冠魁衡，仍司枢管，侈多田之真赋，荒大国之新封，以昭物采之仪，以宠岩廊之寄。於戏！武丁得一傅说，斯商道之复兴；江左自有夷吾，宜晋人之相庆。尔惟敬明乃训，邦其永孚于休。

出处：《盘洲文集》卷一一。又见《宋宰辅编年录》卷一七。
撰者：洪适
考校说明：编年据《宋宰辅编年录》卷一七补。

召陈康伯复相御札
（隆兴二年十一月十七日）

　　朕惟自古有天下者，无遗寿耇者，必简任旧臣，共图治理。兹者殿省阙人赞襄几务，朕以昔年敌祸，攘乱匪细，赖卿德望，遂致安平，劳勚昭著，兹特召还，以伸朕报功倚毗至意。卿具表奏上，辞谢云："臣之退犹臣之进，尚当伏迹山林，仰瞻魏阙，颂圣主无疆之寿，庆皇家不拔之图。"见卿忠切，但称颂太过，朕忧不及。专赖旧臣佐理，宜强起视事，速赴行在供职，以副朕之眷倚，以仰答先帝顾命之意。不必再辞，卿其承之。

出处：《陈文正公文集》卷五。又见康熙《广信府志》卷二八，《陈文正公家乘》卷一，同治《广信府志》卷一一，民国《弋阳县志》卷一六。

赐陈康伯告口宣
（隆兴二年十一月十七日）

朕眷求元老,复位上台,舆望遄归,妖氛自却。宜膺书赞,以展经纶。

出处:《盘洲文集》卷一六。

撰者:洪适

考校说明:编年据陈康伯宦历补,见《宋史》卷二一三《宰辅表》。

赐陈康伯辞免召赴陪祠不允诏
（隆兴二年十一月十七日前后）

朕有怀英衮,伫显相于郊禋;已播明缗,俾复持于国秉。兹披前牍,难废细书,勿稽命驾之期,终觊奉璋之助。

出处:《盘洲文集》卷一四。

撰者:洪适

考校说明:编年据文中所述"已播明缗,俾复持于国秉"补,见《宋史》卷二一三《宰辅表》、卷三八四《陈康伯传》。

赐陈康伯再辞免尚书左仆射诏
（隆兴二年十一月十七日后）

夫天子以论相为职,得贤可以永安;人臣以忧国为心,有疾犹当强起。若济川必俟舟楫,如作室难虚栋梁,明良相须,今古不易。朕猥以菲德,仰承燕谋,惟我大儒,首陪初政,迨兹多事,无出旧人。虽老成当遂其燕闲,顾内外适丁乎纷纠。所资忠计,用集治功。况宰臣未至而先除,在国朝绝无而仅有。宜思注意之重,勿以卧痾为辞。日冀兼程,副予虚伫。

出处:《盘洲文集》卷一四。

撰者:洪适

考校说明:编年据《宋宰辅编年录》卷一七补。

赐陈康伯辞免尚书左仆射不允诏
（隆兴二年十一月十七日后）

朕外治边虞，内虚相位，区处甲兵之间，不胜宵旰之劳。望卿之来，以日为岁。卿以经邦元老，固当与朕同忧，拯溺救焚，非规行矩步时也。

出处:《盘洲文集》卷一四。

撰者:洪适

考校说明:编年据《宋宰辅编年录》卷一七补。

赐陈康伯再辞免尚书左仆射不允仍断来章批答
（隆兴二年十一月十七日后）

辛巳之役，中外骚然，卿坐于庙朝，智略辐凑，雍容谈笑，能解非常之纷。今边陲受敌，丞相位虚，思我旧人，式遏乱略。扬廷之后，诏札屡颁，衮衣来归，国人胥庆。宜摅远业，遂寝执词。

出处:《盘洲文集》卷一五。

撰者:洪适

考校说明:编年据《宋史》卷二一三《宰辅表》补。

宣押陈康伯赴都堂治事口宣
（隆兴二年十一月十七日后）

朕延想柱石，有如渴饥。行斾非遥，我心则喜。申戒貂璫之使，趣临政事之堂，勿复趑趄，用酬眷倚。

出处:《盘洲文集》卷一六。

撰者:洪适

考校说明:编年据陈康伯宦历补，见《宋史》卷二一三《宰辅表》。

赐陈康伯批答口宣
(隆兴二年十一月十七日后)

卿跋履川谷,肯为朕来,整顿乾坤,谁出卿右?其展经纶之蕴,勿修挐避之文。

出处:《盘洲文集》卷一六。
撰者:洪适
考校说明:编年据陈康伯宦历补,见《宋史》卷二一三《宰辅表》。

尹穑右谏议大夫制
(隆兴二年十一月十九日前)

予违汝弼,古存五谏之名;君明臣良,斯振七人之职。长兹言路,尊我公朝。具官某,操絜冰霜,识侔蓍蔡,蚤陟小坡之列,浸高横榻之班。殿上青蒲,获补阙拾遗之益;人中屈轶,擅触邪指佞之声。以仁义而竭诚,不沽激以干誉。从容接昼,慷慨忧时。说必可行,事皆有据。积此台端之望,峻其庭诤之权。人主亦有逆鳞,孰云难犯?忠臣谓之骨髓,无戒太刚。益勉清埃,以伸正道。

出处:《盘洲文集》卷二〇。又见《宋四六选》卷三。
撰者:洪适
考校说明:编年据尹穑宦历补,见《宋史》卷三三《孝宗纪》。

开具漏落未保明阵亡人推恩诏
(隆兴二年十一月十九日)

令三衙并在外诸军主帅子细契勘,除已供申阵亡人数外,如实有漏落、未保明之人,开具申三省、枢密院推恩,不得重叠泛滥。仍令吏部将已申到人数疾速照应新格拟申,及出榜晓谕。

出处:《宋会要辑稿》兵一九之一四。

魏胜赠节度使制
(隆兴二年十一月十九日)

　　执干戈而卫社,有光舍□之勋;援枹鼓则忘身,果徇死绥之志。特峻斋坛之锡,式高盟府之书。慰厥营魂,涣兹愍册。具官某,心思英迈,胆略骁雄,慕中兴锐将之名,有横挑强胡之计。□□城而归义,立汉帜以成功。易子析骸,能坚东海□□;鍜甲砥剑,遂换山阳之符。会敌国之穷兵,出清河而犯境。中流断继,大振蒙冲之威;广野交锋,独贾螳弧之勇。期戎麾之电扫,惊武帐之星沉。嘉尔尽忠,为之屡叹。神旗豹尾,更增庙食之荣;羽林孤儿,庸侈门资之泽。谅其精爽,歆此恩休。

出处:《盘洲文集》卷二〇。

撰者:洪适

考校说明:编年据《宋史》卷三三《孝宗纪》补。

钱端礼端明殿学士左通议大夫签书枢密院事兼提举德寿官制
(隆兴二年十一月二十日)

　　天子守在四夷,所贵御戎之策;公辅间于两社,均为执政之臣。厥任不轻,非贤罔义。具官某,富渊源之学,有夷雅之风。献纳论思,久掌民曹之计;发纵指示,尝颛莫府之权。谕军致凫藻之和,料敌若蓍龟之智。言皆可复,忠在不欺。朕德愧协华,志期继伐。问安视膳,欲伸天下之欢;分职设官,当建宫中之使。若稽祖武,历选臣邻。乃畴经武之英,俾赞本兵之重。庶仰司于慈禁,仍外折于遄冲。赐以贤科,循夫故事。噫!刷会稽之耻,必以范蠡为师;寝淮南之谋,是资汲黯之力。益思长辔,同穆丕机。用酬倚重之心,斯广无穷之闻。

出处:《盘洲文集》卷二〇。

撰者:洪适

考校说明:编年据《宋史》卷三三《孝宗纪》、《宋宰辅编年录》卷一七补。

赐兵部尚书钱端礼辞免端明殿学士
签书枢密院事不允诏
（隆兴二年十一月二十日后）

朕畴咨隽望,入赞神机,冀摅帷幄之谋,用应甲兵之问。兹披来牍,乃徇执文。况当多垒之秋,岂是循墙之日？亟其承命,副我虚怀。

出处:《盘洲文集》卷一四。
撰者:洪适
考校说明:编年据《宋史》卷二一三《宰辅表》补。

赐钱端礼再辞免签书枢密院兼
提举德寿宫不允仍断来章批答
（隆兴二年十一月二十日后）

朕仰惟太上皇迈德勋华,以神器之重传归在子,虽一月三朝,竭四海之奉,而彩衣问寝,不获旦旦左右。若稽皇祖,尝以廷臣领使于慈宫,朕踧以有请而圣德谦托,因仍未皇也。以卿受知两朝,出入禁闼,况材高识远,筹边甫归,当此治外,宜在枢机之廷。崇我孝养,立我武事,一举而两得之,又何辞焉？

出处:《盘洲文集》卷一五。
撰者:洪适
考校说明:编年据《宋史》卷二一三《宰辅表》补。

赐钱端礼辞免签书枢密院兼
提举德寿宫断来章批答口宣
（隆兴二年十一月二十日后）

比稽舆论,俾陟宥廷,仰以奉于慈闱,远欲清于边徼。宜祗茂命,勿治执章。

出处:《盘洲文集》卷一六。
撰者:洪适

考校说明:编年据《宋史》卷二一三《宰辅表》补。

侍从两省官每日一到都堂诏
(隆兴二年十一月二十一日)

方今多事,理宜博谋。侍从、两省官每日一到都堂,遇合关台谏者,亦许会议。

出处:《宋会要辑稿》职官三之五七。又见同书仪制八之二〇。

虞允文端明殿学士同签书枢密院事制
(隆兴二年十一月二十一日)

文武之宪万邦,政克符于二柄;帷幄之筹千里,象实并于三阶。明良所其赓歌,夙夜以之基命。我有畯德,谐于金言。具官某,挺昂霄耸壑之姿,抱敛锷淬锋之器,前言往行,发为议论之英;大册高文,兼得典谟之体。昨当牛渚之役,独励戈舡之师。一扫妖氛,微管仲民其左衽;再开莫府,用李勣贤于长城。既边琐之周知,殆戎殁之暗合。夕烽报警,清跸戒严。惟本兵式赖于杰材,则料敌无逃于沉画。俾赞宥地,共宁庆基。噫!齐有晏婴,遂获折冲之效;汉得汲黯,可寝发蒙之谋。益务交修,勿令专美。

出处:《盘洲文集》卷二〇。又见《宋四六选》卷三。
撰者:洪适
考校说明:编年据《宋史》卷三三《孝宗纪》、《宋宰辅编年录》卷一七补。

赐显谟阁学士虞允文辞免端明殿学士
同签书枢密院事不允诏
(隆兴二年十一月二十一日后)

朕以敌国阻兵,塞□□恶,非有厌难折冲之材者,岂足以居本兵之地? 以卿文而兼武,所虑其长。畴昔视师,决舟中之胜,名已知于江淮草木矣。暨使陕蜀,临荆襄,驱驰兵间,浐开莫府,料敌之策、整军之术,盖从容于胸中。乃稽舆言,俾赞宥画。执章来上,非我欲闻。

出处:《盘洲文集》卷一四。

撰者:洪适

考校说明:编年据《宋史》卷二一三《宰辅表》补。

赐虞允文再辞免同签书枢密院事不允仍断来章批答
(隆兴二年十一月二十一日后)

夫右府本兵,盖颛戎政;北枢垂象,实接阶符。兹求艺圃之英,俾赞筹帷之密。既舆言之相庆,犹逊牍之重陈。虽谦冲者君子之常,而忠力者股肱之事。当思多垒,遂展胜谋,勿徇执情,以留涣命。

出处:《盘洲文集》卷一五。

撰者:洪适

考校说明:编年据《宋史》卷二一三《宰辅表》补。

赐虞允文辞免同签书枢密院事断来章批答口宣
(隆兴二年十一月二十一日后)

朕延登邦杰,进列机廷,所赖远谋,以排外侮。宜肩忠报,勿治执词。

出处:《盘洲文集》卷一六。

撰者:洪适

考校说明:编年据《宋史》卷二一三《宰辅表》补。

选兵官知郢州诏
(隆兴二年十一月二十五日)

郢州系极边去处,守臣见系文臣,可令韩仲通、赵樽选择有心力兵官一员,将带本管军马前去兼知郢州。

出处:《宋会要辑稿》职官四七之三五。

吴芾吏部侍郎制
(隆兴二年十一月二十六日前)

中台六职,小宰之列甚高;选部三铨,右班之事最剧。欲救放纷淹滞之失,须得严劲详明之人。克允金期,时惟邦杰。具官某,学足以适先王之正,识足以烛天下之微。顷独步于台端,兹再仪于禁密。批敕如风霜之旧,才见一斑;执政有瓜葛之嫌,恳陈三至。方赖回天之助,勉从易地之除。大振纪纲,尽资藻镜。革此舞文之弊,副吾立武之心。益崇令名,以对殊遇。

出处:《盘洲文集》卷一九。

撰者:洪适

考校说明:编年据《乾道临安志》卷三补。吴芾曾两除吏部侍郎,《宋代诏令全集》系于隆兴二年十二月五日(第一六二五页)即吴芾第二次除吏部侍郎的时间,误。《盘洲文集》卷二三有同题制书,文中称"与其弹压都城,劳以牒诉,倥偬之事,岂若澄清选部",这才是吴芾第二次除吏部侍郎的制书,见《乾道临安志》卷三、《宋史》卷三八七《吴芾传》。

吴芾徽猷阁直学士知临安府制
(隆兴二年十一月二十六日)

京师盖浩穰之地,辇毂以弹压为先。威不振则盗贼公行,政之修则纪纲具举。必济宽之有术,斯救弊而无偏。我得贤能,使之尹正。具官某,材见实用,学非空言,顷违表著之班,叠佩蕃宣之寄。发摘隐伏,虽铢两之奸皆知;抚字困穷,无尺寸之肤不爱。复入文部,一清武铨。会天府之阙人,稽舆言而出命。顾覆车之当戒,期奠枕而相安。前有赵而后三王,遗风可想;昔无襦而今五绔,惠露是宜。用副选抡,益思干治。

出处:《盘洲文集》卷二〇。又见《宋四六选》卷三。

撰者:洪适

考校说明:编年据《乾道临安志》卷三补。

赐草土沈介辞免特起复元官显谟阁直学士知
鄂州兼鄂岳江黄州汉阳军沿江制置使不允诏
(隆兴二年十一月二十六日后)

夫忠孝臣子大节,朕岂固欲夺人陟岵之哀而遂废《凯风》之诗也?盖公家之事,有急于私,壶则君子,当权其重轻,不以报亲追远之情而忘忧国事君之志。虽欲躬曾、闵之行,然移孝为忠,古人盖有变礼而不可免者。今胡马南牧,闯我四鄙,襄汉亦交锋刃。惟长江上流,所以襟带东南也。思得有文武威风善方略者,往当一面,庶几遏冲御侮,宽我昊食。乃建使名,俾临沔鄂,畴咨中外,无以易卿。勉为朕行,勿复固避。

出处:《盘洲文集》卷一四。

撰者:洪适

考校说明:编年据《宋会要辑稿》职官四〇补。

赐吏部侍郎吴芾辞免敷文阁直学士知临安府不允诏
(隆兴二年十一月二十六日后)

王城杂五方之民,强陵弱,众暴寡,京尹威望不立,则奸宄椎埋,无复忌惮。况有挠其前、掣其后者,非刚毅自信未易以办治称也。卿屡把麾符,威而不猛,有兴利除害之政,有苏枯摘伏之声。典治吏铨,浸耘蠹弊,弹压辇毂,直差易耳。内阁峻职,庸示宠光,毋守冲怀,亟图善最。

出处:《盘洲文集》卷一四。

撰者:洪适

考校说明:编年据《乾道临安志》卷三补。

刘宝落节度使制
(隆兴二年十一月二十八日)

将士之勇怯,视赏罚于朝廷;人主有劝惩,采是非于公论。众之所咎,朕不可私。具官某,蚤谓沉雄,起之闲废,专扬、楚一面之寄,握貔虎六师之权。所期固守于金汤,可以坐清于氛祲。暨妖锋之犯塞,以斗舸而出淮。当守将鏖战之未分,乃辕门阴拱而不动。即以会兵为解,辄尔委城而归。分阃如斯,防边焉用?庸按治军之法,少伸退舍之诛。用夺斋旄,特宽禁罔。噫!狙蒲骚之役,彼方逞于凶残;复雁门之踦,汝尚追于贤范。能图尽敌之报,可雪非夫之羞。勿负深知,以崇永誉。

出处:《盘洲文集》卷二〇。
撰者:洪适
考校说明:编年据《宋会要辑稿》职官七一补。

王彦落龙神卫四厢都指挥使制
(隆兴二年十一月二十八日)

天子执赏罚之柄,不可党偏;士卒变勇怯之心,在乎激励。倪逡巡而不进,与逗挠者何殊?清论既谊,薄惩难废。具官某,蚤推沉鸷,远有风声,由秦蜀万里而来,颛江淮一面之寄。所期李勣为我长城,宁使齐人笑夫百步!方克日俟濠梁之捷,乃望风舍昭关而归。辟易如斯,扫清何赖?庸按出师之律,少伸退舍之诛。屈此宪章,镌其厢部。噫!探姑缯之壁,当图尽敌之功;复雁门之踦,斯雪非夫之耻。永怀宽典,勿负异知。

出处:《盘洲文集》卷二〇。
撰者:洪适
考校说明:编年据《宋会要辑稿》职官七一补。

抚谕归正将士人民诏
(隆兴二年十一月)

朕遣使约和,首尾三载,北帅好战,邀执不移。自卢仲贤初议,则有画定数事,叔侄通书之式、唐邓海泗之地、岁币银绢之数及缘边归附之人。朕志存好生,宁甘屈己,书币、土地,一一曲从。惟念名将贵臣,皆北方之豪杰,慕中国之仁义,削去左衽,投戈来归,与夫军士人民厌厌腥膻,喜我乐土。朕知其设意,欲得甘心,断之于中,决不复遣,前后书辞,再三峻拒,故彼逞怒无厌,入我边境。若朕利于和好之速成,不顾招怀之大信,依随所欲,驱迫北归,则与淮北之民同为鱼肉矣。尔等当思交兵衅隙，职此之由，视彼如仇，共图扫荡。高官厚赐，自有明科，传之子孙，永保宁泰。天地鉴照，朕不食言。

出处：《盘洲文集》卷一二。又见《宋史全文续资治通鉴》卷二四。
撰者：洪适

徐哲知绍兴府制
（隆兴二年十一月）

千里之内曰畿，去天则迩；十国为连有帅，作牧非轻。弄印逾时，出纶示宠。具官某，襟怀夷粹，问学精深，再登表著之班，备见论思之益。强胡犯塞，仗使节而敢前；大郡承流，惠民编而不扰。顾稽山之巨屏，拱狩岳之行都。事简而有常，俗醇而易治。为吾填抚，赖汝慈祥。当蹈亨鲜之言，靡须束湿之政。往哉夙夜，对以春秋。

出处：《盘洲文集》卷二〇。又见《宋四六选》卷三。
撰者：洪适
考校说明：编年据《嘉泰会稽志》卷二补。

唐尧封殿中侍御史制
（隆兴二年十一月）

天下之是非不公，则有谏官、御史，寄一人之耳目，以笔端挽黜陟之柄。若听之不聪，视之不明，则白黑弗分而玉石俱焚矣。以尔学为醇儒，行为庄士，论议正直，无所党偏，主盟贤关，士不逾矩，宜执霜简，接武赤墀。使憸壬敛衽，善良伸气，则朕有知人之哲，而汝无负于风闻，顾不休哉！

出处：《盘洲文集》卷二〇。
撰者：洪适
考校说明：编年据《宋中兴东宫官寮题名》补。

王遂右正言制
（隆兴二年十一月）

天子有争臣,所以使造膝尽规,纳君于无过之地。中外大小之臣,有不饬其躬、不称其职者,又得而纠之。尔笃学有立,论议据经守正。朕得尔于占奏之间,峨冠霜台,名出人右,兹用置尔于谏省。尔其公是公非,不吐刚茹柔,以副朕耳目之寄。

出处:《盘洲文集》卷二〇。
撰者:洪适
考校说明:编年据《攻媿集》卷九〇《王公行状》补。

李宝移明州驻札与陈康伯御札
（隆兴二年十一月）

李宝可移明州驻札,与赵子涌同措置海贼。冯湛须回避,却别与差遣。此事如可行,卿便作施行。

出处:《陈文正公文集》卷五。又见康熙《广信府志》卷二八,《陈文正公家乘》卷一,民国《弋阳县志》卷一六。

惠迪国子博士制
（暂系于隆兴二年十一月前后）

博士秦官也,非资禀淑茂、道术通明者,不足以居之。尔温故知新,可以为师矣。晨入成均,则招诸生,诲以正心诚意之学,岂止章句文艺云乎哉?

出处:《盘洲文集》卷二〇。
撰者:洪适
考校说明:编年据同集前后文时间、惠迪宦历补,见《鸿庆居士文集》卷三九《惠公墓表》。

保义郎阎掞降一官制
（暂系于隆兴二年十一月前后）

大冶至行在所才二千里,尔部督纲舟,私辄贸易,所过逐利,逾年始来。姑镌一官,服我轻典。

出处:《盘洲文集》卷一九。
撰者:洪适
考校说明:编年据同集前后文时间补。

李喆赠奉议郎制
（暂系于隆兴二年十一月前后）

尔赍恨泉下,尝有恤章,乡邑陷蕃,不复告第。王师辟土,有子自言,复出丝纶,尚其歆服。

出处:《盘洲文集》卷二〇。
撰者:洪适
考校说明:编年据同集前后文时间补。

归正官张彦循儒林郎制
（暂系于隆兴二年十一月前后）

尔久沦毡乡,心在王室,纠合义士,分梨伪官,幡然来归,宜有褒赏。益思策励,以答恩休。

出处:《盘洲文集》卷二〇。
撰者:洪适
考校说明:编年据同集前后文时间补。

钱宗俊承信郎制
（暂系于隆兴二年十一月前后）

富者啬财,一豪不拔,尔能捐私积佐急公上,登名右列,为尔之荣。

出处:《盘洲文集》卷二〇。又见《永乐大典》卷七三二七。
撰者:洪适
考校说明:编年据同集前后文时间补。

李益谦户部员外郎制
（暂系于隆兴二年十一月前后）

国家养兵之费浸广,取财之路难增,欲不益赋而用度足,故地官甚难其选。虽大小司徒心计于其上,而为之属者可不择哉? 尔学有渊原,行中规矩,久于外官,吏事甚习,便坐赐对,详整可采。郎官上应列宿,躐次而进,当思有以助其长,则予汝嘉。

出处:《盘洲文集》卷一九。
撰者:洪适
考校说明:编年据同集前后文时间补。

参知政事王之望赠三代制
（暂系于隆兴二年十一月前后）

王之望曾祖迁太子少保制

士有积善于身,播德于乡,而国有爵禄不沾于生前,则天之报施当在其孙子。具官某,清尘美行,肩于古人,重义轻财,化贪息讼,州闾以无怨公称之。我宋造邦,偲城以进士起家,自其孙始,追兹三叶,赞我万机,流泽焘后,信可取必。春宫三少,用贲重泉,灵爽未沦,服此嘉数。

王之望曾祖母向氏始兴郡夫人彤氏永嘉郡夫人制

国家之制,官登朝列,则宠及其父母。一二股肱之臣,乃得追荣三世。盖德厚者流光,德薄者流卑也。某氏归于儒门,允蹈女宪,令仪令德,诒燕闻孙。陟乎泰阶,增贲庙祀,雕轩象服,裂以名邦。音徽不遏,知有愍册。

王之望祖右朝奉郎文太子少傅制

臧孙有后于鲁,管氏世祀于齐,考于古而验于今,丰其德则腆其报。具官某,抱道不展,积行在躬,居乡高月旦之评,诲子有籝金之训。惟今硕辅,乃尔孙枝,爰推饰壤之恩,以尉显亲之志。亚于储傅,篆此蜜章,明灵如存,益祚其庆。

王之望祖母安人黄氏昌元郡夫人制

朕延登邦杰,进穆政途,式资康济之材,以成调一之效。爰申闳典,用侈大门。某氏婉靓凝姿,温良赋德,克谨蘋蘩之荐,率循珩珮之和。教子始登于儒科,有孙遂参于钧轴。积善之报,垂荣无穷。兹疏象掭之恩,以示松区之宠。光灵不昧,尚克享之。

王之望父左朝散郎纲太子少师制

天下之为人亲者,必欲其后致君泽民,以践其诗礼之训;天下之为人子者,必欲其身问安视膳,以尽其菽水之欢。仕而至于三阶,极为臣之荣,可以伸重茵列鼎之养矣。而白驹过隙,风木兴悲,顾瞻在堂,亲不相待,非国家优其显报之泽,则亦何以慰孝子之心乎?具官某,学耕文沍,左右逢原,破大邑之天荒,拾儒科如地芥。恬于势利,袖手下僚。有子卓然,材出侪辈,赞我为政,倚之中兴。副其追远之思,申以闳襚之册。宫师之亚,班品甚崇,九原有知,歆此无斁。

王之望母硕人张氏清河郡夫人制

朕卧薪尝胆,思报朔庭,谋皆予同,时有人杰,登之政地,资以兴邦。宜申告第之恩,以显择邻之训。某氏母道慈笃,闺风靓专,俪德名儒,腾芬姻戚。惟尔哲嗣,作我大臣。嗟黄发之不遐,使万钟之弗洎,禭之翟茀,赍及泉扃。遗懿犹生,恤章是宠。

王之望妻令人张氏咸安郡夫人制

《诗》首二《南》,《鹊巢》咏雁鸿之德;礼分六服,鞠衣参褕翟之华。惟公侯有开国之尊,故汤沐以从夫为贵。某氏仪度娴雅,性资惠明。媲于儒宗,有夙夜相成之益;相其时祀,竭春秋匪解之诚。壶则甚章,嫔风可法。既宜家而偕老,见得路以跻荣。兹疏大郡之封,以正小君之位。其祗茂渥,益广淑声。

出处:《盘洲文集》卷二〇。
撰者:洪适
考校说明:编年据同集前后文时间、王之望宦历补,见《宋史》卷二一三《宰辅表》。

敷文阁直学士王大宝转一官致仕制
(暂系于隆兴二年十一月前后)

闵劳以事,朝廷施优老之恩;归絜其身,君子具遗荣之美。式遂雅志,用增令名。具官某,养气至刚,逢原有要。瑞于鳄水,世谓间生;策之龙墀,士皆敛避。久遭回于外服,晚驰骛于禁途。得难进易退之风,鉴倒行逆施之迹。夫引年知止,所贵乎近臣;称疾匄休,曷虞乎清议?兹披来牍,尽出至诚,俾陟文阶,以娱里社。光尔桑榆之景,视兹纶綍之言。

出处:《盘洲文集》卷一九。又见《容斋三笔》卷八。
撰者:洪适
考校说明:编年据同集前后文时间、王大宝宦历补,见《宋史》卷三八六《王大宝传》、《宋会要辑稿》选举三四等。

陈俊卿知泉州制
(暂系于隆兴二年十一月前后)

闽粤之区,泉南甚大,傥非慈惠忠信之长,曷继中和宣布之诗?兹得其人,无愧于古。具官某,器范夷雅,议论通明,蚤登鼎科,休有华问。振纪纲于宪府,妙言语于纶闱。顷畀是邦,以疾为解。顾左符之久阙,申前命而复行。既里社之相邻,宜民情之素习,当励惟良之政,慰其来暮之思。

出处:《盘洲文集》卷一九。

撰者:洪适

考校说明:编年据同集前后文时间、陈俊卿宦历补,见《晦庵先生朱文公文集》卷九六《陈公行状》。

知漳州王晞亮秘阁修撰致仕制
(暂系于隆兴二年十一月前后)

年至遂老,乃大夫之常;夜行不休,亦古人所戒。厥惟持橐之彦,岂复挂冠之拘!尔抱器甚高,策名兹久,偃儒绅而蹈景,参巇律以含和。再入京华,遂骞禁密。靖共尔位,尝驰封驳之声;畴若予工,备罄论思之益。一麾去国,五绔宜民。踔知止之高风,上遗荣之需牒。畀以论撰之职,谐其燕间之怀。家有安车,斯示子孙之宠;门施行马,不妨故旧之游。益荷美名,以绥寿嘏。

出处:《盘洲文集》卷二〇。又见《宋四六选》卷三。

撰者:洪适

考校说明:编年据同集前后文时间、王晞亮宦历补,见万历《漳州府志》卷三。

陈大年循文林郎制
(暂系于隆兴二年十一月前后)

戎事既兴,邦有赏典,尔能以辑濯助我边防,增秩之荣,用以劝众。

出处:《盘洲文集》卷二〇。

撰者:洪适

考校说明:编年据同集前后文时间补。

赵禹阁门祗候制
（暂系于隆兴二年十一月前后）

上阁之职,右列所荣。莫府以尔驭军有律,宜用旌赏。勉思报国,无愧恩章。

出处:《盘洲文集》卷二〇。

撰者:洪适

考校说明:编年据同集前后文时间补。

起居舍人季南寿直秘阁宫观制
（暂系于隆兴二年十一月前后）

士大夫足入中都,则患禄患失不知去,朕其病之。尔学问该洽,娴于文辞,再陟周行,滋有华问。立螭簪笔,其地甚要。典朕三礼,行且为真,雅意一丘,锐然勇退。瀛州寓直,休以丛祠,益涵器业,以俟妙柬。

出处:《盘洲文集》卷二〇。

撰者:洪适

考校说明:编年据同集前后文时间、季南寿官历补,见《淳熙新安志》卷九。

王稽中考功员外郎制
（暂系于隆兴二年十一月前后）

司绩大夫掌仕者增秩之政,吏或抉拾细故,逞其私欲,梗之毫厘,失以千里。以尔挺介特之操,有刚严之声,乃自宪台,徙之郎位。使在选者无沮抑滞留之叹,则与明目张胆时无以异也。

出处:《盘洲文集》卷二〇。

撰者:洪适

考校说明:编年据同集前后文时间、王稽中官历补,见《宋会要辑稿》职官一七。

朱夏卿权户部侍郎制
（隆兴二年十一月前后）

四鄙宿兵,大农之费益耗;六官服采,版部之任最难。惟得其人而理财,则不益赋而足用。畴咨在列,选擢匪轻。具官某,禀资既良,信道甚笃,缘饰兼乎儒雅,肯綮发乎新硎。入为司稼之卿,尝治供军之政。输将二浙,劳勤累年。便朝每纳其面陈,舆论咸称其心计。惟乃显考,相我慈闱,取日虞渊,独高忠烈,绅书金匮,具载勋庸。有贤子之克家,见流风之焘后。当兹多垒,所贵实材,超地官笔橐之班,总天下货泉之柄。勉图振职,休于前人。

出处:《盘洲文集》卷二〇。又见《永乐大典》卷七三〇三。
撰者:洪适
考校说明:编年据朱夏卿官历补,见《宋会要辑稿》崇儒五、食货二七。

王槐孙赵壬杨友循资制
（暂系于隆兴二年十一月前后）

西师出塞,娄奏肤公,尔奔走供军,前后无阙。班劳进秩,服此宠休。

出处:《盘洲文集》卷一九。
撰者:洪适
考校说明:编年据同集前后文时间补。

沈清臣太学录制
（暂系于隆兴二年十一月前后）

贤士之关,教法有掌,誉不素著,众岂心服? 尔通经术,尝历校官,宜居学职,振我序音。

出处:《盘洲文集》卷二〇。
撰者:洪适
考校说明:编年据同集前后文时间、沈清臣宦历补,见《宋会要辑稿》选举二〇。

程叔达监察御史制
（暂系于隆兴二年十一月前后）

宪府有六察，不独检柅吏奸，所以助台中之评，伸天下之公也。尔秉心端夷，植学醇正，题舆天府，立政有声。勾稽栢寺，清论所与，陟之冠豸，兹号要津。益思匪躬，以俟甄拔。

出处：《盘洲文集》卷二〇。

撰者：洪适

考校说明：编年据同集前后文时间、程叔达官历补，见《宋会要辑稿》食货五八等。

薛良朋直显谟阁浙西转运副使制
（暂系于隆兴二年十一月前后）

宇内漕挽，皆置使者。惟畿部治于帝所，有剧繁之事，仓猝之须，故选材非它道比。今水潦之后，民艰于食，仓庾亦不丰其储，使者得人，则可以宽中昊之虑。以尔学邃识明，长于吏道，剖符持节，有赫赫名，乃辍之省闼，任以计台，又宠之以谟训之直。虽尔以田庐姻亚为言，吾不以小嫌而妨实用。当体兹意，勉旃毋忽。

出处：《盘洲文集》卷二〇。又见民国《瑞安县志》卷六。

撰者：洪适

考校说明：编年据同集前后文时间、薛良朋官历补，见《乾道临安志》卷三、《咸淳临安志》卷五〇。

张全赠拱卫大夫防御使杜斌赠拱卫大夫
团练使李庠赠左武大夫团练使制
（暂系于隆兴二年十一月前后）

羽林拔距，凤驰勇鸷之声；马革裹尸，共惜奇鸷之逝。爰推恤典，用慰营魂。具官某，材气沉雄，机谋超迈，结发殆更于百战，治军俱合于六弢。名既冠于辕门，勋浸书于盟府。欲执俘而衅鼓，宁尽敌以死绥。嘉尔孤忠，为之屡叹。断匈奴之臂，莫遂壮图；归先轸之元，空怀伟烈。用崇横品，仍列遥防。尚其英灵，知此愍饰。

出处:《盘洲文集》卷二〇。

撰者:洪适

考校说明:编年据同集前后文时间补。

何熙志御史台检法官制
(暂系于隆兴二年十一月前后)

朕寄耳目于御史府,畴咨时望,以长风宪。又使其举所知备寮寀,所以参论议、广聪明、公是非也。尔博物洽闻,莅官得誉,御史以尔为蜀士之秀,朕信之不疑。俾尔接武霜台,以俟简拔,非曰从事三尺法而已。

出处:《盘洲文集》卷二〇。

撰者:洪适

考校说明:编年据同集前后文时间、何志熙官历补,见嘉庆《四川通志》卷一四二。

抚问张纲到阙并赐银合茶药口宣
(隆兴二年十一月后)

卿虔趋一节,密次九阍,宜饬使貂,往询来驲。恩盼有式,眷倚惟深。

出处:《盘洲文集》卷一六。

撰者:洪适

考校说明:编年据《华阳集》卷四〇《张公行状》补。

复用王珏诏
(隆兴二年闰十一月前)

须其愈,亟以来。

出处:《嵩山集》卷五四《王少卿墓志铭》。

王佐直宝文阁知宣州制
(隆兴二年闰十一月一日)

双溪叠嶂,在昔名邦,北枕大江,南连黟歙诸山,守土之寄,所不可轻。尔以文学冠于俊髦,以治行最于左契。久去柱下,重入修门,金华谈经,发明王道,摄空民部,会计尽心。上牍再三,自请补外。大臣多称其美,同列咸欲其留。宛陵之城,方谋郡将,姑徇所欲,宠以奎下缺。

出处:《盘洲文集》卷二一。

撰者:洪适

考校说明:编年据《宋会要辑稿》选举三四补。此文尾部已缺,又按总目,知此篇后尚缺《刘贵妃赠二代制》及《吏部侍郎叶颙封赠制》之大部。

李若川权刑部侍郎都督府参赞军事制
(隆兴二年闰十一月一日)

朕慕孝宣综核之政,推帝舜好生之心。念画地为牢,每虞其轻入;故吞舟之网,宁失于不经。眷求时论之英,俾作秋官之贰。某性资闿敏,谈辩纵横,沛然理剧之材,辅以传家之学。久徊翔于外服,甫轩轾于近班。治赋版曹,弗笼天下之货;赞筹督府,能寝淮南之谋。身虽在于戎亭,位不虚于禁橐。解严可冀,践职有期。五刑之属三千,在成、康而能厝;一岁之狱数万,惟于、张而不冤。致吾空圄之隆,赖汝立朝之效。

出处:《盘洲文集》卷二二。

撰者:洪适

考校说明:编年据《宋会要辑稿》职官三九补。

崔皋正任观察使制
(隆兴二年闰十一月二日)

孽胡入塞,方议益兵;莫府论功,首闻禽敌。宜肦褒渥,以宠战多。具官某,自负鸷强,咸推枭俊。陈师鞠旅,久历节于辕门;折馘执俘,屡书名于露板。兹出千庐之卫,往屯六合之城。会妖祲之结蟠,涉长淮而侵轶。惟时名将,独奋精忠,冒白刃以前驱,挥戈矛而麈斗。果能陷阵,致彼退师。已标勇爵之勋,特峻廉车之赏。益思报效,嗣有恩光。

出处:《盘洲文集》卷二一。

撰者:洪适

考校说明:编年据《宋会要辑稿》兵一九补。

赐步军司后军统制崔皋辞免鄂州观察使不允诏
(隆兴二年闰十一月二日后)

朕注意戎事,酞于用赏,高秩美官,未尝爱惜,执此之信,有如皦日。卿捍敌淮壤,厥有茂勋,吉语首驰,朕心以怿。观风之任,躐等而迁,益思尽忠,勿事冲避。

出处:《盘洲文集》卷一五。

撰者:洪适

考校说明:编年据《宋会要辑稿》兵一九补。

赐参知政事周葵乞赐黜责不允诏
(隆兴二年闰十一月五日前)

卿辅朕逾年,肃敬有守,明于治乱,忠无隐情,赞襄政机,馨竭劳瘁。方今内治未举,外寇孔炽,政赖股肱之老,同寅协恭,计安天下。上书引咎,是章朕之未烛也。勉安厥位,图所报焉。

出处:《盘洲文集》卷一四。

撰者:洪适

考校说明:编年据周葵宦历补,见《宋史》卷二一三《宰辅表》。

周葵资政殿学士提举临安府洞霄宫制
(隆兴二年闰十一月五日)

执政其犹股肱,所藉弼谐之助;大臣斯有体貌,况无纤介之嫌。惟时硕儒,厌参万务,庸出均休之命,俾闻知足之风。具官某,躬上贤之姿,究先圣之壶。青天白日,人争睹其清明;北斗泰山,士咸高其景行。见谓居今而行古,未尝枉尺而直寻。屡入修门,晚腾夷路。间两社而为辅,久穆丕机;有一言以兴邦,每陈正道。粤自疆垂之警,浸勤夙夜之忧。秣马治兵,揆汉室备胡之策;丰财积粟,讲荀卿富国之篇。正赖同寅,用图再造,倏尔易退,确乎弗移。乃隆秘殿之班,仍赐真祠之禄,终始惟一,身名俱荣。噫! 富贵而归故乡,自守冰霜之操;谋猷则告尔后,尚毋金玉其音。往企前英,益迪华问。

出处:《盘洲文集》卷二一。又见《宋四六选》卷三。
撰者:洪适
考校说明:编年据《宋史》卷二一三《宰辅表》补。

赐周葵辞免资政殿学士不允诏
(隆兴二年闰十一月五日后)

君子达而在上,居台辅之位,使朝廷尊安,退迩赖福,名遂而归,啸傲丘壑,以松竹为藩篱,以鸥鸟为朋俦,进退俱荣,岂不超然有余裕哉? 卿望倾后学,屡上要津,遵道而行,不合则去。晚陟政地,熟闻嘉谟,所赖赞襄,以格上治。而赋归甚勇,指疾锢辞,挽之再三,不得而强。规殿美职,厥有彝章,成命已颁,勿劳谦避。

出处:《盘洲文集》卷一四。
撰者:洪适
考校说明:编年据《宋史》卷二一三《宰辅表》补。

赐敷文阁直学士王刚中辞免翰林学士兼给事中不允仍特免回避祖讳诏

(隆兴二年闰十一月五日后)

卿学博古今,文摛黼黻,有潜藩师氏之旧,实儒党人材之英。使之润色于训辞,可以追踪于典诰。仍司封缴,所赖论思。兹览逊章,具知冲守。谓祖名之相犯,在官称而有嫌。惟公义当夺夫私情,况王制可屈其家礼?唐李贺不举进士,已为韩愈所讥;毕士安之居北门,弗避义林之讳。勿拘㧑节,即服恩纶。

出处:《盘洲文集》卷一四。
撰者:洪适
考校说明:编年据《宋会要辑稿》职官六补。

赐王刚中辞免改除礼部尚书兼给事中直学士院恩命不允诏

(隆兴二年闰十一月五日后)

昔帝舜之戒伯夷,曰“夙夜惟寅,直哉惟清”。朕以卿直清之操,比方前哲,既恳避家讳,屈以玉堂之直矣。秩宗虚位,用尊禁联。夫批敕视草而决聚讼之议,儒者之荣,何以过此?往哉惟钦,勿复谦固。

出处:《盘洲文集》卷一四。
撰者:洪适
考校说明:编年据《宋会要辑稿》职官六补。

王逨直秘阁宫观制

(隆兴二年闰十一月五日后)

册府上应东壁之躔,吾七略群书,充仞栋宇,寓其直则与挟卷拂蟫之士等,非累岁月、巧宦游者可得也。尔明经博古,娴于文辞,一再超迁,骎骎显列。置之郎位,弗安厥居,予之郡符,匄闲愈力。以其尝入谏坡,故贴以美职,遂其归心,盖吾于言事之臣,常委曲其恩意如此。

出处:《盘洲文集》卷二二。

撰者:洪适

考校说明:编年据王迚宦历补,见《攻媿集》卷九〇《王公行状》、《宋会要辑稿》职官七一。

王刚中转朝散大夫制
(隆兴二年闰十一月五日后)

有司严考课之法,积四载而应条;从臣获异等之恩,损一年而增秩。合尧舜之陟典,皆祖宗之茂规。具官某,以经纶之学而审是乎羲农,以雅健之文而朋休乎燕许,再光禁路,即长春官。青琐黄扉,所冀回天之力;白麻丹诏,可期掷地之声。兹诹律以进阶,匪诣曹而赏阀。虽愧尊贤之道,实存历世之公。往服宠荣,益崇闻望。

出处:《盘洲文集》卷二一。

撰者:洪适

考校说明:编年据王刚中宦历补,见《宋会要辑稿》职官六。

曾逮浙西提点刑狱制
(隆兴二年闰十一月六日前)

朕驻跸吴中,浙西八郡之民,跬步可至帝城,其衔冤负枉者,皆能诉于台省,大则挝鼓投匦不难也。部使者材称其职,则民欣然得其直矣。尔学有元本,绍其家声,甚秀而文,达于从政。曲台考礼,正藉洽闻,祥刑择官,畀以使节。非独宽我忧民之心,亦以遂尔奉亲之志。

出处:《盘洲文集》卷二〇。

撰者:洪适

考校说明:编年据《绍定吴郡志》卷七补。

沈介起复权兵部尚书湖北京西制置使制
（隆兴二年闰十一月十五日）

属大事而当一面，有铁钺之可专；见素冠之能三年，惟金革则无辟。盖君子知断恩之义，在先王存变礼之文。我求宝臣，起之由次。某学广而足用，材高而不群。四禁代言，得上规姚、姒之体；三铨分职，继前有马、裴之称。治行著于吴门，威声耸于蜀道。事靡不举，人莫能欺。适兹疆场之虞，正讲甲兵之问。顾荆襄之重镇，连江汉之上游。羽扇纶巾，赖周瑜之制胜；轻裘缓带，谋羊祜以折冲。夺其陟岵之哀，授以防边之算，用尊莫府，俾长夏官。总光黄溢浦之封，是为新制；集步骑舟师之众，咸禀中权。宠使范以光前，期戎翰之善后。益摅壮略，庸释远怀。

出处：《盘洲文集》卷二一。

撰者：洪适

考校说明：编年据《宋史》卷三三《孝宗纪》补。

又所生母阮氏赠硕人制
（隆兴二年闰十一月十五日后）

汉文帝以黄龙见成纪，始下诏议郊祀。礼官曰古者天子夏亲祀上帝于郊，乃以四月幸雍祠五畤。今朕以边事展期，盖亦有合于古也。某氏其性婉淑，其仪庄靓，乃生令子，为时显人。入从出藩，已尽立身之美；冬温夏清，莫酬养志之诚。式慰孝思，用推愍典，母慈如在，尚克享之。

出处：《盘洲文集》卷二二。又见《永乐大典》卷二九七二。

撰者：洪适

考校说明：编年据沈介宦历、文中所述"礼官曰古者天子夏亲祀上帝于郊，乃以四月幸雍祠五畤。今朕以边事展期，盖亦有合于古也"补，见《宋史》卷三三《孝宗纪》。

兵部尚书沈介故母莫氏赠硕人制
(隆兴二年闰十一月十五日后)

人子有吹棘之难,创巨痛深,顷步不忘哀感。惟金革之事,起之于服舍,则先王许其变礼。盖移孝为忠,不以家事辞王事也。某氏四德兼全,六姻所则,相其夫犹乐羊之室,仁其子得鸤鸠之风。兹因边鄙之虞,夺尔执丧之嗣。郊丘有需,少塞沉忧,音徽不遏,知有恤册。

出处:《盘洲文集》卷二二。又见《永乐大典》卷二九七二。
撰者:洪适
考校说明:编年据沈介官历、文中所述"郊丘有需"补,见《宋史》卷三三《孝宗纪》。

赒恤临安府士人诏
(隆兴二年闰十一月十六日)

临安府内外百姓不能自存之人,每至冬月,各计口数大小,日支钱米养济。访闻尚有士人,或因赴调困居旅邸,或因转徙流离道路,裹粮罄竭,饘粥不给,情实可悯。令临安府专委官于城内外,如有似此之人,更切核实,量度支给系官钱米,以体赒恤。

出处:《宋会要辑稿》食货六〇之一二。又见同书食货六八之一四七。

赐沈介辞免权兵部尚书不允诏
(隆兴二年闰十一月十六日后)

朕以卿资兼文武,材出等夷,运筹可以折冲,整军必能固圉,畀之名节,夺尔倚庐。阃外之事则制之,剸属荆襄之任;舟中之指可掬也,仍总江淮之师。方妖祲之未清,顾诈谋之难测,勉思至计,以解外忧。惟兹常伯之迁,实允舆人之诵。当体艰难之寄,勿为伛偻之词。

出处:《盘洲文集》卷一四。
撰者:洪适

考校说明:编年据《宋会要辑稿》职官七七补。

内藏库支借银应副户部支遣诏
(隆兴二年闰十一月二十日)

于内藏库支借银一十万两,应副户部支遣,日后令本部收簇拨还。

出处:《宋会要辑稿》食货五一之四六。又见《宋史全文续资治通鉴》卷二四。

王之望端明殿学士提举江州太平兴国宫制
(隆兴二年闰十一月二十四日)

朕图回治道,招显时髦。纵壑相须,聚精神于左右;坠渊为戒,全进退于始终。锡此明纶,贲于近辅。具官某,降材足用,抱器不群。茹古涵今,明于先王之术;本仁祖义,列于君子之林。蚤历通阶,屡分剧职。召节远来于巴蜀,戎旃特总于江淮。言兵体之三章,自许兴邦之策;坚帝意以十事,载嘉尊主之忠。乃繇谏坡,遂躐政地。冀素怀之底绩,能制任而有为。命其复往视师,阔焉久不闻问。国人皆曰可去,谓尚出于私心;台评以汝为倾,殆弗容于公议。念股肱之旧弼,推体貌之优恩,畁以真祠,班之秘殿,俾遂燕闲之志,当无喜愠之容。噫!孔子失之宰予,盖知人之不易;成汤至于帝乙,何谋国之皆贤!其服宠光,尚思报塞。

出处:《盘洲文集》卷二三。
撰者:洪适
考校说明:编年据《宋史》卷二一三《宰辅表》补。

赐王之望辞免端明殿学士不允诏
(隆兴二年闰十一月二十四日后)

朕承洪业,托士民之上,若涉渊冰,未知攸济,思得天下之杰,合谋相辅,以成治功。故高位厚禄,所不敢惜。以卿有慷慨之志,更中外之久,乃自首谏,跻之政涂,今盖未几也。而雅怀莫遂,公论弗孚,虽欲留以自近,顾不可得。书殿美职,乃进退大臣之优礼,何至遂有挂冠之请哉?

出处：《盘洲文集》卷一五。
撰者：洪适
考校说明：编年据《宋史》卷二一三《宰辅表》补。

皇后封赠三代制
（隆兴二年闰十一月二十五日）

皇后曾祖吉水簿夏令吉太保制

士有戴仁而行，抱义而处，其道可以致君，其材可以兴事，而官不过八品，职不过黄绶，储休衍庆，在其后人。三叶之孙，遂母天下，则宠绥先庙，不一褒而已也。具官某，行修于身，名播于外，恬于荣进，漫仕下僚，积盛德而流光，致柔仪之鼎贵。愍书甚宠，已跻亚保之班；郊需先行，庸正三公之册。营魂不昧，勿替引之。

皇后曾祖母张氏卫国夫人制

国家广显亲之孝，崇告第之泽，外庭之宰辅，内掖之妃嫔，皆得追荣其三世。矧敌体紫宸，齐明羲曜者哉？某氏懋徽柔之则，秉幽靖之仪，德配芳图，克恭苹涧，福流来裔，爰正椒涂。兹推泰畤之恩，大开淇奥之壤，禭以象服，叠于幽扃。

皇后祖榖太傅制

朕登建坤仪，助宣王化。内有进贤之志，歌《周南》《卷耳》之章；外无出阃之言，矫汉代长秋之敝。推庆源之所自，酌愍册而可行。具官某，令德蔼乎州闾，远识该乎今古，有拨烦理剧之材而不得其位，有爱人利物之志而独善其身。集之慈孙，俪乎皇极。式衍曾沙之祉，孰为幽冥之光。出帝傅之恤章，宠庙桃之时享。尚其歆服，益右后昆。

皇后祖母孙氏蔡国夫人制

朕稽二祖之圣谟，变一阳之元祀，盖乾德尝避于近晦，淳化始行于上辛。兹边鄙之有兴，谋蓍龟而改卜，虽神厘之未受，岂邦涣之可留？某氏性婉而明，教贤以肃，四德章于女宪，六姻讲其壸彝。妇道显融，罔专钟、郝之美；孙枝盛大，遂成阴、马之家。申刻蜜之新封，表含饴之积庆。其以蔡仲之国，用光夏氏之阡。

皇后父协太师制

和熹钟邓氏之庆，不及护羌之存；窦后登汉掖之尊，已结观津之恨。兹值边强之事，未行郊畤之仪，预出恩章，敢遗戚畹？具官某，躬履五常之行，气备四时之和，抱材不享于修年，委祉遂绵于后嗣。爰有息女，以升中宫。咏任姒兴周之诗，监于彤史；法春秋褒纪之义，禭以师垣。精爽如存，宠光无斁。

皇后母赵氏福国夫人制

孔子叙《诗》，以后妃居三百五篇之首。涂山娥婪，姜原任姒，所以助三代之兴也。今朕得淑哲以隆内治，则母氏之训可忘乎？某氏庄靓凝姿，徽柔缮性。出自公族，分玉派之余辉；嫔于德人，协凤鸣之吉兆。笃生良女，遂履纯坤。永怀逮下之慈，孰慰宫中之念。讲阳陔之庆典，开长乐之脂田。尚其重泉，歆此褒禭。

出处：《盘洲文集》卷二二。
撰者：洪适
考校说明：编年据《宋会要辑稿》仪制一二补。

翟贵妃封赠三代制
（隆兴二年闰十一月二十八日）

翟贵妃曾祖世俊太子少保制

国家广追远之孝，崇告第之恩。外则三公，上及其曾门；内则四妃，可覃于初室。宠光之渥，存没俱荣。某翟方进之孙，班婕仔之祖。雍容孝弟之行，佩服诗书之言。既抱器之甚良，乃埋光而不耀。庆钟来叶，仪次中闱。兹逢郊类之期，先漏泉扃之泽。惟春宫之亚保，盖朝路之巍班，尚其营魂，知此愍册。

翟贵妃曾祖母孙氏齐安郡夫人制

朕郊柴已具,边祲是虞,稽皇祖之旧章,卜长赢之首月。预行庆典,敢后外姻?某氏温靓呈姿,柔明宅志,佩帨奉芷兰之献,锜筥洁蘋藻之羞。盛德所延,后人鼎贵。繇八月良家之选,冠四星天极之躔。兹以显亲之恩,得推饰壤之泽。襚之象服,锡以脂封,乃其有知,尚克嘉此。

翟贵妃祖思成太子少傅制

朕敷求邦媛,光赞坤仪。夙有淑声,继樊、卫二姬之行;内无私谒,非许、史三王之家。推厥庆源,贲之恤册。某评高月旦,节挺岁寒,以利物而存心,不逢辰而诸仕。宜笃孙枝之祐,遂登妃掖之尊。兹有蜜章,用光先庙。亚于储傅,襚彼泉途,想其如存,服之无斁。

翟贵妃祖母张氏和义郡夫人制

朕初虔郊类,已戒先庚之期;会有塞氛,遂移建巳之月。虽神厘之未逆,顾邦涣之难稽。某氏毓粹名门,俪德君子,柔则齐于钟郝,美声轶于姬姜。庆绵再叶之英,位冠四妃之上。于沼于沚,生能絜于蘋蘩;如山如河,没遂荣于翚翟。光灵不昧,永庇后人。

翟贵妃父益太子少师制

《天官书》中宫天极,其句四星,大者为正妃,余则后宫之属也。王者求"河雎"之德、"卷耳"之志者,使之宣嫔则而应乾象,于是有漏泉之泽及其三世之庙。顾于显考,不厚可乎?某秉青萍之器,挺梗楠之材,袖手林泉,不得其位。笃生淑女,遂亚柔坤,以孝敬而事慈闱,以谦约而谐椒屋。六寝之间,靡人不称。其以官师之册襚于幽陇,以展其报亲之心。呜呼休哉!

翟贵妃母刘氏咸宁郡夫人制

圣善之爱其女,以图史之戒、丝枲箴纩之事,谆谆焉诲之于下。既龀又笄矣,乃见其入禁掖,登元妃,光大门闾,艳于戚畹。今也服浣濯之衣,以六珈副笄归而寿其亲,不亦荣乎?某氏其仪庄靓,其德懿柔,祀其先尽执笾之敬,事其夫得举梡之恭。有女甚贤,蔼然内范,报厥母训,洊出恩章。兹裂宜川之疆,式开汤沐之邑,门楣之语,验于是矣。

出处:《盘洲文集》卷二二。

撰者:洪适

考校说明:编年据《宋会要辑稿》仪制一二补。

馆阁更不立额诏
(隆兴二年闰十一月)

馆阁储才之地,依祖宗旧法,更不立额。

出处:《宋史全文续资治通鉴》卷二四。

蒋芾起居郎制
(隆兴二年闰十一月)

国家之用人,如工师之用材,可楹者不可使为桷,可棨者不可使为楶。人物之英,绝类离伦,则一日九迁,人不议其速;录录无庸,或十年不调,人不叹其滞。若是则选授公而众职修矣。尔以文艺登乎甲科,以材器久于省户,国人皆曰尔有荀、扬之学,有屈、宋之文,当在华近。吾方陟尔曲台,置尔词掖,而训辞犹未出也。左螭虚位,非尔其谁宜为?往钦哉,以称吾超拜之意。

出处:《盘洲文集》卷二一。

撰者:洪适

考校说明:编年据《宋中兴东宫官寮题名》补。

王刚中礼部尚书兼给事中直学士院制
(隆兴二年闰十一月)

咨四岳能典朕礼,孰为稽古之儒;俾万姓咸大王言,必赖缀文之杰。仍居批救之地,斯极垂绅之荣。具官某,材冠伦魁,词工体要,西掖妙清泉之思,坤维驰制阃之声。论道下帷,记甘盘之旧学;因师获印,迈仲进之前尘。召对昕朝,超登内职。临文问讳,惧奸祖庙之名;辞尊居卑,退就北门之直。畀宗伯讨论之事,兼夕郎纠驳之权。稽首而逊夔、龙,昔光帝典;拊髀而思颇、牧,今在禁林。悉展贤谟,用裨国论。

出处:《盘洲文集》卷二一。

撰者:洪适

考校说明:编年据《宋中兴学士院题名》补。

何俌权工部侍郎制
(隆兴二年闰十一月)

朕履位以来,劳人是戒。苑囿服御无所益,敢兴土木之谋?技巧工匠精其能,独治甲兵之器。久虚起部,兹得胜流。具官某,智略凑于朕前,言语妙于天下。人瑞有郑仁表,久侍左坳;古事问高仲舒,兼司右掖。王邸赖谈经之益,中台分典选之权。力陈宰路之有连,愿匀它官而远去。顾博延于耆旧,方自外来;难近舍于文儒,从其远引。惟冬卿之非剧,虽姻党而无嫌,兹用出纶,俾之持橐。其广立朝之誉,益殚致主之忠。

出处:《盘洲文集》卷二一。

撰者:洪适

考校说明:编年据《宋中兴东宫官寮题名》补。"闰十一月",《宋中兴东宫官寮题名》误作"闰十二月"。

张宋卿秘书郎郑升之正字制
(隆兴二年闰十一月)

往者大减冗员,虽瀛洲学士亦损其泰半,兹有乏材之叹,而议者归咎储蓄之不广也。闰月甲寅制书,始复祖宗之旧,宜有望士,褒然充庭。尔宋卿五岭之英,冠于贤级;尔升之三衢之秀,经为人师。或别朱紫于麟台,或事雌黄于蠹简。益思涵养,以称金期。

出处:《盘洲文集》卷二一。

撰者:洪适

考校说明:编年据《南宋馆阁录》卷七补。

与陈康伯御札
(隆兴二年闰十一月)

比屡降诏,明信赏罚,以劝将士。今来都督府虽委任宿将,必能体国,无复冒滥。书填官告之类,更宜核实,勿市私恩。兼闻虏兵渐退,诸将未即会合? 尚复何待? 可具奏来。仰以此旨分明札下杨存中。

出处:《陈文正公文集》卷五。又见康熙《广信府志》卷二八,《陈文正公家乘》卷一,民国《弋阳县志》卷一六。

与陈康伯御札
(隆兴二年闰十一月)

王之望本以押赐犒赏请行,今已久,未见申到犒赏次第。兼闻虏兵渐退,诸将未即会合,尚复何待? 可以此旨分明札下王之望,疾速具奏,并作金字牌发。

出处:《陈文正公文集》卷五。又见康熙《广信府志》卷二八,《陈文正公家乘》卷一,民国《弋阳县志》卷一六。

赐陈康伯辞免长男伟节除直秘阁次男
安节赐同进士出身不允诏
(暂系于隆兴二年闰十一月前后)

夫寓直道山,有登瀛之美;列名科籍,如折桂之荣。要路由此权舆,士林之所歆艳。卿柱石之老,邦家之光,肯力疾以造朝,见竭忠而忧国。顾无优礼,可示眷怀! 既给扶获,上于禁埛,故疏宠用,沾于子舍。盖祖宗尝行之事,在简牍具存其文。荐览来章,力辞异数,当勉承于恩意,勿固执于执情。

出处:《盘洲文集》卷一四。

撰者:洪适

考校说明:编年据同集前后文时间、《宋会要辑稿》选举三四补。

赐郭振辞免捧日天武四厢都指挥使不允诏
(暂系于隆兴二年闰十一月前后)

十月己卯,胡人绝淮,始祸我濠,焚我盱台,吞噬我楚,迭我合肥,蹂躏我固始,侵掠我舒城,虔刘我临滁,睥睨我六合。我师分布于两路,而攘却之功无闻焉。卿许国尽忠,奋励士卒,搴旗斩将,首奏肤公,有进死而无退生。捷音既腾,为诸将军之倡,冠职交戟,非曰赏功,何必执词,以遏成命?

出处:《盘洲文集》卷一四。

撰者:洪适

考校说明:编年据同集前后文时间、文中所述史事补。

杨似循从事郎制
(暂系于隆兴二年闰十一月前后)

边鄙有兴,勇者当奋其力,富者当输其财。而孅啬成俗,体国之风无闻焉。尔心不恤纬,倾訾助军,增秩出纶,夸彼邻曲。

出处:《盘洲文集》卷二一。又见《永乐大典》卷七三二五。

撰者:洪适

考校说明:编年据同集前后文时间补。

王天觉循资制
(暂系于隆兴二年闰十一月前后)

兵出西方,人百其勇,第功行赏,小大不遗。尔名在辕门,战攻有绩,进秩一等,用示恩荣。

出处:《盘洲文集》卷二三。

撰者:洪适

考校说明:编年据同集前后文时间补。

潘景直秘阁致仕制
(暂系于隆兴二年闰十一月前后)

大夫七十而请老,古之制也。近人耽禄,乃钟鸣漏尽而不知止,吁可叹哉!具官某,学道洗心,声中其实。蚤入京都,垂上华辙。晟府典乐,禄臣司光,皆当时之遴选。退休林壑,亦既有年,遗荣抽簪,无玷终始。中秘之直,非贤弗居,光尔桑榆,用迎寿嘏。

出处:《盘洲文集》卷二二。
撰者:洪适
考校说明:编年据同集前后文时间补。

李瑴常仲循资制
(暂系于隆兴二年闰十一月前后)

尔沦胥异域,久厌腥膻,挺然来归,亦著功效。进秩有命,夸组和门,益思尽忠,用答天涣。

出处:《盘洲文集》卷二二。
撰者:洪适
考校说明:编年据同集前后文时间补。

张运知广州制
(暂系于隆兴二年闰十一月前后)

二广之区,五羊最大。药洲蒲涧,民有嬉遨之风;龙户马人,政以抚柔为上。得此良翰,起之丛祠。具官某,蕴盘错之材,去表襮之饰。法家谳狱,解密网之秋荼;禁路理财,腐太仓之红粟。把麾而去,歌袴可嘉。念南服甚远于朝廷,故连率每艰其印绶。傥风移俗易,令孚黄木之湾;则海宿山行,害去绿林之盗。往副朕指,益殚厥心。

出处：《盘洲文集》卷二二。

撰者：洪适

考校说明：编年据同集前后文时间、张运宦历补，见《宋史》卷四〇四《张运传》。

<h2 style="text-align:center">邵及之福建运判制</h2>

（暂系于隆兴二年闰十一月前后）

　　分道置使，民之休戚系焉，自昔用人，或私其党。朕比下令，必对于文陛，然后命之，盖敷奏以言、明试以功之意。以尔吏能可取，治郡有声，予节闽川，廷无异论，故使汝便道奏事，而丝纶不惮于先出也。戢吏惠民，转输不绝，俾七郡无不革之弊，乃称澄清之职。

出处：《盘洲文集》卷二二。

撰者：洪适

考校说明：编年据洪适任两制时间、邵及之宦历补，见弘治《八闽通志》卷三〇。

<h2 style="text-align:center">程宏远太常博士制</h2>

（暂系于隆兴二年闰十一月前后）

　　奉常有博士，所以议国家之礼，定公卿之谥，名鬼神之祠也。尔学耕文沜，驰誉校官。曲台者畯秀之地，往游其间，可不勉哉！

出处：《盘洲文集》卷二一。

撰者：洪适

考校说明：编年据同集前后文时间、程宏远宦历补，见《中兴礼书》卷二八九。

<h2 style="text-align:center">江淮都督杨存中父震秦国公制</h2>

（暂系于隆兴二年闰十一月前后）

　　古语云：三代之将，道家所忌。傥世济忠义，则福禄鼎来，远而有耀矣，道家之忌，岂其然乎？具官某，弢略传家，尽力边圉，父子死敌，名藏金匮。天之报施，乃在嗣贤，久典戟卫，受知两朝。以槐衮斋祲而赐真王之履，以碧幢黄钺而颙督府之威。兹遇郊厘，益光祢庙，咸秦之国，载彻旧疆。英爽不亡，尚克嘉此。

出处:《盘洲文集》卷二三。

撰者:洪适

考校说明:编年据杨存中宦历、文中所述"兹遇郊禧"补,见《宋史》卷三三《孝宗纪》。

晁公武权户部侍郎制
(隆兴二年闰十一月前后)

君子言必可行,宁为一切之弊;《洪范》食以为首,孰明八政之源? 时有通儒,长于心计,详其说则若折枝之甚易,试以事则岂刻楮而无成。往谐地官,式蔽朕志。具官某,学潜坟素,材挺梗楠,论思殚造膝之忠,謇谔得匪躬之故,纲纪正于毂下,搢绅畏其笔端。自四鄙之多虞,或一日而再召。充轫忧时之略,科条足国之方。论及理财,盖缅缅而可听;使之治赋,会绰绰而有余。与其专宪府而寄以抨弹,孰若贰版曹而究其绩用! 傥以责人而责己,斯能为上而为民。即问钱谷几何,可冀贯朽粟陈之效;亦有仁义而已,当无头会箕敛之非。用观豺蔡,以耸舆望。

出处:《盘洲文集》卷二一。又见《永乐大典》卷七三〇三。

撰者:洪适

考校说明:编年据晁公武宦历补,见《宋会要辑稿》职官七八、选举三四。

金书枢密院钱端礼封赠三代制
(暂系于隆兴二年闰十一月前后)

钱端礼曾祖暄秦国公制

钱氏有德于吴越之民,上天右之。宋兴二百年间,枝胄蕃衍,重龟袭紫,为搢绅望族。运筹帷幄,祖孙相继,发祥锡羡,厥有自来。具官某,得传家之学,蕴迈俗之材。入联禁途,分司会之剧职;出颛方面,畅柔远之英规。搢绅高其令名,史策纪其遗懿。惟厥显考,光辅两朝,迨今三叶,复登宥地,天之报施,可验不诬。大师维垣,已崇懋典,四塞之国,载锡蜜章。是为有后之光,益笃无穷之祉。

钱端礼祖驸马都尉景臻大宁郡王制

宋有天下，凡将相之子、勋贵之家，以选而为副车者，无虑数十百人。虽公圭将钺，生极其荣，而甲第绮襦，代袭豪侈，求其来裔，卓尔不群，秉枢翊政，光于三阶者，未之有也。具官某，永昭陵之禁脔，异姓王之闻孙，谦畏慈仁，白圭无玷。享沁园之奉而有声于戚畹，传金籯之学而善训其后人。宜有孙枝，致身两地，世德之懿，瞻前无邻。爵秩既尊，叠禭泉壤，焘以新社，隰为乐郊。尚其如存，服我休命。

钱端礼父忱庆国公制

昂霄之木，不生于培塿之丘；纵壑之鱼，不出于蹄涔之水。公侯之子孙，钟前人之盛烈，受高门之美荫，奋然有立，为国光辉者，所凭厚也。具官某，天姬之嗣，休有德名，乐善履谦，白首不变，教忠之训，咸仰义方。陟我几廷，实尔贤息，延登之始，饰禭有常。表其流光，胙国于庆，式增庙祐之宠，且慰烝尝之思。

钱端礼妻高氏和政郡夫人制

刘向采取诗书所载贤妃烈妇兴国显家可法则者为《烈女传》，后之秉直笔者，莫不绁彤管之书，序鹊巢之德，以足一代之史。盖妇人不出房闼，美闻于姻党则名达于州间，至于垂之竹帛，自微以至著，非一朝一夕之力也。某氏桃姿兰行，华阀之英。虽有姬姜，孰如贤范？必娶高国，偶合前言。主馈奉尝，肥家尽善，辅佐君子，至于掌枢。翚翟之封，以荣鸾诰，岷峨之壤，载启脂田。享其偕老之荣，益修内助之德。

出处：《盘洲文集》卷二二。
撰者：洪适
考校说明：编年据同集前后文时间、钱端礼宦历补，见《宋史》卷二一三《宰辅表》。

户部侍郎朱夏卿父胜非鲁国公制
（暂系于隆兴二年闰十一月前后）

　　鲁人类帝，用驿刚于上辛；汉代祀天，歌朱明之雅乐。朕稽前王之成宪，遵烈祖之旧章，偶四鄙之多虞，变一阳之大礼，先敛中坛之福，广为幽爽之光。具官某，名闻华夷，功在社稷。再安国步，扶日毂于天衢；具赫民瞻，应星符于台路。有嗣贤之分鼎，贰禁密而算鞭。慰其陟岵之思，出此漏泉之泽。不改师垣之襚，大开阙里之封。尚其英灵，歆此愍饰。

出处：《盘洲文集》卷二二。
撰者：洪适
考校说明：编年据同集前后文时间、文中所述"朕稽前王之成宪，遵烈祖之旧章，偶四鄙之多虞，变一阳之大礼"补，见《宋史》卷三三《孝宗纪》。

莫延蕡银青光禄大夫检校太子宾客使持节南丹州诸军事南丹州刺史兼御史大夫知南丹州公事武骑尉制
（暂系于隆兴二年闰十一月前后）

　　率土之滨，莫非王臣，靡私涵覆；九州之外，谓之蕃国，所贵怀来。眷惟卉服之英，能慕华风之美，承祧有庆，锡壤为荣。某浴义浸仁，资忠履信。心倾葵藿，远输就日之诚；世受丝纶，不阙梯山之贡。既处天伦之长，宜称海峤之雄。当兹似续之初，贲以便蕃之渥。跻银艾禄臣之秩，兼风霜宪府之官。儗储邸之元寮，陟勋阶之华品。并斯徽数，为我遐藩。噫！尊君之道无它，主乎恭顺；抚俗之方有要，务在温慈。祗服训言，益绥福嘏。

出处：《盘洲文集》卷二一。又见《永乐大典》卷一三五〇七。
撰者：洪适
考校说明：编年据同集前后文时间、莫延蕡官历补，见《宋会要辑稿》兵二三。

叶颙母封赠制
(暂系于隆兴二年闰十一月前后)

前缺其贤嗣,择师友而徙邻。暨荣陟于禁途,空永怀于甘旨。兹推庆典,用贲幽扃。尚妥尔灵,益胙其后。

出处:《盘洲文集》卷二一。此文已残,按总目知是叶颙封赠制,而据残文之意,当是赠其母之制。
撰者:洪适
考校说明:编年据同集同卷《叶颙故妻陈氏令人制》补。此文已残,按总目知是叶颙亲族封赠制,而据残文之意,当是赠其母之制。

敷文阁待制朱翌左朝议大夫制
(暂系于隆兴二年闰十一月前后)

三年而计群吏,若稽陟典之文;累日不离小官,独减从臣之考。兹协铨曹之格,实彰名器之公。具官某,学问淹该,词章典赡。右坳书事,马迁有良史之材;西掖出纶,苏颋为代言之最。论思皆本仁义,吐茹不以刚柔。厄彼谗波,久于炎峤,晚逢更化,连命承流。抚字不讳其劳,循良无愧于古。虽奉祠而养气,盖迁秩之应条。其服明纶,以畅荣问。

出处:《盘洲文集》卷二三。
撰者:洪适
考校说明:编年据同集前后文时间、朱翌官历补,见《建炎以来系年要录》卷一八五等。

虞允文父祺太子太师制
(暂系于隆兴二年闰十一月前后)

蜀道文儒之林也。在西汉时,严、马、渊、云,禀灵江汉,擅声四海,后来仰之,如庆云景星,曾未闻父子继美及致身鼎辅者。我宋勃兴,异材间出,高视前古,世载其英。具官某,包括群书,洋溢嘉闻。登名月窟,仕不隆振,储休子舍,大其门间。光践鸿枢,兼握政柄。聚精会神,景行夔卨。宫师褒襚,制墨未乾,兹讲神厘,复申恤册。以彰教忠之训,以尉显亲之心。没有知也,尚荣享之。

出处:《盘洲文集》卷二三。又见《永乐大典》卷九一九。

撰者:洪适

考校说明:编年据同集前后文时间、文中所述"光践鸿枢,兼握政柄"补,见《宋史》卷二一三《宰辅表》。

陈岩肖礼部员外郎制
(暂系于隆兴二年闰十一月前后)

太上皇帝取祖宗词学之科,新其名,更其制,始许公卿大夫之世与登进士第者,角其艺而选之。尔褒然为任子倡,坎壈不振,人咸叹焉。再入郎闱,处非其地,南宫掌翰,佥曰汝宜。往修厥官,以陟华近。

出处:《盘洲文集》卷二一。

撰者:洪适

考校说明:编年据同集前后文时间补。

知天台县王琰转官再任制
(暂系于隆兴二年闰十一月前后)

天台之民,佚汝治行,愿复借留三年。守臣考其实以闻,吾何爱一官而不徇斯民之请也？益思尽力,以望卓鲁。

出处:《盘洲文集》卷二一。

撰者:洪适

考校说明:编年据洪适任两制时间、王琰官历补,见《嘉定赤城志》卷一一。

张绶潘景珪贾选大理评事制
(暂系于隆兴二年闰十一月前后)

廷尉平断天下之狱而员少事丛,虑请谳之稽逗也,益者三人,庶无旷职。尔等明习律令,秋卿以为言,往充其官,思踵平廷之美。

出处:《盘洲文集》卷二二。

撰者:洪适

考校说明:编年据同集前后文时间、潘景珪官历补,见《宋会要辑稿》职官七一。

韩彦古太府寺丞制
(暂系于隆兴二年闰十一月前后)

吾以北鄙有衅,命尔视先世之部曲,以图上其方略。尔奋然愿行,无避难之色。归奏便殿,雍容可观。顾虽摄事郎闱,而雉监犹须女也,司府之属,俾复其旧。往践厥官,则朝有著矣。

出处:《盘洲文集》卷二三。

撰者:洪适

考校说明:编年据同集前后文时间补。

吴总右朝奉大夫制
(暂系于隆兴二年闰十一月前后)

西师出塞,日辟故疆;中禁疏恩,用酬茂绩。尔顷居莫府,办治文书,靡盬夙宵,军行有赖。第劳增秩,少示宠光,益思竭忠,以济勋阀。

出处:《盘洲文集》卷二二。

撰者:洪适

考校说明:编年据同集前后文时间补。"右朝奉大夫",傅校清刻本作"右朝议大夫"。

任天锡左武大夫遥郡防御使制
(暂系于隆兴二年闰十一月前后)

西师出塞,咸有战多,莫府上功,式稽信赏。具官某,众推劲勇,自奋忠纯,执锐被坚,久居行阵,斩首捕虏,能立勋庸。用陟遥防,仍升横品。益图报效,嗣有恩光。

出处:《盘洲文集》卷二一。

撰者:洪适

考校说明:编年据同集前后文时间、任天锡官历补,见《宋会要辑稿》兵一九。

张进董江遥郡刺史制
(暂系于隆兴二年闰十一月前后)

熊罴之士、不二心之臣,立斩将艾旗之功,则信赏之行,盖不旋日。某有履锋之勇,有徇国之忠,茨湖之役,涉水力战,执讯获丑,咸奔于率。书之盟府,陟以州旄,益思捐躯,用答恩渥。

出处:《盘洲文集》卷二一。

撰者:洪适

考校说明:编年据同集前后文时间补。

郭振捧日天武四厢都指挥使制
(暂系于隆兴二年闰十一月前后)

裔夷结难,肆凶焰以方张;莫府摧坚,喜捷音之为倡。可无褒典,用贲中权?具官某,识贯戎骇,名高勇爵。抚鸣剑而抵掌,久抱壮图;援枹鼓则忘身,独潜忠概。兹率千庐之卫,往屯六合之城。会妖祲之结蟠,涉长淮而侵轶。惟时爪士,首奏肤公。鹤唳风声,已挫犬羊之气;席卷霆奋,遂增貔虎之威。式表辕门之勋,俾冠厢部之职。仁期扫荡,嗣有龙光。

出处:《盘洲文集》卷二一。

撰者:洪适

考校说明:编年据同集前后文时间补。

叶颙故妻陈氏令人制
(暂系于隆兴二年闰十一月前后)

朕初修郊类,已戒先庚之期,会有边氛,遂移建巳之月。虽神厘之未受,岂邦涣之可留?某氏毓秀名门,媲德君子,柔则肩于钟郝,淑声轶于姬姜。益虔奉尝,不克偕老。锦韬象轴,齐眉鬲一见之荣;栢冢松阡,刻蜜示九泉之饰。庶几不朽,右尔子孙。

出处:《盘洲文集》卷二一。
撰者:洪适
考校说明:编年据同集前后文时间、文中所述"朕初修郊类,已戒先庚之期,会有边氛,遂移建巳之月"补,见《宋史》卷三三《孝宗纪》。

吴盖妻赵氏越国夫人制
(暂系于隆兴二年闰十一月前后)

朕将燔郊燎,偶警边烽。祖武可遵,尝讲上辛之卜;神心斯答,宜改长嬴之初。虽未逆于庬褷,爰预行于庆典。某氏仪容庄靓,德履肃雍。母训少成,循八篇列女之戒;壸彝交播,为四姓小侯之师。蘋藻洁烝尝之羞,潏瀡谨尊章之礼。如宾有敬,偕老则荣。兹崇鸾诰之封,益示鱼轩之宠。越为大国,宜尔室家。

出处:《盘洲文集》卷二二。
撰者:洪适
考校说明:编年据同集前后文时间、文中所述"朕将燔郊燎,偶警边烽。祖武可遵,尝讲上辛之卜;神心斯答,宜改长嬴之初"补,见《宋史》卷三三《孝宗纪》。

陈正同赠四官制
(暂系于隆兴二年闰十一月前后)

朕礼优法从,恩笃臣邻。晚节挂冠,已徇归田之请;一朝易箦,罙兴移壐之嗟。爰有恤章,告其居第。具官某,风概方整,机猷硕肤,蚤腾誉于峻岐,遂致身于荣路。贰秋卿之禁橐,知胜残去杀之仁;承天旨于筹帷,有排难解纷之助。把麾而去,歌绔甚休。忽惊垂尽之言,空轸云亡之悼。增之四秩,饰彼九京,没而有知,歆此无致。

出处:《盘洲文集》卷二二。

撰者:洪适

考校说明:编年据同集前后文时间、陈正同宦历补,见《宋史翼》卷一〇《陈正汇传》、康熙《建宁府志》卷一八。

左仆射陈康伯祖居仁越国公制
(暂系于隆兴二年闰十一月前后)

朕霖雨之思贤佐,复正台衡;舟楫之济巨川,遂强国势。虏帐变发蒙之语,边垠谐咽哺之欢。式衍庆源,用覃先庙。具官某仁义根于心术,孝友得之天姿,怀利器而不施,影华缨而漫仕。惟邦之桀,实尔之孙。禠以维垣,厥封康叔之国;贲之新册,大开勾践之疆。音徽不遐,尚克嘉此。

出处:《盘洲文集》卷二二。

撰者:洪适

考校说明:编年据同集前后文时间、陈康伯宦历补,见《宋史》卷二一三《宰辅表》。

陈伟节直秘阁制
(暂系于隆兴二年闰十一月前后)

朕聘召元老,尊强朝廷,优礼殊恩,实循旧典。尔大丞相之冢子也,一经之训,不坠家声,寓直瀛洲,用作过庭之宠。

出处:《盘洲文集》卷二一。

撰者:洪适

考校说明:编年据同集前后文时间补、《宋会要辑稿》选举三四补。

王师心知湖州制
（暂系于隆兴二年闰十一月前后）

朕巡守三吴,以苕、霅为藩辅;畴咨九牧,欲召、杜之人材。得此良翰,谐于金属。具官某,望实高巍,材猷硕肤。再登献纳之班,独抗忠嘉之论。孟容还制,多士想闻其风;山涛执铨,人物各为之目。郡章再绾,帅节五移。拔薤本以抑强,严霜可畏;憩棠阴而听讼,白日显行。凡牧人御众之方,无擿埴索涂之患。兹选吴兴之守,孰逾禁密之英？赖善政有以抚绥,则斯民不复愁叹。往振其职,永孚于休。

出处:《盘洲文集》卷二三。

撰者:洪适

考校说明:编年据同集前后文时间、《文定集》卷二三《王公墓志铭》、同治《湖州府志》卷五补。

王时升权兵部侍郎制
（暂系于隆兴二年闰十一月前后）

朕招延俊义,列布禁途。庶几献纳论思,得厌难折冲之略;咨诹谋度,闻安民和众之言。顾武部之阙人,稽金谐而出命。具官某,秉中庸之德,著朴茂之称。版部斡旋,合研、桑之心计;辅藩抚字,踵龚、召之遗风。节费用而府有余财,勤簿领而庭无遗事。未奏会稽之最,已劳宣室之思。聚天下之兵,朕方修于戎政;率夏官之属,尔其治于军防。式佇良图,用裨上策,无使立朝之誉,减于作郡之时。

出处:《盘洲文集》卷二二。

撰者:洪适

考校说明:编年据同集前后文时间、王时升宦历补,见《宋会要辑稿》选举三四、万历《金华府志》卷一〇。

王宣防御使制
（暂系于隆兴二年闰十一月前后）

朕志在劝功，不爽出纶之信；酌于用赏，每惩刓印之非。具官某，趫猛知名，朴忠著节。出奇设伏，夙蕴深谋；掩空击虚，屡彰肤绩。兹分王旅，远戍边垂。捍襄阳之冲，荐闻吉语；严樊城之备，咸奋斗心。用陟兵防，式光戎幙。益思吞敌，以答恩章。

出处：《盘洲文集》卷二一。
撰者：洪适
考校说明：编年据同集前后文时间、王宣宦历补，见《宋会要辑稿》兵一九。

唐阅司封员外郎制
（暂系于隆兴二年闰十一月前后）

冢卿之属其司七，间者并省司勋，故主爵兼两曹之事。用得其材，则吏无并缘之奸，人无稽滞之叹。尔行安节和，恬于荣进，为郎则未久也，跻之前列，合乎公言。往殚厥心，以振其职。

出处：《盘洲文集》卷二一。
撰者：洪适
考校说明：编年据同集前后文时间、唐阅宦历补，见《南宋馆阁录》卷七。

王稽中起居舍人制
（暂系于隆兴二年闰十一月前后）

左右史分主柱下，班列甚清，直造榻前，谋猷可告。言动资其良笔，选用在于端人。尔古训积于中而正论发于外，不惮大吏，风采凛然。自台察而陟望郎，繇郎闱而摄记注，再盈旬耳。即真之命，金曰允哉。益思尽瘁，以报知奖。

出处：《盘洲文集》卷二一。
撰者：洪适

考校说明:编年据同集前后文时间、王稽中宦历补,见《宋史全文续资治通鉴》卷二四。

赐王逮御笔
(隆兴二年闰十一月前后)

卿方守谏职,且朕亲擢,不须引嫌辞避。繁剧之任,当俟异时。勿复再有陈请。

出处:《攻媿集》卷九〇《王公行状》。
考校说明:编年据原书所述史事补,见《宋会要辑稿》职官七八、选举三四。"逮",原书误作"速"。

抚问杨存中赐金合药口宣
(暂系于隆兴二年闰十一月前后)

卿久督戎旃,兹周岁籥。念风威之匿薄,知幕府之勤劳,爰出恩盼,用资崇护。

出处:《盘洲文集》卷一六。
撰者:洪适
考校说明:编年据同集前后文时间补。

抚问诸大帅并赐鞍马口宣
(暂系于隆兴二年闰十一月前后)

岁律将更,边城良苦,分禁闲之上驷,助戎幕之神旗。祇服恩盼,益思忠报。

出处:《盘洲文集》卷一六。
撰者:洪适
考校说明:编年据同集前后文时间、文中所述"岁律将更"补。

赐陈康伯辞免兼提举玉牒所监修国史
提举编类圣政不允诏
（隆兴二年闰十一月后）

夫修玉牒之文，约金鐀之史，纂慈闱之政，皆国家信书大典，垂之不刊，非鸿儒比良迁、董者，未易居其职。上台典领，厥惟旧矣。机务之隙，毋以笔削为劳也。

出处:《盘洲文集》卷一四。
撰者:洪适
考校说明:编年据《南宋馆阁录》卷七补。

给赐沈介衣带诏
（隆兴二年十二月二日）

沈介已除权兵部尚书，可依例给赐衣带。今后在外臣僚除授准此。

出处:《宋会要辑稿》礼六二之七〇。

四川夏秋正税畸零之数听纳钱诏
（隆兴二年十二月三日）

四川转运司行下所部州县，夏、秋正税绢帛，如人户愿合钞成匹送纳本色外，有畸零之数，遵从见行条法，听依实直价纳钱。仍仰本司常切觉察，无令抑勒价钱违戾。

出处:《宋会要辑稿》食货七〇之五五。

郡守赈济两淮流移之民诏
（隆兴二年十二月四日）

比者敌人侵我淮甸，数州之民不无惊扰。今既议和，敌必退舍，而流移未还，邑屋未复,田业尚荒,衣食或阙。其令两淮漕臣督责诸郡守长贰专切抚绥,招来流民,葺治居室,勉其耕作,振其乏绝。或调用不给,令江浙漕司那融应副。

出处:《宋会要辑稿》食货六九之六二。

薛良朋知临安府制
(隆兴二年十二月五日)

尹京之任亦难矣。赵、张、三王,擅名于汉,后世犹议其明者伤于太察,严者伤于太猛,鲜克有终,殆以是乎？国家之都上京也,尹正者皆辅弼之储,其望崇,其权重,可以不惮大吏,可以不避强御。怀私者不得而挠之,依势者不得而摇之。故其威易立,其政易成。今暂跸吴中,名同而实异,责重而势轻,故居之者为尤难。尔整烦拨剧,裕而不迫；接物处事,和而有立。使节州麾,名震中外,靡人不以尔为材也。畴咨四岳,擢尔大府,当官而行,思善其后。

出处:《盘洲文集》卷二三。
撰者:洪适
考校说明:编年据《乾道临安志》卷三补。

吴芾吏部侍郎制
(隆兴二年十二月五日)

朕畴咨舆诵,品核实能,与其弹压都城,劳以牒诉,倥偬之事,岂若澄清选部,振其铨总公平之休？弊必务于尽除,任弗嫌于数易。具官某,识邃以敏,材周而通。再入中台,乃率秋官之属；暨居东省,尝分夕拜之权。择良牧以尹京,辍贰卿于司列。甫逾月律,已播治声。虽称职可嘉,在前孰出其右？然审官既阙,至今未得其人。妙简周行,俾寻故步。夫镜明则尘垢不止,衡举则轻重罔遗。惟吏奸有铨制之方,则仕进免滞淹之叹。益行已试之效,用广无穷之称。

出处:《盘洲文集》卷二三。
撰者:洪适
考校说明:编年据《乾道临安志》卷三补。吴芾曾两除吏部侍郎。据文中所述"与其弹压都城,劳以牒诉,倥偬之事,岂若澄清选部"可知,此为吴芾第二次除吏部侍郎,见《乾道临安志》卷三、《宋史》卷三八七《吴芾传》。

郊祀大礼改用献岁上辛诏
(隆兴二年十二月八日)

郊祀大礼可遵至道典故,改用献岁上辛。令学士院降诏。

出处:《中兴礼书》卷一。

两淮州军招集流民归业诏
(隆兴二年十二月八日)

两淮州军多方措置,招集流民归业。仍禁戢济渡去处,不得邀阻,毋致失所。

出处:《宋会要辑稿》食货六九之六二。

放免两淮半年商税诏
(隆兴二年十二月八日)

虏人侵犯两淮,居民流徙,令安抚转运司下诸州军措置招集,放免半年商税。

出处:《宋会要辑稿》食货一八之三。

改上辛郊祀诏
(隆兴二年十二月八日)

朕比以军兴,未皇郊见,欲涓建巳之月,已戒先庚之期。幸消弭于外虞,惧稽迟于大报。敬惟元日,正得上辛,合鲁经启蛰之文,法周室用辛之礼。神厘可逆,犹汉帝拜于甘泉;祖武是绳,盖太宗行于至道。式从改卜,虔举彝章。

出处:《盘洲文集》卷一二。又见《中兴礼书续编》卷一,《宋会要辑稿》礼二八之六八。
撰者:洪适

有事南郊诏
（隆兴二年十二月八日）

朕比以军兴，未遑郊见，欲消建巳之月，以戒先庚之期。幸消弭于外虞，惧稽迟于大报。敬惟元日，正得上辛，合鲁经启蛰之文，法周室用辛之礼。神厘可逆，犹汉帝拜于甘泉；祖武是绳，盖太宗行于至道。式从改卜，虔举彝章。朕今以来年正月一日有事于南郊。

出处：《宋会要辑稿》礼二八之六八。

胡昉直秘阁知盱眙军制
（隆兴二年十二月十一日）

边城新遭戎马之难，劳来凋瘵，必惟其人。尔少长淮壖，习知风俗，寓直中秘，超分郡符。无轻一障之乘，遂愧鸿雁之雅。

出处：《盘洲文集》卷二三。
撰者：洪适
考校说明：编年据《宋会要辑稿》选举三四补。

王刚中端明殿学士佥书枢密院事制
（隆兴二年十二月十一日）

国家以得贤为重，人臣以逢时为荣。况登四近之班，实应三阶之象。惟邦之彦，非朕可私。具官某，诚悃无华，特操不倚。学有根柢而抗以高明之识，言无枝叶而发为典则之文。附翼攀鳞，畚从容于宫邸；扪参历井，独振耀于藩垣。陟节召而复来，听履声而可识。虞、夏之书浑浑尔，方推禁苑之长；伊、望之业凛凛乎，宜陟筹帷之列。所资忠力，同起治功。噫！尊俎可以折冲，盍茂明于上策；股肱其惟执政，无专美于前英。往体至怀，奚俟多训！

出处：《盘洲文集》卷二三。
撰者：洪适

考校说明:编年据《宋史》卷三三《孝宗纪》、《宋宰辅编年录》卷一七补。

钱端礼参知政事兼权知枢密院事制
(隆兴二年十二月十一日)

朕居域中之大,以天下为公。念立政之惟艰,孰称前疑之任;傥量材而可倚,难拘左戚之嫌。书赞稽乎人情,典故存于国史。具官某,学该古训,名著清躔。忧时极饥渴之思,致主出忠嘉之缊。下王恢之议,终始未尝异同;成魏绛之功,南北以之休息。自登右府,兼赞中台,见施置之无私,喜规模之可久。都俞契合,犹伯牙之操递钟;典领雍容,盖庖丁则有余刃。其参国秉,共立邦基。仍尊帷幄之筹,匪专俎豆之事。家声不坠,臣节甚休。噫!二百载而中天,欲显祖宗之烈;三十辐而共毂,所资辅弼之良。勉奋尔庸,以济于治。

出处:《盘洲文集》卷二三。又见《宋四六选》卷三。
撰者:洪适
考校说明:编年据《宋史》卷三三《孝宗纪》、《宋宰辅编年录》卷一七补。

虞允文同知枢密院事兼权参知政事制
(隆兴二年十二月十一日)

朕仰承慈训,光绍庆基。经武整军,莫重本兵之寄;移风易俗,常怀修政之难。时有异材,助吾上治。具官某,学周贯变,识缊经纶。运堂上之奇兵,方显兼资之略;扫舟中之敌国,遂成无竞之功。兹陟宥庭,仍裨政路。已见赞襄之效,庸知密勿之长。离娄烛千里之隔,物情难隐;柳下奋百世之上,时望浸高。宜副斗枢,并参天绎,所赖股肱之助,无复毫厘之差。噫!众贤和于朝,当法皋、夔之迹;一相处乎内,非专周、召之权。益展英规,用隆华问。

出处:《盘洲文集》卷二三。又见《永乐大典》卷一三五〇七。
撰者:洪适
考校说明:编年据《宋史》卷三三《孝宗纪》、《宋宰辅编年录》卷一七补。

赐钱端礼辞免参知政事兼权知枢密院事不允诏
(隆兴二年十二月十一日后)

昔舜命九官,济济相逊,奋庸亮采,靡事不理,朕甚慕之。卿学足以行道,识足以决疑,入践钧枢,能断国论。畴咨选众,宜翰政机,兼冠宥庭,助我经武。执词相推,无愧于古,涣汗不反,亟其祗服。

出处:《盘洲文集》卷一五。

撰者:洪适

考校说明:编年据《宋宰辅编年录》卷一七补。

赐王刚中辞免端明殿学士签书枢密院事不允诏
(隆兴二年十二月十一日后)

朕兢兢业业,一日二日万几,寤寐有德之辅。天下贤哲肯从我游者,吾能尊显之。卿有佐王之学,有拔俗之材。入从出藩,咸著显闻,复还禁路,风望隐然。入助筹帷,孰曰不可? 循墙之避,非所愿闻。

出处:《盘洲文集》卷一五。

撰者:洪适

考校说明:编年据《宋史》卷二一三《宰辅表》补。

赐虞允文辞免同知枢密院事兼权参知政事不允诏
(隆兴二年十二月十一日后)

朕以眇身,获保宗庙,天下治乱,在予一人,非邦家之英,同德一心,裨助万务,则安能有济哉? 卿充积学问,练达事机,中外践更,所言可绩。比参宥画,具见良图,宜副本兵,兼预政柄。赞襄之效,倚俟有成,祗服恩荣,无劳谦挹。

出处:《盘洲文集》卷一五。

撰者:洪适

考校说明:编年据《宋宰辅编年录》卷一七补。

赐钱端礼再辞免参知政事兼权知枢密院事不允批答
（隆兴二年十二月十一日后）

卿练习世故，有猷有为，陶度庶事，犹烛照数计而龟卜也。朕知卿之材旧矣。迩者赞右府，兼政柄，启沃设施，有久大之业。试可而迁，人望咸允。辞至于再，吾意不然。

出处：《盘洲文集》卷一五。

撰者：洪适

考校说明：编年据《宋史》卷二一三《宰辅表》补。

赐虞允文再辞免同知枢密院事兼权参知政事不允批答
（隆兴二年十二月十一日后）

文武之枋，系于东西府，二三大臣，通国之望也。朕以卿硕材不器，舆诵所归。俾佐事枢，揆策详审；俾参朝政，告猷允臧。详试而进，朕命不易。虽复深词，难徇来恳。

出处：《盘洲文集》卷一五。

撰者：洪适

考校说明：编年据《宋史》卷二一三《宰辅表》补。

赐王刚中再辞免端明殿学士签书枢密院事不允批答
（隆兴二年十二月十一日后）

朕延登民望，参管神机，陟三杰以同时，监百王而治内。庶赖多算，匪求近功。卿契合于潜藩，峥嵘于禁路，去国之久，靡人不称。甫持囊以尊朝，宜拥枢而立武。当遵批语，遂绝执函。

出处：《盘洲文集》卷一五。

撰者：洪适

考校说明：编年据《宋史》卷二一三《宰辅表》补。

赐王刚中断来章批答口宣
(隆兴二年十二月十一日后)

比采师言,俾登宥地,乾纲独断,涣命已行。当谅至怀,勿拘逊礼。

出处:《盘洲文集》卷一六。

撰者:洪适

考校说明:编年据王刚中宦历补,见《宋史》卷二一三《宰辅表》。

赐钱端礼断来章批答口宣
(隆兴二年十二月十一日后)

卿望高两地,象应三阶,掌朝政于中台,本兵权于西府。当酬眷倚,毋守谦执。

出处:《盘洲文集》卷一六。

撰者:洪适

考校说明:编年据钱端礼宦历补,见《宋史》卷二一三《宰辅表》。

赐虞允文断来章批答口宣
(隆兴二年十二月十一日后)

卿学盖尊王,材堪谋国,进跻枢贰,益起岩瞻。宜体批章,遂蠲冲牍。

出处:《盘洲文集》卷一六。

撰者:洪适

考校说明:编年据虞允文宦历补,见《宋史》卷二一三《宰辅表》。

巩衍大理正制
(隆兴二年十二月十二日前)

朕虑法吏吹毛,不循三尺,棘寺之属,详于用人。尔决谳之久,以文毋害,其听狱成，思继平反之美。

出处：《盘洲文集》卷二二。

撰者：洪适

考校说明：编年据巩衍宦历补，见《宋会要辑稿》职官七一补。

赈济两浙路州军灾伤民户诏
（隆兴二年十二月十三日）

两浙路州军内有灾伤民户阙食去处，专委本州守倅以常平米措置减价赈粜。

出处：《宋会要辑稿》食货五八之三。又见同书食货六八之六四，《宋会要辑稿补编》第五九四页。

缘边残破州军德音
（隆兴二年十二月十六日）

朕惕奉慈谋，务行仁政。惧赤子之蒙祸，敢起争端？会邻国之厌兵，弗渝和好。比遣王抃，远抵颍滨，得其要领而归，靡有毛牦之隐。寻澶渊盟誓之信，仿大辽书题之仪，正皇帝之称，为叔侄之国。岁币减十万之数，地界如绍兴之时。怜彼此之无辜，约叛亡之不遣，可使归正之士，咸起宁居之心。魏杞使车，已越疆而通问；淮南侵骑，皆空壁以退师。重念数州之民，罹此一时之难，栋宇或遭于煨烬，田畴并丧其犁锄，老稚有荡析之灾，丁壮有系累之苦，三冬匮薄，千里绎骚。顾尔何辜，皆予不德。宜推洗涤之宥，少慰凋残之情。入赦文。於戏！歌鸿雁之诗，期奠桑麻之业；息貔貅之戍，俾无金革之声。尚冀循良之臣，共敷汪濊之泽，用陶协气，复见乐郊。咨尔群黎，体予至意。

出处：《盘洲文集》卷一一。又见《宋史》卷三三《孝宗纪》，《宋史全文续资治通鉴》卷二四，《宋元通鉴》卷八二，《宋史纪事本末》卷七七，《续资治通鉴》卷一三九。

撰者：洪适

考校说明：原书题后小注曰"隆兴元年"，据《宋史》卷三三《孝宗纪》等改补。

郊祀前二日朝献景灵宫圣祖册文
（隆兴二年十二月二十九日）

伏以丕显圣德，垂光在天，源深流长，基命积累。肆予微眇，获保宗庙，神丘备物，亶惟其时。沈沈闳庭，灵斿所御。其香始升，克绰永福。

出处：《盘洲文集》卷一一。

撰者：洪适

考校说明：编年据同集前后文时间、文中所述史事补。

郊祀前一日朝飨太庙帝后册文
（隆兴二年十二月三十日）

伏以天祚炎图，圣圣继武，盛德必百世祀，是之谓流光。施及菲凉，嗣无疆大历服。爰熙紫坛，初交于神，先事一日，入太室裸。骏奔济济，列陈嘉笾。假哉皇祖，启佑我后人，永缉熙于纯嘏。

出处：《盘洲文集》卷一一。又见《中兴礼书》卷三二。

撰者：洪适

考校说明：《中兴礼书》题后注曰："内徽宗室册文添显仁皇后谥号。"

郊祀前一日朝飨太庙分诣别庙懿节皇后册文
（隆兴二年十二月三十日）

煜煜管彤，卓卓坤极。绥予孝子，服尧之服。上辛改卜，礼神颂祇。洁粢广牡，既右飨之。兆蒙祉福，天下乂安。

出处：《中兴礼书》卷三二。又见《盘洲文集》卷一一。

撰者：洪适

祝闳利路运判徐人杰江西提举常平制
(隆兴元年十二月)

部刺史握澄清之柄,动摇山岳,震慑州县,用匪其人,下则受弊。尔闳夙有吏材,再任蜀道,就持漕节,以饷王师,所以省送往迎来之费也。尔人杰儒林之老,久列郎闱,俾陟仓台,以临江右,所以徇更迭补外之请也。绳奸摘伏,思振六条,宽我远怀,时尔之职。

出处:《盘洲文集》卷二三。
撰者:洪适
考校说明:编年据《宋中兴东宫官寮题名》补。

唐仲友秘书省正字制
(隆兴二年十二月)

刘晏言天下之文,惟朋字未正,朕既擢尔父于风霜之地,破党与之私矣。尔弟兄鼎立,白眉最良,发策玉堂,奏篇甚善。宜居中秘,雠校群书,归休从容,必无异同之论。

出处:《盘洲文集》卷二二。
撰者:洪适
考校说明:编年据《南宋馆阁录》卷八补。

范成大秘书省正字制
(隆兴二年十二月)

瀛洲英俊之躔也,中兴以来,未有父子踵相蹑者。尔学赡而文缛,阯美于前人,益观异书,以正鱼鲁之谬。

出处:《盘洲文集》卷二二。
撰者:洪适
考校说明:编年据《南宋馆阁录》卷八补。

与陈康伯御札
(隆兴二年十二月)

兵退,卿力所致,神人庆洽,中外欢腾。自幸生命。敕令加食邑七千九百户。行舟次、骑步序图,可命工绘写成帙进来。

出处:《陈文正公文集》卷五。又见康熙《广信府志》卷二八,《陈文正公家乘》卷一,民国《弋阳县志》卷一六。

赐戚方辞免捧日天武四厢都指挥使不允诏
(暂系于隆兴二年十二月前后)

宰辅以汝求免厢部事入奏。夫爵禄者,朕所以厉世磨钝也。介胄之士,有安边却敌之效达于朕听,赏不旋日,惟恐忘其功也。卿忠不顾身,名副其实,旂常有纪,褒律匪私,宜略执词,亟祗茂命。

出处:《盘洲文集》卷一五。
撰者:洪适
考校说明:编年据同集前后文时间补。

龚滂国子正制
(暂系于隆兴二年十二月前后)

褒衣博带之儒,露其颖者咸集于胶庠,表正之官未易居也。尔博古知今,乡曲有誉,力行所学,用副选抡。

出处:《盘洲文集》卷二三。
撰者:洪适
考校说明:编年据同集前后文时间、龚滂宦历补,见《宋会要辑稿》选举二〇。

倪偶太常寺主簿制
(暂系于隆兴二年十二月前后)

簿领虽卑,奉常盖礼乐所自出,有列其间,则与闻稽古制作之事,它寺不可同年而语也。尔强学好修,久率多士,俾造稷嗣,益观所长。

出处:《盘洲文集》卷二三。又见《永乐大典》卷一四〇六七。
撰者:洪适
考校说明:编年据同集前后文时间、《名贤氏族言行类稿》卷八补。

赵涣江东运副制
(暂系于隆兴二年十二月前后)

都城之外,其权重者无出于部刺史,百吏之升绌,一道之戚休系焉。宽则人无所惮,蔽则万事不理,猛则泽不下流,傲则情不上达。《传》不云乎:"过犹不及。"二者之失等耳。尔材而甚健,人谓素刚,屡乘使轺,亦既白首。今予命汝持江左之节,平其心,守其局,则汝之职举矣。

出处:《盘洲文集》卷二三。
撰者:洪适
考校说明:编年据同集前后文时间、赵涣官历补,见《宋会要辑稿》职官七一。

魏昂魏昌承信郎制
(暂系于隆兴二年十二月前后)

尔父尽忠报国,死于行阵。恩及存没,不一而足,咸畀命秩,勿陨家声。

出处:《盘洲文集》卷二三。又见《永乐大典》卷七三二七。
撰者:洪适
考校说明:编年据同集前后文时间补。

钟世明复直徽猷阁知庐州制
（暂系于隆兴二年十二月前后）

合肥重镇也，新遭兵革之难，民失其居。朕诵《鸿雁》之诗，谋方伯之寄，命从臣御史公选可胜任者。尔翔历中外，久有能名，荐牍鼎来，金言无间。兹用起尔谴域，畀尔帅节，还尔美职。尔其以诚报国，以仁抚民，以智守边，以材集事，使归者辐凑，闾里熙熙，田畴日辟，则诸大夫无失举之责矣。

出处：《盘洲文集》卷二三。

撰者：洪适

考校说明：编年据同集前后文时间、钟世明宦历补，见《宋会要辑稿》职官四一等。

鲁訔太常丞周舜元太府丞鲁可封将作丞制
（暂系于隆兴二年十二月前后）

九寺三监之属，尝合丞簿为一，今还其旧，所以开搜材之路也。訔决科之久，达于礼文；舜元名卿之子，习于财赋；可封学古而仕，干用有称。为官择人，分佐其长，各思尽忠，无或负丞。

出处：《盘洲文集》卷二三。

撰者：洪适

考校说明：编年据同集前后文时间、鲁訔宦历补，见周必大《省斋文稿》卷三四《鲁公訔墓志铭》。

汪澈端明殿学士知建康府制
（暂系于隆兴二年十二月前后）

十国为连，莫重高牙之寄；两都相望，实兼留钥之雄。爰出华章，式崇旧弼。具官某，量包山薮，识并蓍龟，有贯穿今古之学而尊其所闻，有酬酢事物之材而见于历试。忠臣谓之骨髓，独振台纲；执政其犹股肱，尝参国论。制荆襄之颠阋，销疆场之外虞。久憩丛祠，甚淹远业。兹听舆人之诵，俾还秘殿之班。护我日畿，镇夫天堑。惟虎踞龙盘之壤，莫府既尊；则鸡鸣狗盗之奸，非谋自寝。往图绥抚，用副倚毗。

出处:《盘洲文集》卷二三。

撰者:洪适

考校说明:编年据同集前后文时间、汪澈官历补,见周必大《省斋文稿》卷三〇《汪公澈神道碑》、《景定建康志》卷一四。

周时夔路运判制
(暂系于隆兴二年十二月前后)

蜀道去朝廷几万里,吏有訾邮御史风闻所不及,民有冤枉不能践理甀及台省之庭。与我仁民而戢吏者,其唯贤部刺史乎?尔文史足用,称有吏能,蜀人也;又尝治蜀之郡,习于蜀之故也。握此漕节,是必振其职矣。

出处:《盘洲文集》卷二三。

撰者:洪适

考校说明:编年据同集前后文时间、周时官历补,见《宋会要辑稿》兵二三。

唐辂大理司直制
(暂系于隆兴二年十二月前后)

狱,人之司命也。吏或巧心析律,高下其手,使无辜者遭刑罚,岂为民父母之意哉?故选儒臣为司直,所以申其枉也。常思名官之旨,则人无冤矣。

出处:《盘洲文集》卷二三。

撰者:洪适

考校说明:编年据同集前后文时间补。

黄钧国子正关耆孙国子录制
(暂系于隆兴二年十二月前后)

朕惩省官之非,广翘材之路,博士员咸复其旧。辅臣谓尔通经术,善属文,西州之英也,召对可采,列之学职。勉帅以正,无负推择。

出处:《盘洲文集》卷二三。

撰者:洪适

考校说明:编年据同集前后文时间及黄钧、关耆孙宦历补,见《宋会要辑稿》选举二〇

张子盖妻封国夫人制
(暂系于隆兴二年十二月前后)

朕考功伐而思虎臣,既褒其禠,又擢其孤。犹以为未也,顾其平生忠义,不以家为者,皆伉俪之贤有以相贰之。某氏端肃之行,罙明之性,称于宗党,宜其闺门。子盖汗马边城,婴疾不寿,使尔有未亡之叹而感伊威之诗也。兹广脂封,胙以成国,庶几乎右窬之意。

出处:《盘洲文集》卷二三。

撰者:洪适

考校说明:编年据同集前后文时间补。"国夫人",傅校清刻本作"成国夫人"。

周用之循资制
(暂系于隆兴二年十二月前后)

朕以慈闱有天地之德,顾无以报之,日者奉宝册,尊徽称。办治之吏,序劳进秩,尔其一也。祗此恩涣,思称所蒙。

出处:《盘洲文集》卷二三。

撰者:洪适

考校说明:编年据同集前后文时间补。

张宗益起复武翼郎充殿前司将官制
(暂系于隆兴二年十二月前后)

朕轸念勋臣,录用其后,岂无苏辛父子为时而奋乎?尔父山西将种,有畯功于胸山,我怀英姿,拊髀屡叹。故夺尔苫庐,处以交戟,其思报国,无忝前人。

出处:《盘洲文集》卷二三。

撰者:洪适

考校说明:编年据同集前后文时间、张子盖卒年补,见《宋会要辑稿》礼四四、仪制一一。原书此篇之后为《张子盖妻封国夫人制》,张宗益当是张子盖子。

赐江东安抚使汪澈银合腊药敕书
(隆兴二年冬)

卿远拥帅牙,时当寒篝,虽有神明之相,岂无匡薄之劳? 爰出恩盼,用资颐嗇。

出处:《盘洲文集》卷一六。

撰者:洪适

考校说明:编年据汪澈官历、文中所述"腊药"补,见周必大《省斋文稿》卷三〇《汪公澈神道碑》。

与陈康伯御札
(隆兴二年冬)

阎安中与除监察御史。史芮华差提举广南东路常平茶盐公事,替石敦义资阙。张震差知夔州,令疾速之任。

出处:《陈文正公家乘》卷一。

与陈康伯御札
(隆兴二年冬)

马骐与除起居舍人,日下供职。

出处:《陈文正公文集》卷五。又见康熙《广信府志》卷二八,《陈文正公家乘》卷一。

与陈康伯御札

(隆兴二年冬)

卿元臣,未尝婩阿,凡事皆忠恳。今出危履安,切望佐辅。

出处:《陈文正公文集》卷五。又见康熙《广信府志》卷二八,《陈文正公家乘》卷一,民国《弋阳县志》卷一六。

与陈康伯御札

(隆兴二年冬)

卿具奏皆敷切剀,正是敕戒之义。有疾,遣御医院诊视调护,可勉起视事,以副众望。

出处:《陈文正公文集》卷五。又见康熙《广信府志》卷二八,《陈文正公家乘》卷一,民国《弋阳县志》卷一六。

赐杨存中御札

(隆兴二年冬)

朕屈己和戎,欲休息军民,而敌情变诈,不测侵轶。朕以宗社之重,敢惮应敌? 卿其明斥堠,审彼己,无以小利,为敌所诱。宜坚壁养威,断其粮道,使自困弊。边事稍闲,当以枢密使处卿,非但虚名,正以群臣知兵者少,赖卿居中,以佐朕听,决军政。卿益勉之,以副朕倚注之眷。遣此不多及。付杨存中。

出处:《赵氏铁网珊瑚》卷二。

赐杨存中御札

(隆兴二年冬)

朕以汤思退素不知兵,又无人望,今专以卿为都督,军事一皆仗卿。凡事更精审。有立功人可除节钺者,今有节度使已下牙牌并空名告宣,续差人押付卿。

凡有事宜,频具奏来。付杨存中。

出处:《赵氏铁网珊瑚》卷二。

赐杨存中御札
(隆兴二年冬)

卿总督师旅,克壮戎昭,折冲所临,敌欲潜遁。雪寒增凛,忠荩良劳,今赐卿金合、茶药、鞍马,至可领也。付杨存中。

出处:《赵氏铁网珊瑚》卷二。

赐杨存中御札
(隆兴二年冬)

郭振在六合,军孤城小,若遇敌人大军,必不能当。卿临时相度,令郭振退,与王琪合兵控扼,先须持重,以待敌人之困。沿江战舰可令早办集。王琪奏札内谓扬州无守御之具,如敌人侵犯,亦无城壁可守。以此思之,岂可须在坚城中坐也!两淮兵力可以抗强敌否? 卿速具奏来。王琪札子宣付卿。

出处:《赵氏铁网珊瑚》卷二。

赐杨存中御札
(隆兴二年冬)

今诸师相和,互为策应,皆卿措画之力。刘琦、宋受虽在真州,郭振在六合,缓急须使会合御敌,不可止在真州、六合。瓜州、真州二闸紧急,亦宜毁拆。付杨存中。

出处:《赵氏铁网珊瑚》卷二。

赐杨存中御札
(隆兴二年冬)

闻刘宝将军马已到宝应县,楚州失守。此大系利害,不知此段事如何措置,可速具奏来。洪泽闸已行毁拆,未清野事如何施行? 付杨存中。

出处:《赵氏铁网珊瑚》卷二。

赐杨存中御札
(隆兴二年冬)

卿日近莫知敌情虚实否? 敌人渐深入,又不闻敌中别增兵。今中外皆望卿进兵,会合破敌。朕未审卿机会如何,宜速奏来。付杨存中。

出处:《赵氏铁网珊瑚》卷二。

赐杨存中御札
(隆兴二年冬)

朕有亲札与戚方,卿可一面行之,缘前降指挥有所未当。付杨存中。

出处:《赵氏铁网珊瑚》卷二。

赐杨存中御札
(隆兴二年冬)

真州所屯军马可并在扬州,可惜分了兵势,宜速疾施行。真州闸恐当先次毁拆,此一项卿更相度。卿可暂来镇江措置,朕亦令王琪合兵捍御,无失机会,却具奏来闻。刘宝已撤洪泽闸,甚为利便,但运河能乾涸,不复通房人战船牌筏否? 设若相持日久,连阴雨雪,如何使我军将士暂回镇江、建康屋居火食,以逸待劳,宜先作经画。此二事大系利害,卿可速奏来。

出处:《赵氏铁网珊瑚》卷二。

赐杨存中御札
(隆兴二年冬)

卿经画甚当。如金人兵小,未须迎金,恐贼精兵在后,以小兵诱我。朕已令真州军马去并力捍御。付杨存中。

出处:《赵氏铁网珊瑚》卷二。

赐杨存中御札
(隆兴二年冬)

闻诸军有向经宿州阵亡之家,不加存恤,或有迫逐出寨,殊非抚恤之意。可且令在寨居住,依旧按月支给请受,以俟赠典。全在卿留意,以副朕悯将士之怀,仍具奏来。付杨存中。

出处:《赵氏铁网珊瑚》卷二。

赐陈康伯御札
(隆兴间)

吏部看详到应诏事件,其签出者逐项录出将上。

出处:《陈文正公家乘》卷一。

赐陈康伯御札
(隆兴间)

向昌务差兼军所提点官,梁俊彦更不兼权。

出处:《陈文正公家乘》卷一。

赐陈康伯御札
（隆兴间）

丁娄明经由国门,令内殿奏事毕赴任。

出处:《陈文正公家乘》卷一。

赐陈康伯御札
（隆兴间）

汪澈告内因何却带宫观,令契勘奏事?

出处:《陈文正公家乘》卷一。

赐陈康伯御札
（隆兴间）

梁珂转官事,可止与转一官。

出处:《陈文正公家乘》卷一。

赐陈康伯御札
（隆兴间）

事急,卿来处分。临纸涕泣。

出处:《陈文正公文集》卷五。又见康熙《广信府志》卷二八,《陈文正公家乘》
卷一。

赐陈康伯御札

（隆兴间）

　　兹示卿,可撰《金字经》序文一篇、《新建寿元忠国佑民碑文》一篇进来,见朕敬天法祖、爱民重穑、忧勤惕厉之意。

出处:《陈文正公文集》卷五。又见康熙《广信府志》卷二八,《陈文正公家乘》卷一,民国《弋阳县志》卷一六。

孝宗朝卷四　乾道元年(1165)

改乾道元年制
（乾道元年正月一日）

朕仰受燕谋，获承洪业，刺六经之王制，监百代之礼文。治坛燎以祭天，惊边氛而迁日。盖昌陵始避于近晦，在太宗尝改而用辛。诚意动而二仪通，孝道专而九庙格。致邻国讲休兵之好，实上穹开悔祸之期。前事俱捐，弗念乎薄物细故；焭民咸义，靡分乎尔界此疆。五辰循宣夜之躔，三白示丰年之兆。进玉卮而介亲寿，爰创缛仪；偕椒屋以庆母慈，有光徽躅。祗荷博临之况，敢忘昭报之虔！启蛰而郊，饬周人稿秸之具；奉牲以告，协汉世行宫之时。式履孟陬之端，遂逢先甲之吉。灵心可卜，帝武是绳。乃衷四极之欢，用洁一纯之荐。款闳宫而朝献，假太室以祼将。酌沿袭不同之宜，取斋戒自新之旨。瑄璧填栗，权火配黎。高庌滇滇庐所求，美光旁烛；百官济济敬厥事，熙典备成。载惟我宋之肇禋，乃当乾德之盛际。法皇祖纪元之义，采羲文行健之辞。诞易嘉名，以宁大器。宜推作解之宥，益广好生之仁。可大赦天下，其隆兴三年可改为乾道元年。於戏！逆三神之厘，既横流于春泽；接千岁之统，期丕□于文谟。尚赖臣邻协恭，小大服采，同济更张之治，用承涓选之休。赦书日行五百里，敢以赦前事言者，以其罪罪之。

出处：《中兴礼书》卷三八。又见《宋会要辑稿》礼五四之一五。

郊祀昊天上帝册文
（乾道元年正月一日）

伏以惟泰元尊，丕冒下土，旋转三辰，阖辟阴阳，元功无垠，荡乎难名。粤惟冲眇，继天为子，仰宪聪明，求端谨始。兹执牺牲圭币，肇禋于郊。筐筥非馨，于荐诚悫。高高降监，是飨是宜。事亲保民，惟皇其右之。谨以玉帛牺齐，粢盛庶品，涓选休成，肃若旧典。

出处:《盘洲文集》卷一一。

撰者:洪适

考校说明:编年据同集前后文时间、文中所述史事补。

皇地祇册文
（乾道元年正月一日）

伏以至哉坤元，穆穆柔祇，播生品汇，配天其泽。惟冲人不德，传国于慈父，用辛之吉，礼行于郊。宴娱安䌛，粤其敢不察？时和岁丰，皇建有极，用永受于蕃厘。

出处:《盘洲文集》卷一一。

撰者:洪适

考校说明:编年据同集前后文时间、文中所述史事补。

太祖皇帝册文
（乾道元年正月一日）

伏以五季抢攘，远迩如沸，实天生德，经武纬文，灭除凶灾，用肇造我区夏。燕及曾孙，获绳祖武。崇崇其坛，陟配上帝，庶几临飨，克昌厥后。

出处:《盘洲文集》卷一一。

撰者:洪适

考校说明:编年据同集前后文时间、文中所述史事补。

太宗皇帝册文
（乾道元年正月一日）

伏以天造草昧，圣武布昭，席卷畔援，卒其伐功。传序无疆，于今九叶。恭承禋祀，瑄玉升坛。烈祖烝哉，克配彼天，于万斯年，介以繁祉。

出处:《盘洲文集》卷一一。

撰者:洪适

考校说明:编年据同集前后文时间、文中所述史事补。

立皇太子册文
(乾道元年正月一日)

　　维乾道元年岁次乙酉月朔日,皇帝若曰:在昔帝王,稽夏、商家天下,春秋之法,立嫡以长,主器继明,盖取诸震、离,所以尊宗庙、重社稷也。咨尔皇子、少保、永兴军节度使、邓王、食邑二千户、食实封八百户愭,生有异表,序居上嗣,敦厚温文,金昭玉裕。问寝视膳则尽彩衣之孝,亲师就傅则乐圣人之道。令德逐日以新,英声随风而流。元良正本,久矣佥望。朕服尧之服,兢兢四载,仰奉慈训,肇辟春闱,协华复旦,日宣重光,懿哉铄乎,有国有家之庆也!是用撰嘉辰、御路朝,盛仪备物,迎休于乾巛,册命尔为皇太子。於戏!悉尔心,修尔身,勿蹈非彝,勿迩邪佞。惟诚可以格物,惟仁可以济众。正言正道,闻斯行之。敬之哉,用永我祖宗之丕命。

出处:《盘洲文集》卷一一。

撰者:洪适

郊祀大礼赦文
(乾道元年正月一日)

　　门下:朕闻柴望修而格艺祖,舜朝推肆眚之恩;禋祭备而享先王,周室著保邦之典。皆所以对三灵之眷顾,成四海之时雍。粤惟眇躬,日奉慈训。兢兢行道,积十五载之勤劳;翼翼小心,副亿万人之爱戴。荷两仪之助顺,加列圣之流光。邦有荣怀,父母之年方永;物无疵疠,华夷之众举安。既应小康,敢稽大报?乃候初阳之复,载陈合祭之仪。始朝真宫,念庆源之远矣;随祼太室,思祖烈而僾然。俨玉路以安行,被衮龙而肆祀。坛场珪币罔弗饬,上下神示罔弗钦。黍稷非香,悦治馨之或感;牲牷不瘵,尚民力之俱存。雅声谐六变之音,和气备四时之荐。精神昭达,景况骈臻。斋居逢天日之曦温,望拜仰月星之明润。繄帝临之显著,非朕德之克堪。首归胙于君亲,旋均厘于臣庶。言念幅员之既广,深虞岸狱之未清。一夫向隅,岂忘于不乐;百姓有过,每切于在予。溥施荡涤之仁,诞受庞鸿之祉。可大赦天下。云云。於戏!天向有道,事之者敢以虚文;民怀有仁,抚之者在乎实惠。更赖班朝文武,分土循良,或励翼于中,或布宣于外,使祭泽速传邮之命,而恩言非挂壁之书。庶承右序之休,浸格丕平之运。

出处:《盘洲文集》卷一一。又见《中兴礼书》卷二〇一。

撰者:洪适

考校说明:编年据同集前后文时间、文中所述史事补,见《宋史》卷三三《孝宗纪》。同集同卷《郊祀大礼御札》曰"朕以今年十一月二十九日诹款于南郊"。《宋史》卷三三《孝宗纪》:"(隆兴二年十二月)戊子,魏杞始渡淮。诏郊祀大礼遵至道典故,改用来年正月一日上辛……乾道元年春正月辛亥朔,合祀天地于圜丘,大赦,改元。"此赦文内容已删,《宋会要辑稿》载有所删之大部分内容,今录以备考:

应诸州军申奏到文武官陈乞奏荐封赠加恩及致仕遗表恩泽,录白真本一切圆备,止是漏保明字,与作小节放行,案后行下取会。如有违碍,即行改正,内奏荐申奏状内不填实日,却系在前后日分内发奏者,亦与放行。(《宋会要辑稿》职官九)

勘会州县寄居宗子等孤遗钱米,累降指挥,令按月支给,访闻州县不为依期批勘,致有失所,未副惇睦之意,仰监司常切检察。勘会行在、绍兴府孤遗宗子宗女宗妇等所请钱米微薄,不能养赡,可比附两外司孤遗体例,将见请钱米之人籍定名字,如十五岁以上,每月添支钱一贯、米一石,十四岁以下减半添支。(《宋会要辑稿》帝系七)

应士庶男子妇人年九十以上,与依格给赐束帛等,令户部速下所在州县就赐,不得追扰,仍仰监司检察,具就赐过人数物色名件以闻。(《宋会要辑稿》礼二五)

承直郎以下犯私罪徒、赃罪杖得不碍选举差注者,若举主考第比无过人例合磨勘者,奏裁。(《宋会要辑稿》职官一一)

勘会监司巡历州县,依条不得过三日,访闻近来多是过数收受馈送,并随行公吏已降指挥借请岁不得过两月,却有直判白状重迭过数借请,乞取搔扰。若州县过数供送,并抑监司互察,如违,令御史台弹劾。(《宋会要辑稿》职官四五)

勘会官员职田不问年限,拘占人户无业可归,多致流徙,甚者将租课本色抑令折变,及过数折纳见钱,增收加耗,民甚苦之。仰诸路提刑司体访,日下改正除放。如尚违戾,按劾闻奏,计赃断罪,许被科抑人越诉。(《宋会要辑稿》职官五八)

　　应文武官所任差遣,依条合行批书到罢有无不了,方许放行升改注授。恐其间有所任差遣因事废罢,元置司去处无处批书之人,许于所在州军召本色保官二员,结罪委保批书,候到部,令吏部照应出身以来文字,委无诈冒放行。其州军批书不完,有碍注授升改,亦许召升朝官二员先次放行,续行取会批书。(《宋会要辑稿》职官五九)

　　勘会四川、二广官员升改考第,举主定差使阙恩例名次应得格法,缘本路运司行遣,或州军批书小节不完,致取会留滞,许令就行在召本色保官二员委保,先次放行,案后取会,如有违碍,依条施行。(《宋会要辑稿》职官五九)

　　州县检校孤幼财产,官司侵用,暨至年,及往往占客,多不给还。仰州县日下依条给付,仍令提刑司常切觉察,如有违戾,按劾以闻。(《宋会要辑稿》食货六一)

　　应夏秋二税催科自有省限,州县官吏多不遵奉条法,受纳之际,多端作弊,倍加斗面,非理退换,纵容专斗拣子计会乞取,方许了纳。或先期预借,重重催理,不与除豁,既已纳足,阻节销钞之类,甚为民害。仰守令严切觉察,如有违戾,仰监司按劾申奏,重行黜责,仍许人户越诉。(《宋会要辑稿》食货九)

　　勘会诸路进士各有立定额解,比年间有缘事在路不能趁赴本处解试,虽昨权令附两浙转运司,缘人数太多,解额至少,日后难以更行附试,虑悮举人进取。令礼部遇科举年分预期行下诸路转运司并诸州军分明散榜晓谕举人通知,各就本处解试,庶免奔驰道路,趁试不及,却成殿举。(《宋会要辑稿》选举一六)

　　在法,病人无缌麻以上亲同居者□者报所属官为医治。访闻比来客旅寄居店舍寺观,遇有病患,避免看视,赶逐出外,及道路暴病之人,店户不为安泊,风雨暴露,往往致毙、深可悯怜。可令州县委官内外抚察,依条医治,仍加存恤,及出榜乡村晓谕,月具有无违戾去处以闻。(《宋会要辑稿》食货六〇)

　　州县其间有被水人户,理合优恤,令本路帅臣监司多方存恤赈济,其淹浸田亩照近降指挥检放,如有因此灾伤死亡之人,官为收殓,无为虚文,不得灭裂。(《宋会要辑稿》食货六八)

　　两浙、江东西、湖南北、福建路合造发上供岁额军器物料甲叶并泛抛军器物料,可自绍兴三十二年以前拖欠未起之数并予蠲免,内湖南北路每年合造弓射克敌弓箭,已免至绍兴二十五年终,可更予蠲免三年。(《宋会要辑稿》食货六三)

　　温、明、秀、赣、吉州各有造打年额粮船,并真州小料舡积年登带拖欠数多,若令补造,虑致搔扰,可将逐州绍兴三十二年以前未造舟舡并予放免。(《宋会要辑稿》食货六三)

　　诸路州军般发米斛,缘有折欠,将管解人并纲梢等送所属陪填,访闻其间有贫乏之人无力偿纳,监系日久,可将见欠五十石以下人并予蠲放,其欠五十石以上人,除蠲免五十石外,其余所欠数目,行在委户部、外路委总领官取见谊實,先次批发,押下元装发州军依数补余。(《宋会要辑稿》食货六三)

应欠负官物,元非侵欺盗用,及虽侵盗而本家并干系保人内无抵当财产偿纳,或官司失于催理,误行支遣,见行均认,并因水火损败若被盗,及纲船抛失各无欺弊见克折侵受,或坑场因苗脉不发及不显侵欺系欠课利见行催理,或冒佃官田与户绝田产并欺隐税租见理积欠等,委是贫乏,无可陪填,已上并委本属限一月保明申转运,常平司审實,申户部除放。(《宋会要辑稿》食货六三)

应犯罪合追赃备赏,并先以官钱代支,而犯人委是贫乏,无催理见行监锢干系人名下均摊偿纳,及监司州县一时增立赏钱,日下追理未足者并特予蠲放。(《宋会要辑稿》食货六三)

冒佃官田及户绝田产,限一月许令经官自陈,其欺隐过税租并予除放。(《宋会要辑稿》食货六三)

诸路州县酒税欠折、坊场废坏、纲运沉失、仓库漏底,注在簿籍,委非侵盗,并四川民户拖欠布估水脚钱,已放至绍兴二十八年终,窃虑以后年分亦有积欠之数,官司见行追理,无所从出,可将二十九年至三十二年终拖欠之数并予除放。(《宋会要辑稿》食货六三)

淮浙盐场亭户亏欠盐数,已降赦文放至绍兴二十九年,可将绍兴三十二年已前拖欠未补数目,令提举盐司取见,如委實不能补趁,并予蠲放。(《宋会要辑稿》食货六三)

州县灾伤去处,第四等以下户依法合借种食,限一年免息送纳,切虑贫乏之人限满无可输纳,可并予蠲放。(《宋会要辑稿》食货六三)

民间欠负已除放至绍兴二十八年终,其二十八年至三十一年终民间欠负私债如纳息过本,可并予除放,应民间所欠官私房廊钱,并予除放。(《宋会要辑稿》食货六三)

军州起发金银物帛纲运,内色额低次之类,估剥亏官钱数行下补发,访闻州县监勒干系人等及元卖铺户均摊,贫乏之人不能偿纳,理宜矜恤。可将绍兴三十二年以前未追数目,如委是无可填纳,并予除放。(《宋会要辑稿》食货六三)

州县税务依法各有合置去处,近来又行私置,邀阻商旅,于民为害,仰日下废罢,令监司常切觉察,如有违戾,按劾以闻。(《宋会要辑稿》食货一八)

勘会在狱病囚官给药物医治,病重责出,自有成宪。窃恐州县循习苟简,致有瘐死,诚可怜悯,仰诸监司守倅常切检察,毋致违戾。(《宋会要辑稿》刑法六)

访闻州县多以私意将不应禁人寄狱,皆不书禁历,或遇按察官到尽,责付公人在外看守,候按察官过,却行收禁,动经岁月,虽有约束,窃虑尚循旧弊,仰监司

觉察按劾以闻,当议重置典宪。(《宋会要辑稿》刑法六)

应鞫狱干证如系紧切照勘,方得时暂追证,有罪先次摘断,无罪日下疏放,前后约束,非不严备,尚虑当职官不切究心,止凭胥吏枝蔓追逮,连及无辜,有失恤刑之意,仰监司常切觉察,不得容庇。(《宋会要辑稿》刑法三)

勘会犯流配役人依条会恩则放,访闻州军不遵条令,遇赦到,尚行拘留,情实可矜。仰限赦到,除元犯恶逆及事干边界外,须管日下放役,仍仰提刑司觉察,如违按劾。(《宋会要辑稿》刑法四)

应过犯经断人,依条限三年外不许雪诉,如元因有司违法勘断不当,实在五年内首,并经所属投状以闻,当议实责改正施行。(《宋会要辑稿》刑法三)

勘会进士枉被州县刑责,依条令所属审定保明闻奏,虑恐所属多系元断官司嫌避迁延,不为保奏,仰诸路监司遇有诉理之人,即取索元按委官看定,如系枉断,即令所属疾速依条保奏施行。(《宋会要辑稿》刑法三)

州县辄行差雇人夫应副过往,累降指挥约束,已是严切,尚虑州县依前循习旧弊,违庚差扰,及抑令出备雇钱。仰监司常切觉察,按劾以闻,重置典宪。(《宋会要辑稿》食货六五)

州县差役,自有条法指挥,往往当职官吏不躬亲检照簿籍户口物力高下,致轮差不均,有力者夤缘幸免,下户复致频并,互有纠论,更不究实,枝蔓追呼,淹延不决。公吏恣行诛求,诚可怜悯。仰诸路州县今后须管依实定差,毋令不当,引惹词诉,仍令常平司常切检察,如有违庚去处,将当职官吏按劾以闻。(《宋会要辑稿》食货六五)

应赏给除诸军已先次支给外,其余未经支赐人,可依格例指挥支给。(《宋会要辑稿》兵一九)

应天下士人有节行才识之懿,济以学术,素为乡里推重,不求闻达者,委监司、帅臣同加搜访,每路一二人。仍与本处长吏具从来所为事实、所通学术,连衔结罪保明闻奏,即不得以常材备数。委三省再加询察,如所举不妄,当议擢用。(《宋会要辑稿》选举三四)

昨降指挥,诸军拣汰大小使臣校副尉、下班祗应内付身不圆之人,权许添差一次。窃虑无力厘会,却致失禄,可令吏部更与添差一次,余依已降指挥。诸军拣汰离军,已经添差一任回到部,许注授诸州准备差使及岳庙差遣。其间有实缘残废,不能亲身赴部之人,令召本色官一员结罪委保正身,许赍状赴部陈乞差注,以示优恤。(《宋会要辑稿》选举二五)

郊祀毕端诚殿受贺枢密宣答宰臣词
(乾道元年正月一日)

有制:朕惕奉慈谋,肇禋吉土,赖上台之显相,协吉日以涓成。禽受庞禠,言旋清跸,礼成之庆,与卿等同之。

出处:《盘洲文集》卷一六。

撰者:洪适

考校说明:编年据洪适任两制时间、南宋郊祀时间补,见《宋史》卷三三《孝宗纪》。

端诚殿宣答枢密词
(乾道元年正月一日)

朕黄流假庙,紫寮充坛,惟元祀之熙成,赖鸿枢之陪辅。

出处:《盘洲文集》卷一六。

撰者:洪适

考校说明:编年据洪适任两制时间、南宋郊祀时间补,见《宋史》卷三三《孝宗纪》。

端诚殿宣答管军词
(乾道元年正月一日)

朕嗣守邦图,初修郊类,赖尔干戈之卫,肃无椹栀之哗。已受神厘,遂回诏跸。

出处:《盘洲文集》卷一六。

撰者:洪适

考校说明:编年据洪适任两制时间、南宋郊祀时间补,见《宋史》卷三三《孝宗纪》。

丽正门肆赦宣答宰臣词
（乾道元年正月一日）

燔柴泰畤，接风马之灵斿；旅轸端闱，霈星鸡之渥泽。敷锡之庆，与卿等同之。

出处:《盘洲文集》卷一六。
撰者:洪适
考校说明:编年据洪适任两制时间、南宋郊祀时间补,见《宋史》卷三三《孝宗纪》。

皇帝答皇后诏
（乾道元年正月一日后）

敕皇后夏氏:朕祗临宝祚，初展褆容，涓肇岁之上辛，得元日之吉亥。嘉笾荐飨，雅乐绎和。曾霄呈明概之祥，绵县洽庞鸿之庆，端由内助，获举精禋。载阅芳函，益深褒咏。

出处:《盘洲文集》卷一二。
撰者:洪适
考校说明:编年据洪适任两制时间、南宋郊祀时间补,见《宋史》卷三三《孝宗纪》。

大同军节度使提举万寿观蒲察久安进封
开国侯加食邑实封制
（乾道元年正月一日后）

门下:朕虔卜上辛，肇称元祀，合圆丘方丘之祭，诚格万灵；倡七始华始之声，孝辇四极。既涓成于缛典，难专乡于蕃厘。式奖庞臣，诞扬丕号。具官某，性资纯固，气识靖深。灌瓜昔在于边亭，削衽来归于乐土。陪周行而甚久，知忠节之可嘉。不顾望以事君，远追大蔡；以笃敬而传国，将若耏侯。兹推赐胙之恩，用答奉瑄之助。乃荒侯社，并广户租，以彰惠术之行，以示褒章之劝。於戏！甘泉歌邹子之乐，爰布青阳之祺；徐卢同仆黡之封，有加白马之约。往肩忠报，永迪燕康。

出处:《盘洲文集》卷一一。

撰者:洪适

考校说明:编年据南宋郊祀时间、蒲察久安宦历补,见《宋史》卷三三《孝宗纪》、《宋会要辑稿》食货六一。

赐蒲察久安告口宣
(乾道元年正月一日后)

卿比逢郊类,获相盛仪,厥有明纶,用敷祭泽。往其祇服,思称龙光。

出处:《盘洲文集》卷一六。

撰者:洪适

考校说明:编年据洪适任两制时间、南宋郊祀时间补,见《宋史》卷三三《孝宗纪》。

郊祀毕宣劳将士口宣
(乾道元年正月一日后)

朕修报觚坛,逆厘斋幄,卫社赖六师之武,周庐阅三宿之劳。式对严凝,良深嘉奖。

出处:《盘洲文集》卷一六。

撰者:洪适

考校说明:编年据洪适任两制时间、南宋郊祀时间补,见《宋史》卷三三《孝宗纪》。

赐太尉昭信军节度使曹勋生日诏
(乾道元年正月二日)

岁籥更端,方歌青炜之曲;禁门通籍,不屑赤松之游。式盼牢醴之珍,用介菶旄之寿。

出处:《盘洲文集》卷一五。

撰者:洪适

考校说明：编年据洪适任两制时间、周必大《玉堂类稿》卷九《赐太尉昭信军节度使提举皇城司曹勋生日诏》补。

供进德寿宫御酒事诏
（乾道元年正月七日）

德寿宫供进御酒，令本宫置库醖造，令两浙转运司每岁支供糯米五千石。

出处：《宋会要辑稿》食货二一之五。

令诸路州军通放客米诏
（乾道元年正月十四日）

方春米价踊贵，民间阙食，全藉客米接济。访闻所在场务以力胜之类巧作名色，违法收税，令诸路监司守臣出榜约束。遇米船经过，即时通放。违戾去处，监官按劾，专拦重决配。

出处：《宋会要辑稿》食货一八之三。又见《宋会要辑稿补编》第六八四页。

决狱事诏
（乾道元年正月十七日）

三省、枢密院开具应干人结绝事件，分委刑部、大理寺，限一月与决，如合追逮及案牍未具，委逐路监司限两月理断，并各具已断事目闻奏。

出处：《宋会要辑稿》刑法三之三二。

茶长引限半年于短引地分住卖诏
（乾道元年正月十九日）

茶长引依绍兴三十一年体例，限半年权于短引地分住卖。下提举茶事司，令逐州军主管拘收长引毁抹，令客人指定住卖州县，给公据前去。其约束程限等，并依见行条法。仍关报沿路及住卖官司检察放行。拘到茶引，依条发赴所属收管。

出处:《宋会要辑稿》食货三一之一六。又见《宋会要辑稿补编》第七一一页。

<h2 style="text-align:center">赈济临安府乞丐不得漏落诏</h2>
(乾道元年正月十九日)

已降指挥,州军灾伤去处委官措置赈济。访闻临安府城内多有乞丐之人,显见抄札未尽。令临安府分差通判日下措置,将城内乞丐尽行抄札,依已降指挥赈济,不管漏落。仍具已赈济过人数申尚书省。

出处:《宋会要辑稿》食货六八之一四八。又见同书食货六〇之一三。

<h2 style="text-align:center">赈济乡村贫民诏</h2>
(乾道元年正月十九日)

已降指挥,逐路州军灾伤去处措置赈济。访闻州县止是抄札城内阙食之人,其乡村贫民多不沾惠。令逐路转运司行下逐州,委官遍诣乡村赈粜,并劝粜民间米斛,不得因而搔扰。

出处:《宋会要辑稿》食货五八之三。又见同书食货六八之六四,《宋会要辑稿补编》第五九四页。

<h2 style="text-align:center">馆职更迭补外诏</h2>
(乾道元年正月二十日)

馆职,朕所以招延天下之英俊,以待显擢,苟不亲吏事,知民情,则将来何以备公卿之任? 可今后更迭补外,历试而用,以称朕乐育实材之意。

出处:《宋会要辑稿》职官一八之三一。又见《宋史全文续资治通鉴》卷二四。

江西转运司改拨上供钱米三十万硕赴行在送纳诏
（乾道元年正月二十日）

江西转运司于已科合赴淮西总领所交纳隆兴二年上供米内，改拨三十万硕前来行在送纳。所有省仓并户部籴场合籴米斛，司农寺更切多方措置，广数收籴，相兼应副支遣。

出处：《宋会要辑稿》食货四〇之四〇。

两淮县令丞守倅劝农推赏诏
（乾道元年正月二十一日）

两淮民户并已复业，宜先劝课农桑，若不稍优其赏，窃虑无缘就绪。应县令丞于本县界内种桑及三万株，承务郎以上减磨勘二年，承直郎以下循资；六万株，承务郎以上减磨勘四年，承直郎以下循两资，并与占射。守倅劝课部内植二十万株以上，转一官。种及一年，许民户租佃，五年后量立租课，不得科扰。应守倅令丞赏格任满，本路转运司核实闻奏。

出处：《宋会要辑稿》食货六三之二一二。

赈济绍兴诸县诏
（乾道元年正月二十一日）

绍兴诸县米价腾踊，饥民阙食，沿湖之民多有死损，理宜赈恤。可专委徐哲、喻樗多方措置赈粜，务要实惠及民。仍委提刑司体究逐县死损过人数以闻。

出处：《宋会要辑稿》食货六八之六四。又见同书食货五八之三、食货五九之四一，《宋会要辑稿补编》第五九四页。

赈济湖秀州流民诏
(乾道元年正月二十一日)

浙西州军被水灾去处,已令赈济。访闻湖、秀州流移之人甚众,窃虑州县奉行不虔。可令曾惇躬亲前去,多方措置赈济,无令失所。将州县官措置有方保明闻奏;其弛慢去处,具名按劾。

出处:《宋会要辑稿》食货五八之三。又见同书食货五九之四一、食货六八之六四,《宋会要辑稿补编》第五九四页。

令两淮督责守倅令丞劝民广行种植诏
(乾道元年正月二十一日后)

令两淮监司、帅守遵依已降指挥,督责守倅令丞多方劝谕民户广行种植,依已定年限免纳税租。如栽种及格,即保明推赏施行。

出处:《宋会要辑稿》食货六三之二一二。又见同书食货一。

绍兴府等州府取拨常平米养济诏
(乾道元年正月二十二日后)

绍兴、平江、镇江府、台、秀、常、湖州,照应临安府已行事理,取拨常平米疾速养济施行。

出处:《宋会要辑稿》食货六〇之一三。又见同书食货六八。

蠲免楚州等处合起诸色窠名官钱一年诏
(乾道元年正月二十三日)

楚、滁、濠、庐、光州、盱眙、光化军管内并扬、成、西和州、襄阳、寿春府、信阳府曾经残破或经人马侵扰去处,应合起诸色窠名官钱,并特予蠲免一年。

出处:《宋会要辑稿》食货六三之二四。

支钱劳赐张守忠一军诏
(乾道元年正月二十三日)

主管侍卫马军司公事张守忠一军,率先赴都督府调拨,据守定山,又自淮西往来应援,道路遥远,委是劳苦,即与诸军事体不同。令户部支给钱三万贯,内库更支银五千两,劳赐本军,委守忠等第给散。

出处:《宋会要辑稿》礼六二之七二。

蠲放泰州上供钱等诏
(乾道元年正月二十五日)

泰州合纳二分上供钱,并进奉圣节银绢折纳价钱蠲放一年。

出处:《宋会要辑稿》食货六三之二四。

严惩孔福顿遇诏
(乾道元年正月二十六日)

孔福、顿遇屯戍守边郡,金人未至,弃城逃避,内孔福又弃横涧山寨,致本处人民尽遭杀戮,情犯尤重。孔福特依军法施行。顿遇特贷命,追毁出身以来文字,免真决,可刺面配吉阳军牢城收管。

出处:《宋史全文续资治通鉴》卷二四。

赐签书枢密院事王刚中生日诏
(乾道元年正月)

敕刚中:献岁发春,景逾三宿;元精生佐,秀括五行。爰推盼式之常,以相寿祺之永。

出处:《盘洲文集》卷一五。

撰者:洪适

考校说明:编年据洪适任两制时间、文中所述"献岁发春"补。

赐皇子少保邓王洤生日诏
（乾道元年正月）

新穗历于三微,甫迎献岁;视蓂阶之双秀,厥有休符。为吾元子之祥,得彼列仙之寿,爰推恩渥,以颂炽昌。

出处:《盘洲文集》卷一五。

撰者:洪适

考校说明:编年据洪适任两制时间、文中所述"甫迎献岁"补。

赐左武大夫宜州观察使龙大渊辞免落阶官不允诏
（暂系于乾道元年正月前后）

朕践阼之始,择材为使,必得长于专对者,以坚二国之盟。卿讲习古训,识虑渊深。久于潜藩,终始如一。尽忠致主,畏远权势。出入禁闼,厥有休声。张膻越疆,弗惮遐阻。俾脱横列,正名廉车,庆不虚行,无事执固。

出处:《盘洲文集》卷一五。

撰者:洪适

考校说明:编年据同集前后文时间、龙大渊官历补,见《宋史》卷三三《孝宗纪》、卷四七〇《曾觌龙大渊传》。

姜诜两浙运判制
（乾道元年正月至二月间）

王畿千里,外台耳目之选,非它道比也。以尔久于宦路,绰有能名,揭节闽川,及瓜而代,畿漕阙员,肆以命汝。惟明则能察吏奸,惟公则能革众枉,惟勤则能办王事。毋徇私以干誉,毋媚上以害民。十目所视,可不勉哉!

出处:《盘洲文集》卷二三。

撰者:洪适

考校说明:编年据《咸淳临安志》卷五〇、《宋会要辑稿》食货五〇补。

付钱端礼御笔
(乾道元年二月二日)

朕念即位以来,股肱鲜克胜任。倘得其人,不以私义废。虽议者或有不容,而曾无眚愆见于论疏。抗章屡上,丐去甚力。方悯风俗之极弊,嫉浮言之易兴,卿宜竭节推诚,亟安厥位,毋以小嫌咈朕意也。

出处:《攻媿集》卷九二《钱公行状》。

赈济两浙江东水伤州军诏
(乾道元年二月三日)

两浙、江东州军缘去岁间有水伤去处,致今春米价翔踊,细民流移,甚可矜恤。仰守令多方措置赈济,于本州应管钱米内取拨应副,仍籍定数目,随管内寺观大小均定人数赈济。柴钱责付主首掌管支用。务令实惠均及流民,毋致殍饿。如奉行灭裂,仰提刑司按劾,重置典宪;赈济有方,具名闻奏,当议旌赏。

出处:《宋会要辑稿》食货五八之三。又见同书食货五九之四一、食货六八之六四,《宋会要辑稿补编》第五九四页。

免行起发诸路州军封桩厢禁军阙额请给诏
(乾道元年二月三日)

令诸路帅、宪司行下所部州军,今后合起发封桩厢、禁军阙额请给等,特与免行起发,其阙额须管措置招填敷额。

出处:《宋会要辑稿》食货六四之七七。又见《庆元条法事类》卷三一。

考校说明:《庆元条法事类》卷三一系于乾道元年二月七日。

盱眙军榷场提辖官支钱等事诏
(乾道元年二月五日)

忠翊郎刘度提辖淮南东路盱眙军榷场,提辖官每特支别给钱三十贯,添给钱二十贯,供给钱依州钤辖例;申发奏状递角径入斥候,差进奏官承受。

出处:《宋会要辑稿》食货三八之四〇。

委官检察浙东西赈济事诏
(乾道元年二月六日)

浙西委吏部郎官鲁沟、浙东委司封郎官唐阅躬亲遍诣诸路州县检察,如有违戾去处,具当职官姓名申尚书省;其措置有方,亦仰保明闻奏。

出处:《宋会要辑稿》食货五八之四。又见同书食货六八之六四。

赈济高邮军寿春府流民诏
(乾道元年二月八日)

高邮军、寿春府流移之民,令淮东总领所将太平州芜湖县起到江西常平米内取拨一千硕应副高邮军,于滁州金人遗弃下米内取拨二千硕应副寿春府赈济。

出处:《宋会要辑稿》食货五八之四。又见同书食货五九之四二、食货六八之六四。

差程叔达检察临安府诸县赈济事诏
(乾道元年二月九日)

临安府诸县赈济,窃虑奉行不虔,差监察御史程叔达日下躬亲前去检察。如有违戾去处,具当职官姓名申尚书省;其措置有方,亦仰保明闻奏。

出处:《宋会要辑稿》食货五九之四二。又见同书食货五八之四、食货六八之六四,《宋会要辑稿补编》第五九四页。

委姜诜韩彦古同临安府措置赈济诏
（乾道元年二月十一日）

委姜诜、韩彦古同临安府专一措置赈济，毋致失所。仍约束所差官吏，不得作弊灭裂。

出处:《宋会要辑稿》食货五八之四。又见同书食货六八之六四。

考校医生医官等事诏
（乾道元年二月十六日）

太医局选试医生，并臣僚奏试医补、医官名目，差大方脉科、风科共四员，通行出题考校，支破公使钱二百五十贯。

出处:《宋会要辑稿》职官二二之四〇。

内外诸军统制将佐等不得辄作名目增重员阙诏
（乾道元年二月二十日）

应内外诸军统制、将佐等除定员外，并行减罢。今后辄作名目增重员阙，内委御史台、外委总领常切纠察，按劾以闻。差与被差之人，并加重罚。

出处:《宋会要辑稿》职官三二之三九。

堂除已授在外差遣人不许干求更换差遣诏
（乾道元年二月二十日）

自今应堂除已授在外差遣人，非选材能特旨升擢者，并不许干求更换差遣。三省、枢密院可常行遵守，仍著为令。

出处:《宋会要辑稿》职官一之五四。

提刑司体究两淮州县巧作名色科敷诏
(乾道元年二月二十一日)

访闻两淮州县多于人户递年合纳常赋之外,过数科敷,谓如夏税有残零折变钱,又有自陈折麦钱。其秋税及坊场河渡课利有似此巧作名色之类,可令逐路提刑司体究,如有似此去处,开具申尚书省,取旨施行。

出处:《宋会要辑稿》食货七〇之五六。

遣官决狱诏
(乾道元年二月二十四日)

久雨未晴,深虑刑狱淹延,有妨和气。可令殿中侍御史章服往大理寺、临安府仁和、钱塘两县,两浙东、西路令提刑,躬亲诣所部州县决遣。

出处:《宋会要辑稿》刑法五之四〇。

淮南东路屯田委官措置诏
(乾道元年二月二十四日)

两淮合行屯田,以便军食。昨来郭振于六合措置,已见就绪,今来已除镇江府驻札御前诸军都统制。所有淮南东路屯田,理合委官。令郭振同王弗、周淙疾速措置,其合用种粮、农具、牛畜等,一就条具奏闻。

出处:《宋会要辑稿》食货六三之一三七。又见《宋史全文续资治通鉴》卷二四。

绍兴府开浚鉴湖诏
(乾道元年二月二十四日)

绍兴府开浚鉴湖,除唐贺知章放生池旧界十八余顷为放生池水面外,自余听从民便,逐时放水,依旧耕种。

出处:《宋会要辑稿》食货六一之一一七。

曾逮审实平江府水利诏
(乾道元年二月二十四日)

浙西提刑曾逮亲至其地,审实开具泄水通快、可以经久无堙塞去处,保明以闻。

出处:《宋会要辑稿》食货六一之一一七。

减免浙东西路灾伤人户身丁钱绢诏
(乾道元年二月二十四日)

朕以淫雨不止,有伤蚕麦,可自二十五日避正殿、减常膳。其浙东、西路灾伤去处人户合纳乾道元年身丁钱绢,临安府、绍兴府、湖、常州并与全免一年,温、台、明、处州、镇江府并各减放一半,将减下之数,于内库纽支银绢拨还户部,以充军用。

出处:《宋会要辑稿》瑞异三之六。又见同书食货六六之八、食货一二之一六、食货六三之二四。
考校说明:"二十四日",《宋会要辑稿》食货一二、食货六六作"二十二日"。

令淮东总领所将寄收屯田钱等拨充屯田使用诏
(乾道元年二月二十四日后)

令淮东总领所将寄收屯田钱五万贯,并见桩管都督府度牒一百三十二道价钱拨充屯田使用。

出处:《宋会要辑稿》食货六三之一三七。又见同书食货三。

淮西总领所置场和籴诏
(乾道元年二月二十五日)

淮西总领所委官置场,和籴米一十万硕。所有本钱欲从朝廷支降,仍仰每旬开具籴到米数、用过本钱申朝廷照会。

出处:《宋会要辑稿》食货四○之四一。

支拨和籴米养济无锡县饥民诏
(乾道元年二月二十七日)

常州无锡县见有士民率米煮粥俵散被水饥民。窃虑米斛不继,令本州就便于本县和籴到万亩田米内支拨一千硕,仍委县官一员同共监视煮粥,接续养济,无令失所。

出处:《宋会要辑稿》食货六○之一四。又见同书食货六八之一五○。

诸军收买物色遵依已降指挥诏
(乾道元年二月二十七日)

诸军收买物色,绍兴三十二年已降指挥合行收税。令殿前、马、步军司遵依指挥施行,毋致违戾。

出处:《宋会要辑稿》食货一八之四。又见《宋会要辑稿补编》第六八四页。

赐陈康伯乞解罢机政不允诏
(乾道元年二月二十九日前)

朕以菲质,膺太上传授之重,夙夜懔懔,不敢以位为乐。念宰相助理万机,图任之失,则不特噬剂之悔而已。故力起旧德,还以魁柄。衮绣复来,即日无甲兵之问,显相肇祀,天闿其祥,殆亦燮理之效也。方倚硕望,尊强朝廷,虽目眚未平,顾岂不能奉我清闲之燕坐而论道乎? 上印匄归,朕不敢听。

出处：《盘洲文集》卷一五。

撰者：洪适

考校说明：编年据陈康伯官历补，见《宋史》卷二一三《宰辅表》。

谕士人就秋试诏
（乾道元年二月二十九日）

开学校以育一时之英，设科举以来四方之俊，悉从大比，率用三年。宜安里选之公，各就秋闱之赋。出胸次蕴藏之富，应司存程度之严。与计吏以偕来，造大廷而亲策。用副虚心之待，岂惟好爵之縻！当体至怀，勿云故事。

出处：《宋会要辑稿》选举一之一六。

诊视医治临安府饥民诏
（乾道元年二月二十九日）

临安府见行赈济饥民，访闻其间多有疾病之人，窃虑阙药服饵，令医官局于见赈济去处，每处各差医官二员，将病患之人诊视医治。其合用药于和剂局取拨，仍日具医治过人并用过药数申尚书。

出处：《宋会要辑稿》食货六〇之一四。

陈康伯罢左仆射制
（乾道元年二月二十九日）

大臣国之股肱，允系朝廷之轻重；贤相民之师表，尤观功业之始终。眷时宗工，实总魁柄，方共熙于天绎，遽祈解于政机。诞敷纶綍之公，庸肃绅缕之听。具官陈康伯直方而不挠，敦大而有容。学洞九流，多见闻而守以约卓；德尊一代，极高明而道乎中庸。膺两朝眷注之求，积四载经纬之业，任重力逾于柱石，决疑谋审于蓍龟。泽润生民，勋在王室。自释钧衡之寄，举思衮绣之归。属外治于边虞，适内虚于相位。强起弼谐之老，庶臻嘉靖之期。鲁用仲尼，宜尽复汶阳之旧；晋登王导，顾何忧江左之危！肆上天储悔祸之休，俾中国有弭兵之庆。方修自治

401

之策,以启非常之元。朕兹垂拱以仰成,公乃逡巡而避宠。虽君臣一体之相待,惟疾之忧;念神明异物之所扶,何恙不已!矧方膺于昼接,尚入告于辰猷。观应对进退之间,靡纤芥毫厘之失。岂意乞身之请,略无移晷之淹!谅难夺于忱辞,爰曲从于雅志。进位孤卿之冠,既侈殊息;通班书殿之崇,更昭隆眷。仍陪井赋之入,以为里居之荣。於戏!得贤立邦家之基,固未忘于注倚;闵劳以官职之事,姑俾遂于燕申。往服宠章,永绥福履。

出处:《宋宰辅编年录》卷一七。

撰者:蒋芾

<h1 style="text-align:center">陈辉知广州制</h1>
(乾道元年三月前)

番禺为一都会,象犀珠香之凑,见者惑之,《贪泉》之诗所为作也。遐萌离于朝廷,连率系其休戚,必得文武威风知大体者,乃称其选。以尔老于宦途,饰以儒术,苏枯锄强,勇于去弊。旌旗盖海,南伯甚尊,畀尔重权,用俟报政。思济斯民,以称朕仁不异远之意。

出处:《盘洲文集》卷二三。

撰者:洪适

考校说明:编年据康熙《新修广州府志》卷一八补。

<h1 style="text-align:center">向子固转官职制</h1>
(绍兴十四年七月至绍兴二十三年五月间或
绍兴三十一年十二月至乾道元年三月间)

具官某:朕观前汉循吏六人,宣帝得其四,而龚、黄之政,首事盗贼,逮治称流闻,则玺书增秩,以褒勉之。尔守维扬,兼分帅阃,绩誉休著,既胜任矣。属者鼠窃为患海滨,乃能方略掩捕,洗清蒲泽。用陟文阶之品,兼升延阁之真。其祗茂渥,益思拊循,以无愧西京之治,乃副朕怀。

出处:《东牟集》卷七。

考校说明:编年据文中所述"尔守维扬"补,见《建炎以来系年要录》卷一五二、卷

一六四、卷一九五。《宋会要辑稿》职官七一等。王洋此时未任两制，此文当为《东牟集》误收。

蠲免楚州等进奉天申节内藏库绢一半诏
（乾道元年三月九日）

楚、真、滁、扬、濠、庐、光州、寿春府、盱眙、光化军，各系人马残破或侵扰去处，所有合起发乾道元年进奉天申圣节内藏库绢，并予蠲放一半。

出处：《宋会要辑稿》食货六三之二四。

随州枣阳县榷场移置事诏
（乾道元年三月十一日）

随州枣阳县榷场移置于襄阳府邓城镇，其合置榷场官属及给降物货于本钱等，照应旧例施行。

出处：《宋会要辑稿》食货三八之四〇。

令沈介等措置淮西湖北荆襄屯田诏
（乾道元年三月十一日）

已降指挥，两淮合行屯田。昨来郭振于六合措置，已见就绪。所有淮西、湖北、荆襄，令沈介、张松、王炎、杨倓、王彦、赵樽、王宣、张师颜疾速措置。

出处：《宋会要辑稿》食货六三之一三七。

赐参知政事虞允文乞宫观不允诏
（乾道元年三月十一日后）

君为元首，臣为股肱，盖一体相须，所以合谋同德，计安天下者也。卿辅政半载，屡告嘉猷，筋力方强，思虑甚审，何嫌何疑，遂欲引疾而去？详味来章，深所未晓。

出处:《盘洲文集》卷一五。

撰者:洪适

考校说明:编年据虞允文官历补,见《宋史》卷二一三《宰辅表》。

大金报问使辞宴诏
(乾道元年三月十四日)

大金报问使到阙朝见、辞宴,见阙宰臣押班,依例权移亲王班首过东壁押班赴坐。遇通唤,令通亲王班首某已下……见阙宰臣,令执政官权升立班并子筵高坐。仍令太傅杨存中、少傅吴益立班、坐次权于西壁亲王之南。一行使人立班、坐次,令于吴益之南歇空差后,余使相立班、坐次,权于东壁执政之南。如员多即重行。

出处:《宋会要辑稿》礼四五之二〇。

资政殿学士湖南安抚使黄祖舜转一官致仕制
(乾道元年三月十四日前后)

轻裘制阃,远驰茸蕣之声;方幅叩闇,遂露抽簪之请。勉从雅志,用出褒书。具官某,识洞眇绵,量苞广博,糟粕不胶于纸上,经纶自得于胸中。有嘉忧国之诚,屡纳庇民之说。荣跻枢极,陈泰阶六符之经;任重藩垣,修方伯连率之职。正仰折冲之效,遽高知止之风。眷此老成,闵劳以事,增之品秩,式宠其归。往佚乡枌,益迎寿祉。

出处:《盘洲文集》卷二四。

撰者:洪适

考校说明:编年据黄祖舜卒年补,见《宋史》卷三三《孝宗纪》。

黄祖舜赠五官制
(乾道元年三月十四日后)

禄贤褒德,稽载籍之□□;隐恶崇终,存有邦之典令。若时畯望,尝列辅臣,方览挂冠之章,忍闻易箦之语?告其居第,出此恤书。具官某,器局沈深,风规直谅,传孔、孟圣贤之学,入渊、骞德行之科。卿佐是谓股肱,久运中枢之画;俎豆尝闻军旅,爰分方面之权。羽渊忽梦夫黄能,长沙果集乎子鹏。命之不淑,识者咸嗟。用增幽壤之荣,沓进文阶之品。尚其不泯,歆此犹生。

出处:《盘洲文集》卷二四。

撰者:洪适

考校说明:编年据黄祖舜卒年补,见《宋史》卷三三《孝宗纪》。

逐州府县不得依旧催理赋役诏
(乾道元年三月十六日)

令逐州府遵依已降指挥。如有违戾,许人户越诉,当职官吏重置典宪。

出处:《宋会要辑稿》食货六六之八。

推恩卢沂等诏
(乾道元年三月十七日)

卢沂特与转两官,差知英州,填见阙。立功人令广东帅、宪司开具,保明闻奏。

出处:《宋会要辑稿》兵一九之一五。

蠲免六合县人户赋税诏
(乾道元年三月十七日)

真州六合县人户因虏人侵扰,烧劫残破,其合纳税赋,特予展免二年;其人户承买坊场河渡拖欠净利,亦予除放,见承买人仍令提举司量予蠲免。

出处:《宋会要辑稿》食货六三之二四。

举贤良方正能直言极谏诏
（乾道元年三月二十六日）

朕祗迪先猷，参稽古制。设贤科而取士，自汉已然；繇制举而得人，我宋为盛。豪英辈出，名迹相望。谠议著乎当时，丰功显于来世。凡信史之所载，视历代而有光。肆纂绍于丕基，期奉遵于成宪。思得天下方闻之彦，咸使在庭；极陈国家治乱之原，以辅不逮。属当大比，中饬迩联。选于众以明扬，举所知而程奏，庶闻谠论，有补治功。咨尔攸司，体予至意。今岁科场，其令尚书、两省、谏议大夫以上、御史中丞、学士、待制各举贤良方正能直言极谏一人，仍具词业缴进以闻。

出处：《宋会要辑稿》选举一一之二七。

韩恚胄循资制
（暂系于乾道元年三月前后）

国家除戎器以藏武库，尝下诸郡作甲，尔能勤其官，先期趣办。爰进一秩，示信赏也。

出处：《盘洲文集》卷二三。
撰者：洪适
考校说明：编年据同集前后文时间补。

竹友直循资制
（暂系于乾道元年三月前后）

日者宿卫置使，大开莫府，尔名在籍中，厥有赏典。进秩之荣，国不失信。

出处：《盘洲文集》卷二三。
撰者：洪适
考校说明：编年据同集前后文时间补。

马希言太府寺主簿制
（暂系于乾道元年三月前后）

有列于朝者，□搢绅之选，况九寺之属乎？尔总领工巧，劳于办职，司府勾稽，肆以命汝。往佽而长，益勤其官。

出处：《盘洲文集》卷二三。又见《永乐大典》卷一四六〇八。

撰者：洪适

考校说明：编年据同集前后文时间、马希言宦历补，见《宋会要辑稿》职官二七。

左迪功郎龚总父绂封右承事郎制
（暂系于乾道元年三月前后）

朕以孝治天下，推紫坛之泽于有官君子，凡鲐背鲵齿之老，有子列于仕籍者，咸得而宠光之。尔修身齐家，庶期称道，义方之训，著于乡郦。载增命秩，以为尔桑榆之荣。

出处：《盘洲文集》卷二三。又见《永乐大典》卷七三二五。

撰者：洪适

考校说明：编年据同集前后文时间补。

放纳年六十以上并残疾僧道丁钱诏
（乾道元年四月四日）

僧道年六十以上并笃废残疾之人，并比附民丁放纳丁钱，自乾道元年为始，仍令州县出榜晓谕。

出处：《宋会要辑稿》食货六六之九。又见同书食货一二之一六。

赈济民户籴到价钱不得移易借兑诏
(乾道元年四月六日)

去岁两浙被水州郡民庶艰食,累降指挥,以常平义仓米减价赈籴。所有籴到价钱,州委通判、县委县丞拘收封桩,不得移易借兑。候秋成日,尽数收籴补额。仍先具见桩钱数申尚书省。余路依此。

出处:《宋会要辑稿》食货五三之二九。

文武官监当人遵依见行条法关升诏
(乾道元年四月十八日)

文武官监当人,依法合满六年到部关升。近来陈乞称已到堂,便理作到部放行关升,显属弊幸。今后并遵依见行条法,须候亲身到部,方许关升。人吏或有违犯,送所属根究施行。

出处:《宋会要辑稿》职官一〇之三〇。

胡坚常直秘阁知盱眙军制
(乾道元年四月十九日)

盱台新刲于兵,数月之间,郡将三易,遴择其人,将以徕流亡而通互市。尔赞贰京邑,咸谓有材,召对便朝,占对可喜。寓直藏室,畀以虎符,能振其职,则吾无北顾之忧矣。

出处:《盘洲文集》卷二三。
撰者:洪适
考校说明:编年据《宋会要辑稿》选举三四补。

医治流民疾疫诏
（乾道元年四月二十二日）

两浙州军去岁水涝,流移阙食人颇众,朝廷措置赈粜,存济甚多。比因疫气传染,间有死亡,深可悯怜。可令行在翰林院差医人八员,遍诣临安府城内外,每日巡门体问看诊,随证用药。其药令户部于和剂局应副。在外州军亦仰依法,州委驻泊医官、县镇选差善医之人,多方救治,药钱于逐州岁赐合药钱内、县镇于杂收钱内支给,务要实惠及民。并仰接续给散夏药,候秋凉日住罢。

出处:《宋会要辑稿》食货六八之一二六。又见同书食货五九之四二。

临安府疾病残废等人展限给散粥药养济诏
（乾道元年四月二十二日）

临安府城内外见今养济饥民,已降指挥展至四月终。访闻其间多有疾病残废等人,深虑难以一概便行住罢。令姜诜、薛良朋、韩彦古同本府通判、漕司属官各一员遍诣散粥及病坊去处,公共措置,躬亲拣点,将委实疾病残废、癃老羸弱、鳏寡孤独不能自存、见在病坊之人,更展限半月给散粥药养济。

出处:《宋会要辑稿》食货六〇之一四。又见同书食货六八之一五一。

魏方添差镇江府兵马监押诏
（乾道元年四月二十四日）

成忠郎、镇江府驻札御前前军第二将正将魏方添差镇江府兵马监押,不厘务,请给、人从并依正官例支破,候三年满罢,更不差人。

出处:《宋会要辑稿》职官四九之七。

条具出给功赏告命文帖等事诏
(乾道元年四月二十五日)

令六部、三衙、官告院自今后出给功赏告命文帖等,子细声说元具功官司、立功去处、是何等第、某军、某将、某队、某职名、某人。内合降宣命人,亦仰所属依此开具,申枢密院给降。

出处:《宋会要辑稿》职官一一之七二。

赐虞允文乞宫观不允更不得再有陈请诏
(暂系于乾道元年四月前后)

卿秉尊朝之德,有忧国之风,造膝惓惓,备见忠欸。朕方倚以为治,庶几虖厉无前之绩,未尝有纤介之间也。移疾匀闲,何易退如是耶? 载览所陈,难以曲徇。

出处:《盘洲文集》卷一五。
撰者:洪适
考校说明:编年据同集前后文时间、虞允文官历补,见《宋史》卷二一三《宰辅表》。

刘芮湖北提点刑狱郑丙湖南提举常平制
(暂系于乾道元年四月前后)

部使者分耳目之寄,职有剧易,而澄清之权等耳。尔芮恬于执利,论议不阿;尔丙材资敏明,知民疾苦。持节重湖,盖未久也,易地而处,佥曰允哉。或总岸狱之柄,或行敛散之政,使人无冤,事无弊,则惟尔之休。

出处:《盘洲文集》卷二四。
撰者:洪适
考校说明:编年据同集前后文时间、郑丙官历补,见周必大《平园续稿》卷二五《郑公丙神道碑》。

刘立等转官制
（暂系于乾道元年四月前后）

尔等顷以军兴,奔走邮置,宜推赏泽,用奖劳勤。

出处:《盘洲文集》卷二四。

撰者:洪适

考校说明:编年据同集前后文时间补。

权洮州赵令结妻包氏封令人制
（暂系于乾道元年四月前后）

尔夫身留异域而王师薄于城下,尔能率军民望风归义,忠壮如是,女史所无。宜锡令名,以开脂泽,使妄男子知所愧焉。

出处:《盘洲文集》卷二四。

撰者:洪适

考校说明:编年据同集前后文时间补。

刘淑赠官制
（暂系于乾道元年四月前后）

尔气吞群盗,履刃登锋,拳勇无前,没身流矢。爰加襚典,并录遗孤,三泉有知,勋此恩涣。

出处:《盘洲文集》卷二四。

撰者:洪适

考校说明:编年据同集前后文时间补。

莫延荫承信郎制
（暂系于乾道元年四月前后）

尔弃其故土,慕义来归,载嘉忠忱,宜有褒异。俾跻仕版,用示恩荣。

出处:《盘洲文集》卷二四。又见《永乐大典》卷七三二七。
撰者:洪适
考校说明:编年据同集前后文时间补。

朱华孙降官制
（暂系于乾道元年四月前后）

尔为县大夫,吏有乞取之奸而懵不之觉,缗钱会计差舛,岂无雀鼠之可疑也?宁失不经,姑用贬秩,服我宽典,思盖前愆。

出处:《盘洲文集》卷二三。
撰者:洪适
考校说明:编年据同集前后文时间补。

李晖降官制
（暂系于乾道元年四月前后）

尔掌征商之事,课损于常,宜在大谴之域;又讼其僚,验之无实。并按尔罪,欲不惩可乎? 夺官一等,省我宽科。

出处:《盘洲文集》卷二三。
撰者:洪适
考校说明:编年据同集前后文时间补。

洪葳大理司直制
（暂系于乾道元年四月前后）

法家者流，或用刑定罪，安忍深刻，失先王仁恕之意，司其直非儒者安归乎？尔名父之子，颛门擅业，往践其官，必能以古义决疑狱也。

出处：《盘洲文集》卷二三。
撰者：洪适
考校说明：编年据同集前后文时间补。

高邮军立功人转官制
（暂系于乾道元年四月前后）

淮濆之役，氛祲盘结，尔等或被甲战野，或衔枚攻营，第赏襃功，咸进阶秩。益思忠力，以对恩荣。

出处：《盘洲文集》卷二四。
撰者：洪适
考校说明：编年据同集前后文时间补。

魏吉甫大理评事制
（暂系于乾道元年四月前后）

孔门高第，片言可以折狱；周书有训，两造然后听辞。尔详练法令，宜列理官，钦哉钦哉，毋宁上下其手。

出处：《盘洲文集》卷二四。
撰者：洪适
考校说明：编年据同集前后文时间补。

吴捷驾部郎官制
（暂系于乾道元年四月前后）

郎位上应乾文,为朝廷华辙。尔有列卿寺,训墨未乾,跻之司舆,时谓异渥,所以彰乃父教忠之美也。惟尔行安而节和,必能恪居厥官,以称朕意。

出处:《盘洲文集》卷二四。
撰者:洪适
考校说明:编年据同集前后文时间补。

孙谅转遥郡刺史制
（暂系于乾道元年四月前后）

群盗蚁聚,五岭麏惊。远闻献馘之音,可后逾时之赏？尔精忠自奋,沉勇无前,独提虓虎之师,遂清狡兔之窟。畀之州绂,夸尔戎旃,当令黄木之湾,不见绿林之迹。益思功效,嗣有恩褒。

出处:《盘洲文集》卷二四。
撰者:洪适
考校说明:编年据同集前后文时间补。

袁震循资制
（暂系于乾道元年四月前后）

日者北鄙有衅,慈宫视师江上,凡扈从之吏,无小大毕进其秩。尔名在籍中,宜受兹赏。

出处:《盘洲文集》卷二三。
撰者:洪适
考校说明:编年据同集前后文时间补。

韩彦古转官制
（暂系于乾道元年四月前后）

日者聚饥民于四郊,分官吏禀饩鬻,致医药。尔摄承民曹,实参其事。今生者可归,第劳出赏,增秩一等,以劝后之济斯民者。

出处:《盘洲文集》卷二四。

撰者:洪适

考校说明:编年据同集前后文时间补。

李如冈磨勘制
（暂系于乾道元年四月前后）

三年而计群吏,若稽陟典之文;累日不离小官,独减从臣之考。兹协铨曹之法,实彰名器之公。具官某,识探道原,智优治具。司刑禁路,鞠茂草于圜扉,敷惠藩方,美甘棠于南国。奉丛祠而通志,增华秩而应条。往服恩纶,益休广誉。

出处:《盘洲文集》卷二四。

撰者:洪适

考校说明:编年据同集前后文时间补。

魏彦转官制
（暂系于乾道元年四月前后）

山越弄兵,骚我岭表,尔控弦擐甲,力挫妖锋,解围禽敌,厥功茂焉。爰陟荣阶,书之勇爵,益图忠报,嗣有恩光。

出处:《盘洲文集》卷二四。

撰者:洪适

考校说明:编年据同集前后文时间补。

张训通复官制
（暂系于乾道元年四月前后）

失律丧师，罚难苟免，眚灾肆赦，泽所不遗。尔久隶戎行，尝劘敌垒。治弃甲曳兵之罪，已有严诛。推息黥补剸之恩，稍还旧秩。勉图后效，用盖前愆。

出处：《盘洲文集》卷二四。
撰者：洪适
考校说明：编年据同集前后文时间补。

薛凤国子正季翔太学录制
（暂系于乾道元年四月前后）

士不远千里而来，使其渐摩道义，循服规矩，则表仪之列可非其人乎？尔凤、尔翔，儒之秀杰，其推正心诚意之学，以助我长育之教。

出处：《盘洲文集》卷二四。
撰者：洪适
考校说明：编年据同集前后文时间、薛凤官历补，见《宋会要辑稿》选举二〇。

李珂改官制
（暂系于乾道元年四月前后）

仕者满六考，有荐者五人，然后脱身小选，亦可谓难也已矣。尔好学能文，尝见推择，便坐赐对，详整可采。跻之王官，非常典也，思我恩渥，有以称之。

出处：《盘洲文集》卷二四。
撰者：洪适
考校说明：编年据同集前后文时间补。

吴掞转五官太府寺丞制
(暂系于乾道元年四月前后)

太府掌贡赋之贰，而颁货贿于受藏之府，盖周之旧官也。尔材器庄粹，佩服义方。万里侍行，西平有子，俾丞九寺，仍陟五阶。用增济美之休，且示褒忠之眷。往涉其笔，以对恩光。

出处：《盘洲文集》卷二四。

撰者：洪适

考校说明：编年据同集前后文时间补。

杨贵等转官制
(暂系于乾道元年四月前后)

西陲受敌，百将同功，尔贾勇奋忠，斩首捕虏。幕府差次，宜陟荣阶，往服恩光，益图报塞。

出处：《盘洲文集》卷二四。

撰者：洪适

考校说明：编年据同集前后文时间补。

张孝祥复集英殿修撰知静江府制
(暂系于乾道元年四月前后)

炎峤分疆，八桂独为善地；有唐重外，九牧多用词人。我得良翰，可宽远虑。以尔性识超诣，学问纷纶，抱昂霄耸壑之材，利敛锷淬锋之器。广廷对策，诸老生莫敢抗衡；两禁代言，它学士至于阁笔。典股肱之剧郡，掌管籥于留都。治有能名，庭无遗事。眷遐萌之未艾，咨南伯而匪轻。稍还论撰之班，往重蕃宣之寄。椎埋或奸法令，当去渠魁；淄蠹之在州间，盍新轨辙。国须贤立，吾不汝忘。

出处：《盘洲文集》卷二四。

撰者：洪适

考校说明:编年据同集前后文时间、张孝祥官历补,见《宋史》卷三八九《张孝祥传》、《景定建康志》卷一四、《宋会要辑稿》职官七一。

彭昪贵州刺史制
(暂系于乾道元年四月前后)

右列以遥郡为荣,非异恩不能到也。尔尝扈慈殿,积有勤劳,宠之州旟,宜思忠报。

出处:《盘洲文集》卷二四。
撰者:洪适
考校说明:编年据同集前后文时间补。

周梦若母许氏封孺人制
(暂系于乾道元年四月前后)

朕竣祀紫宫,推泽遐迩。彯缨仕路者,其亲九帙,则有圭组之荣与夫汤沐之邑,所以教天下之孝也。尔壶范之贤,择邻有训,庬眉华发,逢此恩荣。用增三釜之欢,以彰四德之报。

出处:《盘洲文集》卷二四。又见《永乐大典》卷二九七二。
撰者:洪适
考校说明:编年据同集前后文时间补。

梁俊彦转遥郡刺史制
(暂系于乾道元年四月前后)

朕患陟典之滥,或□□□公,其法自贵近始,所以奉三无私也。尔蚤齿儒林,通于文史,典司宫维,能勤其官,环列序进,训齐有赏。州绂之荣,与□类等,益思忠恪,以对光宠。

出处:《盘洲文集》卷二四。
撰者:洪适

考校说明:编年据同集前后文时间、梁俊彦宦历补,见《宋会要辑稿》食货一等。

凌景夏复敷文阁直学士制
(暂系于乾道元年四月前后)

朕礼神颂祇,已用上辛之吉;涤瑕荡垢,率循令甲之常。惟时从臣,未获旧贯,爰推茂渥,实采金辞。具官某,识邃经邦,量函德宇,出入久乎中外,声名著乎迩遐。重镇撞牙,遏边冲于尊俎;清躔听履,振公道于铨衡。顷出多言,退休间馆,兹广泰坛之泽,俾还内阁之班。往服纶恩,以需节召。

出处:《盘洲文集》卷二四。
撰者:洪适
考校说明:编年据同集前后文时间、凌景夏宦历补,见《宋会要辑稿》选举三四。

知赣州赵公称复直秘阁制
(暂系于乾道元年四月前后)

朕慕西汉良吏之盛,故信赏必罚。循名责实,祖述孝宣之政。尔顷坐小过,失中秘之直,既更大眚而治声达于朕听,还尔旧物,思所报焉。

出处:《盘洲文集》卷二三。
撰者:洪适
考校说明:编年据同集前后文时间、赵公称宦历补,见《宋史》卷一七四《食货志》。

周葵封宜兴县子制
(暂系于乾道元年四月前后)

朕嗣守洪基,肇禋紫畤。当路寝斋居之日,霏雪甚繁;暨閟宫朝献之辰,阴云尽解。克竣熙事,爰布庆条。若时旧德之臣,宜出明纶之命。具官某,深忠许国,遗直事君。非尧舜之道不陈,同熙庶绩;殆管晏之佐弗及,咸仰贵名。属三岁之亲祠,值四郊之多垒。建改卜之议,能稽皇祖之成规;迨涓成之休,遂展泰元之大报。会有燕闲之请,莫陪显相之仪。兹举典章,用开爵邑。噫! 致齐侯之胙,有考旧闻;受宣室之厘,敢怀专乡? 益绥吉履,用对恩褒。

出处:《盘洲文集》卷二四。

撰者:洪适

考校说明:编年据同集前后文时间、南宋郊祀时间补,见《宋史》卷三三《孝宗纪》。

吴益转右朝奉郎制
(暂系于乾道元年四月前后)

朕惕奉慈谋,光临宝祚,尝覃中外之庆,靡分大小之臣。具官某,接物惠和,宅心端栗。披寻竹帛,知师友之渊原;怡养丘樊,玩烟云之舒卷。顷阶戚党,蚤缀从班,获逢嗣服之恩,实应迁官之典。益思谦畏,用保宠荣。

出处:《盘洲文集》卷二四。

撰者:洪适

考校说明:编年据同集前后文时间补。

吴㧑转五官直秘阁赐紫章服制
(暂系于乾道元年四月前后)

朕注意元戎,远驰召节。晋昼三接,未尽褒赏之意。尔教忠有训,称其家儿,躐进文阶,俾直中秘。仍锡金章之宠,式增彩服之光。

出处:《盘洲文集》卷二四。

撰者:洪适

考校说明:编年据同集前后文时间补。

王之望封襄阳县子制
(暂系于乾道元年四月前后)

朕遵旧规于二祖,变熙事于一阳。启蛰而郊,协鲁国骍牺之祀;获兽以馈,若汉代白麟之章。既藏上仪,用推庆泽。具官某,忠规致主,壮志绝人。窥紫闼而攀台阶,荣跻四□;穆天绥而经国体,密赞万几。缅惟涓选之辰,实参改卜之议。偶休间馆,莫相明禋。兹疏谷璧之封,乃荒莱食之邑。噫! 百神咸秩,已格嘉虞之休;万福来同,敢怀专乡之意? 更绥吉履,益对恩辉。

出处:《盘洲文集》卷二四。

撰者:洪适

考校说明:编年据同集前后文时间、南宋郊祀时间补,见《宋史》卷三三《孝宗纪》。

除吴璘太傅依前奉国军节度使四川宣抚使
领御前诸军都统制充利州西路安抚使判兴
州进封新安郡王加食邑实封制
(乾道元年五月二日)

门下:拥斋钺以护坤维,夙赖长城之捍;奉介圭而朝魏阙,宜膺华衮之褒。疏绝席之殊恩,讲临轩之显册。乃涓刚日,用诏群工。具官某,忠义本于天资,智勇谓之人杰。书传圮上,非鸟占云禄之文;气盖关中,固玉垒铜梁之围。乘边兹久,按堵如初。左启右肱,耸戎车之四牡;前兄后弟,超辕门之二龙。灵旗远憺于雄稜,彝器屡铭于洪伐。宽予忧顾,时乃勋庸。爰注想于英规,俾来趋于召节。驰驱万里,恭谨一心。周邦戎有良翰,舆人咸喜;吴公隐若敌国,奕叶相望。嘉惝臆之壮犹,称魁梧之异表。盍昉徽数,庸答元功。象鼎面槐,应上公于台宿;苴茅裂壤,开异姓之王封。衍彼圭斋,敦其井赋,以重登坛之寄,以隆制阃之权。於戏! 戢弓矢而散马牛,方审包桑之意;被介胄而生虮虱,敢忘细柳之劳? 往服宠光,式酬亲倚。

出处:《盘洲文集》卷一一。

撰者:洪适

考校说明:编年据《宋会要辑稿》礼五九补。

赐吴璘告口宣
(暂系于乾道元年五月二日)

卿拥旄乘塞,卓马造朝,爰举徽章,用昉褒律。亟其祗服,式副倚毗。

出处:《盘洲文集》卷一六。

撰者:洪适

考校说明:编年据同集前后文时间、吴璘官历补,见《宋会要辑稿》礼五九。

赐吴璘辞免太傅新安郡王不允断来章批答口宣
(乾道元年五月二日后)

朕涓辰之吉,敷命于庭,襄答元勋,谐契舆论。其祗茂渥,遂寝执文。

出处:《盘洲文集》卷一六。

撰者:洪适

考校说明:编年据《宋会要辑稿》礼五九补。

赐吴璘辞免太傅新安郡王不允断来章批答
(乾道元年五月二日后)

朕执爵禄之柄以厉世磨钝,虽五两之纶,半通之铜,未尝轻以假人,况茅社之封、槐鼎之任乎? 卿英望鸿烈,为中兴第一。卓马来朝,国人相庆,大庭孚号,金曰允哉。而执谦再三,伛偻之恭犹未已,使朕襄显功臣之意郁而未伸,卿亦安取此? 亟其拜命,勿复费辞。

出处:《盘洲文集》卷一五。

撰者:洪适

考校说明:编年据《宋会要辑稿》礼五九补。

温台处徽州官吏不得妄有科折诏
(乾道元年五月三日)

江浙州军每岁人户合纳二税物帛等,内温、台、处、徽州系不通水路去处,依指挥许人户依立定分数,并依银折纳。访闻州县却于数外妄有科折,显属违戾。可令逐路转运司行下逐州军,将人户今岁合纳折帛银遵依旨挥,自立定分数,及照应的实市价,即不得以加耗为名,大秤斤两。如有违戾,许民户越诉,将官吏按劾以闻,据多收之数计赃断罪。

出处:《宋会要辑稿》食货七〇之五六。

差州都监监押条制诏
(乾道元年五月六日)

今后差州都监、监押,虽应格法,并令吏部长贰躬亲铨量人材,堪充兵官许拟差。如精力衰弱,不能治军,及病患不堪职任之人,并不得差注。

出处:《宋会要辑稿》职官四九之七。

支给官钱埋瘗两浙死亡饥民诏
(乾道元年五月六日)

两浙路诸州县饥民多有疾疫,理宜矜恤。除下逐州守臣措置医治外,如有死亡遗弃在路之人,亦仰委官同巡尉检察,支给官钱埋瘗,不得令狼藉道路。

出处:《宋会要辑稿》食货六八之一二六。又见同书食货五九之四二。

孙显祖加阁门祗候诏
(乾道元年五月十一日)

成忠郎、新荆湖南路安抚司准备将领孙显祖昨应武举,程文第一,武艺绝伦,补保义郎。可依赵应熊例加阁门祗候,仍改殿司军中差遣。

出处:《宋会要辑稿》选举一七之三〇。又见《宋会要辑稿补编》第二八四页。

监司帅守讲究实有革弊事闻奏诏
(乾道元年五月十四日)

令逐路监司、帅守讲究实有革弊事闻奏,毋事文具。

出处:《宋会要辑稿》职官四五之二五。

总领帅漕臣等兼提领措置屯田诏
（乾道元年五月十八日）

淮东西、湖广总领，淮南东西、湖北、京西帅漕臣，并兼提领措置屯田；两淮、湖北、京西诸路州军守臣，并兼管内屯田。

出处：《宋会要辑稿》食货六三之一三七。

诸酒库补纳前官拖欠事诏
（乾道元年五月十八日）

诸酒库除本任司发窠名钱利补纳前官拖欠，每及五千贯，令本所验实，于所收宽剩钱内给五厘充赏。谓如五千贯支二百五十贯之类。监官三厘，专匠等二厘。

出处：《宋会要辑稿》食货二一之五。

赐三省官满散天申圣节道场香口宣
（暂系于乾道元年五月二十一日前后）

卿等萃千官于仁宇，祈万寿于慈庭，以若忠勤，朕深嘉尚。名薰之赐，法会是崇。

出处：《盘洲文集》卷一六。
撰者：洪适
考校说明：编年据同集前后文时间、文中所述史事补。

赐三衙满散天申圣节道场香口宣
（暂系于乾道元年五月二十一日前后）

卿等庇职周庐，输忠报上，开梵宫之法席，祝慈殿之遐龄。爰锡宝薰，用严胜会。

出处:《盘洲文集》卷一六。

撰者:洪适

考校说明:编年据同集前后文时间、文中所述史事补。

放临安府全家患病贫民房钱一月诏
(乾道元年五月二十三日)

临安府内外有全家患病贫民,令本府差官抄札,予放房钱一月,毋致失实作弊。

出处:《宋会要辑稿》食货六三之二四。

犯罪者有司据情理直引条法定断更不奏裁诏
(乾道元年五月二十四日)

法令禁奸,理宜画一。比年以来,旁缘出入,引例为弊,殊失刑政之中。应今后犯罪者,有司并据情理,直引条法定断,更不奏裁。内刑名有疑,令刑部、大理寺看详,指定闻奏,永为常法,仍行下诸路遵守施行。其刑部、大理寺见引用例册,令封镵架阁,更不引用。仰刑部遍牒诸州,大字出榜晓谕。

出处:《宋会要辑稿》职官二四之二七。又见同书帝系一一之六、职官一五之二二,《宋史全文续资治通鉴》卷二四。

赈济光州诏
(乾道元年五月二十四日)

光州屡经兵火,令淮西总领所拨会子一万贯、江西转运司支米五百硕赈济之。

出处:《宋会要辑稿》食货五八之四。又见同书食货六八之六五。

赈济广东诸州府诏
（乾道元年五月二十四日）

广、英、连、韶州、肇庆、德庆府以峒民残破，令广东提举常平司依条赈济。

出处：《宋会要辑稿》食货五八之四。又见同书食货六八之六五。

赐王大宝辞免礼部尚书不允诏
（乾道元年五月二十四日后）

卿履道醇固，蓄德雄刚，从列谏坡，积有令问，退休林壑，恬适泰然。趋节远来，得惓惓不忘君之谊。入对文石，筋力未衰，宜长春官，用资献替之益。已肦涣命，奚事执文？

出处：《盘洲文集》卷一五。
撰者：洪适
考校说明：编年据《宋会要辑稿》职官七七补。

除四川州县虚额钱诏
（乾道元年五月二十四日）

四川州县虚额钱，令制置司总领所并行除放。如有用度不足，即将添造钱引数内通融取拨补用。

出处：《宋会要辑稿》食货六三之二四。

吴璘判兴元府制
（乾道元年五月二十四日）

汉中巨屏，实蔽极边；关外重权，毋逾元老。出兹言綍，新彼辕门。具官某，名以忠闻，功因武立，凛凛中坚之望，番番上将之元。建方□于函谷以西，□宽远顾；□雄心于狼望之北，独蕴壮怀。兹载戢于师干，庸近移于幕府。九命作伯，孰先倚爱之亲;十国为连,益赖捍城之助。副吾注意,知汝匪躬,往究英猷,奚烦多训!

出处:《盘洲文集》卷二四。
撰者:洪适
考校说明:编年据《宋史》卷三三《孝宗纪》补。

王大宝礼部尚书制
(乾道元年五月二十四日)

朕远览周书,尚猷询兹黄发,若稽虞典,畴咨汝作秩宗。复起老臣,甚谐舆诵。具官某,抗高明之识,驰魁垒之名。紫橐峥嵘,孰并驱于禁路;皂囊剀切,殆独步于谏垣。雅操不移,高风易退。方奉祠而均逸,忽上牍以遗荣。缅怀骨鲠之英,浸劳梦寐之想。远陟一节,既无俟驾之淹;载锡兼金,宁有挂冠之执!爰蔽朕志,俾长春官。盖进德以尊朝,期用儒而益国。讨论礼乐,岂止玉帛钟鼓之云;献纳箴规,庶几几杖盘盂之戒。往祗厥位,惟尔之休。

出处:《盘洲文集》卷二四。
撰者:洪适
考校说明:编年据《宋会要辑稿》职官七七补。

仪鸾司官使臣等磨勘诏
(乾道元年五月二十七日)

仪鸾司官、使臣满二年替,与减一年半磨勘;内侍官满三年,减二年半磨勘。

出处:《宋会要辑稿》职官二二之一〇。
考校说明:"五月"原作"五年",据原书上下文年月顺序改。

赐知福州赵子潚乞致仕不允诏
(乾道元年五月二十八日前)

大夫七十而致事,盖血气既衰,惧其漏尽钟鸣而不知止足之戒。故先王制礼,大为之防,而后世以此约三尺之法也。乌有神明之胄,笔橐之桀,齿发鼎盛,治有能名,而欲抽簪高蹈,则国家安得而从之,囊封启来,政尔辞费,亟其视事,勿复卧阁。

出处:《盘洲文集》卷一五。

撰者:洪适

考校说明:编年据赵子潚宦历补,见《宋会要辑稿》选举三四。

赐凌景夏辞免复徽猷阁直学士不允诏
(暂系于乾道元年五月前后)

朕推紫坛之泽,于四海无远迩之间,况甘泉之旧乎？卿性资夷粹,操履端方。出镇藩维,有慈祥之政;入司铨部,有平允之声。归憩丛祠,未寻故步,兹还内阁之职,实听舆人之言。奚用挈章,尚留茂渥。

出处:《盘洲文集》卷一五。

撰者:洪适

考校说明:编年据同集前后文时间、凌景夏宦历补,见《宋会要辑稿》选举三四。

叶颙磨勘制
(暂系于乾道元年五月前后)

八柄诏王,厥分爵禄之等;三载考绩,率循法令之常。虽列从班,必遵彝矩。具官某,赋材硕大,迪德忱恂。蚤环辙于宦岐,晚垂绅于禁路。秋官断狱,议者谓过于、张;文部典铨,时号后有卢、李。兹因会课,实应迁阶,庸出丝纶之褒,庶增笔橐之重。往祗茂渥,益广休声。

出处:《盘洲文集》卷二四。

撰者:洪适

考校说明:编年据同集前后文时间、叶颙宦历补,见《诚斋集》卷一一九《叶公行状》。

郑立改官临安府知县差遣制
（暂系于乾道元年五月前后）

赐对于昕朝，易阶于小选，虽典章所有而恩不常出也。尔粹于学问，称有吏材，敷奏可嘉，不误举者。畿内壮县，用试尔能，政绩有成，嗣将饰擢。

出处：《盘洲文集》卷二四。
撰者：洪适
考校说明：编年据同集前后文时间补。

赵伯强承信郎制
（暂系于乾道元年五月前后）

尔父蒙盾援旌，殒于行阵，录孤之泽，所不可遗。往即官联，式思所报。

出处：《盘洲文集》卷二四。又见《永乐大典》卷二四。
撰者：洪适
考校说明：编年据同集前后文时间补。

王承祖等转官制
（暂系于乾道元年五月前后）

尔远随戎莫，来造帝庭，用陟官联，以示还归之宠。

出处：《盘洲文集》卷二四。
撰者：洪适
考校说明：编年据同集前后文时间补。

唐阅国子司业制
（暂系于乾道元年五月前后）

古之君子，经为人师，行为人表，故居一乡则一乡化。在一国则一国治。今朕罗天下秀异于成均,佟袂方履,訚訚秋秋然,不但取其庠声序音之盛为美观,盖欲养材器备官使也。以尔禅颛门之学,高月旦之评,入朝十年,恬于执利,弥邵之德,称为醇儒。比因使指之还,尝赐清间之款,占奏详整,简在朕心。往诲诸生,思称其职。

出处:《盘洲文集》卷二四。
撰者:洪适
考校说明:编年据同集前后文时间补。

刘仪凤磨勘制
(暂系于乾道元年五月前后)

设六卿之官,是为迕列;考三载之绩,盖踵前规。若时禁密之臣,亦限吏铨之柄。具官某,渊原种学,典雅摛词。自挥翰于南宫,即主盟于北苑。司马掌九伐之法,厥有弛张;太史成一家之言,正资笔削。兹因会课,实应迁阶。初非不次之恩,庸示无私之典。往祗茂命,益畅美声。

出处:《盘洲文集》卷二四。
撰者:洪适
考校说明:编年据同集前后文时间、刘仪凤官历补,见《宋史》卷三八九《刘仪凤传》。

方滋权刑部侍郎制
(暂系于乾道元年五月前后)

朕俯酌人情,若稽禁罔。前之所是著为律,具存画一之章;尔曰勿宥惟厥中,斯济登三之政。比申细札,用戒祥刑,畴咨明恕之才,俾总平廷之柄。具官某,缊沈深之识,擅盘错之能。使节州麾,殆艰难之历试;民风吏蠹,无纤介之可欺。舆议皆称其贤,三纪久劳于外。宜持紫橐,遂贰秋官。夫法令譬犹江河,盖易避难犯之义;若文书盈于几阁,有奇请它比之奸。已扃镳乎两端,唯科条于三尺。其推朕意,毋忽狱疑,仁而称职之休,成我知人之哲。

出处:《盘洲文集》卷二四。

撰者：洪适

考校说明：编年据同集前后文时间、方滋宦历补，见《宋会要辑稿》道释一等。

王弗权户部侍郎制
（暂系于乾道元年五月前后）

朕若稽仁祖,尝用许元,虽增秩迁阶,至列贤科之籍,而历年玩岁,不离财计之官。盖久其任而得人,则尽其才而兴利。今朕此选,将庶几焉。具官某,智虑从横,材资超诣,历宦岐而甚久,惟心算之最优。通知食货之源,灼见公私之弊。对之昕陛,嘉富国之谋猷;试以版曹,有裕民之方略。其颛治赋之柄,勿分约法之劳。要当解瑟而变更,毋或守株而苟且。从班足可施设,非锥处囊中之时;国用赖以赢余,仁钱流地上之效。往追前哲,嗣有褒章。

出处：《盘洲文集》卷二四。又见《永乐大典》卷七三〇三。

撰者：洪适

考校说明：编年据同集前后文时间、王弗宦历补,见《宋会要辑稿》职官四一。

保平军节度使龙神卫四厢都指挥使提举
江州太平兴国宫王彦加食邑实封制
（暂系于乾道元年五月至六月间）

门下:鲁人类帝,用骍刚于上辛;汉代祀天,歌青阳于肇岁。朕考前王之成宪,遵烈祖之丕谟,乃逢祈谷之辰,获展钦紫之礼。爰彰景况,普洽绵区。有若劲臣,可稽涣命?具官某,识潜武志,材壮戎昭。从枕席以过师,屡书功伐;执干戈而卫社,尝护边陲。久分斋钺之荣,曲遂丛祠之侠。兹推茂渥,不替旧勋。用增采邑之封,更侈食田之户,以广逆厘之庆,以申赐胙之恩。於戏!开天庭以延群神,既格宴娭之美;建皇极而敛五福,厥敷祚隐之休。往服辉光,益綏茀禄。

出处：《盘洲文集》卷一一。

撰者：洪适

考校说明：编年据同集前后文时间、南宋郊祀时间、王彦宦历补,见《宋史》卷三三《孝宗纪》、同集卷四八《缴王彦宣借人札子》。

431

赐王彦加恩告口宣
（暂系于乾道元年五月至六月间）

朕比讲郊禋,普推祭福,若时虓将,宜出纶言。用示眷怀,亟其祗服。

出处:《盘洲文集》卷一六。

撰者:洪适

考校说明:编年据同集卷一一《保平军节度使龙神卫四厢都指挥使提举江州太平兴国宫王彦加食邑实封制》补。

不引上殿班日分诏
（乾道元年六月一日）

今后转员引呈、将校换官射射及御试举人唱名日,并疏决罪人,并依令不引上殿班。

出处:《宋会要辑稿》仪制六之二五。

刘涤为浙东路兵马钤辖绍兴府驻札诏
（乾道元年六月二日）

起复武节大夫刘涤为浙东路兵马钤辖,绍兴府驻札,填新置阙,专一措置训练系将不系将禁军,葺治器械。

出处:《宋会要辑稿》职官七七之二〇。

潼川府路转运判官窦敷乞铨量见任守令事答诏
（乾道元年六月四日）

窦敷所奏虽当,今监司例为文具,从来未见公勤。可札喻本人,到官当践其言,勿为循习取容,称朕临遣之意。

出处:《宋会要辑稿》职官四五之二六。

左中大夫同知枢密院事王刚中致仕制
(乾道元年六月六日)

夙宵无倦,劳役过差,用爽节宣,浸成沉痼。斯有挂冠之请,且遂安车之荣。

出处:《宋会要辑稿》职官七八之五〇。

改正内外诸军立功官兵重叠转授官资诏
(乾道元年六月八日)

内外诸军立功官兵,有重叠转授官资付身之人,虽有指挥许立限陈乞改正,缘有司取会留滞,动经岁月,未能早沾恩命。并仰类聚,申乞改正,仍令所属催督给附付身。合给告并降宣命人,亦仰所属即时申奏,仍依拣汰官兵,三衙差使臣管押赴逐军,主帅当官给散。

出处:《宋会要辑稿》兵一九之一五。

推诚顺化崇义怀忠保信向德安远承和秉礼归仁协恭励节继美功臣静海军节度观察处置等使特进检校太师安南都护上柱国南平王李天祚加食邑实封加遵度功臣制
(乾道元年六月八日)

门下:朕卜辛日而用郊,获逢嗣岁;陟午阶而奠币,仰格飙斿。幸熙典之涓成,与殊方而同庆。具官某,性资纯一,节概沉深。绍奕叶之勋庸,守藩条之信誓。仁惠周于南纪,声明慕乎中区。辇赆航琛,不懈朝宗之礼;撞牙茸蠹,所资屏翰之雄。视槐庭霖雨之臣,兼栢寺风霜之职。宠之焘社,虔若抚封。兹循饮福之文,用益纪功之号。陪之外户,侈厥真畬,以褒侯度之恭,以表灵厘之广。於戏!主祭而百神咸享,敢专乡于万祥?昭德于异姓之邦,岂遐遗于四裔!其迎戬穀,永底荣怀。

433

出处:《盘洲文集》卷一一。
撰者:洪适
考校说明:编年据《宋会要辑稿》蕃夷四补。

审实诸县大辟诏
(乾道元年六月十一日)

自今诸县结解大辟,仰本州长吏先审情实,如无冤抑,方付狱,狱官亲行勘鞫。仍委长吏逐旬虑问。如违,许监司按劾以闻。

出处:《宋会要辑稿》刑法三之八四。

饬谕守令劳来安集诏
(乾道元年六月十九日)

朕从邻好息兵,方务内治安众。近因遣使,就令体访两淮之民,遍历四五百里,仅存数十家,此守令劳来安集之无效也,朕何赖焉! 自今其痛革偷惰,专务抚绥,思拯疮痍,早息愁叹。若渔取烦劳,固夺陂泽,饬厨传,耽宴饮,佞上欺下,营私背公,有一于此,必罚无赦。台谏、监司常切检劾,仍将诏谕各置守令治事之左右,以为朝夕之戒。

出处:《宋会要辑稿》职官四七之三五。

命官被论列事诏
(乾道元年六月二十二日)

将今后命官曾因臣僚监司论列按发,不曾经所司推勘体究之人,并免约法;赃私罪状明白,送所司根勘,具案取旨。

出处:《宋会要辑稿》职官一五之二二。

许人户越诉科扰诏
(乾道元年六月二十五日)

今年夏税人户已行送纳,即理充来年之数,仍令尚书省给降黄榜,晓谕人户通知。依前科扰,许人户越诉。

出处:《宋会要辑稿》食货六三之二四。

非泛起纲马令逐路转运司预于经过驿顿桩办应副诏
(乾道元年六月二十六日)

令逐路转运司除桩办岁额纲马草料外,其非泛起纲马,亦仰逐司预于经过驿顿桩办应副。如违,重置典宪。仍下建康府、江、池、鄂州,委自都统制置驿提领。如遇纲马到日,令应副草料,歇泊三日津遣。

出处:《宋会要辑稿》兵二五之一二。

赐御前都统制郭振等银合夏药敕书
(暂系于乾道元年夏)

卿权尊制阃,任重干城。式当炎燠之辰,或有晦明之疢,宜颁良剂,用表眷怀。

出处:《盘洲文集》卷一六。
撰者:洪适
考校说明:编年据同集前后文时间、文中所述"夏药"补。

赐江东安抚使汪澈银合夏药敕书
(乾道元年夏)

卿誉偃朝绅,权尊宫籥。兹履长赢之序,恐违啬养之宜,爰锡上衣,用盼温检。

出处:《盘洲文集》卷一六。

撰者:洪适

考校说明:编年据汪澈官历、文中所述"夏药"补,见周必大《省斋文稿》卷三〇《汪公澈神道碑》。

赐吴璘夏药敕书
(暂系于乾道元年夏)

薰风入律,畏日流金,岂无沾污之劳,宜有卫生之助。庸颁珍剂,以表眷怀。

出处:《盘洲文集》卷一六。

撰者:洪适

考校说明:编年据同集前后文时间、文中所述"夏药"补。

优恤赵居厚遗孤诏
(乾道元年七月二日)

故洪州观察使居厚系近属宗子,宜优恤其孤。可自今每月支钱五十贯、米十石,候本家有人食禄日住罢。

出处:《宋会要辑稿》帝系七之五。

诸路州军被差体究官不得轻重出入诏
(乾道元年七月二日)

今后诸路州军被差体究官,务要从实,如轻重出入,并置典宪。

出处:《宋会要辑稿》刑法三之八四。

禁贩沙鱼皮过界诏
（乾道元年七月三日）

敕：今后客贩沙鱼皮过界，依贩犬、马皮等断罪。

出处：《庆元条法事类》卷二九。

浙东西措置犒赏酒库拨付三衙分认课额诏
（乾道元年七月三日）

浙东、西措置犒赏酒库共六十四库，拨付三衙，分认课额，令逐司疾速差人交割。令户部依此以十分为率，殿前司四分，马、步军司各三分，其息钱每岁分上下限赴左藏南库输送，余息充逐军赡军及造军器等。

出处：《宋会要辑稿》食货二一之五。

职田权拘三年诏
（乾道元年七月七日）

职田虽有前降指挥，近王大宝所陈可采，可权拘三年，以裨经费。

出处：《宋会要辑稿》职官五八之二七。

令诸路监司铨量见任老病守臣闻奏诏
（乾道元年七月七日）

诸路监司将见任老病守臣，限一月公共铨量闻奏，知县委守臣体访，申取朝廷指挥。如监司守臣互为容隐，御史台觉察以闻。

出处：《宋会要辑稿》职官四五之二六。又见《宋史全文续资治通鉴》卷二四。

马草合用本钱事诏
（乾道元年七月十日）

今年马草合用本钱,从户部取见的实钱数,于三衙酒坊息钱内,殿前司四分,马、步军司各三分,径自取拨充本收买,却将本司今年合收桩移用钱三十万贯除朝廷科拨支使外,余数尽行起发赴左藏南库送纳桩管。

出处:《宋会要辑稿》食货四〇之四一。

呈试出官大小使臣诏
（乾道元年七月十四日）

自今后应呈试出官大小使臣,未经呈试,不许堂除。虽系御笔内批特差,亦许执奏不行。仍令吏部官每季前去同共监试一次,余依本部见行条法。内愿试七书义人听仍附武学臣试,月分试七书义二道。依文臣铨试旧法,十人取七人,与免射弓。

出处:《宋会要辑稿》职官八之三一。又见《宋会要辑稿补编》第五二九页。

薛良朋进职制
（乾道元年七月十八日）

人主以八柄驭群臣,予夺废置,犹雨露雪霜不可以偏废也。二浙岁恶不入,民多菜色,朕隐悯流徙,食不甘味。故坐视不恤,如哲、如康祖、如宥之者则绌之,奉使称职,如訔、如阅者则陟之。尔奉行不懈,赈救有劳,顾不赏可乎？进直河图,尚勉之哉！

出处:《盘洲文集》卷二四。又见民国《瑞安县志》卷六。
撰者:洪适
考校说明:编年据《乾道临安志》卷三、《宋会要辑稿》选举三四补。洪适时为签书枢密院事,此文或为《盘洲文集》误收。

姜诜进职制
(乾道元年七月十八日)

朕哀凶岁之民,轸殍野之虑,救灾之策,靡不施行。王城之外,流亡四集,今既数月矣,幸而生存,则可以返其田庐。有司劳于振恤者,以次取赏,宁过于厚,所以劝勤事之吏,庶几虖广我仁民之心也。尔阅视赒委,不懈厥职。道山之署,时谓优恩,益思其终,以称群论。

出处:《盘洲文集》卷二四。
撰者:洪适
考校说明:编年据《宋会要辑稿》选举三四补。洪适时为签书枢密院事,此文或为《盘洲文集》误收。

令刘洪不得一例诛杀诏
(乾道元年七月十九日)

刘洪将胁从及被虏人子细辨验,出给公据,放令逐便,不得一例诛杀。

出处:《宋会要辑稿》兵一三之二四。

铸建康府榷货务茶场新印诏
(乾道元年七月二十日)

建康府榷货务茶场,合令工部铸印,一面付礼部给降,候新印到日,将旧印申缴礼部施行。

出处:《宋会要辑稿》食货五五之二九。

免关外四州归业民户今年二税诏
(乾道元年七月二十二日)

阶、成、西和、凤州归业民户不能自存,理当矜恤。合纳租赋,与免今年夏、秋两料;如有已纳者,理充来年合纳之数。

出处:《宋会要辑稿》食货六九之六二。又见同书食货六三之二五。

免湖南残破州县今年夏税诏
(乾道元年七月二十二日)

近因湖南盗贼窃发,其曾经残破去处州县,并予免今年夏税。如内有已纳人户,理充来年合纳之数。

出处:《宋会要辑稿》食货六三之二五。

添差官不得兼权州县正官等诏
(乾道元年七月二十三日)

今后添差官不得兼权州县正官及公库等职事。如有违戾,所请俸给并计赃坐罪。

出处:《宋会要辑稿》职官八之三一。又见《宋会要辑稿补编》第五二九页。

讨论皇子宫室典礼诏
(乾道元年八月九日)

皇子愭立为皇太子,其宫室官属、仪物制度,并令有司讨论典礼以闻。

出处:《宋会要辑稿》职官七之二六。
考校说明:此诏与乾道元年八月十二日《修盖皇太子宫室诏》(《宋会要辑稿》职官三〇)前段略同,疑同出一诏,待考。

修盖皇太子宫室诏
(乾道元年八月十二日)

皇子立为皇太子,其宫室官属仪物制度,并令有司讨论以闻。所有宫室,下两浙转运司、临安府同修内司踏逐地段,先次彩画制度、间架图样进呈讫,疾速差拨人匠如法盖造施行。

出处:《宋会要辑稿》职官三〇之三。

三省枢密院精加铨量宗室合堂除不厘务人诏
(乾道元年八月十二日)

应宗室合堂除不厘务人,令三省、枢密院精加铨量。如委有材能,特与厘务差遣。

出处:《宋会要辑稿》帝系七之六。

册皇太子赦文
(乾道元年八月十二日)

应文臣曾任侍从官见无差遣、未复职者,许陈乞在外宫观一次。
出处:《宋会要辑稿》职官五四之三七。

应命官展年磨勘,除犯赃罪若私罪徒外,并与免展。
出处:《宋会要辑稿》职官一一之四五。

勘会乾道元年正月一日已降赦文,冲替命官事理重者减作稍重,稍重减作轻,轻者便与本等差遣。其今赦已前除犯赃罪并私罪徒外,冲替之人可依此施行。
出处:《宋会要辑稿》职官七六之五五。

淮、浙盐场亭户合支盐本钱,访闻多是提举司并本州主管司当行人吏通行邀阻,不与依时支给,或容干请计会,方行支付分数减克。其逐场率多科扰,及衷私将盐本钱以公使为名,妄有支费,以致亭户贫乏,有亏盐课。可令提举官躬亲前去逐场检察,严行约束。如见有未支本钱,仰当官点名逐一尽数支还。若尚敢蹈习前弊,将当职官吏按劾以闻。人吏克减,并行决配。如违今来赦降指挥,许盐亭户经尚书省越诉,当议重置典宪。

出处:《宋会要辑稿》食货二七之一九。又见《宋会要辑稿补编》第七九四页。

　　应州县僧道见欠隆兴元年、二年免丁钱,特予除放。
出处:《宋会要辑稿》食货六三之二五。

　　应州军有隐逸之士不求闻达者,仰长吏采访,具名以闻。
出处:《宋会要辑稿》选举三四之五三。

　　应国学进士先曾请到文解,又该遇昨来登极覃恩免解,系一请一免之人,特许理为两举到省试下,与免文解。
出处:《宋会要辑稿》选举一六之一三。又见《宋会要辑稿补编》第四八七页。

　　应配军编管羁管人永不移放者,祖父母、父母年及八十岁以上无兼侍或笃疾者,具元犯因依奏裁。
出处:《宋会要辑稿》刑法四之五一。

文武知州军等见辞并令上殿诏
(乾道元年八月十四日)

　　应今后文武知州军、诸路厢务总管、副总管、钤辖、都监见辞,并令上殿,批入料钱文历。如托避免对,并不得差除赴任。委台谏、监司常切按察,以违制论。

出处:《宋史全文续资治通鉴》卷二四。又见《宋会要辑稿》职官四八之一一七、仪制六之二六。

诸路常平契勘诸州以新易陈借兑数目诏
(乾道元年八月十四日)

　　诸路提举常平官下诸州主管官,契勘以新易陈借兑数目,于今秋苗米内依数拨还,仍开具申尚书省。

出处:《宋会要辑稿》职官四三之三六。

招刺能造作工匠子弟诏
（乾道元年八月十七日）

军器所见造御前并朝廷宣赐诸色军器,数目浩瀚,近来工匠逃亡数多,见今阙额。令工部行下本所招刺能造作工匠子弟补填万全作坊指挥。已逃走人限百日出首,与免罪,额外收管,依旧职名支破请给。

出处:《宋会要辑稿》职官一六之一七。

向均特与叙元官诏
（乾道元年八月十七日）

向均职事修举,盐课增羡,特与叙元官。

出处:《宋会要辑稿》食货二七之一九。

革和籴四弊诏
（乾道元年八月十七日）

逐路委漕臣并提举往来巡按,务尽和籴之意,以革四弊。如安坐不恤,奉行简慢,必罚无赦。

出处:《宋史全文续资治通鉴》卷二四。

钱端礼除资政殿大学士提举万寿宫仍奉朝请制
（乾道元年八月十七日）

方隆眷注,期底乂宁。属元良肇举于旷仪,顾姻娅难居于膴仕。

出处:《宋会要辑稿》职官七八之五〇。

给散诸军功赏付身诏
（乾道元年八月二十二日）

诸军功赏付身,今后令枢密院差使臣管押,赴总领所交割。仰总领官同主帅当官点名给散,将不系本军或改拨军,并事故无家属及逃亡人付身,开具单申姓名,缴申三省、枢密院。其阵亡人赠告、恩泽、公据,如家累已离本军,依此施行。不系总领官置司去处,即仰总领所差人分送逐州臣,同主兵官依此给散。

出处:《宋会要辑稿》兵一九之一六。

虞允文除端明殿学士提举江州太平兴国宫制
（乾道元年八月二十二日）

召从岳牧,乃登庙堂。虽眷倚之意弥坚,而丞弼之勋空著。方责成于治效,仪自速于烦言。

出处:《宋会要辑稿》职官七八之五〇。

转官之人特免绫纸钱诏
（乾道元年九月六日）

吴璘今次起发诸路进马二千四到行在,将合转官资之人,并特与免绫纸钱。

出处:《宋会要辑稿》职官一一之七二。

皇太子取赐生日礼物则例诏
（乾道元年九月六日）

御药院东门司:皇太子合取赐生日等物色,比亲王例,三分增一分取赐。

出处:《宋会要辑稿》礼六二之七二。

钱氏立为皇太子妃制
（乾道元年九月八日）

建元良而正万国,有严天序之承;明内则以风四方,斯迪人伦之厚。乃眷储闱之贵,允资妃阃之贤。宜懋举于典章,用申崇于位号。广国夫人钱氏气钟和粹,性禀靓渊。生忠孝之家,袭将相侯王之庆;遵图书之戒,备言容功德之全。擢秀外姻,作嫔上嗣。服饰盛筓珈之美,起居循珩瑀之音。兹予肇启于青宫,惟尔增华于彤管。画堂甲观,既升鹤禁之华;绮绂金龟,爰焕龙光之渥。诏布纶言之宠,载加册命之优。以笃邦彝,且章妇顺。於戏! 受祉而施于子,方隆监抚之权;治在齐其家,尤赖肃雍之化。祗承徽数,益茂芳猷。可立为皇太子妃,令所司择日备礼册命。

出处:《宋会要辑稿》礼五三之一六。

榷场开具全年所收钱数比较施行诏
（乾道元年九月二十二日）

淮东总领所行下本场,依绍兴十三年五月六日指挥,自今年六月一日至来年六月一日终,通揍一全年,开具所收钱数比较施行。其余榷场依此。

出处:《宋会要辑稿》食货三八之四一。

洪适右仆射制
（乾道元年十月二日）

得贤而立邦基,尤重秉钧之任;奋庸而熙帝载,宜先注意之求。朕稽古以建百官,好要而论一相。天其为生良佐,底乂我家;予惟灼见俊心,俾辅台德。爰绎严瞻之素,用符师锡之公。有众在廷,无哗听命。具官洪适高明而敦裕,笃实而清通,奥学测于圣几,英识周乎物表。禀资直谅,未尝吐刚而茹柔;抗论崇闳,无不会文而切理。扬于中外之久,昭哉望实之孚。视草禁林,训辞鼓天下之动;本兵枢筦,筹策运幄中之良。暨秉执于政几,弥参穆于王度。总众职以称朕意,熙庶绩以亮天功。守彝宪而公正之道开,杜请托而侥幸之门塞。天休昭格,炳泰阶六符之辉;国势奠安,增大吕九鼎之重。是用升亚辩章之贵,仍颛宥密之权,增峻文阶,申加多赋。予欲修法度于颓靡之后,尔其力振于纲维;予欲用赏罚于姑息之时,尔必大明于黜陟。毋独阿于新旧,期公选于贤能。毋朋比而狥私,毋依违而患失。毋取充位,必既厥心;毋思容身,必任其责。於戏!成汤受命,时则有伊尹格于皇天;周室中兴,王命仲山甫式是百辟。予欲追蹤于治古,尔其俪美于昔人。惟励乃诚,以若予训。

出处:《宋宰辅编年录》卷一七。
撰者:蒋芾

汪澈枢密使制
(乾道元年十月二日)

建辅臣以成天功,共政必先于求旧;有常德以立武事,本兵尤赖于得人。乃眷儒英,夙隆公望。念久颛于戎柄,宜宠陟于使名。敷告治朝,诞扬显册。具官汪澈器博而用远,实茂而声宏,备九德之忱恂,养一气以刚大。有驰骋古今之学,期于致主而泽民;有经纬文武之才,见之附众而威敌。蚤受知于慈宸,爰服采于从班。执法中司,纲纪正一台之治;总戎外阃,精神折千里之冲。参管国成,奋熙帝载,夷险百为之备历,始终一节以不渝。比念秉钧之良,起司留钥之重。仪图旧弼,进长元枢。櫜弓矢而戢干戈,虽笃邻封之好;缮甲兵而补卒乘,不忘边备之修。纪律设张,谋谟宏远,载嘉乃绩,实契朕心。是用峻升宥地之崇,增重政涂之寄,胙之侯爵,衍以户租。於戏!进有德则朝廷尊,朕既精于吁俊;用真贤而天下治,尔尚勉于告猷。思同寅而协恭,期定功而保大。钦予时命,惟乃之休。

出处:《宋宰辅编年录》卷一七。
撰者:蒋芾

逐殿山楼并不拆去诏
(乾道元年十月四日)

会庆圣节使人朝见,若二十一日值雨,拆去山楼,难以绞缚装彩,趁次日上寿。所有逐殿山楼,并不拆去。内垂拱殿山楼照应隔门,高下随宜,将山楼下厦向高绞缚,以显笼门作乐,两不相妨。

出处:《宋会要辑稿》职官二二之一〇。

诚约诸路如法养济老疾贫乏乞丐诏
(乾道元年十月十一日)

诸路州县老疾贫乏乞丐之人,在法以常平米斛养济。今来天气尚寒,养济月日不远,窃虑奉行灭裂,未副朝廷惠民之意。令户部检坐条法指挥申严行下,须管依时支给钱米,如法养济,务行实惠。

出处:《宋会要辑稿》食货六〇之一五。又见同书食货六八之一五二。

添收头子钱诏
(乾道元年十月十二日)

敕:州县出纳钱物,每贯收头子钱四十三文省。自今降指挥到日,每贯添收钱一十三文省,充经、总制钱,委通判拘收入帐,通旧收钱七文,共二十文。仍将今来所添钱数另作一项,每季发纳左藏西库,补助经费支遣。

出处:《庆元条法事类》卷三六。又见同书卷三〇、三七,《宋会要辑稿》食货三五之二八、食货六四之一〇一。

令湖南茶盐司重定批发住卖茶盐额诏
(乾道元年十月十三日)

本司将违法立额事日下改正,以本年实收到数与递年比较,取一路州数最增最亏数一处供申。

出处:《宋会要辑稿》食货三一之一七。

命官诸色人杀贼推恩条约诏
（乾道元年十月二十九日）

命官杀获贼二名减一年磨勘，五名减二年磨勘，七名减三年磨勘，十名转一官；诸色人，二名与补一资，五名转两资，七名转三资，十名转四资。

出处:《宋会要辑稿》兵一九之一六。

定纳卖盐钞所添钱数诏
（乾道元年十一月一日）

纳卖盐钞所添钱三贯，永为成法，日后更不增减。

出处:《宋会要辑稿》食货二七之二〇。

赐金国贺生辰使人绢诏
（乾道元年十一月四日）

金国贺生辰使人回程，在路遇冬节，特赐使、副绢各五十匹，上节各八匹，中节各五匹，下节各三匹。

出处:《宋会要辑稿》职官五一之二三。

福建提举司契勘常平义仓米诏
（乾道元年十一月七日）

福建提举司具到本路见在常平米九万九千二百余硕，义仓米二十九万五千六百余硕。令本司契勘，如无陈腐，不须更行收籴。

出处:《宋会要辑稿》食货五三之三〇。

吴挺特与升差都统制诏
（乾道元年十一月十二日）

兴州驻札御前中军统制吴挺，近已自陈除落熙河路经略安抚使，理宜优别，可特与升差本军都统制，填吴拱旧阙。

出处：《宋会要辑稿》职官三二之三九。

选锋军忠义将北军归正官兵不愿从军之人并罢从军诏
（乾道元年十一月十四日）

并罢从军。校尉以上各特转两官，进武副尉以下各转三资，并于正职名上收使；无名目人并白身效用，各特补三资；军兵改作白身效用，各特补三资，并依今均定州军员阙添差，正将时与诸路正将，准备将特与安抚司准备将领，训练官、队将特与诸州兵马监押，余令吏、兵部与归正添差，各升一等差遣，仍各与并支请给两月。所有原给付身纳枢密院，仍令殿前司量支，路差人津送任所，逐州常切存抚。

出处：《宋会要辑稿》兵一六之二。

后省缮写进呈上书可采者诏
（乾道元年十一月十四日）

后省旋次抽摘，取上书可采者，撮其枢要，断章取义，立为篇目，缮写进呈。

出处：《宋史全文续资治通鉴》卷二四。

赵志忠磨勘事诏
（乾道元年十二月二日）

武略大夫、忠州防御使、带御器械赵志忠昨寄资日，于绍兴二十三年三月磨勘转敦武郎，后来磨勘，特依徐伸等前后例，自转授日起理磨勘外，余剩月日仍许接续收使。

出处:《宋会要辑稿》职官一一之四六。

令浙西常平司赈济归正人诏
(乾道元年十二月二日)

浙西常平司于本司新籴到米内,取拨二千硕应副赈济归正不能自存之人,大人每日支米一升,小儿五合。内有实残废患病不能经营之人,每日更各添支盐菜钱二十文,即不得妄有支用。

出处:《宋会要辑稿》食货六〇之一五。又见同书食货六八之一五二。

魏均添差常州兵马监押诏
(乾道元年十二月十日)

前军第一副将魏均添差常州兵马监押,不厘务,候三年满日罢,更不差人。

出处:《宋会要辑稿》职官四九之七。

荆湖北路州县所团保伍军器免行纳官诏
(乾道元年十二月十四日)

荆湖北路州县所团保伍军器,权行依旧存留,免行纳官,使其弹压盗贼、各保乡间。

出处:《宋会要辑稿》兵二之四四。

已授监司郡守人赴任事诏
(乾道元年十二月十四日)

应已授监司郡守人,候阙到半年前赴行在奏事讫,方得之任。如本贯川、广见在本乡居住之人,即仰逐州知县结罪保明诣实,申取指挥。

出处:《宋会要辑稿》职官四五之二六。

免两淮湖北京西诸军新开耕屯田来年赋诏
（乾道元年十二月十五日）

两淮、湖北、京西诸军今年新开耕到屯田,与免来年夏秋两料。应干租课,本军不得别作名色,妄行科取。

出处:《宋会要辑稿》食货六三之一三九。

来年正旦臣僚赴殿事诏
（乾道元年十二月二十五日）

来年正月一日人使入贺毕,车驾诣德寿宫起居。应从驾臣僚,祥曦殿免奏万福。内不该赴坐臣僚,与免祥曦殿起居。今后准此。

出处:《宋会要辑稿补编》第一〇一页。

禁士人受赂冒名入试诏
（乾道元年十二月二十六日）

应令人代名及为人冒名赴省试者,各计所受财依条坐罪外,并真决编配千里外州军;同保知情人,依条永不得应举。如士人告获,与免一次文解;诸色人告获,支给赏钱三百贯,余依见行条法施行。仍令尚书省出榜晓谕。

出处:《宋会要辑稿》职官一三之七。又见同书选举四之三八。

孝宗朝卷五　乾道二年(1166)

条约人户越诉事诏
(乾道二年正月五日)

今后人户除许越诉事外,余并依条次第经由,各仰本处分明与夺,合行备坐所断因依告示。如所断不当,方许缴连告示,依法次第经由陈诉。若无结绝告示,及已经理断,再行陈状,并不得受理。如依前越诉,依法科罪。其已经官司陈诉,见为行遣,不候结绝,又复经他处论理,即合更不施行。如依前违戾,重作行遣。仍令刑部镂板遍牒行下。

出处:《宋会要辑稿》职官一五之二二。

令侍从台谏参考汉制上计之法进呈诏
(乾道二年正月十八日)

孙大雅奏汉制上计之法,朕以为可行于今,令侍从、台谏参考古制进呈。

出处:《宋会要辑稿》食货一一之二一。

选择通泰等州军盐仓押发袋盐官诏
(乾道二年正月十八日)

通、泰、真州、高邮军盐仓押发袋盐官,并遵从绍兴二十八年八月八日指挥,于三州使臣内选择畏谨有心力、可以倚仗之人差拨管押。

出处:《宋会要辑稿》食货二七之二〇。又见《宋会要辑稿补编》第七九四页。

给利路运粮人夫钱诏
（乾道二年正月十九日）

利路运粮人夫,每名给钱二千,令纽计度牒支降。

出处:《宋会要辑稿》食货四四之八。

侯汶降两官诏
（乾道二年正月二十四日）

鄂州驻札御前都统司副将、武经郎侯汶,特降两官勒罢,令本军自效。

出处:《宋会要辑稿》食货六三之一三九。

张之纲奏二广拘留重役土保丁事答诏
（乾道二年正月二十四日）

令广南东、西路经略安抚司行下诸州,如有似此去处,并日下放散,今后不得依前追扰。

出处:《宋会要辑稿》兵一之二三。

举监司郡守依旧法诏
（乾道二年二月二日）

宰臣奏乞令侍从、台谏、两省官举监司、郡守,可依荐举旧法。如犯入己,当同罪,余皆略之,庶多荐引,以副任使。

出处:《宋史全文续资治通鉴》卷二四。

放散淮东沙田芦场拘留人户诏
(乾道二年二月三日)

淮东近因措置沙田芦场,拘留人户供攒户式,有妨春农,并仰日下放散。如有未圆备去处,候秋收毕日施行。内形势、上户即仰措置取会,不得追扰耕作之人。

出处:《宋会要辑稿》食货一一之二四。又见同书食货六九之二九。

追回真州出戍官兵诏
(乾道二年二月六日)

真州出戍官兵三百人,可令追回,不须差替。

出处:《宋会要辑稿》兵五之二二。

承勘翻异公事不得泛滥追呼诏
(乾道二年二月八日)

今后承勘翻异公事,如经三推者,其紧切干证人若干碍出入情节,方许追证,其余不得泛滥追呼。

出处:《宋会要辑稿》刑法三之八四。

阁门宣赞舍人以下官应奉金使到阙转官诏
(乾道二年二月十日)

阁门宣赞舍人以下提点至承受,金国使人到阙,应奉及一十番,各转一官资,自隆兴元年为始。

出处:《宋会要辑稿》职官三四之八。

杨存中献纳官庄不合放免租课诏
（乾道二年二月十三日）

新开耕屯田自合照应已降指挥施行。其逐处献纳官庄,即非新开田,不合放免租课。

出处:《宋会要辑稿》食货六三之一四〇。

慎刑诏
（乾道二年三月九日）

狱,重事也。用法一倾,则民无所措手足。比年以来,治狱之吏大率巧持多端,随意援引而重轻之,故有罪者与除,而不辜者罹酷,朕甚患焉。卿等其革玩习之弊,明审克之公,使奸不容情,罚必当罪,用迪于刑之中。勉之哉,毋忽!

出处:《宋史全文续资治通鉴》卷二四。又见《宋史》卷二〇〇《刑法志》。

试武举进士制策
（乾道二年三月九日）

有阵必有名,有名必有数。吴之常山,郑之鱼丽,太公之五行,李靖之六花,即其名可以知其义,即其数可以知其法,固有不待考而明者。至于掘机之阵,其制出于黄帝,因丘井之法而开九方,因方隅之位而分奇正。虽后世有天智神略,莫能出其阃阈。今考其问对之辞,所谓数起于五,何以不起于四?数终于八,何以不终于九?四为正,不知何者为正?四为奇,不知何者为奇?阵间容阵,队间容队,所容者何地?散而成八,复而为一,所别者何形?其后又有论风后八阵者,谓衡抗于外,轴布于内,风云附其四维,所以备物;虎张翼以进,蛇向敌而蟠,飞龙翔鸟,上下其势,所以致用。不知又何以分乎?子大夫讲此熟矣,其详著于篇,朕将亲览焉。

出处:《宋会要辑稿》选举八之一一。

乾道二年殿试策题
(乾道二年三月九日)

朕以不敏,嗣承大宝,循尧之道,于兹五载,寤寐俊秀,始得亲策于庭。子大夫襃然待问,必有崇论远虑,副朕详延。盖闻唐虞之世,法度彰,礼乐著,不赏而民劝,画象而刑措,都俞赓歌,不下堂而天下治,朕甚慕之。今朕夙兴昃食,兢兢业业,惧无以协帝华而绳祖武,若涉渊水,未知攸济。间者设举荐之科,下聘召之命,而实材犹未出也;塞徼幸之门,申奔竞之禁,而公道犹未行也。广言路,恢治具,而纪纲未立;择守令,务宽恤,而民俗未裕。赃墨之刑非不严,而未能使人皆君子之行;钱谷之问非不勤,而未能使国有积年之储。屯田以实塞下,或谓兵不如农;改币以赡邦用,或谓铁不如楮。岂为之不得其要与?抑文胜而弊难革与?何视古之弗及也?夫内修政事,宣王所以兴周;综核名实,中宗所以隆汉。考之方策,其施行之迹何如,子大夫通达古今,明于当世之务,凡可以移风易俗,富国强兵者,悉陈无隐,朕将亲览焉。

出处:《盘洲文集》卷六四。又见《宋会要辑稿》选举八之一〇。
撰者:洪适
考校说明:洪适时为右仆射。

严禁私铸铜器诏
(乾道二年三月十二日)

应私铸铜器,蠹坏钱质,建康府、台、明州尤甚,可专委守臣严切禁止。

出处:《宋会要辑稿》刑法二之一五七。

差吴王益王府教官诏
(乾道二年三月十三日)

吴王、益王府教官,可于馆职中择可兼权者差一员。

出处:《宋会要辑稿》职官一八之三一。

推恩杨钦等官兵诏
（乾道二年三月十四日）

杨钦特更于横行上转行两官，田宝、陈海各特更转一官，并将回授一官并于横行上转行。其余官兵，出等与转三官资；第一等两官资；第二等一官资，仍减三年磨勘；第三等一官资，仍减二年磨勘；碍止法人转行。

出处：《宋会要辑稿》兵一九之一六。

除郎官须先关报阁门上殿诏
（乾道二年三月十六日）

应除郎官，先关报阁门上殿讫，方得供职授告，立为永法。

出处：《宋会要辑稿》仪制六之二六。

武举进士推恩诏
（乾道二年三月十七日）

比附进士正奏名例，第一名特更与转一官，第二、第三名依第一名恩例。

出处：《宋会要辑稿》选举一七之三〇。

进士及第赐官诏
（乾道二年三月十七日）

正奏名第一甲第一名宣义郎，第二、第三人并承事郎，第一甲并文林郎，第二甲并从事郎，特奏名第一等第一名赐进士出身。

出处：《宋会要辑稿》选举二之二〇。

武举出身人授军职诏
（乾道二年三月十八日）

应武举出身人，候关升亲民实历一任，如有材能，许监司帅守荐举取旨，与将副差遣。

出处：《宋会要辑稿补编》第二八五页。

武臣以捕盗立功推恩免纳绫纸钱诏
（乾道二年三月二十四日）

应收捕盗贼立功不以常格推恩之人，内武臣与免纳绫纸钱。

出处：《宋会要辑稿》职官一一之七二。

有出身选人曾任县令方许授教官诏
（乾道二年三月二十四日）

有出身选人曾任县令，终满无遗阙，初改官，方许授教官；如不曾任县令，并令依荐举人，先注知县差遣。

出处：《宋会要辑稿》选举一七之一。

洪适罢右仆射制
（乾道二年三月二十八日）

辅相任股肱之寄，身常系于重轻；帝王隆体貌之恩，义必全于终始。眷惟端揆，兹解繁机，爰敷制綍之严，用宣廷绅之众。具官洪适性资隽敏，心术通明。智略凑前，绰有论思之美；辞章华国，形乎播告之修。自密简于朕知，几立登于要路，亟升枢管，旋秉国成。方本朝循名责实之秋，盖大臣同心辅政之日。奋庸熙载，独膺亮采之求；当轴处中，正倚调元之助。何未凝于懋绩，遽有喷于烦言。既简劾之荐闻，亦囊封之屡贡。是用释钧衡之重任，仍休宥密之繁；通书殿之崇班，俾遂真祠之佚。式遵彝矩,庸表殊私。於戏!后德惟臣,不德惟臣,朕敢轻于注意;进人以礼,退人以礼,尔宜体于眷怀。思勉令猷,往祗明命。

出处:《宋宰辅编年录》卷一七。
撰者:蒋芾

湖南广东帅漕宪臣措置收捕贼徒除官诏
(乾道二年三月二十九日)

湖南、广东帅漕宪臣措置收捕李金等贼徒,并应付钱粮有劳。敷文阁待制、知潭州刘珙除敷文阁直学士,直祕阁、荆南路转运副使郑安恭除祕阁修撰,荆南路提点刑狱公事王彦洪、广东路提点刑狱石敦义并除直祕阁。

出处:《宋会要辑稿》选举三四之一七。

环卫官请给人从出职恩例事诏
(乾道二年四月一日)

环卫中郎将至郎将请给人从、出职恩例,并差破亲事官,并依将军已得指挥。应环卫官批书印纸,可并属殿前司。

出处:《宋会要辑稿》职官三三之一。

进纳官与理官户事诏
(乾道二年四月三日)

敕:进纳官特旨与理为官户者,依元得旨;若已身亡,子孙并同编户,因军功捕盗而转至升朝、非军功捕盗而转至大夫者,自依本法。

出处:《庆元条法事类》卷一八。

决狱诏
(乾道二年四月四日)

大理寺、临安府并三衙及浙西州县见禁罪人,在内委刑部、御史台官,在外州委守臣、县委通判,躬亲就狱引问。如大情已正,内斗杀情理轻,并杂犯死罪至徒罪已上,各减一等断遣,杖罪已下并放。

出处:《宋会要辑稿》刑法五之四〇。又见《宋史全文续资治通鉴》卷二四。

遣官决狱诏
(乾道二年四月五日)

久雨未晴,深虑刑狱淹延,有伤和气。大理寺、临安府委台官一员、浙西州县委宪臣往决遣。

出处:《宋会要辑稿》刑法五之四〇。

权住催钱物诏
(乾道二年四月六日)

令户部将拘催所钱物并权住催,自十月一日依旧。仍下逐路转运司照会施行。

出处:《宋会要辑稿》食货五六之五一。

以淫雨避正殿减常膳诏
(乾道二年四月六日)

淫雨为沴,有伤农事,朕自今月七日避正殿、减常膳。

出处:《宋会要辑稿》瑞异三之七。

废罢温汤井隔槽酒务监官诏
(乾道二年四月九日)

废罢开州温汤井隔槽酒务监官,就令监盐井官同清水知县兼监正,令槽户兼收,仍督责槽户,须究心趁办,务要增羡。

出处:《宋会要辑稿》食货二一之六。

真州盐仓监官任满推赏诏
(乾道二年四月十五日)

通、泰州、高邮军盐仓监官依旧推赏外,其真州盐仓任满敷额及无积留,特与减二年磨勘;如考内比额有亏,通一任虽无亏欠,即更不推赏。

出处:《宋会要辑稿》食货二七之二一。又见《宋会要辑稿补编》第七九五页。

韩彦古直徽猷阁知严州制
(乾道二年四月十八日前)

尔摄承省户,以语言之失罹于清议,自诡治民。吾以乃父勋藏盟府,不汝疵瑕。延阁汝旧物也,严陵吾辅郡也,夫美锦尚不可使人学制,况千里之寄乎?尔其矫揉修饬,允蹈中庸,使实惠洽于编氓,则爵位可以长守。敬之哉,毋荒弃朕命!

出处:《盘洲文集》卷二四。
撰者:洪适
考校说明:编年据《宋会要辑稿》职官七一补。乾道二年三月,洪适罢右仆射,以观文殿学士提举江州太平兴国宫,十月知绍兴府(见《宋史》卷二一三《宰辅表》、《嘉泰会稽志》卷二),此制或为《盘洲文集》误收。

汪澈除观文殿学士提举临安府洞霄官制
(乾道二年四月二十二日)

比自外服,越还本朝。进外枢管之崇,旋正使名之重。载披奏牍,祈解近司。

出处:《宋会要辑稿》职官七八之五〇。

浙东见桩粳米以新易陈诏
(乾道二年四月二十四日)

行下本路,须以新易陈,不得损坏官物,其糯米即仰变转收籴。

出处:《宋会要辑稿》食货五三之三〇。

除放浙西开掘围田佃客债负诏
(乾道二年四月二十四日)

浙西招募佃客开掘围田,应日前借过粮食债负,悉予除放。

出处:《宋会要辑稿》食货六三之二五。

令经筵官拟定考课法诏
(乾道二年四月二十六日)

经筵官参照祖宗考课之法与见今所行条制,务要适中,可以久行,取旨。

出处:《宋会要辑稿》职官五九之二三。

程諟特降一资放罢新任诏
(乾道二年五月一日)

右迪功郎、新差充江南东路常平司干办公事程諟特降一资,放罢新任,所欠常赋,令日下监纳。

出处:《宋会要辑稿》食货七〇之五七。

应副淮东盐钞改降镇江务场入纳诏
(乾道二年五月二日)

行在榷货务都茶场,将建康务、场合应副淮东盐钞之数改降镇江务、场入纳,每季别印降淮钞三十万贯,随公据差人管押赴镇江务、场应副客人算请,自今年秋季为始。

出处:《宋会要辑稿》食货二七之二一。又见《宋会要辑稿补编》第七九五页。

叶颙罢参知政事制
(乾道二年五月五日)

既付之政事之烦,又委以枢机之寄。正当公心而及物,直己以正人。尚稽庶绩之熙,遽至烦言之责。

出处:《宋会要辑稿》职官七八之五〇。
考校说明:原书系于乾道二年八月五日,据《宋宰辅编年录》卷一七、《宋史》卷三三《孝宗纪》改。

住支新借职田选人月支茶汤钱诏
(乾道二年五月八日)

令逐路州军将新借职田选人月支茶汤钱却行住支,其无职田选人茶汤钱自合依旧。

出处:《宋会要辑稿》职官五八之二七。

平江湖秀州围田起税事诏
（乾道二年五月十一日）

平江、湖、秀三州已开掘围田，税赋即行除访。将经界后围田今来不经开掘者，候农隙，州委强明官分头诣逐县打量的确顷亩，并依省则纽立合起税色保明申州，类聚申省部，随税起理。

出处：《宋会要辑稿》食货七〇之五七。

恩平郡王璩妻王氏特进封泽国夫人诏
（乾道二年五月十二日）

恩平郡王璩妻王氏特进封泽国夫人，诸般请给、生日时服等，并与依庆国夫人靳氏。内东门司给历，下绍兴府帮勘钱米，并于经、总制及湖田米内支给。

出处：《宋会要辑稿》帝系七之七。

户部别降钱措置籴米诏
（乾道二年五月十八日）

户部别降本钱一百万贯，以钱银、会子品搭支给，选委清强官一员，就和籴场照应市价措置招诱客人广行中籴，当官支给价钱，不得减克作弊。其籴到米，令项如法桩管。仍逐旬具申尚书省。

出处：《宋会要辑稿》食货四〇之四三。

讲求救灾恤荒之政诏
（乾道二年五月二十五日）

江西以至浙右，今岁雨潦，颇害农事，宜令诸路监司守令察今秋有田米不熟之处，预先讲求救灾恤荒之政。如将来有水旱去处，却致无备，必置于罚；如备预有方，当议推赏。

出处:《宋会要辑稿》食货五九之四三。又见同书食货六八之一二六,《宋史全文续资治通鉴》卷二四。

临安府安抚司酒库悉归赡军库诏
(乾道二年五月二十五日)

临安府安抚司酒库悉归赡军,并将赡军诸库共并为七库。临安府及安抚司酒务令户部取三年所趁息钱,以一年酌中之数立为定额,却于赡军库息钱拨还。

出处:《宋会要辑稿》食货二一之六。又见《宋史》卷一八五《食货志》。

新及第进士授官诏
(乾道二年五月)

新及第进士第一人黄定补左承事郎、签书州节度判官事,第二人黄艾、第三人刘下并左文林郎、两使职官,第四人王圭、第五人夏蹈中并左从事郎、初等职官,第六人以下至第四甲并左迪功郎、诸州司户簿尉,第五甲守选。

出处:《宋会要辑稿》选举二之二〇。

令相度常州江阴军水利诏
(乾道二年六月一日)

工部行下本路转运司,同常州、江阴军相度措置以闻,候农隙日兴工开撅。

出处:《宋会要辑稿》食货六一之一一八。

除放江阴军夏税诏
(乾道二年六月一日)

江阴军缘累年灾伤,除放税已减放外,其夏税并依乾道元年数目特与除放。

出处:《宋会要辑稿》食货六三之二六。

诸州教授不得理作实历亲民资序诏
(乾道二年六月四日)

今后诸州教授不得理作实历亲民资序。其余堂除差遣,并依选任法,许理当实历亲民资序。

出处:《宋会要辑稿》选举一七之一。

条约诸路州军起解钱纲诏
(乾道二年六月四日)

诸路州军起解钱纲,见以会子、见钱中半发纳。访闻诸州军却将人户纳到见钱避免起纲,脚剩兑换会子起解。可遍下州军,自今后将应合起发钱纲,并以十分为率,权许用二分会子、八分见钱解发。

出处:《宋会要辑稿》食货四四之九。又见同书食货四八之九,《宋会要辑稿补编》第五八〇页。

押纲官吏不得作弊诏
(乾道二年六月六日)

逐路转运司自今差募押纲,须选择清干官管押。若依前作弊,从本部将元差官司取旨重行黜责,公吏断斥;押纲官及兵梢等,在内令司农寺下临安府、外路令总领所下所属根勘,依法施行,别行差人冲替;内押纲仍具所欠数目取旨。

出处:《宋会要辑稿》食货四四之九。又见同书食货四八之九,《宋会要辑稿补编》第五八〇页。

修整都亭驿班荆馆诏
（乾道二年六月十七日）

都亭驿班荆馆岁于六月上旬检视修整，限八月终毕工。有违，听提点官检察，具事因报国信所审度，申枢密院。自今令两浙转运司、临安府遵守修整，务要如法。

出处：《宋会要辑稿》方域一〇之一六。

令取问租户耕永丰圩诏
（乾道二年六月二十五日）

令江东转运司先次取问租户，如有愿耕屯田之人，候至十一月发遣前去，仍关报总领所支借粮食。

出处：《宋会要辑稿》食货六三之一四一。

王瀹浙西提点刑狱窦敷潼川运副制
（乾道二年六月二十八日前）

坤维吾西土也，距朝廷且万里；吴中吾驻跸之所也，外台去天才尺五。朕视其地如户庭，视其人之休戚如一身，未尝有远迩之间。分道置使，厥选匪轻。尔瀹尝持闽节，有澄清之誉，兹用命尔察刑于近畿。尔敷尝典蜀郡，有平易之政，兹用命尔转漕于旧壤。能使民不冤，用不乏，官不偷，吏不蠹，则尔之职举也。

出处：《盘洲文集》卷二四。
撰者：洪适
考校说明：编年据《绍定吴郡志》卷七补。如据同集前后文时间，此制作于乾道元年四月前后。然《绍定吴郡志》卷七载："王瀹：左朝散郎，乾道二年六月二十八日到任（浙西提点刑狱），当年八月初七日改除吏部郎官。"《宋会要辑稿》职官四五："（乾道元年）六月四日，潼川府路转运判官窦敷奏……"亦可旁证此制并非作于乾道元年四月前后。乾道二年三月，洪适罢右仆射，以观文殿学士提举江州太平兴国宫,十月知绍兴府(见《宋史》卷二一三《宰辅表》、《嘉泰会稽志》卷二),此制或为《盘洲文集》误收。

决 狱 诏
(乾道二年六月)

　　大理寺、临安府并三衙及浙西州县见禁罪人,在内委刑部、御史台官,在外州委守臣、县委通判,躬亲就狱引问。如大情已正,内斗杀情理轻,并杂犯死罪至徒罪已上,各减一等断遣,杖罪已下并放。

出处:《宋会要辑稿》刑法五之四〇。

定酒务额诏
(乾道二年七月三日)

　　赡军酒库以隆兴元年分净息钱为额,临安府、安抚司六务以隆兴二年分净息钱为额。

出处:《宋会要辑稿》食货二一之六。

贴纳盐钱每袋三贯诏
(乾道二年七月五日)

　　今后贴纳盐钱,每袋三贯,并纳见钱。

出处:《宋会要辑稿》食货二七之二〇。

韩仲通拣选强壮官兵往江阴军弹压海贼诏
(乾道二年七月八日)

　　令知泉州韩仲通于本州驻札左翼军官兵内拣选强壮二千人,将带衣甲器械,差统领官李彦椿部押,日下起发前来江阴军许浦一带摆泊,弹压海贼。其借请等,并依昨出戍体例。

出处:《宋会要辑稿》兵五之二二。

诫谕执政常遵近制诏
（乾道二年七月十四日）

都谦亨岳庙差遣罢之。自今执政常遵近制,仍诫谕后省官毋更忽慢。

出处:《宋会要辑稿》选举二六之三。又见《宋会要辑稿补编》第四五三页。

买扑酒坊诏
（乾道二年七月十九日）

应诸路人户买扑酒坊,不问已未败阙,尽许特依绍兴二十七年之制,除见欠官钱并在役军吏外,不以有无拘碍,并许以见管己产抵常承买。

出处:《宋会要辑稿》食货二一之六。

申严不得辄差禁军充镇厢军窠役诏
（乾道二年七月二十三日）

令兵部检坐合差破厢军去处见行条法指挥申严行下,今后不得辄差禁军充镇厢军窠役及过数差破。如有违戾去处,当议重置典宪。

出处:《宋会要辑稿》职官一四之八。

户部给降茶盐钞引付湖广总领所措置籴米事诏
（乾道二年七月二十五日）

令户部给降茶盐钞引五十万贯付湖广总领所,量州军事力均拨,招诱客人请买,置场籴米。其籴到米,专委守臣认数桩管。其约束事件,令户部检坐前后指挥行下。

出处:《宋会要辑稿》食货四〇之四四。又见同书食货五六之五一。

令举人限七月到阙诏
（乾道二年七月二十七日）

自今应举人并限七月到阙,限内不到,并不收试。余依见条。

出处:《宋会要辑稿》选举一七之三一。又见《宋会要辑稿补编》第二八五页。

钱卓将带武锋军去六合县措置屯田诏
（乾道二年八月三日）

武锋军已拨隶步军司,可就令钱卓将带所部人前去六合县措置屯田,须管限一季了毕。

出处:《宋会要辑稿》食货六三之一四一。

减江阴军寄买临安府和买细绢诏
（乾道二年八月五日）

江阴军元寄买临安府和买细绢,特与减一千五百匹,却令临安府认买。

出处:《宋会要辑稿》食货六三之二六。

蠲免襄阳府合起诸色官钱一年诏
（乾道二年八月七日）

襄阳府应合起诸色官钱,不以有无拘碍,蠲免一年。

出处:《宋会要辑稿》食货六三之二六。

放行特奏名事诏
（乾道二年八月九日）

今举系龙飞特奏名,第三等、四等令吏部特与依建炎二年赦放行参选;其第五等人元系诸州助教,已降指挥特与依下州文学恩例,自舍待郊出官。

出处:《宋会要辑稿》选举一三之五。又见《宋会要辑稿补编》第三一八页、第三四七页。

展免均随二州二年二税诏
（乾道二年八月十三日）

光化军、襄阳府、信阳军等处合纳二税,依已降德音,各已展放二年。所有均、随二州理合一体,自乾道二年科□为始,依展免二年四料;如已行送纳,理充将来合纳之数。

出处:《宋会要辑稿》食货六三之二六。

四参事诏
（乾道二年八月十三日）

自九月六日垂拱殿坐,遇四参日,依旧制令四参官起居。如值雨沾湿,令閤门取旨改日参。

出处:《宋会要辑稿补编》第一〇一页。

赈济镇江府贫乏归正人诏
（乾道二年八月十五日）

令镇江府、建康府守臣括责到贫乏归正人,大人每日支米一升,小儿五合,内有实残废患病不能经营之人,每日各更添支盐菜钱二十文省。指挥到日,于常平钱内支破,至乾道三年五月终。仍踏逐空闲官产应副居住,或间数不足,即将见赁屋人日纳房钱减半。

出处:《宋会要辑稿》食货六〇之一五。又见同书食货六八之一五二

林安宅王伯庠罢任诏
(乾道二年八月十六日)

林安宅、王伯庠论叶颙侄元济受周良臣请求赃事,讯验无迹,事干大臣,风闻失实。林安宅可罢同知枢密院事,王伯庠罢侍御史。

出处:《宋史全文续资治通鉴》卷二四。又见《诚斋集》卷一一九《叶公行状》。

坐垂拱殿日枢密承旨赴朵殿侍立诏
(乾道二年八月十七日)

今后遇垂拱殿坐日分,枢密都副承旨起居讫,合赴朵殿侍立,如有职事,许令上殿奏事。

出处:《宋会要辑稿》仪制六之二六。

钱卓依旧武锋军统制诏
(乾道二年八月十八日)

钱卓罢知高邮军,依旧武锋军统制,六合县驻札,措置屯田。

出处:《宋会要辑稿》食货六三之一四一。

特奏名注官诏
(乾道二年八月二十四日)

敕:特奏名出身若未入正官,如偶授破格差遣,即合遵依绍兴二十九年五月十七日已降指挥施行。如已落权合注正官人,方始理为官户。

出处:《庆元条法事类》卷四八。

立定战功显著去处推恩格目诏
（乾道二年八月二十四日）

诸军将士曾与金人接战及守御立功之人离军到部,一概注授差遣,其间功效显著之人,例皆衮同差注,委是无以甄别。今将战功显著去处共一十三项,立定格目:明州城下,大仪镇,杀金平,和尚原,顺昌府,已上共五处,依绍兴十年九月二十二日指挥。李宝密州胶西唐岛,刘琦扬州皂角林,王琪、张振等逮建康府采石渡,邵宏渊真州胥浦桥,吴拱、李道光化军茨湖,张子盖解围海州,赵樽蔡州,王宣确山,已上八处,依绍兴三十一年十一月十七日指挥。绍兴十年九月二十二日指挥:明州城下、大仪镇、杀金平、和尚原见陈立功人,并依战功、材武。绍兴三十一年十一月十七日指挥:应诸军等将士,但与金虏战斗并守御立功人,并与理为战功。

出处:《宋会要辑稿》兵一九之一七。

除放两浙江东未纳出籴米诏
（乾道二年八月二十六日）

降指挥,两浙、江东路州军不以官户、富民,管田一万亩,出籴米二千五百石。两浙三十五万四千三百余石,已纳三十万六千七百余石,未纳四万七千六百余石。江东三万四千四百八十余石,已纳二万三千二百三十余石,未纳一万一千二百五十石。以上未纳米,并予除放。

出处:《宋会要辑稿》食货六三之二六。

整会重叠功赏免纳绫纸钱诏
（乾道二年八月二十七日）

诸军整会重叠功赏,已纳绫纸钱者,今来别给告命,可免再纳。

出处:《宋会要辑稿》兵一九之一三。

司马伋授总领淮西江东军马钱粮、专一报发御前军马文字兼提领措置屯田告词
(乾道二年八月二十八日)

敕右朝散郎、尚书户部员外郎、赐绯鱼袋司马伋：中户三家之赋，仅活一兵；步卒五人之粮，可赡一骑。此前史养兵之论，亦后人计费之言。悉仰给于度支，宁不伤于国力？然则统之民部，临以王官，庶乎其宜也。以尔性有通方，才无滞用，以大贤之后，为当世之称。前者，占兰省之名郎，赞天官之武选，条理甚析，奸欺不生，式畴尔能，可司军赋。爰以国计之重，遂正版曹之名，委属盖优，钦对毋怠。可特授依前右朝散郎、尚书户部员外郎、总领淮西江东军马钱粮、专一报发御前军马文字兼提领措置屯田。

出处：北京匡时二〇一五年春季拍卖会拍品。
撰者：王曦

阁门奏四参百官起居班次事答诏
(乾道二年九月七日)

今后遇四参日分起居班次，可移殿中侍御史及宰执已下百官班，令次枢密已下班起居；却令亲王并殿前都指挥使已下殿前司员僚逐班于宰执已下班后起居。余并从之。

出处：《宋会要辑稿补编》第一〇二页。

令宋藻往温州赈济被水阙食人户诏
(乾道二年九月七日)

浙东提举常平宋藻前去温州，将常平义仓米赈济被水阙食人户。如本州米不足，通融取拨。

出处：《宋会要辑稿》食货五八之四。又见同书食货六八之六五。

令唐琢等具温州合赈恤事件闻奏诏
(乾道二年九月十一日)

温州诸邑近遭水灾,宜遣使存抚。可差度支郎中唐琢限三日起发,同提举常平宋藻、守臣刘孝韪遍诣被水去处,按验覆实,具合行赈恤事件疾速措置闻奏。内刘孝韪权将州事交割与以次官。

出处:《宋会要辑稿》瑞异三之七。又见同书食货五八之五、食货六八之六五。

令唐琢点检温州并诸县刑禁诏
(乾道二年九月十二日)

温州诸邑近被水灾,已差唐琢前去存抚赈恤,可就令点检本州并诸县刑禁,须管日近结绝,将杖罪以下先次疏放。如有冤抑,从实改正。仍具已断放过名件申尚书省。

出处:《宋会要辑稿》瑞异三之七。又见同书刑法五之四〇。

拣汰教习邕宜融等州土丁诏
(乾道二年九月十三日)

广西一路邕、宜、融等州土丁,籍定姓名、年甲。专统土丁年至五十,即行拣汰,则选户丁承替。每岁遇农隙,秖于逐乡便处各置教场,春秋二次如法教习,候武艺精熟,即便放散。

出处:《宋会要辑稿》兵一之二三。

免湖北虚带屯田职事诏
(乾道二年九月十五日)

湖北转运司既止有德安府一处屯田,免行干预。其余州军别无屯田去处,自合免带。

出处:《宋会要辑稿》食货六三之一四一。

诸路厘务总管钤辖都监赴任事诏
(乾道二年九月十八日)

今后诸路厘务总管、钤辖、都监已授未赴任人,依监司郡守已降旨挥,阙到前半年赴阙上殿讫之任。

出处:《宋会要辑稿》职官四九之七。

北使往来遇夜令州县备火点照诏
(乾道二年九月二十二日)

今后北使往来,令所过州县遇夜自备火点照,更不差百姓。

出处:《宋会要辑稿》职官五一之二三。

监司守臣保明知县县令治状诏
(乾道二年九月二十二日)

令诸路监司于部内各举三两人,不许连衔;守臣于属邑各举一二人,具姓名保明申,令中书、门下省籍记,取旨甄擢。如无,听阙。

出处:《宋会要辑稿》职官四八之三八。

台谏侍从章奏置簿诏
(乾道二年九月二十四日)

今后台谏、侍从章奏,各置一簿,随所上录之。一以留禁中,时备观览;一以授大臣,使之详阅。有事已行而辄废,或行而于法有碍、于民未便,及监司郡守言与事违者,各以时纠之。

出处:《宋会要辑稿》仪制六之二六。又见《宋史全文续资治通鉴》卷二四。

按劾黜责稽违拖欠上供钱物州军监司诏
（乾道二年九月二十六日）

诸路州军监司合起上供诸色钱物,皆有起发条限,近来循袭,公然拖欠,致有阙乏。可将诸路合起行在上供钱物,每岁上下半年从户部比较,最稽违拖欠去处,具名按劾,重行黜责。

出处:《宋会要辑稿》食货六四之五六。又见同书食货三五之四一。

向起赠官词
（乾道二年九月）

驰至金城郡,方思充国之忠;生入玉门关,竟负班超之望。

出处:《容斋三笔》卷八。又见《洪文敏公集》卷八。
撰者:洪迈
考校说明:编年据《宋会要辑稿》仪制一一补。《宋中兴学士院题名》称洪迈乾道二年十月始以起居舍人兼权直学士院。

王彦赠官词
（乾道二年九月）

申带砺以丹书之誓,方修甲第之功臣;挂衣冠于神虎之门,竟失戍营之校尉。

出处:《容斋三笔》卷八。又见《洪文敏公集》卷八。
撰者:洪迈
考校说明:编年据《宋会要辑稿》仪制一一补。《宋中兴学士院题名》称洪迈乾道二年十月始以起居舍人兼权直学士院。

宽恤温州诏
（乾道二年十月一日）

温州近被大风驾潮，溺死户口，推倒屋舍，失坏官物，其灾异常，合行宽恤。可令度支郎中唐璨同提举常平宋藻、知州刘孝韪共议，参酌措置，条具闻奏。仍令内藏库支降钱二万贯付温州，专充修筑塘埭斗门使用，疾速如法修整，不得灭裂。

出处：《宋会要辑稿》食货六八之一二六。又见同书食货五九之四三。

学士院宿直事诏
（乾道二年十月三日）

学士院，自今后车驾诣德寿宫，如遇执政从便，权免宿直。

出处：《宋会要辑稿》职官六之五五。

除放诸州军外坊拖欠酒钱诏
（乾道二年十月九日）

将诸州军外坊绍兴三十一年至隆兴元年拖欠酒钱并放，以后年分依元立期限催纳。

出处：《宋会要辑稿》食货二一之六。

按发命官事诏
（乾道二年十月九日）

行下刑部大理寺，应有州军按发命官不曾经所司推勘体究之人，亦依监司所按命官事体，并免约法施行。

出处：《宋会要辑稿》职官一五之二三。又见同书职官二四之二七。

差拨管押粮斛纲运官事诏

（乾道二年十月十四日）

诸路州军今后起发粮斛纲运，于见任曹职官内差拨，如不足，即依已降指挥，差拨见任文武官或寄居待阙官曾经到部付身圆备之人管押。其合得赏典，依已降指挥，每押米一万硕，一千里以上，无抛失少欠，减二年零八个月磨勘；一万五千硕以上，纽计地里推赏，转至一官止。

出处：《宋会要辑稿》食货四四之九。又见同书职官一一之四六、食货四八之一〇，《宋会要辑稿补编》第五八〇页。

追封皇第四子邵王词

（乾道二年十月十四日）

举武汉三王之策，方茂徽章；念周文十子之宗，独留遗恨。

出处：《容斋三笔》卷八。又见《洪文敏公集》卷八。
撰者：洪迈
考校说明：编年据《宋会要辑稿》帝系二补。

诸路御前诸军都统制不许宾客谒见诏

（乾道二年十月十六日）

诸路御前诸军都统制，自后除总领、监司、郡守应有职事许行报谒外，其余宾客并不许谒见。

出处：《宋会要辑稿》职官三二之三九。

会庆节等免供设炉火诏

（乾道二年十月十七日）

会庆节及日后使人见辞筵宴等，所设炉火并免供设。

出处:《宋会要辑稿》职官二二之一〇。

更免两淮残破州县二税一年诏
（乾道二年十月二十八日）

两淮残破州县二税已免至乾道二年终,可更予放免一年。

出处:《宋会要辑稿》食货六三之二六。

太史慈封灵惠侯制词
（乾道二年十月）

神早赴孔融,雅谓青州之烈士;晚从孙策,遂为吴国之信臣。立庙至今,作民司命。滗一同之言状,择二美以建侯,庶几江表之间,尚忆神亭之事。

出处:《容斋续笔》卷二。
撰者:洪迈
考校说明:编年据《宋会要辑稿》礼二一补。

赐宰臣辞免提举圣政书成转官诏
（乾道二年十月后）

为天子父尊之至,永惟传序之恩;问圣人德何以加,莫越重华之孝。

出处:《容斋三笔》卷八。又见《洪文敏公集》卷八。
撰者:洪迈
考校说明:编年据洪迈任两制时间、文中所述史事补,见《宋史》卷三三《孝宗纪》。

修圣政转官制
（乾道二年十月后）

念五马浮江之后,光启中兴;述六龙御天以来,式时猷训。荐于天而天是受,永言覆焘之恩;问诸朝而朝不知,讵测形容之妙。

出处:《容斋三笔》卷八。又见《洪文敏公集》卷八。

撰者:洪迈

考校说明:编年据洪迈任两制时间、文中所述史事补,见《宋史》卷三三《孝宗纪》。

禁温州诸路将酒坊趁额不及课利违法科敷民户诏
(乾道二年十一月三日)

令提举官宋藻具析,申尚书省,疾速禁止。如更有科扰之处,仿此。

出处:《宋会要辑稿》食货二一之七。

发遣殿前马步军司人诏
(乾道二年十一月七日)

殿前、马、步军司昨各差三千人出戍江州,令苗定发遣殿前司三千人,马、步军司各二千人,仍令逐司各差统领一员前去取押,分定月日、资次起发,沿路不得拥并。

出处:《宋会要辑稿》兵五之二二。

诸路州郡纲运解发见钱诏
(乾道二年十一月九日)

诸路州郡纲运自指挥到日,并解发见钱。其自来不通水运去处,依旧解发轻赍。

出处:《宋会要辑稿》食货四四之八。又见同书食货四八之二〇。

诸路兵官按状不得私受钱物诏
(乾道二年十一月十一日)

诸路兵官经由州军按状,辄以馈送私受钱物,并合坐赃论。仍令监司检察。

出处:《宋会要辑稿》刑法二之一五七。

大理寺治狱贴书充推司磨勘事诏
(乾道二年十一月十四日)

大理寺治狱贴书充推司一年,通理正贴书年月日共七年,比换断刑胥长;满一年八个月,通入仕;及二十五年,许依条解发,更不用下名约理。

出处:《宋会要辑稿》职官二四之二八。

限执政私第见客诏
(乾道二年十一月十五日)

执政私第接见宾客,除侍从禀议职事外,其余呼召取覆官,止许各接见一次。

出处:《宋史全文续资治通鉴》卷二四。又见《中兴两朝圣政》卷二九。

孝宗大阅讲武诏
(乾道二年十一月二十二日)

今月二十四日,车驾幸候潮门外大教场,进早膳毕,次幸白石教场,抽摘进呈三司军马。应从驾臣僚,自祥曦殿并戎服起居,从驾往回……内管军、御带、环卫官从驾,宰执已下免从。就逐幕次赐食,俟进晚膳毕,免奏万福,并免赐茶,从驾还内。

出处:《宋会要辑稿》礼九之一一一。

人使宴辞百官及应奉人并出入和宁门诏
（乾道二年十一月二十七日）

　　阁门：自今后人使到阙朝见入贺宴辞，百官并应奉人并出入和宁门。

出处：《宋会要辑稿补编》第九一页。

两省检正尚书左右司不许出谒诏
（乾道二年十一月二十七日）

　　中书门下省检正，尚书左、右司，并系所掌朝廷机要文字，不许出谒，及接见宾客亦合遵依两省官已得指挥施行。

出处：《宋会要辑稿》职官三之四七。又见同书职官四之二四。

赐叶资政辞召命诏
（乾道二年十月至十二月间）

　　见睍曰消，顾何伤于日月；得时则驾，宜亟会于风云。

出处：《容斋三笔》卷八。又见《洪文敏公集》卷八。
撰者：洪迈
考校说明：编年据洪迈任两制时间补、"叶资政"（叶颙）官历补，见《宋史》卷三三《孝宗纪》。

立定狱案断议限诏
（乾道二年十二月二日）

　　大理寺今后狱案到寺满一百五十张为大案，一百五十张以下为中案，不满二十张为小案。断议限并依绍兴二十一年八月十六日指挥，立定日限。内外路并右治狱：大案断议限三十日，中案断议限二十二日，小案断议限七日。临安府：大案断议限二十五日，中案断议限十二日，小案断议限七日。

出处：《宋会要辑稿》职官二四之二八。

经总制钱令知通拘催县令丞管干诏
（乾道二年十二月五日）

经、总制钱窠名繁多，若令守臣管干，恐不专一，今依旧令知、通同共拘催，县委令、丞管干。如无通判、县丞处，委自签判、主簿掌管。如任内所收钱限内起发比额有增，依见行格法，知、通分授酬赏；若比较有亏，依已降指挥责罚。仍令提刑司检察，如有侵隐妄支，具姓名按劾。

出处：《宋会要辑稿》食货六四之一〇一。又见同书食货三五之二八。

叶颙除左仆射制
（乾道二年十二月十五日）

大臣以道事君，夙茂同寅之效；人主之职论相，莫先求旧之图。畴咨秉哲之英，起冠调元之任。灵辰协吉，孚号扬庭。具官叶颙德博而智周，器闳而用远。学圣人之道，探奥赜于几先；高天下以声，擅贵名于物表。自际明昌之运，旋跻辅拂之联。秉心惟合于至公，持论不牵于流俗。国厚得贤之盛，士兴乐职之风。期年于兹，百度咸理。补衮而命山甫，方切注怀；投杼而疑曾参，遽闻勇退。朕宣昭名实，审克是非。既从有北之投，亟下东归之召。有欲为王留者，孰明去就之忠；无以我公归兮，大慰瞻仪之望。再输尔政，未厌予衷。是用稽迪师虞，延登上宰。置使总枢机之重，茂官兼史策之清。侯社疏封，圭田衍食。方今敌国虽和，而边备当戒；吏员已众，而官箴咸瘝。利用厚生，力未臻于善政；聚人守位，义最急于理财。凡此数端，赖吾三事。宜思心腹之寄委，以茂股肱之始终。於戏！舜协帝以重华举皋陶，而不仁者远；汤享天而一德臣伊尹，故不劳而王。尚惟老成，无假训告。

出处：《宋宰辅编年录》卷一七。又见《容斋三笔》卷八。
撰者：洪迈

叶颙左仆射制
（乾道二年十二月十五日）

大臣以道事君，夙茂同寅之效；人主之职论相，莫先求旧之图。畴咨秉哲之英，起冠调元之任。灵辰协吉，孚号扬庭。具官叶颙德博而智周，器闳而用远。学圣人之道，探奥赜于几先；高天下以声，擅贵名于物表。自际明昌之运，旋跻辅拂之联。秉心惟合于至公，持论不牵于流俗。国厚得贤之盛，士兴乐职之风。期年于兹，百度咸理。补衮而命山甫，方切注怀；投杼而疑曾参，遽闻勇退。朕宣昭名实，审克是非。既从有北之投，亟下东归之召。有欲为王留者，孰明去就之忠；无以我公归兮，大慰瞻仪之望。再输尔政，未厌予衷。是用稽迪师虞，延登上宰。置使总枢机之重，茂官兼史策之清。侯社疏封，圭田衍食。方今敌国虽和，而边备当戒；吏员已众，而官箴咸瘝。利用厚生，力未臻于善政；聚人守位，义最急于理财。凡此数端，赖吾三事。宜思心腹之寄委，以茂股肱之始终。於戏！舜协帝以重华举皋陶，而不仁者远；汤享天而一德臣伊尹，故不劳而王。尚惟老成，无假训告。

出处：《宋宰辅编年录》卷一七。

魏杞除右仆射制
（乾道二年十二月十五日）

明王立政惟人，职莫先于吁俊；宰相代天理物，任尤切于奋庸。肆畴参预之英，亟正久虚之位。我有涣号，扬于治庭。具官魏杞博大而高明，闳深而肃□。□□□□□□□□□□□□□。□□□□，□□且因循之弊；一心利国，极弥缝辅赞之功。政如衡石之平，衷靡丝毫之伪。察其朴厚，可付弼谐。今敌国更成，青海不闻于传箭；黎民乐业，潢池无复于弄兵。汔可小康，徂维求定。然以吏治尚烦于综核，邦财未赖于阜蕃。官益冗而不清，兵虽多而可汰。聿开公正之路，属在丞疑之臣。是用考协吉时，延登次揆。平章大政，既资朝夕之辅台；典领中枢，仍陪夙夜之基命。秩峻文阶之叙，侯通乡社之封。衍以圭腴，锡之真赋。并厚股肱之宠，以昭体貌之隆。於戏！宣帝中兴，魏相号有声之佐；太宗致政，郑公多导谏之言。其勉绍于祖风，以祗承于朕志。

出处:《宋宰辅编年录》卷一七。

撰者:洪迈

建康府笪桥酒库等拨还萧鹧巴军诏
（乾道二年十二月十六日）

建康府笪桥酒库并见管钱物、米曲、醅清、银器、什物及脚店等,并依旧拨还萧鹧巴军,差人前去交割,管干开酤,收息钱充激赏等支用。

出处:《宋会要辑稿》食货二一之七。

赐四川特奏名进士恩例诏
（乾道二年十二月十八日）

今举四川特奏名进士第一等第一名为该龙飞恩例,特赐同进士出身;第二等至本等末,并赐将仕郎。第二等至第四等,并赐下州文学,依建炎二年赦放行参选。第五等并赐诸州助教,特与依下州文学恩例施行,仍待郊赦出官。

出处:《宋会要辑稿》选举一三之五。又见《宋会要辑稿补编》第三一八页、第三四七页。

宰相带兼制国用使参政同知国用使诏
（乾道二年十二月二十二日）

朕惟理国之要,裕财为重,向来二三大臣专务简忽,至于用度浸广,漫不加省,因循滋久,殊无变通。夫百姓既足,君孰与不足? 量入为出,可不念哉! 自今宰相可带兼制国用使,参政可同知国用使。庶几上下同德,永底阜康。

出处:《宋会要辑稿》职官六之二〇。又见《中兴两朝圣政》卷三九,《宋史全文续资治通鉴》卷二四。

放免诸路州军岁额弓甲物料等诏
（乾道二年十二月二十五日）

诸路州军岁额弓甲物料,均拨付三衙、江上诸军等钱,及军器所从抛并岁额弓甲箭物料,乾道二年以后合纳之数,令工部行下诸州军,并予权行放免。

出处:《宋会要辑稿》食货六三之二七。

李师颜赠官制
（乾道二年十二月）

青天上蜀道,久严分阃之权;黑水惟梁州,怆失安边之杰。

出处:《容斋三笔》卷八。又见《洪文敏公集》卷八。
撰者:洪迈
考校说明:编年据《宋会要辑稿》仪制一一补。

慰抚黎人诏
（乾道二年）

海南诸郡倅守慰抚黎人,示以朝廷恩信,俾归我省地,与之更始。其在乾道元年以前租赋之负逋者,尽赦免之。能来归者,复其租五年。民无产者,官给田以耕,亦复其租五年。守倅能慰安黎人及收复省地者,视功大小为赏有差,失地及民者有重罚。

出处:《宋史》卷四九五《蛮夷传》。

魏杞赠母词
（乾道二年十二月后）

藏盟府之国功,不殊魏绛;成外家之宅相,重见阳元。

出处:《容斋三笔》卷八。又见《洪文敏公集》卷八。

撰者:洪迈

考校说明:编年据魏杞宦历补,见《宋史》卷二一三《宰辅表》。魏杞时为"丞相",见《容斋三笔》卷八。"魏杞",《宋史》卷二一三《宰辅表》误作"魏杞"。

魏杞赠父词
(乾道二年十二月后)

大名之后必大,非此其身;和戎如乐之和,幸哉有子。

出处:《容斋三笔》卷八。又见《洪文敏公集》卷八。

撰者:洪迈

魏杞封妻姜氏词
(乾道二年十二月后)

筮仕于晋曰魏,方开门户之祥;取妻必齐之姜,孰盛闺闱之美?

出处:《容斋三笔》卷八。又见《洪文敏公集》卷八。

撰者:洪迈

赐温州司理参军蔡伯尹敕
(乾道二年后)

朕惟君临四海,务宵旰以为民;任简百司,斯德心而立国。才裕斯泽溥,事绩则效宏。尔筠州新易主簿蔡伯尹者,慎静恭默,宽厚慈祥。兴教化,修政治,抚百姓,利万物,此尔之贤能;知道谊,识安危,别贤愚,辨是非,此尔之明察。职经两考,谋猷不负甲科;官洽群生,惠爱已闻朝宁。曩悼丁祖母忧,甫得服除趋阙。恩加超擢,念轸隆施。兹特敕尔为温州司理参军,用展康济之谟,益佐昇平之略。可依前件奉行。

出处:光绪《宣平县志》卷一三,光绪四年刻本。

考校说明:编年据蔡伯尹宦历补,见光绪《宣平县志》卷一○。

赐宁国府录事参军蔡伯尹敕
（乾道二年后）

秉道事君,著寅恭之大义,推心辅国,敿劳勤之丰猷。尔温州司理参军蔡伯尹者,名荐贤书,职膺寮寀。庶政与庶狱毕举,治人同治道交修。无倚势以作福威,无怙法以恣深巧。宽和为理,德让有孚。循吏之称,达于丹陛;良牧之颂,沦乎苍生。兹特敕晋尔阶修职郎、宁国府录事参军。当官慎勤,敷政清谨。庶膏泽之永戴,俾宠荣之益申。可依前件奉行。

出处:光绪《宣平县志》卷一三。
考校说明:编年据蔡伯尹官历补,见光绪《宣平县志》卷一〇。此文时间当在同书同卷《赐温州司理参军蔡伯尹敕》之后。

孝宗朝卷六 乾道三年(1167)

减临安府岁发钱五万贯诏
(乾道三年正月一日)

临安府每岁认发三五分税钱一十五万贯,缘今年本府应办大礼,所用钱物浩瀚,除通判厅认发八万四千贯不减外,所有本府岁发钱六万贯予减免五万贯。

出处:《宋会要辑稿》食货六三之二七。

诫廷尉大理官敬刑诏
(乾道三年正月五日)

狱,重事也,稽者有律,当者有比,疑者有谳,持巧心、设贰端者有禁。朕选任廷尉、理官,以法付之。而比年以来,顾以狱情白于执政,探取旨意,以为轻重,甚亡谓也。夫人臣举要,有司致详,阅实之初,五听参具,在彼有情,在我有法,相当而已,而又何咨焉? 继自今其祗乃心,敬于刑,惟当为贵,毋习前非。不如吾诏,吾将大置于罚,罔有攸赦。

出处:《中兴两朝圣政》卷四六。又见《宋史全文续资治通鉴》卷二四,《宋史》卷二〇〇《刑法志》,《南宋书》卷二,《宋史新编》卷一一。

诸色物帛不得一例科折诏
(乾道三年正月二十五日)

诸路转运司行下所部州县遵守见行条法,又依绍兴二十八年三月四日指挥施行。如有欺弊不实，许人越诉。仍从转运司常切觉察按劾。

出处:《宋会要辑稿》食货七〇之五八。

内侍以二百五十员为额诏
（乾道三年正月二十七日）

内侍以二百五十员为额。先诏内侍昨以二百员，近缘差赴德寿宫四十四员应奉朝殿传宣抚问、赍降香表，阙人数多，可自今以二百五十人为额。

出处:《宋会要辑稿》职官三六之二七。

青城山蚕丛氏封侯词
（乾道三年正月）

想青神侯国之封，自今以始；虽白帝公孙之盛，于我何加？

出处:《容斋三笔》卷八。又见《洪文敏公集》卷八。
撰者:洪迈
考校说明:编年据《宋会要辑稿》礼二〇补。

造册进呈五项请给御笔
（乾道三年二月三日）

自后宫禁内人并百官、将校、军兵、诸司人，每月初五日，国用房开具前月支过已上五项请给数目并非泛支用，造册进呈，便从此月为始。外路军马可降式样，付诸路总领逐月开具。

出处:《中兴两朝圣政》卷四六。又见《宋史全文续资治通鉴》卷二四。

宝应等县屯田庄只隶属步军司并淮东总领所诏
（乾道三年二月八日）

宝应等县屯田庄除隶属步军司并淮东总领所外，其余官司并免管辖。

出处：《宋会要辑稿》食货六三之一四二。

措置屯田所收物斛诏
（乾道三年二月十三日）

将本路州军屯田今年并已后年分所收物斛，除桩出次年种子、客户等分给外，依营田例，大麦、稻谷充马料，令户部除豁合支降马料数目，小麦、杂豆等本所拘收，出粜价钱起赴行在左藏南库送纳。其淮西、荆湖北屯田准此措置。

出处：《宋会要辑稿》食货六三之一四二。

粮纲有欠断遣推勘事诏
（乾道三年二月十三日）

今后粮纲有欠，并从司农寺一面断遣监纳施行。如情犯深重，事须推勘，送大理寺；及押纲有官之人，照应祖宗条法，送大理寺推勘施行。

出处：《宋会要辑稿》职官二六之二〇。又见同书食货四四之九，《宋会要辑稿补编》第五八一页。

给赐戚方等武经龟鉴孙子诏
（乾道三年二月十六日）

降下《武经龟鉴》、《孙子》各二十本，令枢密院差使臣一员，给赐镇江府驻札御前诸军都统制戚方、建康府驻札御前诸军都统制刘源，仍令选择兵官各给赐一本。

出处:《宋会要辑稿》礼六二之七三。又见《宋史全文续资治通鉴》卷二四。

蠲免泸叙州长宁军非泛科敛诏
(乾道三年二月十七日)

四川宣抚司、本路诸监司将泸、叙州、长宁军日后非泛科敛一切蠲免。

出处:《宋会要辑稿》食货六三之二七。

虞允文赠父词
(暂系于乾道三年二月后)

活千人有封,非其身者在其子;德百世必祀,畸于人者侔于天。

出处:《容斋三笔》卷八。又见《洪文敏公集》卷八。
撰者:洪迈
考校说明:编年据洪迈任两制时间、虞允文宦历补,见《宋史》卷二一三《宰辅表》。虞允文时为知枢密院事。《容斋三笔》卷八称虞允文为"丞相",然虞允文任相时间与洪迈任两制时间并不重合。

定医官员额诏
(乾道三年三月十四日)

御医内宿医官,大方脉五员,小方脉三员,风科、口齿科、眼科、针科、疮肿科、产科各二员,通以二十员为额,诊御脉四员、入内看医三员在内。见在溢额人且令依旧,今后并不作阙差人。其在外职事人内除德寿宫六员、殿前左右班宿直四员、国子监、大理寺、和剂局、杂买务各一员、大宗正司一员许存留外,余人并在局祗应直日。太医局及局生、医生并罢,今后更不试补。

出处:《宋会要辑稿》职官三六之一一九。又见同书职官三六之一〇五。
考校说明:此诏两见于《宋会要辑稿》职官三六,一系于乾道三年三月六日,一系于同年四月十四日。按乾道三年三月十九日《罢太医局诏》云:"除十四日已降指挥立额诸医官存留外,余人并在局祗应直日。"(《宋会要辑稿》职官二二)由是可知本诏实降于三月十四日。《宋史》卷三四《孝宗纪》云乾道三年三月十三日"诣德寿宫恭请裁定医官员额",亦可证本诏降于三月十三日后。

罢太医局诏
(乾道三年三月十九日)

除十四日已降指挥立额诸医官存留外,余人并在局祗应直日。太医局及局生、医生并罢,今后更不试补。

出处:《宋会要辑稿》职官二二之四一。

刘孝韪放罢诏
(乾道三年三月十九日)

知温州刘孝韪为不葬被水之人骸骨,以至暴露,可放罢。

出处:《宋会要辑稿》瑞异三之七。

注授四川窠阙事诏
(乾道三年三月二十一日)

将四川不该定差拟注川人同任窠阙,并令吏部出榜召本贯内地而名籍见任四川差遣、因事到阙人注授,余依见行条法。今后准此。

出处:《宋会要辑稿》职官八之三二。又见《宋会要辑稿补编》第五二九页。

诸路州军驻泊医官二年一替诏
(乾道三年四月四日)

应诸路州军驻泊医官,并以二年一替,其已过满人,不候替人罢任,今后不许陈乞奏辟再任。

出处:《宋会要辑稿》职官三六之一一九。

宗室外官序位诏
（乾道三年四月十四日）

阁门：见今条令，宗室序位，官同者以尊卑为次。今后外官如系本宗，官职同者，并依宗室尊卑条法。

出处:《宋会要辑稿补编》第一二八页。

编修诸路州郡添差差遣员额格法诏
（乾道三年四月十六日）

近来诸路州郡添差差遣，并无员额，可措置立定员数，以为格法。令检正都司将朕即位以来创立格法并革弊指挥，依枢密院编修成册，关送尚书省。

出处:《宋会要辑稿》职官八之三二。又见《宋会要辑稿补编》第五二九页。

销欠温州逃移死绝人丁所纳绢诏
（乾道三年四月十八日）

温州永嘉、平阳、瑞安、乐清四县逃移、死绝人丁共一万四千七百九十五丁，每丁纳绢三尺四寸，共计一千二百五十七匹二丈三尺，并行销欠。

出处:《宋会要辑稿》食货六三之二七。

市舶司所发船不得拘截抽解诏
（乾道三年四月二十二日）

广南、两浙市舶司所发船回日，内有妄托风水不便，船身破漏，樯柁损坏，即不得拘截抽解。若有别路市舶司所发船前来泉州，亦不得拘截，即委官押发离岸，回元来请公验去处抽解。

出处:《宋会要辑稿补编》第六五二页。此文似有脱漏。

给赐夏药诏
（乾道三年四月二十三日）

两浙东路安抚使洪适、福建路安抚使王之望、四川安抚制置使汪应辰、前宰执知宁国府汪澈、知泉州周葵,并依例赐夏药,令户部打造一百两银合四具、五十两银合一具。又四川宣抚使吴璘,御前诸军都统制戚方、时俊、赵撙、王宣、王权、陈敏、任天锡、苗定、刘源,知阶州、节制本州屯驻军马吴拱,并御前诸军统制、统领、将佐官属,并依例赐夏药,户部打造一百两银合一具、三十两银合十具,赴御药院送纳,降付进奉院附递给赐。其逐军依年例,令近上统制官分赐,仍传宣抚问。

出处:《宋会要辑稿》礼六二之七〇。
考校说明:原书此条原无年号,接于隆兴二年后,"乾道"据洪适等人官历补,见《嘉泰会稽志》卷二等。

吴璘奖谕诏
（乾道二年十月至乾道三年五月间）

刻石立作三犀牛,重见离堆之利;复陂谁云两黄鹄,讵烦鸿却之谣。

出处:《容斋三笔》卷八。又见《洪文敏公集》卷八。
撰者:洪迈
考校说明:编年据洪迈任两制时间、吴璘卒年补,见《宋史》卷三四《孝宗纪》。

执政辞经修哲宗宝训转官批答
（乾道三年五月六日后）

念叠矩重规,当贤圣之君七作;而立经陈纪,在谟训之文百篇。

出处:《容斋三笔》卷八。又见《洪文敏公集》卷八。
撰者:洪迈
考校说明:编年据《宋史》卷三四《孝宗纪》补。

定三省大程官员额诏

（乾道三年五月十一日）

三省大程官依昨降指挥,以一百四十六人为额,溢额人且令依旧。今后宰执初除,更不用恩例收补,其外借七分大程官,依旧四十人为额。

出处:《宋会要辑稿》职官三之四四。

定三省行首司员额诏

（乾道三年五月十一日）

三省行首司以一百二十人永为定额,其合减人且令依旧,将来遇阙,更不迁补。愿比换出职者听。

出处:《宋会要辑稿》职官三之四三。

魏尧臣特降一官放罢诏

（乾道三年五月十八日）

右奉议郎、新太平州繁昌知县魏尧臣特降一官放罢新任,所欠常赋,令所属实下监纳。

出处:《宋会要辑稿》食货七〇之五八。

许李远通理零考诏

（乾道三年五月二十五日）

正字李远乞将总护使司监犒设钱物库零考五十五日通理今任七个月零二十二日,凑及一年,历任实及四考改官,并特依。

出处:《宋会要辑稿》职官一八之二五。

张孝祥除秘撰改知潭州权荆南提刑诰
(乾道三年六月前)

中秘藏四部书,班高论撰;外台奉三尺法,职重澄清。式表儒猷,以华使指。原任左朝奉大夫、充集英殿修撰、知静江军府事、提举学事、广南西路兵马都钤辖、兼本路经略安抚张孝祥,卓尔不群之意气,褎然魁选之科名。凤尾批纶,见称古授之敏;螭头载笔,方俟直前之猷。后阙。

出处:《于湖居士文集》附录。
考校说明:编年据张孝祥官历补,见《于湖集》卷一五《送野堂老人序》。

答陈敏步帅诏
(乾道二年十月至乾道三年六月间)

亚夫持重,小棘门、霸上之将军;不识将屯,冠长乐、未央之卫尉。

出处:《容斋三笔》卷八。又见《洪文敏公集》卷八。
撰者:洪迈
考校说明:编年据洪迈任两制时间、陈敏官历补,见《宋史》卷三四《孝宗纪》、卷四○二《陈敏传》。

盱眙军守倅改兼措置榷场提辖榷场诏
(乾道三年六月二日)

盱眙军改兼措置榷场,通判改兼提辖榷场。自后守倅依此。

出处:《宋会要辑稿》食货三八之四二。

蠲除诸路州县岁认见任官职田虚数诏
(乾道三年六月三日)

令诸路州县将岁认见任官职田虚数,仰提刑司尽数蠲除,止据实有数目支给。如遇灾伤不除收分数,或高价折钱,许诸色人越诉,计赃断罪。

出处:《宋会要辑稿》职官五八之二七。

有事南郊御札
(乾道三年六月五日)

朕祗绍庆图,躬承睿训。谓天地父母,礼莫大于亲郊;而尊祖敬宗,谊尤严于陟配。载卜一纯之荐,荐修三岁之祠,涓选休成,庶几宴享。赖穹昊之敷祐,格寰宇之敉宁。五谷皆熟为大有年,丕显丰登之祐;两国之民若一家子,益惇信睦之规。眷惟并况之多,敢后思文之报。爰颁涣号,申饬先期。朕以今年十一月二日谒款于南郊。咨尔攸司,各扬乃职,相予肆祀,毋或不恭。

出处:《宋会要辑稿》礼二八之三一。

起复知金州制
(乾道三年六月八日)

惟天不吊,坏万里之长城;有子而贤,作三军之元帅。

出处:《容斋三笔》卷八。又见《洪文敏公集》卷八。
撰者:洪迈
考校说明:编年据《宋会要辑稿》职官七七补。此制受制者为吴挺。

盖造仓廒事诏
(乾道三年六月九日)

两浙转运司、临安府踏逐到二百万石仓廒基止,所用材植物料,候青城毕日就用,仍令将作监将应管抽解竹木应副盖造。

出处:《宋会要辑稿》食货六二之一六。

除放潼川府利州夔州路人户白契税钱诏
（乾道三年六月十二日）

潼川府、利州、夔州路人户白契税钱,共一十万五千五百三贯五百七十四文,并行除放。

出处:《宋会要辑稿》食货六三之二七。

处置淮西江东诸军庄使臣军人诏
（乾道三年六月十三日）

都统制刘源将诸军庄监、庄使臣并军客,拣委实癃老之人,依旧存留营田所看管,减半支破请给。内若有堪充披带人数,即行拘收,归军教阅。所有逐人名下耕种田土,从本所召募农人耕种。

出处:《宋会要辑稿》食货六三之一四三。

四川见从军官兵换给付身事诏
（乾道三年六月二十一日）

四川见从军官兵未换付身,昨已展限一年换给,合将限满,更与展限一年。阵亡之家收使恩泽,合赴行在陈乞,多有无力之人,理宜优恤,令缴公据经宣抚陈乞,从本司将所陈承受之人,照所得恩泽先次出给,照札与补合得名目,缴申朝廷给降付身。若本家无本宗人承受,依行在诸军见行指挥,与不理选限将仕郎、助教、紫衣师号对换。

出处:《宋会要辑稿》兵一九之一八。

曾怀等奏大行皇后支费所粗恶绢系信州等处所纳答诏
（乾道三年六月二十八日）

本不为支费所绢粗恶,恐将来支散诸军春冬衣亦似此等。所有供送合干专库,特放罪,余依奏。仍札下户部,今后不得将此等绢支散诸军。

出处:《宋会要辑稿》食货五一之三。

襄帅王宣赠官制
(乾道三年六月)

黄河如带,莫申刘氏之盟;汉水为池,空堕羊公之泪。

出处:《容斋三笔》卷八。又见《洪文敏公集》卷八。
撰者:洪迈
考校说明:编年据《宋会要辑稿》仪制一一补。

吴挺兴州制
(乾道三年六月)

能得士心,吴起固西河之守;差强人意,广平开东汉之兴。

出处:《容斋三笔》卷八。又见《洪文敏公集》卷八。
撰者:洪迈
考校说明:编年据《通鉴续编》卷一八补。

严禁沿边州军私渡买马诏
(乾道三年七月四日)

淮东西路安抚司行下沿边州军,严切立赏禁止私渡买马人。如有违犯,具姓名申三省、枢密院,取旨重作施行。

出处:《宋会要辑稿》刑法二之一五八。

严洁宗庙诏
(乾道三年七月十一日)

近来宗庙祠祭多不严洁,令礼部、太常寺、御史台同共措置,申尚书省。其他祠祭依此。

出处:《宋会要辑稿》礼一四之九二。

责罚医官杜楫等诏
(乾道三年七月十四日)

杜楫专充皇太子医官,最先用药,无效,可除名勒停,送韶州编管。郭良可降两官,送兴国军编管。风科秦铸可降两官,送处州编管。

出处:《宋会要辑稿》职官三六之一二〇。

减免桂阳军未起发上供钱等诏
(乾道三年七月十四日)

桂阳军乾道元年未起发上供钱,并乾道三年分天申节大礼土贡及上供钱银,并以三分为率,特予减免一分。

出处:《宋会要辑稿》食货六三之二七。

郭良免编管诏
(乾道三年七月十四日)

郭良与免编管,仍追官勒停,仍且令临安府居住,听候德寿宫使唤。

出处:《宋会要辑稿》职官三六之一一二。

戚方拘收少壮堪披带人归军诏
（乾道三年七月十四日）

令戚方将少壮堪披带人拘收归军,其老弱人且令依旧,免行拣汰。

出处:《宋会要辑稿》食货六三之一四三。

取索诸路州军厢禁军见管人数闻奏诏
（乾道三年七月二十二日）

可札下兵部,取索诸路州军厢、禁军见管人数,具帐闻奏。

出处:《宋会要辑稿》职官一四之八。

创盖仓敖事诏
（乾道三年七月二十三日）

见创盖二百万硕仓敖,所有合储积米斛,候将来秋成,收籴八十七万硕,并系约度岁计支遣外,充新仓桩办之数。

出处:《宋会要辑稿》食货四〇之四五。又见《宋会要辑稿补编》第六三四页。

行在和籴场官吏籴米诏
（乾道三年七月二十三日）

今岁候秋成,委行在和籴场官吏于新置二百万石仓内籴米二十万石。所有本钱,拨省仓等处见钱、会子充;若本钱不足,以经常窠名钱内贴支。

出处:《宋会要辑稿》食货六二之一六。

庄文太子哀册文
(乾道三年闰七月二日)

　　维乾道三年,岁次丁亥,七月丙申朔,九日甲辰,庄文太子薨于东宫。粤以闰七月丁卯出厝于南山之宝林寺,礼也。羽卫宵严骖晓列些,鼓声凄行箫响喧。皇帝痛前生之撝曜,抚少海之惊澜,睇秋原兮迤逦,恸天泪兮阑干。王质俨以如在,金声锵兮未寒。爰饬儒士,扬徽笔端。其词曰:维天相民,端本敷治。有开君师,必立储贰。《书》称元良,《易》载主器。仪前比宗,拱极成位。宅心人神,蹰武邕馈。古今共循,家国攸寄。于穆世哲,挺生圣时。月角霞绚,渊庭玉蕤。一素得震,重明作离。孝敬为质,温文合规。四端扩充,三善具宜。考礼劬乐,右《书》左《诗》,有华清宫,昭受英策。鸾旂焜耀,龙衮鸟奕。玉带排方,金舆盼饬。鸡鸣问寝,□食侍侧。容无肸态,步有常则。天人应真,冠冕动。春秋鼎盛,福禄方将。云物启祲,星祅告祥。为鬼为蜮,在膏在肓。虢药改验,秦医罢方。清秋正新,白月未央。天不可信,神歼我良。呜呼哀哉!烟岫移云,涛江泻练。岿然览胜之间,好在承华之殿。至尊痛撤,思长子以如疑;太上慈怜,望太孙而不见。呜呼哀哉!丹鸟司闭,洞庭始波。冻雨凄□,西风荡摩。雁嗺嗺兮敛翮,叶槭槭兮辞柯。感节物之迁逝,念平生之歇歌。来不来兮遽如许,去复去兮将奈何!呜呼哀哉!山川假灵,龟筮协吉。威容肃以沛艾,翿卫森其削成。穿皋门以南下,遡广陌西出。哀飙惨切,乱白草以低迷;行道悲凉,眇平原之萧瑟。呜呼哀哉!城阙益远,筛箫渐希。下颓阳之靡靡,送丹旂之飞。忽光沉而响绝,空物在而人非。邈终天兮不返,疑有日兮来归。呜呼哀哉!

出处:《中兴礼书》卷二九〇。
撰者:洪迈

将江鄂州荆南军马岁用并作一科降付总领所诏
(乾道三年闰七月十二日)

　　户部将江、鄂州、荆南三处军马岁用支遣实数,并作一科降付总领所,委本所自行审度,各从便顺分拨。

出处:《宋会要辑稿》职官四一之五三。

支钱犒赏王友直军诏
（乾道三年闰七月十三日）

王友直已除镇江都统,令左藏南库支钱一万两,本军更支钱二万贯充犒赏。

出处:《宋会要辑稿》礼六二之七三。

条约监司郡守赴行在奏事诏
（乾道三年闰七月十五日）

今后监司、郡守除授讫已上殿、应赴在二年内者,与免将来奏事,候阙到,前去之任。其赴在二年之外,及在外除授未经上殿人,依已降指挥,阙到半年前,赴行在奏事讫之任。

出处:《宋会要辑稿》职官四五之二六。又见同书仪制六之二七。

刘共甫除翰林学士制
（乾道三年闰七月）

不见贾生,兹趣长沙之召;既还陆贽,宜膺内相之除。

出处:《容斋三笔》卷八。又见《洪文敏公集》卷八。
撰者:洪迈
考校说明:编年据《续宋编年资治通鉴》卷八补。"刘共甫"即刘珙。

戚方家财可劳军御笔
（乾道三年闰七月后）

戚方之家可没入其财三之二以劳军。

出处:《诚斋集》卷一一九《叶公行状》。
考校说明:编年据原书所述史事补,见《宋史》卷三四《孝宗纪》。

四川逐路帅臣监司辟差知县事诏
(乾道三年八月八日)

令四川逐路帅臣、监司审实繁难县分,保明申尚书省。如本路自今应有见阙知县,令公共辟差经任无过犯人一次,申朝廷给降付身。

出处:《宋会要辑稿》职官四八之三八。

决狱诏
(乾道三年八月二十日)

近日连雨不止,令诸路监司守令将见禁公事速行结绝,无辜干连之人并与日下疏放,少欠私债宽限理还。

出处:《宋会要辑稿》瑞异三之八。

蠲光濠等州军上供钱物诏
(乾道三年八月二十三日)

光、濠、庐州、寿春府乾道三年合发上供诸色钱物,并予全免一年。其无为军以三分为率,放免二分。

出处:《宋会要辑稿》食货六三之二八。

尚书左仆射叶颙右仆射魏杞参知政事蒋芾同知枢密院事兼权参知政事陈俊卿等上表以霖雨待罪答诏
(乾道三年八月二十三日)

秋霖为沴,实朕不德,方赖二三大臣克修庶政,以致消弭。亟览谦辞,殊非所望。卿等即安厥位,其思叶济之道。所请不允。

出处:《宋会要辑稿》瑞异三之八。

以霖雨决狱诏
(乾道三年八月二十四日)

以霖雨,差官分决滞狱,大理寺、临安府并三衙及浙东西州县见禁罪人,在内委御史台官,在外令提刑司,州委守官,县委通判,躬亲日下前去检察,决遣了绝,仍具已断放过名件申尚书省。应申奏案状,督责疾速依条施行。

出处:《宋会要辑稿》瑞异三之九。

约束人户借贷米谷不得作米钱算息诏
(乾道三年八月二十五日)

诸路州县约束人户,应今年生放借贷米谷,只备本色交还,取利不过五分,不得作米钱算息。

出处:《宋会要辑稿》食货五八之五。又见同书食货六八之六五,《宋会要辑稿补编》第五九五页。

人户被水许展限陈诉诏
(乾道三年八月二十六日)

近来连日阴雨,切虑民田有被水去处,出限陈诉不及,可行下两浙漕臣,展限半月,许令人户陈诉。

出处:《宋会要辑稿》瑞异三之九。

御膳进素诏
(乾道三年八月二十六日)

久雨未晴,令御厨今月二十六日两日御膳并进素,自二十七日以后,早、晚常膳减半进荤,九月十一日并如之。

出处:《宋会要辑稿》瑞异三之九。

禁诸军统制统领官子弟就本军任主兵差遣诏
(乾道三年八月二十六日)

诸军统制、统领官子弟不许就本军任主兵差遣。如委有材武战功,可以任事,令赴宣武司呈试两易。

出处:《宋会要辑稿》职官三二之四一。

令守臣检察江州等处大军仓库诏
(乾道三年八月三十日)

江州、荆南、襄阳府大军仓库,并听逐处守臣检察。如有违戾事件,并申总领所劾治。

出处:《宋会要辑稿》食货六二之六二。

禁兵将官交结内侍诏
(乾道三年八月)

戒兵将官交结内侍,公行苞苴。自今有违戾,必罚无赦。

出处:《宋史全文续资治通鉴》卷二四。又见《中兴两朝圣政》卷四六。

疾速差除注拟赴部注授或求望差除者诏
(乾道三年九月十五日)

访闻赴部注授或求望差除,在旅日久之人尚多,仰三省、枢密院疾速照应,依格差除,仍令吏部措置注拟,毋得留滞。

出处:《宋会要辑稿》选举二四之七。

夏氏封缙云郡夫人诏
（乾道三年九月十六日）

皇后亲姊夏氏与封缙云郡夫人，特依宫人支破诸般请给，其告进入。

出处：《宋会要辑稿》后妃二之一四。

蠲免温州经总制钱二分诏
（乾道三年九月十七日）

温州经、总制钱，乾道二年秋季至五年夏季终，以十分为率，予减二分。

出处：《宋会要辑稿》食货六三之二八。

蠲免扬州上供经总制钱等诏
（乾道三年九月二十八日）

扬州乾道三年分上供经总制、无额坊场七分宽剩钱，以三分为率，蠲免二分。

出处：《宋会要辑稿》食货六三之二八。

郊祀祭器果实务要严洁诏
（乾道三年十月一日）

郊祀祭器果实，并用香水涤濯，令都大提举主管李倬、林肇躬亲监视，务要严洁。

出处：《宋会要辑稿》礼一八之三一。

士辂恩数依居广例诏
(乾道三年十月四日)

士辂已除开府仪同三司,其生日支赐并使臣依已降指挥外,所有应干恩数请给、人从等,并依居广例施行。

出处:《宋会要辑稿》礼六二之七三。又见同书帝系二之四七。

诚约诸路监司帅守诏
(乾道三年十月十七日)

令刑部检坐累降路监司、帅守、州军等处申奏文字书填实日指挥,申严遍牒行下。日后尚敢违戾,当职官吏并重作行遣。

出处:《宋会要辑稿》职官一五之二三。

郊祀前二日朝献景灵宫圣祖天尊大帝册文
(乾道三年十月三十日)

维天佑宋,传绪万年。发祥孚休,繄我道祖。施及冲昧,绍开庆图。有崇其丘,昭享上帝。甲子昧爽,肇于灵宫。殊庭沈沈,飙御来格。锡以多祐,仍孙是承。

出处:《中兴礼书》卷三二。

增赐从驾并诸军官兵柴炭诏
(乾道三年十一月一日)

应从驾诸班直、亲从、亲事官并诸军指挥、军兵、将校等,为寒凛,令户部给赐柴炭并增三分,愿请钱者听。以后仿此。

出处:《宋会要辑稿》礼六二之七三。又见同书食货五六之五二。

郊祀前一日朝飨太庙祖宗帝后册文
（乾道三年十一月一日）

宋继古帝，诞受天丕基。延鸿溥将，孚翼我后。肆台小子，躬迪文命，燕九庙之灵，嗣无疆大历服，用能以吉月令日，奉燔瘗于郊宫。前期质明，入祼太室，多士显相，笾豆有楚。惟我多先哲王在天，来顾来灵。钦时禧祐，于万斯年以怿。

出处：《中兴礼书》卷三二。

郊祀前一日朝飨太庙分诣别庙懿节皇后册文
（乾道三年十一月一日）

上天有宝，命我龙受之，上皇遗我大宝龟。肆我否德，缵尧之服，将以明日之吉，祇见泰畤。閟宫有侐，懿妣实临之。兆蒙景福，与宋无极。

出处：《中兴礼书》卷三二。

郊祀飨昊天上帝册文
（乾道三年十一月二日）

圆穹宣精，监照下土。刚健丕覆，莫神于天。皇临中坛，秉执端綍。崇建有极，降之嘉生。肆维菲德，襄时佑命。宪于光明，寅顺帝则。大冬景至，升烟报功。肃雍以将，精意孚尽。相我有邦，尚克昭享。

出处：《中兴礼书》卷三二。

郊祀飨皇地祇册文
（乾道三年十一月二日）

神灵至德，博厚无疆，含洪敦大，持载万物。上配泰元，昭明三光。右我冲眇，获承天序。迎至之日，颂祇于坛。肫肫孔临，发祉并况。蕃厘是将，永矢无致。

出处:《中兴礼书》卷三二。

郊祀飨太祖皇帝册文
(乾道三年十一月二日)

五代八姓,昭闻于天。上帝临之,生我烈祖。肇造基绪,风□日舒。有功于民,陟配郊畤。曾孙绳绳,世迪端命。胙于凉薄,获执圭币。如天之高,莫我敢京。亘千万祀,其永承德。

出处:《中兴礼书》卷三二。

郊祀飨太宗皇帝册文
(乾道三年十一月二日)

天造草昧,艺祖开之。彼基矣,太宗培之。合四海为一,上天载之。传序九世,以及冲眇,上皇卑之。载见泰畤,并侑我二后,福禄来崇,实维曾孙笃之。

出处:《中兴礼书》卷三二。

南郊赦文
(乾道三年十一月二日)

皇天后土,监于成命之诗;艺祖太宗,昭我思文之配。天地设位而圣人成能,既扑缊纷之况;雷雨作解而君子赦过,式流汪濊之恩。

出处:《容斋三笔》卷八。又见《洪文敏公集》卷八。
撰者:洪迈
考校说明:月、日据《宋史》卷三四《孝宗纪》补。此赦文内容原书未载,《宋会要辑稿》载有部分内容,今录以备考:

旧法,初官补授及三年,并年三十到部,与免试。自近降指挥,并须铨试,方得参部。其间有年及五十以上之人,令吏部权与放就残零阙参部一次。(《宋会要辑稿》选举二四)

承直郎以下赴部注授差遣,除犯赃私罪外,其犯公罪状,以曾到刑寺,见有公案未结绝,合取旨之人,且与放行参选注授。后有特旨,即依改正。(《宋会要辑稿》选举二四)

赵士衎制
(乾道三年十一月二日后)

克羞馈祀,事其先而万国欢心;肃倡和声,行于郊而百神受职。

出处:《容斋三笔》卷八。又见《洪文敏公集》卷八。

撰者:洪迈

考校说明:编年据洪迈任两制时间、南宋郊祀时间补,见《宋史》卷三四《孝宗纪》。

南郊赦文
(乾道三年十一月三日)

门下:受命而申帝休,丕笃万方永祐;祭郊以定天位,聿崇三岁之仪。粤缵绍于庆图,书功绩于彝典。荷太上圣明之训,懋群元纯辑之仁。夙夜克勤,义问获安荣之特;神示可得,礼禀繹斋敬之存。谓号慕之诚洊修,故圜丘之祠选举。两仪并况,非合祛无以昭报本之诚;九庙肇基,非升侑无以表扬功之谊。乃拜泰元之尊于冬日之至,乃推文德之配于夏歌之陈。属雨旸之以时,暨内外之无患。曼寿阐亲闱之庆,淳风陶民域之和。祗集繁禧,益思精飨。始伸朝荐,旋饬祼将。奠邑既竣,钦柴斯设。星陈千仗之卫,岳崎重坛之陔。建玉路之太常,前戒帷宫之止;盛衮龙之法服,中严午陛之升。匏爵三进而诚意通,《云门》六变而休气洽。二后在天而昭假,百神受职而具依。祝厘咸造于明廷,归胙上承于慈宸。翠舆旋跸,阊阖先驱。遍宇县以胪欢,辑家邦而锡羡。载念监观丕显,畴载罔私。神策有增授之祥,既嘉承于景福;祠官无专乡之祷,盍敷锡于黎民!其示隆宽,式均大赉。可大赦天下。於戏!物盛多而能备礼,致禋适会于丰登;祉函蒙而常若期,布泽更恢于旷荡。咨文武忠良之位,偕远近大小之臣。协赞谋谟,交修职业。益怀勉励,永保康平。赦书日行五百里,敢以赦前事言者,以其罪罪之。

出处:《中兴礼书》卷三八。

考校说明:此赦文内容已删,《宋会要辑稿》载有所删之部分内容,今录以备考:

旧法，初官补授及三年，并年三十到部，与免试。自近降指挥，并须铨试，方得参部。其间有年及五十以上之人，令吏部权与放就残零阙参部一次。（《宋会要辑稿》选举二四）

承直郎以下赴部注授差遣，除犯赃私罪外，其犯公罪状，以曾到刑寺，见有公案未结绝，合取旨之人，且与放行参选注授。后有特旨，即依改正。（《宋会要辑稿》选举二四）

叶颙罢相制
（乾道三年十一月九日）

熙帝载而宅百揆，柄莫重于鼎臣；代天工而旷庶官，义难安于宰路。乃眷弼谐之老，比愈燮理之宜。爰即昕廷，诞扬免策。具官叶颙秉心夷易，制行简廉。恂恂无华，风采夙高于政事；刚明有守，声徽遂压于搢绅。藉其惇德而有容，谓可协恭而图任。亟縻外服，擢冠中台。岂其岁律之移，浸咈岩瞻之望。虽勉奉公之一意，式乖经国之远猷。进英俊以强本朝，罕闻引类；发德音而下明诏，方伫责成。驯干至日之和，忽骇冬雷之咎。睹禨祥之相荡，顾逊牍以屡腾。衮职已亏，舆言弗置。听解钧枢之剧，归从祠馆之游。相亦用终，我惟祗诰。於戏！理阴阳而遂万物，所叹论道之非；因灾异而劾三公，实召应天之愧。尚虔威命，毋怠省循。

出处：《宋宰辅编年录》卷一七。又见《容斋三笔》卷八，《齐东野语》卷一一。
撰者：洪迈

魏杞罢右仆射制
（乾道三年十一月九日）

朕励精思义，克己用贤。天既全付予有家，术莫先于更化；我惟无敢其康事，谊实赖于同寅。岂伊图任之良，浸爽具瞻之望。粤其定令，宣告在廷。具官魏杞经德不回，处心无兢。渊源所绍，蔚为复贯之纯才；韫椟而藏，见谓逸群之美器。自席珍而待聘，能宿道以乡方。度越彝章，超登鼎辅。既优游于廊庙，兹荏苒于岁时。陈治平之原，殆乏嘉谋嘉猷之告后；开英俊之路，或非常伯常任之准人。繄职业之徒劳，致眚灾之谪见。当雷在地中之候，骇令兴离治之祥。咎证不虚，师虞未厌。叠览告归之请，愿从策免之科。优以奉祠，听其释位。於戏！持国之柄为将相,所期熙载之功;敕天之命惟时几,敢逭动威之惧。尚全素履,以称明恩。

出处:《宋宰辅编年录》卷一七。

令台谏侍从两省官直陈时政阙失诏
(乾道三年十一月十三日)

比者盛冬之月,雷声震发,上天谴告,不虚其应,惕然警戒。深惧朕有失德,朝有阙政,民有疾苦,上奸阴阳之和。可令台谏、侍从、两省官指陈咎证,毋有所隐。

出处:《宋会要辑稿》帝系九之三三。

台谏官引对事诏
(乾道三年十一月二十三日)

今后遇阁门入进班次讫,如台谏官申牒到有本职公事,许次日具奏引对。

出处:《宋会要辑稿补编》第九一页。

令湖广总领所将印造会子铜版缴申尚书省诏
(乾道三年十一月二十三日)

令湖广总领所印造新会子,通已、未印造共三百七十万贯,将铜版依已降指挥缴申尚书省,其旧会子逐旋缴纳。

出处:《宋会要辑稿》职官四一之五四。

除放临安府属县欠赋诏
(乾道三年十一月二十七日)

临安府属县拖欠乾道元年夏秋二税、坊场课利、折帛、免丁等诸色钱三万三千余贯,人户少欠酒钱八千余贯三百,并安抚司钱六千余贯,并予除放。

出处:《宋会要辑稿》食货六三之二九。

在外待阙舍人填阙事诏
(乾道三年十一月二十八日)

在外待阙舍人依昨降指挥,曾经历任人,簿书官审量,方令填额外阙供职,其请给候有正阙拨填入舍人,方许支破。

出处:《宋会要辑稿》职官三四之八。

降三合同关子应副湖广总领所诏
(乾道三年十二月二日)

户部支降三合同关子一十万贯应副湖广总领所,量州军事力均拨收籴。其已给降茶引二十五万贯,仰本所相度。如委实变转不行,即尽数缴纳赴行在。

出处:《宋会要辑稿》食货四〇之四七。又见同书食货四一之五。

起居舍人直前奏事诏
(乾道三年十二月三日)

起居舍人洪迈令直前奏事。今后修注官遇常朝日有奏禀职事依此。

出处:《宋会要辑稿》仪制六之二七。

客人买引未曾起茶须贴纳翻引钱诏
(乾道三年十二月十二日)

将乾道二年以前请买到茶引未曾起茶,并就起茶去处贴纳翻引钱讫,批上文引,方许批发放行。

出处:《宋会要辑稿》食货三一之一八。

州县到任赏候任满日陈乞诏
（乾道三年十二月十七日）

将州县到任赏,并候任满日陈乞,依条推赏施行。仍自今降指挥日为始。

出处:《宋会要辑稿》职官一〇之八。

诸州教阅禁军定三等诏
（乾道三年十二月二十一日）

诸路训练兵官,将逐州拣中见教阅禁军内事艺最高强、身貌强壮为上等;事艺高强、身貌瘦怯为中等;余并为下等。限一月置册开具申密院。

出处:《宋史全文续资治通鉴》卷二四。又见《中兴两朝圣政》卷四六。

令诸路提举官常切点检常平义仓诏
（乾道三年十二月二十二日）

诸路提举官常切点检常平、义仓,毋致侵移,及不得虚桩数目,仍于岁终具当年所纳并通见在实数闻奏。

出处:《宋会要辑稿》食货五三之三一。又见同书食货六二之四二。

截拨泉漳等州军上供银专充抽买乳香等本钱诏
（乾道三年十二月二十三日）

令福建市舶司于泉、漳、福州、兴化军应合起赴左藏西库上供银内,不以是何窠名,截拨二十五万贯,专充抽买乳香等本钱。

出处:《宋会要辑稿补编》第六五二页。

合待报事令置簿抄上诏
(乾道三年十二月)

今后已降指挥合待报事,令诸房置簿,随日抄上,时行检举拘催。仍令左、右司勾销结押。如有违慢去处,三省开具取旨。

出处:《中兴两朝圣政》卷四六。又见《宋史全文续资治通鉴》卷二四,《宋会要辑稿》职官一之六二。
考校说明:《宋会要辑稿》职官一系于"十二月三日",接"(乾道)五年"之后,待考。

潼川神加封词
(乾道二年十月或乾道三年十二月)

驾飞龙兮灵之斿,具严涣命;驱厉鬼兮山之左,终相此邦。

出处:《容斋三笔》卷八。又见《洪文敏公集》卷八。
撰者:洪迈
考校说明:编年据《宋会要辑稿》礼二〇补。

孝宗朝卷七 乾道四年(1168)

除放福建上四州积欠盐本等钱诏
(乾道四年正月十一日)

福建上四州将绍兴三十二年以前积欠盐本等钱并行除放,其隆兴元年以后所欠,令转运司专一拘催,责限发纳。

出处:《宋会要辑稿》食货二七之二三。又见同书食货六三之二九,《宋会要辑稿补编》第七九五页。

令臣僚集议牒式冒滥等事诏
(乾道四年正月十九日)

应本贯川、广而任别路差遣,或本贯别路而任川、广差遣者,随行本宗及异姓缌麻以上亲愿应举,而无户籍,二千里外,许所在州投状勘实,申送转运司试。其武臣大小使臣以上,本贯川、广任别路,及或别路任川、广,做此外,止许牒亲子孙。知州、通判亲戚,本贯在所试州,即牒本路。若经略官、安抚、总管、钤辖、监司或发运、提举主管茶事买马、提点坑冶铸钱、制置解盐、提举市舶官亲戚,有本贯在所辖路应避者,即牒邻路。谓进纳之类碍吏部注授格法者。请解者每四十人解一人外,有零数或请解不及四十人者,亦解一人。在京职事官、文臣监察御史以上,武臣任在京职事而职事杂压在监察御史以上者,各牒门客一人,并须锁院前在逐门下及半年者,听牒本路运司试。在京职事官监察御史以上及武臣任职事官班序在监察御史以上者,并召京朝官二员委保。大功以上亲,牒待补国子解。

出处:《宋会要辑稿》选举一六之一四。

令赵撙于汉阳军修盖马监诏
(乾道四年正月二十九日)

令赵撙于汉阳军踏逐地段,修盖马监,令纲马歇泊。专委赵撙提领,以收发马监为名,仍于鄂州诸军拣汰军兵内选差五百人养喂,及于统制、统领官内选差一员提辖。所有修盖监屋、槽具、请给、草料等,令总领所应副。余合行事件,令赵撙条具申枢密院。

出处:《宋会要辑稿》兵二一之一三。

令逐路差官前去点检驿舍桥道草料等诏
(乾道四年正月二十九日)

令逐路提举纲马驿程官并逐州知、通,专委清强官,前去点检逐处驿舍、桥道、草料等,如有驿舍欹远去处,即仰添置,或有疏漏损坏,即行修整;及常切预前桩办草料在驿,不得依前灭裂。如有违戾去处,仰提举官按劾闻奏,朝廷不测差官前去点检。如提举官纵容不举,重作施行。

出处:《宋会要辑稿》兵二五之一七。

阳山龙母词
(乾道四年正月)

居然生子,乘云气以为龙;惟尔有神,时雨旸而利物。

出处:《容斋三笔》卷八。又见《洪文敏公集》卷八。
撰者:洪迈
考校说明:编年据《宋会要辑稿》礼二〇补。

罢福建路卖钞盐诏
（乾道四年二月一日）

访闻福建路建、剑、汀、邵四州军科买官盐，搔扰民户，至于无本起纲，白行敷纳，重困民力。可将本路钞盐一项尽行住罢，转运司每岁合认发盐钱二十二万贯并予蠲免，却令本司于八州军增盐钱，并将桩留五分盐本钱通融抱认七万贯，充上供起发。今后州县不得更以卖盐钞为名，依前科敷搔扰。仍令监司常切觉察。如有违戾，许民户越诉，盐司按劾，重置典宪。

出处：《宋会要辑稿》食货六三之二九。又见《中兴两朝圣政》卷四七，《宋史全文续资治通鉴》卷二五。

程迖奏与澧辰沅靖四州刀弩手田亩事答诏
（乾道四年二月四日）

内逐州刀弩手田亩如元系人户纳钱承买之数，即于一般系官田内对数摽拨。

出处：《宋会要辑稿》兵一之二七。

户部支降关子会子修盖三合营寨诏
（乾道四年二月六日）

令户部支降三合同五分优润关子三十万贯、旧会子三十万贯，付郭振充修盖营寨等使用。

出处：《宋会要辑稿》兵六之一九。

蒋芾除右仆射制
（乾道四年二月六日）

皇天眷求一德，实右序于我家；丞相助理万几，盍登崇于王佐？有若爽邦之哲，时为命世之才。肆显拜于中台，用允厘于众职。咨尔在列，服予成言。具官蒋芾笃实而疏通,高明而警敏。学足以传圣人之道,智足以决天下之疑。畚以英声,仪于要路。虑无遗策,每加造膝之言;谊不顾私,独尽匪躬之节。自赞襄于大政,益奋发于壮猷。指前事之不然,力图改作;建宏謩而特起,自诡必成。忧边思职而预备不虞,选贤与能而渐开公道。朕方相时而变化,爱日而即功。谓柱石之臣,当计安于社稷;而庙堂之任,非徒守于簿书。奉法循理者,未足以有为;善谋能断者,乃堪于大用。爰稽人望,擢秉国钧。领枢廷宥密之司,兼史笔铺张之寄。彻土田于公社,峻品秩于文阶。疏宠甚优,责成采重。於戏!朕欲役使群动,尔则谨号令之行;朕欲照临百官,尔则当赏刑之用。上爕调于元气,下绥静于生民。以能立太平之基,其克有无穷之闻。

出处:《宋宰辅编年录》卷一七。

撰者:莫济

考校说明:编年据《宋史》卷三四《孝宗纪》补。

答蒋芾辞免诏
(乾道四年二月六日后)

永惟万事之统,知非艰而行惟艰;有不二心之臣,帅以正则罔不正。练而慨然,礼应顺变,期可已矣,惧或过中。汉中天二百而兴,益隆大业;舜至孝五十而慕,独耀前征。

出处:《容斋三笔》卷八。又见《洪文敏公集》卷八。

撰者:洪迈

考校说明:编年据《宋史》卷三四《孝宗纪》补。蒋芾时为"丞相",见《容斋三笔》卷八。

令有司举贤诏
(乾道四年三月一日)

盖闻治道以得贤为首,非博采而精鉴之,贤奚由进?惟我祖宗以来,建学设科,以风厉四方之多士,取其尤贤者,置之公卿大夫之列。二百余年间,治效昭然,视汉唐有光矣。朕祗承洪业,夙夜不敢康,惟豪杰之士所在而有,常惧其逸遗也。三年宾兴,著在令典。有司其为朕选择可者,令偕计吏,升于春官,朕将进之大廷,询以言而试以事焉。布告天下,使明知朕意。

出处:《宋会要辑稿》选举一之一七。

赐枢密逐房副承旨金带服系诏
(乾道四年三月一日)

枢密院逐房副承旨见今关借金带服系趁赴朝参等,可令祗候库依条例就赐。今后转至,仍依此取旨给赐。

出处:《宋会要辑稿》礼六二之七一。又见同书食货五二之三六。

拨赐嗣濮王士辖屋宇事诏
(乾道四年三月十三日)

礼物局如将来空闲,令临安府将上件屋宇同嗣濮王见住宅子一并拨赐嗣濮王士辖永远居住,仍与量行修葺。

出处:《宋会要辑稿》礼六二之七四。又见同书帝系二之四七。

诸仓支诸军月粮口食不得抑勒籴买诏
(乾道四年三月十七日)

诸仓支诸军月粮口食,抑勒坐仓低价籴买,及将军人与在外籴米人非法断罪,追理赏钱,深属不便。令户部出榜晓示,自今后诸军支月粮口食米,并令从便,不得依前抑勒籴买。

出处:《宋会要辑稿》食货六二之一六。又见同书食货五四之九、食货六二之六二。

御厨逃走工匠库院子事诏
(乾道四年三月二十日)

膳部将御厨逃走工匠、库院子等并往他处,割移名粮。应逃走之人,不以已未出违年限,并违百日内许令出首,特与免罪,仍旧收管一次。合得诸般请给,从本厨关报粮审院,不候省寺经由先次放行。如续次会问有不该钱物,依条回克入官。

出处:《宋会要辑稿》职官一三之四四。

封台州城隍为显祐通应灵惠昭贶侯敕
(乾道四年三月二十日)

敕:台州镇安庙显祐通应灵惠侯神生有奇质,没为贵神。至今台岭之人,想见玉溪之迹。与母偕隐,既著一时之令名;于民有功,宜膺千载之命祀。兹跻登于显号,以慰答于舆言。服我明恩,振于灵施。可特封显祐通应灵惠昭贶侯。

出处:《赤城集》卷一一。又见《赤城志》卷二五。
考校说明:原文后有:"奉敕如右,牒到奉行。乾道四年三月二十日下。尚书右仆射、同中书门下平章事葆、参知政事俊卿、中书舍人迈。"

举贤良方正能直言极谏诏
(乾道四年三月二十三日)

盖闻自汉以来,众建科目,网罗天下之士,而贤良文学实为之首。本朝袭其制,增重选,元臣硕辅繇此涂进,十五六焉。太上皇思得其人,屡下明诏于四方。朕率而行之,曾未闻褎然为时而出者。尝与议臣深求其故,以谓学有原本则不贵太泛,故略注疏之命题;身在幽隐则无繇自达,故许监司守臣之劝驾。抱负器业者,庶几不壅于上闻矣。适兹大比,肆命执事博问旁招,有能应朕所,将延纳而尊显之。今岁科场,其令尚书、两省、谏议大夫以上、御史中丞、学士、待制各举贤良方正能直言极谏一人,仍许监司守臣解送,具词业缴进以闻。布告中外,体朕意焉。

出处:《宋会要辑稿》选举一一之二八。

令茶马司选差军兵管押三衙并江上诸军纲马诏
（乾道四年四月六日）

令茶马司将所起三衙并江上诸军纲马，先于左胯上各随逐司并驻札诸军字号，用火印讫，仍选差有心力人及能养马军兵，管押赴收发马监交割。其荆南、鄂州所得马，更不入监，径押赴逐军交割。如茶马司依前灭裂，所差官兵不当，却致倒毙，重作施行。

出处:《宋会要辑稿》兵二五之一九。

福建江东赈粜诏
（乾道四年四月十一日）

逐路提举常平官疾速措置津发见桩米斛，分委州县清强官广行赈粜，或劝谕积谷之家接续出粜，不得因而抑勒搔扰。诸路依此。

出处:《宋会要辑稿》食货六八之六五。又见同书食货五八之五、食货五九之四四。

禁商旅贩牛过淮诏
（乾道四年四月二十八日）

敕:商旅贩牛过淮，并知情、引领、停藏、负载之人，并透漏去处，赏罚并依鳔胶过淮已得指挥施行。

出处:《庆元条法事类》卷二九。

赐史大观文以新蜀帅改越辞免诏
(乾道四年四月后)

王阳为孝子,敢烦益部之行;庄助留侍中,姑奉会稽之计。

出处:《容斋三笔》卷八。又见《洪文敏公集》卷八。
撰者:洪迈
考校说明:编年据"史大观文"(史浩)宦历补,见《嘉泰会稽志》卷二。

季光弼循两资制
(乾道四年五月一日)

上书公车,日以百计。高则近迂,卑则涉谄。至于出入经史,动含讽谏,览尔奏篇,朕甚嘉之。进官一列,不独尔私,庶闻其风,亦克用劝。

出处:《攻媿集》卷一〇〇《季君墓志铭》。
考校说明:原书前文曰:"皇帝即位之六年五月壬戌,有旨:'季光弼所献文字有补治道,可与循两资。'"

措置行使会子事诏
(乾道四年五月五日)

敕:措置下项:一、诸路州县不得于会子内添用印指定行使去处。如违,许人告。一、行使会子不得邀阻减克。如有违戾,许诸色人于所在陈告,每名追赏钱五十贯,犯人从重断罪追赏。

出处:《庆元条法事类》卷八〇。

客旅等将带会子经过场务不得收纳税钱诏
(乾道四年五月五日)

敕:客旅与诸色人将带会子经过场务,不得收纳税钱,亦不得别作名目骚扰。

如违,许客旅越诉。

出处:《庆元条法事类》卷三六。

起解官钱等以会子见钱对半送纳诏
(乾道四年五月五日)

敕:诸路监司、州县守处起解官钱,及人户应干输纳税赋,并诸色人、僧道合纳诸色官钱,以会子、见钱对半送纳。其会子并免收水脚糜费、工墨钱,及不得巧作名目抑令别纳官钱。其间有些小损动不碍贯百字号,亦仰交收,不得非理邀阻。

出处:《庆元条法事类》卷四七。

民间举质等行使会子事诏
(乾道四年五月五日)

敕:民间举质及还欠负钱,其会子正行使用,不得减退百数。

出处:《庆元条法事类》卷八〇。

王瀹降官词
(乾道四年五月十一日)

牺象不设,已废司彝之供;饩羊空存,殊乖告朔之礼。

出处:《容斋三笔》卷八。又见《洪文敏公集》卷八。
撰者:洪迈
考校说明:编年据《宋会要辑稿》职官七一补。

诸路点检常平义仓以实数申尚书省诏
(乾道四年五月十四日)

诸路提举常平官,每岁春季巡历逐州点检常平义仓米,要见实数申尚书省。不得仍前虚桩,有误指准。

出处:《宋会要辑稿》职官四三之三六。又见同书食货五三之三一。

令军器所将造铁甲去处减半诏
(乾道四年五月二十一日)

军器所:为天气炎热,将造铁甲去处并权减半数目,候八月一日依旧。

出处:《宋会要辑稿》职官一六之一八。

赵忠简谥制
(乾道四年五月二十三日后)

见夷吾于江左,共知晋室之何忧;还德裕于崖州,岂待令狐之复梦。

出处:《容斋三笔》卷八。又见《洪文敏公集》卷八。
撰者:洪迈
考校说明:编年据《宋会要辑稿》礼五八补。"赵忠简"即赵鼎。

放免滁州未起经总制钱诏
(乾道四年五月二十四日)

滁州乾道三年未起经、总制钱二千九百余贯,特予放免。

出处:《宋会要辑稿》食货六三之二九。

梁介除直秘阁利州路转运判官诏
（乾道四年五月二十四日）

　　知彭州梁介自到任,讲究农田水利,经画修筑本州九陇等三县十余堰,灌溉民田,固护水势,委是利便。可除直秘阁、利州路转运判官,填见缺。

出处:《宋会要辑稿》食货六一之一一八。

辟差二广州军守臣诏
（乾道四年五月二十六日）

　　令诸路监司、帅臣依吏部破格外,于见任、得替、待阙、寄居官初任通判及第二任知县资序人内选辟,申朝廷给降付身。

出处:《宋会要辑稿》职官四七之三五。

周必大辞免翰林学士不允诏
（淳熙四年五月二十八日后）

　　敕某:省所奏辞免除翰林学士恩命事,具悉。朕惟禁林凤号真清,学士尤为妙选。盖命令之发,将以鼓天下之动;而播告之修,于以见王者之心。非高其才者,曷擅斯长?非裕于学者,曷胜兹任?卿斧藻其德,圭璋乎文。翰墨旧游,尝屡参于润色;典册大笔,仍多自于裁成。灏噩镕冶乎诰盘,温厚轇轹乎汉魏。倚金华而上白玉,久勤寓直之劳;遡太清而凌紫霄,爰即为真之拜。除音一下,佥论允谐。宜亟体于眷怀,胡尚形于巽避。所辞宜不允。故兹诏示,想宜知悉。

出处:《文忠集》卷一二三,四库全书本。
撰者:程叔达
考校说明:编年据周必大官历补,见周纶《周益国文忠公年谱》。

诸路州军起发钱物赏罚诏
（乾道四年五月二十九日）

诸路总领所今后于岁终将所管州军合发钱物十分为率,若拖欠及二分,知、通各展二年磨勘;或欠数太多,取旨。如了办数足,各与减二年磨勘。

出处:《宋会要辑稿》职官四七之三五。

措置江东人户典卖田宅物业违限不行税契诏
（乾道四年五月）

就委周嗣武、张孝贲前去江东路州军措置人户典卖田宅物业违限不行税契,各自今降指挥到日,与展限一月投税,另项拘收,发纳左藏南库桩管。所有州县解发钱推赏,并依卖田钱格法施行。

出处:《宋会要辑稿》食货三五之一八。又见同书食货七〇之一五二。
考校说明:原书"四年"后有眉批曰:"疑有误。"

汪观文复官制
（乾道二年十月至乾道四年六月间）

作雷雨之解而宥罪,在法当原;如日月之食而及更,于明何损?

出处:《容斋三笔》卷八。又见《洪文敏公集》卷八。
撰者:洪迈
考校说明:编年据洪迈任两制时间、"汪观文"(汪澈)官历补,见《宋会要辑稿》职官七一、周必大《省斋文稿》卷三〇《汪公澈神道碑》。

广西盐课令本路转运司管认出卖诏
（乾道四年六月四日）

广西钞盐旧系本路转运司出卖,自乾道元年因曾运申请,并归广东,走失盐课,民受困弊。今已别行措置。自今后广西盐课令本路转运司自管认出卖,广东提举司更不干预。

出处:《宋会要辑稿》食货二七之二三。又见《宋会要辑稿补编》第七九五页。

广西盐钱拨还转运司诏
(乾道四年六月四日)

广西盐钱今后更不给印,依旧拨还转运司,均与诸州官般官卖,仍旧令本司管认息钱,认发二十一万贯。内将三万贯给靖州,八万贯充经略司买马,余十万贯拨充鄂州,应副大军支遣。其本路见拖下未曾卖盐钞,仰本司拘收,缴赴行在送纳。

出处:《宋会要辑稿》食货二七之二四。又见《宋会要辑稿补编》第七九五页。

赈济建宁府等州军诏
(乾道四年六月四日)

建宁府、衢州、袁州、建昌军米价翔踊,人民阙食,并出常平米赈济之。

出处:《宋会要辑稿》食货五八之五。又见同书食货六八之六五。

诸路州军依实具申水旱诏
(乾道四年六月四日后)

诸路转运司行下所管州军,今后水旱,须管依实具申尚书省,仍令转运司具状保明申奏。或州军隐蔽不申,监司自合一面体访闻奏。如或不尽不实,朝廷访闻,并当重置典宪。

出处:《宋会要辑稿》食货六八之一二七。又见同书食货五九之四四。

令诸路州县拘催收桩义仓米诏
(乾道四年六月七日)

诸路提举常平官督责所部州县,候秋成日,须管将人户合纳义仓米数依条限拘催,尽实收桩。仍以见管钱依时收籴米斛,如法桩管,不得违戾。及依已降指挥,每岁春季躬历所部州县,盘量见在米斛,具数闻奏。

出处:《宋会要辑稿》食货五三之三一。又见同书职官四三之三六、食货六二之四三。

除免州县拖欠税赋诏
(乾道四年六月八日)

诸路州县乾道元年、二年人户各有拖欠畸零夏税、和买折帛、折麦、折盐、茶租、养士白地、职田、僧道免丁钱物,缘官司催理失时,遂致积年拖欠,贫民下户艰于输纳,州县追扰,重困民力,理宜优恤。可令户部日下并予除免。

出处:《宋会要辑稿》食货六三之二九。

每岁疏决系囚事诏
(乾道四年六月八日)

自今每岁疏决,依祖宗典故,预行差官前去御史台、大理寺、临安府、殿前马步军司编叙系囚,定其罪目,申尚书省进呈。

出处:《宋会要辑稿》刑法五之一四。

免邛蜀州今年夏税一料诏
(乾道四年六月十四日)

邛、蜀州予免今年夏税一料。如已送纳在官,理充来年合纳之数。其场店户额官课,予蠲免一半。

出处:《宋会要辑稿》食货六三之二九。

傅忠信转官回授诏
(乾道四年六月十五日)

故履正大夫、安德军承宣使傅忠信,于绍兴三十二年三月德顺军与金人见阵立功,得转一官,缘碍止法,于元降推恩指挥合行回授。日后更有似此生前见阵立功已得旨转官许回授之人,亦依此施行。

出处:《宋会要辑稿》兵一九之一八。

日轮侍从官前去明庆寺烧香祈雨诏
(乾道四年六月十七日)

近日雨泽稍愆,临安府已迎请上天竺灵感观音,就明庆寺祈祷。令日轮侍从官一员前去烧香。

出处:《宋会要辑稿》瑞异二之二三。

祈雨诏
(乾道四年六月十七日)

应临安府界载在祀典及名山大川神祠龙洞,在内分差侍从、在外委所属县知县亲诣祈雨。合用香令入内内侍省请降。仍令本府具合祈祷处,日下申尚书省。

出处:《宋会要辑稿》礼一八之二〇。
考校说明:"乾道"原作"隆兴"。按隆兴无四年,原书此条前后有云"宰臣陈俊卿""宰臣蒋芾",可知"隆兴"当是"乾道"之误。

除放临安府诸县乾道二年苗米等钱诏
(乾道四年六月十八日)

临安府诸县乾道二年苗米、坊场、课利、镭引等钱二万一千贯有畸,并予除放。

出处:《宋会要辑稿》食货六三之二九。

除放诸路酒税欠折等诏
(乾道四年六月十八日)

诸路州县酒税欠折、坊场废坏、纲运沉失、仓库漏底,注在簿籍,委非侵盗;并四川民户拖欠布估水脚钱,已放至隆兴二年终,切虑以后年分亦有积欠之数,官司见行追理,无所从出。今将乾道元年、二年拖欠之数特予除放。

出处:《宋会要辑稿》食货六三之二九。

令监司按举守臣罪状诏
(乾道四年六月二十六日)

今后守臣有罪状显著或职事不举,而监司不即按劾,却因他事发觉,三省具姓名取旨。守臣不按知县,亦如之。

出处:《宋会要辑稿》职官四五之二六。又见《中兴两朝圣政》卷四七,《宋史全文续资治通鉴》卷二五。

赈济襄阳府饥民诏
(乾道四年六月二十六日)

襄阳府水旱,民饥,令本府寄桩大军米内支降二万石赈济之。

出处:《宋会要辑稿》食货六八之六五。又见同书食货五八之五。

禁 屠 诏
(乾道四年六月二十七日)

雨泽稍多,令临安府止屠宰三日,及鸡、鸭、鱼、虾应生命之属,并行禁断。

出处:《宋会要辑稿》礼一八之二一。

考校说明:"乾道"原作"隆兴"。按隆兴无四年,原书此条之前的六月十二日条、六月十八日条有云"宰臣陈俊卿""宰臣蒋芾",可知"隆兴"乃"乾道"之误。

制造御前军器所拨属步军司诏
(乾道四年六月二十九日)

制造御前军器所可拨属步军司,令主管步军司公事提点。所有监造官以二员为额受给,监门官以一员为额受给,场专副以二人为额,余官吏并罢。

出处:《宋会要辑稿》职官一六之一八。

沈介帅潭制
(乾道四年六月)

夙夜浚明,入则宣其三德;文武是宪,出则揉此万邦。

出处:《黄氏日钞》卷六七。又见《范成大佚著辑存》第九四页。

撰者:范成大

考校说明:月份据《宋史翼》卷一二《沈介传》补。范成大时为知处州,此文作者或非范成大。

临轩决遣系囚诏
(乾道四年七月前)

疏决并为文具,令有司具祖宗典故,朕当亲阅。

出处:《中兴两朝圣政》卷四七。又见《宋史全文续资治通鉴》卷二五。

诸州知通推赏事诏
(乾道四年七月五日)

诸路提刑司,今后诸州知、通拘收无额钱物,候任满日,别无拖欠上供诸色窠名钱数及经、总制钱,本考内亦无亏额,方许陈乞依格推赏。仍自今降指挥为始。

出处:《宋会要辑稿》食货六四之五六。又见同书食货三五之四一。

诸州将见管常平义仓钱米具实数申尚书省诏
(乾道四年七月十二日)

诸州知、通候今降指挥到,限五日将本州截日见管常平、义仓钱米具实数申尚书省。提举官日下遍诣所部,盘量常平义仓米斛,所至具实数即时关申。如州军元申数内却有虚桩,将当职官吏重置典宪,提举官徇情隐庇,亦当一例黜责。

出处:《宋会要辑稿》职官四三之三六。又见同书食货五之三二。

令王权等措置荒草地牧养御马诏
(乾道四年七月十六日)

差左骁卫上将军王权往淮西,与淮南路计度转运副使沈夏、权发遣和州胡昉同措置不系民田荒坡水草地,牧养御前驹马。

出处:《宋会要辑稿》职官三二之五三。又见同书兵二一之三三,《宋会要辑稿补编》第四一三页、第四一八页。

制作御前军器所拨属步军司诏
(乾道四年七月十六日)

制作御前军器所可拨属步军司,令主步军司公事王逵令"兼提点制作御前军器所"入衔,遇申发本所文字,依旧用提点制造御前军器所印。

出处:《宋会要辑稿》职官一六之一八。

淮西转运司将相视到牧马监地段标界诏
(乾道四年七月十六日后)

令淮西转运司将相视到条段尽行从实打量,标立界至,内民田估价承买,并拨与御前马院;仍令所属州县照管,勿令侵占,不得因事苛扰。

出处:《宋会要辑稿》兵二一之三四。又见《宋会要辑稿补编》第四一八页。

推恩安恭皇后家诏
(乾道四年七月十九日)

持服夏执中已除容州观察使,告命依韦讯等例赐。所有执中元带见请职钱、新例请给、人从等自授告命日,令所属照见请条例批请。安恭皇后宅并家庙影堂等处屋宇,令两浙转运司每季检计损动去处,如法修整。看管家庙影堂宣借人并潜火、军兵等,并与分擘逐人身分、诸般请受,随本宅干办官等一例批勘。

出处:《宋会要辑稿》后妃二之一四。

选官遍诣灾伤州军尽实检放诏
(乾道四年七月二十五日)

诸路转运司行下所属州县,将灾伤去处各选委清强官遍诣地头,尽实检放。或不实不尽,有亏公私,被差官并所差不当官司并重作行遣。其被水至甚去处,令监司、守臣条具合措置存恤事件闻奏。

出处:《宋会要辑稿》食货六一之七七。又见《中兴两朝圣政》卷四七,《宋史全文续资治通鉴》卷二五。

差官编叙系囚定其罪目诏
（乾道四年七月二十七日）

阴雨未晴,窃虑刑狱淹延,有奸和气。御史台、大理寺差梁克家、张说,临安府、殿前马步军司差陈弥作、康澍,编叙系囚,定其罪目,申尚书省取旨,点定名件,择日引见,临轩审问,决遣罪人。

出处:《宋会要辑稿》刑法五之一四。

差决遣罪人编排引见官诏
（乾道四年七月二十八日）

临轩虑问、决遣罪人、编排引见官差汪大猷、张说、周淙、宋直温。其日俟进食,后殿特坐引呈,并依疏失罪人体例施行。

出处:《宋会要辑稿》刑法五之一四。

责罚李庚等诏
（乾道四年七月二十九日）

李庚特降两官放罢,赵师严、李桐各降两官,今后更不得与堂除差遣。

出处:《宋会要辑稿》食货五三之三二。

奖谕临安府狱空诏
（乾道四年七月）

朕哀矜庶民不若于训,以速戾于厥躬。既抵岸狱,或久系不决。肆御便殿,用丕蔽于要囚。尔典时狱事,克钦承于朕志,明听两辞,惟察惟法,俾四方之多罪,罔有留狱。升闻朕听,朕惟宠嘉之。呜呼,用刑斯无难,惟措刑而不用是惟艰哉! 尔弼朕教,尚忱念于兹。

出处:《咸淳临安志》卷六。

诸路常平司见卖户绝没官田产等住卖诏
(乾道四年八月三日)

诸路常平司见卖户绝没官田产,及诸州未卖营田,并日下住卖,依旧拘收租课。其人户承买而违限纳价不足者,所纳钱依条没官。

出处:《宋会要辑稿》食货六一之三一。

归正官升陟事诏
(乾道四年八月六日)

敕:归正官许到部注厘务差遣。如在任有才业可称者,改官职,令状许诸路监司、帅守依公荐举。其荐举武臣升陟准此。

出处:《庆元条法事类》卷一四。又见同书同卷。

刘珙除端明殿学士知隆兴府制
(乾道四年八月十二日)

委以连城,见牧人御众之略;陪于大政,有同寅协恭之风。明谟虽赖于赞襄,远服正深于忧顾。

出处:《宋会要辑稿》职官七八之五一。

令沿边州军严禁私渡诏
(乾道四年八月十四日)

沿边州军常切遵守,仍钤束县令、巡尉严行关防。若有透漏,致它处官司捕获,其当职地分官并取旨行遣。

出处:《宋会要辑稿》刑法二之一五八。

臣僚及诸处官司直得旨依条申朝廷奏审诏
(乾道四年八月十六日)

今后臣僚及诸处官司如直得旨,并仰依条申朝廷奏审。内承受金字牌御笔处分,先次施行讫,具事因申三省、枢密院。

出处:《宋会要辑稿》职官一之六一。

惩无赖健讼者妄自毁伤诏
(乾道四年八月十六日)

今后如有似此等人,先依条断罪,将所诉事更不受理。

出处:《宋会要辑稿》刑法三之三三。

按发放罢止系公罪人令户部放行注授诏
(乾道四年八月十七日)

吏部将应监司、郡守按发放罢止系公罪之人,今后到部,止与放行注授。

出处:《宋会要辑稿》职官八之三三。又见《宋会要辑稿补编》第五二九页。

两浙置场收籴诏
(乾道四年八月十八日)

两浙转运司于浙西州军丰熟去处共籴米四十万硕,从本司元委逐州官置场,依市价收籴,并限十一月终数足。每籴及五万硕,所委官与减二年磨勘。即不得因科扰。

出处:《宋会要辑稿》食货四〇之四八。

差官根刷州县借支常平雇役钱诏
（乾道四年八月十八日）

诸路提举司差官根刷应诸司吏人所借常平、雇役钱在五年内者,尽行追纳。自后州县敢擅借支者,依条按劾以闻。

出处:《宋会要辑稿》职官四三之三六。

赐周淙奖谕临安府狱空诏
（乾道四年八月二十二日）

畿方千里,是为众大之居;俗具五民,盖有奇邪之习。趋利者率多于巧伪,忘身者公肆于敚攘。自昔有闻,于今未泯。卿中和乐职,不事刑威,方略禁奸,尤知政要。桁杨罕用,狴犴一空。载览敷陈,不忘嘉叹。

出处:《咸淳临安志》卷四○。
考校说明:原书标题后注曰"乾道四年九月",据原书所载周淙后记改。

有家累官兵亡殁支请给一月诏
（乾道四年八月二十六日）

今后江上诸军有家累官兵遇有亡殁之人,令三总领所并与支请给一月,仍札下逐军照会。

出处:《宋会要辑稿》礼六二之七九。

将拘收本钱均拨于江西丰熟州军措置收籴诏
（乾道四年九月二日）

江西转运司依隆兴府所申,据前项所籴米一十五万硕拘收本钱,均拨于本路丰熟州军,专委守臣措置收籴。

出处:《宋会要辑稿》食货四〇之四八。又见同书食货四一之六。

义乌县放散柜户牙人任其买卖诏
(乾道四年九月五日)

婺州义乌县放散柜户、牙人,任其买卖,依条收税,不得于离县五里外巡阑,抑勒村民。仍下诸处州县,不得私置税场,邀阻客旅。令所在帅宪常切觉察。

出处:《宋会要辑稿》食货一八之四。又见《宋会要辑稿补编》第六八四页。

马军司差拨官兵前去和州使唤诏
(乾道四年九月十六日)

马军司差拨官兵一千人,前去和州烧造砖灰等使唤,每及一季,差人交替。

出处:《宋会要辑稿》兵五之二三。

除四川诸州拖欠诏
(乾道四年九月二十七日)

四川诸州拖欠绍兴三十一年至隆兴二年赡军诸色窠名物钱,并退回短少估剥亏分之数,及仓库漏底折欠等钱八项,并行除放。

出处:《宋会要辑稿》食货六三之三〇。

四川酒务推赏诏
(乾道四年九月)

四川酒务,十万贯以上场务酒官任满,与减四年磨勘。谓如在任三年,依额趁收,共及三十万贯文以上之类。下准此。五万贯以上场务,任满,与减三年磨勘。三万贯以上场务,任满,与减二年磨勘,更与占射差遣一次。不满三万贯场务,任满,减二年磨勘。以上选人比类施行,并以三年为任。若满三年,即推全赏。成资替者,减三分之一推赏。兼监官知县并本州知通,比正监官减半赏罚。

其已废罢官监,将酒务专委知县拘催官钱去处,任满催发,应干钱足,依正监官减半推赏。如管两务以上,即并逐务酒额钱作一等推赏。诸州傍郭知县更有在州酒务不系罢监官去处,其所得兼监官,减半推赏,两应得者,从一高等推赏。

出处:《宋会要辑稿》食货二一之七。

蠲和州今年上供等诸色钱物诏
(乾道四年十月十三日)

和州今年合发未起一分上供等诸色钱物,并予蠲放。

出处:《宋会要辑稿》食货六三之三〇。

陈俊卿右仆射制
(乾道四年十月十三日)

得贤而立邦基,允谓保民之要;宅揆而熙帝载,莫如选众之公。乃眷大儒,时惟旧德。肆延登于次辅,用光启于丕图。诞敷显册之言,播告路朝之士。具官陈俊卿宏深而简远,敦厚而纯明。学通六艺之文,识照万微之会。久周旋于中外,益奋发于材猷。更治民以考功,屡服蕃宣之寄;图任人而共政,具昭翼亮之忠。特立宏謩,不趋小利。休休容善,曾无媢忌之心;蹇蹇匪躬,克有坚刚之节。朕方讲明王道,建置相臣。谓举偏补弊者,要在必为;应变守文者,固当并命。是用升鼎席辨章之任,兼枢庭宥密之私。总史籍以提纲,胙公圭而启宇。衰加异数,昭示至恩。於戏! 相须成体者,君臣之情;罔不同心者,丞弼之义。以萧、曹之规随而率天下,以房、杜之谋断而惬远猷。能求配于古人,乃有辞于永世。

出处:《宋宰辅编年录》卷一七。

幸滩上阅军从驾事诏
(乾道四年十月十四日)

今月十六日进早膳毕,车驾幸滩上抽择诸军人马按教,宰执、管军、知阁、御带、环卫官自祥曦殿戎服起居从驾,余并免。从逐幕次赐酒食,俟进晚膳毕,免奏万福并免赐茶,从驾还内。应府城内外沿路逐幕次,并免迎驾起居,并免奏万福。如值雨,从驾臣僚并仪卫等,并许张雨具。

出处:《宋会要辑稿》礼九之一四。

淮东州军酒坊召人酬价开酤诏
(乾道四年十月十八日)

淮东州军有败阙停闭酒坊,出榜限一月召人酬价,不以及与不及元额,但拆封日取酬价最高人给付。权以一年为界,每界增钱一分接续开酤,仍令勒邻坊抱认名课。

出处:《宋会要辑稿》食货二一之七。

两淮教阅义兵诏
(乾道四年十一月四日)

令两淮守臣以户口多寡,于三丁取其强壮者一名,籍为义兵,于农隙教阅。自十月为头,正月终放散。每人日支破钱一百文,米二升;总首日支钱二百文,米三升。合用钱米,于合发赴户部窠名内取拨一半,诸州军于系省钱米内自认一半应副支遣。

出处:《宋会要辑稿》兵一之二七。

宋邦达起复制
(乾道四年十一月四日)

礼有之:三年之丧,金革之事无辟也。尔职在戎行,乃以不幸,遭罹家难。稽于古训,命尔往复故官。夫人道莫大于忠孝,尔于养亲者已无及,则于许国者可不勉欤!

出处:《宋会要辑稿》职官七七之二一。

殿前司差拨官兵起发前去扬州诏
（乾道四年十一月五日）

殿前司差拨兵将官统押官兵三千人先次起发前去扬州,权听王任节制。

出处:《宋会要辑稿》兵九之一八。

修盖郢州出戍军马合用寨屋诏
（乾道四年十一月六日）

荆南、郢州出戍军马家小,并津发前去就粮屯驻。合用寨屋,令湖北转运司于荆南大军营寨相近踏逐系官空闲地段,疾速措置修盖。合用钱物,于本司应管官钱内支给。

出处:《宋会要辑稿》兵六之二〇。

徐子寅措置淮南官田利害诏
（乾道四年十一月八日）

差知无为军徐子寅前去淮南措置官田利害,仍以"措置官田所"为名。徐子寅每月添支特给钱七十贯,于所在批支。

出处:《宋会要辑稿》食货六三之一四四。

选人任岳庙不理考第诏
（乾道四年十一月九日）

今后选人任岳庙者,悉不理考第,吏部立为定格。

出处:《宋会要辑稿》职官五四之三七。

减婺州兰溪酒坊所认净利钱诏
（乾道四年十一月十日）

婺州兰溪酒坊所认净利钱二万贯，量减三千贯，自乾道四年为始。

出处：《宋会要辑稿》食货二一之八。

护圣步军差出扬州更戍兵马诏
（乾道四年十一月十四日）

护圣步军差出扬州更戍三千人，令今月十五日、二十五日、十二月五日分作三次起发。

出处：《宋会要辑稿》兵九之一八。

骑御马直将校军兵放行时服事诏
（乾道四年十一月十四日）

骑御马直将校军兵自被差到直等及二十年之人，令户部放行全分时服。

出处：《宋会要辑稿》职官三二之五三。又见《宋会要辑稿补编》第四一三页。

罢御前南荡孳生马监诏
（乾道四年十一月十九日）

御前南荡孳生马监可罢，见管马数令承旨司审验火印，拨付殿前、步军司，其所占地段，令转运司拘收，行下所属依条召人请佃。内有侵占民地，仰照验的确契据分明，即行给还。

出处：《宋会要辑稿》职官三二之五三。

除放诸路州军未补发米斛诏
（乾道四年十一月二十一日）

诸路州军将乾道二年十二月以前应未补发米斛，并特予除放。

出处：《宋会要辑稿》食货六三之三〇。

时俊特脱军职诏
（乾道四年十一月二十二日）

时俊不候总领所审验，私行收刺效用，显属专擅。可特落军职。

出处：《宋会要辑稿》职官三二之四二。

殿前司等差往扬州看守城壁官兵一年一替诏
（乾道四年十一月二十六日）

今后殿前司、镇江都统司差往扬州看守城壁官兵，并一年一替。

出处：《宋会要辑稿》兵五之二四。

户部措置支给三总领官兵春冬衣诏
（乾道四年十一月二十七日）

三总领合支官兵春冬衣，令户部措置。今后并前期支降，依行在官兵条限时日支给，不得依前迟延过时。

出处：《宋会要辑稿》食货五一之四六。又见同书职官四一之五五。
考校说明：《宋会要辑稿》职官四一系于乾道四年十一月十七日。

资政殿大学士知宁国军府事钱端礼奏到任已旬月年逾耳顺乞复令奉祠退就闲馆不允诏
（乾道四年十一月后）

　　卿世济忠孝，地兼亲贤。入参政机，盖实行于相事；出布德意，亦自昔之名藩。系民具瞻，与国同体。宜尽股肱之义，益图屏翰之勋。而乃洊贡封章，力求暇佚。矧美成在久，岂旬月之足言；而克壮其猷，正耆贤之是赖。勉安尔位，毋复他辞。所请宜不允。

出处：《文定集》卷八。
撰者：汪应辰
考校说明：编年据汪应辰任两制时间、《攻媿集》卷九二《钱公行状》补。

捧日天武四厢都指挥使安远军承宣使吴拱辞免除兼知兴元军府事充利州路安抚使恩命不允诏
（乾道四年十一月后）

　　朕惟乃父，尽力百战，以保卫全蜀，蜀人德之，如甘棠思召公也。尔又能服父训不违，公忠洁廉，是以士尤乐为之用。乃者即其驻军之地，付以牧守之重，从民之欲，因势之便，用财之宜，庶几建一官而三物成焉。往其钦哉，毋替朕命。所请宜不允。

出处：《文定集》卷八。又见《新安文献志》卷二。
撰者：汪应辰
考校说明：编年据汪应辰任两制时间、吴拱官历补，见《宋史》卷一七三《食货志》。

差编修国朝会要官诏
（乾道四年十二月三日）

　　国史院日历所都大提举诸司李焯，差兼编修国朝会要都大提举诸司；国史院日历所承受李嶸，差兼编修国朝会要承受；国史院日历所主管诸司王允修，差兼编修国朝会要主管诸司。

出处:《宋会要辑稿》职官一八之三二。

除放英韶二州批请过钱米诏
（乾道四年十二月五日）

英州因收捕赣贼,批请过钱二百七十贯一百文、米一百二石一斗二升,韶州米一千一百四十九石九升,料四百一十一石一斗八升,特予除放。

出处:《宋会要辑稿》食货六三之三〇。

夔州路转运司奏上供钱物侵移借兑欺隐科罪事答诏
（乾道四年十二月十四日）

如有违戾,即将管吏依非法擅赋敛敕条以违制论,依律徒二年科罪。

出处:《宋会要辑稿》食货六四之五七。

减两浙江东西路明年夏税和市之半诏
（乾道四年十二月十七日）

两浙、江东西路乾道五年夏税、和买折帛钱,并权予减半输纳一年。如州县辄敢过数取民一文以上,许人诣检鼓院进状陈诉,官吏当重置典宪。

出处:《宋会要辑稿》食货六三之三〇。又见同书食货七〇之六一。

蒋芾辞免依典故给月俸之半差破随行
干办使臣等恩命不允诏
（乾道四年十二月二十三日后）

卿恳避上宰,愿持亲丧,念难夺于至情,已特从于勤请。若乃续廪库之奉稍,给户庭之使令,非独示宠异之优,亦以严等杀之辨。载在典故,合于事宜。虽卿素怀损挹之诚,不累于物;矧今方在闵艰之际,岂顾其私! 然此恩章,盖存国体,勉承眷意,毋复固辞。所请宜不允。

出处:《文定集》卷八。

撰者:汪应辰

考校说明:编年据蒋芾宦历补,见《宋史》卷三四《孝宗纪》。

蒋芾再辞免依典故给月俸之半并依格法
指挥差破随行使臣等恩命依所乞诏
(乾道四年十二月二十三日后)

卿富经济之业,冠弼谐之司。虽予宁三年,盖无贰事,而式是百辟,宜有优恩。既考典章,始颁诏旨。乃勤累奏,必欲终辞,重贽素怀,勉从来谂。惟眷注之良厚,尤叹嘉之靡忘。所请宜依。

出处:《文定集》卷八。

撰者:汪应辰

考校说明:编年据蒋芾宦历补,见《宋史》卷三四《孝宗纪》。

薛良朋奏恩科出官有岳庙考第之人事答诏
(乾道四年十二月二十六日)

除隆兴元年恩科人所授岳庙已得指挥,许理权官外,余并依乾道四年十一月九日指挥施行。

出处:《宋会要辑稿》职官五四之三八。

给降度牒赈济雷州诏
(乾道四年十二月二十六日)

令礼部给降度牒十道,付广西提刑司变卖,措置赈济雷州实被水人户。

出处:《宋会要辑稿》瑞异三之九。又见同书食货五九之四四。

赐虞允文诏

（暂系于乾道四年冬）

敕允文：省所札子奏，乞除一宫观差遣任便居住事，具悉。卿以文武适用之材，宣力当世，驰驱南北，险阻备尝。方倚重于上游，用纾忧于西顾，投闲之请，非朕所期。所请宜不允。故兹诏示，想宜知悉。冬寒，卿比平安好？遣书，指不多及。

出处：《壮陶阁书画录》卷三。

考校说明：编年据《诚斋集》卷一二〇《虞公神道碑》及文中所述"冬寒"补。

孝宗朝卷八　乾道五年(1169)

推赏夏聚诏
（乾道五年正月三日）

殿前司水军统领官夏聚部带兵船入海，捕获海贼，特与转一官，更减二年磨勘。

出处:《宋会要辑稿》兵一九之一九。

高州置博茂盐场事诏
（乾道五年正月七日）

高州创置博茂盐场，监官一员，作小使臣窠阙，以"监高州博茂盐場"为名。

出处:《宋会要辑稿》食货二七之二五。

宗室大小使臣添差亲民兵马监押诏
（乾道五年正月七日）

宗室大小使臣依旧每州添差亲民兵马监押一员厘务，日后更不差注外官。

出处:《宋会要辑稿》选举二四之七。

令文思院官精微制造奉使马鞍诏
（乾道五年正月八日）

奉使马鞍制造灭裂,令工部约束文思院官,今后精微制造。

出处:《宋会要辑稿》食货五二之三九。

舒州驻泊兵马都监专一充教阅民兵诏
（乾道五年正月二十七日）

舒州驻泊兵马都监专一充教阅民兵;拨发官孙嘀令本官再任,依旧专一充民兵等训练拨发官。

出处:《宋会要辑稿》兵一之二八。

受纳折帛银价不得辄有减降诏
（乾道五年正月二十八日）

今后受纳折帛银,照依左藏库价与民户折纳,不得辄有减降。令逐路转运司约束,不得违戾。

出处:《宋会要辑稿》食货九之一〇。又见同书食货六八之一〇。

贡院并别试所纽取分数诏
（乾道五年正月二十九日）

贡院并别试所依前举例,每十五人四分纽取一名,零数各取一名。

出处:《宋会要辑稿》选举四之三九。

续破火一月诏
(乾道五年正月三十日)

户部为气令尚寒,应在内合著火处,自二月一日为始,续破火一月。

出处:《宋会要辑稿》食货五六之五二。

四川茶园户私贩茶依旧法诏
(乾道五年二月二日)

今后四川茶园户私贩茶,并依旧法。其隆兴元年四月二十二日续臂申请指挥更不施行。

出处:《宋会要辑稿》食货三一之一九。又见《宋会要辑稿补编》第七一二页。

太常寺官点检太庙殿室法物等诏
(乾道五年二月二日)

太常寺官遇季点太庙殿室法物并册宝法物及本寺寄顿金玉礼器,可令亲往取赤历点对物色名件,用印严洁封镵,具有无损失申尚书省。

出处:《宋会要辑稿》礼一五之二〇。

支遣诸路州军常平米事诏
(乾道五年二月二日)

诸路州军将见在常平米先以本州支遣数目以新易陈。若州县支遣数少,兑换不尽,即依今来所乞,委自守臣审实,以堪充军食米兑作上供起发,却将收到新米依数拨还,如法桩管。

出处:《宋会要辑稿》食货五三之三二。又见同书食货六二之四五。

踏逐放牧马等事诏
(乾道五年二月四日)

令殿前、马、步军司各差统制官一员前去建康府,同江东帅、漕臣于本府近便宽闲去处,踏逐牧放马五千匹并牧马官兵寨屋地段,措置修盖。所有永丰圩收到稻谷,令淮西总令所桩管。

出处:《宋会要辑稿》兵二一之三四。又见《宋会要辑稿补编》第四一八页。

蠲除科敛诏
(乾道五年二月十五日)

诸路转运司将州县有似此琐细害民,因推排升降日,悉与蠲除,毋致违戾。

出处:《宋会要辑稿》食货六五之九八。又见同书食货一四之四三。

除放临安府见欠折帛钱诏
(乾道五年二月十七日)

临安府乾道三年见欠折帛钱三千一百五十贯文,特予蠲放。

出处:《宋会要辑稿》食货六三之三〇。

新除参知政事兼同知枢密院事王炎辞免恩命不允诏
(乾道五年二月十七日后)

卿材猷敏博,器蕴渊闳,入践枢密,甫周岁时。任邦家之重,知无不为;应事物之繁,绰有余裕。俾进参于緷毼,仍兼倚于本兵。谓即钦承,乃兹逊避。昔李德裕之兴唐室,而陈执中之相仁宗,顾事业之如何,岂科第之足问! 亟膺朕命,毋或他疑。所请宜不允。

出处:《文定集》卷八。

撰者：汪应辰

考校说明：编年据《宋史》卷三四《孝宗纪》补。

新除参知政事兼同知枢密院事王炎乞于
所除新命特免一职事不允诏
（乾道五年二月十七日后）

卿济时之略，左右具宜；徇国之诚，夙夜匪解。俾参庶政，仍总鸿枢。昔康定之纪元，从晏殊之建请。以共政之臣，当同体气；凡安边之议，皆得预闻。惟令兼官，盖出此意。勉服定命，毋庸固辞。所请宜不允。

出处：《文定集》卷八。

撰者：汪应辰

考校说明：编年据《宋史》卷三四《孝宗纪》补。

罢国用司诏
（乾道五年二月二十一日）

国用司可罢，其所行事务，并归三省户房。

出处：《宋会要辑稿》职官一之六一。

除诸州欠赋诏
（乾道五年二月二十一日）

诸州隆兴元年至乾道二年终拖欠未起上供诸色窠名钱物、粮斛，并予蠲放。

出处：《宋会要辑稿》食货六三之三〇。

新除端明殿学士签书枢密院事梁克家辞免恩命不允诏
（乾道五年二月二十一日后）

卿学穷浩博，识造渊微，蚤冠冕于辰髦，浸践扬于禁路。出纳惟允，密赞邦家之宜;从容以和,益储公辅之望。俾预闻于兵政,盖蔽自于朕心。庶几弹帷幄之谋,亦以验诗书之效。毋为谦挹,其即钦承。所请宜不允。

出处:《文定集》卷八。

撰者:汪应辰

考校说明:编年据《宋史》卷三四《孝宗纪》补。

吏部出给合行寄理之人公据理作付身诏
(乾道五年二月二十五日)

吏部将文武臣转官内有碍父、祖名讳合行寄理之人,开具因依,出给公据,理作付身。

出处:《宋会要辑稿》职官八之三三。

四川正奏名进士李延上等权赴殿试诏
(乾道五年三月七日)

四川正奏名进士李延上、冯直臣、文伯振权赴殿试,候毕日,各令陈乞改正户贯施行。

出处:《宋会要辑稿》选举八之四四。

试礼部奏名特奏名进士制策
(乾道五年三月八日)

朕以不敏,嗣承大宝,循尧之道,于兹五载,寤寐俊秀,始得亲策于庭。子大夫褒然待问,必有崇论远虑,副朕详延。盖闻唐虞之世,法度彰,礼乐著,不赏而民劝,画像而刑措,都俞赓歌不下堂,而天下治,朕甚慕之。今朕夙兴晟食,兢兢业业,惧无以协帝华而绳祖武,若涉渊冰,未知攸济。间者设举荐之科,下聘召之命,而实材犹未出也;塞徼幸之门,申奔竞之禁,而公道犹未行也。广言路,恢治具,而纪纲未立;择守令,务宽恤,而民俗未裕。赃墨之刑非不严,而未能使人皆君子之行;钱谷之问非不勤,而未能使国有积年之储。屯田以实塞下,或谓兵不如农;改弊以赡邦用,或谓铁不如楮。岂为之不得其要钦?抑文胜而弊难革钦?何视古之弗及也!夫内修政事,宣王所以兴周;综核名实,中宗所以隆汉。考之方策,其施行之迹何如?子大夫通达古今,明于当世之务,凡可以移风易俗,富国强兵者,悉陈无隐,朕将览焉。

出处:《宋会要辑稿》选举八之一二。

<h1 style="text-align:center">试武举进士制策</h1>

(乾道五年三月八日)

昔唐太宗与其臣李靖讲论兵法,至终篇,发最深之问,靖则等而三之:一曰道,谓神武不杀也;二曰天地,谓天时地利也;三曰将法,谓任人利器也。太宗亦以不战而屈人兵为上,百战百胜为中,深池高垒为下。要使学者繇下以及中,繇中以及上,其言是矣。然任人利器,深池高垒,此在我者固可以自善其术,至若不杀之武,不战之功,虽我之本心,然有不可得而自必者。我欲待之以诚信,彼且复我以诈谋;我欲怀之以德义,彼且应我以强暴。若之何其使学者习而进于上乎?太宗身百战以平祸乱,李靖穷兵沙碛,每出于中、下之举,终莫能践其上者,岂亦言之易而行之难乎?抑自治之策,伐谋之兵,精神之折冲,道德之安强,亦有说乎?子大夫儒而谈兵者也,其悉以法之最深者为朕条陈之,毋略。

出处:《宋会要辑稿》选举八之一三。

<h1 style="text-align:center">任天锡责授忠州团练副使诏</h1>

(乾道五年三月十一日)

利州防御使、兴州驻札御前诸军都统制任天锡,在军侵用官钱数万计,四川宣抚使虞允文奏劾来上,可责授忠州团练副使。

出处:《宋会要辑稿》职官三二之四二。

除放成都府路人户运对籴米脚钱诏
（乾道五年三月十三日）

成都府路人户见理运对籴米脚钱三十五万贯，可并予除放，却自今年为头，将减省籴价等钱对数补填。

出处:《宋会要辑稿》食货六三之三〇。

未曾赴乾道二年殿试正奏名进士还试唱名诏
（乾道五年三月十三日）

正奏名进士该赴乾道二年殿试，因事故不曾赴殿试人，令还试唱名。如在第五甲，与免铨试。

出处:《宋会要辑稿》选举二六之五。又见《宋会要辑稿补编》第四五四页。

除钱塘仁和县所欠夏税诏
（乾道五年三月十六日）

临安府钱塘、仁和县乾道二年折纳夏税苗米、身丁钱，除纳外，见欠一万二千七百二十六贯有零，特予蠲放。

出处:《宋会要辑稿》食货六三之三〇。

申严传送递角见行条法诏
（乾道五年三月十六日）

令兵部检坐见行条法申严行下，仍委本部常切驱磨检察，将住滞违戾去处提举主管官并巡辖使臣职位、姓名及铺兵申朝廷取旨，重作行遣。

出处:《宋会要辑稿》职官一四之八。

推赏靖邕等州到任文武臣诏
(乾道五年三月十七日)

靖、邕、宜、钦、廉州知州文武臣到任,并各与减三年磨勘,其奏补子孙及期亲条格指挥更不施行。内邕州旧州不该载任满酬赏外,余州并各与减三年磨勘。

出处:《宋会要辑稿》职官四七之三六。

左中大夫参知政事兼同知枢密院事王炎除四川宣抚使制
(乾道五年三月十九日)

乃眷坤维,方资明使;载颁涣綍,仍预政机。勉为朕行,徒得君重。

出处:《宋会要辑稿》职官七八之五一。

知枢密院事四川宣抚使虞允文辞免赴行在
乞解罢机政除在外宫观差遣不允诏
(乾道五年三月十九日后)

眷言四川,邈在万里。惟汝一德,既咨裴度而往厘;于今三年,复念周公之久外。肆颁召节,伫望来朝。乃引疾以为辞,欲奉身而自佚。夫以忠谊徇国,功利及民,方与时而偕行,其何恙之不已!倌人凤驾,宜毋事于回翔;元老壮猷,期即闻于入告。所请宜不允,仍疾速赴行在。

出处:《文定集》卷八。
撰者:汪应辰
考校说明:编年据《宋史》卷三四《孝宗纪》补。

参知政事王炎乞只令以旧带端明殿
职名充四川宣抚使不允诏
（乾道五年三月十九日后）

仰惟祖宗，一视中外，间遣近弼，往厘远方，初无末世五大在边之嫌，盖得周家二公分陕之意。朕念蜀万里，在天一隅，继咨执政之臣，以重宣风之任。既稽故实，亦合时宜。载嘉许国之忠，曾靡惮行之色。而乃欲避权宠，祈还政机，非事实之当然，殆谦畏之过甚。亟膺成命，毋复有言。所请宜不允。

出处:《文定集》卷八。

撰者:汪应辰

考校说明:编年据《宋史》卷三四《孝宗纪》补。

命监司帅臣荐管军侍从诏
（乾道五年三月二十七日）

管军侍从于见任待阙寄居武举人内荐，岁具有无文状以闻。诸州、军、监守臣仿之。

出处:《宋会要辑稿》选举一七之三一。又见《宋会要辑稿补编》第二八五页。

尚书省将杨子方等敕降付礼部收掌诏
（乾道五年三月二十九日）

令尚书省将不赴唱名举人杨子方等六人敕降付礼部收掌，候逐人痊安日，各召保官二员，当官给付。

出处:《宋会要辑稿》职官一三之八。

端明殿学士签书枢密院梁克家再乞解
罢职任退奉外祠不允诏
（乾道五年二月至四月间）

卿宏材敏识，秉国机政，惟事丛任重而夙夜不懈之故，以逢雾露之疾。神明扶持，亦且良已，谒告旬日，曾何足言。卿其节省思虑，辅近汤液，使遄有喜，毋复以引去为辞，称朕意焉。所请宜不允，不得再有陈请。

出处：《文定集》卷八。
撰者：汪应辰
考校说明：编年据梁克家宦历补，见《宋史》卷三四《孝宗纪》。

赵师训等召赴都堂审察诏
（乾道五年四月一日）

左宣教郎、主管台州崇道观师训召赴都堂审察；左承议郎、提辖行在榷货务都茶场善俊，左文林郎知临安府仁和县祐之，并候任满，召赴都堂审察。

出处：《宋会要辑稿》帝系七之八。

令太史局刘孝荣等各具太阴五星排日
正对赤道躔度申御史台诏
（乾道五年四月三日）

令太史局保章正、同知算造兼翰林天文刘孝荣，太史局灵台郎、同判太史局、同提点历书荆大声，武节郎、新监三省枢密院激赏寄造酒库裴伯寿各具乾道五年五月以后至年终太阴五星排日正对赤道躔度申御史台，令见测验官占考。

出处：《宋会要辑稿》运历一之一〇。

新知太平州周操辞免除徽猷阁直学士恩命不允诏
（乾道五年四月九日后）

卿顷任言责,凛有直声,晚登禁涂,蔚为宿望。勉从便郡之请,盖示优贤之意。学士之职,初非逾等,法所当得,义无可辞。所请宜不允。

出处:《文定集》卷八。

撰者:汪应辰

考校说明:编年据《宋会要辑稿》选举三四补。

敷文阁直学士知太平州吴芾辞免除徽猷阁直学士
知隆兴府恩命乞检会前奏除一宫观差遣不允诏
（乾道五年四月九日后）

昔汉氏得人之盛,而以儒者通世务,仅三人尔,又不皆出于正也,不其难乎?卿夙蕴儒学,力持正论,而践扬中外,更阅繁剧,窾郤立解,芒刃不钝,非特以经术润饰吏事而已。属江西之谋帅,举阃外而付卿。夫以才难如此,而卿乃欲退自暇佚,其可乎哉?所请宜不允。

出处:《文定集》卷八。

撰者:汪应辰

考校说明:编年据《宋会要辑稿》选举三四补。

吏部看详薛良朋集议指挥诏
（乾道五年四月十三日）

工部侍郎薛良朋长到集议等指挥,多与祖宗旧法相戾,令吏部长贰看详,将上取旨,编入新敕。

出处:《宋会要辑稿》仪制八之二〇。

赈饶信州饥民诏
(乾道五年四月十四日)

饶、信州连岁旱涝,细民艰食,可出常平、义仓米以赈之。

出处:《宋会要辑稿》食货六八之六六。又见同书食货五九之四四。

给贫乏之家生子者钱米诏
(乾道五年四月十五日)

应福建路有贫乏之家生子者,许经所属具陈,委自长官验实,每生一子,给常平米一石、钱一贯,助其养育。余路州军依此施行。

出处:《宋会要辑稿》食货六八之一二七。又见同书食货五九之四五。

新及第进士注官诏
(乾道五年四月十八日)

新及第进士第一人郑侨补左承事郎、签书诸州节度判官事;第二人石起宗、第三人汪义端并左文林郎、两使职官;第四人贾光祖、第五人史俞并左从事郎、初等职官;第六人至第四甲并左迪功郎、诸州司户簿尉;第五甲守选。

出处:《宋会要辑稿》选举二之二○。

沿江十州军措置团集兵民立定日限诏
(乾道五年四月二十五日)

令逐处守臣限两月相度,条具经久可行利便,务在著实奉行,毋致扰民,开具申枢密院。俟条具到,听候指挥,方得点集。

出处:《宋会要辑稿》兵一之二八。

存恤灾伤逃亡人户诏
(乾道五年四月二十五日)

去年灾伤州郡民户逃亡去处,已责监使守令多方存恤,依条申所属除放外,令常平司加意存恤赈济。其除放逃亡人户租税,即不得勒户长填纳。令转运司觉察,如违,重置典宪。

出处:《宋会要辑稿》食货六九之六二。

武学升补内舍生诏
(乾道五年四月二十八日)

武学升补内舍,每年公试一次。其外舍有校定人,中参考榜上等者,只以弓马、程文相称榜为正,据阙升补。即住学曾满三季以上,不与校定,而参考入上等者,候满一年,私试四入等,及不犯三等以上罚;或有校定,而参考在中、下等,候再试参考入中等,听升补上舍生。

出处:《宋会要辑稿》崇儒三之三八。

赐知扬州莫濛御笔
(乾道五年五月前)

览徐某所陈归正人给田利便,甚有条理,已令施行。卿宜协力,使一一就绪。

出处:《攻媿集》卷九一《徐公行状》。
考校说明:"徐某"指徐子寅。

除奉新县三乡寫税正额钱等诏
(乾道五年五月二日)

隆兴府将奉新县三乡寫税正额钱三百五十九贯、苗正米六百二十八石,并沿纳、折科尽行蠲除,今后不得别作名色,复有科扰。

出处:《宋会要辑稿》食货六三之三〇。又见同书食货七〇之六一。

置言事籍诏
(乾道五年五月八日)

后省官置言事籍,看详臣僚士庶言事,详择其可行者条上。

出处:《中兴两朝圣政》卷四七。又见《宋会要辑稿》仪制七之三一,《宋史全文续资治通鉴》卷二五。

诸路州军招填弓手土军阙额诏
(乾道五年五月十五日)

逐路提刑司将本路州军弓手、土军阙额,须管日下招填数足,诸县分番差拨贴司,充巡尉、虞候厅子。巡尉只许乘马,不得以土兵、弓手负轿。合支雇钱,按月支给,无致拖欠。不得以虚名积欠勒令承认,有误支给。所制造弓弩刀甲,仍于逐州军所得系省窠名钱内那融修置。如有违戾去处,即按劾施行。

出处:《宋会要辑稿》兵三之二六。又见《宋会要辑稿补编》第四二九页。

镇江府都酒务监司减罢一员诏
(乾道五年五月二十八日)

镇江府都酒务监司二员内减罢一员,日后止差一员。其见任人且合依旧,已差下人依省罢法。

出处:《宋会要辑稿》食货二一之八。

知枢密院事四川宣抚使虞允文银合夏药敕书
(乾道五年六月前)

卿趋造于朝,尚勤跋涉,节宣其气,宜谨兴居。念方届于炎曦,肆特颁于良剂。即期入勤,以副具瞻。

出处:《文定集》卷八。

撰者:汪应辰

考校说明:编年据虞允文官历补,见《宋史》卷三四《孝宗纪》。

奖谕临安府狱空诏
(乾道五年六月四日)

昔在元丰,以百司凡有收劾,萃于开封,猥并牵束,事久不决,或至阅岁。乃酌唐制置大理狱,德意甚厚。然而繁简淹速,亦惟有司之牧夫如何。卿等惟察惟法,亟问亟蔽,伸理菀结,刬遣逋滞,至于桁杨徽纆,栖置弗用,此盖神宗设官分职,所望于群下之意。

出处:《咸淳临安志》卷六。

吕祖谦除太学博士制
(乾道五年六月六日)

敕左从政郎吕某:首善自京师,而教化原于太学,博士员又所以驾其说以诲诸生也。惟选既重,宜择其人。以尔读书业文,无它嗜好,由门荫得官,而一日连中两科,声华籍甚,士论称之。兹用擢尔重席上庠,为之诵说,使夫博古通经之士辈见于时,则为称职。可特授依前左从政郎、太学博士,替王信年满阙。

出处:《东莱外录》卷一,崇祯刻本。

撰者:胡沂

考校说明:编年据吕祖俭、吕乔年《东莱吕太史年谱》补。

祫飨太庙安置安恭皇后神主诏
(乾道五年六月十四日)

今年十月三日祫飨太庙,安恭皇后神主依安穆皇后祔于徽宗室祖姑之下,余如前飨礼例。

出处：《宋会要辑稿补编》第五三九页。

赐学士院冰诏
（乾道五年六月十五日）

自初伏日，赐学士冰一月，每日半担。降白成银冰盆一面、黑漆座全，如遇入伏，令学士院设放使用。降黑漆冰桶一只，盖座全，赐学士院使用。

出处：《宋会要辑稿》职官六之五六。

差填军器所监造官窠阙事诏
（乾道五年六月二十三日）

军器所遇有监造官窠阙，许于殿前、马、步军司诸军将佐或使臣内，踏逐选差素曾谙晓军器造作法度、有心力、能部辖人，申乞指挥差填，以二年为任。

出处：《宋会要辑稿》职官一六之一八。

差拨神勇军马屯戍江州诏
（乾道五年六月二十三日）

令殿前司于神勇见在寨人内差拨四千人、马四百匹，选差统领一员，部押前去江州屯戍，权听池州都统王明使唤，候秋凉日起发。

出处：《宋会要辑稿》兵九之一九。

除虞允文特授枢密使加食邑实封余如故制
（乾道五年六月二十四日）

朕惟昔人臣之美，见于诗雅之传。或经营四方，告成于上；或饮御诸友，受祉于朝。君臣俱荣，中外作义。乃眷枢辅，克勤王家。有能奋庸，既追继于前哲；式序在位，宜特隆于宠章。左大中大夫、知枢密院事、仁寿郡开国公、食邑二千五百户、食实封七百户虞允文,学贯道原,谋经帝载。眇绵作炳,识独照于几微;酬酢佑神,动自谐于节奏。出济艰危之会,亟收戡定之功。洊致政涂,茂昭贤业。俾宣使指,往拊神隅,明师律于蛊敝之余,拔人材于隐约之际。振威灵于遐徼,勿士行枚;宽赋敛于疲氓,以为保障。岂特戎车之饬,实惟邦本之宁。兹命遄归,协图内治。方倚毗于兵柄,肆就正于使名。载衍爰田,并加真食,以示褒优之异,以明委任之专。於戏! 宥密之严,夙夜基命,英隽之重,精神折冲。其益厉于壮猷,以弼成于丕业。可特授枢密使、依前左大中大夫、加食邑一千户、食实封四百户,余如故。主者施行。

出处:《文定集》卷八。又见《宋宰辅编年录》卷一七。

撰者:汪应辰

考校说明:编年据《宋宰辅编年录》卷一七补。

赐新除枢密使虞允文诰口宣
(乾道五年六月二十四日)

帷幄之谋,方咨于耆喆;枢机之府,俾正于使名。其益懋于远图,以钦承于休命。

出处:《文定集》卷八。

撰者:汪应辰

考校说明:编年据《宋宰辅编年录》卷一七补。

新除枢密使虞允文再辞免恩命乞检行
累奏许解机政不允批答
(乾道五年六月二十四日后)

朕居安思危,常谨不虞之戒;柔远能迩,庶几可大之功。卿秉国枢机,同朕心德。乃言可绩,率前定于规模;不已于行,复外宣于威令。迨兹入辅,示以褒崇。事权弗移,盖因已试之效;谋画具在,其尚克成厥终。勉副倚毗,毋勤训告。所请宜不允。

出处:《文定集》卷八。

撰者:汪应辰

考校说明:编年据《宋宰辅编年录》卷一七补。

虞允文辞免恩命不允批答口宣
(乾道五年六月二十四日后)

延登杰材,进冠枢府。嘉猷告后,方俟于沃心;孚号扬庭,岂容于反汗!

出处:《文定集》卷八。

撰者:汪应辰

考校说明:编年据《宋宰辅编年录》卷一七补。

上殿班事诏
(乾道五年六月二十九日)

阁门上殿班为积压班数稍多,内见辞官该上殿者,及阙到半年前赴行在奏事见待班次,并续下到上殿文字曾经审察人,并权免上殿,依例放见辞。新除郎官等候引上殿班日上殿,台谏、侍从有本职公事及己见之实封进入。余并候得旨引上殿班日依旧。

出处:《宋会要辑稿》仪制六之二七。

资政殿大学士知宁国府钱端礼银合夏药敕书
(乾道五年夏)

卿以政府之崇,任名藩之寄。方对时之祥郁,其加意于节宣。爰命疾驰,往颁良剂。

出处:《文定集》卷八。

撰者:汪应辰

考校说明:编年据汪应辰任两制时间、钱端礼官历、文中所述"夏药"补,见《攻媿集》卷九二《钱公行状》。

支降会子收籴米斛诏
（乾道五年七月二日）

令左藏南库支降会子一百二十万贯,均付三总领所,候秋成收籴米斛,令项桩管,不得擅行支用。

出处:《宋会要辑稿》食货四〇之四九。又见同书食货四一之六。

知通交替点检常平钱米诏
（乾道五年八月五日）

今后知、通每遇交替,从提举司取见管常平钱米有无陈腐、侵支、兑用,新旧官连衔结罪保明,申朝省。

出处:《宋会要辑稿》食货五三之三二。

虞允文右仆射制
（乾道五年八月六日）

朕洪惟国朝之制,并建宰辅之司。应变守文,咸底于道。献可替否,各单厥心。矧予继承,惟日兢惕。茂乃后德,交修緊赖于同寅;扬于王廷,孚号式新于群听。其登次相,以协旧章。具官虞允文蕴识精微,受才闳博。自任以重,心常在于生民;匪夷所思,智复超于群物。独发奇策,克成隽功。荐膺图任之严,尤罄弼谐之益。顷自右府,往临西师。原隰既平,藜藿不采。昼日三接,备闻入告之猷;泰阶六符,益炳具瞻之望。虽进膺于异数,念未究于宏规。兹陟辨章之崇,仍兼宥密之旧。超加爵秩,增衍井封。宠光既优,委任罙重。於戏! 惟安危之注意,盖文武之兼资。经营四方,已昭著于成绩;总领众职,其茂恢于远图。庶无竞之维人,亦有辞于永世。

出处:《宋宰辅编年录》卷一七。

陈俊卿左仆射制
(乾道五年八月六日)

朕闻明主以论相为职,大臣以格天为功。欲高明之弗违,盖俯仰之无愧。眷言良弼,克迪前修。率其忠忱,持以悠久。维丕厘于景命,在灼见于俊心。肆举徽章,式昭异数。具官陈俊卿学探道奥,躬践圣谟。和顺积中,优造日新之盛;发扬诹物,悉皆时措之宜。参秉政几,独司宰职。严恭有恪,每进尽忠之规;儆戒无虞,力陈经远之计。立身靡牵于毁誉,取人罔间于旧新。既蹇蹇以匪躬,复绰绰而有裕。兹登庸于上相,仍兼统于枢元。超进文阶,陪敦并赋。以驭其贵,岂徒极名器之崇;通观厥成,将以究规模之远。於戏!任大守重,居安思危。简在上帝之心,予敢忘于顾諟;可久贤人之德,尔毋怠于钦承。其茂乃猷,以辅予治。

出处:《宋宰辅编年录》卷一七。

禁折绢钱诏
(乾道五年八月七日)

已降指挥,放免折帛钱。近日州郡却于合纳绢数内纽折见钱,及收买低下绢帛送纳,民不得实惠。可令体究,如有似此去处,重作施行。

出处:《宋会要辑稿》食货六四之三四。

除职事官诏
(乾道五年八月十二日)

已差下人如应赴在半年内,许令赴上;在半年外人,各以资序高下除授一次;其所复添差等阙,今后更不作阙。三省常切遵守施行。

出处:《宋会要辑稿》职官一之六二。又见《中兴两朝圣政》卷四七。

蠲江淮等路欠合发内藏库岁额钱诏
（乾道五年八月十五日）

江淮等路将拖欠绍兴二十七年至乾道元年终合发内藏库岁额钱共八十七万五千三百一十九贯四百六十一文，并予蠲免。

出处:《宋会要辑稿》食货六三之三〇。

拘收镇江都统司及武锋军屯田官兵入队教阅诏
（乾道五年八月十七日）

镇江都统司及武锋军见管三处屯田官兵，并拘收入队教阅。其屯田并耕牛、农具等，令逐诸军交收，日下出榜召人请佃，只认军中所认租额。

出处:《宋会要辑稿》食货六三之一四七。

管官物仓场库务等少欠钱物令依条陪还诏
（乾道五年八月二十九日）

应管官物仓场库务等去处，自乾道二年除放之后，如有少欠钱物，令所属并须管依条陪还，即不得仍前妄行申请除放。令户部申严行下。

出处:《宋会要辑稿》食货六二之六三。

新除户部侍郎杨倓辞免恩命不允诏
（乾道五年九月前）

卿入践省寺，出拥使节，理财之职，更阅几遍矣。进贰民部，益观来效。若乃知取予之有道，欲军民之俱足，能陈此义，实获朕心。勉务力行，毋为退避。所请宜不允。

出处:《文定集》卷八。

撰者:汪应辰

考校说明:编年据杨俊宦历补,见《宋会要辑稿》食货一等。

诸路监司纠察贪惰官吏诏
(乾道五年九月四日)

诸路监司今后分上、下半年依条巡按,询访民间疾苦,纠察贪堕不职官吏,仍具诣实以闻。如依前容纵公吏等乞觅搔扰,当重置典宪。

出处:《宋会要辑稿》职官四五之二七。又见《中兴两朝圣政》卷四七。

镇江都统司及武锋军屯田招人请佃事诏
(乾道五年九月六日)

逐州军将所管屯田,目今以成苗稼,且令官兵收刈,候收成了日,以租额轻重比近品搭均一,依已降指挥召人请佃。

出处:《宋会要辑稿》食货六三之一四七。

浙东福建所起一番海船减半推赏诏
(乾道五年九月九日)

浙东、福建路安抚司所起一番海船,缘在岸防托日月不多,与依格减半推赏。

出处:《宋会要辑稿》职官一〇之九。

江东州县圩田租米发赴总领所诏
(乾道五年九月十四日)

圩田更不出卖,令建康、宁国府、太平、池州将每岁收到圩田租苗米,并起发赴总领所大军仓送纳,充支遣大军粮米。

出处:《宋会要辑稿》食货六三之二一六。

罢福建路创置甲头等追税之扰诏
（乾道五年九月十六日）

应福建路州县催科之人,悉仍其旧。如近来创置甲头与保正、副、长追税之扰,一切罢之。

出处:《宋会要辑稿》食货一四之四四。又见同书食货六五之九八。

整肃军政诏
（乾道五年九月十九日）

三衙诸军应有违军律弊事,统兵官特与放罪,差主帅措置,日下尽行除革。其军校有因教阅损坏军器,官为给钱修补;单身火饭,务令饱足,不得多敛钱米,却行减克。借差军兵战马多破白直,诸处窠役回易私占官兵,悉行拘收入队教阅,务要军政整肃。诸处送到官员月给并应副索客及诸般名色,掊敛、减克、陪填、赢落以为私用等钱物,并计赃论罪;私借人马亦计庸科断。其违戾统制、统领、将佐,从主帅按劾以闻,当议重置典宪;主帅失于纠举,亦重作行遣。

出处:《中兴两朝圣政》卷四七。又见《宋史全文续资治通鉴》卷二五。

补授阵亡之家恩泽诏
（乾道五年九月二十四日）

将绍兴三十一年以后军兴阵亡之家承受恩泽、补官亲属,不以曾未经任,与依见从军人荫补子弟例,令吏、兵、刑部、殿前司照验补授因依,并送元来军分使唤,便与批放请给。

出处:《宋会要辑稿》职官一四之九。

试吏部侍郎薛良朋乞检会前奏除一在外宫观差遣不允诏
（乾道五年十月五日前）

卿绰有文雅，富于材猷。虽三辅浩繁，而一切治理。载畴政绩，擢置禁涂。既付以铨综之平，亦需其献纳之益。美成在久，岂日月以为功；进思尽忠，其夙夜而匪懈。毋怀故土，而有退心。所请宜不允。

出处：《文定集》卷八。又见民国《瑞安县志》卷六。
撰者：汪应辰
考校说明：编年据薛良朋宦历补，见《宋会要辑稿》选举三四。

赈台州被水之民诏
（乾道五年十月五日）

台州黄岩、临海县被水冲损田产屋宇牛畜之家，乾道三年、四年、五年未纳税赋特予蠲放，其私债候至来年秋成理索。

出处：《宋会要辑稿》食货六三之三〇。

取拨户部桩管米等与台州减价出粜诏
（乾道五年十月六日）

令两浙转运司差拨人船，于近便州军户部桩管米及常平、义仓米内取拨三万石，前去台州，委官检视被水去处，减价出粜，其粜到钱，令本司拘收，拨还元取米去处。

出处：《宋会要辑稿》食货五八之六。又见同书食货六八之六七，瑞异三之一〇。

责罚王之望陈岩肖诏
（乾道五年十月十四日）

已降指挥，温、台被水逐州守臣王之望、陈岩肖各不即闻奏，仍赈恤迟缓，之望特降一官,岩肖落职放罢。近台州获海贼首领,温州获次首领,王之望、陈岩肖各有捕贼之劳,以功补过。之望放罢,岩肖宫观。

出处:《中兴两朝圣政》卷六一。又见《宋会要辑稿》瑞异三之一〇,《宋史全文续资治通鉴》卷二七。
考校说明:编年据《宋会要辑稿》瑞异三补。《宋史全文续资治通鉴》卷二七系于淳熙十一年二月十四日癸酉。王之望卒于乾道七年,《宋史全文续资治通鉴》卷二七所记必误。

降付钱银会子与马步军司作犒设使用诏
(乾道五年十月二十日)

降银三百二十两、钱三万七千四百七十贯七百、会子万八百六十二贯三百付步军司,又降银三百九十六两六钱、钱四万五千七百八十三贯六百、会子万二千八百五十六贯付马军司,充滩上亲阅军马犒设使用。

出处:《宋会要辑稿》礼六二之七五。

镇江府赐金国贺会庆节人使银合茶药口宣
(乾道五年十月二十一日前)

诞节甫临,使华来聘,冒风霜之凄劲,涉川路之悠长。特致匪颁,式昭眷抚。

出处:《文定集》卷八。
撰者:汪应辰
考校说明:编年据汪应辰任两制时间、文中所述史事补,见《宋史》卷三四《孝宗纪》。

镇江府赐御筵口宣
(乾道五年十月二十一日前)

眷惟使节,来会诞辰。适既济于涛江,方少休于候馆。往颁燕衍,庸慰勤荣。

出处:《文定集》卷八。

撰者:汪应辰

考校说明:编年据汪应辰任两制时间、文中所述史事补,见《宋史》卷三四《孝宗纪》。

<h1 style="text-align:center">赤岸赐金使酒果口宣</h1>
(乾道五年十月二十一日前)

远勤信节,来展庆仪,行即扣关,俾伸廷劳。载颁芳旨,以助燕私。

出处:《文定集》卷八。

撰者:汪应辰

考校说明:编年据汪应辰任两制时间、文中所述史事补,见《宋史》卷三四《孝宗纪》。

<h1 style="text-align:center">赐金使上寿毕归驿御筵口宣</h1>
(乾道五年十月二十二日后)

诞辰纪节,信使造庭。进退周旋,见容仪之有恪;饮食燕乐,示吉庆之惟钧。

出处:《文定集》卷八。

撰者:汪应辰

考校说明:编年据汪应辰任两制时间、文中所述史事补。

<h1 style="text-align:center">归驿赐酒果口宣</h1>
(乾道五年十月二十二日后)

诞节均欢,使轺修聘,俾之授馆,行且经旬。洊致芳甘,式将眷渥。

出处:《文定集》卷八。

撰者:汪应辰

考校说明:编年据汪应辰任两制时间、文中所述史事补。

归驿赐酒果口宣
（乾道五年十月二十二日后）

载嘉使介，入觐阙庭，已虔致于庆仪，复即安于公馆。宜推好赐，以表眷怀。

出处：《文定集》卷八。

撰者：汪应辰

考校说明：编年据汪应辰任两制时间、文中所述史事补。

试给事中兼直学士院兼侍讲陈良祐辞免除
吏部侍郎恩命乞守一州或奉外祠不允诏
（乾道五年十月后）

敷奏以言，明试以功，尧舜之政，朕所法也。卿蕴积淹博，造诣精远。秉风宪，记言动，出制诰，司谏诤，平奏事，详命令，固已尽议论文学之选矣。官之卿贰，分职帅属，以趋事功之实，朕又将有考焉。勉袛厥服，称朕所详试之意。所请宜不允。

出处：《文定集》卷八。

撰者：汪应辰

考校说明：编年据《宋中兴学士院题名》补。

端明殿学士新除荆南刘珙辞免除资政殿学士
恩命只令带见今职名往知荆南不允诏
（乾道五年五月至十一月间）

卿顷位枢府，尽心公家，见义必为，守正不挠，朕所未尝忘也。荆居上流，晋比分陕，徒得君重，副吾四支。惟是端明之职，自明道复置讫元丰，初无以旧弼为之者。卿虽无所增损，殆未称朕所以不忘贤德与今兹倚重之意。进一等，盖循故事，初未有殊特褒赏加于卿也，又何辞焉？所请宜不允。

出处：《文定集》卷八。

撰者:汪应辰

考校说明:编年据刘珙宦历补,见《晦庵先生朱文公文集》卷九七《刘公行状》,《宋会要辑稿》食货一〇、兵一等。

降付马军司钱会子诏
(乾道五年十一月一日)

降钱四百四贯五百、会子一百五贯五百付马军司,充滩上射生官兵犒设使用,令差人付内藏库交拨。

出处:《宋会要辑稿》礼六二之七五。

改仓名诏
(乾道五年十一月七日)

省仓中改作丰储仓,却将东青门外丰储仓改作省仓中界。逐仓有管米界,以新易陈支遣。

出处:《宋会要辑稿》食货六二之一七。据下文,

淮东置场减价赈粜诏
(乾道五年十一月十五日)

今岁淮东州军间有旱伤去处,窃虑冬春之交,米价增长,民间或致阙食。可将淮东见管常平米三万六千六百余硕,令淮东常平司相度委官置场,量行减价赈粜。粜到价钱,令项桩管,候将来秋成日,却行收籴补还。

出处:《宋会要辑稿》食货五八之七。又见同书食货五九之四六、食货六八之六七,《宋会要辑稿补编》第五九六页。

降授安德军承宣使成闵辞免复钺恩命不允诏
（乾道五年十一月二十日后）

卿自奋忠力，济更险艰，间因人言，久去近列。虽稍远于旧秩，犹退奉于祠官。属阃寄之是严，难人才之匪易。不以一眚掩大德，既当念功；安得壮士守四方，岂若求旧？俾建元戎之节，往临京口之师。非名器之尔私，盖事权之宜称。其祗朕命，益既乃心。所请宜不允。

出处：《文定集》卷八。

撰者：汪应辰

考校说明：编年据《宋会要辑稿》职官七六补。

极边州县官到任任满推赏诏
（乾道五年十一月二十一日）

将似前极边州县官到任任满赏，通与转一官。内不终任人，非因罪犯，止推到任赏，与减二年磨勘。见任人依今旨施行。

出处：《宋会要辑稿》职官五九之二四。

屯戍高邮军御前右军官兵拨隶武锋军诏
（乾道五年十一月二十一日）

昨差拨镇江府驻札御前右军官兵三千余人并马前去高邮军屯戍，可正拨隶武锋军。

出处：《宋会要辑稿》兵五之二四。

新除敷文阁直学士依前成都潼川府夔州利州路安抚制置使兼知成都府晁公武辞免恩命不允诏
(乾道五年十一月二十一日后)

朕惟祖宗时,其自待制除守成都者,往往进直学士之职以遣之。矧卿服在禁涂,蔚为宿望,任四路兵民之寄,积二年镇抚之劳,乃今进职,盖云晚矣,又何辞焉! 所请宜不允。

出处:《文定集》卷八。
撰者:汪应辰
考校说明:编年据《宋会要辑稿》选举三四补。

郡守离任交替事诏
(乾道五年十一月二十三日)

今后郡守宫观人,并许先次解任,依旧以次官摄。如任满得替,即须伺候替人交割,方得离任。

出处:《宋会要辑稿》职官四七之三七。

赐知建康府江东安抚使史正志金带诏
(乾道五年十一月)

朕以江东方面控制两淮,卿能悉意奉公,协济王事,职务振举,朕实嘉之。今遣中使甘昪赐卿金带,以示褒劝之意,至可领也。

出处:《景定建康志》卷三。

新除吏部侍郎陈弥作辞免恩命不允诏
(乾道四年十一月至乾道五年十二月间)

卿敏识足以察微,宏才足以经远。夙夜匪懈,知无不为。今之兵部,职分而事简,非唐六典之旧矣。念未能尽卿所长也,爰正贰卿之名,俾司铨管之重。呜祗厥服,益究乃猷,毋执谦词,以稽成命。所请宜不允。

出处:《文定集》卷八。

撰者:汪应辰

考校说明:编年据汪应辰任两制时间、陈弥作宦历补,见《宋会要辑稿》职官二〇等。

显谟阁学士提举江州太平兴国宫王师心乞致仕不允诏
(乾道四年十一月至乾道五年十二月间)

朕方贵德尚齿,肆时耆寿俊,往往不敢宁息,赍然来思。卿宿德雅望,而又近在辅郡,朕独未之识也。虽以养疾之便,未能出从吾游,其可致为臣而遂已乎?所请宜不允。

出处:《文定集》卷八。

撰者:汪应辰

考校说明:编年据汪应辰任两制时间、王师心宦历补,见同集卷二三《王公墓志铭》。

镇江府都统制成闵银合腊药敕书
(乾道五年十一月至十二月间)

起从祠馆,外总师屯。方卜启行,属当寒凛,特颁珍剂,以示眷怀。

出处:《文定集》卷八。

撰者:汪应辰

考校说明:编年据汪应辰任两制时间、成闵宦历、文中所述"腊药"补,见《宋会要辑稿》职官七六。

御前军器所隶步军司诏
（乾道五年十二月四日）

御前军器所依旧隶步军司，其提点官令本司保明通晓制造军器统制官一员差兼，仍不得有妨教阅。

出处：《宋会要辑稿》职官一六之一九。

令人户依限纳契税诏
（乾道五年十二月八日）

人户应违限未纳契税，并已前首契不尽白契，并自今降指挥到日，限一季许于所在州县陈首，与免罪赏；自下状日，更与限一百日送纳。税钱专委本州通判拘收，入总制帐，令作一项解发。如一州起发及一十万贯以上，从户部具知、通名衔申朝廷推赏；若违限不首，或虽曾陈首，违百日限不纳税钱之人，并许诸色人陈告，依条断罪、给赏，拘没田宅入官。仍逐旋开具拘没到数申户部籍记，务在必行，以后更不展限。

出处：《宋会要辑稿》食货三五之一二。又见同书食货七〇之一四六。

权行住卖度牒诏
（乾道五年十二月九日）

行在及诸路给卖度牒，权行住卖，别听指挥。

出处：《宋会要辑稿》职官一三之三五。

步军司二十二酒库拨归户部开沽诏
（乾道五年十二月十二日）

步军司元拨诸暨等二十二酒库，依殿前司例，依旧拨归户部开沽。

出处:《宋会要辑稿》食货二一之八。

增修内军器南库库屋诏
（乾道五年十二月十二日）

内军器南库见管库屋垛放军器,并各窄隘。令两浙运司于南库墙外计至疾速修盖库屋,垛放军器。

出处:《宋会要辑稿》食货五二之二九。

休宁等五县赋帛止纳本色诏
（乾道五年十二月十四日）

将徽州休宁等五县减下折帛钱,自乾道五年以后,令各县止纳本色。

出处:《宋会要辑稿》食货六四之三四。

除李显忠特授威武军节度使充左金吾卫上
将军食实封如故制
（乾道五年十二月十六日）

朕运文武之大柄以济时,操赏罚之至权以御下。念秦伯用孟明之意,与冯唐面文帝之言。眷乃劲臣,久于闲地,肆颁新渥,靡限旧章。随州观察使、提举台州崇道观、陇西郡开国公、食邑四千一百户、食实封一千二百户李显忠,挺志坚刚,禀姿骠锐。生知大义,既用夏以变夷;洊奏肤公,期捐躯而徇国。顷者成师以出,惟敌是求。方志驰于伊吾,乃威损于枸邑。勉从绌典,以塞舆言。然而折馘执俘,亦云戮力;动心忍性,抑又累年。矧群材之汇征,岂一眚而独弃?粤若国朝之制,凡厥将帅之臣,或元戎拥节之行,或周卫执金之守,昔鲜闻于并授,今特出于异恩。内以增辇毂之严,外以为屏翰之重,皆将观政,非以假人。於戏! 与人之周,庶几得颇、牧而能用;共武之服,尔其继英、卫之善兵。肇敏戎公,对扬休命。可特授威武军节度使、左金吾卫上将军、食实封如故。主者施行。

出处:《文定集》卷八。又见《新安文献志》卷二。

撰者:汪应辰

考校说明:编年据《宋史》卷三四《孝宗纪》补。

遣官决狱诏
(乾道五年十二月十七日)

雨雪愆期,窃虑刑狱淹延,追逮枝蔓,行在所委刑部郎官,临安府属县委本府通判各一员,躬亲点检,疾速结绝,仍各具决断名件申尚书省。

出处:《宋会要辑稿》刑法五之四〇。

榷货务都茶场委都司官提领措置诏
(乾道五年十二月二十三日)

榷货务都茶场依建炎三年指挥,委都司官提领措置,户部长贰更不兼领。

出处:《宋会要辑稿》食货五五之三〇。又见同书食货五六之五二。

大金贺正旦使到阙赤岸赐御筵口宣
(乾道四年十二月二十七日前或乾道五年十二月二十七日前)

使节飞华,国函修睦。近在郊关之外,想多川陆之劳,式示燕慈,钦承至意。

出处:《文定集》卷八。

撰者:汪应辰

考校说明:编年据汪应辰任两制时间、文中所述史事补,见《宋史》卷三四《孝宗纪》。

赤岸赐金使御筵口宣
(乾道四年十二月二十七日前或乾道五年十二月二十七日前)

使节倭迟,亦云勤勚,都门密迩,谅切欣愉。其颁式宴之恩,以示劳来之意。

出处:《文定集》卷八。

撰者:汪应辰

考校说明:编年据汪应辰任两制时间、文中所述史事补,见《宋史》卷三四《孝宗纪》。

大金贺正旦使到阙平江府赐御筵口宣
(乾道四年十二月二十七日前或乾道五年十二月二十七日前)

远会春元,来临近甸。言念风霜之冽,不胜道路之劳,特示燕慈,以将恩渥。

出处:《文定集》卷八。

撰者:汪应辰

考校说明:编年据汪应辰任两制时间、文中所述史事补,见《宋史》卷三四《孝宗纪》。

武锋军都统制陈敏银合腊药敕书
(乾道四年十一月至十二月间或乾道五年冬)

辍从环列,外总师屯。受命云初,祁寒方凛,特颁珍剂,以示眷怀。

出处:《文定集》卷八。

撰者:汪应辰

考校说明:编年据汪应辰任两制时间、陈敏官历、文中所述"腊药"补,见《宋会要辑稿》食货四〇、职官七六等。

参知政事四川宣抚使王炎银合腊药敕书
(乾道五年冬)

眷吾辅弼,抚彼西南,道阻且长,岁聿其莫。特致精良之剂,式昭眷注之怀。

出处:《文定集》卷八。

撰者:汪应辰

考校说明:编年据汪应辰任两制时间、王炎官历、文中所述"腊药"补,见《宋史》卷三四《孝宗纪》等。

观文殿大学士两浙东路安抚使史浩资政殿学士知温州王之望资政殿大学士知宁国府钱端礼资政殿学士湖北安抚使刘珙银合腊药敕书
(乾道五年冬)

卿义均股肱,任重藩屏。属冰霜之方凛,念夙夜之良勤,宜有匪颁,以资辅养。

出处:《文定集》卷八。

撰者:汪应辰

考校说明:编年据汪应辰任两制时间、史浩等人官历、文中所述"腊药"补,见《嘉泰会稽志》卷二、弘治《温州府志》卷八、《攻媿集》卷九二《钱公行状》、《晦庵先生朱文公文集》卷九七《刘公行状》。

四川安抚制置使兼知成都府晁公武银合腊药敕书
(乾道四年十一月至十二月间或乾道五年冬)

卿绥拊西南,勤劳夙夜。岁华云晏,寒气方凝,特颁汤液之良,往助节宣之用。

出处:《文定集》卷八。

撰者:汪应辰

考校说明:编年据汪应辰任两制时间、晁公武官历、文中所述"腊药"补,见《成都文类》卷三三《郫县善应庙记》、《宋会要辑稿》选举三四等。

御前诸军副都统制张荣郭刚王明张青王承祖秦琪银合腊药敕书
(乾道四年十一月至十二月间或乾道五年冬)

协赞元戎,训齐劲旅。匪颁之宠,沾丐惟均。以慰勤劳,式昭眷抚。

出处:《文定集》卷八。

撰者：汪应辰

考校说明：编年据汪应辰任两制时间、文中所述"腊药"补。

御前诸军都统制郭振王友直赵撙杨钦
吴拱员琦银合腊药敕书

（乾道四年十一月至十二月间或乾道五年冬）

总戎于外，宣力为多。方此沍寒，念其勤勚，式颁珍剂，以示优恩。

出处：《文定集》卷八。

撰者：汪应辰

考校说明：编年据汪应辰任两制时间、文中所述"腊药"补。

孝宗朝卷九　乾道六年(1170)

正月一日赐金国贺正旦人使入贺毕归驿御筵口宣
(乾道五年正月一日或乾道六年正月一日)

三元之庆,万物皆春。眷乃皇华,赐之宴乐。其承宠渥,以对休嘉。

出处:《文定集》卷八。

撰者:汪应辰

考校说明:编年据汪应辰任两制时间补。

赐金国贺正旦人使大银器口宣
(乾道五年正月一日前后或乾道六年正月一日前后)

春元均庆,邻好修和,载嘉四牡之勤,特赐中金之器。兹惟优异,其克钦承。

出处:《文定集》卷八。

撰者:汪应辰

考校说明:编年据汪应辰任两制时间、文中所述史事补。

金使赴阙赐被褥钞锣口宣
(乾道五年正月一日前后或乾道六年正月一日前后)

寒律云初,使华来莅。念久勤于道路,方入憩于都邮,爰致颁宣,以昭眷渥。

出处:《文定集》卷八。

撰者:汪应辰

考校说明:编年据汪应辰任两制时间、文中所述史事补。

金国贺正旦人使玉津园射弓酒果口宣
(乾道五年正月一日前后或乾道六年正月一日前后)

眷尔新华,游于禁籞,奠而后发,乐且有仪。式嘉审固之能,往致芳甘之品。

出处:《文定集》卷八。

撰者:汪应辰

考校说明:编年据汪应辰任两制时间、文中所述史事补。

赐生饩口宣
(乾道五年正月一日前后或乾道六年正月一日前后)

眷言使节,戾止都邮,俾致饩牵,式昭宠赉。庶几饱德,亦足忘劳。

出处:《文定集》卷八。

撰者:汪应辰

考校说明:编年据汪应辰任两制时间、文中所述史事补。

金国贺正旦人使玉津园射弓御筵口宣
(乾道五年正月一日前后或乾道六年正月一日前后)

卿等新元展庆,暇日出游。射不主皮,盖云和志,宴有折俎,庸以示慈。

出处:《文定集》卷八。

撰者:汪应辰

考校说明:编年据汪应辰任两制时间、文中所述史事补。

玉津园射弓赐酒果口宣

（乾道五年正月一日前后或乾道六年正月一日前后）

射以观德，乐且有仪。载惟终日之勤，特致上尊之赐。仍加果实，以助燕私。

出处：《文定集》卷八。

撰者：汪应辰

考校说明：编年据汪应辰任两制时间、文中所述史事补。

赐内中酒果口宣

（乾道五年正月一日前后或乾道六年正月一日前后）

使介之华，少留于阙下；芳甘之品，特出于禁中。式致匪颁，以昭宠异。

出处：《文定集》卷八。

撰者：汪应辰

考校说明：编年据汪应辰任两制时间、文中所述史事补。

赐内中酒果口宣

（乾道五年正月一日前后或乾道六年正月一日前后）

修涂滋久，授馆云初。锡以醇醪，副之佳实，出于内府，时乃异恩。

出处：《文定集》卷八。

撰者：汪应辰

考校说明：编年据汪应辰任两制时间、文中所述史事补。

赤岸赐金国贺正旦人使回程御筵口宣

（乾道五年正月一日后或乾道六年正月一日后）

华正展会，信使遄归。方临修陆之劳，宜有祖筵之盛。庸将嘉礼，以示至怀。

出处:《文定集》卷八。

撰者:汪应辰

考校说明:编年据汪应辰任两制时间、文中所述史事补。

赐金国贺正旦人使回程龙凤茶饼金镀银合口宣
(乾道五年正月一日后或乾道六年正月一日后)

灵卉之英,建溪所贵,兹惟绝品,非止常珍。眷使节之言归,庶橐装之增赍。

出处:《文定集》卷八。

撰者:汪应辰

考校说明:编年据汪应辰任两制时间、文中所述史事补。

盱眙军赐金国贺正旦人使回程御筵口宣
(乾道五年正月一日后或乾道六年正月一日后)

卿等毕使言归,征涂云久,兹焉弭节,行即渡淮。尚少迟回,于胥燕乐。

出处:《文定集》卷八。

撰者:汪应辰

考校说明:编年据汪应辰任两制时间、文中所述史事补。

赤岸赐金国贺正旦人使酒果口宣
(乾道五年正月一日后或乾道六年正月一日后)

卿等还车言迈,甫出宿于近埛;饮酒孔偕,尚少留于祖帐。复颁芳旨,益厚眷存。

出处:《文定集》卷八。

撰者:汪应辰

考校说明:编年据汪应辰任两制时间、文中所述史事补。

镇江府赐金国贺正旦人使回程御筵口宣
(乾道五年正月一日后或乾道六年正月一日后)

卿等将命还辕,经涂会府。属当寒凛,亦既勤劬,爰锡宴私,以昭眷渥。

出处:《文定集》卷八。

撰者:汪应辰

考校说明:编年据汪应辰任两制时间、文中所述史事补。

赤岸赐金国贺正旦人使回程御筵口宣
(乾道五年正月一日后或乾道六年正月一日后)

卿等聘仪告毕,使节言还。出舍于郊,将复勤于跋履;既醉以酒,尚少尽于从容。

出处:《文定集》卷八。

撰者:汪应辰

考校说明:编年据汪应辰任两制时间、文中所述史事补。

赐金国贺正旦人使朝辞讫归驿酒果口宣
(乾道五年正月一日后或乾道六年正月一日后)

卿等入辞法座,出憩宾邮。念将命之良勤,矧就涂之非久,洊加锡予,以示眷存。

出处:《文定集》卷八。

撰者:汪应辰

考校说明:编年据汪应辰任两制时间、文中所述史事补。

平江府赐金国贺正旦人使回程御筵口宣
（乾道五年正月一日后或乾道六年正月一日后）

卿等肃持使节，已毕庆仪，指燕路以言还，至吴门而少愒。申加燕劳，尚体眷存。

出处:《文定集》卷八。

撰者:汪应辰

考校说明:编年据汪应辰任两制时间、文中所述史事补。

赤岸赐金国贺正旦人使回程御筵口宣
（乾道五年正月一日后或乾道六年正月一日后）

卿等已事而竣，兹复祗于远役;式燕以衎，宜少驻于近郊。尚体眷怀，庶亡劳勚。

出处:《文定集》卷八。

撰者:汪应辰

考校说明:编年据汪应辰任两制时间、文中所述史事补。

正月三日赐金国贺正旦人使内中酒果口宣
（乾道五年正月三日或乾道六年正月三日）

岁律方新，春寒尚冽。眷言使传，留止都邮，爰致甘滋，俾谐燕衎。

出处:《文定集》卷八。

撰者:汪应辰

考校说明:编年据汪应辰任两制时间补。

正月四日赐金国贺正旦人使玉津园射弓弓箭例物口宣
（乾道五年正月四日或乾道六年正月四日）

卿等循声而发，克谨于容仪；承篚是将，俾颁于器币。岂惟适用，盖以旌能。

出处：《文定集》卷八。
撰者：汪应辰
考校说明：编年据汪应辰任两制时间补。

正月六日赐金国贺正旦人使朝辞归驿御筵口宣
（乾道五年正月六日或乾道六年正月六日）

乃眷使华，已辞轩陛，即其舍馆，锡以燕差。盖轸念于勤劳，俾从容于衍乐。

出处：《文定集》卷八。
撰者：汪应辰
考校说明：编年据汪应辰任两制时间补。

正月六日赐金国贺正旦人使朝辞归驿御筵口宣
（乾道五年正月六日或乾道六年正月六日）

卿等趋庭告至，整驾将行。毋疾其驱，尚少留于信宿；既醉以酒，式昭示于惠慈。

出处：《文定集》卷八。
撰者：汪应辰
考校说明：编年据汪应辰任两制时间补。

依旧给卖度牒诏
（乾道六年正月十三日）

行在及诸路日下依旧给卖度牒，每道作四百贯，以见钱、会子中半请买。

出处:《宋会要辑稿》职官一三之三五。

沿江诸郡税场不得违法收税诏
(乾道六年正月十三日)

沿江诸郡税场,今后商贾所载物货如系茶、盐、米、麦、面、铜钱,敢有违法收税者,许商贾越诉,监司按劾以闻,将监临官并专拦等人重置典宪。

出处:《宋会要辑稿》食货一八之四。又见《宋会要辑稿补编》第六八四页。

钱卓降三官诏
(乾道六年正月十三日)

真州六合县遗火,延烧居民寨屋,统制官钱卓并不用心救扑,显是弛慢不职,可降三官。

出处:《中兴两朝圣政》卷四八。又见《宋史全文绩资治通鉴》卷二五。

支降会子均付两淮总领所收籴马料诏
(乾道六年正月十七日)

左藏南库支降会子十二万贯,均付两淮总领所,差官置场收籴马料十万硕。

出处:《宋会要辑稿》食货四〇之四九。又见同书食货四一之六。

除郭振武泰军节度使赐本军示谕敕书
(乾道六年正月十九日后)

敕武泰军官吏军民僧道耆寿等:朕以郭振勇且有谋,老而克壮。折冲御侮,蚕济著于肤公;御众牧人,今并膺于阃寄。爰畀节制,以为宠光。既成命之惟行,谅远方之咸喜。

出处:《汉滨集》卷三。

考校说明:编年据《宋史》卷三四《孝宗纪》补。王之望此时未任两制,此文疑为《汉滨集》误收。

徐子寅除驾部告词
(乾道六年正月)

司舆郎吏高选,非曾把麾持节不以授,今特命汝。

出处:《攻媿集》卷九一《徐公行状》。

考校说明:原书前文载:"有旨:徐某措置官田,招集人民,委有劳效。"

浙西等沙田芦场估价出卖诏
(乾道六年二月一日)

浙西、江东、淮东诸处沙田芦场二百八十余万亩,除人户已请佃及包占外,其余并行估价出卖。所有已请佃及包占数目,可立定等则,增立租课。

出处:《宋会要辑稿》食货六三之二一六。又见同书食货一之四五。

推赏军器所制造诸色军器人诏
(乾道六年二月十二日)

乾道三年、四年军器所制造诸色军器合该依例推赏人,依已降指挥施行。

出处:《宋会要辑稿》职官一六之一九。

张安道补下班祗应诏
(乾道六年二月十九日)

建宁府张安道减价出粜米一万四千一十石一斗,又设米粥救济,与补下班祗应。

出处:《宋会要辑稿》职官五五之五一。

谕群臣诏
(乾道六年二月二十一日)

朕深惟治不加进,夙夜兴怀,思有以正其本者。今欲均役法,严限田,抑游手,务农桑。凡是数者,卿等二三大臣深思熟计,为朕任此而力行之。其交修一心,毋轻怀去留,以副委寄,此朕所望也。

出处:《宋会要辑稿》食货一四之四四。又见同书食货六五之九八,《中兴两朝编年纲目》卷一六,《南宋书》卷二,《宋史新编》卷一一。

条具三省密院烦碎不急之务申尚书省诏
(乾道六年二月二十二日)

令检正都司检详编修条具三省、密院烦碎不急之务合归有司者,申尚书省。

出处:《宋会要辑稿》职官一之六二。

吕企中措置招人耕种淮西屯田诏
(乾道六年二月二十八日)

建康府都统司退下淮西屯田,专委淮南转运判官吕企中措置,召人耕种。

出处:《宋会要辑稿》食货六三之一四九。

刘汲谥忠介制
(乾道六年二月二十九日)

以孤垒抗方张之虏,义弗图存;示本朝有仗节之臣,死为不朽。敬徇易名之请,因宏厉俗之规。具官刘汲奥学决科,诚心事上。值奸回之恶直,遭排摈而自如。赐环于靖康更化之初,分阃于建炎再造之日。属兹穰守,正扼贼冲。众避敌以苟全,独舍生而徇难。发归若动,尚想常山之威;眦裂大呼,不愧睢阳之战。哀百身而奚赎，节一惠以表尊。虑国为忠，捐躯曰介。冀英魂之如在，歆恤宠之不忘。可特赐谥忠介。

出处：《三朝北盟会编》卷一一四。

立定三榷货务都茶场岁额钱数诏
（乾道六年三月一日）

将三榷货务都茶场收到茶、盐、香、礬钱，各行立定岁额钱数下项：行在务场八百万贯，建康务场一千二百万贯，镇江务场四百万贯。如收趁及额，官吏方得依例推赏；如亏不及一分，免行责罚；若亏及一分以上，各降一官，吏人各从杖一百科断。其降出外路茶盐钞引，候卖到钱赴务场交纳讫，方许理数。

出处：《宋会要辑稿》食货二七之三五。又见同书食货三一之一九、食货五五之二八，《宋会要辑稿补编》第七九七页。

枢密院奏本院吏额事诏
（乾道六年三月四日）

其人数永为定额，请给等并依旧，不得增添。内所增令史，依名次递迁；书令史并正名贴房阙，令就今春铨试场拣试。今后遇书令史有阙，方许于正名贴房内时暂差权，候试中正人日罢。

出处：《宋会要辑稿》职官六之一七。

强盗断罪事诏
（乾道六年三月二十五日）

敕：今后应强盗赃满，内为首及下手伤人，若下手放火，或因而行奸，或杀人加功者，加功谓不下手杀人，当时共相拥迫，由其遮遏，逃窜无所，既相因藉，始得杀之。并已曾贷命再犯之人，以上六项并依旧法处断不许奏裁外，余听依"刑名疑虑"敕条奏裁。

出处:《庆元条法事类》卷七三。

武学生李国勋廷试绝伦弓弩诏
(乾道六年三月二十六日)

武学生李国勋将来省试,令还省试绝伦弓弩一次。如合格,许赴殿试绝伦。即有不中,依旧赴三等弓马。

出处:《宋会要辑稿》选举一七之三二。又见《宋会要辑稿补编》第二八五页。

赐南平王李天祚郊祀加恩制诏敕书
(乾道六年春)

敕南平王李天祚:朕顺迎至景,祗款圆丘。乃眷南邦,凤虔内贡。抚封虽远,推惠不遐。宠以纶言,申之赐式。往膺廷涣,庸对神厘。今赐卿马二匹、金镀银作子鞍辔一副、缨纹全衣一袭、紫罗夹公裳一领、熟白小绫宽汗衫一领、熟白小绫勒绵一条、熟白大绫宽夹袴一腰、沟罗夹绣三襜一条、抱肚一条、二十五两金御仙花腰带一条、五十两白成银腰带匣一具、金花银一百两、钞锣二面、衣着细衣着共杂色绢二百匹、绿绢四十三匹、赤黄绢二十三匹、绯绢三十匹、浅色绢三十二匹、碧绢二十二匹、槐黄绢二十六匹、粉沟绢二十四匹,至可领也。故兹示谕,想宜知悉。春寒,卿比平安好? 遣书,指不多及。

出处:《玉堂类稿》卷一一。
撰者:周必大
考校说明:"春"据文中所述"春寒"补。周必大《玉堂类稿》卷一一以四库本为底本,以下不再一一说明。

徽猷阁直学士提举江州太平兴国宫凌景夏乞致仕不允诏
(乾道四年十一月至乾道六年四月间)

卿德齿之尊,典刑所寄。在昔甘泉之法从,实冠群公;于今正始之名流,殆无几辈。退奉祠馆,浸更岁时。俛仰湖山之间,浮游尘垢之表。既无外累,足以自颐,奚为抗章,复欲谢事! 其仍旧贯,毋有退心。所请宜不允。

出处:《文定集》卷八。

撰者:汪应辰

考校说明:编年据汪应辰任两制时间补。凌景夏于隆兴二年六月二日除提举江州太平兴国宫(见《宋会要辑稿》选举三四),此诏时间当在同集同卷《徽猷阁直学士新除知建宁府凌景夏辞免恩命不允诏》《徽猷阁直学士新知建宁府凌景夏乞改授一在外宫观差遣不允诏》之前。

徽猷阁直学士新知建宁府凌景夏乞改授一
在外宫观差遣不允诏
(乾道四年十一月至乾道六年四月间)

卿历守剧郡,绰有岂弟之声;入践禁涂,蔚为侍从之表。眷予赐履之旧,寄以分符之严。推平日之政以治民,藉本朝之望以重外。庶几两得,奚必再辞!所请宜不允。

出处:《文定集》卷八。

撰者:汪应辰

考校说明:编年据汪应辰任两制时间补。

显谟阁直学士知潭州充荆湖南路安抚使
沈介乞除宫观不允诏
(乾道四年十一月至乾道六年四月间)

卿以尽护诸将之略而镇抚湖湘,以特立累朝之节而表率郡国。盖其有本如是,固已不令而行。期年于兹,治效为最。而乃沥陈奏牍,力丐奉祠。重念远民,方依善政,其绥厥位,毋弃尔成。所请宜不允。

出处:《文定集》卷八。

撰者:汪应辰

考校说明:编年据汪应辰任两制时间、沈介宦历补,见《宋史翼》卷一二《沈介传》。

显谟阁直学士知潭州充荆湖南路安抚使
沈介乞除一宫观差遣不允诏
（乾道四年十一月至乾道六年四月间）

卿以正直之德，肃乂之材，尸我一方，甫更数月，威惠孚洽，左右率从。胡为抗章，乃欲引去！委寄之重，方兹仰成。其体朕怀，勉安尔位。所请宜不允。

出处:《文定集》卷八。

撰者:汪应辰

考校说明:编年据汪应辰任两制时间、沈介官历补，见《宋史翼》卷一二《沈介传》。

龙神卫四厢都指挥使广州观察使赵搏乞赐收还特
转行一官恩命检会近上奏札辞许赐自便不允诏
（乾道四年十一月至乾道六年四月间）

卿总戎于外，宣力滋多，特颁异恩，升畀显秩。夫将帅之义，一于徇国，故在《易》之《巽》，进退志疑，则利武人之贞以治之。今卿辞避新命，而顾以去就进退为言，岂其宜乎？其即钦承，思所以称。所请宜不允。

出处:《文定集》卷八。

撰者:汪应辰

考校说明:编年据汪应辰任两制时间补。

显谟阁直学士知潭州荆湖南路安抚使沈介为
招到三衙军兵并皆少壮及等不扰而办奖谕诏
（乾道四年十一月至乾道六年四月间）

朕常患今之郡县有所兴为，往往骚然烦费而事未必集。虽然，岂不存乎其人耶？卿任分阃之重，坚体国之义，招致锐士，入备禁旅。愿从者听，中率者助，初不以一毫累民。而道路云远，糗粮毕具，又未尝仰给大农也。呜呼！兹亦可以观政矣，予惟尔嘉之。

出处:《文定集》卷八。又见《新安文献志》卷二。

撰者:汪应辰

考校说明:编年据汪应辰任两制时间、沈介官历补,见《宋史翼》卷一二《沈介传》。

新除宝文阁学士致仕凌景夏辞免恩命不允诏
(乾道四年十一月至乾道六年四月间)

朕闵劳卿以官职之事,故特进名秩,以示贪贤而弗获之意。盖古之里居者,亦岂自暇佚而已哉!惟助成王德显,越尹人祗辟。卿其钦服朕命,勉尽此义。所请宜不允。

出处:《文定集》卷八。又见《新安文献志》卷二。

撰者:汪应辰

考校说明:编年据汪应辰任两制时间补。此诏时间当在同集同卷《徽猷阁直学士新除知建宁府凌景夏辞免恩命不允诏》《徽猷阁直学士新知建宁府凌景夏乞改授一在外宫观差遣不允诏》之后。

徽猷阁直学士新除知建宁府凌景夏辞免恩命不允诏
(乾道四年十一月至乾道六年四月间)

朕以卿厚德宿望,岿然一时,起于燕闲,付以师帅。矧浯纡郡绂,休有政声,入长六卿,实倡九牧。令兹寄任,何足以辞!所请宜不允。

出处:《文定集》卷八。

撰者:汪应辰

考校说明:编年据汪应辰任两制时间补。

观文殿大学士知绍兴府事史浩乞解府事
赐一在外宫观差遣不允诏
(乾道四年十一月至乾道六年四月间)

朕以卿望重弼谐,心存孝养。尹兹东夏,非徒昼锦之荣;循彼南陔,盖便晨羞之奉。胡为来谂,欲就退闲!而况年谷丰登,里闾宁谧,耆艾有遨游嬉戏之乐,鳏寡无叹息愁恨之声。为政若斯,养志大矣,益思锡类,毋复怀归。所请宜不允。

出处:《文定集》卷八。

撰者:汪应辰

考校说明:编年据汪应辰任两制时间、史浩宦历补,见《嘉泰会稽志》卷二。

边镇节度使制
(乾道四年十一月至乾道六年四月间)

周之六军,隐于南亩,及有风尘之警,则按籍而起,于是以六卿各将一军。是则武事不在乎拔距超乘之徒,而在乎仁义道德之臣。此杜预所以缓带临戎,安石所以奕棋制胜。我有明哲,授之师律,其明听朕命。具官某才高当世,学通古人,试之以剧而才愈出,临之以难而智益明。雄谋大略,信可以将万兵而慑远人矣。秦亭当兵车之冲,西鄙羌戎,提按一道,必在能者为之节制。夫斧钺在前,六纛在后,不用命者有显戮,用命有厚赏。尔其勉哉,无隳兵律。

出处:《文定集》卷八。

撰者:汪应辰

考校说明:编年据汪应辰任两制时间补。

试户部尚书曾怀乞除一宫观或外任差遣不允诏
(乾道四年十二月至乾道六年四月间)

朕与二三大臣讲论治道,以精择久任为用人之方。矧国计繁重,非他官比,如刘晏、陈恕,盖皆久乃见效。今朕之用卿,既得人矣,其益单乃心,称朕所以择任之之意,毋汲汲于求去也。所请宜不允。

出处:《文定集》卷八。又见《虞邑遗文录》补编卷一。

撰者:汪应辰

考校说明:编年据汪应辰任两制时间、曾怀宦历补,见《宝祐重修琴川志》卷八,《宋会要辑稿》方域一三、选举三四。

徽猷阁直学士知隆兴府江南西路安抚使
吴芾乞许守本官职致仕不允诏
（乾道五年四月至乾道六年四月间）

卿回翔禁涂,望实益劭,镇抚方面,恩威一新。顾欲于未至之年,求遂其知止之计,意虽甚切,义不可从。尚体朕怀,勉祗厥服。所请宜不允。

出处:《文定集》卷八。

撰者:汪应辰

考校说明:编年据汪应辰任两制时间、吴芾官历补,见《宋会要辑稿》选举三四等。

尚书左仆射陈俊卿乞许解机务不允诏
（乾道五年八月至乾道六年四月间）

卿修身齐家,允蹈先圣之学;持正应变,兼有昔人之长。调胹万机,康济群物,既自任以重,必克成厥终。惟进陟于宰司,盖甫逾于期月。若乃富强之业未集,阴阳之气未和,方当恐惧修省之时,正需辅赞弥缝之助。胡为自列,乃欲告归!昔成汤圣人,实赖一德;孔子为政,尚云三年。其尽弼谐之诚,益图持久之效。所请宜不允。

出处:《文定集》卷八。

撰者:汪应辰

考校说明:编年据汪应辰任两制时间、陈俊卿官历补,见《宋史》卷三四《孝宗纪》。

尚书左仆射陈俊卿上表再乞许解机务不允诏
（乾道五年八月至乾道六年四月间）

卿:朕惟比岁以来,大臣数易。规模不定,何以成政事;廉陛易陵,何以严国体。谓将久任,要在得人。朕以卿道义纯全,谋谟宏远,浃更众职而名愈重,参翊大政而力愈强。考卜既精,咨询咸允。乃置百僚之冠,式图庶绩之熙。方沃嘉猷,遽祈释位。岂习见近事,但以轻去为然;而未谅朕心,盖以既往为戒。苟纷纭之如故,奚经济之可期!宜体仰成,益勤励相,尚念分阴之惜,毋徒屡渎之烦。所请宜不允,不得再有陈情。

出处:《文定集》卷八。又见《新安文献志》卷二。

撰者:汪应辰

考校说明:编年据汪应辰任两制时间、陈俊卿宦历补,见《宋史》卷三四《孝宗纪》。

尚书右仆射虞允文再乞解罢机政不允诏
(乾道五年八月至乾道六年四月间)

卿名振华夷,材经文武。方兹注意,惟以仰成。曾坐席之未温,乃抗章而欲去。义将安出,势岂宜然! 已明喻于至怀,尚渎陈于前说。惟左右之宣力,盖将有为;非初终之一心,何以能济! 勉安厥位,益究乃猷。所请宜不允,不得更有陈请。

出处:《文定集》卷八。又见《新安文献志》卷二。

撰者:汪应辰

考校说明:编年据汪应辰任两制时间、虞允文宦历补,见《宋史》卷二一三《宰辅表》。

试尚书吏部侍郎兼侍讲兼直学士院陈良祐
乞许奉祠或州郡差遣不允诏
(乾道五年十月至乾道六年四月间)

卿夙以学识,简于朕怀,发舒谋猷,扬历华要。方益观于远业,乃祈去于周行。已喻至怀,犹伸前请。仰不愧,俯不怍,奚虞怨谤之乘;言有物,行有恒,岂复悔尤之积。尚体兹义,其安尔居。所请宜不允。

出处:《文定集》卷八。

撰者:汪应辰

考校说明:编年据汪应辰任两制时间、陈良祐宦历补,见《宋中兴学士院题名》。

尚书吏部侍郎兼侍讲兼直学士院陈良祐乞畀外祠不允诏
(乾道五年十月至乾道六年四月间)

朕惟本朝之盛,谏官御史类多以称职久任。其辨明是非,纠逖邪柱,盖不遗余力。然未闻一去言路,乃切切然顾畏引避,而亦无有轻议其后者。卿顷在谏省,殆将三年,既而出纳命令,铨综人物,朕所选用,每有加焉。今忽以尝任言责,欲避仇怨而去,是何故耶!《传》曰"内省不疚,夫何忧何惧?"卿其安之。所请宜不允。

出处:《文定集》卷八。又见《新安文献志》卷二。
撰者:汪应辰
考校说明:编年据汪应辰任两制时间、陈良祐宦历补,见《宋中兴学士院题名》。

刘章辞免除礼部侍郎兼侍读恩命不允诏
(乾道六年正月至四月间)

故旧之义,所以厚民风;老成之人,所以重国体。惟兹二者,卿实兼之。召置贰卿,典司三礼。卑以自牧,虽陈引避之辞;直哉惟清,其思选任之意。所请宜不允。

出处:《文定集》卷八。
撰者:汪应辰
考校说明:编年据汪应辰任两制时间、刘章宦历补,见《宋史》卷三九〇《刘章传》、《宋会要辑稿》选举一七等。

新除资政殿大学士致仕周葵辞免恩命不允诏
(乾道六年正月至四月间)

士之致其事者,朕皆有以宠绥之,矧卿德齿之尊,辅弼之旧,朕所以贵德尚齿,与夫优待大臣之意,其可已乎?体予眷怀,祗服新命,永锡难老,使士大夫有所矜式焉。所请宜不允。

出处:《文定集》卷八。

撰者:汪应辰

考校说明:编年据汪应辰任两制时间、周必大《平园续稿》卷二三《周简惠公葵神道碑》补。

淮东总领所并归淮西总领所等事诏
(乾道六年四月一日)

淮东总领所并归淮西总领所,令沈复通领,存留属官一员。铸钱司可减罢,并归发运司,存留干办公事二员,亦发归运司。

出处:《宋会要辑稿》职官四一之六五。

四川铨试人就宣抚司收试诏
(乾道六年四月一日)

令四川铨试人并就宣抚司收试,余依见行条旨施行。

出处:《宋会要辑稿》选举二六之六。

天申节诸处排宴事诏
(乾道六年四月二日)

乾道六年天申圣节,行在斋筵、大宴并诸路州军等处排宴,并依绍兴二十九年以前礼例。

出处:《中兴礼书》卷二〇五。

诸军暴露立功等赏格以三年为限诏
(乾道六年四月二日)

诸军暴露立功等转资、大教拍试转资、将校拈香恩泽、川广买马赏、两淮捉获私渡赏、人户起发海船赏、军兵防托海道赏、诸州军造铁甲赏、土豪召募强壮赏,应前件赏格比附劳绩应赏,并以三年为限;川、广展一年。仍以文字到省部日为限。

出处:《宋会要辑稿》兵一九之一九。

约束浙西诸路州县借名差雇夫马诏
(乾道六年四月六日)

访闻浙西、江东、淮东沿路州县差夫应副往来,及朝廷差出官,多以奉使为名,差雇夫马,骚扰百姓,合行约束。诏示逐路行下所部州县,今后除朝廷贺生辰、正旦及接伴北使往还外,其余并不许差雇。如违,重作施行。

出处:《宋会要辑稿》职官五一之二四。

差拨官兵赴江州王明军使唤诏
(乾道六年四月二十五日)

令殿前司于选锋军官兵内差拨三百人,神策选锋军差二百人,马军司中军差三百人,步军司中军差二百人,建康府都统司差五百人,应副舟舡津发,差人管押,同家小发赴江州王明军收管使唤。并要全队强壮入队之人,不得以老弱不堪披带人充数。内三衙人令户部,建康府人令总领所依出戍人例,支给借请、起发犒设。

出处:《宋会要辑稿》兵五之二四。又见同书兵九之一九。

新除检校少傅保宁军节度使依前知绍兴军府
充两浙东路安抚使加食邑实封史浩辞免恩命
乞许仍旧秩改奉外祠不允诏
(乾道六年四月)

卿入相初政,为甘盘旧学之臣;出殿大邦,盖禹穴神皋之地。岁勤再阅,氓俗浃和,肆稽进律之文,特举久虚之典。而乃谓私养之未便,欲力辞而言归。惟昔人臣,勤于王事,不遑将母,是用作歌。今卿定省庭闱,常如一日;顾瞻乡党,实在四封。尚何异于家居,其即膺于朕命。所请宜不允。

出处:《文定集》卷八。

撰者:汪应辰

考校说明:编年据汪应辰任两制时间、《嘉泰会稽志》卷二补。

除罗愿太常博士制
(乾道六年四月)

敕左从政郎罗愿:朕追怀故老,慨想遗恩。惟累世之宦门,有一时之才子。尔优多士,名擢贤科。监税有声,宰邑著绩,尚副予知,益推所学。可特授依前左从政郎、太常博士、主管台州崇道观,替吕祖谦年满阙。乾道六年四月日。

出处:《濲川足征录》文部。

撰者:王秬

资政殿学士荆南路安抚使刘珙银合夏药敕书
(乾道五年夏或乾道六年四月)

眷西枢之旧德,镇南纪之上流。既触热以就涂,方下车而开府,特颁良剂,以示眷怀。

出处:《文定集》卷八。

撰者:汪应辰

考校说明:编年据汪应辰任两制时间、刘珙官历、文中所述"夏药"补,见《晦庵先生朱文公文集》卷九七《刘公行状》等。

参知政事四川安抚使王炎银合夏药敕书
(乾道五年夏或乾道六年四月)

卿参翊政涂,往厘蜀部。既扞参之艰险,复触热之祥延,宜有分颁,以资卫养。

出处:《文定集》卷八。

撰者:汪应辰

考校说明:编年据汪应辰任两制时间、王炎官历、文中所述"夏药"补,见《宋史》卷三四《孝宗纪》等。

御前诸军都统制郭振王友直赵撙陈敏吴拱员琦王琪杨钦御前诸军副都统制张荣郭刚张青郭谌王明银合夏药敕书
(乾道五年夏或乾道六年四月)

卿夙推将略,外总师干。有嘉守卫之勤,方属炎蒸之序,特颁良剂,以示眷怀。

出处:《文定集》卷八。

撰者:汪应辰

考校说明:编年据汪应辰任两制时间、文中所述"夏药"补。

四川安抚制置使兼知成都府晁公武银合夏药敕书
(乾道五年夏或乾道六年四月)

卿外分阃寄,邈在坤隅,载嘉镇抚之勤,方履炎歊之候。肆颁珍剂,以示眷怀。

出处:《文定集》卷八。

撰者:汪应辰

考校说明:编年据汪应辰任两制时间、晁公武官历、文中所述"夏药"补,见《宋会要辑稿》选举三四等。

观文殿学士福建安抚使汪澈银合夏药敕书
(乾道五年夏或乾道六年四月)

卿望冠枢庭,任分帅阃。惟闽山之多暑,矧夏令之方炎,特颁剂和之良,以助节宣之用。

出处：《文定集》卷八。

撰者：汪应辰

考校说明：编年据汪应辰任两制时间、汪澈官历、文中所述"夏药"补，见周必大《省斋文稿》卷三〇《汪公澈神道碑》。

观文殿大学士两浙东路安抚使史浩银合夏药敕书
（乾道五年夏或乾道六年四月）

卿以辅相之崇，任蕃宣之重。属炎歊之未艾，念镇抚之良勤，式示眷怀，特颁珍剂。

出处：《文定集》卷八。

撰者：汪应辰

考校说明：编年据汪应辰任两制时间、史浩官历、文中所述"夏药"补，见《嘉泰会稽志》卷二。

赐陈俊卿手札
（乾道六年五月前）

朕痛念祖宗陵寝沦于异域者四十余年，今欲遣使往请，卿意以为如何？

出处：《中兴两朝圣政》卷四八。又见《宋史全文续资治通鉴》卷二五，《宋宰辅编年录》卷一七，《晦庵先生朱文公文集》卷九六《陈公行状》。

臣僚奏诸州积欠户部钱物事答诏
（乾道六年五月四日）

令户部长贰常平约束，仍专委郎官一员同拘催所行下仓场库务，将诸处纳到钱物数及兑支、截拨、放免之数，并仰日下勾销除放。余依。

出处：《宋会要辑稿》食货五六之五三。

刑部差出手分请受诏
(乾道六年五月四日)

令将应差出手分,许以正贴承权支破七分手分请受,其正贴司职事只令本人兼行,更不差私名承填。

出处:《宋会要辑稿》职官一五之二三。又见同书食货五六之五三。

精加教阅弓手诏
(乾道六年五月四日)

令诸路提刑司行下所部州县,遵依已降指挥,将弓手精加教阅,每岁躬亲前去点检拍试,具有无事艺升进退堕,置籍申枢密院。

出处:《宋会要辑稿》兵三之二七。又见《宋会要辑稿补编》第四三〇页。

吏部拟定并省本部吏额事答诏
(乾道六年五月四日)

依拟定,各从下裁减。将来见阙日,依名次拨填。其减下人,愿依条比换名目者听。

出处:《宋会要辑稿》选举二四之八。又见同书职官九之一一、职官一〇之九。

监司郡守上殿事诏
(乾道六年五月七日)

今后监司、郡守阙到合奏事之人,如到国门日,径札阁门引见上殿,更不逐时画降指挥。

出处:《宋会要辑稿》职官四五之二八。

吕祖谦除太常博士制
(乾道六年五月七日)

敕左从政郎吕某:朕追怀故老,慨想遗风。惟累叶之相门,有一时之才子。尔学优多士,名擢两科。准《易》草经,独守扬雄之志;下帷授业,共尊董相之风。兹召自于泮宫,俾入跻于学省。以慰诸儒之望,庶几师道之明。尚副予知,益推所学。可特授依前左从政郎、太学博士。

出处:《东莱吕成公外录》卷一。
撰者:王柜

降会子赐忠锐军犒设使用诏
(乾道六年五月八日)

于左藏南库取会子一万贯,充赐忠锐军犒设使用,候降合用除破,限日下供纳。

出处:《宋会要辑稿》礼六二之七五。此句疑有脱误。

点检赡军激赏酒库所官转官诏
(乾道六年五月十二日)

点检赡军激赏酒库所主管干办官,依元降指挥,任满与转一官;提领官实及三年,与转一官。如任内替移,许计日推赏。见任人依此。

出处:《宋会要辑稿》食货二一之八。又见同书职官五九之二四。

许两浙转运司辟官措置兰溪买扑酒坊诏
(乾道六年五月十四日)

两浙转运司正辟监官二员,别措置开沽。日后所认息钱,依限发纳;日前拖欠息钱,分限起发。

出处:《宋会要辑稿》食货二一之八。

教阅淮东万弩手诏
(乾道六年五月十六日)

淮东万弩手令本路安抚司行下诸州军,候秋成了日,依淮西路一体教阅施行。

出处:《宋会要辑稿》兵一之三二。

陈俊卿罢左仆射除观文殿大学士知福州制
(乾道六年五月十九日)

宅百揆以奋庸,允赖弼谐之长;总十连而建屏,更资牧御之良。乃眷元臣,久烦几务,祈解秉钧之任,爰分制阃之权。我有明纶,告于列位。具官陈俊卿性资端悫,道术通明。傅羽翼于初潜,早识经纶之器;竭股肱于详试,备输启沃之忠。自登鼎司,雅厌时望。赞万几而裁决,克谨其微;佐百度以弥缝,率归于正。方倚同心之助,迄成经远之图,而乃叠贡囊封,愿还印绶。既屡形于优诏,曾莫夺于忧衷。入备三公,虽总方而议政;出为二伯,亦分职以理民。惟时委寄之隆,岂有中外之间。勉从雅志,庸涣茂恩。冠秘殿以通班,不改岩瞻之望;开全闽而作牧,何殊昼锦之归。以昭体貌之私,以厚始终之眷。於戏!山甫之将王命,既勤补衮之功;申伯之式南邦,宜被锡圭之宠。往茂干方之略,勿忘告后之猷。

出处:《宋宰辅编年录》卷一七。
撰者:陈良祐
考校说明:“己巳”据《宋史》卷三四《孝宗纪》补。

天申圣节斋筵事诏
(乾道六年五月二十四日)

天申圣节斋筵,礼部检察乐次官、主令等并不支破御厨喫食。今后准此。

出处:《宋会要辑稿》职官一三之八。又见同书职官一三之四四。

戒饬士大夫诏
（乾道六年五月二十四日）

朕嗣承大业,夙夜求济,顾德弗类,历日弥久,国家之势未复乎安强。所赖荐绅大夫明宪度,总方略,率作兴事,以规恢远图。属者训告在位,申饬检柙,使各崇尚名节,恪守官常,谨好恶于用舍之际者,亦深切著明矣。而百执事之间,玩岁愒日,未喻朕志。苟且之俗犹在,诞谩之习尚存。便文营私以为智,模稜不决以为能,以拱默为忠纯,以缪悠为宽厚。隆虚名以相尚,务空谈以相高。见趋事赴功之人,则舞笔奋辞以沮之;遇矫情沽誉之士,则合从缔交以附之。甚者责之事则身偷,激之言则气索。曾微特立独行之操,安得仗节死义之风? 朕甚不□。□□天下之风俗之好恶,朕所趣乡,荐绅大夫,其知之矣。朕躬秉是道,嘉与宇内之士共繇□□,而俗习□□,岂廉耻道丧日久,而浸渍所入者深欤? 抑告戒恳恻未能孚于众也?《书》不云乎:“格则承之庸之,否则威之。”继自今,其惟易虑,激昂底励,毋蹈故辙,予则尔嘉;尔或不从,朕则罚及尔身,弗可悔。布告天下,使明知朕意。

出处:《咸淳临安志》卷四。又见《中兴两朝圣政》卷四八,《宋史全文续资治通鉴》卷二五。

考校说明:原书系于乾道六年十月,据《中兴两朝圣政》卷四八、《宋史全文续资治通鉴》卷二五、《宋史》卷三四《孝宗纪》改。

楚州护圣步军发遣归殿前司诏
（乾道六年五月二十五日）

楚州建屯戍殿前司护圣步军官兵,尽发遣归司。

出处:《宋会要辑稿》兵五之二五。

修盖寨屋诏
（乾道六年五月二十五日）

江西提刑司行下本路州县疾速修盖寨屋。如敢依前违戾,按劾以闻。

出处:《宋会要辑稿补编》第四九一页。

陕西河东路敢勇效用等隶兵部诏
（乾道六年五月二十七日）

将陕西、河东路敢勇效用,川陕宣抚司拟补效用,川陕义兵及归明、归正、归附等人,并阵亡及借补、应转补进义校尉,守阙进义副尉、进武校尉,守阙进武副尉、下班祗应,并隶兵部。

出处:《宋会要辑稿》职官一四之九。

给舍台谏言事毋忽微细诏
（乾道六年五月二十八日）

旧制设两省言路之臣,所以指陈政令得失。给舍则正于未然之前,台谏则救于已然之后,故天下事无不理。今任是官者,往往以封驳章疏太频,惮于论列,深未尽善。自今后给舍、台谏凡封驳章疏之外,虽事之至微,亦毋致忽。少有未当,可更随时详具奏闻,务正天下之事。

出处:《宋会要辑稿》职官五五之二四。又见同书帝系九之三二、职官一之八二,《中兴两朝圣政》卷四八,《宋史全文续资治通鉴》卷二五。

令俞召虎与徐子寅同措置营田御札
（乾道六年五月后）

令俞召虎与徐某同措置营田,却令徐某同措置盐场,各宜协济,以副朕使令之意。

出处:《攻媿集》卷九一《徐公行状》。

<h1 style="text-align:center">遣官决狱诏</h1>
（乾道六年闰五月四日）

久雨未晴,深虑刑狱淹延,有伤和气。大理寺、临安府并属县、三衙见禁罪人,在内委刑部郎官,在外委通判躬亲决遣,具已断名件申尚书省。

出处:《宋会要辑稿》刑法五之四一。

<h1 style="text-align:center">皮剥所将马皮尽数赴军器所送纳诏</h1>
（乾道六年闰五月四日）

枢密院皮剥所:今后将马皮尽数赴军器所送纳,其牧放去处,令本军拘收赴所送纳。

出处:《宋会要辑稿》职官六之四二。

<h1 style="text-align:center">转行依隆兴元年四月立定格目指挥诏</h1>
（乾道六年闰五月八日）

今后并依隆兴元年四月二十四日立定格目指挥,其续降"一功转三官方与转行"指挥,更不施行。

出处:《宋会要辑稿》兵一九之一一一。

<h1 style="text-align:center">诸路总领监司州军受纳解发钱贯事诏</h1>
（乾道六年闰五月九日）

敕:诸路总领、监司、州军受纳解发钱贯,须是会子、见钱各半,仍令总领、监司岁终具奏本司今岁受纳过州军钱贯若干、会子若干、见钱若干,诸州军亦具奏今岁解发过某司钱贯若干、会子若干、见钱若干,并各依实声说,不得虚装会子之数。日后违戾,以违制论。

出处:《庆元条法事类》卷三〇。

差官编叙系囚诏
(乾道六年闰五月十日)

今岁疏决,御史台、大理寺差郑闻、张说,临安府、殿前马步军司差王秬、宋钧,将见禁罪人编叙系囚,定其罪目,申尚书省进呈取旨,择日引见。

出处:《宋会要辑稿》刑法五之一四。

修换鞍辔库鞍辔诏
(乾道六年闰五月十四日)

鞍辔库应取赐宰执、两府、侍从鞍辔讫,申明除破;及桩管宰执、侍从鞍辔内有年远色暗者,申明下文思院修换。每遇大礼修换御座鞍辔等,申明下军器所、文思院同修换。

出处:《宋会要辑稿》食货五二之三九。

制造排办等子出职例物事等诏
(乾道六年闰五月十四日)

等子出职例物事,亲从、诸班直、推垛子例物事,依例令祗候库径申户部行下所属制造排办施行。

出处:《宋会要辑稿》食货五二之三六。

入内内侍省差官抽摘诸食支遣军米料事诏
(乾道六年闰五月十四日)

入内内侍省今后差官抽摘诸食、支遣军米料,于临安府差拨斗级前去盘量。

如有少剩数目,取旨施行。

出处:《宋会要辑稿》职官三六之二七。

黄石降二官诏
(乾道六年闰五月二十三日)

江东诸郡多有被水去处,漕臣黄石不即躬亲按视,止差县官前去,显是弛慢,可降两官。

出处:《中兴两朝圣政》卷四八。又见《宋史全文续资治通鉴》卷二五。

江东路被水下户放身丁钱诏
(乾道六年闰五月二十四日)

江东路被水去处,比余路最多,可令江东转运司将建康府、太平州实被水县分第四、第五等人户今年身丁钱,并与放免一年,不得巧作名色依旧科取。如有违戾,令监司觉察按劾,重作施行,许人户越诉。

出处:《宋会要辑稿》食货六六之一〇。又见同书食货一二之一八,《中兴两朝圣政》卷四八,《宋史全文续资治通鉴》卷二五。

令张松劝谕江东人户往淮西耕种诏
(乾道六年闰五月二十五日)

令张松多方劝谕。如有愿往淮西耕田之人,津发前去,候到,令吕企中摽拨田段,借给种粮及屋宇牛具。

出处:《宋会要辑稿》食货一之四五。又见同书食货六三之二一七。

徐考叔请求曲法降官诏
（乾道六年闰五月二十八日）

入内内侍：省东头供奉官徐考叔为不合请求曲法，特降一官，送吏部与远小监当。

出处：《中兴两朝圣政》卷四八。又见《宋史全文续资治通鉴》卷二五。

申严卿监郎官更迭补外之制诏
（乾道六年六月二日）

诸路监司责任非轻，近来多有阙官去处，可检照累降卿监郎官更迭补外指挥施行。

出处：《中兴两朝圣政》卷四九。又见《宋会要辑稿》职官四五之二八，《宋史全文续资治通鉴》卷二五。

考校说明：《宋会要辑稿》职官四五系于乾道六年六月三日。

有事南郊御札
（乾道六年六月九日）

朕钦奉诒谋，嗣膺令绪。蒙天地之况，顾敢怠于灵承；席祖宗之休，尤不忘于抑畏。思报本反始之道，属持盈守成之时。惟三岁之亲祠，候一阳之应气。歆庙室以祇见，即郊丘而克禋。义取合祛，礼严陟配。念兹熙事，当敕攸司。要当一纯二精，务尽吉蠲之飨；盖为群黎百姓，匪专服御之华。冀悉至怀，先期申戒。朕以今年十一月六日谒款于南郊。咨尔百官，各扬乃职，相予肆祀，罔或不恭。

出处：《宋会要辑稿》礼一八之三二。又见《中兴两朝圣政》卷四九，《宋史全文续资治通鉴》卷二五。

催煎买纳盐官推赏条约诏
（乾道六年六月十五日）

催煎买纳官系以三年为任,任满,以三考逐年内煎买到盐与年额比较,其任外零考不及半年以上,对比月日比祖额纽计。如亏不及一分之人,与免比较。其零考虽不及半年,若比类亏一分,即更不推赏。

出处:《宋会要辑稿》食货二七之三六。又见《宋会要辑稿补编》第七九八页。

亭户少阙钱物许借贷诏
（乾道六年六月二十一日）

今后应亭户少阙钱物,并许径赴提举司入状借贷,以别状纳袋息钱应副,却将额外煎到盐依价折还元借钱。

出处:《宋会要辑稿》食货二七之三六。又见《宋会要辑稿补编》第七九八页。

太学武学生特与放行秋补一次诏
（乾道六年六月二十三日）

太学武学生员见有阙额,特与放行今年秋补一次,仍不以得解人为限,并依乾道二年以前指挥体例施行。其武学增作一百人为额。今后太学阙二百人、武学阙三十人,取旨试补。

出处:《宋会要辑稿》职官二八之二六。

诸州军守臣选择招集籍定武勇材能少壮愿立功名之人诏
（乾道六年六月二十六日）

诸州军守臣选择招集籍定,仍以众所推伏统率教阅,等第支破钱米,仍月按阅。事艺精强,斟量犒赏。先以籍定来历因依、年甲、乡贯、职次、姓名上三省、枢密院,候招收人数毕,守臣当职官优赏。

出处:《宋会要辑稿》兵一五之二一。

周必大授权发遣福建路提点刑狱公事制
(乾道六年六月二十八日前)

敕左朝奉郎、权发遣南剑州军州、主管学事兼管内劝农事周某:朕分遣使轺,敷求民瘼。谓与其试材于疏远堙微之士,则孰若借重于践扬望实之人?兹遣原隰之行,乃得丝纶之旧。将令远俗,识我近臣。尔文挨春华,学推武库。蜚声场屋,两枝仙桂之相高;寓直禁林,三峡词源之争鹜。自厌承明之直,久嗟太史之留。兹俾按于祥刑,姑少观于儒效。其谨六条之察,俾无庶狱之冤。仡仡外庸,嗣膺殊渥。可特授依前左朝奉郎、权发遣福建路提点刑狱公事、兼本路劝农提举河渠公事,填现阙,仍借绯。

出处:《文忠集》卷首《周文忠公年谱》。
撰者:王秬

南郊无色号人毋得放入诏
(乾道六年七月一日)

车驾升玉辂,诣青城,余金辂等后从,诸色人毋得喧杂。令都大提点并干办排连法驾卤簿仪仗官王琪等专一差人编栏无色号人,毋得放入。

出处:《宋会要辑稿》礼一八之三二。

川广监司郡守任满再除授须赴行在奏事诏
(乾道六年七月八日)

川广监司、郡守未经上殿许先赴任之人,今后任满,须赴行在奏事讫,方得再有除授。

出处:《宋会要辑稿》职官四五之二八。又见同书仪制六之二八。

除授郎官令上殿讫供职诏
（乾道六年七月十六日）

今后除授郎官，不以曾未上殿，并令上殿讫供职。

出处：《宋会要辑稿》仪制六之二八。

周必大除秘书少监兼直学士院制
（乾道六年七月十八日）

敕左朝奉郎周某：士之致远，器识为先。古有格言，朕尝三复。故虽以科目取士而不专以文艺用也。尔以儒术第进士，奋词业应为时用，常显于朝矣。比观入对，益知涵养。兹释宪台之寄，俾从道山之游。峻直銮坡，职清地邃。维少令参太史之事，庶资直谅；而北门当视草之任，正繄才华。若夫是古而非今，矜名以眩实，如俗儒所为者，朕实鄙之。宜知所趋，以对休命。可特授依前左朝奉郎、试秘书少监兼权直学士院。

出处：《文忠集》卷首。
撰者：郑闻
考校说明：编年据周纶《周益国文忠公年谱》补。

招填仪鸾司人匠诏
（乾道六年七月十九日）

仪鸾司所管人匠，昨系三百五十人为额，令招收敷额。自后遇阙日招填。

出处：《宋会要辑稿》职官二二之一〇。

定御厨额诏
（乾道六年七月十九日）

御厨权以四百人为额，令招收敷额。今后遇阙招填，据到人数赴膳部剌填。

出处:《宋会要辑稿》职官一三之四四。

显谟阁直学士左朝议大夫知潭州
沈介乞守本官致仕不允诏
(乾道六年七月二十四日)

卿以刚毅之资,通明之略,镇临一道,威望隐然。当今谋帅,未有能越卿者也,胡为引疾,遂致为臣? 年至耶,力不足耶,卿何辞之切、去之果也? 夫卑湿重腿,江南之常,独长沙乎? 其思啬精神,宣底滞,靖共介福,何恝不已? 尔庸既茂,方且图之。所请宜不允。

出处:《玉堂类稿》卷四。原书本卷总标为

撰者:周必大

推恩德寿宫官吏诸色人等诏
(乾道六年七月二十八日)

德寿宫官吏诸色人等为应奉有劳,已及五年,依已降旨,并特与各转一官资。碍止法人并依提举官张去。为所乞例回授阶官;未至止法人,并与阶官上转行。

出处:《宋会要辑稿》职官一一之五一。

收籴马料马草诏
(乾道六年八月四日)

令吕正己、胡昉分下丰熟州军,专委官别行收籴马料五十万硕、马草三百万束。料以稻子、大麦,草以稻草、乾荄、人草相兼收买,就逐处沿流桩管。合用本钱,令左藏南库支降。

出处:《宋会要辑稿》食货四〇之五〇。

置阁门舍人十员诏
(乾道六年八月六日)

阁门官属,旧有定制,今欲稍清其选,因以择材。除宣赞舍人、阁门祗候依旧通掌赞引之职外,可置阁门舍人十员,专掌觉察等事。并先召赴中书省试时务策一道,限八百字以上,并试步射七斗、弓四箭,就学引试。如应格,则取旨除授,立为定式。其所分职务,别令阁门件析以闻。

出处:《宋会要辑稿》职官三四之八。

阁门舍人优异与郡守差遣诏
(乾道六年八月六日)

阁门舍人如供职及十年,愿补外任者,并宜优异与郡守差遣。

出处:《宋会要辑稿》职官三四之八。

知阁门事等位序诏
(乾道六年八月六日)

知阁门事可升在拱卫大夫之下,其同知在左武大夫之下。

出处:《宋会要辑稿补编》第九一页。

敷文阁直学士降授左朝请大夫晁公武
辞免知扬州乞除在外宫观不允诏
(乾道六年八月七日)

卿昔任言责,广朕聪明;旋陟民曹,参予侍从。渡泸镇益,又讫外庸。万里召归,固当留以自近。会江浙择牧,思得邵毂诗书之帅,羊祜威信之守,兹为重寄,今以付卿。谓宜疾驱以宽忧,顾数上祠请,非予所知。

出处:《玉堂类稿》卷四。

撰者:周必大

端明殿学士左中奉大夫知平江府汪应辰乞宫观不允诏
(乾道六年八月七日)

朕宵旰图治,所赖以宣布德泽者,繄良二千石是望。既延见访问以精择于初,又增秩赐金以久任于后,凡以为民也。如卿岂弟忠信,侍朕有年,德意志虑宜知之矣。出临吴会,曾未数月,民隐甫恤,吏奸甫戢,上书求去,其意安在? 夫守方贤而遽易,固非朕指;政垂成而辄弃,卿亦奚取此哉? 姑安厥官,以慰黎庶。

出处:《玉堂类稿》卷四。

撰者:周必大

户部等处见管朝廷钱物申三省枢密院置籍诏
(乾道六年八月十四日)

除户部经常收支钱物外,应朝廷钱物、草料等,并令户部等处限五日开具见管窠名、实数,申三省、枢密院置籍。遇有收支,并仰即时供申揭帖。

出处:《宋会要辑稿》食货五六之五四。

按发监司郡守事诏
(乾道六年八月十四日)

今后监司、郡守凡按发之际,先委清强忠厚之士体究得实,方闻于朝。

出处:《宋会要辑稿》职官四七之三七。此诏原未系年,接于乾道五年之后,其前一条为

考校说明:此诏原未系年,接于乾道五年之后,其前一条为“闰五月”事。按乾道五年无闰月,六年乃有闰五月,可知前条及此条均为乾道六年事。

移置石埭县税务诏
（乾道六年八月十五日）

池州石埭县税务移置邑溪、七溪两路会口，只作一处收税，令石埭县务更不得重叠。所有留口镇税亦令住罢，所认常平司买扑课利等钱，却令石埭县税务抱认解拨。

出处：《宋会要辑稿》食货一八之六。

奖谕镇江府驻札御前诸军都统制成闵将本军不曾销落缴纳批凿隐匿付身共九千八百六十件缴申三省枢密院乞行毁抹诏
（乾道六年八月十七日）

孝宣之核名实，汉治乃兴；子木之数甲兵，楚师遂振。孰推朕意？繄我将臣。卿自总戎昭，力修军政。驭下绝厘毫之隐，事君怀忠赤之诚。上虚籍于司勋，何止一通之告？第战多于幕府，奚忧六级之差？省阅以还，叹嘉无斁。其缴到付身，并令承旨司焚毁。故兹诏示，想宜知悉。

出处：《玉堂类稿》卷九。
撰者：周必大

禁妄行传报诏
（乾道六年八月十九日）

今后妄行传报，如违，依听探传报漏泄法科罪。

出处：《宋会要辑稿》职官二之五一。

赐皇兄检校少保岳阳军节度使开府仪同三司充万寿观使永阳郡王居广生日诏
（乾道六年八月二十日）

敕居广：律清南吕，气肃西方。乃眷贤王，载临初度。维饩牵之厚，维醴醴之嘉。和乐且湛，朕方推周室之燕；炽昌而寿，尔尚协鲁侯之诗。

出处：《玉堂类稿》卷九。
撰者：周必大

右朝议大夫曾怀辞免龙图学士知婺州乞宫观不允诏
（乾道六年八月二十二日）

久劳暂逸者，臣子之至情；入从出藩者，朝廷之异数。既进退之无愧，宜恩荣之有加。卿自置周行，即司邦计。深达通变之数，兼明取予之方。六年于兹，多绩用懋。曳履政资于献纳，需头屡乞于退闲。冠西清严近之班，付东道蕃宣之寄。裕民足国，已晞晏朞之功；宣化承流，尚跂龚黄之政。悉心思报，避宠何名？

出处：《玉堂类稿》卷四。又见《文定集》卷八。
撰者：周必大
考校说明：汪应辰此时未任两制，本文当为《文定集》误收。

左中奉大夫行司农少卿韩彦直辞免特换观察使知襄阳府不允诏
（乾道六年八月二十二日）

廉车本唐十道采访之官，初无文武之别也。祖宗时，钱若水以执政旧臣，王嗣宗以中司峻望，李维以禁林旧德，皆易此官。中兴以来尝有自次对而得者，当时犹谓之优焉。今朕以卿智略疏通，性资静重，遍更外计，绰著多庸，故由列寺介卿特加超拜，概之近比，宠数愈优。岘首被边，号为重镇，往宣威信，勿事谦辞。所请宜不允。

出处:《玉堂类稿》卷四。

撰者:周必大

赈济濠州诏
(乾道六年八月二十四日)

淮南路转运司于庐州桩积米内取拨三千硕应副濠州赈粜。

出处:《宋会要辑稿》食货五八之八。

徽猷阁直学士左朝请郎知太平州周操辞免
改知泉州乞宫观不允诏
(乾道六年八月二十五日)

卿公忠端亮,久简朕心;岂弟廉勤,数腾郡最。以明而陟,改镇大藩。既答民庸,且彰异眷。引年罢守,本抑常材;若夫政绩著闻,风猷克壮,则虽庶僚有不得去者矣,况吾法从之俊老哉? 卿其勿疑,亟服新命。

出处:《玉堂类稿》卷四。

撰者:周必大

依宁国府例修整损坏圩岸诏
(乾道六年八月二十六日)

其余州军有圩岸损坏去处,令守臣依此措置修整,仍具工役去处申尚书省。

出处:《中兴两朝圣政》卷四九。又见《宋史全文续资治通鉴》卷二五。

买扑楚州故晋东西店谢阳店酒坊诏
(乾道六年八月二十八日)

楚州故晋东、西店并谢阳店酒坊,增钱令楚州买扑,趁息应辨武锋军激犒支遣。

出处:《宋会要辑稿》食货二一之九。

淮南监司属官酬赏事诏
(乾道六年八月二十八日)

淮南监司属官酬赏,各随置司所在州县官格法,依乾道五年十一月获旨推赏。余路监司属官置司之所,即在元旨该载州军之内,亦依此施行。

出处:《宋会要辑稿》职官五九之二五。又见《宋会要辑稿补编》第四〇四页。

措置堰门酒坊买扑沽卖事诏
(乾道六年八月二十八日)

将楚州盐城县管下堰门酒坊,令淮南转运司依见今立定一界净课利钱数置扑,措置沽卖。

出处:《宋会要辑稿》食货二一之九。

检放受灾州诸路税租诏
(乾道六年八月二十八日)

今后夏秋之间,水旱交作,继之螟虫,害稼滋多,其间江东、西最甚,二浙次之,福建、湖南北又次之。可令诸路监司早行核实,检放税租。

出处:《宋会要辑稿》食货六一之七七。

殿前司步军司所管在外酒坊日下交割诏
(乾道六年八月二十九日)

将殿前司、步军司所管在外酒坊,令户部日下交割。

出处:《宋会要辑稿》食货五六之五四。

赐端明殿学士新知信州洪遵口宣
（乾道六年八月）

有敕：卿起临近郡，入奏便朝。念远涉于川涂，盍分颁于茗剂？式宣恩指，尚体眷私。

出处：《玉堂类稿》卷一二。

撰者：周必大

考校说明：题下原注："乾道六年到阙，抚问并赐银合茶药口宣，以下同。"

永嘉郡夫人供奉官吏推恩诏
（乾道六年九月八日）

本位官吏等各特与转一官，碍止法人特与转行，合寄资人依旧寄资，愿回授者听，白身人特与补进武副尉。诸色供御辇官、厨子，翰林司供内、仪鸾入内院子，各特与转一资，碍止法人特与转行。

出处：《宋会要辑稿》后妃四之一九。

差拨游奕军等前去高邮军出戍诏
（乾道六年九月八日）

令殿前司差拨游奕军全军人马前去高邮军出戍，听陈敏节制。其忠锐军见管寄招军兵，令游奕军统制官一就统押前去。

出处：《宋会要辑稿》兵二之二五。又见同书兵九之一九。

考校说明："八日"，《宋会要辑稿》兵九作"六日"。

委官前去建康府收马诏
（乾道六年九月八日）

令三衙行下取马官，并关牒沿路州军，取径路前去建康府，委统领、同统制官审验印烙,日下放行草料,交付逐司牧马官如法养喂,其赏罚并依纲马到建康府体例施行。仍具收到马毛色、尺寸、齿岁数目申枢密院。

出处:《宋会要辑稿》兵二一之三四。

取马官赴建康府审验诏
(乾道六年九月八日)

令三衙行下取马官并关沿路州军,径赴建康府。委总领同统制官审验印烙,日下放行草料,交付逐司牧马官。其赏罚,并依纲马到建康府体例施行。仍具收到马毛色、尺寸、齿岁数目,申枢密院。

出处:《宋会要辑稿》兵二一之一五。

起江西湖南常平义仓米赴建康府桩管诏
(乾道六年九月十三日)

江西常平义仓米通起三十万硕,湖南常平义仓米通起一十万硕,并令发运司措置应副水脚钱,津发赴建康府桩管。

出处:《宋会要辑稿》食货五三之三三。

取拨建康府桩管米赈济和州诏
(乾道六年九月十四日)

于建康府桩管米内取拨一十万硕,限一月津发赴庐、和州桩管,准备赈粜。

出处:《宋会要辑稿》食货五八之八。

徽猷阁直学士左朝奉大夫周操辞免知泉州
及奏事恩命乞宫观不允诏
(乾道六年九月十六日)

卿以侍从之良,而名在诸侯之选。易州趣觐,盖将闻嘉猷、询民瘼也,而卿前既引年,今复辞疾,殆异乎体国之谊矣。其重赐玺书,以著予意,匪常礼也。朕于卿简眷如此,卿得不为朕一行乎?

出处:《玉堂类稿》卷四。又见《粤西文载》卷二。
撰者:周必大

令措置约束三省枢密院官人从出入省门诏
(乾道六年九月十六日)

三省、枢密院官并诸房都录事、副承旨已下所带人从、轿马,于省门内坐卧喧闹,委是冗杂,及省院并在省官司人吏有无故入六曹,窃恐因而传报事宜,理合措置。

出处:《宋会要辑稿》职官一之六二。

犯狂盗合编配人案内须声说有无家属诏
(乾道六年九月十七日)

令刑部行下诸路州军,今后应有犯狂盗合编配之人,并于案内声说有无家属申奏。

出处:《宋会要辑稿》职官一五之二四。

犯强盗贷命配到重役人逃亡者捕获径依军法施行诏
(乾道六年九月十七日)

刑部行下外路驻札诸军,将诸处犯强盗贷命配到重役之人,如今后辄敢逃亡,捕获勘证情犯,本军可径依军法施行。

出处:《宋会要辑稿》刑法四之五二。

令逐州守臣检实圩田合修治处诏
(乾道六年九月二十八日)

应有圩田合修治处,仰逐州守臣精加检实,及工役合用钱米支费,具数限一月闻奏。

出处:《宋会要辑稿》食货六一之一二〇。

推恩玉牒所修书官吏诏
(乾道六年九月)

玉牒所上光尧寿圣太上皇帝玉牒,修书官吏各转一官,减磨勘一年,余人等第转官、减磨勘、支赐有差。

出处:《宋会要辑稿》职官二〇之六一。

赐郭振御批
(乾道三年九月至乾道六年十月间)

卿廉正自守,朕深知之,但诸军统兵官切宜待遇以礼,随其高下,付与事权,严其阶级。如兵官有过,当出自卿治之。无使小人侮慢兵官,如此,则阶级不严。庶可统率士卒,不至犯分,缓急可以责任。卿宜体此。

出处:《景定建康志》卷四。
考校说明:编年据郭振宦历补,见《景定建康志》卷二六。文末原注:"振时为建康都统制,刻石在本司。"

左正议大夫蒋芾再辞免观文殿大学士知绍兴府不允诏
（暂系于乾道六年九月至十月间）

成王之封召伯，憩南国而教明；康侯之命毕公，厘东郊而道治。皆藉大臣之望，用形九牧之风。今朕起卿，实惟稽古。开近畿之巨镇，加秘殿之大名。素冠栾栾，矧终于礼制；赤舄几几，伫见于仪型。何未喻于眷怀，乃沴披于逊牍？其遵初诏，允迪前良。

出处：《玉堂类稿》卷四。

撰者：周必大

考校说明：编年据同集前后文时间、蒋芾官历补，见《嘉泰会稽志》卷二。

车驾诣青城编栏从人诏
（乾道六年十月一日）

车驾升玉辂，诣青城，余金辂等后从诸色人毋得喧杂。令都大提点并干办排连法驾卤簿仪仗官王琪等专一差人编栏，无色号人毋得放入。

出处：《中兴礼书》卷二〇。

观文殿大学士左光禄大夫知福州
陈俊卿乞宫观在外不允诏
（乾道六年十月三日）

朕待旧弼之礼甚厚，择帅守之任甚艰。属者以四千石之重俾卿昼绣而归，岂特敬故、保庸，合《周官》八统之驭，亦惟七闽父老子弟，知吾以相臣为乡部之宠，庶几歆羡告语，勉于为善，则一道虽远，可不劳而治也。谓体此意，往绥厥官，谂疾之章，何为遽上？传曰"不使大臣怨乎不以"，况我潜藩之故旧乎？卿未可以家食也。

出处：《玉堂类稿》卷四。又见《古文渊鉴》卷五七。

撰者：周必大

观文殿大学士左宣奉大夫提举临安府洞霄宫魏杞辞免差知平江府不允诏

(暂系于乾道六年十月四日前后)

朕观唐虞之世,内有百揆四岳,外有州牧侯伯,故能和庶政而宁万国。今朕起弼谐之旧,任蕃宣之寄,用此道也。惟卿令德孝恭继君陈之美,威仪维则有鲁侯之风。吴门大邦,迩密王室,盖精择而后用,岂谦辞所能避哉?亟其来思,惠此千里。

出处:《玉堂类稿》卷四。

撰者:周必大

考校说明:编年据同集前后文时间补。《绍定吴郡志》卷一一:"魏杞:观文殿学士、左宣奉大夫。乾道六年五月到,乾道七年十二月提举临安府洞霄宫。"待考。

徽猷阁直学士左朝奉大夫新改差知泉州事周操乞改除宫观差遣不允诏

(暂系于乾道六年十月四日前后)

朕惟泉南大藩,远在闽徼,遴择师帅,莫如卿宜,而恳避之章一再不已。昔卿未至,引疾可也,今既见朕矣,精力之强不异曩时,其可遂卿雅志乎?勉为朕行,毋数勤诏谕也。

出处:《玉堂类稿》卷四。

撰者:周必大

考校说明:编年据同集前后文时间、周操官历补,见《宋会要辑稿》食货八等。

左朝散郎试中书舍人兼侍讲兼直学士院郑闻辞免礼部侍郎不允诏

(暂系于乾道六年十月四日前后)

朕惟秩宗典乐,舜命二人。成周虽合于春官,然大宗伯、大司乐亦分二职。今仪曹兼掌斯事,任加重矣。朕既置其长,复立其贰,仿古谊也。卿以通材奥学,尝总夷、夔之职,粤司名命,益为国华,庸正贰卿,俾续前业。顾郊禋密迩,礼乐之用为急。使朕接三神之欢,成一代之典,正有赖于博洽,而又何逊焉?

出处:《玉堂类稿》卷四。

撰者:周必大

考校说明:编年据同集前后文时间、郑闻官历补,见《宋史》卷三四《孝宗纪》。

左朝请郎试尚书户部侍郎江浙京湖淮广福建等处都大发运使史正志乞守本官职致仕不允诏
(乾道六年十月五日)

朕乃者发官以示四方,庶几《大易》理财之义、《虞书》养民之政复见今日。卿由侍从,首在选中,亦既宣劳,方期底绩。乃因奉计,遂欲告归,是岂朕责成之指哉?传不云乎:"礼义不愆,何恤于人言?"卿其平心审思,使国用足于上,民力裕于下,称朕意焉。所请宜不允。

出处:《玉堂类稿》卷四。

撰者:周必大

敷文阁直学士右承议郎知明州兼沿海制置使赵伯圭乞在外宫观差遣不允诏
(乾道六年十月五日)

朕闻太守吏民之本,数易则下不安,故虽遐方支郡,犹择人而久任,况近畿巨藩控制海道如四明者乎?卿大雅不群,居官可纪,再分符竹,治效益彰。谨身帅先,如文翁之守蜀;足用爱民,如僖公之保鲁。父老方借留不释,而朕轻许其去可乎?毋弃尔成,以究循吏之绩。

出处:《玉堂类稿》卷四。

撰者:周必大

筵宴等支赐带御器械官环卫将官插戴花朵诏
(乾道六年十月六日)

今后筵宴等插戴花朵,带御器械官并环卫将官未至横行人,特与依横行副使支破。

出处:《宋会要辑稿》职官三四之一二。

丘崇杨万里国子博士告词
(乾道六年十月六日)

敕左宣义郎国子博士丘崇等:奉常礼乐之司,成均教养之地。号为博士,非若他官。正繫名儒,始称清选。尔崇行艺杰出,气养以刚。尔万里词华蔚然,思覃于古。俱以可大之业,际夫有为之时。岁当郊禋,方欲刺六经而作王制;士乐弦诵,要能本三代以明人伦。各勉厥修,毋负所学。可依前件。

出处:《诚斋集》卷一三三附录《历官告词》。又见《范成大佚著辑存》第八四页。
撰者:范成大
考校说明:编年据清邹树荣《杨文节公年谱》补。

诫约漕臣催科不用役法诏
(乾道六年十月七日)

户部检坐乾道二年九月已获旨行下。如有违戾,重作施行。

出处:《宋会要辑稿》食货一四之四六。

拨扬州桩管米赈济楚州盱眙军诏
(乾道六年十月十一日)

淮东总领所于扬州桩管米内,拨一万硕应副楚州赈粜,五千硕应副盱眙军赈粜。

出处:《宋会要辑稿》食货六八之六八。又见同书食货五八之八。

敕葬周执羔诏
(乾道六年十月十一日)

银青光禄大夫、礼部尚书周执羔深造学问,明达治体。靖共尔位,乂我皇家。尚殚协济之谋,遽有我遐之弃。朕深惜之!特遣礼部郎中王安以礼敕葬于本郡漆工镇凤凰山。攸嘉光贲,眷怀如故。乾道六年庚寅十月十一日给。

出处:民国《弋阳县志》卷一八。又见同书卷一六。

复威武军节度使左金吾卫上将军李显忠
辞免主管侍卫马军使不允诏
(乾道六年十月十五日)

国以兵益强,兵以将为命。况夫总爪牙于圻父,宪羽林之垒壁,委寄至重,可轻授人?卿沉毅忠勇,见谓名将。绍兴之末,尝典骑军。自朕纂承,益加倚信。与其执戈环卫,宣夙夜之劳;孰若申命天营,观训齐之效?众论维允,卿毋固辞。

出处:《玉堂类稿》卷四。
撰者:周必大

赐新知隆兴府蒋芾口宣
(乾道六年十月十一日)

有敕:卿甫御祥琴,即分帅钺。趣修过阙之觐,载念遵途之劳。宜锡珍良,用昭眷待。

出处:《玉堂类稿》卷一二。
撰者:周必大
考校说明:题后原注:"内侍王公昌。"

左正议大夫守尚书右仆射虞允文辞免
转官加食邑实封不允诏
(乾道六年十月二十日)

　　敕允文:省所札子奏辞免提举删修敕令书成,特转左正奉大夫、加食邑、食实封恩命事,具悉。宰以六典佐王,周室乃成于邦治;相以九章约法,汉家遂协于时宜。惟大臣克念于兼三,则多士自遵于画一。眷予贤弼,力蹈前修。致君已展于谋谟,定令更陈于纲纪。成书来上,一览甫周。进阶特奖于多庸,加地更隆于异数。既廷扬之众允,况面谕之素孚。毋费谦辞,趋承宠命。所请宜不允。

出处:《玉堂类稿》卷四。明抄本系于十月三十日。此上原无,据明抄本、四库本、傅校本补。

撰者:周必大

考校说明:"十月二十日",明抄本、四库本作"十二月三十日"。

赐皇子庆王恭王满散会庆节道场乳香口宣
(乾道六年十月二十二日前后)

　　有敕:良月载临,永年献祝。咏彼人天之众,符而忠孝之心。宜锡宝薰,共成庆会。

出处:《玉堂类稿》卷一一。

撰者:周必大

考校说明:月、日据宋孝宗生日补,见《宋史》卷三三《孝宗纪》。原书此篇之前原有总题"天申庆会节赐香饼斋筵酒果口宣"。题后原注:"内侍麦敞。"

赐三省官满散会庆节道场乳香口宣
(乾道六年十月二十二日前后)

　　有敕:眷时宰辅,率乃官僚。祝予寿祉之增,灼见忠诚之志。宜均馥郁,用助薰修。

出处:《玉堂类稿》卷一一。

撰者:周必大

考校说明:月、日据宋孝宗生日补,见《宋史》卷三三《孝宗纪》。题后原注:"内侍徐称。"

<h2 style="text-align:center">赐枢密院官口宣</h2>
(乾道六年十月二十二日前后)

有敕:千秋纪节,万寿祈年。乃眷枢臣,恪修佛供。助尔普薰之愿力,均予腾馥于军民。

出处:《玉堂类稿》卷一一。

撰者:周必大

考校说明:月、日据宋孝宗生日补,见《宋史》卷三三《孝宗纪》。题后原注:"内侍韩世荣。"

<h2 style="text-align:center">赐殿前司口宣</h2>
(乾道六年十月二十二日前后)

有敕:卿祗扈殿岩,肃提禁旅。庆流虹之纪瑞,即灵鹫以输忠。宜宠赍于三薰,助祝筵于万寿。

出处:《玉堂类稿》卷一一。

撰者:周必大

考校说明:月、日据宋孝宗生日补,见《宋史》卷三三《孝宗纪》。题后原注:"内侍何弼。"

<h2 style="text-align:center">赐马军司口宣</h2>
(乾道六年十月二十二日前后)

有敕:卿职总羽林,节逢飞电。吁众心于兹日,祝万寿于我躬。是锡奇芬,共成胜事。

出处:《玉堂类稿》卷一一。

撰者:周必大

考校说明:月、日据宋孝宗生日补,见《宋史》卷三三《孝宗纪》。

赐步军司口宣
(乾道六年十月二十二日前后)

有敕:卿密总卫兵,欣临诞序。共输臣节,仰祝帝龄。宝馨特出于尚方,妙果庶成于梵刹。

出处:《玉堂类稿》卷一一。

撰者:周必大

考校说明:月、日据宋孝宗生日补,见《宋史》卷三三《孝宗纪》。题后原注:"内侍徐称。"

玉津园射弓赐弓箭例物口宣
(乾道六年十月二十三日前)

有敕:卿等远奉使华,来修庆诞。动采蘋之乐节,讲上苑之射仪。特赐珍良,少酬审固。

出处:《玉堂类稿》卷一三。

撰者:周必大

降汪应辰朝请大夫敕
(乾道六年十月二十三日)

朕照临庶工,弗淫于罚,然迹状不可没,刑书不可容,则虽甘泉近侍之臣,不贷也。端明殿学士、左中奉大夫、提举江州太平兴国宫、玉山县开国伯、食邑九百户、赐紫金鱼袋汪应辰,允冠群从,出殿大邦。乃者输粟于王,僚佐不行,而以郡不逞□□,慢法不虔,于焉可见。遂使所输之粟,公为攘夺;所重之人,连陷刑戮。□言至此,职尔之由。夫定□必□夫本源,而行法当先贵近。肆览成狱,重镌文阶。朕岂少恩于尔哉! 尔则自贻,尚克内省。可特降朝请大夫,依前充端明殿学士、提举江州太平兴国宫,封、赐如故。

出处:道光《玉山县志》卷三一上,道光三年刻本。

十月二十三日玉津园射弓赐酒果口宣
(乾道六年十月二十三日)

有敕:卿等甫展庆仪,言游灵囿。彤弓卢矢,庸观德于射侯,嘉核芳醪,并示慈于宴席。

出处:《玉堂类稿》卷一三。
撰者:周必大

玉津园射弓赐御筵口宣
(乾道六年十月二十三日)

有敕:卿等称庆宸廷,展仪射圃。稽周雅序宾之义,合鲁人扬觯之言。宜命加笾,式旌中的。

出处:《玉堂类稿》卷一三。
撰者:周必大

差置左藏南上库监官人吏诏
(乾道六年十月二十八日)

诸省门内新盖左藏南上库了当,差置监官二员,依南库例堂除差人;监门官,差枢密院使臣一员。权于南库那差专副、手分、书手各一名,库子二名,令本库踏逐指差;仍于临安府拣下有职名军员内差十人专一看管。其左藏南库改作左藏南下库,并隶提领所。

出处:《宋会要辑稿》食货五一之三二。

十月二十八日朝辞讫归驲赐酒果口宣
(乾道六年十月二十八日)

有敕:卿等备成庆礼,甫上谒辞。出醁核于禁廷,侑盃盘于馆燕。往承嘉惠,共体湛恩。

出处:《玉堂类稿》卷一三。
撰者:周必大

朝辞讫归驲赐御筵口宣
(乾道六年十月二十八日)

有敕:卿等已庆电枢,方违象魏。眷皇华之在馆,命高会以飞觞。兹谓酺恩,勿辞霑醉。

出处:《玉堂类稿》卷一三。
撰者:周必大

密赐使副大银器口宣
(乾道六年十月二十八日后)

有敕:卿等远奉使华,恪修庆礼。诚效嵩呼之祝,器颁山溢之珍。宜即钦承,用符眷遇。

出处:《玉堂类稿》卷一三。
撰者:周必大

回程赐龙凤茶并金镀银合口宣
(乾道六年十月二十八日后)

有敕:卿等已奉寿觞,式遣归斾。爰分颁于贡茗,庸少浣于征尘。其体至怀,以承嘉锡。

出处:《玉堂类稿》卷一三。

撰者:周必大

左正奉大夫守尚书右仆射虞允文辞免修进敕令
转官加食邑实封批答
(乾道六年十月三十日)

省表具之。朕欲道揆明于上,法守明于下。君子无犯义,小人无犯刑。念非宪度昭著,布在方策,则虽有美意,孰从见之? 卿以宗工巨儒,总领众职。属者会粹法令至二万二千有奇,烦复者刊,踳驳者正,一代典则,粲然可观。异时析言破律之奸,寄情他比之众,庶几尽革,厥功茂矣。崇阶多邑,赏未为过。卿犹力辞,何也? 况朕方以爵禄砥砺天下,右丞相有劳弗酬,谓群臣何? 陈义虽高,尚勉承之。所请宜不允。

出处:《玉堂类稿》卷九。

撰者:周必大

答金国贺会庆节国书
(乾道六年十月)

远驰使传,申讲邦仪。记载育之初辰,特达嘉贶;坚无穷之永好,敷惠群生。式循厚意之临,奚谕感悚之切? 气钟寒律,福介时和。

出处:《玉堂类稿》卷一六。

撰者:周必大

考校说明:题后原注:"使邢子锡、副张谨言。"

申严铜钱过北界之禁诏
(乾道六年十一月一日)

淮南转运司:今后使人往来应副舟船,并责令篙梢结罪。如敢般载钱宝一文以上过界,流配;一贯以上及凭恃贵势抑勒装载,并依军法施行。若篙梢隐匿,与犯人一等断罪。仍许人陈首。若钱数多,取旨升擢。漕臣不行觉察,重行黜责。

出处:《中兴两朝圣政》卷四九。又见《宋史全文续资治通鉴》卷二五。

十一月一日回程赤岸赐酒果口宣
(乾道六年十一月一日)

有敕:卿等称觞寿旦,返旆霜冬。念甫事于遄征,俾少休于近馹。载颁芳旨,加厚眷私。

出处:《玉堂类稿》卷一三。
撰者:周必大

回程赤岸赐御筵口宣
(乾道六年十一月一日)

有敕:卿等来庆诞辰,备成使事。方旋车于远道,姑弭节于近郊。载厚眷怀,特申燕饯。

出处:《玉堂类稿》卷一三。
撰者:周必大

回程赐使副冬至节绢口宣
(乾道六年十一月一日后)

有敕:卿等比缘诞序,远穆宾华。前驱已戒于北归,中道适逢于南至。爰分厚币,用侈多仪。

出处:《玉堂类稿》卷一三。
撰者:周必大

回程赐三节人从冬至节绢口宣
（乾道六年十一月一日后）

有敕:汝等言从庆使,并驾归途。值来复之新阳,举匪颁之故事。各膺厚赐,尚体隆恩。

出处:《玉堂类稿》卷一三。

撰者:周必大

考校说明:题后原注:"内敕官二人各十二匹,上节各八匹,中节五匹,下节三匹。"

回程平江府赐御筵口宣
（乾道六年十一月一日后）

有敕:卿等修庆诞期,趣装归路。预饰辅藩之馆,少休使节之骖。其锡燕觞,以优宾礼。

出处:《玉堂类稿》卷一三。

撰者:周必大

回程镇江府赐御筵口宣
（乾道六年十一月一日后）

有敕:卿等荣抗使旃,远敦邻宝。已展流虹之庆,载勤驰驲之归。锡宴南徐,增华北道。

出处:《玉堂类稿》卷一三。

撰者:周必大

回程盱眙军赐御筵口宣
（乾道六年十一月一日后）

有敕:卿等寿仪既讲,使范有光。历候馆以及疆,指长淮而利涉。宜陈燕俎,以宠归鞍。

出处:《玉堂类稿》卷一三。

撰者:周必大

郊祀前二日朝献景灵宫圣祖天尊大帝册文
(乾道六年十一月四日)

伏以赫赫有宋,受天明命。发祥流祉,肇自圣德。猥以寡昧,绍承庆基。报本奉先,畴敢不虔?日至之吉,将见上帝。前期朝献,有飶其馨。对越在天,昭假不违。于万斯年,裕后无极。

出处:《玉堂类稿》卷一六。又见《中兴礼书》卷三二。

撰者:周必大

郊祀前一日朝享太庙祖宗帝后册文
(乾道六年十一月五日)

伏以物本乎天人,本乎祖。自古在昔,假庙乃郊。粤惟凉德,获纂丕绪。爰卜景至,大报反始。祗见厥祖,祼以圭瓒。列圣如在,优然肃然。歆享苾芬,神保是格。有秩斯祜,于时笃之。

出处:《玉堂类稿》卷一六。又见《中兴礼书》卷三二。

撰者:周必大

郊祀前一日朝享太庙别庙懿节皇后册文
(乾道六年十一月五日)

伏以懿范在天,徽音有嗣。宁神别庙,历年于兹。绥予孝子,亲纂尧绪。既斋既戒,大旅于郊。先事荐祼,厥有彝典。豆笾惟楚,币玉惟洁。和乐九变,诚心是孚。其德不回,降福来格。

出处:《玉堂类稿》卷一六。又见《中兴礼书》卷三二。

撰者:周必大

南郊赦文
（乾道六年十一月六日）

应文武臣、校、副尉、下班祗应昨来该遇覃恩合该改转官资之人,窃虑四川、二广驻札诸军因而陈乞,出违条限,并有限外申发到部,有司执文不与放行,甚非覃霈之意。可令吏部将限外已申发到部先次放行;其未曾陈乞之人,自赦到日,与限一季,经所在州军自陈,依已降赦文改转。

出处:《宋会要辑稿》职官一一之五一。又见同书职官八之三四,《宋会要辑稿补编》第五三〇页。

勘会亲民之官无如县令,傥非其人,为害不细。今贪赃之令,监司、守倅公然盖庇,致民无所赴诉。在法,所部违犯,监司、知通失按举者奏裁。而近年以来,因朝廷访闻及臣僚论列者甚众,如今后更失按举,当议重行停降。

出处:《宋会要辑稿》职官七一之三三。又见同书职官四八之三九。

应内外文武臣偶因臣僚一时论列,及监司、守倅按发,见在责籍,未经牵复移放人,窃虑有司失于检举,理合矜恤。可令吏、刑部同大理寺限一月将前项人开具职位、姓名、元犯因依,申朝廷,当议参酌取旨施行。

出处:《宋会要辑稿》职官七六之五七。

勘会命官犯罪遇赦并编配安置人在道遇赦,有故住滞,未至贬所,与引赦移放。

出处:《宋会要辑稿》职官七六之五八。

应见任及致仕文武升朝官、禁军都虞候以上、守藩方马步军都指挥使父、母、妻,并与封叙,已封叙者更与封叙;亡殁者与封赠,已封赠者更与封赠;如祖、父、母在,愿回授者听。应选人陈乞关升致仕通理任岳庙差遣,如在乾道四年十一月九日以前罢任并出违条限之人,其考第并许收使。并特奏名文学乞致仕之人曾任岳庙,如任满在前项指挥之后,与理为权官任数,许揍理考任放行致仕。

出处:《宋会要辑稿》职官七七之八二。

应命官酬赏,因犯公罪须候一任回方合推赏者,若经今赦,合依无过人例,便许收使。

出处:《宋会要辑稿》职官五九之二五。

应贡士年五十以上五举到省合赴乾道五年特奏名殿试之人,缘事赴试不及,若将来殿试唱名补授文学年六十以上,与理乾道五年年甲,用今年赦恩召保参选,特差岳庙一次。

出处:《宋会要辑稿》职官五四之三九。

昨礼部贡院下第进士、贡士,应绍兴十二年以前到省一举、年五十一上者,已降旨挥令本贯州县验实,结罪保明,申乞推恩。窃虑其间有本贯阻隔,致未需恩,如有似此之人,许依开封府、国子监进士已降指挥,于所在州县召见任承务郎以上二员结降名罪委保,当职官同罪保明,申礼部验实以闻。《宋会要辑稿》选举一三之六。诸路绍兴二十四年省试下进士,昨承指挥,自到省试下实理十八年方许免解;前举科场不曾免解,可将二十四年省试下人与免将来文解。及国学进士先请后免,或先免后请已得解人,可并与免将来文解一次施行。应诸路进士、贡士四举,开封府进士、贡士实请到本府文解,并国子监进士、贡士两举人,并依旧制,与免将来文解。应诸路进士曾经绍兴三十年以前御试下,及开封府、国子监进士昨承旨挥自到省试下实理十二年,方许免解;前举科场不曾免解,可将绍兴三十年省试下或绍兴三十年以前御试下,并与免将来文解。

出处:《宋会要辑稿》选举一六之一六。

旧法,初官并须铨试,方得参部。其间有年及五十以上之人,并因功赏特旨补文学已经注权与放行,就残零阙参部一次。二广州军依条合差摄官去处,依旧制施行。若补京官选人如两经铨试不中愿就二广州县合入京差遣者,许赴吏部投状,权行注授一次,任满,依条施行。《宋会要辑稿》选举二六之六。诸路州军起发金银钱帛纲运,内有色额低次之类估剥亏官钱数,行下补发。访闻州县监勒干系等人及元卖铺户均摊,窃虑贫乏之人不能偿纳,可将乾道三年赦前未追数目如委是无可填纳,并与除放。

出处:《宋会要辑稿》食货四四之一一一。

勘会已降指挥,命官雪诉罪犯,刑、寺见得委实冤抑,合行改正之人,其元断月日令一就看定。近来胥吏故作沮抑,意在请求,却两次申省,显是迁枉。自今后应命官理雪冤抑,如委合改正,其元断月日并令刑、寺一就看定,申省取旨。《宋会要辑稿》刑法三之三四。访闻诸路州县饥贫小民,或于乡村、山谷,或在海啸聚,止因阙食,情实可矜。仰州县出榜晓谕,候赦书到日,限一月于所在州军自首,日前罪犯一切不问。委州军长贰躬亲审量,将少壮及勇敢之人就近发赴屯驻大军,刺填军兵。如谙会船水,发赴邻近水军,换老弱不堪披带人,给据逐便。如限满不首,复罪如初。

出处:《宋会要辑稿》兵一三之二七。

郊祀祭享昊天上帝册文
(乾道六年十一月六日)

伏以大哉乾元,实祖群物。包涵遍覆,阴隲下民。钦惟历数,属在冲吹。寅畏宝命,不敢怠遑。岁当躬郊,精意以享。高高在上,听卑棐忱。事亲保民,申以眷佑。期懋厥德,永承天休。

出处:《玉堂类稿》卷一六。又见《中兴礼书》卷三二。
撰者:周必大

郊祀祭享地祇册文
(乾道六年十一月六日)

伏以直方而大,沉潜而刚。仓生赋形,罔不持载。猥以寡昧,司牧黎元。夙夜祇畏,期赞化育。仲冬景至,合祭惟时。有黝斯牲,有黄斯琮。在诚虽孚,物则奚称?来顾来祐,永绥万邦。

出处:《玉堂类稿》卷一六。又见《中兴礼书》卷三二。
撰者:周必大

郊祀太祖配享册文
(乾道六年十一月六日)

伏以布昭圣武,造我区夏。燕及皇天,启佑后人。肆惟凉菲,获承大器。勉勉夙夜,惧忝前烈。躬执圭币,三熙紫坛。思文我祖,克配以绥。钟石纯绎,笾豆静嘉。庶其顾歆,茂介繁祉。

出处:《玉堂类稿》卷一六。又见《中兴礼书》卷三二。
撰者:周必大

郊祀太宗配享册文
(乾道六年十一月六日)

伏以天祚炎德,二后受之。丕承文谟,无竞武烈。积善垂裕,逮于冲吹。仲冬日至,习岁维祥。言登郊丘,于荐牲玉。齐明内竭,礼乐外举。神祇来格,陟配在上。既右伊嘏,永言保之。

出处:《玉堂类稿》卷一六。又见《中兴礼书》卷三二。
撰者:周必大

郊祀大礼毕端诚殿受贺内侍宣答管军词
(乾道六年十一月六日)

有制:气应黄钟,礼行紫畤。赖尔总提于七萃,俾予祗肃于一纯。既迄严禋,乃旋斋幄。礼成之庆,与卿等同之。

出处:《玉堂类稿》卷一六。
撰者:周必大
考校说明:月、日据南宋郊祀时间补,见《宋史》卷三四《孝宗纪》。

阁门宣答枢密词
(乾道六年十一月六日)

有制:于庙于郊,有严躬祀;如几如式,无愧祝词。赖枢机显相之功,拜穹昊博临之贶。礼成之庆,与卿等同之。

出处:《玉堂类稿》卷一六。
撰者:周必大

考校说明：月、日据南宋郊祀时间补，见《宋史》卷三四《孝宗纪》。

枢密宣答宰臣词
（乾道六年十一月六日）

　　有制：朕亲驾竹宫，钦修紫燎。繄上公之协赞，率多士以骏奔。天地居歆，神人咸喜。礼成之庆，与卿等同之。

出处：《玉堂类稿》卷一六。

撰者：周必大

考校说明：月、日据南宋郊祀时间补，见《宋史》卷三四《孝宗纪》。

丽正门肆赦閤门宣答宰臣词
（乾道六年十一月六日）

　　有制：阳陔践豆，已成飨帝之能；端阙旋衡，遂广配天之泽。敷锡之庆，与卿等同之。

出处：《玉堂类稿》卷一六。

撰者：周必大

考校说明：月、日据南宋郊祀时间补，见《宋史》卷三四《孝宗纪》。

皇弟璩郊祀加恩口宣
（乾道六年十一月六日后）

　　有敕：并贶之休，遍于中外；益封之宠，及我亲贤。其祗服于命书，以永绥于帝祉。

出处：《玉堂类稿》卷一二。

撰者：周必大

考校说明：月、日据《宋史》卷三四《孝宗纪》补。

皇子恺郊祀加恩口宣
（乾道六年十一月六日后）

有敕：甘泉毖祀，既底礼成；宣室均厘，当由近始。祇服纶言之宠，益勤子职之修。

出处：《玉堂类稿》卷一二。

撰者：周必大

考校说明：月、日据《宋史》卷三四《孝宗纪》补。原注："以下赐告口宣。"

刘懋郊祀加恩口宣
（乾道六年十一月六日后）

有敕：眷言妃族，久即里居。兹因郊赉之行，加厚邑租之赐。其膺宠渥，益介寿祺。

出处：《玉堂类稿》卷一二。

撰者：周必大

考校说明：月、日据《宋史》卷三四《孝宗纪》补。

蒲察久安郊祀加恩口宣
（乾道六年十一月六日后）

有敕：礼神颂祇，甫竣元祀。加地进律，用赉多庸。孚号有光，恩承无斁。

出处：《玉堂类稿》卷一二。

撰者：周必大

考校说明：月、日据《宋史》卷三四《孝宗纪》补。

郑藻郊祀加恩口宣
（乾道六年十一月六日后）

有敕：朕拜觐觚坛，推恩戚畹。归示均厘之意，亦畴执事之庸。祗服宠光，永绥戬穀。

出处：《玉堂类稿》卷一二。

撰者：周必大

考校说明：月、日据《宋史》卷三四《孝宗纪》补。

皇兄居广郊祀加恩口宣
（乾道六年十一月六日后）

有敕：朕拜觐熙坛，均厘近族。厚其土田之锡，粲然纶綍之华。式克钦承，力图报称。

出处：《玉堂类稿》卷一二。

撰者：周必大

考校说明：月、日据《宋史》卷三四《孝宗纪》补。

成闵郊祀加恩口宣
（乾道六年十一月六日后）

有敕：朕受厘穹壤，均福迩遐。眷言分阃之臣，阻预侍祠之列。特加邑赋，往服命书。

出处：《玉堂类稿》卷一二。

撰者：周必大

考校说明：月、日据《宋史》卷三四《孝宗纪》补。

令有司集议太上皇帝太上皇后尊号诏
(乾道六年十一月九日)

大礼庆成,光尧寿圣太上皇帝、寿圣太上皇后合加上尊号,可令有司集议以闻。

出处:《宋会要辑稿》礼四九之三五。

留守司桩管建康府所添行宫酒库所收息钱诏
(乾道六年十一月九日)

建康府添置行宫酒库一所,将收趁息钱,令留守司桩管,贴助移屯军马支遣,听候御前支用。

出处:《宋会要辑稿》食货二一之九。

赐尚书右仆射虞允文生日诏
(乾道六年十一月十日)

敕允文:岳降神而生申,岁复摄提之正;帝赉弼而梦说,星占台斗之明。亶为王国之华,盍侈家庭之庆? 肆敆台馈,用协邦彝。其茂介于修龄,以永毗于元化。

出处:《玉堂类稿》卷九。
撰者:周必大

张松乞推赏创造寨屋官兵答诏
(乾道六年十一月十一日)

第一等转一官,第二等减三年磨勘,第三等减二年磨勘,选人比类施行,余依。

出处:《宋会要辑稿》兵六之二一。

皇帝请加上太上皇后尊号第一笺
（乾道六年十一月十三日）

臣眘言：伏为郊祀大礼庆成，谨帅群臣诣德寿宫，恭请加上寿圣太上皇后尊号者。伏以国之大事，已肃展于亲祠；家有严君，当并伸于美报。爰铺张于懿范，冀增衍于徽称。臣眘中谢。恭惟寿圣太上皇后殿下挚仲兴周，涂山翼夏。凤播嫔京之咏，助成与子之谋。肆是菲凉，三修禋祀。假于祖庙，宁神本自于宁亲；陟彼郊丘，事地盖资于事母。荷天心之响答，赐帝祉以骈臻。亦既受厘，敢忘归福？是用阐绎宝慈之谊，形容遹日之明。载扬阖彝，益隆孝治。恭请加上尊号曰寿圣明慈太上皇后，伏望俯昭诚格，勉抑谦冲。对景觊于二仪，洽欢心于四表。尊曰太上，明俪极以无穷；至哉坤元，寿配乾而有永。谨奉笺陈请以闻。臣眘诚惶诚惧，顿首顿首，谨言。

出处：《玉堂类稿》卷一。
撰者：周必大
考校说明："乾道六年十一月十三日"，《全宋文》误作"乾道六年十一月二十三日"（第二二六册，第一八三页）。

蠲温州民户欠赋诏
（乾道六年十一月十八日）

温州将乾道三年、四年民户积年畸零税赋并予蠲放，第四等以下身丁钱并予免放一年。

出处：《宋会要辑稿》食货六三之三〇。

郊祀赏给诏
（乾道六年十一月十九日）

郊祀大礼赏给，内宰执依自陈本格减半外，行事、执事、缘祀事差委官，并依本格全支一次。

出处:《宋会要辑稿》礼二五之二四。

选差应办人使舟船管船使臣诏
(乾道六年十一月十九日)

两浙转运司每次应办人使舟船,管船使臣往往逐州旋行差到,不能管辖。今后专委临安府于缉捕并应管使臣内选差有心力才干使臣,每船各差一员管辖;及添差八厢一名,亲从一名,作管船军员名色,同使臣自盱眙军至行在往回管干机察。如觉察到违犯事件,当行推赏;若失觉察,重作施行。

出处:《宋会要辑稿》职官三六之五七。又见同书食货五〇之二三。
考校说明:《宋会要辑稿》食货五〇系于乾道六年十一月九日。

再上太上尊号诏
(乾道六年十一月二十一日)

未央上号,符汉皇之九年;兴庆推尊,迈唐宗之再请。

出处:《密斋笔记》卷三。
撰者:郑闻
考校说明:编年据《宋史》卷三四《孝宗纪》补。

左承议郎权尚书工部侍郎兼侍讲胡铨
辞免工部侍郎不允诏
(乾道六年十一月二十一日)

汲黯在汉,谋寝淮南;随会仕晋,盗奔秦境。本朝尊用吉士,分治六职,庶几逆折奸萌而使幸民退听,非必专以事诿也。如卿坚强肃括,辅之文学,忠言奇论,老而不衰。再仪周行,侃然从近臣之后,朕每向焉。就正贰卿,盖优宿望。卿其益励壮志,自同古人,副朕所以眷待之意,尚何辞之有?

出处:《玉堂类稿》卷四。又见《诚斋集》卷一一八《胡公行状》。
撰者:周必大

恭请加上光尧寿圣太上皇帝尊号表
（乾道六年十一月二十一日）

皇帝臣昚言：伏为郊祀大礼庆成，谨帅群臣诣德寿宫，恭请加上光尧寿圣太上皇帝尊号者。伏以事亲如事天，宜尽推尊之义；得名必得寿，式昭归美之诚。既丕藏于精禋，听敬加于显号。臣昚诚惶诚惧、顿首顿首。窃以逖观治古，无若帝尧。明俊德而于变时雍，立蒸民而莫匪尔极。虽神化要道，问朝野而不知；然济众施仁，格上下而光被。分羲和之职，则日月星辰顺其序；重岳牧之任，则华夏蛮貊罔不从。陶成比屋之封，坐底垂衣之治。放洪勋而不宰，仰后圣以同符。恭惟光尧寿圣太上皇帝陛下惟本钦明，政全哲惠。骏命受九围之式，中兴恢三纪之余。冠德百王，方隆谦而退托；脱屣万乘，乃观妙于希夷。自遂燕超，就安至养。俾凉菲获承于令绪，实晨昏祗奉于贻谋。念殚竹帛之书，莫效涓埃之报。属此庆成泰畤，福介慈闱，不胜率土之欢心，愿衍鸿名于盛际。谓莫神于天，而宪之惟圣；谓莫大于道，而体之则纯。是皆广运之成能，庶可增崇于高致。恭请加上尊号曰光尧寿圣宪天体道太上皇帝。伏望特垂睿照，曲徇群情。虽乾坤浩浩之仁，形容莫可；而臣子眷眷之请，悃愊冀伸。谨奉表陈情以闻。臣昚诚惶诚惧、顿首顿首，谨言。

出处：《宋会要辑稿》礼四九之三六。又见《中兴礼书》卷一八二。

恭请加上寿圣太上皇后尊号笺
（乾道六年十一月二十一日）

皇帝臣昚言：伏为郊祀大礼庆成，谨率群臣诣德寿宫，恭请加上寿圣太上皇后尊号者。伏以国之大事，已肃展于亲祠；家有严君，当并伸于美报。爰铺张于懿范，冀增衍于徽称。臣昚诚惶诚惧、顿首顿首。恭惟寿圣太上皇后殿下挚中兴周，涂山翼夏。凤播嫔京之咏，助诚与子之谋。肆是菲凉，三修禋祀。假于祖庙，宁伸本自于宁亲；陟彼郊丘，事地盖资于事母。荷天心之飨答，锡帝祉以骈臻。亦既受厘，敢忘归福！是用阐绎宝慈之谊，形容朔日之明。载揭闳彝，益隆孝治。恭请加上尊号曰寿圣明慈太上皇后。伏望俯昭诚格，勉抑谦冲。对景贶于二仪，治欢心于心表。尊曰太上，俪极以无穷；至哉坤元，寿配乾而有永。谨奉笺陈请以闻。臣昚诚惶诚惧、顿首顿首，谨言。

出处:《中兴礼书》卷一八二。

淮东州军轮差应副使臣往来牵挽舟船等军兵诏
（乾道六年十一月二十二日）

今后应使臣往来,其淮东合用牵挽舟船并打冻军兵,本路诸州军见管不系将禁军一千八百余人,可令帅漕司于内依旧数预期轮差应副,仍选委兵官往来部辖弹压,与依例支破钱米、犒设等。

出处:《宋会要辑稿》职官五一之二五。

百僚拜请太上皇帝太上皇后尊号仪范诏
（乾道六年十一月二十三日）

今月二十五日,率百僚再诣德寿宫拜表笺,恭请光尧寿圣太上皇帝、寿圣太上皇后加上尊号,其仪范并依二十一日礼例施行。

出处:《中兴礼书》卷一八二。

上尊号不允诰
（乾道六年十一月二十三日）

《传》曰:"事父孝,故事天明;事母孝,故事地察。"盖惟圣人乃能与于此。属闻壬午日至,郊见上帝,景气晏温,神光烛坛,非天地明察之效欤！而乃不有其美！既殚诚恪,亲率群臣,加鸿名于父母,此帝王之高行,古今之盛典也。夫子之爱亲,既殚诚恪,亲之于子,何事辞避！然而怡神间燕,无累于物,其可掠美,以自尊乎？宣悉兹怀,毋重请也。

出处:《中兴礼书》卷一八二。又见《宋会要辑稿》礼四九之三七。
考校说明:本文是宋高宗以太上皇身份发布的诏令。

榷货务都茶场监官通行管干诏
(乾道六年十一月二十五日)

榷货务、都茶场监官通行管干,仍以"监榷货务都茶场"系衔。

出处:《宋会要辑稿》食货五五之二八。

皇帝请加上太上皇帝尊号第二表
(乾道六年十一月二十五日)

臣眘言:视敝屣于寰中,共仰有虞之圣;遗玄珠于水际,孰明黄帝之心? 猥以冲人,绍于大宝。每亲承于训诲,思祗竭于严恭。比奉国常,涓修郊类。景霁于假庙之夕,星明于升坛之初。匪凉德之致然,繄圣谟而底此。用披丹悃,请益鸿名。盖上合于天心,亦下符于民愿。窃窥《周诰》,尚守尧辞。惟君亲之美未昭,岂臣子之心可已? 伏望下允俞之令,安延企之情。如此则帝命式于九围,靡违昭假;德教加于百姓,获尽爱钦。得请是期,输诚深切。谨再奉表陈请以闻。

出处:《玉堂类稿》卷一。
撰者:周必大
考校说明:编年据《宋会要辑稿》礼四九补。

恭请加上光尧寿圣太上皇帝尊号第二表
(乾道六年十一月二十五日)

皇帝臣眘言:近率群臣上表,恭请加上尊号曰"光尧寿圣宪天体道太上皇帝",伏奉答诰未赐俞允者。伏以因吉土而飨于郊,具获博临之况;有天下而尊于父,敢怀专飨之私! 尝备罄于忱词,何未回于渊听? 臣眘诚惶诚惧、顿首顿首。臣闻天不可度,而犹称覆焘之?

出处:《中兴礼书》卷一八二。又见《宋会要辑稿》礼四九之三七。

恭请加上寿圣太上皇后尊号第二笺
（乾道六年十一月二十五日）

皇帝臣昚言：近率群臣上笺，恭请加上尊号曰"寿圣明慈太上皇后"，伏奉光尧寿圣太上皇帝答诰未赐俞允者。伏以坤元至顺，于昭俨极之功；子职效恭，爰尽尊亲之美。顾鸿名之增贲，守谦德而弗居。敢贡忱辞，渎干崇听。臣昚诚惶诚惧、顿首顿首。恭惟寿圣太上皇后殿下性存柔正，道本静专。基王化以进贤才，受帝祗而施子孙。俯惭菲质，复祗拜于郊丘；愿衍徽称，冀并申于福禄。钦述明慈之号，实符爱戴之情。况龟从筮从，既稽谋之允若；而天大地大，谅应物而不违。伏望推逮下之仁，监由中之恳。永同乾造，丕显母仪。虽日月照垂，固靡容于绘画；然涓埃取用，庶有补于高深。探以至公，期于得请。谨再奉笺陈请以闻。臣昚诚惶诚惧、顿首顿首，谨言。

出处：《中兴礼书》卷一八二。

德寿宫答允诰
（乾道六年十一月二十五日后）

再览来章，具孚至意。惟云阳奉玉，本躬致于精禋；则宣室受厘，尚何嫌于专飨。乃侈乾坤之贶，用为父母之光。顾方自乐于冲虚，兹用力辞于称谓。而劳烦警跸，勤动搢绅。必欲加巍巍荡荡之名，盖将致尊尊亲亲之谊。实我家之盛典，度载籍之前闻。使绵区形孝治之风，而信史纪圣人之行。勉抑执谦之志，良深溢美之惭。

出处：《玉堂类稿》卷一。
撰者：周必大
考校说明：编年据同集前文《皇帝请加上太上皇帝尊号第二表》补。

尚书右仆射虞允文辞免提举详定一司敕令恩命不允诏
（乾道六年十一月二十六日）

周太宰以法待官府之治，系之天官。今朕欲仍旧贯，讲明百司之法，而自公府及吏铨始,盖古之遗意也。卿以经术断国论,贤业熙帝载,提纲于此,位实值才。传曰:三公佐天子平邦国,无所不统。卿乃以总他职为辞,无乃异乎? 况朕稽用已行之典,高卿相逊之风,特诏克家贰其事矣,协谋合虑,亟成新书,庶几乎成周,不其休哉!

出处:《玉堂类稿》卷四。
撰者:周必大

允上尊号诰
(乾道六年十一月二十七日)

再览来章,具乎至意。惟云阳奉玉,本躬致于精禋;则宣室受厘,尚何嫌于专飨。乃侈乾坤之贶,用为父母之光。顾方自乐于冲虚,兹用力辞于称谓。而劳烦警跸,勤动搢绅,必欲加巍巍荡荡之名,盖将致尊尊亲亲之谊。实我家之盛典,度载籍之前闻。使绵区形孝治之风,而信史纪圣人之行。勉抑执谦之志,良深溢美之慼。

出处:《宋会要辑稿》礼四九之三八。又见《中兴礼书》卷一八二。
考校说明:本文是宋高宗以太上皇身份发布的诏令。

付周必大御札
(暂系于乾道六年十一月二十九日)

生辰使兼赍国书一封,理会受书,卿可拟进。

出处:《平园续稿》卷三〇《赵公伯骕神道碑》。又见《攻媿集》卷九四《周公神道碑》。
考校说明:原书系于乾道六年"十一月己巳",然是月无己巳日,疑为"乙巳"之误。

右仆射虞允文辞免敕局进书转官口宣
(乾道六年十一月三十日)

有敕:明刑弼教,既览成书;重赏眂功,宜加峻秩。奚为固避,往即钦承。

出处:《玉堂类稿》卷一二。

撰者:周必大

考校说明:题后原注:"赐不允批答口宣,下同。"

遣使贺来年正旦国书
(乾道六年十一月)

赞阳布德,天回万宇之春;讲信亲仁,□结两朝之好。旅陈礼币,临遣使车。既因物以见诚,亦顺时而善颂。冀绥纯嘏,永底太和。

出处:《玉堂类稿》卷一六。

撰者:周必大

考校说明:题后原注:"使吕正己、副辛坚。"

李显忠主管侍卫马军司公事口宣
(乾道六年十一月)

有敕:卿早蕴奇谋,今为宿将。总天营之万骑,卫禁陛之重城。服我纶言,勉而忠概。

出处:《玉堂类稿》卷一二。

撰者:周必大

参知政事梁克家辞免兼同提举详定一司敕令恩命不允诏
(暂系于乾道六年十一月至十二月间)

法令者,治之具也;朝廷者,百官之表也。惟宪度著明于上,则纪纲不紊于下。今朕复故事,定章程,始于台省,达于有司,盖将为一代不刊之典,非吾执政,谁与议此?卿以儒猷久饰王度,以智谟参穆天綍,与提纲领,允谓当仁。而况并命宰辅,非特天圣以来为然,在绍兴时,或以疑丞,或以宥密,视诸故府,具存近规。出位为辞,非所望于卿也。所请宜不允。

出处:《玉堂类稿》卷四。

撰者:周必大

考校说明:编年据同集前后文时间补。

幸茅滩教阅从驾事诏
(乾道六年十二月一日)

今月三日诣大教场进早膳毕,次幸白石进晚膳。内管军知閤、御带、环卫官自祥曦殿戎服起居从驾外,余并免。从驾臣僚逐幕次赐酒食,俟进晚膳毕,免奏万福,并免赐茶。从驾还内,应府城里外沿路逐幕次并免迎驾起居,并回免奏万福。如值雨,从驾臣僚及仪卫等并许张雨具。

出处:《宋会要辑稿》礼九之一七。

加上太上皇帝太上皇后尊号诏
(乾道六年十二月一日)

门下:飨帝者圣人为能,既深惭于凉德;事亲者天子之孝,当益播于鸿名。参古今甚盛之规,侈家国非常之庆。光尧寿圣太上皇帝与天同大,体道之宗。寿圣太上皇后如月之明,以慈为宝。久非心于黄屋,方宣德于大庭。言念眇冲,亲膺传授。龟勉屡周于岁籥,寅恭三款于阳陔。祖宗遗我以闳休,高厚畀子以景况。匪仰遵于慈训,畴克对于昌期? 宜极推崇,岂容满假! 矧未央为寿,适符汉祖之九年;而兴庆归宗,且著唐宗之再请。用涓穀旦,交举旷仪。俯同中外之欢心,并衍尊亲之荣号。恳章继上,俞旨甫颁。虽荡荡民无能名,岂易测知于圣德;然业业日致其孝,庶几单竭于忱诚。以承有羡之休,以对无疆之寿。光尧寿圣太上皇帝宜加上尊号曰光尧寿圣宪天体道太上皇帝,寿圣太上皇后宜加上尊号曰寿圣明慈太上皇后。其令有司,详具仪注,朕当亲率百官诣德寿宫奉上册宝,告于普率,共此荣怀。故兹诏示,想宜知悉。

出处:《玉堂类稿》卷一〇。又见《中兴礼书》卷一八二。

撰者:周必大

尚书省赐宰执以下喜雪御筵口宣
(乾道六年十二月一日)

有敕：隆寒在候，瑞雪应时。眷嗣岁之将临，喜丰年之有望。宜同宴乐，以洽欢娱。

出处：《玉堂类稿》卷一二。
撰者：周必大

自今起纲须开具所发钱会数目诏
(乾道六年十二月二日)

敕：起发上供纲运并诸司钱物，并合用钱、会中半。访闻在外州县会子或有损折，其押纲官却将合发见钱赢落水脚，尽买会子前来临安府私充见钱送纳，反复赢落厚利，是致会子不复流转。自今起纲，仰于纲解内分明开具所发钱会数目，押纲保官状内仍声说：如所保官有前项移易，甘伏同罪。所押官并随纲合干篙梢等仍前通同作弊，许诸色人经所在州县陈告，其告人每一千贯支赏钱一百贯文。犯人计所移易数，以监临自盗赃论。若合干篙梢等能自首，与免罪，亦支给上件赏钱。今来会子务要流通，如不畏公法之人妄有扇摇，许诸色人指证着实陈，并科违制之罪，不以官荫赦降原减。

出处：《宋会要辑稿》食货四五之九。

赈济太平州池州诏
(乾道六年十二月二日)

江东转运司：将江西路合起赴建康府米三十万硕内取拨十万硕赴太平州，五万硕赴池州桩管，准备赈粜。

出处：《宋会要辑稿》食货五八之八。又见同书食货六八之六八。

免钱塘仁和二县人户欠赋诏
（乾道六年十二月二日）

临安府钱塘、仁和县人户乾道五年夏、秋两料，并今年夏料畸零未纳残欠钱物，特予除放。

出处：《宋会要辑稿》食货六三之三〇。

赐新知平江府魏杞口宣
（乾道六年十二月三日）

有敕：朕眷怀旧相，擢镇近藩。遄驱将及于郊畿，廷劳特驰于使驿。仍厚珍良之锡，用资辅养之方。

出处：《玉堂类稿》卷一二。
撰者：周必大
考校说明：题后原注：“内侍符永思。”

皇子庆王恺郊祀加恩制
（乾道六年十二月七日）

门下：朕涓选休辰，惇宗将礼。巍然王公士民之上，敢怠于恭先；惕然天地宗庙之承，庶几于诚感。仰赖博临之况，诞膺滋至之祥。乃眷嗣贤，首敷惠术。咨在廷之有众，咸听命以无哗。皇子雄武军节度使、开府仪同三司、庆王、食邑三千户、食实封一千二百户恺，行饬而才高，气和而守正。忱恂见于允蹈，聪敏几于夙成。自开朱邸之荣，即畀驿旄之宠。衮绣密联于宰路，山河大启于王封。祗事君亲，有惟孝惟忠之誉；敬居禄位，无期骄期侈之愆。属讲明禋，实资显相。骏奔太室，俨郁尊亚祼之仪；陟格卯阶，奉桂酒二觞之荐。兹亟蒙于祭泽，肆商赉于贤劳。其仍赐履之旧疆，载广腴田于新邑。以答帝心之眷，以隆天性之恩。虽曰彝章，厥惟异数。於戏！箕子之畴建其极，福已厚于锡民；后稷之祀迄于今，禄宜丰于及子。往绥鸿施，庸对慈怀。可加食邑一千户，食实封四百户。

出处:《玉堂类稿》卷二。
撰者:周必大

观文殿大学士左光禄大夫知福州陈俊卿
乞在外宫观差遣不允诏
(乾道六年十二月九日)

民惟邦本,本固邦宁。岳牧之官,其敢不重?近者起一二旧相镇临藩服,庶几倡率郡国,与我共理。如卿早傅潜邸,遍仪迩列。比辞宰事,宠贲帅权。因该辅之久,则志易孚;顺故乡之俗,则政易治。朕方嘉卿夙夜匪懈,不以大臣自居,推我惠心,致之闽岭。而曾未期岁,求去者再,甚无谓也。若汲黯多病,犹能卧治东海。卿其可以微疾为辞乎?况朕推诚无疑,笃股肱之旧,而卿何不自信,引桑梓之嫌?姑安厥官,毋替朕命。

出处:《玉堂类稿》卷四。
撰者:周必大

榷货务都茶场官赏罚事诏
(乾道六年十二月九日)

榷货务、都茶场收召茶额盐钱增羡,应合推赏去处官吏等,照应年例格法推赏。如或亏欠,比附责罚。

出处:《宋会要辑稿》食货三一之二〇。又见《宋会要辑稿补编》第七一三页。

皇子雄武军节度使开府仪同三司魏王恺
辞免加食邑实封不允诏
(乾道六年十二月九日)

朕乃者躬执珪币,郊见上帝,诚意昭格,风雨时若,美光休应,集于中坛。方推大赉,以及四海,况我父子之亲,真王之贵?重嘉觞之献,单骏奔之劳,允所谓温恭朝夕,执事有恪者也。其何爱多户之封,不以广庞鸿之施乎?夫庆赐之行,自亲以及疏,由贵以及贱,此先王之典也,可无复辞。所请宜不允。

出处:《玉堂类稿》卷四。

撰者:周必大

淮南等路帅守保举县令诏
(乾道六年十二月十一日)

淮南东、西等路监司、帅守察本部沿边县令职事修举者,保明闻奏。

出处:《宋会要辑稿》职官四五之二九。

皇子庆王恺再辞免食邑实封批答
(乾道六年十二月十一日)

祭者泽之大,著于《礼经》。今朕推禋祀之庆,遍暨群辟,虽辉胞翟闱,犹将加惠。矧于贤王,有肃雍之德,有陟降之劳,盍视功载,陪敦厥邑,所以均常祉协彝制也。囊封洊至,兢兢然以伤廉为惧,执谦过矣。《书》不云乎:"无有作好,遵王之道。"朕岂以是私汝哉?所请宜不允。

出处:《玉堂类稿》卷九。

撰者:周必大

皇子再辞免口宣
(乾道六年十二月十二日)

有敕:比均帝祉,首及嗣贤;亦既告廷,岂容反汗? 其趣承于涣命,毋重刿于逊章。

出处:《玉堂类稿》卷一二。

撰者:周必大

改正给还已经辨雪民户田产诏
（乾道六年十二月十三日）

诸州县没官田产虽经赐与，若民户已经辨雪，法该改正，即时给还，许别以应籍田产改拨。

出处：《宋会要辑稿》食货六一之五四。

皇兄永阳郡王居广郊祀加恩制
（乾道六年十二月十三日）

门下：朕观萃聚于羲爻，歌安宁于汉祀。王假有庙，见万物之情；帝临中坛，承四方之宇。眷言近属，实相盛容。逮胙祉之均敷，宜恩纶之诞告。皇兄岳阳军节度使、开府仪同三司、充万寿观使、永阳郡王、食邑五千三百户、食实封一千九百户居广，行遵贤检，志乐儒猷。信厚有常，茂矣本根之芘；温纯无玷，浑然璧玉之姿。蔚为宗室之英，克壮藩维之势。载黼斯衮，视公路之多仪；有鸾其旟，备将牙之异数。启王封于乐土，总使领于内祠。属三岁之习祥，迎一阳而报本。相予肆祀，莫如同姓之亲；保我后生，共笃曾孙之庆。用坤多邑，仍富实输。於戏！黍稷非馨，尚式孜孜之训；王侯秉德，爰遵翼翼之邻。朕惟无愧于感神，尔亦有辞于被宠。益隆誉处，茂对褒康。可加食邑七百户，食实封三百户。

出处：《玉堂类稿》卷二。
撰者：周必大

皇弟恩平郡王璩郊祀加恩制
（乾道六年十二月十三日）

门下：朕稽累圣之旧章，秩三年之元祀。潜天而天，潜地而地，祇馨于齐明；曰雨而雨，曰旸而旸，靡违于先后。乃眷近亲之懿，方司属籍之繁。亦既殚助祭之劳，时则有扬庭之命。皇弟少保、静江军节度使、判大宗正事、恩平郡王、食邑八千七百户、食实封三千五百户璩，禀资和易，率履靖庄。勿用非彝，蹈格言于康诰；毋好逸欲，洽令问于汉藩。峻跻棘位之联，宠曳将坛之组。王爵久封于半楚，宗盟实董于诸姬。属泰畤之亲祠,越涛江而入觐。振振族姓,应于嗟之麟;肃肃辟公,相于荐之牡。兹迄成于熙事,宜茂举于庆条。维书社之加多,维赋租之加厚。岂特广庞鸿之泽,是将隆友爱之恩。於戏! 寅亮而弼予一人,既扬孤保之职;禋祀而亲其九族,斯对神明之休。往服龙光,益昭燕誉。可加食邑七百户,食实封三百户。

出处:《玉堂类稿》卷二。

撰者:周必大

皇子庆王恺三辞免食邑实封批答
(乾道六年十二月十三日)

省表具之。朕躬展明禋,翕臻纯嘏。配天其泽,已浃于万方;裂地而封,可遗于诸子? 肆加邑采,用广神厘。既再命之甚勤,何三辞之复至。惟西汉畀连城之赋,而东京开半楚之疆。由今而言,视古已薄。在照临固非私矣,于辞受尚何愧哉? 所请宜不允,仍断来章。

出处:《玉堂类稿》卷九。

撰者:周必大

皇子庆王恺辞免郊恩口宣
(乾道六年十二月十三日)

有敕:祭受其福,方与众同;爵惟其贤,岂容独避? 亟祗申命,毋费牢辞。

出处:《玉堂类稿》卷一二。

撰者:周必大

左中大夫参知政事梁克家辞免进封
清源郡开国侯加食邑实封不允诏
(暂系于乾道六年十二月九日至十四日间)

朕乘天命之序,缩帝于郊。不敢侈牺牲黍稷之丰而所竭者诚,不敢矜玉帛钟鼓之备而所修者德。荷神灵之昭格,庆典礼之备成。丕拥纯禧,遍敷黎献。卿励志许国,同寅惠畴。匪惟讲明三岁之弥文,实以启迪一纯之精意。相予肆祀,具宣登降之劳;赉我思成,宜共休嘉之福。封彻侯于故郡,陪多赋于上腴。鸿霈所加,朕岂有徒施之惠?显庸斯称,卿固无虚受之嫌。其体眷怀,勿坚冲尚。

出处:《玉堂类稿》卷四。

撰者:周必大

考校说明:编年据同集前后文时间补。

蠲免扬州所欠旧赋等诏
(乾道六年十二月十四日)

扬州将兵火以前旧额二税、所收壮丁耆户长一分宽剩折纳畸零等钱,特予蠲免。

出处:《宋会要辑稿》食货六三之三一。

皇兄检校少保岳阳军节度使开府仪同三司充万寿观使永阳郡王居广辞免加食邑实封不允诏
(乾道六年十二月十四日)

朕诞受帝祉,敷锡中外,以王属近位,高在显相之列,均厘加地。其说盖有三焉:亲亲,仁也;贵贵,礼也;富善人,义也。制书既下,可以谦辞而中格哉?

出处:《玉堂类稿》卷四。

撰者:周必大

刘懋郊祀加恩制
(乾道六年十二月十五日前后)

门下:王者父天母地,所以致乎精禋;圣人左戚右贤,所以兴乎廉逊。朕躬展阳陔之盛礼,眷怀妃族之老臣。虽不预于骏奔,乃特加夫赉予。告尔多士,扬其高风。昭庆军节度使致仕、武功郡开国公、食邑三千三百户、食实封一千户刘懋,操行安和,性资谦悫。知膏粱之期侈,慕寒素以好修。是生邦媛之良,早被亲庭之眷。嘉恭勤之有自,方虞侍于无穷。朕历览汉朝,最贤班况。因婕好之预选,解越骑以告归。家累千金,庆传三子。繄尔希跂于前哲,亦能谢事于明时。节虽上于高牙,门自施于行马。享功成身退之乐,无漏尽夜行之讥。兹缘祭泽之颁,思示臣功之劝。助其家食,懋以封租。於戏! 行役而乘安车,靡责执膰之礼;贺庆而亲异姓,尚均赐胙之休。庶无后艰,永有终吉。可加食邑五百户,食实封二百户。

出处:《玉堂类稿》卷二。

撰者:周必大

太尉郑藻郊祀加恩制
(乾道六年十二月十五日前后)

门下:朕在舜玑衡,讲类帝禋宗之礼;辨周圭瓒,展祀天肆裸之诚。既声明馨德之具昭,宜祉福恩荣之遍锡。其归文武之胙,以重甫申之褒。肃尔在廷,听予作命。太尉、保信军节度使、充万寿观使、武功郡开国公、食邑五千五百户、食实封一千七百户郑藻,才猷敏达,性行淑均。承传龟袭紫之荣,谨流水游龙之戒。卑以自牧,乐尊君子之谦;高而不危,知守诸侯之贵。向闵劳于上阁,许均秩于内祠。身登斋戒之堂,将旄甚宠;名在尉安之府,戚里罕伦。值三年大报之亲郊,观四姓小侯而入卫。掌王宫之禁密,资后族之肃恭。爰即旧封,载奉新邑。以答勋庸之茂,以增阀阅之光。於戏! 上帝垂庆成之恩,当及武阶之长;外戚有守文之助,宜霈恩泽之侯。朕惟赉予于善人,尔尚对扬于休命。可加食邑五百户,食实封二百户。

出处:《玉堂类稿》卷二。又见《宋四六选》卷三。

撰者:周必大

委龚茂良等收籴诏
(乾道六年十二月十六日)

江西委龚茂良、湖南委司马倬专一措置,于丰熟州军收籴,不得搔扰阙误。

出处:《宋会要辑稿》食货四〇之五〇。又见同书食货四一之七。

皇兄居广再辞免食邑实封批答
(乾道六年十二月十六日)

省表具之。朕迎阳遍飨,单竭诚敬。既受帝祉,不敢专也。上焉归美于庭闱,下焉饫惠于臣庶。而卿独辞多邑之封,岂朕与宗族同福禄之意哉?《传》不云乎:"庸勋亲亲,暱近尊贤,德之大者也。"体是四者,毋稽我成命之行。

出处:《玉堂类稿》卷九。
撰者:周必大

太尉保信军节度使充万寿观使郑藻
辞免加食邑实封不允诏
(乾道六年十二月十七日)

郊赉广矣,无亲疏,无大小,内外咸暨一焉。卿地则懿戚,位则掌武,禄则秘祠,此固庆泽所宜先者。矧朕亲驾郊庙之夕,卿实宿卫宫省,使吾不内顾而尽敬于酌献,厥功茂矣,其可辞赏乎?

出处:《玉堂类稿》卷四。
撰者:周必大
考校说明:"乾道六年"据同集前后文时间补。

诸军统兵官遇阙依次升差诏
(乾道六年十二月十七日)

今后诸军统兵官遇阙,须管依次升差。如有人材超异,仰具名申奏取旨。每月请到银,并依变卖实数俵散,不得令合干人减克侵盗并将见钱兑换会子。仍令都统制常切约束,总领所不住觉察,如或违戾,即时具奏。

出处:《宋会要辑稿》职官三二之四三。

州县到任赏诏
(乾道六年十二月十七日)

州县到任赏,并候任回陈乞,依条推赏施行。

出处:《宋会要辑稿》职官五九之二五。

阇婆国王郊祀加恩制
(乾道六年十二月十八日)

门下:朕邸四圭而祀上帝,备百神腏食之仪;辑五瑞以朝诸侯,来万国骏奔之助。既兆蒙于祉福,斯溥及于华戎。有嘉慕义之邦,诞布同仁之泽。检校司徒使、持节琳州诸军事、琳州刺史、充怀远军节度琳州管内观察处置等使、兼御史大夫、阇婆国王、食邑一万九百户、食实封四千四百户悉里地茶兰固野,世雄炎海,名著丹厓。粤繇淳化之年,知向本朝之德。虽锦衣椎髻,阻趋王会之图;而象齿南金,尝底职方之贡。属候履长之旦,洊修报本之禋。迎紫眚之厘,兹惟大赍;发鸿胪之诏,岂汝遐遗?用加多邑之封,以作外臣之宠。於戏!纳夷乐于太庙,敢矜南国之是疆;锡土田于附庸,尚懋远人之来慕。告于裔壤,洽此湛恩。

出处:《玉堂类稿》卷二。

撰者:周必大

成闵郊祀加恩制
(乾道六年十二月十八日)

门下:朕穆卜天正,敬修郊类。内倚峨峨之髦士,奉周庙之璋;外资矫矫之虎臣,献淮夷之馘。既协成于熙事,当均锡于繁厘。明陟示恩,凤兴听命。庆远军节度使、镇江府驻札御前诸军都统制、武功郡开国公、食邑三千七百户、食实封一千三百户成闵,禀敦庞之质,赋果毅之才。祈父王之爪牙,旧服殿岩之寄;武将国之心膂,今提天棬之师。方边堠之晏清,嘉戎昭之整暇。虽军国之容或异,而乾坤之况则同。傥外御之有劳,视骏奔而奚歉?与之多邑,益华公社之封;长我万夫,增壮辕门之观。於戏!祀与戎为大事,曾何执膰受胙之殊;武于文为止戈,宜念禁暴安民之助。予非攒赏,尔尚懋功。可加食邑五百户,食实封二百户。

出处:《玉堂类稿》卷二。又见《江右文钞》卷三,《宋四六选》卷三。
撰者:周必大

蒲察久安郊祀加恩制
(乾道六年十二月十八日)

门下:朕事天地以合祛,尊祖宗而遍飨。有经入畎数,而惟一纯二精之荐;有洁粢丰盛,而惟三时五教之修。嘉予内向之劲臣,观我面稽之禋礼。逮兹赐胙,宠以诏庭。大同军节度使、提举万寿观、奉朝请、通化郡开国侯、食邑一千五百户、食实封六百户蒲察久安,气节沈雄,性质纯固。觖弓束矢,久振誉于朔方;就日望云,旋输忠于北阙。荣界节旄之峻,优加祠禀之丰。会阳复之休辰,举燎熏之大典。素谅朝宗之志,命陪上雍之班。煌煌五辂之安行,实参奉引;凛凛万兵之宿卫,仍董徽巡。酬庸久即于侯封,饩惠肇开于公社。并加多邑之赋,以对三神之欢。於戏!武帝知秺侯之忠,既许属车之扈;仲尼进潞子之爵,斯同诸夏之褒。益厉良图,共承景况。可进封开国公,加食邑五百户,食实封二百户。

出处:《玉堂类稿》卷二。
撰者:周必大

仓场库务等处官照条依时出入诏
(乾道六年十二月十九日)

应干仓场库务等处官,自今须管照条依时出入。如违,许所属按治。仍令户部长贰专一觉察,如有违戾,按治施行。

出处:《宋会要辑稿》食货六二之一七。

黄中宫祠制
(乾道六年十二月二十日)

疏傅之归乡里,虽祖道于都门;子牟之在江湖,谅存心于魏阙。

出处:《黄氏日钞》卷六七。又见《范成大佚著辑存》第九四页。

撰者:范成大

考校说明:编年据《宋会要辑稿》选举三四补。

郑藻再辞免食邑实封批答
(乾道六年十二月二十日)

省表具之。邦有大赍,自贵戚始,古今之通谊也。卿在后族为耆旧,于右列为首冠。虽不与祭,而有典卫宸居之劳。加地广恩,毋庸再避。且人臣以辞宠为高,固未若居宠无愧之为贤也。其尚懋敬之哉!

出处:《玉堂类稿》卷九。

撰者:周必大

郑藻再辞免郊祀加恩口宣
(乾道六年十二月二十日)

有敕:祭而受祉,既欲及人。臣也有劳,又当与邑。力辞为过,祗受乃宜。

出处:《玉堂类稿》卷一二。

撰者:周必大

士铢再辞免郊祀加恩口宣
(乾道六年十二月二十一日)

有敕:合周宗族,以展精禋;锡鲁土田,是均霈泽。亟祗朕命,毋执而谦。

出处:《玉堂类稿》卷一二。

撰者:周必大

皇弟少保静江军节度使判大宗正事恩平郡王璩
辞免加食邑实封不允诏
(乾道六年十二月二十二日)

朕乃者迎日之至,三修郊类。战战兢兢,惧无以承天地之况,合祖宗之心。而假庙之夕,象载昭察;升燎之际,众星留俞。顾朕不明,其何以臻? 兹亦惟尔王公卿士秉德助祭之效也。《诗》不云乎:"岂伊异人,兄弟具来。"昨祉所加,孰先同姓? 抗章辞邑,非体朕亲睦之意也。

出处:《玉堂类稿》卷四。

撰者:周必大

左朝议大夫黄中辞免除显谟阁学士在外宫观恩命不允诏
(乾道六年十二月二十二日)

朕以卿有次公之温良,叔度之深远。直谅多闻,昔为益者之三友;爵齿有德,今号天下之达尊。故起之既老,几以自近。则卿深惟止足之义,重于朝请之劳,数上书求去,朕不得而留也。文谟峻职,真祠厚禄,不如是无以旌朱邸之旧,遂赤松之游,常格云乎哉? 所请宜不允。

出处:《玉堂类稿》卷四。

撰者:周必大

李显忠再辞免郊祀加恩口宣
(乾道六年十二月二十二日)

有敕:亲祠甫毕,庆泽下延。载畴扈卫之劳,特厚褒加之宠。毋留朕命,益懋尔忠。

出处:《玉堂类稿》卷一二。

撰者:周必大

榷货务都茶场委都司官提领措置诏
（乾道六年十二月二十三日）

榷货务、都茶场依建炎三年指挥,委都司官提领措置,户部长贰更不兼领。

出处:《宋会要辑稿》职官四一之二五。

叶衡起复制
（乾道六年十二月二十四日）

事亲尽道,孝固可以移忠;体国忘私,恩或不能掩义。

出处:《黄氏日钞》卷六七。又见《范成大佚著辑存》第九四页。
撰者:范成大
考校说明:编年据《宋会要辑稿》职官七七补。

赈粜和州饥民诏
（乾道六年十二月二十六日）

和州旱涝,禾麦损伤,可借拨米一万硕赈粜饥民。

出处:《宋会要辑稿》食货六八之六八。

昭庆军节度使致仕刘懋辞免加食邑实封不允诏
（乾道六年十二月二十六日）

朕歌《成命》之颂,而单夙夜宥密之心;咏《思文》之章,而怀立我蒸民之德。精神孚达,瑞应纷委。敛敷庆泽,中外胥及。粤吾一二告老之臣,名在戚里,家拥旄节,可独遗乎? 夫均惠所以推天地之况,笃旧所以广祖宗之仁。事异劝劳,朕非以是私卿也。

出处:《玉堂类稿》卷四。

撰者:周必大

皇兄居广再辞免郊祀加恩口宣
(乾道六年十二月二十六日)

有敕:朕诞敷祭泽,加惠宗盟;亦既告廷,岂容反汗? 亟祇成命,用对殊休。

出处:《玉堂类稿》卷一二。
撰者:周必大

责罚史正志诏
(乾道六年十二月二十八日)

史正志职专发运,奏课诞谩,广立虚名,徒扰州郡。责授楚州团练副使,永州安置。其发运司可立近限结局。

出处:《中兴两朝圣政》卷四九。又见《宋史全文续资治通鉴》卷二五。

昭庆军节度使致仕刘懋再辞免食邑实封批答
(乾道六年十二月二十九日)

省表具之。古先哲王罔不明德恤祀,亦罔不配天其泽。粤朕绍服,其曷敢不勉? 乃十一月壬午,恁祀于上下。敛时多福,敷锡有众。越在内百僚庶尹,暨在外侯甸男卫邦伯,咸大介赉尔,矧敢遗里居之旧? 丰尔邑,厚尔祉,以熙天休命。往钦哉,毋庸固辞。

出处:《玉堂类稿》卷九。
撰者:周必大

奉国军节度使同知大宗正事士铢再辞免食邑实封批答
(乾道六年十二月二十九日)

省表具之。朕甚重爵赏,不轻假人。以卿纠合宗盟,相予肆祀。既均帝泽,乃益爰田。古有执膰，以亲同姓。义无可避，岂必再辞？

出处：《玉堂类稿》卷九。又见《古文渊鉴》卷五七。

撰者：周必大

威武军节度使主管侍卫马军司公事李显忠
再辞免食邑实封批答
（乾道六年十二月二十九日）

朕以诚敬事天，天以祉福遗朕，思与文武之士同此庆成之恩。而卿典司羽林，拱护鸾路，众无哗敖，人服简稽。赋邑虽多，眡功为当。再辞过矣，其懋承之。

出处：《玉堂类稿》卷九。又见《古文渊鉴》卷五七。

撰者：周必大

考校说明："二十九日"，明抄本作"二十二日"。

刘懋再辞免郊祀加恩口宣
（乾道六年十二月二十九日）

有敕：灵承天地，陟配祖宗。成一代之上仪，涉万方而大赉。有如懿戚，宁许终辞？

出处：《玉堂类稿》卷一二。

撰者：周必大

新知通州许克昌可秘书省秘书郎兼权司封郎官制
（乾道六年十二月）

朕惟人才实难，世道所惜。常恐有遗遗之叹，故弗忘留落之余。尔早以艺文，先乎俊造，一跌不振，十稔于兹。比得觐于清闲，能告猷于闲远。辍其之郡，留以在廷。遂典领于书林，且摄承于郎位。晋用之亟，否倾则然。脂车良辰，发轫英轨。

出处:《永乐大典》卷一三五〇七。又见《范成大佚著辑存》第九一页。

撰者:范成大

考校说明:编年据《南宋馆阁录》卷七补。

知临安府姚宪可司农少卿兼权户部侍郎制
(乾道六年十二月前后)

　　昔少皞列九农正之官,成周有小司徒之职。今吾设卿以治粟,立贰于司元。惟裕民足国之是图,故稽古建官而惟谨。以尔疏通而知礼,精敏而用和。幾节甸符,辙环殆遍。邦储民力,目击固存。才素许于办多,职何忧于共二。夫顾难图后,则天不能贫;散滞取赢,则国有余蓄。戒索裘之不早,虽拾渖以何庸。朕选惟艰,尔功其懋。侥不孤于委任,夫岂后于褒升。

出处:《永乐大典》卷一三五〇七。又见《范成大佚著辑存》第九一页。

撰者:范成大

考校说明:编年据姚宪宦历补,见《咸淳临安志》卷四七。

资政殿学士王之望致仕转官札
(乾道六年冬)

　　学海老成,政涂耆旧。气高崧岱,颉颃议论之宗;风动关河,磊落功名之意。

出处:《永乐大典》卷八〇二二。

撰者:范成大

考校说明:编年据王之望宦历补,见《宋史》卷三七二《王之望传》。

以绢计赃增一贯诏
(乾道六年)

　　以绢计赃者,更增一贯。以四千为一匹。

出处:《宋史》卷二〇〇《刑法志》。

赐恩平郡王璩口宣
(乾道六年)

　　有敕:卿闲讲庆仪,请修觐礼。适属风霜之凛,有怀涉履之劳。往致恩颁,用彰友爱。

出处:《玉堂类稿》卷一二。
撰者:周必大

孝宗朝卷十　乾道七年(1171)

赴阙盱眙军传宣抚问赐御筵口宣
(乾道七年正月一日前)

有敕:卿等肃持瑞节,来会春朝。念驰传之良勤,命及疆而加劳。赐之宴俎,体我眷慈。

出处:《玉堂类稿》卷一三。
撰者:周必大
考校说明:题后原注:"金国贺正旦使副。"

镇江府赐银合茶药口宣
(乾道七年正月一日前)

有敕:卿等谨于将命,庆此发春。既冲霰雪之寒,复涉风涛之险。岂无赐予,用助保颐。

出处:《玉堂类稿》卷一三。
撰者:周必大
考校说明:题后原注:"内侍何弼。"

镇江府赐御筵口宣
(乾道七年正月一日前)

有敕:芳岁更端,宝邻修聘。眷驰驱于远道,甫冒涉于长江。宜锡宴觞,用华使节。

出处:《玉堂类稿》卷一三。
撰者:周必大

平江府赐御筵口宣
(乾道七年正月一日前)

　　有敕:三阳交泰,四牡通欢。乃眷辅藩,有华候馆。载锡壶觞之乐,少休轺传之劳。

出处:《玉堂类稿》卷一三。
撰者:周必大
考校说明:题后原注:"内侍王裕。"

赤岸赐御筵口宣
(乾道七年正月一日前)

　　有敕:卿等联华拥节,奉币朝春。念久涉于修途,命少休于近馆。特颁宴饮,深体眷怀。

出处:《玉堂类稿》卷一三。
撰者:周必大
考校说明:题后原注:"内侍徐永叔。"

赤岸赐酒果口宣
(乾道七年正月一日前)

　　有敕:卿等远修邻好,来庆王春。事道路以良勤,望阙廷而甚迩。锡之芳旨,以劳皇华。

出处:《玉堂类稿》卷一三。
撰者:周必大

考校说明：题后原注："内侍蒋偀。"

赐使副春幡胜口宣
(乾道七年正月一日前)

有敕：岁律将新，春阳先至。言念光华之使，驰分镂刻之工。体我眷怀，应兹嘉节。

出处：《玉堂类稿》卷一三。
撰者：周必大

赐三节人从春幡胜口宣
(乾道七年正月一日前)

有敕：汝等并从信使，来庆春朝。望北阙以有期，值东风之应律。分颁在首，悦怿承恩。

出处：《玉堂类稿》卷一三。
撰者：周必大

赐接伴使副春幡胜口宣
(乾道七年正月一日前)

有敕：卿等祗承明命，远迓使华。因巧历之回春，自尚方而驰赐。往应贲饰，共乐芳时。

出处：《玉堂类稿》卷一三。
撰者：周必大

到阙赐生饩口宣
(乾道七年正月一日前)

有敕：卿等来庆王春，甫安宾馆。匪厚饩牵之锡，曷酬轺传之劳？其体眷怀，以承恩渥。

出处:《玉堂类稿》卷一三。

撰者:周必大

考校说明:题后原注:"内侍符思永。"

到阙赐被褥鈔锣等口宣
(乾道七年正月一日前)

有敕:卿等远庆新元,甫安宾馆。维衾褥之加厚,且器用之甚华。并示匪颁,钦承殊渥。

出处:《玉堂类稿》卷一三。

撰者:周必大

考校说明:题后原注:"内侍李回。"

岁除赐内中酒果口宣
(乾道七年正月一日前)

有敕:卿等言持使节,甫达聘仪。出醪核于严宸,循壶觞于除夕。兹惟宠锡,尚体酧恩。

出处:《玉堂类稿》卷一三。

撰者:周必大

考校说明:题后原注:"内侍李回。"

光尧寿圣宪天体道太上皇帝册文
(乾道七年正月一日)

皇帝臣御名谨稽首再拜言曰:臣闻天不言所利,圣人不居其功,极高明,备光大,穷天下之辨,莫能形容也。圣人法天,天法道,道可常名乎? 天不期大报,而大报必归之天;圣人不期显号,而显号必加之圣人。圣人之心与天合,圣人之道,天之道也。大报之礼,天且弗违,如之何其辞显号哉! 恭惟光尧寿圣太上皇帝,动与天同功，静与天合德。其动也，无疆惟忧，亦无疆惟休。皇纲纠棼，维而张之；世路棘羼，砥而直之。雷风之所震叠，雨露之所濡沐，圣文神武，两尽其极。薄海内外，教不肃而成，政不严而治，非与天同功乎？其静也，全天之功，与四海九州更始，轻徭赋，简刑罚，归马放牛，包干戈而不用，视八纮如一家，视万乘如弊屣，熙然而春，肃然而秋，动者植者，生生化化，而莫窥其朕，非与天合德乎？动而功，静而德，合而言之道也。泰定其宇，清明其躬，却智去故，退藏于密，油油然与造化为友，帝力所加，问之朝野而不知，道之至也。巍巍乎有成功，荡荡乎民无能名，自陶唐氏以来，陛下一人而已。越冲人祗承慈训，夙夜不敢康，乃十一月壬午，循尧之道，类帝禋宗，曾云往来，星象晦明，陟降泰坛，克成熙事。事天有大报矣，事亲独无显号乎？夫极高明者莫如天，备广大者莫如道，不识不知，顺帝之则，不曰宪天乎？无思无为，感而通天下之故，不曰体道乎？臣不胜大愿，谨奉玉册玉宝，上尊号曰"光尧寿圣宪天体道太上皇帝"。钦惟陛下执神之机，御气之辩，沉潜先物之智以不言者，燕佚后天之年。为众父父，沛滂衍渥，敷锡我子孙黎民。

出处：《宋会要辑稿》礼四九之三九。

皇帝加上太上皇后尊号玉册文
（乾道七年正月一日）

维乾道七年岁次辛卯正月丙子朔，皇帝臣眘谨稽首再拜言曰：臣闻：君子三乐，以父母为先，而王天下不与焉。伊上古以降，历选乎列辟。笃于事亲，虞德以盛；勤于问安，周历斯过。然则重华协帝，享国永年，成比屋之封，基二南之化，又何以加于孝乎？岂不力鲜而功隆，治迩而效远哉？臣以眇末之质，夙奉温清，抚育教诲，底于有成，实惟我父慈母爱之恩。自陟帝位，于今九载。勤于邦无盘游之暇，俭于家遵浣濯之志。王政兴焉，德教刑焉，亦惟父慈母爱之功也。属者候景初至，载秩元祀。奉裸圭而先祖听，奠瑄玉而神示格。繁厘浃于缙绅，大赉遍于华夏。穰穰熙熙，臣何力哉？揆厥所元，亦惟父慈母爱之德也。夫天地裕于万物，万物无裕于天地。况我寿圣太上皇后避功于十乱，得道于少广。冲虚澹泊，从黄帝于大庭之馆；明识慈范，岂昧陋所能称赞乎？然而三神之欢不可掣也，臣妾之望不可触也。今鸿名显号加于尧父，则我圣母曷可后已？是用章明具庆，率吁众心。恳恳惓惓，不胜大愿。谨奉玉册金宝，上尊号曰"寿圣明慈太上皇后"。伏惟殿下含章而亨，得一而宁。诞受帝祉，永膺令名。舒太阴之华，媲放勋之明，躬老氏之慈,对如天之仁。

出处:《玉堂类稿》卷一。又见《古今事文类聚》前集卷一九。
撰者:周必大

加上太上尊号礼毕皇帝致贺太上皇帝
（乾道七年正月一日）

皇帝臣稽首言:伏惟光尧寿圣宪天体道太上皇帝陛下茂对春元,载膺荣号。
二仪并贶,万寿无疆。

出处:《玉堂类稿》卷一六。
撰者:周必大
考校说明:"一日"据《宋史》卷三四《孝宗纪》补。

侍中传旨宣答
（乾道七年正月一日）

光尧寿圣宪天体道太上皇帝圣旨:皇帝翕受汉厘,懋昭舜孝。自欣之子,勉
对强名。

出处:《玉堂类稿》卷一六。
撰者:周必大
考校说明:"一日"据《宋史》卷三四《孝宗纪》补。

皇帝致贺太上皇后
（乾道七年正月一日）

皇帝臣稽首言:伏惟寿圣明慈太上皇后博厚承天,辉光遹日。隆名并受,薄
海同欢。

出处:《玉堂类稿》卷一六。
撰者:周必大

考校说明:"一日"据《宋史》卷三四《孝宗纪》补。

内侍承旨宣答
（乾道七年正月一日）

寿圣明慈太上皇后圣旨:皇帝储休郊庙,归美庭闱。力避无从,静言有愧。

出处:《玉堂类稿》卷一六。

撰者:周必大

考校说明:"一日"据《宋史》卷三四《孝宗纪》补。

侍中承旨宣答
（乾道七年正月一日）

光尧寿圣宪天体道太上皇帝圣旨:迫于勤请,益此徽称。礼冠古初,庆均家国。

出处:《玉堂类稿》卷一六。

撰者:周必大

考校说明:"一日"据《宋史》卷三四《孝宗纪》补。

侍中承旨宣答
（乾道七年正月一日）

朕惟怀永图,豫建太子。亿宁方夏,巩固宗祧。典礼备成,与卿等同庆。

出处:《玉堂类稿》卷一六。

撰者:周必大

考校说明:"一日"据《宋史》卷三四《孝宗纪》补。

正月一日入贺毕归驲赐御筵口宣
(乾道七年正月一日)

有敕:芳春肇序,华使来宾。既奉币以退朝,宜归筵而在馆。体兹宸渥,醼乃宴觞。

出处:《玉堂类稿》卷一三。
撰者:周必大
考校说明:题后原注:"内侍李月卿。"

入贺毕归驿赐酒果口宣
(乾道七年正月一日)

有敕:展仪改岁,复从舍馆之安;加礼待宾,载厚果醪之赐。式昭眷遇,祇服宠颁。

出处:《玉堂类稿》卷一三。
撰者:周必大
考校说明:题后原注:"内侍董琏。"

条约行遣官兵功赏诏
(乾道七年正月三日)

令三衙并所属曹部,今后遇官兵收使、转资及改正重叠差错,并仰先次取会元承授申到功状及降下敕黄去处,子细点对,于内有无姓名同异、职次,候报到,从官吏保明所缴文帖公据委无诈冒,申明朝廷追篆文官辨验印记真伪,方得施行。仍自今降指挥始,日前功赏,限一季行遣尽绝,出限更不收使。其日后功赏有合出给转资公据文帖之人,并未得便行给付,仰缴申枢密,委都承检详置合同簿立号,用印押讫,行下所属给付,候收使日凿簿销凿,方行出给付身。内合授文帖之人,仰所属照验,都承检详已批凿印押字号,方得施行。请给职次人数申枢密院。如稍有违戾,取旨重作施行。

出处:《宋会要辑稿》兵一九之二〇。

皇弟璩再辞免加食邑实封不允诏
(乾道七年正月三日)

朕峻丘泽之祠,笃邦家之庆。并崇册宝,尊我庭闱。加锡金缯,惠于文武。惟时介弟,慕昔贤王。率麟趾以骏奔,服貂冠而显相。拓其奉邑,壮乃宗盟。均福展亲,义可承而难避;执谦辞富,章既却而复来。虽谅忱言,莫回大涣。所请宜不允,不得再有陈请。

出处:《玉堂类稿》卷四。
撰者:周必大

正月三日赐内中酒果口宣
(乾道七年正月三日)

有敕:使华之美,已庆发春;台馈之丰,口无虚日。出珍嘉于御府,助燕乐于芳时。

出处:《玉堂类稿》卷一三。
撰者:周必大
考校说明:"正月三日",四库本作"正月四日"。

正月四日玉津园射弓赐弓箭例物口宣
(乾道七年正月四日)

有敕:淑气回春,皇华成礼。命宏开于禁籞,俾申讲于射仪。宜有匪颁,用将厚意。

出处:《玉堂类稿》卷一三。
撰者:周必大
考校说明:题后原注:"内侍陆彦端。"

玉津园射弓赐御筵口宣
（乾道七年正月四日）

有敕:卿等恪修邻好,祗庆春元。爰陈命射之仪,就启娱宾之宴。往膺宠数,用洽多欢。

出处:《玉堂类稿》卷一三。
撰者:周必大
考校说明:题后原注:"内侍韩世荣。"

玉津园射弓赐酒果口宣
（乾道七年正月四日）

有敕:岁华有俶,春色始和。少纾行李之劳,载展穿杨之艺。时加珍锡,往侑宴觞。

出处:《玉堂类稿》卷一三。
撰者:周必大
考校说明:题后原注:"内侍邓珪。"

正月六日朝辞讫归驿赐酒果口宣
（乾道七年正月六日）

有敕:卿等告行阙下,治任驲中。惟邻好之克修,申眷怀而未已。锡之芳旨,服我龙光。

出处:《玉堂类稿》卷一三。
撰者:周必大

正月六日朝辞讫归驿赐御筵口宣
(乾道七年正月六日)

　　有敕:卿等谨于将命,庆此履端。念返斾之有期,想腾装之良勤。宜颁宴集,式示宠私。

出处:《玉堂类稿》卷一三。
撰者:周必大

密赐使副大银器口宣
(乾道七年正月六日)

　　有敕:卿等来会春朝,少休谒舍。宜厚中金之锡,以增行橐之光。尚克钦承,式符眷赉。

出处:《玉堂类稿》卷一三。
撰者:周必大

回程赐龙凤茶并金镀银合口宣
(乾道七年正月六日后)

　　有敕:春入东郊,既讲会朝之礼;贡分北苑,用为返斾之光。虽举赐常,实昭眷宠。

出处:《玉堂类稿》卷一三。
撰者:周必大

回程赤岸赐御筵口宣
(乾道七年正月六日后)

　　有敕:卿等已祝春祺,式旋使斾。望征帆之未远,开宴席以少留。毋惜满觞,载光行色。

出处:《玉堂类稿》卷一三。
撰者:周必大

回程赤岸赐酒果口宣
（乾道七年正月六日后）

有敕:卿等礼成献岁,道次邮亭。念涉履之方勤,轸眷怀而良厚。既陈宴饮,仍赐旨嘉。

出处:《玉堂类稿》卷一三。
撰者:周必大

回程平江府赐御筵口宣
（乾道七年正月六日后）

有敕:卿等奉币朝春,回车涉远。念余寒之尚力,次近辅以少留。载示惠慈,厚颁膏饫。

出处:《玉堂类稿》卷一三。
撰者:周必大

回程镇江府赐御筵口宣
（乾道七年正月六日后）

有敕:卿等比缘岁旦,来讲邻欢。兹返斾于析津,暂停骖于京口。宴馂甚宠,恩渥其承。

出处:《玉堂类稿》卷一三。
撰者:周必大

回程盱眙军赐御筵口宣
(乾道七年正月六日后)

有敕:卿等已庆王春,式旋使节。念载驰于远道,命少驻于边城。无惜属餍,以承渥赐。

出处:《玉堂类稿》卷一三。
撰者:周必大

令胡坚常等措置赈济诏
(乾道七年正月八日)

两浙路转运判官胡坚常同浙西路提举常平司措置赈济,务施实惠。

出处:《宋会要辑稿》食货六八之六八。又见同书食货五八之八。

起复新知庐州叶衡可敷文阁待制枢密都承旨制
(乾道七年正月八日)

夺情之典,实自从戎;基命之司,正关立武。既可缘于古谊,宜更锡于诏除。具官某才猷应于时须,风绩慊于金论。出分藩郡,卓有能声;入领计曹,敏无阙事。慨阅时之在疚,申变礼以遄归。弗与其辞,屡招乃至。朕念北陲作牧,固惟金革之虞;而右府为僚,亦总甲兵之问。爰进宝储之直,俾须密命之承。揆理弗殊,留行惟允。傥忘家而忧国,当移孝以为忠。

出处:《永乐大典》卷一三四九九。又见《范成大佚著辑存》第九〇页。
撰者:范成大
考校说明:编年据《宋会要辑稿》职官七七补。

叶衡改除敷文阁待制枢密都承旨制
（乾道七年正月八日）

夺情之典，实自从戎；枢管之司，最关军务。近起复叶衡出帅淮西，可改除敷文阁待制、枢密都承旨。

出处：《宋会要辑稿》职官七七之二一。

马军司酒库归户部诏
（乾道七年正月九日）

马军司元拨德清等一十八酒库，依殿前、步军司例归户部差官干当，每年应副马军司钱八万贯，充犒赏使用。

出处：《宋会要辑稿》食货二一之九。

龙图阁直学士右朝议大夫知婺州军州事曾怀乞在外宫观不允诏
（乾道七年正月十日）

卿心计有余，而能以损下益上为戒。当今理财，殆未有出卿右者。拜州累月，朕注想焉。驿召而来，将复付以足国裕民之计，其可言去乎？勉悉尔心，即颁宠命。所请宜不允。

出处：《玉堂类稿》卷四。
撰者：周必大
考校说明："右朝议大夫"，明抄本作"左朝议大夫"。

与金主书
（乾道七年正月十二日前）

比致祈恳，旋勤诲绒。欲重遣于轺车，恐复烦于舍馆。惟列圣久安之陵寝，既难一旦而辄迁,则靖康未返之衣冠,讵敢先期而独请? 载披谆谕之旨,详及受书之仪。盖今叔侄之情亲,与昔尊卑之体异,敢因庆礼,荐布忱词,尚冀允从,式符企望。今贺生辰国信使副翰林学士赵雄、泉州观察使赵伯骕行,谨再拜奉书,不宣。

出处:《省斋文稿》卷一四《孝宗皇帝撰国书御笔跋》。又见《平园续稿》卷三〇《赵公伯骕神道碑》,《文献通考》卷一二六。

撰者:周必大

户部开具州县没官田产等估定价直诏
(乾道七年正月十七日)

户部开具州县没官田产并营田顷亩、间架,分作三等,估定价直,具实数申尚书省。

出处:《宋会要辑稿》食货六一之三一。

推赏发放海船州军诏
(乾道七年正月十八日)

平江府守臣将已到当番海船照年例给犒,具所发州军海船只数、丈尺及格与否,并船主职次、姓名、乡贯、年甲,保明申枢密院推赏。

出处:《宋会要辑稿》食货五〇之二四。

起发上供钱物七分见钱三分会子诏
(乾道七年正月二十日)

自今后诸路州军起发上供诸色窠名铜钱,并要起七分见钱,三分会子;并人户典卖田宅等交易用钱、会子,使听从民便。

出处:《宋会要辑稿》食货六四之五七。又见同书食货三五之四二。

差拨军兵前往广南驻札诏
（乾道七年正月二十一日）

令摧锋军于韶州在寨人内差拨二百人,余一百人令帅司措置招收。

出处:《宋会要辑稿》兵五之二六。

尚书右仆射虞允文再辞免转左光禄大夫
特封成国公加食邑实封批答
（乾道七年正月二十二日）

省表具之。朕若稽帝舜,期尽事亲之道。亦惟有若皋陶之臣,左右厥辟,率作兴事,济登孝治。乃者制礼作乐,交举典册,庆成之日,天人并应。温温其和,熙熙其春。时乃之功,惟朕以怿。昨封命秩,畴不谓宜? 卿辞虽坚,命弗惟反。且君犹元首,臣犹股肱,一体相须,何适非均? 其尚喜哉,共此荣乐!

出处:《玉堂类稿》卷九。又见《古文渊鉴》卷五七。
撰者:周必大
考校说明:"正月"原作"三月",据明抄本、四库本改。

搭卖淮东积盐诏
（乾道七年正月二十三日）

昨降指挥,建康榷货务带卖淮东积盐二万袋,今已卖绝,令淮东提盐司更取拨二万袋,令本路依已降指挥搭卖。其卖到钱,拨付建康府桩管。

出处:《宋会要辑稿》食货二七之二八。又见《宋会要辑稿补编》第七九八页。

三衙牧马事诏
（乾道七年正月二十四日）

令张松将三衙牧放马候青草月分分拨往逐。内殿前司扬州、马军司和州、步军司六合县一带就青牧养。

出处:《宋会要辑稿》兵二一之三四。又见《宋会要辑稿补编》第四一九页。

参知政事梁克家再辞免转官批答
(乾道七年正月二十四日)

　　省表具之。朕允迪丕天之大律,并增太上之显号。开辟以来,诗书所载,未有若斯之盛礼也。卿以名儒,服在近弼。竭赞襄之力,宣润色之劳。进官一列,赏未为过。乃曰历考前闻,邈无近比,愿固辞焉。夫以国家非常之庆,既匪前闻可拟,则辅佐非常之宠,亦安得以近比为言哉?既却奏封,尚承朕志。所请宜不允,仍断来章。

出处:《玉堂类稿》卷九。
撰者:周必大

虞允文辞免庆寿加尊号转官进封口宣
(乾道七年正月二十四日)

　　有敕:卿为时真宰,相我盛容。时加不次之恩,用表非常之庆。亟承三接,何事再辞?

出处:《玉堂类稿》卷一二。
撰者:周必大

梁克家辞免庆寿加尊号转官口宣
(乾道七年正月二十四日)

　　有敕:卿学贯古今,识周事物。助我宁亲之志,成兹希世之仪。毋执经常,亟膺宠秩。

出处:《玉堂类稿》卷一二。
撰者:周必大

令湖广总领所应副马料诏
（乾道七年正月二十五日）

令湖广总领所应副五分马料百日。所有养马户之家,免本户非泛差使科扰之类。其冯忠嘉劝谕到户马,同义勇教阅,及制造军器有劳,可除直秘阁,兼湖南北、两淮诸州军守臣照会。

出处:《宋会要辑稿》兵一之三二。

右中大夫充徽猷阁待制新除知荆南府姜诜
辞免敷文阁直学士不允诏
（乾道七年正月二十五日）

卿宣城之政,号称勤敏。当积潦之后,有振廪之功。可稽陟明,以劝能吏。矧祖宗甚重边帅,率进职以宠其行。今吾荆州蔽巴蜀,控襄汉,带沔鄂,任加重矣,可无褒乎? 西清进班,所以录前劳、贲新组也。尚体至意,毋为逊辞。所请宜不允。

出处:《玉堂类稿》卷四。
撰者:周必大
考校说明:"右中大夫",明抄本作"左中大夫"。

龙神卫四厢都指挥使广州观察使赵樽
再辞免昭化军承宣使不允诏
（乾道七年正月二十六日）

卿守边日久,军政修明,进阶承流,庸以示劝,此六年正月之诏也。今弥岁矣,乃上章固避,至七八而未止,是岂称朕急于第功之意哉? 面谕已孚,亟恭前命,不得更有陈请。

出处:《玉堂类稿》卷四。
撰者:周必大

犒设忠锐军诏
（乾道七年正月二十八日）

浙东诸州军起发第三番弓弩手并已到忠锐军，可特与依例犒设一次。内将校一贯五百文，长行一贯文，令都承旨张说前去传旨阅视给散。其钱于左藏南库支给，见钱、会子各一半。

出处：《宋会要辑稿》礼六二之七六。

浙西常平司借支平江府义仓米赈济湖州饥民诏
（乾道七年正月二十九日）

浙西常平司于平江府常平义仓米内借支五万硕，应副湖州赈粜，接济饥民。

出处：《宋会要辑稿》食货五八之八。又见同书食货五九之四七、食货六八之六八。

答贺正旦国书
（乾道七年正月）

斗柄东回，诞布始和之令；星轺北至，载通修睦之欢。书语温然，币仪腆甚。方益隆于世好，知丕拥于春祺。欣感交怀，喻言靡究。

出处：《玉堂类稿》卷一六。
撰者：周必大
考校说明：题后原注："使蒲察愿、副韩钢。"

遣使贺生辰国书
（乾道七年正月）

景侔三春，适届诞弥之节；寿先五福，敢申善颂之诚。预遣使轺，远持庆币。用祝后天之算，冀延卜世之期。共庇黎元，永坚盟好。

出处:《玉堂类稿》卷一六。

撰者:周必大

考校说明:题后原注:"使赵雄、副赵伯骕。"

右奉议郎张权可军器监主簿制
(乾道六年十月至乾道七年二月间)

武监有簿领员职,虽止于钩枝,然通班朝谒,号称选擢。尔比因锡对,俾游其间。宜敬共以赞其长,称朕试功之意。

出处:《永乐大典》卷一四六〇八。又见《范成大佚著辑存》第九二页。

撰者:范成大

考校说明:编年据范成大任两制时间、张权官历补,见《宋会要辑稿》食货一。

条约人户合纳牙契税钱诏
(乾道七年二月一日)

人户典卖田宅合纳牙契税钱,虽有立定所收则例,昨降指挥通限一百二十日投纳契税,可依绍兴十年六月二十七日指挥,限一百八十日。其人户典卖舟船、驴马合纳牙契税钱,各有立定所收钱数,立契并限三十日印契。访闻诸路州军往往并不曾投纳契税。所有人户典卖田宅、船马、驴骡合纳牙契税钱,昨降指挥专委诸路通判印造契纸,以千字文号置簿,送诸县出卖。可令各路提举司立料例,以千字文号印造契纸,分下属部郡,令民间请买。将收到钱专委通判拘收,并充上供起发。内有元系分隶经总制钱,以乾道四年帐据收到数销豁外,有其余钱,并入总制帐,令作一项解发。令提举官逐时检察,每季开具通印给过道数;诸郡各该若干,某字号至某字号;卖过若干,系某字号至某字号;计交易钱若干;合收牙税钱若干;未卖若干,系某字号至某字号;开具牒报本路转运司,委官一员驱考施行。如印造违慢,致积压,有妨请买,许人越诉,依绍兴十四年七月八日指挥,官吏重作施行。如人户纳钱违限,许诸色人告,依匿税法断罪、追赏。若提举官能用心印造,并本州拘收过钱及五万贯,已起发交纳数足,仍从本路转运司开具本路提举官并本州知、通名衔申朝廷,特予推恩。

出处:《宋会要辑稿》食货三五之一三。又见同书食货七〇之一四七。

招填土兵弓手诏
（乾道七年二月二日）

土兵令逐路安抚司,弓手令逐路提刑司,将见今阙额行下逐州,限日近招填数足,添差训练官;请给按月批勘,不管拖积。

出处:《宋会要辑稿》兵三之二八。

复庆远军节度使差充镇江府驻札御前诸军都统制成闵辞免加食邑实封不允诏
（乾道七年二月二日）

朕吁俊以尊上帝,非惟常伯常任是赖,亦惟虎贲之长,越在外服,简恤尔士。尚迪果毅,以登乃辟,肆予一人汝嘉。用承天休,赍尔多邑。诞告有众,咸曰允哉。毋或固辞,恭朕之诏。所请宜不允。

出处:《玉堂类稿》卷四。
撰者:周必大

赐参知政事梁克家生日诏
（乾道七年二月三日）

敕克家:律琯分春,望舒朏夕。是生隽辅,来翊丕基。亨饪有常,姑致养贤之意;炽昌无害,尚符寿母之言。祇服眷私,勉殚忠荩。

出处:《玉堂类稿》卷九。
撰者:周必大

大理寺应承受到断案通作元限行遣诏
（乾道七年二月三日）

今后大理寺将应承受到断案除旬休外，余并不理假故，通作元限行遣。仍令敕令所修立成法。

出处:《宋会要辑稿》职官二四之三一。

令晁公武等契勘所部州军所种二麦诏
（乾道七年二月四日）

令知扬州晁公武、知庐州赵善俊行下所部州军，子细契勘所种二麦，具实数申尚书省。

出处:《宋会要辑稿》食货六三之二一八。

更于扬州拨米赈粜招信县诏
（乾道七年二月六日）

招信县荒歉，已支米二千石赈济。更于扬州桩管米内拨三千硕赈粜。

出处:《宋会要辑稿》食货六八之六八。又见同书食货五八之六八。

令监司帅守条具便国利民事件诏
（乾道七年二月八日）

方今州县积弊，百姓疾苦，朝廷无由尽知。令诸路监司、帅守限一月各行讲究，条具一路一州一县便国利民事件以闻。

出处:《宋会要辑稿》职官四五之二九。

量支拣汰官兵盘费津遣诏
（乾道七年二月八日）

三衙并外路诸军拣汰官兵，分拨诸州军添差养老，道路遥远，阙乏盘费。除支破合得请给外，令本军参照远近等第，更行量支盘费津遣。

出处：《宋会要辑稿》礼六二之七六。

放免温州下户合纳身丁绢诏
（乾道七年二月八日）

温州人户合纳身丁绢，随夏料送纳，已承乾道六年十一月十八日指挥，将第四、第五等人户与放免一年外，窃虑所降指挥之前已有人户送纳在官，仰并特与理作乾道七年合纳之数。

出处：《宋会要辑稿》食货六六之一一。

皇子惇立为皇太子诏
（乾道七年二月八日）

朕绍承大统，于今十年，深惟太上皇帝付托之重，而元良虚位，惕然于怀。《传》曰：储副，天下公器。朕其敢有所私哉！第三子惇仁孝严重，积有常德。学必以正，誉日以休。蔽自朕心，俾膺主鬯，以永宗社之庆。可立为皇太子。其官属、仪物制度，令有司讨论典礼以闻。咨尔中外，体予至怀。

出处：《两朝纲目备要》卷一。

立太子诏
（乾道七年二月八日）

朕绍承大统，于今十年，深惟太上皇帝付托之重，而元良虚位，惕然于怀。《传》曰"储副天下公器"，朕其敢有所私哉？今第三子仁孝严重，积有常德，学必以正,誉日以休。蔽自朕心,俾膺主鬯,以永宗社之庆,可立为皇太子。其官属仪物制度,令有司讨论典礼以闻。咨尔中外,体予至怀。

出处:《建炎以来朝野杂记》乙集卷二。

撰者:虞允文

考校说明:"八日"据《宋史》卷三四《孝宗纪》补。虞允文时任右仆射。

皇子恺进封魏王制
(乾道七年二月八日)

　　因亲而立爱,恩莫重于本支;论功以定封,势将隆于藩辅。眷维贤冑,绰著令猷,宜膺驭贵之公,用笃有邦之庆。肆诹穀旦,敷告治朝。皇子、雄武军节度使、开府仪同三司、庆王、食邑四千户、食实封一千六百户恺,仪度旷夷,性资诚悫。圭璋挺秀,质盖表于粹温;斧藻舒文,道实深于儒雅。阅理素多于誉处,饬躬每戒于满盈。修子职之恭,靡怠夙兴而夜寐;懋贤人之素,常思幼学而壮行。是用并锡徽章,出当重寄。衮衣赤舄,秩仍视于三旌;珮戈淑旒,宠兼崇于双节。进赐大名之履,荣分宁国之麾。增衍畲租,陪敦真赋。庸示连城之固,式昭制阃之雄。庶资仁风,克填近服。於戏! 咏文王之孙子,朕方承令问之休;等汉祖之山河,尔尚迪永存之福。谅惟天属,能体予怀。可依前皇子、开府仪同三司,特授雄武保宁军节度使、判宁国军府事、提举学事兼管内劝农营田使,进封魏王,加食邑一千户,食实封四百户。令所司择日备礼册命。

出处:《中兴礼书》卷一九八。又见《宋会要辑稿》帝系二之二三。

皇子镇洮军节度使开府仪同三司恭王某
辞免立为皇太子不允诏
(乾道七年二月九日)

　　朕观夏商而后,唐汉以还,率当国家闲暇之时,预进社稷久长之策。古以为重,朕安敢轻? 以汝符采昭融,性资英敏。早辨南阳之牒,深穷东序之经。素简朕心,灼知厥德。用协本朝之茂宪,载行至道之圣仪,诏以扬庭,命之贰极。盖兼采亲贤之望,顾岂专父子之恩? 永肩忠孝之图,勿徇谦冲之节。

出处:《玉堂类稿》卷四。日期据明抄本、四库本补。

撰者:周必大

皇子庆王恺再辞免雄武保宁军节度使判
宁国府进封魏王加食邑实封批答
(乾道七年二月十一日)

省表具之。朕昭示大公,靡私诸子。厥惟稽古,乃俾殿邦。汝植性温纯,赋才通亮。居有谦和之德,动无骄侈之愆。列邸十年,备见恪恭之度;出藩千里,方观牧御之能。载荒北国之封疆,叠畀东阳之旄节。初非作好,足以服人。昔汉重藩维,时则有间、平之善;唐分督刺,时则有徐、霍之贤。尚勉继于前修,毋力辞于定命。

出处:《玉堂类稿》卷九。

撰者:周必大

皇子庆王恺辞免进封魏王口宣
(乾道七年二月十一日)

有敕:夙勤子道,久奉王藩。举进律之褒章,资维城之实效。亟宜祗受,勿事固辞。

出处:《玉堂类稿》卷一二。

撰者:周必大

皇太子辞免立储口宣
(乾道七年二月十一日)

有敕:贤德修乎时敏,英姿见乎夙成。乃协龟繇,俾开鹤禁。已诞扬于涣命,毋淆贡于谦词。

出处:《玉堂类稿》卷一二。

撰者:周必大

皇子恭王再辞免立为皇太子批答
（暂系于乾道七年二月十一日至十二日间）

省表具之。朕深维国本,属在皇储。日问寝门,将以教天下为子之孝;时修齿胄,将以训天下为臣之恭。念典礼之攸崇,实古今之所重。汝聪明天赋,誉望日彰。博通诗书礼乐之文,兼备仁智中和之美。久养成于德器,肆祗协于邦彝。筮从良索之三,象应离明之两。临轩受册,方肇举于盛仪;削牍抗言,必难回于成命。亟遵前诏,庸对慈怀。

出处:《玉堂类稿》卷九。
撰者:周必大
考校说明:月、日据同集前后文时间补。

讨论魏王判宁国府置官属等典故诏
（乾道七年二月十二日）

令礼部、太常寺、秘书省、国史院疾速讨论建置官属,及接见郡官等应干典故,申尚书省。

出处:《中兴礼书》卷一九八。

皇子庆王恺再辞免雄武保宁军节度使判
宁国府进封魏王加食邑实封批答
（乾道七年二月十二日）

省表具之。三代令王,封建子弟,非特示亲亲之恩,明贵贵之义,亦以藩屏王室,有强干弱枝之助焉。稽诸典命,凡自王畿出封者,车服礼仪皆加一等。则夫双节之重,大邦之启,既协古制,亦华尔行。汝其敬乃僚,乂我民,毋迩宵人,毋好逸豫。使朕心朕德敷于南国,则尔身虽外,朕固不忘尔褒也。宠章徽数,其又奚辞? 所请宜不允,仍断来章。

出处:《玉堂类稿》卷九。

撰者:周必大

皇子庆王恺辞免进封魏王口宣
(乾道七年二月十二日)

有敕:宛陵大藩,江左重地。贲加节锡封之宠,为部符分土之光。宜念宗强,毋留朕命。

出处:《玉堂类稿》卷一二。
撰者:周必大

诫约沿路州军督责纲运诏
(乾道七年二月十三日)

诸路漕司严责所部州军,如纲运经由县道,仰县道官催督沿流巡尉护送、催赶出界,仍于行程内批凿日时,交付以次去处。即有欠折,根究在经由界内偷盗作奸,将本县及巡尉吏人配流,巡尉取旨施行。

出处:《宋会要辑稿》食货四四之一一。又见同书食货四八之一一,《宋会要辑稿补编》第五八一页。

修盖马军司廨舍诏
(乾道七年二月十四日)

令张松疾速于建康府城内掇移都统司空闲六段寨地内摽拨一处,措置修盖一千间充马军司廨舍,并亲随衙兵及潜火官兵吏舍库局等使用。

出处:《宋会要辑稿》兵六之二二。

立皇太子赦
(乾道七年二月十四日)

勘会诸军将校缘功赏合转承信郎,偶不曾缴到付身及绫纸钱、朱钞,及差漏三代名讳,致妨给告,止出转官公据,后来因覃恩或他赏已转承信郎以上方行陈乞,吏部却引用八资法比折减三年磨勘,甚失当时立法之意。如有似此之人,仰吏部特与作一官资转行。应命官展年磨勘,除犯赃罪若私罪徒外,并与免展。
出处:《宋会要辑稿》职官一一之五一。又见同书兵一九之二一。

　　勘会建宁、隆兴、宁国、常德府、剑州进士贡士,如内有实请到三举文解到省试下之人,许将绍兴三十二年覃恩一举凑成四举,免将文解。
出处:《宋会要辑稿》选举一六之一六。

　　应民间有曾祖父母存而身已成丁者,其丁钱、身役并免一年。访闻二广民户输纳丁钱去处,近来官司才年十二三便行科纳,谓之"挂丁钱",多致逃亡。仰本路监司常切严行觉察约束。
出处:《宋会要辑稿》食货六六之一一。又见同书食货一二之一八。

　　应欠官私房廊、白地、赁钱,将乾道六年以前欠少未还之数并特予除放。及民间见欠乾道五年以前私债,其还利过本者,特予除放。并乾道六年以前应犯罪已籍没家财,所有名下未追赃钱,见今监系家属及干连人,并予除放。行在赡军诸酒务拍户赊欠酒钱,已降指挥放免至乾道二年五月终。仰将乾道二年六月一日以后至乾道五年终拍户未还欠赊酒钱并特予蠲放。并殿前、马、步军司开沽两浙犒赏酒坊,近降指挥拨归户部提领,仰将乾道五年煮酒界以前年分拍户应欠赊酒钱特予蠲放。并访闻三司元差军官将校主管酒坊因交割有少欠钱物,勒令承认,见于请受内逐旬克除,并特予除放。两浙、京西州军拖欠内藏库乾道五年以前坊场钱,窃虑艰于输纳,可并免放。应监司州郡拖欠未起上供诸色钱物、粮纲草料等,已放至乾道二年终,今将乾道三年应未起之数特予除放。
出处:《宋会要辑稿》食货六三之三一。

　　应民间旧欠茶盐钱,有元系祖来身分少欠,至孙及曾孙尚行监系偿还,实可矜悯。可自乾道五年以前有似此之人,官司审实,并与除放。
出处:《宋会要辑稿》食货三一之二〇。又见同书食货六三之三一。

　　人户违限白契税钱,已降赦文展限一百日,许行自首,与免倍输。今来将欲限满,自今降赦书到日,再与展限一季,许令自陈,免行倍输。限满不纳,罪复如初。

出处:《宋会要辑稿》食货三五之一四。

江东圩田去年被水冲决去处,官圩已令修筑外,民间私圩已降指挥以田亩十分为率借种一分。尚虑兴工,所借分数不足,仰提举官、逐州守令量增分数,一面及时增修,具已增分数限半月具实数并申尚书省。沙田、芦场,昨降指挥令见佃人依户式亲行书押,管认顷亩花利,起立租税。窃虑官吏奉行灭裂,误将祖产一例作佃产分数立租,致兴词诉,仰实系祖产之人赍契书及经界砧基簿赴官陈理,当议核实改正。

出处:《宋会要辑稿》食货六三之二一九。又见同书食货一之四六。

灾伤州军切虑或有遗弃小儿有人收养者,官为置籍抄上,日给常平米二升。

出处:《宋会要辑稿》食货六八之一二七。

温、湖州乾道六年本州县折帛钱并和买夏税,人户尚有未输纳者,已降指挥,自三等已下,并旧税零欠及乾道七年夏税时暂倚阁,候秋成日,分料送纳。窃虑民间于今年一并带纳不前,理宜宽恤。仰将前项倚阁数目,候乾道八年夏料带纳。

出处:《宋会要辑稿》食货七〇之六四。

访闻多有逃亡军人并沿海州县犯罪小民畏避刑宪,因而啸聚,在海作过。虽已降指挥委帅、宪司督责捕盗官会合收捕,务要日近静尽,可自赦到日,立限一月,许经所在官司陈首,以前罪犯并与原免;或徒中能相擒捕,更与推赏。内军人赴本军收管,百姓给据自便。限满不首,即依已降指挥施行。

出处:《宋会要辑稿》兵一三之二八。

魏王恺妻男攄请给事诏
(乾道七年二月十五日)

皇子魏王恺出镇宁国府,妻华国夫韦氏、男皇孙攄见今历内诸般请给等,与随带前去,接续帮勘。

出处:《宋会要辑稿》帝系二之二四。又见同书帝系二之三一。

将帅选差将佐事诏
（乾道七年二月十六日）

从来帅臣循习旧弊，于改除之际，额外多差将佐之属，以示私恩。可令内外诸军除合用员额外，余日下并罢。今后除准备将以上遇有升差，依指挥令赴枢密院总领所审察，其训练官以下，并须依公选差，于当日具所差人职次、姓名申枢密院。如有违戾，主帅及被差人并以违制论。

出处：《宋会要辑稿》职官三二之四三。

户部科拨钱米赴淮东西总领所诏
（乾道七年二月十六日）

令户部将合起赴行在经常钱米内，就便科拨钱五百七十万贯、米七万石赴淮西总领所，并科钱二百三十万贯赴淮东总领所，并桩管，准备岁用支遣。

出处：《宋会要辑稿》食货五六之五五。

诸军该覃恩转官之人免纳绫纸钱诏
（乾道七年二月十六日）

应诸军该覃恩转官之人，往往拘于绫纸钱留滞，未能祗授，并特与免纳。

出处：《宋会要辑稿》职官一一之七三。

浙西拆移牧马寨屋事诏
（乾道七年二月十六日）

浙西诸州三衙旧牧马寨屋，除存留秀州管下屋外，余并令胡坚常拆移。内平江府屋发往建康府，令张松、沈度拘收；湖、常州屋发往镇江府。各拣堪好瓦木材植，内瓦充修盖新牧马寨屋，木植桩留，别听指挥；其不堪物料，给散移戍诸军充柴薪使用。

出处:《宋会要辑稿》兵六之二二。

魏王判宁国府建置官属诏
(乾道七年二月十六日)

置长史、司马各一人,记室、参军事二人。其长史、司马序位依两省官奉使法,记室、参军事序位在诸州通判之上。余依讨论到事理施行。

出处:《中兴礼书》卷一九八。又见《宋会要辑稿补编》第一二九页。

令湖南帅司招募军兵发往鄂州诏
(乾道七年二月十七日)

令湖南安抚司招募军兵一千人,发往鄂州驻札御前诸军使唤,却令本军差拨惯熟军兵一千人前往柳州、桂阳军屯戍,防托盗贼。

出处:《宋会要辑稿》兵五之二六。

成闵再辞免食邑实封不允诏
(乾道七年二月十八日)

王者公予夺以驭臣,人臣明辞受以事上,古今之通谊也。日朕躬郊拜贶,均惠文武。有怀宿将,总戎于外,虽无侍祠之劳,而有制阃之功,载加多邑,以溥吾恩,非妄予也,卿其可异众而独辞乎?所请宜不允,不得再有陈请。

出处:《玉堂类稿》卷四。
撰者:周必大

龙神卫四厢都指挥使宜州观察使主管侍卫步军司公事王友直辞免升侍卫亲军步军都指挥使不允诏
（乾道七年二月二十一日）

朕谨操八柄，以驭群臣。凡厥赏刑，眡夫功过。卿治军有律，事上不欺。显示朕恩，就升使范。既为尔宠，亦劝其从。宜即钦承，勿劳逊避。所请宜不允。

出处:《玉堂类稿》卷四。
撰者:周必大

魏王出镇取赐金银诏
（乾道七年二月二十三日）

皇子魏王出镇，令左藏南下库祗备金三千两、银一万两，令承受取赐。

出处:《宋会要辑稿》礼六二之七一。又见同书帝系二。
考校说明:《宋会要辑稿》礼六二此条原无年号，接于隆兴二年后。按隆兴无七年，“乾道”据《宋会要辑稿》帝系二、《宋史》卷三四《孝宗纪》补。

吏部给降太孺人告就户部置场出卖诏
（乾道七年二月二十三日）

吏部给降太孺人告三百道，每道价钱七百贯，就户部置场出卖。

出处:《宋会要辑稿》职官五五之五〇。

江南东路转运副使沈度可秘阁修撰宁国府长史制
（乾道七年二月二十三日）

朕惟前代时若，远遣亲王为国藩翰，又稽天圣令甲，立之参佐，以统理庶僚，纪纲众务。职有常古，非敢私于我家。畴咨时才，往践厥次。以尔闻见有原，儒雅饰吏，公府卿寺，骎骎近密，而辙环江闽，泊然难进，故以论撰清班，俾辅吾子。

昔之遴选此官者,号称天下第一,惟清介正立者宜焉。尔尚无愧,其克钦承。

出处:《永乐大典》卷一三四九九。又见《范成大佚著辑存》第九〇页。
撰者:范成大
考校说明:编年据《宋会要辑稿》选举三四补。

皇子魏王恺再辞免依文彦博例宴饯玉津园不允诏
(乾道七年二月二十四日)

昔宣王能锡命同姓,诗人美之曰:"韩侯出祖,出宿于屠。显父饯之,清酒百壶。"此中兴盛礼也。今吾真王之贵,分近辅之符,百笾郊饯,所以敦天性、示慈惠也。稽之在昔,恩礼愈隆。尚其拜嘉,光乃行迈。

出处:《玉堂类稿》卷四。
撰者:周必大

盐官乌墩两酒务拨付殿前司诏
(乾道七年二月二十八日)

户部将盐官、乌墩两酒务拨付殿前司,其已拨和平、当湖并乌盆、石浦、张浦五处酒库,却行拘收。

出处:《宋会要辑稿》食货二一之九。

抵换临安府老弱病患弓手土兵诏
(乾道七年二月二十八日)

令临安府守臣将老弱病患人,限一季尽行抵换少壮及等堪披带之人,毋致依前违戾。具已抵换人数姓名申枢密院,差官核实。见阙人额疾速招填,务要日近数足,仍责令教习弓弩事艺。诸路州军依此施行。

出处:《宋会要辑稿》兵三之二八。又见《宋会要辑稿补编》第四三〇页。

左中大夫参知政事四川宣抚使王炎乞罢机政解使权除在外宫观不允诏
（乾道七年二月二十八日）

卿以廊庙之资，置行台于蜀，二年于兹矣。农田有秋，边鄙不耸。朕固宽西顾之忧，而亦怀卿赋东征之归也。特以宣威任重，谋帅才难，烦我近弼，良非获已。且民心既服，卿岂不欲图其宁？军政方修，卿岂不欲底其绩？其可如一介之臣，轻议去就乎？益壮尔猷，行受吉甫之多祉。

出处:《玉堂类稿》卷四。
撰者:周必大

利州观察使韩彦直辞免除鄂州驻札御前诸军都统制不允诏
（乾道七年二月二十八日）

唐之雅曰:惟西平有子，惟我有臣。将门择将，自昔然矣。惟乃先著勋，列于王室，世选尔劳，庶其在兹。矧卿智略声猷见于总赋之日，统拜大将，一军何惊焉？勉图功名，安用辞避？

出处:《玉堂类稿》卷四。又见《古文渊鉴》卷五七。
撰者:周必大

王十朋詹事制
（乾道七年二月后）

建太子而尊宗庙，乡儒术而尊贤良。

出处:《黄氏日钞》卷六七。又见《范成大佚著辑存》第九五页。
撰者:范成大
考校说明:编年据《宋史全文续资治通鉴》卷二五补。

陈良翰詹事制
(乾道七年二月后)

太子正而天下定,方妙简于宫僚;有进德而朝廷尊,喜来趋于驿召。

出处:《黄氏日钞》卷六七。又见《范成大佚著辑存》第九四页。
撰者:范成大
考校说明:编年据《宋史全文续资治通鉴》卷二五补。

尚书礼部侍郎兼直学士院兼侍讲郑闻磨勘可左朝请郎制
(乾道六年十月至乾道七年三月间)

五礼教万民之中,既分卿职;三岁计群吏之治,并举国常。具官某以卓跞不群之才,富疏通知远之学。温恭朝夕,屡造辟以尽规;奋发文章,方掞天而摛藻。绅绎金华之业,春容玉笋之班,适会课于宫成,当陟明之功令。用陛显级,其对明恩。

出处:《永乐大典》卷七三二二。
撰者:范成大
考校说明:编年据范成大任两制时间、郑闻官历补,见《宋中兴学士院题名》、周必大《玉堂类稿》卷四《左朝散郎试中书舍人兼侍讲兼直学士院郑闻辞免礼部侍郎不允诏》。

国子监主簿潘慈明可太常寺主簿武学博士
刘敦义可国子监主簿制
(乾道六年十月至乾道七年三月间)

寺监设主簿员,均之以勾稽为职,然容台学省,专治礼乐艺文之事,尤为清贵。以尔慈明徊翔于王官,尔敦义淹久于讲席,皆以文行自将,并蒙选任,益务进修,以对休渥。

出处:《永乐大典》卷一四六〇八。又见《范成大佚著辑存》第九二页。

撰者:范成大

考校说明:编年据范成大任两制时间、潘慈明等人官历补,见《南宋馆阁录》卷
七等。

令有司贡士诏
(乾道七年三月一日)

朕稽列圣之诒谋,本右文而为治。每在虚己,务在得人。遵三年大比之常,
庶博收于儒效;举四海来游之彦,顾敢后于兵兴。要使无失职之嗟,期各懋济时
之略。既嘉言之罔伏,宜庶绩之咸熙。可令有司精核多士,俾偕秋计,较艺春官。
且将亲策于廷,以尽求贤之道。布告天下,明体朕怀。

出处:《宋会要辑稿》选举一之一七。

李氏立为皇太子妃制
(乾道七年三月二日)

门下:御家邦而为治,既茂于储闱;助匕鬯以宁亲,盖有资于内梱。眷时淑
媛,夙著妇功。方开二极之祥,宜进元妃之贵。肆颁显命,用播芳猷。定国夫人
李氏柔正而和,静专以肃。望高阀阅,参联四姓之华;行饰箴规,久蹈二《南》之
教。惠问蔼称于冠族,盛年作合于嗣贤。固非衣绛缘以徼内殿之观,实乃正结褵
以谐中馈之礼。德容兰郁,久疏定国之封;福禄州增,爰启春宫之庆。顾元良之
克立,斯伉俪之兼崇。副珈昭象服之宜,懿范应前星之焕。实章明于嫔则,益敬
戒于尔仪。庸笃恩徽,聿隆风化。於戏!佩珩璜而中节,蚃膺君子之述;事笄总
以承颜,宣示人伦之正。其祗家训,以对宠光。可立为皇太子妃,令所司择日备
礼册命。

出处:《宋会要辑稿》礼五三之一六。

士庶进状事诏
(乾道七年三月三日)

今后士庶进状,军国重事、朝政阙失、边防机密、军期重害、公私利济、论诉在

京官员,许于检院投进;其余应进状诉事,并赴鼓院投匦。仰诉事人于状前开坐经由官司结绝告示,令检鼓院官当面审实,仍令保状内明言委保某人、陈诉某事,方许收接进入,如状降付朝省;稍涉异同,并依条断罪。若检鼓院失行点检,官吏亦科违制之罪。如看详所诉委是理直,即将前来理断失当官吏具名取旨行遣。

出处:《宋会要辑稿》职官三之七一。

定国夫人李氏辞免立为皇太子妃不允诏
(乾道七年三月三日)

朕观《易》象以正家人,玩《礼》经而明内则。眷时令妇,久媲嗣贤。既静顺以修身,亦虔共而佐馂。兹宏开于储禁,爰并锡于徽章。允协旧规,盍蠲冲节?

出处:《玉堂类稿》卷四。
撰者:周必大

令逐军主帅根刷本军所授付身重叠之人申朝廷改正诏
(乾道七年三月三日)

昨来战斗立功战士,随其功赏次数等第推恩。今累年,而内外诸军所授付身尚有陈乞重叠者,在内令三衙,在外委逐军主帅限半月躬亲根刷本军所授付身重叠之人,画一类聚,不得漏落,保明申朝廷改正。如限内不行申发,仰被赏之人赴朝廷越诉,将当职官取旨施行,合干人吏重行决配。

出处:《宋会要辑稿》兵一九之二一。

马军司津发官兵前去建康诏
(乾道七年三月四日)

令马军司于三月中旬内,将官兵连老小逐旋津发前去建康府,与出戍官兵一处居住。

出处:《宋会要辑稿》兵五之二六。

令张松于建康府城内修盖马军司廨舍等诏
（乾道七年三月四日）

令张松疾速于建康府城内掇移都统司空闲六段寨地内摽拨一处，措置修盖一千间，充马军司廨舍，并亲随衙兵及潜火官兵吏舍、库局等使用。

出处:《宋会要辑稿》兵六之二二。

玉牒所减罢人吏诏
（乾道七年三月八日）

玉牒所于主管文字内从下减一人，却从上存留通引官一人。其减罢人，候有阙日依旧拟填。

出处:《宋会要辑稿》职官二〇之六一。

吴挺奏乞干办官等添支请给答诏
（乾道七年三月九日）

并与支破本等衙官券钱，见请钱更不支给。内干办官二员，每月添支钱一十贯文；无衙官人，通见请添作一十五贯文；甲长一十人，每月各更添支三贯文。

出处:《宋会要辑稿》礼六二之七七。

参知政事梁克家辞免兼权知枢密院事不允诏
（乾道七年三月十一日）

卿醇明通达，夙被简知。自陟政涂，即迭贰钧枢之任，朕意亦可见矣。属者特起旧人，通知兵柄，卿是以有前日之请。然而筹幄之官，尚或虚位，朕是以有翼日之诏。盖控辞者，卿之志也；申命者，朕之本心也。既以两得，奚为自疑？

出处:《玉堂类稿》卷四。

撰者:周必大

皇太子辞免立妻李氏为皇太子妃不允诏
(乾道七年三月十三日)

朕居念永图,动遵成宪。知子莫若父,既毓德于春闱;治国先齐家,复正名其嘉耦。盖礼容之异数,则位序之同升。国有荣怀,往无辞避。

出处:《玉堂类稿》卷四。
撰者:周必大

明州观察使张说辞免除安庆军节度使
提举万寿观加食邑实封不允诏
(乾道七年三月十四日后)

卿久在枢庭,日承密旨,边防军政,既与闻之,比名超迁,其实因任。顾乃逡巡辞位,莫得而留。畀之将旄,优以祠廪。既曲从于卿志,亦罔咈于师言。朕于迩臣,可谓进退有礼矣。卿犹固避,不已过乎?

出处:《玉堂类稿》卷四。
撰者:周必大
考校说明:编年据张说宦历补,见《宋史》卷三四《孝宗纪》。

右相虞允文加封制
(乾道七年三月十九日)

门下:德教刑乎四海,盖本事亲之钦;荣怀庆乎一人,亦曰用贤之善。朕致诚子道,储祉我家。牒镂玉以铺张,载益庭帏之号;鼎铉金而利正,肆畴钧宰之勋。涓日班朝,出纶宣众。左正奉大夫、守尚书右仆射、同中书门下平章事、兼枢密使、兼提举同修四朝国史、提举编修国朝会要、提举实录院、提举详定一司敕令、兼制国用使、仁寿郡开国侯、食邑六千五百户、食实封二千三百户虞允文,才高而行备,质粹而履方。见义必为,昔闻其勇;欲仁斯至,今尽乃心。自励翼于台符,久辑熙于政路。咸有一德,暨汤后以享天;惟兹四人,昭武王而迪禄。佐佑二精之祀,赞襄三乐之功。惟光尧以大哉乾元,不言所利;而圣母以至哉坤载,乃顺无疆。因产祥降嘏之沓来,思腾实蜚声而美报。刺六班而作制,允赖儒真;率百辟以肄仪,更资弼直。当王春之有俶,奉宝册以同跻。日监在兹,礼无违者。迄此旷仪之备,敢云菲质之能? 惟国旧章,眷时近辅。或以亲祠而升秩,或由庆礼而进阶。矧巨典之兼成,视前规而尤重。官迁两等,弥增相绶之光;户溢万家,肇赐公圭之履。衷时徽数,旌厥显庸。於戏! 汉因火德而得天,方永隆于孝治;虞以重华而协帝,尚屡省于谟明。茂对闳休,益搪远业。可特授左光禄大夫,依前封爵进封成国公,加食邑一千户,食实封四百户。

出处:《玉堂类稿》卷二。明抄本系于正月十九日。
撰者:周必大
考校说明:"三月",明抄本、四库本作"正月"。

虞允文庆寿加尊号转官口宣
(暂系于乾道七年三月十九日)

　　有敕:荣名盛礼,既并奉于尊亲;高爵崇阶,宜特加于辅相。其祗纶命,以对邦休。

出处:《玉堂类稿》卷一二。
撰者:周必大
考校说明:月、日据同集卷二《右相虞允文加封制》补。

显谟阁学士左中奉大夫知潭州沈介辞免
召赴行在乞宫观不允诏
(乾道七年三月二十六日)

　　卿清明敏达,辅之学术,盖国家之宝臣也。往者藉其才,付以方面;今者闵其劳,命之来朝。朕待臣工亦云至矣。卿久去侍从,独不思奉三年之计,且告我以嘉谋嘉猷乎? 抗章辞行,非不俟驾之义也。伫前朕席,宜疾尔驱。所请宜不允。

出处:《玉堂类稿》卷四。
撰者:周必大

学士刘珙辞免起复除同知枢密院事不允诏
（乾道七年三月二十六日）

卿文武宪邦，朕所注想。属闻罹亲，忧释阃寄。朕未忍下夺情之诏者，知卿送终之心切也。今卿哭踊有节，少抑门内之恩；奄岁无违，足伸人子之孝。起任吾事，兹其时乎。况当朕焦劳之秋，欲咨卿军旅之务。从权合礼，何名教之亏？移孝而忠，何风化之薄？勉兴块次，来赞前筹。所请宜不允。

出处：《玉堂类稿》卷四。
撰者：周必大

观文殿学士左宣奉大夫知平江府魏杞乞
在外宫观不允诏
（乾道七年三月二十六日）

朕爱民甚，所赖于惠养而训道之者不在良二千石乎？卿以孝友忠信，宣慈明允，起临近辅，庶达朕心。既勤劳于初，当优游于后。十旬遽去，人谓斯何？仲弓曰：居敬而行简，以临其民。允蹈格言，迄成静治。所请宜不允。

出处：《玉堂类稿》卷四。
撰者：周必大

观文殿大学士左正议大夫知绍兴府蒋芾
再乞在外宫观不允诏
（乾道七年三月二十八日）

卿德善在躬，宽而有制。比席衮衣之贵，怀会稽之章。布宣恩威，人以畏慕。洊求自佚，殊咈朕心。惟尔曾门，暨乃祖乃父，或以方略为帅，或以廉清号良守。推尔家法，乂吾军民。岂惟予一人以宁，时亦昭乃世德。尚体此意，毋勤再三。

出处：《玉堂类稿》卷四。
撰者：周必大

赵雄使回奖谕制
（乾道七年三月后）

仗汉使之节旄,有安社稷利国家之志;得月氏之要领,乃履山川犯霜露而归。

出处:《黄氏日钞》卷六七。又见《范成大佚著辑存》第九五页。

撰者:范成大

考校说明:编年据《宋史》卷三四《孝宗纪》补。

曾怀户部尚书制
（乾道六年十月至乾道七年四月间）

问钱谷出入之几,能析秋毫;报簿书期会之间,殆穷日力。

出处:《黄氏日钞》卷六七。又见《范成大佚著辑存》第九四页。

撰者:范成大

考校说明:编年据范成大任两制时间、曾怀官历补,见《宋会要辑稿》食货一八等。

军中拍试恩赏诏
（乾道七年四月一日）

春季拍试事艺最高强人,各特与补转两资,虞允文奏外,尚有增加斗力四千余人,须将本司兵官略与推恩。

出处:《中兴两朝圣政》卷五〇。又见《宋史全文续资治通鉴》卷二五。

推赏郭谞等诏
（乾道七年四月二日）

部押神武人兵郭谞、王彦并将司医人、白直王铎等二十三人,各特与转一官,于正名目内收使。内诸色人军兵并比附不因本职转资条例减半支赐。令户部支给。

出处:《宋会要辑稿》兵一九之二二。

令举贤良方正能直言极谏诏
(乾道七年四月四日)

盖闻制科取人,盛于两汉,然或阴阳靡调,或以方内靡安,乃敕郡国举而行之。本朝则不然,无事而勤求,有为而获用,上下交应,为后世法。肆朕绍服,于今十年,诏书数下,恳恳恳恳,间复略传註,宽举荐,几以招徕修洁博习之士,辅朕不逮。属者有司尝以一二应书,既命待诏公车矣,岁当大比,其博求之。夫瘝瘝忠言,宁厌虏多士;抱负器业,或患虏无时。朕之诚意,子大夫其著闻矣。来游来歌,以矢其音,不在此时?今岁科场,其令尚书侍郎、两省谏议大夫以上、御史中丞、学士、待制各举贤良方正能直言极谏一人,守臣、监司亦许解送。仍具词缴进以闻。

出处:《宋会要辑稿》选举一一之二九。又见《中兴两朝圣政》卷五〇,《宋史全文续资治通鉴》卷二五。

敷文阁直学士王十朋辞免太子詹事乞依旧奉祠不允诏
(乾道七年四月五日)

朕深惟三代长久之道,豫建太子,又择名卿宿儒为之卫翼,所以尊宗庙、重社稷也。卿清明谅直,海内寡二。顷由三馆,以经术从吾儿游。兹启承华,命居端尹。是资正论,益广前闻。卿疾既平,强为我起。所请宜不允,仍依已降指挥,即速前来供职。

出处:《玉堂类稿》卷四。
撰者:周必大

诸处合送大理寺公事申取朝廷指挥诏
(乾道七年四月七日)

今后诸处有合送大理寺公事,并申取朝廷指挥;其本寺见勘公事内有不应送寺者,并移送临安府。

出处:《宋会要辑稿》职官二四之四二。

福州观察使提举佑神观曾觌辞免转官不允诏
(乾道七年四月七日)

惟予贤子,昔在幼学,春诵冬读,诏之有人。逮兹升储,隆我国本。推恩笃旧,厥有故常。按籍序迁,卿其一也。理无可避,往即钦承。

出处:《玉堂类稿》卷四。
撰者:周必大

放民间欠赋租诏
(乾道七年四月十一日)

民间种佃官司田亩未纳租课,并欠少官司房廊白地赁钱,并放至乾道六年终;并民间私赁还利过本,放至乾道五年终。

出处:《宋会要辑稿》食货六三之三一。

左大中大夫给事中王曮辞免翰林学士乞外宫观不允诏
(乾道七年四月十二日)

卿早由推择,进直摛文,出入禁涂,今二十载。非特词章之丽,素简朕知;至于官簿之优,谁居卿右?逮兹显拜,宁复问言?况朕临御以来,用内相才数人耳。一时髦士,预选为荣,三入承明,在卿尤宠。方观鸿笔,宜略执章。所请宜不允。

出处:《玉堂类稿》卷四。
撰者:周必大

左中大夫参知政事四川宣抚使王炎再辞免
进封清源郡开国侯加食邑实封不允诏
(乾道七年四月十二日)

朕乃者不爱牲玉,躬秩元祀。于穆清庙,时则来多士之助;敬事上帝,时则有三庆之功。庆赐所加,远迩如一。眷念哲辅,为朕倚毗。赋政于外,方资山甫之喉舌;用锡尔祉,宜广召公之土田。惟君命之不可稽,惟神厘之不可拒。远勤逊牍,殊咈予心。所请宜不允,不得更有陈请。

出处:《玉堂类稿》卷四。

撰者:周必大

敷文阁直学士左朝议大夫知扬州
晁公武辞免知潭州不允诏
(乾道七年四月十三日)

敕公武:省所奏札子,辞免改差知潭州恩命,乞检会前奏除在外宫观事,具悉。长沙昔称都会,连帅今总兵民,生齿夥烦,夷獠被边,自非仁以抚之,义以制之,其不乏吾事者几希。卿屡剖州符,三分阃计,政适宽猛,在循吏之目。孔子曰:"如有所誉,其有所试。"卿于择牧可谓详试矣。朕命惟允,尔行勿迟。

出处:《玉堂类稿》卷四。

撰者:周必大

赐皇子雄武保宁军节度使开府仪同
三司判宁国府魏王恺生日诏
(乾道七年四月十四日)

应恢台于孟夏,载诞贤王;加庆锡于诸侯,适符令旦。虽暂遥于亲膝,宜特举于邦仪。式茂恩华,益绥寿祉。

出处:《玉堂类稿》卷九。

撰者:周必大

赐贺金国生辰使副赵雄口宣
(乾道七年四月十四日)

有敕:卿等肃持使节,远聘邻疆。久驱北道之车,善返南辕之旆。驰颁茗剂,昭示眷怀。

出处:《玉堂类稿》卷一二。

撰者:周必大

定武军承宣使安定郡王令德辞免知南外宗正事不允诏
(乾道七年四月十五日)

尧明峻德,九族以亲。今朕择宗室之老分治同姓,亦帝尧之意也。卿早从官政,晚袭王爵。富义理之阅,无侈骄之期。必能睦族以恩,率下以正。询谋惟允,辞避何居?

出处:《玉堂类稿》卷四。

撰者:周必大

赐太尉保信军节度使充万寿观使郑藻生日诏
(乾道七年四月十五日)

月盈首夏,祥集高闳。是生外戚之良,光被累朝之眷。属门弧之纪旦,申台馈以示恩。往续寿祺,永承礼遇。

出处:《玉堂类稿》卷九。

撰者:周必大

敷文阁直学士左朝议大夫知扬州充淮南东路安抚使晁公武乞外宫观不允诏

（乾道七年四月十五日）

朕励精庶政，夙夜不敢康，亦惟州牧侯伯推惠泽而致之民，以协赞予治。卿奋由儒术，见谓吏师。服在近班，数更守帅。酬庸淮海，易镇湘沅。甫下玺书，日迟圭觐。丛祠之请，徒费尔辞。

出处：《玉堂类稿》卷四。

撰者：周必大

皇子雄武保宁军节度使开府仪同三司判宁国府魏王恺辞免增供给钱等不允诏

（乾道七年四月十八日）

敕恺：省所奏札子，乞免每月支供给钱五百贯文，并本府一行官属月支供给各有差事，具悉。地亲者恩宜厚，位重者禄必丰。既以辨仪，亦惟驭富。嘉予贤子，殿乃名藩。爵已重于真王，礼当殊于方郡。优加饩廪，固周邦宗子之城；赉及陪台，异汉室左官之律。其祗朕眷，毋执而谦。

出处：《玉堂类稿》卷四。

撰者：周必大

新除翰林学士左大中大夫王曦辞免兼侍读不允诏

（乾道七年四月十九日）

入仪经幄，均用时髦。然劝讲者犹有分章析理之劳，进读则专以因事献言为职。每艰选任，必属耆英。卿比自夕郎，来陪昼访。众谓儒林之先进，朕嘉法从之老成。既真鳌禁之除，宜冠金华之席。虽循故事，实茂新恩。其务广于缉熙，无过形于谦逊。

出处：《玉堂类稿》卷四。

撰者:周必大

皇太子领临安尹制
(乾道七年四月二十七日)

门下:正万邦者系乎世子,任盖重于元良;本诸夏者由乎京师,治兼资于首善。朕绍休列圣,驻跸三吴。惠我无疆,方毓少阳之德;施于有政,俾临象日之封。皇太子某秀禀五行,生知三善。勉勉义方之训,孜孜仁孝之端。惟通乎古者,必有以验于今;惟深于道者,必有以形于事。肆考南衙之故实,一新大尹之多仪。视膳问安,进则展事亲之敬;牧人驭众,退而观率下之能。谅赤县之均欢,徯斑轮之布政。岂特澄源端本,示郡国之枢机;庶几自迩及远,流邦畿之风化。若时成宪,匪朕私恩。宜令皇太子某领临安尹,主者施行。

出处:《玉堂类稿》卷二。

撰者:周必大

差拨防护人诏
(乾道七年四月二十九日)

今后使人往回,所差防护人令浙西安抚司行下沿路诸州府,依临安府例于禁军内差拨,逐州交替。其镇江府诸军所差人更不差发。

出处:《宋会要辑稿》职官三六之五七。

皇太子再辞免临安尹批答
(乾道七年四月二十九日)

省表具之。朕膺图太上,省方吴中。市狱浩繁,舟车凑集。异时置守,以一切治办为能,未足以隆行都、观万国也。兹庸稽古,复尹正之重。以汝金昭玉粹,海润山晖,敏足以对长安之日,智足以辨陈留之牍,必能明治理,达人情,庶几翼翼会极之风焉。《诗》不云乎:"邦畿千里,惟民所止,肇域彼四海。"言为政自内而及外也。其以问安讲学之余,推广德意,致来假之助。俾朕百禄是荷,岂不贤于辞逊乎?所请宜不允。

出处:《玉堂类稿》卷九。
撰者:周必大

皇太子辞免领临安尹口宣
(乾道七年四月二十九日)

有敕:养德东宫,既茂扬于多誉;牧民南府,宜就正于郡方。成命已行,谦词可略。

出处:《玉堂类稿》卷一二。
撰者:周必大

皮剥所马皮令三衙差人交拨诏
(乾道七年四月三十日)

皮剥所马皮,令殿前、马、步军司差人前去交拨,付逐军应副使用。

出处:《宋会要辑稿》职官六之四二。

洪皓追封魏国公制
(乾道七年四月)

魏大名也,其命维新。

出处:《宾退录》卷四。又见《范成大佚著辑存》第九七页。
撰者:范成大

宣召翰林学士王曮入院供职口宣
(乾道七年四月)

有敕:卿学经表业,文绎皇猷。沴更贰制之华,独负一时之望。召从东省,还置北门。懋膺真拜之荣,思称久虚之选。今差成忠郎、充翰林院待诏钱滋就第召卿入院充学士,想宜知悉。

出处:《玉堂类稿》卷一二。

撰者:周必大

付徐子寅御批
(乾道七年四月后)

卿无所避惮,挺身任责,足见恪勤乃职,朕甚嘉之。当官处事,正宜如此。然淮民既已肃静,却当抚之以恩,不可专用刑威也。恐卿等或未之思,故兹奖谕,复示朕怀,宜加体悉。

出处:《攻媿集》卷九一《徐公行状》。

徽猷阁直学士左朝奉大夫提举江州太平兴国宫周操辞免龙图阁直学士不允诏
(乾道七年五月五日)

卿刚毅简廉,宣慈明敏。立朝著不欺之节,治郡推爱人之心。甫镇清源,遽移霜露之疾,重以民事,撄吾耆老。进职四牧,俾为奉祠之光。祗朕异恩,无烦冲避。

出处:《玉堂类稿》卷四。

撰者:周必大

知通起发无额上供钱物推赏诏
(乾道七年五月五日)

诸路州郡知、通今后每岁起发无额上供钱物,若增及三万贯以上,与减三年磨勘。

出处:《宋会要辑稿》食货三五之四三。

观文殿大学士左光禄大夫知福州陈俊卿辞免实封不允诏
（乾道七年五月九日）

朕乃者祼黄流于庙,扬高烟于郊。祖宗顾歆,天地并况。嘉与中外,同其福禄。卿秉德蹈义,尝亮予采。偃藩南服,职贡甚修。既考上仪,肆加奉邑。非特示均厘之意,亦以酬助祭之庸。亟其钦承,毋格明诏。

出处:《玉堂类稿》卷四。

撰者:周必大

考校说明:"五月九日",明抄本作"三月九日",四库本作"五月五日"。

临安府判官推官序位诏
（乾道七年五月十二日）

皇太子领临安府尹,少尹已差侍从官,所有判官序位依两省官奉使法,推官序位在诸州知州之上,任满日,仍理为知州一任。

出处:《宋会要辑稿补编》第一二九页。

观文殿大学士左光禄大夫知福州陈俊卿辞免转官不允诏
（乾道七年五月十三日）

敕俊卿:省所奏札子,辞免收捕海贼倪郎等了当特转一官恩命事,具悉。属者奸氓航海,出没风潮间,钞贾舶,扰岛民,释而不诛,殆其滋蔓。卿能督励将士,以时荡平,朕甚嘉之。方诏有司,条上功状,譬之猎焉,发纵指示之庸不可以不先也。卿其亟服新命,使尔众知朕信赏如此,贾其余勇,剿殄逋寇,俾无遗育,尚何后患之虞哉?

出处:《玉堂类稿》卷四。

撰者:周必大

奖谕御前诸军都统制利州路安抚使知兴元府吴拱诏
（乾道七年五月十三日）

敕吴拱：省四川宣抚司奏，卿发卒助修兴元府渠堰宣力最多事。岁有丰凶，在天时而难必；地无肥瘠，顾人力之何如。惟水利之能修，则金穰之可望。乃眷西南之境，昔称下上之田。繄尔先臣，暨而叔父，皆以经武整军之暇，不忘务农重谷之心。卿既践世官，仍遵家法。率万兵而省徭役，缮六堰而固堤防。穿郑白之渠，在今奚愧？通褒斜之漕，易彼徒劳。阅奏载嘉，注怀弥厚。

出处：《玉堂类稿》卷九。又见《碧梧玩芳集》卷二。

撰者：周必大

考校说明：此制时间与马廷鸾活动年代相距甚远，当为《碧梧玩芳集》误收。

增造内军器一库库屋诏
（乾道七年五月十三日）

行在宫门以西，旧隔城通内军器一库，增造库屋十间，改筑土墙，并将南库门筑合，止留旧北库门出入。

出处：《宋会要辑稿》方域二之二二。

赐刘珙诏
（乾道七年五月十三日前后）

朕以荆襄上流，宿师尤重，欲以军民之寄付卿，其任重矣。夺情临民，国有常典，况吾大臣，又当体国，毋以家事辞王事也。

出处：《宋宰辅编年录》卷一七。又见《晦庵先生朱文公先生文集》卷九七《刘公行状》。

考校说明：月、日据原书前文所述"珙丁外艰，明年起复同知枢密院事、荆襄宣抚使，遣中使奉玺书即丧次宣押奏事"补，见《宋史》卷三四《孝宗纪》。《全宋文》系于乾道六年（第二三五册，第四〇页），误。

祈雨诏

（乾道七年五月十七日）

临安府已迎请天竺观音就明庆寺祈雨，令宰执十八日前诣烧香，自十九日轮侍从官一员祈祷。及应临安府界载在祀典并名山大川神祠龙洞，在内分差侍从官、在外委所属县知县亲诣祈雨。合用香令入内内侍省请降，仍令本府具合祈祷处日下申尚书省。其湖、秀、常州、平江、镇江府阙雨处，亦令所属县亲诣祈祷。

出处：《宋会要辑稿》礼一八之二一。

御药院取索钱物事诏

（乾道七年五月十八日）

今后得旨取索钱物，于元取索日子内系写，御药院官印押。仍令御药院置往回历，分明批写所取物色名件、斤两数目，及本库批上"已支"，同依照会。

出处：《宋会要辑稿》职官一九之一五。

蠲免盱眙军朱墨钱等诏

（乾道七年五月十九日）

盱眙军乾道六年七月分添收头子堪合朱墨钱，僧道免丁等钱，特与蠲免。

出处：《宋会要辑稿》食货六三之三一。

赐皇太子口宣

（乾道七年五月二十一日前后）

有敕：时当日永，节纪天申。喜我储闱，恭祈圣寿。宜致薰修之助，共成胜妙之缘。

出处：《玉堂类稿》卷一一。

撰者:周必大

考校说明:月、日据宋高宗生日补,见《宋史》卷二四《高宗纪》。题后原注:"天申节,内侍何弼。"

赐马军司口宣
(乾道七年五月二十一日前后)

　　有敕:天其申命用休,载逢诞节;臣能归美以报,共祝修龄。宜加锡于宝薰,俾助成于胜事。

出处:《玉堂类稿》卷一一。

撰者:周必大

考校说明:月、日据宋高宗生日补,见《宋史》卷二四《高宗纪》。题后原注:"天申节内侍,杨祐乾。"

赐步军司口宣
(乾道七年五月二十一日前后)

　　有敕:月临仲夏,节应千秋。眷时宿卫之臣,祝我圣神之寿。宜均馥郁,用奖勤诚。

出处:《玉堂类稿》卷一一。

撰者:周必大

考校说明:月、日据宋高宗生日补,见《宋史》卷二四《高宗纪》。题后原注:"天申节,内侍韩世荣。"

侍卫亲军步军都指挥使武昌军承宣使
吴挺辞免除步帅不允诏
(乾道七年五月二十五日)

　　敕吴挺:省所奏札子,辞免除主管侍卫步军司公事恩命事,具悉。朕励武经修军政,虽千夫长、百夫长犹审择而后用,况乎总七萃之重,护九重之严,非吾信臣,孰寄心膂?以卿家世忠义,见闻方略,召居环列,益观尔能,擢典卫兵,蔽自朕志。勉图称塞,何以辞为?

出处:《玉堂类稿》卷四。

撰者:周必大

侍卫亲军步军都指挥使宜州观察使
王友直辞免殿帅不允诏
(乾道七年五月二十五日)

敕友直:省所奏辞免除主管殿前司公事,仍乞检会前奏,除一在外宫观差使事,具悉。朕既分命猛士以守四方,又萃天下武锋而为周庐之卫。若时择帅,其重可知。卿沉毅有闻,久司禁旅。严除缺长,肆命晋迁。夫志功名者常患无时,怀忠义者当思报主。求间避宠,岂所望于卿哉?

出处:《玉堂类稿》卷四。

撰者:周必大

令内外诸军比较养马优劣赏罚诏
(乾道七年五月二十六日)

令内外诸军主帅责委逐军统制并逐将将官,将见今战马并降拨到纲马,钤束马主,以时饮饲,有病实时医治。仍每年一次比较牧养优劣,各于本军本将马数十分为率,倒死不及二厘,统制将官各与转一官;四厘以下,各减二年磨勘;倒死一分以上,展一年磨勘;一分半以上,展二年磨勘;及二分降一官,二分以上,取旨重作行遣。马主令主帅量轻重等第责罚。有武艺绝伦者,与免罪。仍自今年岁终比较。

出处:《宋会要辑稿》兵二五之三二。

建康府都统司于庐州所置军库等令李舜举拘收诏
(乾道七年五月二十八日)

建康府都统制李舜举,将庐州本司所置军库及应干什物酒、曲、钱米等,并令本司拘收。

出处:《宋会要辑稿》食货二一之九。

赐皇子魏王恺口宣
(乾道七年五月)

有敕:镇宣城千里之地,曾未淹时;奉德寿万年之觞,爰初请觐。念载驱于暑路,特加锡于宝奁。

出处:《玉堂类稿》卷一二。
撰者:周必大
考校说明:题后原注:"内侍谢安道。"

李显忠复太尉制
(乾道七年六月三日)

门下:法羽林而置帅,既殚宿卫之劳;佩金印以名官,宜复武阶之长。眷言飞将,夙著多庸。中偶丽于丹书,兹屡更于华岁。扬予新命,归尔旧班。威武军节度使、主管侍卫马军司公事、开国侯、食邑几千几百户、食实封几千几百户李显忠,沉毅骁雄,奇庞福艾。临敌身先于士卒,输忠志在于国家。驰棘门霸上之营,此真将军矣;得李牧、廉颇之将,何忧匈奴哉!往在绍兴,被知太上。擢领建章之骑,超跻尉府之联。今阅十年,尝罹一眚。上宜阳之绶,虽薄斥于终朝;复雁门之踦,已浸还于旧贯。比隆三接,再总万兵。肃号嗷于周庐,训齐不怠;按营屯于别戍,敷奏可观。积有勤劳,肆加褒渥。俾差肩于近列,庸示宠于诸军。著玷缺之艰难,尽除前咎;胡爪牙之转恤,庶勉后图。於戏!若汉绛侯,如唐李晟,号为名将,俱历此官。尔其思高位之至荣,慕古人而自励。仰酬异眷,益永壮猷。可特复太尉,余如故。

出处:《玉堂类稿》卷二。
撰者:周必大

李显忠辞免特复太尉不允诏
（乾道七年六月四日）

敕显忠：省所奏札子，辞免特复太尉恩命事，具悉。周命六卿，圻父帅爪牙之士，汉分三府，掌武与居一焉。古今沿革虽殊，其为重任均也。卿方以沉鸷忠实，领万骑于天营之内；兹复深加异数，还界自上安下之职。庶几因名而责实，鉴旧而图新也。勉其功名，奚必冲避？所辞宜不允。

出处：《玉堂类稿》卷四。
撰者：周必大

左中大夫参知政事四川宣抚使王炎再乞在外宫观不允诏
（乾道七年六月四日）

卿属者上书移疾，祈释边寄。朕惟信顺者，天人之所助；正直者，神明之所听。如卿股肱近弼，与国同休，其贤可尚。匪息之安，积勤愆和，何虑不已？玺书谕旨，今甫浃旬，囊封继来，嘉闻治事之语，其可求代乎？且充国疾留西陲，裴度卧护北门，皆无后艰，以有终吉。卿其总大体，略细务，时节炎凉，辅近服食，俾躬有瘳，称朕意焉。所请宜不允，不得再有陈请。

出处：《玉堂类稿》卷四。
撰者：周必大

差官编叙系囚诏
（乾道七年六月五日）

今岁疏决，御史台、大理寺差叶衡、宋钧，临安府、殿前、马步军司差司马伋、王扗，将见禁罪人编叙系囚，定其罪目，申尚书省进呈取旨降下，择日引见。

出处：《宋会要辑稿》刑法五之一四。

诸军收使转资人限期行遣诏
（乾道七年六月八日）

殿前、马步军司、江上诸军、四川诸军、诸路州军将收使转资人数，令所属契勘元陈乞日，在限内并一月行遣尽绝。其有未陈乞人，内三衙再限一季，江上诸军并诸州军厢、禁、土军再限半年，四川诸军再限一年陈乞施行，出限更不收使。

出处：《宋会要辑稿》兵一九之二二。

马步军帅前后殿起居序位诏
（乾道七年六月十二日）

今后马、步军帅前后殿起居，于本班前立，侍立、赐茶依官序。

出处：《宋会要辑稿补编》第一二九页。

端明殿学士左中大夫知太平州洪遵辞免
知建康府乞外宫观不允诏
（乾道七年六月十二日）

厥今重镇，莫如秣陵。异时谋帅，多取正涂之旧，非特藉赖威望，镇临兵民，亦惟尝侍帷幄，知德意志虑之详焉。卿文学政事，著于中外，当涂分守，尤号循良。宽吾顾忧，无易卿者。夫由诸侯而列方伯，释铜鱼而佩玉麟，固足以为吏士之光矣。况乎枌榆故乡，近在封部之间哉？勉称恩荣，毋烦逊避。

出处：《玉堂类稿》卷四。
撰者：周必大

为民祈雨令御厨早晚御膳并进素诏
（乾道七年六月十三日）

比来近路州军微愆雨泽，江西、湖南尤甚，见为民祈祷，令御厨七月二日早晚御膳并进素。

出处:《宋会要辑稿》瑞异二之二四。

放行归正并曾经从军拣汰下班祗应年七十以上人诏
(乾道七年六月十三日)

兵部将归正并曾从经从军拣汰下班祗应、年七十以上人,依大小使臣及副尉见行条法放行,注授合入添差差遣。其东、西班见今应奉并吏职不曾从军之人,自依旧法施行。

出处:《宋会要辑稿》职官一四之九。

郑藻辞免开府仪同三司加食邑实封不允诏
(乾道七年六月十五日)

朕阅外姻之籍,怀诸后之家。如卿历事四朝,号称耆旧,凡今戚里,谁与比伦?而况尉府十年,无瑕而有誉,进隆命数,理亦宜之。不然,衮衣绣裳,视秩三事,朕岂轻以假人也哉?已告大廷,毋勤逊牍。

出处:《玉堂类稿》卷四。
撰者:周必大

民间输纳依分数行使会子诏
(乾道七年六月十八日)

敕:访闻民间输纳,抑令全纳见钱,而州郡于属县解发官钱亦不肯依分数行用。今后并依分数行使。如敢邀难,许经朝省越诉,以违制论。如官吏以民间纳到钱贱价收买会子规利,并与计赃。今后监司遇有本司所收钱,依立定分数交收,不得辄收一色见钱。仍约束州县常切遵守,如违,按劾闻奏;若监司违戾及失觉察,致有越诉,先次取旨重作施行。

出处:《庆元条法事类》卷三〇。

被拣汰统制官等添差外路差遣条格诏
（乾道七年六月二十一日）

今后统制官与添差外路正将，统领与副将，正将与准备将，将领与诸州军都监，小使臣与监押，若系横行以上官序或归正人，仰主帅开具保明，申枢密院取旨。

出处:《宋会要辑稿》职官三二之四四。

僧道度牒等权用杂花绫充诏
（乾道七年六月二十二日）

令吏部将僧道度牒、将仕郎助教绫纸并权用杂花绫充，仍自七月一日为始。

出处:《宋会要辑稿》职官一一之七三。

学士刘珙三辞免起复乞早赐抽还中使徐偁不允诏
（乾道七年六月二十三日）

朕乃者起卿以西枢，付卿以上流，手札丁宁，驰遣瞀御，所以示必用者盖有三说。军旅为今重事，理可夺情，公侯以国为家，义难自已，一也。惟乃祖父，忠概有闻，何以似之？莫如移孝，二也。卿比镇荆州，按行襄汉，规模甫定，未迄于成，今不强起，孰卒吾事？三也。而卿连章累牍，不过以名教为疑。夫无故而自请短丧，宰予所以获罪；有为而要经服事，闵子所以合礼。汉儒之传，宁无据哉？且本朝特起故事，非但执政而已，文翰近臣如王禹偁、杨亿辈皆不得已勉共上命。当是之时，中外岂不绥静？彼二臣者，学识岂不高明？矧在于今，尤难执一。亟承委重之意，毋蹈辞难之嫌。所请宜不允。

出处:《玉堂类稿》卷五。
撰者:周必大

观文殿大学士左光禄大夫知福州陈俊卿
再辞免转官不允诏
(乾道七年六月二十四日)

敕俊卿:省所奏札子,再辞免收捕海贼特转一官恩命事,具悉。卿夙推德望,常翠乾台,岂必计功而后增秩?顾朕方大明黜陟,砥砺中外,卿于此时,宣国威灵,俾海道肃清,奸宄惩艾,厥绩茂焉。进阶一等,倡吾九牧,匪直为卿宠也。《书》不云乎:"德懋懋官,功懋懋赏"。朕惟兼用,卿复何辞?所辞宜不允,不得再有陈请。

出处:《玉堂类稿》卷五。
撰者:周必大

鄂州等诸军虚请钱物令项桩管诏
(乾道七年六月二十四日)

各令总领所令项桩管,非奉朝廷指挥,不得擅行支用,月具减下实数申三省、枢密院。

出处:《宋会要辑稿》食货六四之七八。

十三处战功显著之人差注岳庙事诏
(乾道七年六月二十四日)

将一十三处战功显著之人已经添差满罢未曾注授岳庙,与差注岳庙一次;已曾差注岳庙别无差遣,与差破格岳庙一次,其破格岳庙依正差岳庙请给料钱,并行减半。仍令吏部分定逐州军员阙施行。

出处:《宋会要辑稿》兵一九之二二。

疾速注拟赴部注授或求堂除在旅之人诏
（乾道七年六月二十六日）

访闻赴部注授或求堂除在旅日久之人尚多,仰三省、枢密院疾速照应依格差注,仍令吏部措置注拟,毋得留滞。

出处:《宋会要辑稿》职官八之三四。又见《宋会要辑稿补编》第五三〇页。

入纳官物许民户于官钞上声说钱会若干诏
（乾道七年六月二十九日）

敕:州县入纳官物,许民户于官钞上分明声说所纳某色、官钱计若干,内见钱若干、会子若干。仍令监司州县置历分明抄上所收钱、会各若干分数,以备不时差官前去抽摘点检。

出处:《庆元条法事类》卷三〇。

两淮民户垦辟地亩止令送纳旧税诏
（乾道七年六月三十日）

两淮许依湖北已得指挥,今后民户垦辟地亩,止令送纳旧税,不得创有增添。

出处:《宋会要辑稿》食货七〇之六四。

李显忠特复太尉口宣
（乾道七年六月）

有敕:乃眷虎臣,素推忠概。兹还鹊印,增壮戎容。其祗服于命书,以勉图于报礼。

出处:《玉堂类稿》卷一二。
撰者:周必大

747

赐端明殿学士新知建康府洪遵口宣
(乾道七年六月)

有敕:卿就更留钥,祗觐宸廷。念暑路之载驱,轸眷怀而良厚。宜加颁赉,用辅保调。

出处:《玉堂类稿》卷一二。
撰者:周必大
考校说明:题后原注:"内侍陆彦端。"

禁牒试贡举改移乡贯诏
(乾道七年七月五日)

礼部行下诸路转运司,检坐见条严行核实。如或违戾,告者赏钱五百千,取受者以赃论,仍并依贡举条制。书铺知情受赂,重加配流施行。

出处:《宋会要辑稿》选举一六之一七。

王抃秦琪点拣荆南官兵诏
(乾道七年七月五日)

知阁门事王抃、荆南都统制秦琪同共点拣荆南官兵,其减下钱米,令总领所令项桩管,不得擅行支用。

出处:《宋会要辑稿》食货六四之七八。

令江西帅臣选择清强能吏措置赈济诏
(乾道七年七月六日)

江西路今岁间有旱伤,州县责在守令究心赈恤。可令本路帅臣将旱伤州县守令精加审量,如内有老谬不能究心职事之人,先次选择清强能吏前去对易,措置赈济存恤施行,开具已对易官职位、姓名及见作如何赈恤事件闻奏。

出处:《宋会要辑稿》食货五八之八。又见同书瑞异二之二四、食货五九之四八、食货六八之六九,《宋会要辑稿补编》第五九七页。

令龚茂良收籴米斛均拨江西最不熟州军桩管诏
(乾道七年七月六日)

江西州军间有阙雨去处,合行措置收籴米斛,准备赈粜。可令龚茂良拘收单夔已刷到发运司奏计钱并江州有发运司贸易等官会子,共凑二十万贯,于江、浙丰熟去处收籴米斛一十万硕,均拨赴最不熟州军桩管,申三省、枢密院。

出处:《宋会要辑稿》食货五八之八。又见同书食货五九之四八、食货六八之六九,《宋会要辑稿补编》第五九七页。

学士刘珙再辞免起复宜允诏
(乾道七年七月八日)

敕刘珙:省卿四上札子,辞免起复恩命,乞检会前奏,抽还中使徐俌事,具悉。朕咏《诗》之《雅》,"有常德以立武事";观《易》之《象》,除戎器以戒不虞。用是起卿,则于夺情之典初未为过。而玺书屡下,恳避已确,重以疾诊,谅非饰词。况夫暴秋阳,事道路,使卿或愆调护之节,宁不恻我心乎?俾听终丧,朕固靡忘于眷注也。所请宜允。

出处:《玉堂类稿》卷五。又见《古文渊鉴》卷五七。
撰者:周必大

侍卫亲军步军都指挥使宜州观察使主管殿前司公事王友直乞宫祠不允诏
(乾道七年七月十三日)

敕友直:省所奏,乞除一内外宫祠事,具悉。朕于将帅审择之,信任之,固不轻以一毁一誉移也。卿拱护殿岩,未再阅月。何嫌何疑,而遽求去。夫奉法从事,公尔忘私,行之有常,人则谁怨?姑安尔位,毋咈朕心。所请宜不允。

出处:《玉堂类稿》卷四。

撰者:周必大

右朝散郎权尚书吏部侍郎王之奇辞免落权字不允诏
(乾道七年七月十三日)

敕之奇:省所奏,辞除吏部侍郎恩命事,具悉。维乃先正,甚文且武。中兴盛际,蔚为名臣。闳蕴仅施,元身遽没。余庆所积,在其后人。卿洪毅精明,力绍家学。发扬普诩,服于禁涂。典铨未几,人以为允。因能而任,就正贰卿。成命已行,当仁何避? 所辞宜不允。

出处:《玉堂类稿》卷五。

撰者:周必大

存恤马军司身故官兵诏
(乾道七年七月十六日)

马军司官兵连老小移屯建康,访闻有不伏水土身故之人,其军校请给低小。令淮西总领所将身故军校已请本月不该钱米并免回克,仍更候展支一月。日后有似此之人依此,今年终止。有男儿少壮及等,虽年十五岁以上二十岁以下,或未及等仗,并与插板招刺一次,亦至年终止。孤幼之家,仰军量支钱米养赡,常加存恤。

出处:《宋会要辑稿》礼六二之七七。

入内内侍省官转官事诏
(乾道七年七月十七日)

入内内侍省:今后本省祗候班使臣转至入内祗候殿头,如因恩赏得转一官,止与落"祗候"二字。

出处:《宋会要辑稿》职官三六之二七。

周必大权礼部侍郎兼权直学士院升同修
国史实录院同修撰制
（乾道七年七月十九日）

敕：朕远稽载郁之文，监于二代；孰副维寅之命？佥曰伯夷。是咨能贤，俾贰掌礼。左朝散郎、试秘书少监兼权直学士院、兼国史院编修官、实录院检讨官兼权兵部侍郎周必大，尚古作者，为时闻人。德性守于宫廷，常特立独行而不顾；文声谐于韶頀，有一唱三叹之遗音。朕凤闻其摛藻之工，尝试以出纶之任。乃常羊而难进，虽闻远以益光。逮兹再见之期年，安有用贤而累日。亟跻禁列，以赞春卿。夫问揖逊之仪者，何足以治神人；听铿锵而已者，何足以被动植！其顺中和之致，来资制作之成。益尊见闻，嗣有选任。可特授依前左朝散郎、权尚书礼部侍郎兼权直学士院、兼同修国史、实录院同修撰。

出处：《周益国文忠公集》卷首《年谱》。又见《范成大佚著辑存》第八五页。
撰者：范成大

选人循资酬赏事诏
（乾道七年七月二十日）

敕：选人得循资酬赏，除文学注权入官，并前任停替及降资合候一任或推恩外，其余循资人如未曾推赏，偶已注授，及待阙未上，及虽已赴上而未及二考，并已及二考丁忧、寻医、侍养，非因体量过犯离任，不系超循之人，只据得赏时考第推恩，皆不作隔任推赏循资。或已循资至止官，并本任内已该关升人，将所得循资酬赏许换次等占射，及改官后收使施行。

出处：《庆元条法事类》卷一三。

拣汰招填江西土兵诏
（乾道七年七月二十三日）

令江西安抚司行下所部州军，将老弱疾病人拣汰。如各人本家有子弟，却行招收，如无，限一季召募填阙。

出处:《宋会要辑稿》兵三之二九。

王炎除枢密使加封邑制
（乾道七年七月二十六日）

　　门下:硕肤四国,是皇亦既久临于井络;文武万邦,为宪莫如就正于斗枢。虽未赋三年之归,固宜先多祉之受。我有涣号,人其乐闻。左中大夫、参知政事、四川宣抚使、清源郡开国侯、食邑一千二百户、食实封三百户、赐紫金鱼袋王炎,迪志高明,赋材英杰。负博古通今之学,济康时经远之谋。皋陶之翼舜朝,选虽以众;张良之从汉祖,授或自天。粤贰政于中台,即宣威于全蜀。虑无遗策,事不辞难。和众安民,得欢心于将帅;补军蒐乘,厉武节于边疆。邦储裕于廛氓,国马蕃于互市。以其圭觏,固深简于朕怀;无使衮归,复重违于人望。何惜异数,于昭壮猷。二府分班,左右斡钧枢之柄;太微占象,东西齐将相之光。按四品以升阶,度诸侯而赐爵。载畴多邑,并宠元戎。匪时信臣,孰对隆委?於戏!枢机之重,中外所同。西顾未宽,则藉精神而折千里;群方庶定,则还英俊以强本朝。往殚厥心,终济予治。可特授枢密使、左大中大夫、依前四川宣抚使,进封清源郡开国公,加食邑一千户,食实封四百户。

出处:《玉堂类稿》卷二。又见《宋宰辅编年绿》卷一七。
撰者:周必大
考校说明:"七月"原作"九月",据明抄本及《宋宰辅编年录》卷一七改。

王炎除枢密使依旧四川宣抚使口宣
（乾道七年七月二十七日）

　　有敕:朕眷怀元老,擢冠本兵。虽遥帷幄之咨,实厚股肱之体。钦承恩诏,益勉忠图。

出处:《玉堂类稿》卷一二。
撰者:周必大
考校说明:月、日据《宋史》卷三四《孝宗纪》补。

杨万里太常博士告词
（乾道七年七月二十八日）

敕左奉议郎国子博士杨万里：六经之道同归，礼乐之用为急。故学官有博士员，而奉常亦设焉。皆所以访论稽古，而佐兴人文也。尔湛思典籍，风操甚厉。由儒林徙礼寺，职名不殊，柬擢之意则厚。高议显相，以大厥官。可依前件。

出处：《诚斋集》卷一三三附录《历官告词》。又见《范成大佚著辑存》第八五页。
撰者：范成大
考校说明：编年据清邹树荣《杨文节公年谱》补。

赐皇叔祖检校少保昭化军节度使开府仪
同三司嗣濮王士辂生日诏
（乾道七年七月）

敕士辂：日在毕中，弧垂户左。生吾宗室之老，时乃邦家之光。视吉履之有祥，知秀眉之无害。宜丰赍予，用助燕私。

出处：《玉堂类稿》卷九。
撰者：周必大

左宣教郎马大同可国子监主簿制
（乾道六年十月至乾道七年八月间）

勾稽成均之法，盖儒学者流，非他主簿比。尔以有用之学，推称于时，盖将试以剧烦。而今处之学省者，亦以示文学政事，未尝两涂。益尊所闻，以俟选擢。

出处：《永乐大典》卷一四六〇八。又见《范成大佚著辑存》第九一页。
撰者：范成大
考校说明：编年据马大同宦历补，见《宋会要辑稿》食货四〇等。

右宣教郎奉使大金祈请国信所书状官
赵磻老回程可通直郎制
（乾道六年十月至乾道七年八月间）

间者遣使殊邻，少从多惮远役。尔以文儒有气节，慨然与俱。朕既更选而送之，还有余赏，俾通闰籍，往益淬砺，以趣事功。

出处:《永乐大典》卷七三二三。

撰者:范成大

考校说明:编年据范成大任两制时间、赵磻老宦历补，见《宋会要辑稿》食货一八等。

敷文阁直学士知明州赵伯圭磨勘可朝奉郎制
（乾道六年十月至乾道七年八月间）

四国于宣，腾治声于甸服；三年大计，申陟典于铨庭。具官某以西周信厚之贤，号两汉循良之守。农有余粟，德政格于娄丰；海不扬波，威声慴乎群盗。虽备禁严之列，亦阶计最之科。阀阅宜升，丝纶有焕，其对扬于茂渥，益舒发于闲抚。

出处:《永乐大典》卷七三二四。

撰者:范成大

考校说明:编年据赵伯圭宦历补，见《宝庆四明志》卷一。

沈复工部侍郎兼临安府少尹制
（乾道七年五月至八月间）

示朴以先天下，朕靡烦侈服之共；首善之自京师，尔其赞重晖之德。

出处:《黄氏日钞》卷六七。又见《范成大佚著辑存》第九五页。

撰者:范成大

考校说明:编年据范成大任两制时间、沈复宦历补，见《宋会要辑稿》职官三七、《咸淳临安志》卷五〇等。

赈济江州诏
(乾道七年八月一日)

江州今岁旱伤,见今已有流民,守臣坐视,不据实申奏。专委漕臣一员,日下起发前去江州,同守臣将见管常平义仓米斛四万四千余硕措置赈粜。如不足,即仰收籴客米。或尚阙少,仰于本州见桩管朝廷米内逐急借兑赈粜。仍具已如何措置及赈粜过数目并委官起发月日以闻。

出处:《宋会要辑稿》食货五九之四八。又见同书食货五八之九、食货六八之六九,《宋会要辑稿补编》第五九七页。

赈济饶州诏
(乾道七年八月一日)

饶州旱伤,除已存留米一万硕赈粜外,可于本州米内更存二万硕,通三万硕,日下措置赈济。

出处:《宋会要辑稿》食货五八之九。又见同书食货五九之四八、食货六八之六九,《宋会要辑稿补编》第五九七页。

中书门下省言推赏旱伤州军纳粟及赈粜之家答诏
(乾道七年八月一日)

依。其赈粜之家依此减半推赏。如有不实官吏,重作施行。

出处:《宋会要辑稿》食货五八之九。

诸军统制统领拣汰罢军添差职事诏
(乾道七年八月四日)

诸军统制、统领拣汰罢军,内无例带或例带低小之人,自后统制官与添差路分副都监,统领官添差正将,余依乾道七年六月二十一日指挥。

出处:《宋会要辑稿》职官三二之四四。

修盖太子宫门诏
(乾道七年八月五日)

令于丽正门里东壁慢道上修盖太子宫门一座,所属委官计料,如法修盖。

出处:《宋会要辑稿》职官三〇之四。

检放江西灾伤州军下户秋税诏
(乾道七年八月七日)

令所委漕臣将灾伤去处第四等、五等人户秋税核实所有轻重,一面依条检放,具已检过分数以闻。

出处:《宋会要辑稿》食货六一之七七。

左朝散郎致仕巫伋辞免复龙图阁学士不允诏
(乾道七年八月九日)

朕乃者躬款泰坛,备成熙事。德洋恩普,遍于远迩。惟时共政之旧,告老之臣,固不可以一眚遗也。俶加秘职,尽洗丹书。夫身在林泉之间,而名贯西清之籍。宠章隆厚,足耀垂车。毋或固辞,亟承帝祉。所请宜不允。

出处:《玉堂类稿》卷四。
撰者:周必大

湖南转运司将籴到米斛拨赴灾伤州军赈济赈粜诏
(乾道七年八月十三日)

昨发运司于潭、衡、全、道、邵州、桂阳军和籴米斛,未曾支拨,可令湖南转运司将籴到米拨赴灾伤州军桩管,赈济、赈粜。

出处:《宋会要辑稿》食货五八之九。又见同书食货六八之六九,《宋会要辑稿补编》第五九七页。

蠲两淮民户本名丁钱诏
(乾道七年八月十四日)

两淮州军民户既将一丁充民兵,其有本名丁钱,可与蠲免。

出处:《宋会要辑稿》兵一之三三。

龚茂良乞归不允诏
(乾道七年八月十六日)

龚茂良为一路帅臣,当兹旱暵,而乃引咎自归,欲求闲退,非朕责任帅守之意也。可札与龚茂良,宜讲救荒之政,散利薄征,以至攘除盗贼,勉修乃职,安辑一路之民。所请不允。

出处:《宋会要辑稿》食货五八之九。又见同书食货五九之四八、食货六八之七〇,《宋会要辑稿补编》第五九七页。

蔡洸收籴米斛诏
(乾道七年八月十七日)

令镇江府于桩管朝廷会子内,支拨四十万贯付蔡洸收籴二十万硕,与见桩米一处桩管。

出处:《宋会要辑稿》食货四〇之五三。又见同书食货四一之九。

韩玉兼提点制造御前军器所诏
(乾道七年八月十八日)

差韩玉兼提点制造御前军器所,孟俊卿归军,所在工匠令韩玉专一钤束,措置造作,仍依旧隶步军司。

出处:《宋会要辑稿》职官一六之二〇。

皇帝进奉太上皇后生辰贺笺一
(乾道七年八月二十一日)

　　臣眘言:伏以八十年而符贵女之兴,久储祥于魏麓;万千岁而歌寿母之颂,弥衍庆于鲁邦。梦月应期,溥天胥悦。臣眘诚欢诚抃,顿首顿首。恭惟寿圣明慈太上皇后殿下躬行清净,性守谦仁。御家而嗣徽音,方且佐文王之圣;得道而坐少广,孰能穷西母之年? 臣并奉亲欢,忻逢诞序。动鼓钟于长乐,何惭汉家为寿之仪;响环珮于后宫,更迈唐室奉觞之礼。臣眘诚欢诚抃,顿首顿首,谨言。

出处:《玉堂类稿》卷一。
撰者:周必大

断配海贼并凶恶强盗专差人管押诏
(乾道七年八月二十二日)

　　敕:断配海贼并凶恶强盗,有配广南远恶或海外州军去处,若只循例逐州传押前去,窃虑交替稍频,纵其走透。今后应有断配似此之人,专差人管押,逐路传递押至路首州军交替,毋令走透。

出处:《庆元条法事类》卷七五。

赈济饶州南康军诏
(乾道七年八月二十二日后)

　　本路提举常平司更于附近州军取拨常平义仓米五万硕付饶州,五万硕付南康军,应副赈粜。

出处:《宋会要辑稿》食货五八之九。又见同书食货六八,《宋会要辑稿补编》第五九七页。

提举两浙东路常平茶盐公事周闶可户部员外郎
总领淮西财赋制
（乾道七年八月二十三日前）

　　国家谨供军之制，特全师所营，必以王官持节护馈饷，寄朕耳目，分国顾忧，班序甚高，举在凡奉使命大夫上。以尔详明练习，籍有才誉，乘轺东部，席固未温，进辉郎星，将我使事。调度密则军不乏兴，甘苦均则士有奋志，繄汝之职，往其钦哉。

出处：《永乐大典》卷一三四九八。又见《范成大佚著辑存》第九〇页。
撰者：范成大
考校说明：编年据《景定建康志》卷二六补。

汪澈转一官致仕制
（乾道七年八月二十三日前）

　　原标：观文殿学士、左通议大夫、提举临安府洞霄宫汪澈特与转一官致仕。
　　敕：祖宗以来，一命之士凡致为臣，必增秩宠绥之，所以旌止足、全始终也。矧予旧弼，引疾告归，礼之所加，滋不可缓。具官某高明宽厚，庄重简廉。本之以沉识，辅之以笃学。践更二府，休显有声。久安燕闲，何遽请老？虽颁诏谕，莫得而留。夫由布衣以经术起家，得时行道，致位枢辅，安车就第，身名俱荣，如古之卿大夫者，斯亦鲜矣。其进阶一等，示朕念旧优贤之意焉。可。

出处：《掖垣类稿》卷七。
撰者：周必大
考校说明：编年据周必大《省斋文稿》卷三〇《汪公澈神道碑》补。

汪澈特赠左金紫光禄大夫制
（乾道七年八月二十三日后）

　　敕：得谢垂车，犹思礼貌之敬；告终易篑，何意股肱之亏？襚以愍章，舒予震悼。故具官某业履端厚，谋谟靖深。名高肃政之时，勋著护军之日。受知太上，变元化于辰阶;被遇冲人,运前筹于宥府。虽衮衣之浸远,亦符竹之屡分。二疏知足之风,甫从尔志;一老不遗之叹,遽恻我心。诞颁书命之华,超陟文阶之峻。噫!郑玄寝疾,居有巳辰之嗟;知悼在堂,固无子卯之乐。尚歆徽数,永耀泉扃。可。

出处:《掖垣类稿》卷七。

撰者:周必大

考校说明:编年据周必大《省斋文稿》卷三〇《汪公澈神道碑》补。

推赏四川总领所主管文字事诏
(乾道七年八月二十五日)

四川总领所主管文字,依金州州县官到任任满已获旨推赏施行。

出处:《宋会要辑稿》职官五九之二六。又见《宋会要辑稿补编》第四〇五页。

赐南平王李天祚乾道八年历日敕书
(乾道七年八月)

敕南平王李天祚:尧重南交,历星辰而申命;禹临四海,暨声教以成功。菲凉虽愧于前猷,正朔当颁于远服。其成密度,用洽同文。今赐卿乾道八年历日一卷,可领也。故兹示谕,想宜知悉。秋凉,卿比好否?遣书,指不多及。

出处:《玉堂类稿》卷一一。

撰者:周必大

令礼部拟上夏鲁奇封爵庙额诏
(乾道七年九月前)

访闻遂宁府有后唐将臣夏鲁奇庙。鲁奇骁勇过人,忠义自奋。尝守遂州,遇董璋之乱,被围拒守,食尽力穷,终不降屈。政有惠爱,去思不忘。今塑像仅存,庙额尚缺,可令礼部拟上封爵庙额,以劝忠义。

出处:《金石苑》第六四四八页。

考校说明:原书系于乾道八年,据《宋会要辑稿》礼二〇改。

令刘孝韪前去江州赈济诏
(乾道七年九月七日)

江南西路诸司申到江州旱伤最甚,除已降指挥许截留并令诸司科拨米外,可令刘孝韪日下躬亲前去江州,将本路常平米接续赈粜。

出处:《宋会要辑稿》食货六八之七〇,又见同书食货五八之一〇,《宋会要辑稿补编》第五九七页。

观文殿学士左通议大夫提举临安府洞霄宫
汪澈乞致仕不允诏
(乾道七年九月七日)

卿厚重有常,直方居简。进服廊庙,谋猷允臧;出临藩维,政事罔缺。奉祠养疾,昔不得已而听之。今乃辞禄未及之年,在卿止足之计则善矣,独不体朕眷眷老成之意乎? 勉思自持,毋或他虑。所请宜不允。

出处:《玉堂类稿》卷五。

撰者:周必大

周必大兼侍讲制
(乾道七年九月八日)

朕敕:当万几之暇,玩好都捐;探六艺之归,圣贤是对。光复金华之故事,博延虎观之诸儒。左朝散郎、权尚书礼部侍郎、兼权直学士院、兼同修国史、实录院同修撰、赐紫金鱼袋周某,富赡词源,酌焉不竭;渊澄学海,测之益深。曩以才华而收宏博之科,今以器识而处直清之任。茂膺兹选,孰曰不宜。夫会有本源,岂在于断句离章之末;约归简易,庶明于至德要道之端。馨尔多闻,副予逊志。可特授依前左朝散郎、权尚书礼部侍郎、兼直学士院、兼同修国史、实录院同修撰、兼侍讲,赐如故。

出处:《文忠集》卷首。

撰者:林机

降度牒会子赈粜湖南诏
(乾道七年九月十一日)

访闻湖南今岁亢旱,民颇流离,令礼部给降度牒一百道,左藏南库支降会子一十万贯,付湖南提举胡仰之收籴米斛,措置赈粜。

出处:《宋会要辑稿》食货五八之一〇。又见同书食货六八之七〇,《宋会要辑稿补编》第五九七页。

诫约鄂州巡尉多方捕盗诏
(乾道七年九月十二日)

令鄂州都统司拘收所差官兵归军教阅,专委安抚、提刑司严责巡尉多方巡捕,如遇有盗贼,须管捉获。

出处:《宋会要辑稿》兵五之二七。

吕祖谦除秘书省正字制
(乾道七年九月十六日)

敕左宣教郎吕某等:册府地秘职清,英俊之林,卿相之储也。博采时名,复试焉而后授。选任如此,不已精乎!尔某连中儒科,有窥古之学;尔戬世济名德,有康时之心。其往观未见之书,沈浸涵泳,以就远器,朕将收其用焉。可依前件。

出处:吕祖俭、吕乔年编《东莱吕太史年谱》。又见《宋东莱吕成公外录》卷一。

撰者:赵雄

人户合钞送纳税租与丁绢凭由一体俵散诏
(乾道七年九月十九日)

诸州据人户合钞送纳税租,遵依见行条法及已降指挥,与丁绢凭由一体俵散。

出处:《宋会要辑稿》食货三五之一七。

奖谕右通议大夫充敷文阁待制提举江州太平兴国宫张运就饶州以私家米谷助赈济诏
(乾道七年九月二十一日)

往在汉朝,西河岁恶。齐相雅行躬耕,率齐人入粟。武帝既尊显之以风百姓,史官复赞其质直,有荣耀焉。今楚东年不顺成,振廪劝分,平徭简赋,苟利吾民,朕无毫发靳也。卿以甘泉旧老,笃乡邻之谊,倾私室之藏,体国爱人,轻利重施,视先民盖无愧矣。使者以闻,朕甚嘉之。故兹奖谕,想宜知悉。

出处:《玉堂类稿》卷九。
撰者:周必大

文武臣铨试呈试不中出官事诏
(乾道七年九月二十四日)

今后武臣每半年一呈试,呈试不中,年三十,文臣铨试不中,年四十,选出官。仍令敕令所参酌旧法修立。

出处:《宋会要辑稿》选举二六之六。

禁兴修水利推赏不实诏
(乾道七年九月二十四日)

诸路提举官自今兴修水利,若不依常平、免役条令,先选官按视,许令兴修,只凭州县保明,虚撰农田水利酬赏,辄为申奏不实者,从户部按劾取旨。本部人吏不照应条法疏离,辄便依随伪妄关报推赏者,亦科违制之罪。

出处:《宋会要辑稿》食货六一之一一九。

有司奏逐司分责赈济灾伤答诏
(乾道七年九月二十五日)

依。仍令逐司各务遵守,三省岁终考察职事修废以闻。送敕令所立法。

出处:《宋会要辑稿》食货六八之七〇。

降授左中奉大夫刘章辞免显谟阁学士不允诏
(乾道七年九月二十七日)

进而摄常伯,退而直西清,此故事也。至于加峻职,越旧班,则绝无而仅有焉。日者首贲黄中之归,今复用之荣卿之去,非以二老尝从我于潜藩乎?惟卿文学之优,志气之裕,正惟齿宿,尚可告猷。而曲折眷留,莫回雅意;光华均佚,尚慰我心。《伐木》之序不云乎:"不遗故旧,则民德归厚矣。"敬体优礼,毋为逊辞。所请宜不允。

出处:《玉堂类稿》卷五。
撰者:周必大

太尉昭信军节度使致仕曹勋辞免
落致仕提举皇城司不允诏
(乾道七年九月三十日)

知止者臣子之谊,用旧者人君之仁。卿祗事两朝,视仪二府。初终无玷,忠谨有闻。昔听其归,既彰冲尚;今还以位,庸示眷怀。亟弹已挂之冠,勉竭未愆之力。所请宜不允。

出处:《玉堂类稿》卷五。

撰者:周必大

倚阁饶州南康军第五等人户夏税五分诏
(乾道七年十月一日)

饶州、南康军并依江西、湖南已得指挥施行,内第五等人户今来未纳夏税,各与倚阁五分。

出处:《宋会要辑稿》食货六三之三一。又见同书食货七〇之六四。

令赵善俊等将淮西流民措置官庄诏
(乾道七年十月一日)

赵善俊同向士伟将诸处流移民户见在淮西之人,体仿淮东路措置官庄,并日下摽拨荒田,借助种粮、牛具居住耕种,如阙钱米,申朝廷支拨。其被虏走回人,州军不得邀阻,仍移文取问乡贯亲戚诣实,即津发前去;若别无亲戚识认,即依流民人户措置官庄事理施行,仍常加存恤。

出处:《宋会要辑稿》食货六九之六三。

倚阁江饶州第四等人户夏税诏
(乾道七年十月一日后)

江、饶州今岁旱伤,已降指挥将逐州第五等人户未纳夏税倚阁五分。尚虑难于输纳,可将逐州第四等人户未纳今年夏税日下权行倚阁,候来年带纳。

出处:《宋会要辑稿》食货七〇之六四。又见同书食货六三之三一、食货一〇。

吏部已散举主人依条施行诏
(乾道七年十月三日)

吏部已散举主人依条施行,其见待班次人具奏引见改官,今更不限定年额。

出处:《宋会要辑稿》职官一一之五一。

审核诸路见勘公事五次以上翻异人闻奏诏
(乾道七年十月四日)

诸路见勘公事,内有五次以上翻异人,仰提刑司躬亲前去审具案闻奏。如仍前翻异,即根勘著实情节,取旨施行。内有合移送大理寺者,即差人管押赴阙。

出处:《宋会要辑稿》刑法三之八六。

江东西湖南北帅漕臣招诱大姓假贷农民种麦诏
(乾道七年十月五日)

江东西、湖南北帅漕臣日下措置,官为借种,责守令劝谕招诱大姓假贷农民,与依赈粜、赈济赏格推恩,赴时广行种麦。仍开具已种顷亩数目申尚书省,当议取旨殿最赏罚。

出处:《宋会要辑稿》食货一之四六。又见同书食货六三之二一九。

命官在贬所身死许家属自便归葬诏
(乾道七年十月六日)

敕:应命官因事编配、羁管、居住、安置,或在贬所身死,其本处官司为无见行条法,不肯令家属般挈归葬。缘生前遇赦,尚自量移,既死之后,而体骨返不得还故里。自今命官在贬所物故,如家属愿将枢归乡者,仰所在州军勘验,委是身故,许令自便归葬,仍结罪保明,申省部照会。

出处:《庆元条法事类》卷七七。返:疑当作

淮东淮西帅漕臣劝民耕种诏
(乾道七年十月七日)

淮东路帅、漕臣将诸州军具到系官荒田,官为借种,责委守臣招召人户及时

广种二麦。其人户请佃未耕者,亦仰劝谕,尽行布种。及招诱大姓假贷农民。具已种顷亩申三省、枢密院,候岁终,差官核实,取旨殿最赏罚。淮西路依此施行。

出处:《宋会要辑稿》职官五九之二七。又见同书食货六一之八六,《宋会要辑稿补编》第四〇六页。

诫约江州官吏悉力赈济民户诏
(乾道七年十月七日)

江州旱伤,节次已降指挥取拨本州常平、义仓米四万四千余硕,及兑截上供米六千五百余硕,劝谕上户认粜米二万八千六百余硕,截留赣州米一万硕,及支粜本钱四万余贯收粜米斛,并令漕臣取拨本路常平米一十万硕,吉、筠等州见起建康米八万余硕、未起朝廷桩管米九万七千余硕,及江州元管收粜米均拨付本州赈粜,并立赏格劝谕上户出米赈济、赈粜,倚阁夏税,检放秋苗,地主、佃户资助赈给,并将禁军、土军弓手免起发,存留防贼。可令帅、漕、提举官多出文榜,候岁终,比较殿最。如官吏奉行灭裂,委御史台觉察,按劾以闻。

出处:《宋会要辑稿》食货六八之七一。又见同书食货五八之一一、食货五九之五〇,《宋会要辑稿补编》第五九八页。

督责饶州守令多方存恤赈济民户诏
(乾道七年十月七日)

饶州旱伤,已降指挥取拨本州常平义仓米八万余硕,及于附近州县常平义仓米内取拨五万,并截留本州见起桩管上供米三万硕及献助米二千硕付本州,并劝谕上户赈粜、赈济,又倚阁夏税,检放秋税,及地主、佃户资助赈给,并将禁军、土军弓手并免起发,存留防贼。可令江东帅、漕、提举官多出文榜,督责守令多方措置存恤,岁终比较殿最。如官吏奉行灭裂,委御史台觉察,弹劾以闻。

出处:《宋会要辑稿》食货六八之七一。又见同书食货五八之一一、食货五九之五〇,《宋会要辑稿补编》第五九八页。

举贤良方正诏
(乾道七年十月十一日)

敕门下:盖闻制科取人,盛于两汉。然或以阴阳靡调,或以方内靡安,乃敕郡国举而行之。本朝则不然,无事而勤求,有为而获用,上下交应,为后世法。肆朕绍服,于今十年。诏书数下,勤勤恳恳。间复略传注,宽举荐,几以招徕修洁博习之士,辅朕不逮。属者有司尝以一二应书,既命待诏公车矣。岁当大比,其博求之。夫癏瘝忠言,宁厌乎多士?抱负器业,或患乎无时。朕之诚意,子大夫其著闻矣。"来游来歌,以矢其音",不在此乎?今岁科场,其令尚书、侍郎、两省谏议大夫以上、御史中丞、学士、待制各举贤良方正能直言极谏一人,守臣监司亦许解送,仍具词业缴进以闻。故兹诏示,想宜知悉。

出处:《玉堂类稿》卷一〇。
撰者:周必大

诸路监司将诸州抽差人兵尽行发遣诏
(乾道七年十月十二日)

诸路监司将白直人兵照条于置司州差破外,将诸州抽差人兵尽行发遣。如违,令御史台按劾。

出处:《宋会要辑稿》职官四五之二九。

广南市舶司起发粗色香药物货诏
(乾道七年十月十三日)

今后广南市舶司起发粗色香药物货,每纲以二万斤正、六百斤耗为一纲,依旧例支破水脚钱一千六百六十二贯三百三十七文省,限五个月到行在交纳。如别无欠损、违限,与依押乳香三千斤推赏。其差募官管押等,并依见行条法指挥。

出处:《宋会要辑稿》食货四四之一一、食货四八之一一。

绍兴府大宗正行司并归行在大宗正司诏
(乾道七年十月十六日)

绍兴府大宗正行司可并归行在大宗正司,其见任并已差下官属,并依省罢法;恩平郡王璩改判西外宗正事。

出处:《宋会要辑稿》职官二〇之三二。

赴阙盱眙军传宣抚问赐御筵口宣
(乾道七年十月十八日前)

有敕:卿等远驰使驲,来庆流虹。有怀将命之勤,当厚及疆之劳。其陈宴俎,以洽宾欢。

出处:《玉堂类稿》卷一三。
撰者:周必大

赴阙镇江府赐茶药口宣
(乾道七年十月十八日前)

有敕:卿等并饰使车,来趋诞节。偎薄风霜之肃,驱驰川陆之修。宜厚匪颁,用资真摄。

出处:《玉堂类稿》卷一三。
撰者:周必大

镇江府赐御筵口宣
(乾道七年十月十八日前)

有敕:卿等肃将使指,祇讲寿仪。历候馆以寖深,锡宴觞而加厚。勿辞燕乐,庸释勤劳。

出处:《玉堂类稿》卷一三。
撰者:周必大

平江府赐御筵口宣
(乾道七年十月十八日前)

有敕:诞序将临,邻欢载讲。眷驰辂于远道,命弭节于近藩。傧尔笾豆,示予惠慈。

出处:《玉堂类稿》卷一三。
撰者:周必大

赤岸赐酒果口宣
(乾道七年十月十八日前)

有敕:卿等远驰四牡,来祝万年。锡以醇醪,贰之甘实。并示近郊之劳,钦承厚礼之加。

出处:《玉堂类稿》卷一三。
撰者:周必大

赤岸赐御筵口宣
(乾道七年十月十八日前)

有敕:卿等并持瑞节,来奉寿觞。劳远役于初寒,丰宴笾于近馆。有华兹礼,其肃而承。

出处:《玉堂类稿》卷一三。
撰者:周必大

十月十八日到阙赐内中酒果口宣
（乾道七年十月十八日）

有敕：卿等甫达庆缄，即安宾馆。惟是醇甘之品，皆吾饮御之珍。辍以示恩，体兹嘉礼。

出处：《玉堂类稿》卷一三。
撰者：周必大

十月十九日到阙赐被褥钞锣口宣
（乾道七年十月十九日）

有敕：卿等来陈寿祝，益缔邻欢。甫从舍馆之安，宜具燕私之用。兹惟宠锡，其即钦承。

出处：《玉堂类稿》卷一三。
撰者：周必大

二十二日上寿毕归馹赐御筵口宣
（乾道七年十月二十二日）

有敕：奉万年之觞，归安于上馆；启百笾之宴，就秩于初筵。毋惜属餍，以承渥惠。

出处：《玉堂类稿》卷一三。
撰者：周必大

二十二日上寿毕归馹赐酒果口宣
（乾道七年十月二十二日）

有敕：卿等适称寿觯，爰憩馹亭。锡之九醴之醇，侑以百嘉之实。既推赐式，亦奖宾仪。

出处:《玉堂类稿》卷一三。
撰者:周必大

祝懳将一官回封父制
(乾道七年十月二十三日)

原标:左从事郎、充详定一司敕令所删定官祝懳札子:来年正月十一日合该磨勘,乞依惠利民、冷世修例改次等宣义郎,将宣教郎一官回封父即温。十月二十三日圣旨,特依所乞。

敕某人:尔之良子有誉于朝,愿驰一官为义方之报。虽微前事犹不难于出令,况援比可从者乎! 祗服命书,益绥后福。可。

出处:《掖垣类稿》卷七。
撰者:周必大
考校说明:"乾道七年"据同集前后文时间补。

十月二十三日玉津园射弓赐酒果口宣
(乾道七年十月二十三日)

有敕:卿等奉币诞辰,礼无违者。展仪别圃,射则臧兮。欲资燕饮之欢,特厚醇甘之锡。

出处:《玉堂类稿》卷一三。
撰者:周必大

二十三日赐内中酒果口宣
(乾道七年十月二十三日)

有敕:华车照路,方观射圃之归;嘉宾荐俎,载出禁楹之赐。兹惟厚遇,匪曰常颁。

出处:《玉堂类稿》卷一三。

撰者：周必大

玉津园射弓赐弓箭例物口宣
（乾道七年十月二十三日）

有敕：卿等远饰聘车，来趋诞节。惟娱宾之盛礼，有观德之旧仪。嘉乃和容，申之蕃锡。

出处：《玉堂类稿》卷一三。

撰者：周必大

玉津园射弓赐御筵口宣
（乾道七年十月二十三日）

有敕：卿等甫申庆祝，庸讲射仪。谅弧矢之宣勤，设鼓钟而肆飨。兹惟厚礼，并宠嘉宾。

出处：《玉堂类稿》卷一三。

撰者：周必大

令建康府借拨会子应副淮西总领所支遣诏
（乾道七年十月二十四日）

令建康府于朝廷桩管会子内，借拨五十万贯应副淮西总领所支遣，却于元科马军司未到纲钱内拘收拨还，依旧桩管。仍开具起发纲运最稽迟数多去处当职官职位、姓名，申三省、枢密院。

出处：《宋会要辑稿》职官四一之五七。

左中大夫参知政事四川宣抚使王炎辞免
除枢密使应干恩数并依宰臣恩命不允诏
(乾道七年十月二十八日)

朕惟卿奥学英才,负名儒之望;精忠闳虑,有大臣之风。使蜀三年,厥功茂焉。几廷阙长,欲下来归之诏者屡矣。而西南重寄,弄印莫畀,故推殊渥,未改行台。盖位崇则国体尊,任久则士心附。告廷之日,缙绅黎庶咸曰允哉,朕亦自欣用人授任之两得也。兹观来谕,乃谓不皇安者有五。夫录德定位,非误赏也。以身徇国,非市宠也。朕之名器其愈重,卿之名节其愈光。又况江表督师,元枢外拜,隆兴近制,今实用之。虽复力辞,必成命之难回也。所请宜不允。

出处:《玉堂类稿》卷五。
撰者:周必大

诸军拣汰到部人免呈武艺事诏
(乾道七年十月二十八日)

诸军拣汰若不曾经添差,或曾经添差不曾赴任,及虽赴任不曾终满之人,今后到部,可并免呈武艺。

出处:《宋会要辑稿》职官一四之一〇。又见同书选举二六之七。

答贺会庆节国书
(乾道七年十月)

三冬纪孟,适临载诞之期;两国交欢,方重益亲之义。远勤信使,宠畀庆仪。味词意之加隆,激感悚而弥厚。寒威协序,吉履增休。

出处:《玉堂类稿》卷一六。
撰者:周必大
考校说明:题后原注:"使乌林答天锡、副李文蔚。"

御集英殿试贤良方正能直言极谏李垕制策
（乾道七年十一月四日）

朕承太上之诒谋，绍祖宗之丕绪，宵衣旰食，十年于兹矣。日与一二大臣图回治道，兴起治功，庶几无负付托之重。然躬节俭以先天下，而侈靡之俗尚众；持公正以杜群枉，而阿私之习未革。富国在所先也，理财或未尽其术；强兵亦所急也，军政或尚多宿弊。非不遴选守令，而未闻抚民有方尽如古循吏；非不广求将帅，而未见智勇兼备尽如古名将。田野虽辟，仓廪尚虚；法令虽明，犯法多有。夏秋以来，雨不时若，江湖数郡，民多乏食，救荒之政何施而可使无流离失业之患？国家经费，多资煮海之利，比缘江湖岁事不登，而榷货所入，顿减常岁，懋迁之术，何为而可使商贾通行，以足军士之须？论役法之未善者非一日，其法孰为最善；言楮币之为弊者非一端，其弊何以拯救？是数者，皆今日之急务，朕所乐闻也。今子大夫褒然而起，副朕久虚之选，朕甚嘉之。其尽心悉意以陈，毋忽。

出处：《宋会要辑稿》选举一一之三〇。

赐考官等茶酒诏
（乾道七年十一月七日）

今月八日御殿，贤良方正推恩，依逐次举人唱名例，殿内赐应奉官等茶酒。

出处：《宋会要辑稿》选举一一之三一。

起复左朝奉大夫充敷文阁待制枢密都承旨兼
户部侍郎叶衡辞免户部侍郎不允诏
（乾道七年十一月九日）

敕叶衡：省所奏札子，辞免除户部侍郎、依旧兼枢密都承旨恩命事，具悉。卿才华智略，简在予衷。列职枢廷，兼官民部，盖绰绰乎其有裕也。孔子曰："足食，足兵，民信之矣。"朕方以卿图此三者，是以事权虽旧，而宠数则新。尚摅献纳之远猷，焉用辞逊之常礼。所请宜不允。

出处:《玉堂类稿》卷五。
撰者:周必大

士秀提举隆兴府玉隆观诏
(乾道七年十一月十六日)

随州观察使、知西外宗正事士秀提举隆兴府玉隆观,任便居住。其士秀并儿女合破人从请给,许于所在州军支给。

出处:《宋会要辑稿》帝系七之一一。

拣选军兵发赴湖南诏
(乾道七年十一月十九日)

令韩彦直于内拣选筋力未衰、壮健堪使唤五百人前去,余五百人令湖南帅司疾速措置招填。

出处:《宋会要辑稿》兵五之二八。

直秘阁知盱眙军龚鎏职事修举除直徽猷阁制
(乾道七年十一月二十一日)

敕具官某:国家间暇,守边城者虽微捍御之劳,然久于其官,使斯民按堵,抚字无旷,是亦能矣。升华内阁,宠以玺书。毋替厥勤,益观来效。可。

出处:《掖垣类稿》卷七。又见《永乐大典》卷一三四九九。
撰者:周必大
考校说明:"乾道七年"据《宋会要辑稿》选举三四补。

吕游问除知襄阳制
(乾道七年十一月二十一日)

原标:户部郎官、湖广总领吕游问除直显谟阁、知襄阳府,填见阙,所委点检阅军器不得灭裂。候事毕,李安国到日,方将前去之任,任满前来奏事。

敕具官某:襄为古郡,今号边藩,有兵有民,实藉绥抚久矣。择选牧帅,庶其在兹。尔食德相门,宣劳膴仕,材猷之美,中外具宜。寓直贻谟,往膺阃寄。昔之良守多矣,而羊祜之名独传。盖绥怀得江汉之心,垦田积十年之劳。与我共理,不当如是乎?勉悉乃心,毋曰前人之不可及。可。

出处:《掖垣类稿》卷七。

撰者:周必大

考校说明:"乾道七年"据同集前后文时间补。

李安国除湖广总领制
(乾道七年十一月二十一日)

原标:户部郎中李安国除太府少卿、湖广总领,不候授告,疾速朝辞讫起发前去。

敕具官某:国家养兵百万,云布于江淮荆蜀之间,置治粟使者四,择列寺介卿若尚书郎界之。其在武昌者总六道八十郡之赋,任隆事夥,甲于三方。以尔有肃给疏通之才,济爱人利物之心,是以明而不苛,辨而不扰。列属版部,有华厥声,擢佐司府,往督饷道。外计之重,殆无复加。夫卫民者兵也,赡兵者民也。用不可以不足,力不可以不裕。二者兼济,则予汝嘉。可。

出处:《掖垣类稿》卷七。又见《永乐大典》卷一三四九九。

撰者:周必大

考校说明:"乾道七年"据同集前后文时间补。

敷文阁直学士左朝散郎知成都府张震乞外宫观不允诏
(暂系于乾道七年十一月九日至二十二日间)

文学政事,惟通才为能兼之。卿顷在朕前,有猷则告。付之征镇,何适非宜?邈是少城,方安仁爱,其可求代乎?况朕推诚无疑,卿乃以谦自引,非所望也。益勤宣布,慰父老子弟之心。所请宜不允。

出处:《玉堂类稿》卷五。

撰者:周必大
考校说明:编年据同集前后文时间补。

敷文阁直学士右中大夫知荆州府姜诜辞免
昨任宁国府修圩岸转官恩命不允诏
(乾道七年十一月二十二日)

增秩旌郡守,汉制也,而朕用之。卿向治宛陵,于农田盖宣力焉。堤防允修,禾黍以茂。今虽易镇,赏犹赏功。兹用不待三载,亟考而绩,诏音既下,顾欲反汗邪? 所请宜不允。

出处:《玉堂类稿》卷五。
撰者:周必大

令江东西湖南路州县守令开具逃移户口等闻奏诏
(乾道七年十一月二十三日)

江东西、湖南路今岁旱伤,州县间多有人户逃移,可委逐路漕臣督责守令根刷的确逃移户口并户下合纳全料夏税数目,子细从实开具,限十日结罪保明闻奏。

出处:《宋会要辑稿》食货六九之六四。

祈雨诏
(乾道七年十一月二十四日)

近日阙少雨泽,令临安府精加祈祷,仍令两浙安抚、转运司行下所部州军,委守令严洁祈祷,务在感应,每五日一次具雨泽文状申尚书省。

出处:《宋会要辑稿》瑞异二之二四。又见同书礼一八之二二。

陶定除湖南提刑制
（乾道七年十一月二十五日）

原标：右朝散郎、直秘阁、前江西提刑陶定除荆湖南路提点刑狱公事。

敕具官某：前有司谓尔调兵侵官，收其使节。朕惟一眚难于掩德，观过足以知仁，古今之通谊也。兹庸起尔按刑于湖湘，宁不谓尔廉介公勤，临事弗苟，故见思欤？尔其往哉！正身乃能正人，听讼不若无讼。敷我德意，用康远民。可。

出处：《掖垣类稿》卷七。
撰者：周必大
考校说明："乾道七年"据同集前后文时间补。

选差奉使所差三节人诏
（乾道七年十一月二十七日）

今来奉使所差三节人，内都辖礼物官、引接仪范指使、执旗、报信、医官、小底共十二员，令枢密院将国信所见管并曾出疆及三省、枢密院等处惯熟仪范人置籍，从上铨择取旨差；书状官、书表司、亲属、亲随、指使、职员共十员，令正、副使选差；下节四十人，令枢密院于三衙并皇城司等处选择差。

出处：《宋会要辑稿》职官三六之五七。

刑部将乾道新修条令等编类成册诏
（乾道七年十一月二十七日）

令刑部将乾道新修条令并申明户婚绩降指挥编类成册，送敕令所看详，镂板遍牒施行。

出处：《宋会要辑稿》职官一五之二四。

四川宣抚使王炎再辞免枢密使不允诏
（乾道七年十二月一日）

国家右置鸿枢，斡旋兵柄，其倚绥之重，图任之艰，方吾宰司，注意均也。如卿文足以断国论，武足以詟天威。万里护边，三年于此。畴厥望实，延登使联。虽未容借箸于前，盖已赖折冲于外。朕志素定，庶言亦谐，固非以卿尝贡移疾之章而有是发中之诏也。申言五说，无乃过疑。朕既丁宁谕旨，明其不然矣。逊函未已，岂亮眷怀？勉趣钦承，无稽我惟行之令。所请宜不允。

出处：《玉堂类稿》卷五。
撰者：周必大

直秘阁知安丰军张士元职事修举特转一官令再任制
（乾道七年十二月三日）

敕具官某：六蓼旧墟，控临淮水，盖今之北鄙，而汝之故乡也。为贰为守，于兹八年。固圉抚民，勤则多矣；进阶加职，荣亦甚焉。因任尔能，载增厥秩。益图治效，以慰边氓之心。可。

出处：《掖垣类稿》卷七。
撰者：周必大
考校说明："乾道七年"据《宋会要辑稿》职官六〇补。

令薛季宣等赈济淮西流民诏
（乾道七年十二月八日）

令薛季宣将淮西诸州军招集到流移民户，与赵善俊、向士伟同共取拨常平钱米，依今来札子内所乞事理施行。

出处：《宋会要辑稿》食货六九之六四。

翰林学士左大中大夫知制诰兼侍读王曮乞致仕不允诏
（乾道七年十二月九日）

卿静重恭宽，为时耆旧。润色帝制，久而愈华；进陟昕朝，老方益壮。告归之语，胡为而至哉？且禁林优游，义理相应，固非有簿书期会之劳也。尚询黄发，毋亟二疏。所请宜不允。

出处：《玉堂类稿》卷五。

撰者：周必大

浙东七州禁军弓弩手交替犒设诏
（乾道七年十二月十一日）

浙东七州禁军弓弩手至年十二月十八日已后至来年正月二十四日终，实及一年，合行交替发归元来去处，将来替回起发日合支犒设。内将校一贯五百文，节级一贯一百文，长行一贯文。一千里以下至五百里以上，依前项则例支给；五百里以下，以十分为率，支给七分。令所属依第二番例等第支降施行。

出处：《宋会要辑稿》礼六二之七八。

王世雄转一官制
（乾道七年十二月十五日）

原标：武德大夫、充四川宣抚司提振诸纲进马王世雄，部辖本司攒积到勘好西马五百匹，赴御前交纳了当，转一官，支犒设钱三百贯。

敕具官某：马来蜀汉，道阻且跻。汝总效牵，其群孔阜。厚加赐予，优进官联。既旌厥劳，亦劝来者。可。

出处：《掖垣类稿》卷七。

撰者：周必大

考校说明："乾道七年"据同集前后文时间补。

戒谕军帅五事诏
（乾道七年十二月十六日前）

主帅唯务廉正，日前弊事当一切措置革去。军中财赋不得循习旧弊，交结妄用，巧作名目，虚破官钱。诸军器械、衣甲等除上教一副外，更当桩办两副，专充出战使用。即不得将已造下军器轮转作见造数目，重叠支破官钱。遇升差将佐等当依公选择，不得私受情嘱，或以喜怒行事。入队战士不得差拨杂役。

出处：《景定建康志》卷四。

龙图阁直学士左朝奉大夫提举江州太平兴国宫周操辞免召赴行在不允诏
（乾道七年十二月十九日）

卿作德日休，未尝载伪。故立朝则朕信之，典郡则民安之。盖簪橐之耆英，缙绅之令望也。往闻婴疾，听解郡章。今病愈，可造于朝，是以有赐环之命。惟古之良臣，乃心罔不在王室。虽千里不以为远，而况崇朝之近，一苇可杭，乃欲辞行乎？所请宜不允。

出处：《玉堂类稿》卷五。
撰者：周必大

阁门舍人以次轮对诏
（乾道七年十二月二十日）

阁门舍人自今依文臣馆阁以次轮对，所有立班，可与簿书叙官顾募添作八人。

出处：《宋会要辑稿》职官三四之八。

增收福建路銙截片铤茶钱诏
(乾道七年十二月二十五日)

福建路銙截、片铤茶,昨来并系一十六两为一斤,每斤收钱一文,今以乡原斤重,銙截茶系五十两为一斤,片铤茶系一百两为一斤,每斤增收五文。

出处:《宋会要辑稿》食货三一之二一。

左中大夫参知政事四川宣抚使王炎乞检会
前后陈乞宫祠辞免新除枢密使不允诏
(乾道七年十二月二十五日)

卿于役万里,厥今三载。夷夏稔其风声,吏民怀其恩信。稽之公望,宜式遄衮绣之归;揆以人情,难久咏裳衣之制。尚惟体国之有素,虽复独贤而弗辞。乃涉春以来,何移疾之数?旋观手牍,益慨予心。既恳还枢柄之崇,复深羡祠官之逸。岂道之云远,未承前诏之谆谆?将礼有弗周,是使归心之切切?苟或异此,奚为若斯?朕方知臣下之勤劳,卿盍念功名之终始?勉符推毂,别伫赐环。所请宜不允。

出处:《玉堂类稿》卷五。
撰者:周必大

复置诸路准备差遣差使诏
(乾道七年十二月二十五日)

诸路监司昨裁减准备差遣、差使窠阙,可复置,并差选人。其诸司属官、干办公事并差京官以上;已差干办公事非京官人,候回日,依绍兴二十八年五月二日指挥,归吏部依格差注。

出处:《宋会要辑稿》职官四五之二九。

左朝散郎湖南提刑陈从古除湖南运判制
(乾道七年十二月二十五日)

敕具官某:去岁湘部有丰有歉,朕夙宵注念,惟惧一夫之不获,布宣惠泽,不在良使者乎?尔家世文儒,才猷峻茂。选由郡最,擢按祥刑;肇褰车帷,亟易漕节。事权加重,能勿诲乎?夫养民莫如德,理财莫如义。哀多益寡,天之道也;平徭简赋,朕之心也。毋匿斯指,益图尔庸。可。

出处:《掖垣类稿》卷七。
撰者:周必大
考校说明:"乾道七年"据同集前后文时间、陈从古宦历补,见《夷坚志》丁志卷四《蒋济马》。

删改职制令杂压诏
(乾道七年十二月二十六日)

《职制令·杂压》内翰林侍读学士删去,承宣使改在给事中之下,步军都指挥使在马军都指挥使之下,延福宫使在协忠大夫之下,景福殿使在知阁门之下,带御器械在侍御史之下,令敕令所依此。

出处:《宋会要辑稿补编》第一二九页。

统兵官举人诏
(乾道七年十二月二十六日)

都统制岁举所知二人,统制岁举一人,以智勇俱全为上,以善抚士卒为次,以专有胆勇又为次,将校士卒惟其所举。

出处:《中兴两朝圣政》卷五〇。又见《宋史全文续资治通鉴》卷二五。

户部将乾道新修条令等编类成册诏
（乾道七年十二月二十七日）

令户部将乾道新修条令并申明户缗续降指挥编类成册,送敕令所看详,镂板遍牒施行。

出处:《宋会要辑稿》食货五六之五五。

考校说明:此诏与乾道七年十一月二十七日《刑部将乾道新修条令等编类成册诏》除"刑部"作"户部"、"户婚"作"户缗"外,文字全同,不知是否为同一诏。

奖谕皇太子上狱空诏
（乾道七年十二月）

浩穰之地,狱市实蕃,训导难纯,奸轨不胜。非闲之以义,守之以信,求图圄之空,未易得也。卿以吾上嗣,尹正是司,布政以来,风流笃厚,禁网疏阔,刑罚用稀。今焉俾无一人之狱,足以副吾钦恤之意矣。贺章来上,嘉叹不忘。

出处:《咸淳临安志》卷四〇。

王庭珪除直敷文阁诏
（乾道七年）

王庭珪年九十余,而智识未衰,行义益固,赐对便坐,富有嘉言。除直敷文阁,领祠如故。

出处:《宋史翼》卷七《王庭珪传》。

孝宗朝卷十一　乾道八年(1172)

寄居见任文武臣许押纲诏
（乾道八年正月一日）

自今寄居见任文臣不限京朝,武臣不限大小使臣,历任无赃罪,并许押纲,其见任官须应差出者。唯应奏荐之官,不得以纲赏凑理磨勘。选人未出官,亦许募押。其合得酬赏循资外,即不免试注授,听于后任收使,其纲运地里不该减磨勘。到部合升名次选人,与在外指射差遣,使臣与免短使。

出处:《宋会要辑稿》食货四四之一一一。又见同书食货四八之一二,《宋会要辑稿补编》第五八一页。

赐太尉昭信军节度使提举皇城司曹勋生日诏
（乾道八年正月二日）

敕曹勋:有俶华年,惟时翼日。会春郊之和气,钟尉府之旧臣。人推谦悆以禔身,天锡寿祺而难老。丰予赐式,燕尔家庭。

出处:《玉堂类稿》卷九。
撰者:周必大

太医局更不置局依旧存留医学科诏
（乾道八年正月二日）

太医局更不置局,依旧存留医学科。逐学许行赴试,权令太常寺掌行,其试补约束等依已降指挥。

出处:《宋会要辑稿》职官二二之四一。

军器少监兼权度支郎官单夔差知湖州填见阙制
(乾道八年正月三日)

敕具官某:地方千里,付之守臣,条教善否,人情之休戚系焉。况吴兴古号名邦,今为近辅,丈二之组,朕不轻畀。尔以才谞,自昭于时,选由周行,往治兹土。为政有要,吾其语尔:率属欲正,抚民欲宽,莅事欲勤,御吏欲严。能是四者,斯良牧矣。可。

出处:《掖垣类稿》卷七。
撰者:周必大
考校说明:"乾道八年"据《嘉泰吴兴志》卷一四补。

正月三日赐内中酒果口宣
(乾道八年正月三日)

有敕:乃眷使华,务隆恩意。辍甘芳于六尚,助燕乐于初春。维是宠颁,往其钦受。

出处:《玉堂类稿》卷一三。
撰者:周必大
考校说明:题后原注:"内侍梁琳。"

权吏部右侍郎张津落权字制
(乾道八年正月四日)

敕:古之铨选任人,后之铨选任法。虽然,为之贰者能悉其聪明,行以公正,使室者通,枉者伸,视古人其庶几乎。朕方责成,厥有申命。具官某祥符枢臣之华胄,宣和学校之储才。阅今昔之理众矣,更郡国之事多矣。典司右选,固宜优为。兹畴尔庸,就正厥序。凡按格而兴,校年而迁,成规具存,朕复何训?若夫人才之杰异,绩效之彰闻,时为朕言之。罔俾智愚同滞,能否无别,以归咎于吾,法古之道也。汝尚勉旃! 可。

出处:《掖垣类稿》卷七。
撰者:周必大
考校说明:"乾道八年"据同集前后文时间、张津宦历补,见《宋会要辑稿》职官一
〇、职官五九等。

正月四日玉津园射弓赐弓箭例物口宣
(乾道八年正月四日)

有敕:春色初和,射仪载肃。式旌使范,是□赐常。顾锡命之有隆,尚拜嘉而无斁。

出处:《玉堂类稿》卷一三。
撰者:周必大

玉津园射弓赐御筵口宣
(乾道八年正月四日)

有敕:方笃邻欢,载优宾礼。彩胜宜春之日,彤弓展射之时。宜厚宴胥,并资乐只。

出处:《玉堂类稿》卷一三。
撰者:周必大
考校说明:题后原注:"内侍王公昌。"

玉津园射弓赐酒果口宣
(乾道八年正月四日)

有敕:气佀春郊,礼成射圃。溘香醪于玉斝,粲芳实于瑚盘。匪我嘉宾,孰昭殊遇!

出处:《玉堂类稿》卷一三。

撰者:周必大

考校说明:题后原注:"内侍麦散。"

正月六日朝辞讫归驿赐酒果口宣
(乾道八年正月六日)

有敕:卿等既陪元会,甫告行期。百壶良洁之英,多品甘馨之实。并申优遇,当体至怀。

出处:《玉堂类稿》卷一三。

撰者:周必大

正月六日朝辞讫归驿赐御筵口宣
(乾道八年正月六日)

有敕:卿等展仪献岁,授馆浃旬。甫陈告别之言,载厚将归之礼。兹惟示惠,可以忘劳。

出处:《玉堂类稿》卷一三。

撰者:周必大

密赐使副大银器口宣
(乾道八年正月六日)

有敕:卿等已庆端辰,甫辞廉陛。欲佐归装之用,是颁珍币之华。眷待有加,钦承无斁。

出处:《玉堂类稿》卷一三。

撰者:周必大

观文殿大学士左正议大夫知绍兴军府事
蒋芾乞检会前奏除宫祠不允诏
（乾道八年正月七日）

卿自去岁以来，数移病告。珍台闲馆，朕非有靳于卿也。顾会稽辅藩，徒得君重。凡可以损公上之须、应州家之用者，奏请朝闻，免符夕下。卿既知之矣，独不能为朕少留，惠此一方乎？昔汲黯多病，卧阁岁余而东海大治。卿之启处，视黯何如？乃必欲还郡绂耶？所请宜不允。

出处：《玉堂类稿》卷五。又见《古文渊鉴》卷五七。
撰者：周必大

光州观察使高邮军驻札御前武锋军都统制兼
知楚州陈敏乞外宫观不允诏
（乾道八年正月八日）

将帅贵久任，牧守戒数易。朕于二者，方谨守之。卿入总天营，出临边阃。厥有勤绩，著乎兵民。往城于方，久念仆夫之瘁；共武之服，尚图王国之安。遏尔归心，体予眷意。

出处：《玉堂类稿》卷五。
撰者：周必大

回程赐龙凤茶并金镀银合口宣
（乾道八年正月八日）

有敕：卿等飞盖东风，兹焉引道；分珍北苑，于以示恩。无忘拜赐之恩，庸体睦邻之意。

出处：《玉堂类稿》卷一三。
撰者：周必大

回程赤岸赐御筵口宣
(乾道八年正月八日后)

有敕:卿等既成聘好,方即归途。宜少驻于郊关,俾载伸于燕饯。式将厚遇,聊慰遄征。

出处:《玉堂类稿》卷一三。
撰者:周必大

回程赤岸赐酒果口宣
(乾道八年正月八日后)

有敕:卿等旋车云迈,置饯有常。出珍赐于宸廷,侑宴欢于郊馆。推予恩渥,宠乃使华。

出处:《玉堂类稿》卷一三。
撰者:周必大

回程平江府赐御筵口宣
(乾道八年正月八日后)

有敕:卿等凤驾归艎,少休会府。特举肆筵之礼,冀忘握节之劳。益洽恩私,用纾行役。

出处:《玉堂类稿》卷一三。
撰者:周必大

回程镇江府赐御筵口宣
(乾道八年正月八日后)

有敕:卿等还辕易水,弭盖京江。虽并骛于归心,尚曲留于别宴。勿辞醑饮,庸对芳辰。

出处:《玉堂类稿》卷一三。
撰者:周必大

回程盱眙军赐御筵口宣
(乾道八年正月八日后)

有敕:卿等并修使事,还次边亭。尚当春候之融和,不忘征途之勤劬。少留祖席,以体眷怀。

出处:《玉堂类稿》卷一三。
撰者:周必大

权户部侍郎姚宪除权工部侍郎兼临安少尹制
(乾道八年正月十一日)

敕:列事官于禁路,均曰迩联;助尹正于储闱,难乎上介。即贰卿之已试,考三辅之前庸。岂必他求,是加因任。具官某性资勤愿,术略通明。辙环畿甸而治最有闻,职总货财而利源无壅。肆颁叠组,改畀兼官。今土木不兴,戈矛已砺,若时起部,允谓清曹。惟予驻跸之邦,昔汝拨烦之地。自元良之莅止,举庶俗以晏如。桁杨之系既空,廪庾之储浸积。尔其奉承教令,革异时一切之规;宣布中和,示他日四方之则。任吾之责,繄乃之功。可。

出处:《掖垣类稿》卷七。
撰者:周必大
考校说明:编年据《咸淳临安志》卷四八补。本制月、日,明抄本亦作"正月十一日",四库本作"正月一日"。

权工部侍郎兼临安少尹沈夏除权户部侍郎制
(乾道八年正月十一日)

敕:舜命司徒,在亲百姓;禹称善政,惟叙九功。眷时敷教之官,实任养民之寄。孰明古谊,我有通儒。具官某蚤以文鸣,中由材奋。善处烦剧之际,靡形声色之间。比贰冬卿，参厘天府。嘉乃政声之邵，知其心计之优。移佐剧曹，益高迩列。朕方力修政事，躬率俭勤。念版图之入有常，而军国之须无艺，必欲兼济，莫如得人。尔其权钱币之重轻，究货财之本末。毋乏吾事，毋倾利源。裨予既庶之人，驯致无疆之说。可。

出处：《掖垣类稿》卷七。又见《永乐大典》卷七三〇三。
撰者：周必大
考校说明：编年据《咸淳临安志》卷四八补。"沈夏"，《永乐大典》卷七三〇三作"沈复"，当以为是。

特放行国学生赴省试事诏
（乾道八年正月十三日）

应国学进士不曾请举、该覃恩免解之人，后如实得解，并曾经外路请举、后入学该覃恩免解之人，近旨并理为一免外，国学生该绍兴三十二年覃恩先曾升补内舍生，或住学已及十五年、曾经公试或私试中选人，并特放行今来省试。

出处：《宋会要辑稿》选举四之四二。又见同书选举一六之一八、职官二八之二七，《宋会要辑稿补编》第四八九页。
考校说明：《宋会要辑稿》职官二八系于乾道八年正月二日，《宋会要辑稿》选举一六系于乾道八年正月三日。

右朝奉郎陈唐弼主管官告院虞似良并
除大理寺丞主管右治狱制
（乾道八年正月十六日）

敕具官陈唐弼等：唐虞之时，画衣冠而民不犯，然犹有钦恤之戒，况于后世，何敬非刑？尔唐弼强明不私，尔似良修洁自好，或赐对便坐，或拔尤周行，并丞士师，时乃简擢。惟良折狱，尚忱念哉！可。

出处：《掖垣类稿》卷七。又见《永乐大典》卷一三四九八。
撰者：周必大
考校说明："乾道八年"据同集前后文时间补。

犒设浙东七州府起发弓弩手诏
(乾道八年正月十七日)

浙东七州府起发一半弓弩手,并已到忠锐军,可特与依例犒设一次,令王抃前去传旨给散。其钱于左藏南库支给见钱、会子各一半,具已散并支过钱数申枢密院。

出处:《宋会要辑稿》礼六二之七八。

特放行武学生赴省试事诏
(乾道八年正月十八日)

武学生该遇绍兴三十二年覃恩先曾升补内舍生,或在学已及五年曾经公试或私试中选人,并特与放行今来省试。

出处:《宋会要辑稿》选举一七之三三。又见《宋会要辑稿补编》第二八六页。

侍卫亲军步军都指挥使宜州观察使主管殿前司公事王友直乞外宫观不允诏
(乾道八年正月十八日)

朕以卿劲勇绝人,擢司岩陛,谓当许国,皇恤其他。而未涉三时,继有避嫌之请,朕何赖焉?且进而事君,退而奉亲,忠孝之道,可以两得。求闲虽切,于义难俞。所请宜不允。

出处:《玉堂类稿》卷五。
撰者:周必大

御史台开具觉察弹劾事件申尚书省诏
(乾道八年正月二十二日)

令御史台开具六察所隶觉察弹劾事件,并见今监察御史所分管职事,申尚书省。

出处:《宋会要辑稿》职官一七之三四。此条原无年号,次于隆兴二年条后,然隆兴无八年,此乃脱

考校说明:此条原无年号,接于隆兴二年条后,然隆兴无八年,此处当脱"乾道"二字。下条为"三月七日"宰执虞允文等奏,正是乾道八年事。淳熙亦有八年,然淳熙元年虞允文已卒。

赵师夔转一官制
(乾道八年正月二十二日)

原标:右承事郎、直秘阁、权发遣徽州赵师夔起乾道七年上供绢八万一千七百六十余匹,每匹重一十两以上,户部保明推赏,特转一官。

敕具官某:古者帛精粗不中数,幅广狭不中度,不粥于市,况可共公上乎? 尔才裕为州,首蠲宿弊,贡篚应有司之式,蚕桑无徒费之工。计臣以闻,朕甚嘉之。进官一列,使奉公享上者劝焉。可。绍兴十八年五月十四日朝旨,徽州乞将上供绢依祖宗旧制作十两为匹输纳,户部勘当,依本州所申。

出处:《披垣类稿》卷七。

撰者:周必大

考校说明:"乾道八年"据《宋会要辑稿》食货六四补。"正月二十二日",《宋会要辑稿》食货六四作"二月十二日"。

敷文阁直学士右大中大夫提举江州大平兴国宫
方滋辞免知绍兴府不允诏
(乾道八年正月二十五日)

在昔宣王,采新田之苫;惟时方叔,壮元老之猷。我图牧御之能,亦取践扬之旧。卿器资宽裕,识略精深。久推政事之才,荐履禁严之地。安于祠馆,郁乃眷怀。遂荒大东,往率从于海表;戎有良翰,谅咸喜于邦人。亦既剖符,毋庸抗牍。所请宜不允。

出处:《玉堂类稿》卷五。

撰者:周必大

右朝散郎陈岘除福建路转运判官填见阙制
(乾道八年正月二十五日)

敕具官某:《书》曰"敷奏以言,明试以功",虞舜之治,顾不出此乎! 今闽郡盐策浸坏,公私病之。汝来自乡邦,列上八弊,有味乎其言也。何爱一节,不试汝功? 虽然,言弊易,救弊难。朕方惩诞慢之风,求利民之实,言底可绩,何吝陟明? 日奏罔功,宁容佚罚? 汝大臣子,号称通才,毋瘝厥官,以若台训。可。

出处:《掖垣类稿》卷七。
撰者:周必大
考校说明:"乾道八年"据同集前后文时间、陈岘官历补,见《宋会要辑稿》食货二二。

右迪功郎太学录梁汝永再任制
(乾道八年正月二十七日)

敕具官某:尔以经术起家,见谓醇茂。成均列属,三载于兹。士既汝安,予则因任。夫贤士之所关,风化之所由,非特考其艺能,稽其过失而已,学者必以规矩,尚有助哉! 可。

出处:《掖垣类稿》卷七。
撰者:周必大
考校说明:"乾道八年"据同集前后文时间、梁汝永官历补,见《宋会要辑稿》选举二〇、职官二八。

张璹等差知州制
(乾道八年正月二十七日)

原标:右朝请大夫、前知复州张璹差知常德府,知万州赵公廙差知利州,干办行在诸军粮料院王珹差知德庆府。

敕具官张璹等:武陵地控五溪,益川为蜀北境,晋康介居岭表,皆吾名镇,何择非人？尔璹沉厚疏通,奏三年之课;尔公廙靖共岂弟,得千里之心;尔珹详练敏明,洽中朝之誉。或迁或擢,并付左符。咨尔三臣,其听朕命。惟公可以率下,惟惠可以使人。罔曰民愚,尔有善则诚服;罔曰郡远,朕无隐而不知。各懋乃庸,以须明陟。可。

出处:《掖垣类稿》卷七。

撰者:周必大

考校说明:"乾道八年"据同集前后文时间、张璹官历补,见《宋会要辑稿》兵六。

龙图阁直学士左朝奉大夫提举江州太平兴国宫周操除太子詹事制
(乾道八年正月)

敕:东宫设官虽众,而师傅宾客常虚位不置,属惟端尹为之长,职闲无事,异时率以近臣兼之。今吾子好贤重士,允迪三善,何惜备官助其进德哉？具官某履道醇固,持论英亮。拾遗执宪,风采凛然;典铨治民,声实交著。俾践厥次,莫如汝宜。夫不劳尔以有司之事,将专责尔以辅翼之实。温文恭敬,固曰凤成;正事正言,亦由日告。兹惟遴选,可不懋哉！可。

出处:《掖垣类稿》卷七。

撰者:周必大

考校说明:编年据《宋中兴东宫官僚题名》补。本制月、日,明抄本、四库本作"三月十一日",此时周必大未任两制,疑误。

王秬除知饶州制
(乾道八年正月)

原标:乾道八年正月,任礼部侍郎、兼权中书舍人、右朝奉郎、权尚书刑部侍郎、兼详定一司敕令王秬除集英殿修撰、知饶州,见任人别与差遣。

敕:自楚东告饥,朕数下省赋移粟之令,念非临遣见大夫无以布宣德意。会予司寇力上均劳之请,因能而任,朕得之矣。具官某隽明通达,忠信慈惠,久居是邦,又尝以使者节临之,上下相安,为治易耳。兹用加尔以书殿之华职,佩尔以二千石之印绶,既从所欲,亦义我民。夫周之荒政,汉之循吏,布在方策,有本有末。

尊尔所闻,行尔所知,使千里之间吏畏而人爱,流徙者归,困穷者给,期无负于素学。尚勉之哉! 可。

出处:《掖垣类稿》卷七。
撰者:周必大

遣使贺生辰国书
（乾道八年正月）

履初吉于季春,素传令节;开殊祥于甲观,兹纪诞辰。方交皋于群生,宜丕延于多祉。肃驰使传,虔致寿仪。惟颂咏之弥勤,匪喻言之可究。

出处:《玉堂类稿》卷一六。
撰者:周必大
考校说明:题后原注:"使翟绂、副祖士粢。"

赐贺金国正旦使副莫濛孙显祖口宣
（乾道八年正月后）

有敕:卿等咸膺遴选,远聘殊邻。兹成礼以言归,嘉道涂之良勚。驰颁茗剂,往劳骖骓。

出处:《玉堂类稿》卷一二。
撰者:周必大
考校说明:月份据《金史》卷六一《交聘表》补。题后原注:"内侍韩世荣。"

吕企中除提刑制
（暂系于乾道八年正月至二月间）

原标:直敷文阁、福建运判吕企中除福建路提点刑岳公事,填赵子英召赴行在阙,候任满前来奏事。

敕具官某:七闽地狭人众,为生甚艰,故其民亦重犯法。然东际海,南接炎峤,西入赣境,风潮出没之奸,山谷走集之盗,控御失所,或害吾治,按刑之任,非人可乎？尔才具恢闳，不陨世美。兹由漕挽，就寄平反。即旧部则吏士相安，假绣斧则使华增重。往因其俗，体我好生。可。

出处：《掖垣类稿》卷七。
撰者：周必大
考校说明：编年据周必大任外制时间、同集前后文时间补。

赐梁克家生日诏
（乾道八年二月三日）

敕克家：岁临协洽，律中夹钟。符君臣庆会之期，得天地中和之气。继廪人之粟，既示宠于诞祥；尝君赐之羹，复增光于荣养。益绥寿嘏，永辅明昌。

出处：《玉堂类稿》卷九。
撰者：周必大
考校说明："乾道八年"原作"乾道七年"，据同集前后文时间改，月、日据同集同卷《赐参知政事梁克家生日诏》补。

四川宣抚司差郭成等部押西兵到行在推赏诏
（乾道八年二月四日）

各特与转一官，于正名目上收使。内诸色人军兵并比附不因本职转资条例减半支赐，令户部支给。

出处：《宋会要辑稿》兵一九之二三。

推赏尹真等诏
（乾道八年二月四日）

吉州尹真赈济米五千石，筠州陈元老一千五百石，吉州吴纪一万石，吴守道四千石，抚州张嘉谋三千石，傅值三千石，数内尹真、吴纪补迪功郎，余并补进义校尉。

出处:《宋会要辑稿》职官五五之五二。

吏部理任事诏
（乾道八年二月四日）

　　吏部行下八路,自今降指挥到日,并依旧法,其替阙不曾授到付身,自不合赴上,虽已成资,并不理任。如有在今降旨挥之前已成资之人,其所受差遣与资序一等,即与放行;如系越等,亦不理任。

出处:《宋会要辑稿》职官八之三四。又见《宋会要辑稿补编》第五三〇页。

改左右丞相诏
（乾道八年二月五日）

　　敕门下:朕惟帝王之世,辅弼之名虽殊而相之实一也。在成汤时则有若伊、尵,在成王时则有如周、召,或左或右,皆见于经。厥后位号定于汉,而称谓汩于唐,以仆臣而长百僚,朕所不取。且丞相者,道揆之任也;三省者,守法所自出也。今舍其大而举其细,岂责实之谊乎? 肆朕稽古,厘而正之。盖名正则言顺,言顺则事成,为政之先务也。其改尚书左右仆射同中书门下平章事为左右丞相,庶几采前代之旧,成本朝之制焉。

出处:《玉堂类稿》卷一〇。又见《宋宰辅编年录》卷一七,《中兴两朝圣政》卷五一,《宋史全文续资治通鉴》卷二五。
撰者:周必大

差姜诜叶衡点检战船诏
（乾道八年二月六日）

　　鄂州、荆南、江州差荆南守臣姜诜,池州以下差枢密都承旨叶衡,点检诸军战船,具数奏闻,仍令逐军疾亟修整。

出处:《宋会要辑稿》食货五〇之二五。

福建所招水军往沿海制置司水军收隶诏
（乾道八年二月六日）

福建安抚司将已招水军五百人毕数起发,仍令诸寨选择堪壮大船五只乘载,往沿海制置司水军收隶,却从福建安抚司截上供钱造海船二只使用。

出处:《宋会要辑稿》食货五〇之二四。

正官名诏
（乾道八年二月六日后）

已正丞相之名,其侍中、中书令、尚书令尚存虚名杂压,可删去,以左、右丞相充其位。

出处:《中兴两朝圣政》卷五一。又见《宋史全文续资治通鉴》卷二五。

阁门舍人转官事诏
（乾道八年二月七日）

阁门舍人从义郎已下,可依带阁门祗候,准四年磨勘,余依本法。

出处:《宋会要辑稿》职官三四之九。

续拨义仓米令龚茂良充赈济使用诏
（乾道八年二月八日）

将续拨义仓米五万硕,令龚茂良充赈给使用,余常平米五万硕依旧循环赈粜。

出处:《宋会要辑稿》食货五八之一二。

支两浙土兵弓手请给诏
（乾道八年二月八日）

有家属人与支雄威请给，每人令左藏南库支犒设三贯；续到家属人申枢密院。其旧请给令逐州桩管，别行召募补填。

出处:《宋会要辑稿》兵三之二九。

御史台觉察弹劾事件分隶六察诏
（乾道八年二月八日）

御史台觉察弹劾事件，并分隶六察。今后如有违戾去处，许监察御史随事具实状觉察弹劾闻奏。

出处:《宋会要辑稿》职官一七之三五。

除虞允文梁克家左右丞相御笔
（乾道八年二月八日）

比来一二大臣同心辅政，夙夜匪懈。渐革苟且之风，以副综核之意，深可嘉尚。今因除授，宜示褒典。虞允文可特进、左丞相，梁克家可正奉大夫、右丞相。

出处:《建炎以来朝野杂记》乙集卷十四。又见《宋会要辑稿》崇儒六之二二，《玉堂杂记》卷二，《玉海》卷三四。

梁克家除右丞相制
（乾道八年二月十一日）

门下：稷暨益以同谟，舜帝谨时几之戒；召与周而并相，成王资左右之功。朕肇正宰司，简求人望。兹延登于次辅，其其谂于广廷。左大中大夫、参知政事、兼权知枢密院事、同知国用事、兼同提举详定一司敕令、清源郡开国侯、食邑一千七百户、食实封九百户梁克家，行粹而才高、道醇而守正。躬含章之素履，懋格物之清规。忠以事君,告嘉猷而无隐;敏于应务,断大事而有余。自进位于疑丞,每协恭于廊庙。恢四维而厉俗,熙庶绩以图宁。名实混淆,汝则力裨于综核;事为苟且,汝则密赞于更张。凛有名臣之风,浸隆贤弼之望。朕方精求至理,思懋永图。选众而举皋陶,虽予衷之素定;梦帝而赍傅说,亦天意之使然。会官制之通新,宜国成之对秉。同心辅政,观二臣调燮之能;经体赞元,革三府辨章之号。既端其本,亦奋尔庸。特超四等之阶,诞昭优渥;参斡万兵之柄,滋厚倚毗。肇开公社之封,并衍国租之入。若时异数,实越彝章。於戏!祖宗宏远之规,朕方力绍;今古弼谐之义,尔则深知。当正名求治之时,任熙载亮功之寄。进一言必曰顺天之道,立一事必曰因民之情。惟百官各得其宜,则万务悉归于理。勉思交饬,允答具瞻。可特授左正奉大夫、右丞相、兼枢密使,进封清源郡开国公,加食邑一千户,食实封四百户。

出处:《玉堂类稿》卷二。又见《宋宰辅编年录》卷一七。

撰者:周必大

虞允文除左丞相制

(乾道八年二月十一日)

门下:朕绍休圣绪,注意元台。仰惟前代而迪厥官,期咸宁于万国;爰立作相而置诸左,肆命总于百工。肇新岩石之瞻,丕耸朝绅之听。左光禄大夫、守尚书右仆射、同中书门下平章事、兼枢密使、兼提举编修《国朝会要》、提举实录院、提举详定一司敕令、兼制国用使、济国公、食邑七千五百户、食实封二千七百户虞允文,德全而才巨,气裕而志刚。以袭经华国之文,成应变安民之武。有力则陈而有猷则告,恢恢致主之谋;无利不兴而无害不除,凛凛济时之望。遍仪中外,久斡钧枢。以修明政教为先,以奖拔贤能为急。镇物如嵩岱之势,其孰敢摇;决事若蓍龟之明,夫何能惑!革乃因循之弊,副予综核之方。勤劳弗懈于初终,启沃愈殚于朝夕。朕稽参古谊,考协官称。运道揆于庙堂,理无不统;系官存于禁省,体有未专。兹用新书,首褒茂宰。益展在前之略,式符虚左之求。仍总鸿枢,特超赐位。启名邦于西土,衍奉邑于多田。以焕天文三阶之光,以增国势九鼎之重。於戏!自周而上,弼谐之道可稽;由汉以来,宰辅之官屡易。惟正其名可以求其实,惟举其要可以治其详。朕欲比德唐虞,汝则监皋夔之事业;朕欲希功文武,汝则观旦奭之规模。尚无愧于前闻,斯有辞于永世。可特授特进左丞相,兼枢密使,进封华国公,加食邑一千户,食实封四百户。

出处：《玉堂类稿》卷二。又见《宋宰辅编年录》卷一七。

撰者：周必大

梁克家辞免除右丞相口宣
（乾道八年二月十一日后）

有敕：眷我真儒，为时名相。兹属官仪之□，进专魁柄之持。岂以牢辞，而回定命？

出处：《玉堂类稿》卷一二。

撰者：周必大

考校说明：月、日据同集卷二《梁克家除右丞相制》补。

梁克家辞免左正奉大夫右丞相兼枢密使
进封清源郡开国公加食邑实封不允诏
（乾道八年二月十二日后）

朕之命相，可谓不敢轻矣。徐观其事业，详试其谋谟，逮夫德望已崇，绩效已著，则信之不疑，任之不贰，夫岂偶然而已？卿以英明冠多士，精忠简朕知。不出都城，遂间两社。其于弥缝庶政，辨察百职，功不少矣。夫相有左右，上应太微之象，下存历代之规。朕意素以属卿，故由更制而发号焉，非可以谦辞格也。若乃张纪纲，变风俗，畅国威，苏民力，朕固日夜念此。卿既言之，则当成之。庶几尽责难之功，而使朕获任贤之福，不亦臣主俱荣哉？所辞宜不允。

出处：《玉堂类稿》卷五。

撰者：周必大

考校说明：编年据梁克家官历补，见《宋史》卷三四《孝宗纪》。

梁丞相辞免恩命不允批答
（乾道八年二月十二日后）

昔在舜禹，举贤自辅，非皋孰赓，非益孰赞？然未尝与民道其所以当为相之意，而民自孚焉。盖至于商周，然后弼曰帝赉，佐曰天生，以神其事而播之于众。虽济川补衮，功光前人，而四代之风，于斯别矣。卿学优圣域，才冠伦魁，质诸卜筮而不疑，编诸方册而无愧，问朝问野，人皆曰贤。今兹召卿来归，朕见之曰此予辅，民闻之曰此吾相，尚何待疏霖雨之命，赋清风之章，而后能鼓动于中外也哉？而卿尚秉谦光，未服厥位，则是上未能体朕之意，下未能副民之情，恐非朕与斯民所以望于卿也。夫偻佝而共命者，辞逊之末节；宥密而基命者，弼亮之远图。涣号已孚，控辞勿再。

出处：《浮溪集》卷一五。又见《五百家播芳大全文粹》卷五〇。
考校说明：编年据《宋史》卷二一三《宰辅表》补。汪藻任两制时并无梁姓丞相，此文作者当非汪藻。《五百家播芳大全文粹》卷五〇亦收此文，未署作者名。"梁丞相"当指梁克家。

虞允文辞免特进左丞相兼枢密使进封
华国公加食邑实封不允诏
（乾道八年二月十三日）

朕以菲凉尊临士民之上，常惧日月逾迈，志勤道远，故妙简忠良，光辅不逮。以卿硕德冠于当世，渊谋合乎古人。参稽师虞，付以国政。内之安百姓，外之抚四夷，上之调阴阳，下之振法度。朕既惟卿之听，卿亦惟力之竭。此固朝野所共悉，朕心所嘉赖也。官名肇正，就陟上台。庶言允谐，岂必辞避？且大勋未集，德化未成，诚当今之急务。卿尝力启朕矣，得不自任以天下之重、绍乃辟于三代之隆乎？安分知止，盖众人之事，丞相奚为及此也？所请宜不允。

出处：《玉堂类稿》卷五。又见《古文渊鉴》卷五七。
撰者：周必大

梁克家再辞免左正奉大夫右丞相兼枢密使
进封清源郡开国公加食邑实封批答
（乾道八年二月十四日）

省表具之。维我烈祖之有天下也，创贰政之官，亚公台之重。进迁有渐，名实用孚。率而行之，二百余载矣。得人之盛，视古有光。肆予纂承，其敢怠忽？

卿宏深博达,恭肃通明。参秉事枢,三年于此。朕心察其精白,识者韪其谋谟。膏泽加乎斯民,贵名薄乎四表。逮兹宅揆,谁复间言?昔商周拔相田野之间,汉唐取人卿士之列。借曰辞避,犹弗听也。岂有协赞朕躬之久,灼知相业之优,以序而升,遵吾家法,乃可听其执谦而寝扬庭之号乎?

出处:《玉堂类稿》卷九。

撰者:周必大

虞允文再辞免特进左丞相兼枢密使进封
华国公加食邑实封批答
(乾道八年二月十四日)

省表具之。朕观黄帝时,风后、力牧、常先、大鸿,俱谓之相,所以赞襄治道,无所不通,非若百官有司分职而守,联事而治也。徇沿浸久,乃或失辅弼之指。自我复古,夫岂徒然?卿硕大光明,裕和忠肃。三年宅揆,四海具瞻。予欲绥靖华戎,卿则竭诚而匪懈;予欲修举法度,卿则爱日而有为。不正其名,何以宾实?谓当亟拜,安可固辞?昔舜命大臣,虽尝济济相逊,及告以"往哉汝谐"之后,未闻继请也。典谟可考,其懋承之。

出处:《玉堂类稿》卷九。

撰者:周必大

虞允文再辞免除右丞相口宣
(乾道八年二月十四日)

有敕:朕仰稽乾象,俯酌舆言。肇新辅弼之名,对宠英贤之拜。毋勤论谢,往趣钦承。

出处:《玉堂类稿》卷一二。

撰者:周必大

考校说明:"右丞相",明抄本、四库本作"左丞相",当以为是,见《宋史》卷三四《孝宗纪》。

敷文阁直学士右大中大夫提举江州太平兴国
官方滋差知绍兴府制
（乾道八年二月一日至十六日间）

　　敕：会稽北枕浙河，右界沧海，生齿富庶，贡输浩繁，东南莫京，有自来矣。巡守吴会，又为辅藩，如周洛师，如汉冯翊，谋帅加重，异乎他邦。具官某敦厚闳达，惠和通敏，名字典郡，越三十年，闽广江湖，五为方伯，践历休显，畴出其右。是用命汝，尹兹东郊，假尔斧钺，厘尔组绶。于虖念哉！提封七州，人则胥傲。尔抚民，孰敢不仁？尔训兵，孰敢不精？勉图治功，毋使严助之问久不闻也。可。

出处：《掖垣类稿》卷七。
撰者：周必大
考校说明：编年据周必大任两制时间，《嘉泰会稽志》卷二补。本制月、日，明抄本作"三月十七日"，此时周必大未任两制，疑误。

三省取索三衙文字贴子事诏
（乾道八年二月二十五日）

　　三省今后取索三衙文字贴子，令检正都司印押圆备，方得给发。逐司承受，并须尽实用大状系衔，申三省。

出处：《宋会要辑稿》职官一之六四。

奉使经过州县帅臣监司等不许迎送接见诏
（乾道八年三月三日）

　　今后奉使往回经过州县，统兵帅臣、监司、知通除有职事行移公文外，不许投接启状书札；除巡尉防护外，余人并不许迎送接见。

出处：《宋会要辑稿》职官三六之五八。

条约上供钱物事诏
（乾道八年三月十三日）

极造州军并用交、会,近里州军以钱、会中半起发。

出处:《宋会要辑稿》食货六四之五九。

令户部措置押纲偷盗之弊诏
（乾道八年三月十三日）

近年押纲偷盗之弊不一,全无忌畏,合别措置。令户部一一相度措置,申尚书省。

出处:《宋会要辑稿》食货四四之一一。又见同书食货四八之一二,《宋会要辑稿补编》第五八二页。

修内司官赵志忠等转官诏
（乾道八年三月十三日）

修内司自乾道元年四月至今将及七年,造纳过军器一百五十三万余件,并各精碥,提举官赵志忠特与转景福殿使,提辖官特与转行两官,干办官二员各特转行一官,使臣六人各减三年磨勘。

出处:《宋会要辑稿》职官三〇之四。

试礼部奏名进士制策
（乾道八年三月十七日）

朕丕承大命,司牧兆人,寅畏严恭,惧德弗类。是以顺考帝王之宪,铺寻载籍之传,求其可师,以济于治。惟七制之明后,若三宗之显王。固本培基,则有务德之君;振旅治兵,则有雄材之主。习闻其号,亦观厥成。咸有所偏,未臻于极。若孝文之德,则罪不孥,宫不女,惜露台之费,除租税之征,可谓仁矣。然而恬芒刃之施，释斤斧之用，唯尚宽厚，其威不伸，朕以孝文之文也，而能厉之以武，不亦善乎！若孝武之功，则选明将，讨不服，匈奴远遁，百蛮向风，可谓盛矣，然而积尸暴骨，快心胡越，财略耗而不瞻，干戈因以日滋。朕以孝武之武也，而能本之以仁，不亦善乎！呜呼，文者王帝之利器，武者文德之辅助也。文之所加者深，则武之所服者大。唐之太宗，实惟兼之，观其内平祸乱，外除戎狄，安堵黎元，各有生业。史氏所以称其功德兼隆，由汉以来未之有者也。瞻言清风，切所向慕，伊欲规其能事，跂其成绩。何修何饰，而外户不闭，行旅不赍？何取何营，而断狱几刑措，米斗直三钱欤？家给人足，厥道曷由？仁、义、功、利四者之宜，当安所施？子大夫习先圣之术，通当世之务，合志度义，其知之矣。其明以启告朕，悉意正论，毋枉执事，朕将亲览焉。

出处：《宋会要辑稿》选举八之一三。

试武举进士制策
（乾道八年三月十七日）

朕惟在昔修攻战之具，设守御之备，常出于国家无事之时。而富国虽兵之道，率皆取于人事。锄耰以当矛戟，簦笠以当甲楯。春铗夏耨，乃其步骑也；田里相伍，乃其符信也。凡所以取于民者何其顺且便，而教其民者何其简且易欤！今江淮、襄汉，榛莽千里，故号沃壤，抑欲推古人已行之事而时措之。留屯万人如赵充国之在金城欤，则兵不安于为农，而或妨于阅习；将兵民杂耕如诸葛亮之在渭南欤，则兵农不能以相安，而或至于两废。何古人行之功效如此之可必，而今日为之如此其难也？岂规画之未尽，抑奉行之不得其人耶？子大夫为朕推原其所以然，无略。

出处：《宋会要辑稿》选举八之一四。

时俊特与复龙神卫四厢都指挥使诏
（乾道八年三月二十三日）

时俊按阅西路禁军，职事有劳，特与复龙神卫四厢都指挥使。

出处：《宋会要辑稿》兵一九之二三。

诸州军开具见任离军添差大小使臣等申枢密院籍记诏
(乾道八年三月二十七日)

令诸州军将见任离军添差大小使臣、校副尉、下班祗应并养老将校、兵级等开具职次、姓名、人数,各于名下分明声说元系某处、某军、某年分拣汰到人、于某年月日到州,申枢密院,置簿籍记姓名。仍令诸州军每月一次具有无任满事故之人,供申枢密院销籍。今后准此。

出处:《庆元条法事类》卷五。

皇太子讲尚书终篇推赏诏
(乾道八年四月六日)

皇太子讲《尚书》终篇,詹事、谕德、侍读、侍讲、承受官、左右春坊各与转一官,医官、指使宅案司等各减三年磨勘,年限不同人依四年法比折;未有名目之人,候有名目日收使。御前忠佐、亲事官、辇官、兵级等,依例犒设一次,仍各递增一十贯文支给。

出处:《宋会要辑稿》职官七之二九。

梁珂与在京宫观诏
(乾道八年四月六日)

右武大夫、保康军承宣使梁珂因多病,乞致仕,今已痊安,为系系藩邸人数,可落致仕,与在京宫观,免奉朝请。

出处:《宋会要辑稿》职官七七之八三。

王守信等补转官资诏
(乾道八年四月八日)

春季拍试事艺最高强人王守信、王皋合各特与补转两资,盖良臣、蒋允中、曹安、缪立、王周、刘辛、王允各特与补转一官资。

出处:《宋会要辑稿》兵一九之二三。

武举进士本贯系潜藩人升名诏
(乾道八年四月八日)

已唱名武举进士内有本贯系潜藩之人,可令兵部比附文举升名。

出处:《宋会要辑稿》职官一四之一〇。

赐虞允文札
(乾道八年四月十日)

早来面谕,以卿坚辞,欲令卿典近藩,措置边防。闻卿有归蜀之语,殊失朕怀。今已坚留卿相位,无复固辞,以体至怀。

出处:《建炎以来朝野杂记》乙集卷一四。
考校说明:《全宋文》系于乾道八年三月(第二三五册,第一一六页),误。

除萧果卿直秘阁湖南提刑制
(乾道八年四月十一日后)

文明刚方不挠,质直而明。造膝之词,有犯无隐。正人去国,岂朕所欲哉!

出处:《建炎以来朝野杂记》乙集卷一四。
考校说明:原书注曰:“是时李秀叔(彦颖)、林景度(机)为舍人,恐是秀叔。”《全宋文》系于乾道八年三月(第二三五册,第一一六页),误。

两淮湖广总领官赴行在奏事事诏
(乾道八年四月十六日)

敕:两淮、湖广总领每赴行在奏事,自来止系属官管干,今后遇总领官奏事,淮东委守臣,淮西、湖广委漕臣兼权。

出处:《庆元条法事类》卷四。

诸路常平官取索义仓收支数目等申户部稽考诏
(乾道八年四月十七日)

诸路常平官限半月,委逐州主管官取索五年的实收支义仓数目,开说逐年有无灾伤检故,及支给过若干并见在之数实计若干、自今在甚处桩管,申户部稽考。

出处:《宋会要辑稿》职官四三之三七。

修立一州一路任满赏法诏
(乾道八年四月十八日)

川、广合得到任任满赏,仰吏部照应格法先次放行。抄录到一州一路,专法指挥,令敕所修立成法,其未到并未圆去处,疾速取会。

出处:《宋会要辑稿》职官一〇之九。据宋官制,

两淮二税只且催纳秋苗诏
(乾道八年四月二十一日)

两淮二税,只且催纳秋苗。所有课子行下州县,不得更撮。

出处:《宋会要辑稿》食货七〇之六五。

勘给两浙酒库监官料前衣赐诏
(乾道八年四月二十一日)

两浙犒赏酒库监官料前衣赐,令所在州军依条勘给,衣赐依行在激赏酒库官体例。

出处:《宋会要辑稿》食货二一之一○。

差官编叙系囚诏
（乾道八年四月）

今岁疏决,御史台、大理寺差韩元吉、徐本中,临安府、殿前、马、步军司差马希言、龙雯,将见禁罪人编叙系囚,定其罪目,申尚书省进呈取旨,降下择日引见。

出处:《宋会要辑稿》刑法五之一五。

新及第进士授官诏
（乾道八年五月一日）

新及第进士第一人黄定补左承事郎、签书州节度判官事,第二人黄艾、第三人刘卞并左文林郎、两使职官,第四人王圭、第五人夏蹈中并左从事郎、初等职官,第六人以下至第四甲并左迪功郎、诸州司户簿尉,第五甲守选。

出处:《宋会要辑稿》选举二之二一。

改枫桥镇为义安县诏
（乾道八年五月十一日）

绍兴府诸暨县枫桥镇改为县,减本府酒官并赡军库官共三员,用添令、丞、簿、尉。本处有义安乡,以义安为名。

出处:《宋会要辑稿》职官四八之三九。

都承旨等通轮宿直事诏
（乾道八年五月十九日）

都承旨、检正、左右司、检详、编修,每日依六曹郎官法通轮宿直,如遇次日朝参等日分,仍免朝集,及报御史台、阁门照会。

出处:《宋会要辑稿》职官四之二五。又见同书职官三之四七。

差陈举善覆实太平州宁国府新修圩田诏
(乾道八年五月二十日)

太平州宁国府新修圩田,可差监察御史陈举善前去覆实,开具有无坚壮损坏以闻。

出处:《宋会要辑稿》食货六一之一二一。

客旅算请长引止贴纳翻引钱七贯诏
(乾道八年五月二十三日)

行在、建康、镇江府都茶场并应卖茶引官司、客旅算请长引,截自今指挥到日,算请长引每引止贴纳翻引钱七贯,若再改往榷场折博,止纳通货牙息钱八贯,其余钱数与行免纳。

出处:《宋会要辑稿》食货三一之一九。又见《宋会要辑稿补编》第七一二页。

王昇等补官诏
(乾道八年五月二十六日)

荆门军解发到义勇总首王昇、副总首孙奇、训教发马绅,已依元解发弓弩斗力试验合格,王昇特与补进义副尉,孙奇、马绅各特与补守阙进勇副尉。

出处:《宋会要辑稿》兵一之三三。又见同书兵一九之二四。

减湖州人户赋绢诏
(乾道八年五月)

人户丁钱,每七丁共纳绢一匹,比元额每岁计减绢二万四千八百二十四,令提领左藏南库所每年于纳到沙田、芦场租钱内拨还户部。

出处:《宋会要辑稿》食货一二之二〇。又见同书食货六三之三二。

减严州等处人户赋绢诏
（乾道八年五月）

严州依湖州每七丁共纳绢一匹,比元额每年共减二万四千二百九十三匹有零,计钱四万七千一百七十贯足有零;绍兴府上四等每七丁共纳绢一匹,第五等每十丁共纳绢一匹,比元额每年共减绢一万三匹二丈五尺四寸,计钱五万二千一十八贯七百足有零;处州上四等户每五丁共纳绢一匹,五等户每八丁共纳绢一匹,比元额每年共减绢九千九百一十四匹有零,计钱三万四千六百八十贯文足有零。以上减下钱数,并令每年收到沙田,芦场租钱内拨还户部。

出处:《宋会要辑稿》食货一二之二一。又见同书食货六三之三二。

农隙教阅沿江诸州民兵及两淮万弩手诏
（乾道八年六月一日）

淮东、淮西两路并沿江诸州民兵及两淮万弩手,每岁农隙,拘集教阅。其间有武艺超越之人,令逐路帅司行下所部州军,自今岁为始,将所教民兵及万弩手遇教阅月,选择能步射一石四斗力弓、踏三石五斗力弩、马上直背射一石力弓各应法人材,智勇可以伏众,解赴本司拍试,其姓名事艺,保明申三省、枢密院,以凭抽摘、覆试推恩。

出处:《宋会要辑稿》兵一之三三。

两淮归正人所耕田土课子特与蠲放诏
（乾道八年六月五日）

两淮归正人所耕田土,州县撮收课子,特与蠲放,仍更展免税役三年。其见在淮南居住校尉以下名目归正人,令帅司、监司索见人数,保明以闻,各随名目高下添差近里州军,听候使唤。

出处:《宋会要辑稿》兵一五之二三。

军功补授事诏
（乾道八年六月八日）

军班换授，有立功干照之人，与依军功格法补授，于军分职名上除豁。八资功出身外，后来立功去处，与比附作使臣立功次数施行。

出处:《宋会要辑稿》兵一九之二四。

令马大同赴池州措置逃户耕种事诏
（乾道八年六月十日）

大理正兼权吏部郎中马大同前去池州，审实饶、江州等处逃移人户，踏逐系官田土摽拨耕种，务在存恤。其到人户逃田，计一千七百二十四顷四十五畮。访闻人户有于前项田内冒占耕种，并不赴官请佃，限六十日内具状投陈。如限满，即依条施行外，有实逃弃顷亩，日下措置募人请佃。

出处:《宋会要辑稿》食货六九之六四。据文意，

将安丰军等荒闲田给付归正人开耕诏
（乾道八年六月十四日）

将安丰军寿春、安丰等县荒闲田一百八十七顷三亩，皆给付归正人二百一十七户开耕，自乾道九年为始，与免课子十年。

出处:《宋会要辑稿》食货六一之八七。

潘甸特转一官诏
（乾道八年六月二十一日）

知江阴军潘甸于本军置场，和籴到米三万硕，并系本军自行收籴，不曾下县，可特转一官，与升擢差遣。

出处:《宋会要辑稿》食货四〇之五三。又见《宋会要辑稿补编》第六三六页。

起发广钞事诏
(乾道八年六月二十五日)

起发广钞,差枢密院使臣管押,除身分驿券外,每员依本务号簿官往回每日支食钱五百文省。起发日,从交引库勘会的实程数、合支钱报本务支给。仍每员支起发钱一十五贯文,月给赡家钱一十贯文,出门起支,入门日住给,止于本务头子市例钱内支给。

出处:《宋会要辑稿》食货五五之二八。

放免筠州等带纳之数诏
(乾道八年六月三十日)

筠州、隆兴府、临江、兴国军已倚阁乾道七年夏税三年,带纳之数,予放免一年。

出处:《宋会要辑稿》食货六三之三二。

三省守阙以一百人为额诏
(乾道八年七月三日)

中书、门下省、尚书省守阙,依已降御笔朱书旨挥,各以一百人为额,令敕令所修立成法,先次施行。

出处:《宋会要辑稿》职官三之四五。

减淮南等沙田芦场草地租税诏
(乾道八年七月七日)

淮南、江东、浙西沿江人户已业沙田、芦场、草地,所纳税租与减五厘,租佃与减一分,余并依旧。仍将提领官田所住罢,并归户部掌管。

出处:《宋会要辑稿》食货一之四六。又见同书食货六三之二二、食货七〇之六五。

废罢庐州见差建康官兵屯田诏
(乾道八年七月十四日)

庐州见差建康官兵屯田并行废罢,其田亩、牛具等令赵善俊尽数拘收,许归正人请佃,摽拨给付。如归正人数少,即一面募人租种。仍委善俊将屯田官兵亲行拣点,具堪入队不入队及老弱病患姓名人数申枢密院,并先次发遣归军。

出处:《宋会要辑稿》食货六三之一五一。

减免徽州赋诏
(乾道八年七月二十四日)

将徽州减免不尽杂钱尽数蠲放,以宽民力。其本州认发漕司绢三千匹,折斛钱一万五千贯,建康府绢二千五百匹,尽予免放,令户部以沙田芦场钱内拨还。

出处:《宋会要辑稿》食货六三之三二。

赈济四川被水州县诏
(乾道八年八月七日)

四川自入夏以来,阴雨过多,沿流州县多被其患,如嘉、眉、卭、蜀等州最甚,令四川宣抚司审实被水去处,措置赈恤。

出处:《宋会要辑稿》食货五八之一二。又见同书食货六八之七二,《宋会要辑稿补编》第五九八页。

司农寺差斗子赴丰储仓伺候差官前去盘量诏
（乾道八年八月二十二日）

司农寺日下差斗子五十人并合用斛斗,于今月二十三日绝早赴丰储仓,伺候差官前去盘量。

出处:《宋会要辑稿》职官二六之二〇。

修整六合县官兵寨屋诏
（乾道八年八月）

其六合县见有寨屋如有损漏,仰本司亦行修整,令淮南转运司量行应副材料。

出处:《宋会要辑稿》兵六之二三。

招客户耕种淮南屯田官兵退下田亩诏
（乾道八年九月三日）

淮南运判高禹将屯田官兵退下田亩并今来宽剩之数,疾速尽行招召客户耕种,毋令少有荒闲。仍令蔡洸依已降指挥,差官主管拘收庄屋农具,应付客户居住。收到子利,照应年例分隶施行。旬具招到客人耕种顷亩以闻。

出处:《宋会要辑稿》食货六三之一五二。

令李安国措置荆鄂两军营屯田诏
（乾道八年九月三日）

李安国疾速措置差官主管,招募客户耕种,毋令荒闲田土。仍尽数拘收庄屋农具,给付客户居住使用。将收艺到子利照年例分隶。

出处:《宋会要辑稿》食货六三之一五二。

杨万里可太常丞告词
（乾道八年九月七日）

敕左奉议郎、太常博士杨万里等：史而求野，以言其文胜；名为聚讼，以言其说繁。此礼家所以为难也。曲台列属，非博雅之士无取焉。尔等克应兹选，同升厥官，究尔所学，助吾著诚去伪之化，顾不美欤！可依前件。

出处：《诚斋集》卷一三三。
撰者：林机

三省枢密院创行指挥事诏
（乾道八年九月九日）

三省、枢密院今后遇有创行指挥，已差呈毕，并再同进熟文字缴入，候画宝降出，然后施行。

出处：《宋会要辑稿》职官一之六五。

奖谕临安府狱空诏
（乾道八年九月十一日）

朕哀矜庶民不若于训，以速戾于厥躬。既抵岸狱，或久系不决。肆御便殿，用丕蔽于要囚。尔典时狱事，克钦承于朕志，明听两辞，惟察惟法，俾四方之多罪，罔有留狱。升闻朕听，朕惟宠嘉之。呜呼，用刑斯无难，惟措刑而不用是惟艰哉！尔弼朕教，尚忧念于兹。

出处：《咸淳临安志》卷六。

虞允文罢左丞相制
（乾道八年九月十二日）

保王躬而式百辟，爰推上宰之功；绍大业而绥四方，正赖元臣之助。眷言时

杰,久秉国钧。宣劳既积于我家,求去愿还于相绂。宜加隆委,就锡优恩。诞告
大廷,敷为茂命。具官虞允文高风镇物,奥学潜神。谋谟具合于蓍龟,诚信自期
于金石。式畴赡知,浸陟显途。方为言语之官,已莅师干之事。曩江干之开衅,
窥重险以冯陵。煽祲象以滔天,缔妖氛而贯日。彼凶匪茹,断流正拟于投鞭;我
道有光,制命殆同于折棰。坐失群雄之匕箸,居成万里之金汤。泰阶于以告平,
鼎铉为之增重。永言忠壮,厥有本原。遂持枢宥之权,即奉岷梁之使。器与名
并,位由德跻。赞法座之懿纲,实相以济;翊岩廊之景化,有功见知。方观绩用之
优,乃上封章之力。重违其请,实难辍于弼谐;庸听其归,盖雅资于绥抚。是用锡
荣名于孤保,宠巨镇之节旄。以昭左棘之华,以大中军之制。胙之成国,衍以爰
田。为六十州晏粲之基,顾八百国兴隆之势。於戏! 陈平尽护,汉家倚以差强;
李靖一行,唐室于焉大竞。勉迪徽数,用恢远图。

出处:《宋宰辅编年录》卷一七。

叐兵部言殿前司诸军已改正代名官兵磨勘事答诏
(乾道八年九月十七日)

　　磨勘特与通理,未改正以前所历在职年月放行磨勘,其关升、升带等并依。

出处:《宋会要辑稿》职官一一之五四。

人户合钞送纳税租遵依见行条法诏
(乾道八年九月十九日)

　　诸州据人户合钞送纳税租,遵依见行条法及已降指挥,与丁绢凭由一体
俵散。

出处:《宋会要辑稿》食货七〇之一五〇。又见同书食货三五之一七。

除临安府城内外官司所占民间地基租税诏
(乾道八年九月二十一日)

　　临安府城内外及属邑应官司所占民间地基见充官用者,差官核实,悉与除豁

租税。

出处:《宋会要辑稿》食货六一之六七。

<h1 style="text-align:center">胡元质收籴米随市价支还价钱诏</h1>
(乾道八年九月二十六日)

胡元质依已降指挥,收籴米一十万硕,随市价支还价钱,每三日一次具实直市价申三省、枢密院。

出处:《宋会要辑稿》食货四〇之五三。又见《宋会要辑稿补编》第六三六页。

<h1 style="text-align:center">场务解纳上供经总制钱朱钞须开具事项诏</h1>
(乾道八年十月七日)

诸路转连司:自今场务解纳本州分隶诸司上供经总制钱,朱钞内须管开具若干系甚场务、甚监官在任、收到钱数、发纳赴是何去处送纳。其余场务依此供申。候申到监官在任增剩数目多少,仍酬赏,从本部参照行遣;如申到日前在任推赏之人,亦依此取会。

出处:《宋会要辑稿》食货六四之五九。又见同书食货三五之四四。

<h1 style="text-align:center">教阅淮西路保甲诏</h1>
(乾道八年十月十二日)

令冯忠嘉专一教阅淮西路保甲。内训练官添支食钱,保甲总首等月给食钱,队身人月支钱米,令诸州军斟量支破。仍自农隙日教阅,三月分散。

出处:《宋会要辑稿》兵二之四五。

修盖平江府诸军寨屋事诏
（乾道八年十月十九日）

令殿前司拘收见今桩留瓦木，并于将作监见管木植内支降二寸半径、三寸径共五千条，应副修盖使用。所有昨镇江府起盖寨屋已搬取过瓦木，令左藏南库支降会子一千贯，依元数收买添修使用。仍并依元间数起盖，不得灭裂。

出处：《宋会要辑稿》兵六之二四。

经筵官与学士院官通轮一员宿直诏
（乾道八年十月二十六日后）

经筵官与学士院官每日通轮一员宿直官。约午时入院，临安府供蜡烛一对，夜点照用，来早院中破宿官点心，至冬供炭一十斤。如遇轮宿直，用簿子隔日书知押字，将书知宿官姓名、便阙报御药院具奏。

出处：《宋会要辑稿》职官六之五六。

海船乘载禁物经由伪界贸易者陈首诏
（乾道八年十一月三日）

敕：沿江州县管下海舡有乘载鲸胶并堪造军器等物经由伪界，贸易奇货，许同犯人于所到县州等处陈首，推赏。已有随敕申明、绍兴二十九年二月四日、隆兴元年五月九日指挥劾该载严备外，所有同犯人陈首，即与差官就舡抄札所载货物，无致隐漏。官司不得分毫巧作抽取，尽以充赏。有违戾者，即许超诉，仍将违戾官司重作施行。

出处：《庆元条法事类》卷二九。劾：疑衍。

蠲免当湖等四酒库欠钱诏
（乾道八年十一月六日）

当湖、和平、澉浦、徐公犒赏四酒库,见欠钱九千一百四十贯四百八十九文,并予蠲免。

出处:《宋会要辑稿》食货六三之三二。

知县兼监盐场磨勘条制诏
（乾道八年十一月六日）

知县兼监盐场去处,务令举职,任满别无亏欠,依旧法与减一年磨勘。

出处:《宋会要辑稿》食货二七之四一。

委户部措置诸路没官田产营田申报价钱事诏
（乾道八年十一月六日）

诸路没官田产屋宇并营田,已降旨令常平司开具三等九则价钱,至今累月,多未报到,或估到价直又太低少。可委户部长贰,同郎官一员措置合行事件,限五日条具闻奏。

出处:《宋会要辑稿》食货六一之三一。

蠲放乾道四年五年拖欠未起上供钱物诏
（乾道八年十一月六日）

诸路州县拖欠未起上供经总制等钱、诸色窠名钱物米斛,已放免至乾道三年终。所有以后年分亦有拖欠之数,若行一例催理,窃恐追扰。可将乾道四年、五年诸路州县拖欠未起之数特予蠲放,日下销落簿籍,不得再有追理。如违,许民户越诉,监司觉察按治。

出处:《宋会要辑稿》食货六三之三二。又见同书食货六四之五九、食货六四之一〇二。

文武臣除授监司郡守等赴在四年之外赴行在奏事诏
(乾道八年十一月八日)

已降指挥,文武臣已授监司郡守、诸路厘务总管、钤辖、都监应赴在二年之外,阙到半年前赴行在奏事之人,令展作四年,余依已降指挥。

出处:《宋会要辑稿》仪制六之二八。

修盖诸军寨屋诏
(乾道八年十一月九日)

令临安府于忠锐军寨相近踏逐地段,和买修盖寨屋六百间。两浙转运司于忠武军寨接连元马军司退下寨地内修盖一千间,并限两月了毕。

出处:《宋会要辑稿》兵六之二五。

两浙州军起到厢军与支犒设一次诏
(乾道八年十一月十一日)

将两浙路州军已起到厢军与支犒设一次。内临安府人支钱二贯,一百里以上三贯,二百里以上五贯,并令左藏南库支降会子。其人尽数发回,未起发人与免起发,已起未到人令逐州拘收。

出处:《宋会要辑稿》礼六二之七八。

浙西州军送纳和籴米斛事诏
(乾道八年十一月十一日)

浙西诸州军今年和籴米斛共六十二万硕,除秀州已籴米一十万硕赴丰储仓送纳外,平江府取拨一十万硕、常州一十二万硕,并起发赴淮东总领所大军仓交纳,令本府守臣与总领同共认数桩管,不得擅行支使,余并尽数起发赴行在丰储仓送纳。

出处:《宋会要辑稿》食货四〇之五四。又见《宋会要辑稿补编》第六三六页。

归正士人许与本贯士人混同补试诏
(乾道八年十一月十一日)

诸州军将归正士人许与本贯士人混同补试,入学听读,不得非理邀阻。

出处:《宋会要辑稿》选举一七之二。

带卖积盐日下住卖诏
(乾道八年十一月十四日)

带卖积盐日下住卖,其建康榷货务截日终卖到见在积盐钱数,令总领所开具以闻。

出处:《宋会要辑稿》食货二七之四一。

左藏西库监官各特降两官诏
(乾道八年十一月十六日)

勘会饶州纳到新钱夹带铅锡,除铸钱人吏并监官已施行外,其左藏西库监官各特降两官。

出处:《宋会要辑稿》食货五一之三三。

除授上殿诏
(乾道八年十一月二十三日)

今后应文武臣监司、知州军、诸务厘务总管、副总管、钤辖、都监见辞,并令上殿,批入料钱文历,如托避免对,并未得差除赴任,委台谏常切觉察,以违制论;其已授未赴任人,如已经上殿赴在四年内,与免将来奏事,候阙到,前去之任。其应赴在四年外及在外除授未经上殿人,阙到半年前赴行在奏事。如本贯川广、见在本乡居住之人,即仰逐州知通结罪保明诣实,申取朝廷指挥。川、广见阙正官去处,许令一面先次之任,听候朝廷指挥。及川、广未经上殿,许先赴任之人今后任满,须赴行在奏事讫,方得再有除授。

出处:《宋会要辑稿》仪制六之二八。

修盖出戍扬州官兵寨屋诏
(乾道八年十一月二十四日)

令殿前司差统领官一员,将带壕寨等前去扬州,与胡坚常、高禹同共相视修盖出戍官兵寨屋。

出处:《宋会要辑稿》兵六之二五。

出卖没官田产屋宇并营田诏
(乾道八年十一月)

官田除两淮、京西路不行出卖,应诸路没官田产、屋宇并营田并措置出卖。以户部左曹郎官主之,诸路委常平司。其钱赴左藏南库,令置库眼桩管。

出处:《中兴两朝圣政》卷五一。又见《宋史全文续资治通鉴》卷二五。

宁国府浚筑两圩事诏
(乾道八年十一月)

江东常平司委官取见的实合修去处丈尺、工料、米数,实具文状,保明以闻。

出处:《宋会要辑稿》食货六一之一二一。又见同书食货八。

通进司收接投进文字诏
（乾道八年十二月八日）

通进司：自今后朝廷百司、诸路州军急速文字等，并依法收接投进。其余陈乞恩泽差遣文字不应投进，不许收接，即时退回，令经由合属官司陈乞。

出处：《宋会要辑稿》职官二之三五。

令湖广总领所取拨会子趁时收籴诏
（乾道八年十二月十三日）

令李安国取拨本所见桩管直使会子五十万贯，委官于丰熟州军置场，趁时收籴，并发赴鄂州，令守臣认数桩管。

出处：《宋会要辑稿》食货四〇之五四。

诸路职田止理正色诏
（乾道八年十二月十四日）

诸路职田已降指挥与免拘借，尚虑循袭旧例，额外收敛，自今止理正色，仍不得过数多取。如有违戾，令提刑司按劾以闻。

出处：《宋会要辑稿》职官五八之二九。又见《中兴两朝圣政》卷五一，《宋史全文续资治通鉴》卷二五。

州县人户已纳常赋日下销钞诏
（乾道八年十二月十六日）

州县人户已纳常赋，日下销钞，长吏不测抽摘二税官簿典检。如有违慢，具名按劾。若上下相蒙，许令人户越诉。

出处：《宋会要辑稿》食货七〇之六五。

淮南州县不许差雇应副往来士夫诏
（乾道八年十二月十九日）

淮南转运司下所部州县,今后除朝廷所差贺生辰正旦及接送伴北使往还外,余并不许差雇应副。

出处:《宋会要辑稿》食货五〇之二五。

绍兴府增起苗米免行起发诏
（乾道八年十二月十九日）

两浙运判胡昉具到绍兴府增起苗米四万九千余石,及乾道五年历尾剩钱一十六万七千余贯,并免行起发。

出处:《宋会要辑稿》食货七〇之六五。又见同书食货六三之三二。

画一约束两淮荆襄沿边州郡诏
（乾道八年十二月十九日）

帅、漕臣并诸郡参对遵守月日施行闻奏,上半年委监司因行郡照画一分臧否三等,各以名闻,俟替,当议黜陟。仍令三省、枢密院随事目置籍销注。

出处:《宋会要辑稿》职官五九之二八。

池州驻札御前前军统制王世雄起复授左千牛卫将军制
（乾道八年十二月二十二日）

乃父起太行之师,誓平胡虏;难兄当灵壁之战,亦死边陲。是用夺三年爱母之情,加千牛备身之号。

出处:《宋会要辑稿》职官七七之二一。

拘集教阅两淮民兵诏
（乾道八年十二月二十三日）

两淮民兵自乾道九年为始，晨隙日拘阅教集，一月放散，每人日支钱一百文、米二升半。

出处：《宋会要辑稿》兵一之三六。

钱塘仁和会稽三阙依旧堂除诏
（乾道八年十二月二十四日）

三阙依旧堂除，余繁难等县系堂除者，并权令吏部差注。

出处：《宋会要辑稿》职官四八之三九。

按治监酒坊不职官吏诏
（乾道八年十二月二十八日）

诸路提举常平司严督所部州县，管下应败阙停闭、累经体减分数、未有人承买酒坊处，从提举官将当职官吏按治施行。

出处：《宋会要辑稿》食货二一之一一。

禁兴贩硫黄等过淮及往极边次边州县博易诏
（乾道八年十二月二十九日）

敕：敕令所看详，将硫黄、焰硝、海金砂、桐油并不许兴贩过淮博易，及往极边、次边州县。如有违犯，其断罪追赏，并依兴贩军须之物已降指挥施行。

出处：《庆元条法事类》卷二九。

榷货务都茶场算请茶盐事诏
（乾道八年十二月二十九日）

自来年正月一日为始,将行在务场算请茶盐六分轻赍,内须管用二分银入纳。镇江、建康务场依此。

出处:《宋会要辑稿》食货三一之二一。

奖谕吴挺诏
（乾道八年后）

卿自膺重任,更革宿弊,杜绝私托,竭忠尽诚……其益懋勉,毋恤浮言。

出处:《陇右金石录》宋下《世功保蜀忠德碑》。

孝宗朝卷十二　乾道九年(1173)

干办御药院官应奉人使到阙每及十番转一官诏
(乾道九年正月六日)

每遇人使到阙,干办御药院官与阁门官应奉事体一同,可特与依阁门等处体例,每及十番转一官,仍自干办本院日为始。

出处:《宋会要辑稿》职官一九之一五。

王之奇除资政殿学士知扬州制
(乾道九年正月七日)

矧惟乃父,尝佐光尧。虽内处于筹帷,亦外静于边境。勉孜成绩,追配前闻。

出处:《宋会要辑稿》职官七八之五二。

重别修盖后殿门诏
(乾道九年正月九日)

后殿门系驾入出经由门户,其屋宇低小,入出妨碍。令工部委官计会,修内司照辇院合用高低丈尺相视计料,重别修盖。

出处:《宋会要辑稿》方域二之二三。

诫饬监司诏
（乾道九年正月十八日）

夫部刺史之官，所以周行郡国，班宣风化，总方略而一统类者也。今则不然，守土之官出于其部，时尔监司之任，最为近而易察者也，而求其凌厉风节，建立事功，疾恶如仇，奉公不挠者，盖堇堇而有焉。甚则朋比苟且，讫无举奏，民瘼不闻于上，上意不孚于下，朕何望焉！继自今其悉乃心，毋冒于宪。凡在厥位，明体朕怀。

出处：《中兴两朝圣政》卷五二。又见《宋史全文续资治通鉴》卷二五。

人户典卖田宅物业不行税契者立限令自首诏
（乾道九年正月十八日）

人户典卖田宅物业，往往违限不行税契，失陷官钱。仰自今降指挥到日，出榜立限一月，自行陈首，与免罪赏，自投状日限一季送纳税钱。如限满不首，许元典卖及诸色人陈告，其物产以一半给告人充赏，余一半没官。仍委叶翥、张知常一就措置，令项拘收发纳。所有州县解发推赏，并依卖田钱格法施行。

出处：《宋会要辑稿》食货三五之一七。又见同书食货七〇之一五一。

王之奇检实两浙应募耕荒田人诏
（乾道九年正月十八日）

王之奇取责应募之人，各开具愿耕田亩及有无包括熟田在内，委官逐一检实，仍将已应募人并顷亩开具申尚书省。

出处：《宋会要辑稿》食货六一之八八。

民户输纳税赋等并用钱会条诏
（乾道九年正月十九日）

敕：措置下项：一、诸路州县应民张输纳税赋、诸色官钱，并用钱、会中半送纳。如受纳官司违戾，许纳人越诉，当职官以违制论；公吏邀阻乞觅，并行编配。提刑转运司常切觉察，若监司失行举觉察，取旨行遣。一、州县起发上供等钱，除合起轻赍外，亦许用钱、会中半解发。一、监司、守臣并州县镇寨将应干官吏俸给，并以钱、会中半支遣，本处粮审院每月于历内分明开说合支见钱若干、会子若干，所属库分照旁支给。仍令本路监司点检，置历开具所支钱、会数目结押，每月缴申户部驱磨。如监司容情隐庇，令御史台觉察。一、州县场务等处交收民旅会子，其间虽有破损，但有贯伯钱数可照，并仰交收，不得阻节。所有纳下破损会子，却作上供等钱解发。一、官私买卖交易，并听从便，不拘钱、会分数。

出处：《庆元条法事类》卷三〇。张：疑当作

福建盐复官卖法诏
（乾道九年正月二十一日）

福建路转运司：自今降指挥到日，将诸州军纲盐并依旧分拨官般官卖，其卖钞指挥更不施行。仍将未给卖盐钞日下尽数起赴行在榷货务交纳。见今客贩盐货各行下住卖州军，限一百日出卖尽。如限满，未卖盐拘收入官，理充纲盐之数，却将客人元买钞面及般发糜费钱计数给还，不得减克。转运司元借朝廷本钱一十万贯，并已买到钞面钱一十九万贯，及续卖钞面钱数，并委王逮限一月拘收，起发赴行在左藏南库送纳。

出处：《宋会要辑稿》食货二七之四二。又见《宋会要辑稿补编》第八〇〇页，《中兴两朝圣政》卷五二，《宋史全文续资治通鉴》卷二五。

淮南盖造仓厫诏
（乾道九年正月二十四日）

令淮南转运司于和州并巢县各盖造可以盛贮米斛一十万硕仓厫一所，其无

为军仓厩更不修盖。

出处:《宋会要辑稿》食货六二之六四。又见同书食货五四之一〇。

周必大除知建宁府制
(乾道九年正月)

敕左朝散郎、赐紫金鱼袋周某:言语侍从之臣,朕所望以朝夕论思,日月献纳者也。间有均佚于外,顾瞻在列,念之不忘,况尝典朕三礼,分直北门,以有显庸者乎! 式图尔居,莫如南服。尔宏才奥学,独步一时,大册雄文,推高两禁,簪笔入侍,知无不为。乃眷贤劳,久安祠观。建宁吾潜藩,其俗健武而尚气,可以义服,不可以力胜,顾岂轻畀哉? 昔王仲舒为苏州刺史,唐穆宗谓其文可思,最宜为诰,朕于汝几是矣。善抚吾民,嗣有异宠。可特授依前左朝散郎、知建宁军府事、提举学事兼管内劝农事,替任文荐。到任成资,阙赐如故。

出处:周纶《周益国文忠公年谱》。
撰者:王淮

李发特授迪功郎致仕制
(乾道九年闰正月四日)

务稽劝分,有司之为政;发廪赈乏,仁者之用心。尔以布衣,居于下土,因年饥之不足,动义概以有闻。屡出私藏,多所全活。与计偕而已老,从官牒则徒劳。勉服官荣,归教乡里。可特授迪功郎致仕。

出处:《晦庵先生朱文公文集》卷九四《李公墓志铭》。

出卖官田免税条制诏
(乾道九年闰正月七日)

出卖官田,如实系荒闲无人耕种,或有人户承买者,与免五年十科税赋。

出处:《宋会要辑稿》食货六一之三三。

令湖广总领所疾速收籴诏
（乾道九年闰正月七日）

令李安国将昨取拨本所见桩管直使会子五十万贯，照应在市实直，疾速尽本收籴。

出处：《宋会要辑稿》食货四〇之五四。又见《宋会要辑稿补编》第六三七页。

诸路州军推勘强盗事诏
（乾道九年闰正月十一日）

今后诸路州军推勘强盗，须管将正贼根治，即不得徇情，将平人勘鞫搒数结案。仰保奏官司将元案再行审实，如见得的无伪冒，方得申奏。仍将合改官人随奏举改官人班次引见，方许依条格改转。或当职官吏依前违戾，监司按劾，重作施行；其保奏官审实灭裂，妄行申奏，依事诈不以实论。

出处：《宋会要辑稿》职官一〇之一〇。又见同书刑法三之八七。

追理纲运见欠诏
（乾道九年闰正月十三日）

诸路州军起发米斛钱物纲运少欠人，见监系在行在官司，未能填还。可将两浙州军欠一分以下、余路欠一分五厘以下，并日下权批发一次，押下临安府，送元起州军追理补发。其见监两浙欠一分以上、余路欠一分五厘以上之人，候纳及前项分厘并杂物纲，令所属库分将元押及见欠数目估价纽折，依此施行。

出处：《宋会要辑稿》食货四四之一二。又见同书食货四八之一二，《宋会要辑稿补编》第五八二页。

令宰执条具宽恤事诏
（乾道九年闰正月十四日）

久雨未止,恐妨农事,应有宽恤事,可令宰执条具来上。

出处:《宋会要辑稿》瑞异三之一一。

除放追理官赃钱物诏
（乾道九年闰正月十六日）

大理寺已追理过罪人合追官赃钱物,自绍兴十九年以后至今追纳监系日久,无所从出,深可矜悯。可自乾道二年二月十四日以前见追内外官司钱物并予除放。

出处:《宋会要辑稿》食货六三之三二。

禁侵夺农民已耕之田诏
（乾道九年闰正月十七日）

王之奇约束州县,自今不许诸色人将农民已耕之田妄行侵夺。如归正人有未着业,仰将无人指占田亩分拨给付,依例支借牛具、粮种。

出处:《宋会要辑稿》食货六一之八八。

赈济临安府民户诏
（乾道九年闰正月十七日）

雪寒,细民艰食,令临安府将贫乏不能自存之家,令左藏南库支会子六千贯,丰储仓拨米三千硕,付临安府,分委有心力官日下巡门俵散赈济,每名支钱二百文、米一斗。务在实惠,不得减克。

出处:《宋会要辑稿》食货六八之七三。又见同书食货五八之一二,《宋会要辑稿补编》第五九九页。

拘催给发付身等事诏
(乾道九年闰正月二十一日)

枢密院:今后应外路官兵功赏、差遣等告敕、宣札、文帖、公据,并令左右司、承旨司、检详所除赍干照请领外,其余付身等,令拘催给发,使臣每五日一次入进奏院递取。监官到院入递日时文状,仍令进奏院专置簿籍发放,每月赴左右司、承旨司驱磨。

出处:《宋会要辑稿》职官四之二五。又见同书职官六之一七,职官二之五一。

令左右司点检觉察狱案诏
(乾道九年闰正月二十三日)

今后狱案,委左、右司点检觉察,如有稽违,申取指挥,官吏重作施行。或失于觉察,亦行责罚。

出处:《宋会要辑稿》职官四之二六。

支遣出戍官兵食粮事诏
(乾道九年闰正月二十五日)

令户部行下三总领所,约束见有应官兵出戍州县,今后遇打请口食粮米,须管将堪充支遣无糠粃陈米与新米相兼支散,仍将最陈次不堪米数各逐旋兑充本处厢军并赈济等用,却以新米对数补还,依旧窠名桩管讫,具数申尚书省。

出处:《宋会要辑稿》食货五三之四。

收拨津发马草诏
(乾道九年闰正月二十六日)

两浙、江东西、淮东、湖北、京西路转运司、淮东西、湖广总领所将来年合收买诸军经常马草,并据递年实认本色数目,各于管属路分州军见桩朝廷草内先次收拨津发,应副支用,却将本年内买到新草对数拨还,依旧桩管,不得违悮,月具已取拨并已、未拨还草数申尚书省。仍各剞下桩草州军常切如法覆护,以新易陈,毋致腐烂,及先次开具见桩草数申尚书省。若将差来官点检得有损坏去处,即勒本州军陪填,及将当职官吏取旨行遣。

出处:《宋会要辑稿》食货四〇之五五。又见《宋会要辑稿补编》第六三七页。
考校说明:《宋会要辑稿补编》系于乾道八年十二月二十六日。

人户承买官产免差役诏
(乾道九年闰正月二十六日)

浙东提举司将人户承买官产一千贯以上,免差役三年;五千贯以上,免五年,和买并免二年。其二税役钱自今计数供输。

出处:《宋会要辑稿》食货六一之三三。

估价召人承买四川户绝没官田产诏
(乾道九年二月四日)

四川提举常平司将诸州户绝没官田产屋宇,委官估价,召人承买,其营田依昨降指挥权行住卖,仍旧令人请佃。

出处:《宋会要辑稿》食货六一之三三。

令诸路监司限十日条具不便民事诏
(乾道九年二月八日)

诸路监司各限十日条具不便于民事件,其奏到文状,令左右司看详。

出处:《宋会要辑稿》职官四之二六。

赐保宁军官吏军民僧道等诏
(乾道九年二月十六日)

敕保宁军官吏、军民、僧道、耆寿等:朕以皇子恺赐履大名,偃藩宁国。仍元衮视仪之贵,兼斋旄制阃之雄。乃眷东阳,实居近服,缅想提封之内,当知龙命之新。凡在衿襟,式同鼓舞。今特授恺雄武保宁节度使、判宁国府、依前开府仪同三司、进封魏王,加食邑一千户,食实封四百户。故兹示谕,想宜知悉。春暖,汝等各比好否?遣书,指不多及。十六日。

出处:《宜禄堂收藏金石记》。

减免高安上高两县民户乾道八年抛荒田亩秋苗诏
(乾道九年二月十八日)

筠州管下高安、上高两县民户乾道八年抛荒田亩秋苗,可将上户依已检阁分数减免,其下户全予除放。

出处:《宋会要辑稿》食货六三之三二。

令薛元鼎专一拘催诸路卖到田产乳香价钱等诏
(乾道九年二月二十二日)

委户部郎官薛元鼎专一拘催诸路卖到田产、乳香价钱并牙契税钱,并赴左藏南库令置库眼桩管,非奉圣旨指挥,不得擅行支用,更不置司。并令户部人吏一就行遣,仍令长贰官共催督。

出处:《宋会要辑稿》食货五六之五五。

苏轼赠太师制
(乾道九年二月二十四日)

敕:朕承绝学于百圣之后,探微言于六籍之中。将兴起于斯文,爰缅怀于故老。虽仪刑之莫觌,尚简策之可求。揭为儒者之宗,用锡帝师之宠。故礼部尚书、端明殿学士、赠资政殿学士、谥文忠苏轼养其气以刚大,尊所闻而高明。博观载籍之传,几海涵而地负;远追正始之作,殆玉振而金声。知言自况于孟轲,论事肯卑于陆贽?方嘉祐全盛,尝膺特起之招;至熙宁纷更,乃陈长治之策。叹异人之间出,惊谗口之中伤。放浪岭海而如在朝廷,斟酌古今而若斡造化。不可夺者巍然之节,莫之致者自然之名。经纶不究于生前,议论常公于身后。人传元祐之学,家有眉山之书。朕三复遗编,久钦高躅。王佐之才可大用,恨不同时;君子之道暗而彰,是以论世。谠九原之可作,庶千载以闻风。惟而英爽之灵,服我衮衣之命。可特赠太师,余如故。

出处:《经进东坡文集事略》卷首。

考校说明:据《困学纪闻》卷一九记载,此制乃王淮所撰,然王淮乾道九年四月始任两制,存疑待考。

苏轼赠太师谥文忠制
(乾道九年二月二十四日)

朕考百年治乱之原,识诸老忠邪之辨。惟小人无所忌惮,使君子至于困穷。某目无全牛,意空凡马。道不行而言立,身愈退而名高。言之尚至于叹嗟,闻者亦为之兴起。

出处:《诚斋诗话》,历代诗话续编本。

撰者:黄钧

考校说明:编年据《宋史》卷三四《孝宗纪》补。《经进东坡文集事略》卷首又有《苏轼赠太师制》,据《困学纪闻》卷一九记载撰者乃王淮,文字与此不同。

林枅等除秘书省正字告词
(乾道九年二月二十五日)

敕左宣教郎林枅等:朕闻三馆以待方闻之士,异时词臣、讲官与夫司言责、掌讽议,为时名臣者,由此涂出。故择之必精,试然后命,所以重其选也。以尔枅博学而多闻,尔弥大方重而有立,尔敦诗闳毅而不回,振藻儒林,见谓国器,奏篇来上,焕乎可观。宜从英俊之游,往司是正之职。益务涵养,以副朕知。可。

出处:《崔舍人玉堂类稿》附录,宛委别藏本。
撰者:王淮

福建上四州县客人般到钞盐尽数中卖入官诏
(乾道九年三月二日)

福建上四州县客人般到钞盐,日下并令尽数中卖入官,计算元用本脚縻费等钱,依数支还。

出处:《宋会要辑稿》食货二七之四二。又见《宋会要辑稿补编》第八〇〇页。

令傅自得等将福建官卖盐未便事件措置以闻诏
(乾道九年三月十四日)

已降指挥,令福建路转运司将诸州军纲盐并依旧官般官卖,其卖钞指挥更不施行。及已行下提刑司觉察,转运、提举司并所属州县将官卖盐不得擅自增价,科扰于民。窃虑逐州军旧来官卖各有体例,尚恐有未便事件,理合措置。可令福建转运傅自得、杨由义分定卖盐州军,逐一躬亲前去,照应各处旧来官卖体例,将未便事件措置以闻。

出处:《宋会要辑稿》食货二七之四三。又见《宋会要辑稿补编》第八〇〇页。

进奏院依旧隶门下后省诏
(乾道九年三月二十一日)

进奏院依旧隶门下后省,合传报事,令本省录合报事件付本院报行,余依已降指挥。

出处:《宋会要辑稿》职官二之五一。

刑部长贰等往大理寺临安府亲录囚徒诏
（乾道九年三月二十二日）

令刑部长贰、郎官并监察御史每月通轮一员,分作两日往大理寺、临安府亲录囚徒,仍具名件闻奏。

出处:《宋会要辑稿》职官一五之二四又见同书职官二四之三三,刑法六之六九。

胡与可取淮南力田所耕顷亩等开具申尚书省诏
（乾道九年三月二十四日）

胡与可将淮南安抚司已书填力田官告等六十三道,先以取见姓名及所耕顷亩并借支官会、稻子,开具申尚书省。

出处:《宋会要辑稿》食货六一之八八。

令两浙江东州军点检会子官缴纳文历诏
（乾道九年三月二十四日）

令温、台、明、处州、平江府并江东路逐州军点检会子官各遵依指挥,将已结押文历疾速申缴施行,不得违滞。仍先次具析未缴因依申尚书省。

出处:《宋会要辑稿》食货五一之四九。

州县税务不得擅自差置机察措置提举等官诏
（乾道九年三月二十五日）

州县税务于正官外,擅自差置机察、措置、提举等官,可严行禁止。如违,许民户越诉。

出处:《宋会要辑稿》食货一八之六。

拨赐田亩不许指占已佃之田诏
（乾道九年三月二十七日）

今后应拨赐田亩，令所属止将系官闲田摽拨，不许指占已佃之田。其已给者，不得陈乞对换。

出处：《宋会要辑稿》食货六一之五五。

令张孝贲周嗣武措置出卖江东西营田没官田产诏
（乾道九年四月五日）

监登闻检院张孝贲往江东，主管官告院周嗣武往江西，措置出卖营田并没官田产。

出处：《宋会要辑稿》食货六一之三三。

离军横行使臣与差遣事诏
（乾道九年四月二十三日）

今后离军横行使臣令枢密院审差，与差将副差遣；若年六十以上精力已衰、有战功，依已降指挥与差宫观，余差岳庙。

出处：《宋会要辑稿》职官五四之三九。

选官拘催两浙犒赏酒库见趁课息诏
（乾道九年四月二十四日）

两浙犒赏酒库见趁课息，从点检所各于本州选委通判一员，专一措置，拘催起发，岁终将催到钱比较增亏，依经制钱格法赏罚。

出处：《宋会要辑稿》食货二一之一一。

皇太子再乞免尹临安宜允诏
（乾道九年四月二十七日）

朕惟精于道者必兼于物，足乎己者宜及于人，故即其临事酬酢之间，于以见平日修习之效。卿志立者大，识造惟深。顾所养而可知，乃请辞而甚力。兹亮由衷之恳，爰申从欲之思。朕以其已试可观，更使施于有政；卿则欲通经学古，将一意于斯文。其思裕于乃身，尚益尊其所学。

出处：《宋会要辑稿》职官三七之七。

杨万里等授将作少监告词
（乾道九年四月二十八日）

敕左奉议郎、守太常丞杨万里等：昔汉宣帝练群臣，核名实，于时技巧器械，自元、成间鲜及其精，于中兴有助焉。朕以敦朴先天下，设监置贰，奉郊庙、严武备外，固无所事。必择人而授者，盖养资望以待用耳。惟尔万里，古学精深，嶷然多士之秀。尔元鼎，文才超迈，出于众俊之表。肆膺并命，往司少事。辨其物之良窳，稽其工之众寡，务为称职，朕将汝观。可依前件。

出处：《诚斋集》卷一三三。
撰者：王淮

放免额外钱绢诏
（乾道九年五月二日）

徽州将正额外创科杂钱一万二千一百八十余贯并行住罢，更不科催；元认江东运司绢六千匹，并两浙运司等处一万六百余匹，并免起发。其余夏秋正额岁赋，即照自来体例施行，不得仍前再有重叠科扰。

出处：《宋会要辑稿》食货六三之三三。

蠲放承买营田没官田产者欠赋诏
(乾道九年五月三日)

今来出卖营田并没官田产屋宇,内有见佃人愿承买者,日前连欠并与蠲放;或不愿买,依旧催理。

出处:《宋会要辑稿》食货六一之三三。

除浙西人户欠赋诏
(乾道九年五月三日)

浙西人户见佃承买没官田产、屋宇,日前有拖下残零租税,并予蠲放。

出处:《宋会要辑稿》食货六三之三三。

临安府复置知通签判推判官诏
(乾道九年五月五日)

皇太子辞免临安尹,已降诏允所请,其临安府知通、签判、推判官并复置。

出处:《宋会要辑稿》职官三七之八。

蠲放饶州南康军人户乾道七年残欠苗米诏
(乾道九年五月八日)

江东路饶州、南康军并系向来荒旱最重去处,所有见催人户乾道七年分残欠苗米,可并予尽数蠲放。

出处:《宋会要辑稿》食货六三之三三。

除江州等处人户欠赋诏

(乾道九年五月十一日)

江西路江、筠州、隆兴府、临江、兴国军并系向来荒旱最重去处,所有见催人户带纳乾道六年、七年分残欠苗米,可并予尽数蠲放。其逐州军营田谷麦,乾道六年以前残欠并乾道七年实系旱伤未纳之数,即与苗米事体一同,可并予尽数蠲放。

出处:《宋会要辑稿》食货六三之三三。

责罚李继宗等诏

(乾道九年五月十一日)

太史局令、判太史局李继宗特降授太史局正,放罢。太史局春官正、判太史局吴泽特降太史局中官正,太史局丞、同判太史局荆大声特降授太史局灵台郎,并差遣如故。

出处:《宋会要辑稿》职官三六之一二三。

赈济受灾民户诏

(乾道九年五月十二日)

久雨为灾,水患必广,可令逐路漕臣行下州县,实被水贫乏人户,多方措置存恤,依条赈给。内浸损秋苗去处,优借种本,或劝谕上户应副借贷,接续栽种,无致失业。

出处:《宋会要辑稿》食货六八之一二七。又见同书食货五九之五二。

私置税铺住罢诏

(乾道九年五月十六日)

应私置税铺并行住罢,如已经住罢,不得复置。凡有违戾,重置典宪。

出处:《宋会要辑稿》食货一八之六。又见《宋会要辑稿补编》第六八四页。

令御史台觉察在外臣僚迁延赴行在者诏
(乾道九年五月十六日)

在外臣僚召赴行在,或令赴行在奏事,被旨日久,往往迁延,间有托故稽留起发,令御史台觉察以闻。

出处:《宋会要辑稿》职官五五之二四。又见同书仪制六之二八。

禁将带铜钱过淮诏
(乾道九年五月十八日)

敕:将带铜钱过淮,比附以铜钱出中国界条法断罪推赏。仍令江淮帅、漕司、沿江淮州县并榷场官常切觉察,如州县并榷场官违戾,仰帅、漕司举劾,申奏朝廷重行停降;若帅、漕司失于觉察举劾,或因人告首,及别事彰露,亦与州县并榷场官一等科罪。

出处:《庆元条法事类》卷二九。
考校说明:过淮,原作过准,据文意改。

禁将带铜钱过江北诏
(乾道九年五月十八日)

敕:将带铜钱过江北,比附铜钱入川陕界断罪,许人告,其所告钱数并全给充赏。仍令江淮帅、漕司、沿江淮州县并榷场官常切觉察。如州县并榷场官违戾,仰帅、漕司举劾申奏朝廷,重行停降;若帅漕司失于觉察举劾,或因人告首及别事彰露,亦与州县并榷场官一等科罪。

出处:《庆元条法事类》卷二九。又见同书同卷。

差拨官兵屯戍麻城县大冶县诏
（乾道九年五月十八日）

江州驻札御前诸军都统制各差拨官兵五十人,于黄州麻城县、兴国军大冶县屯戍。

出处:《宋会要辑稿》兵五之二九。

起发无额上供钱物增羡推赏诏
（乾道九年五月二十七日）

诸路州郡知通今后每岁起发无额上供钱物,若增及三万贯以上,与减三年磨勘。

出处:《宋会要辑稿》食货六四之五八。

疏决罪人差编排官诏
（乾道九年五月二十八日）

今岁疏决,御史台、大理寺差韩元吉、王抃,临安府、殿前、马、步军司差马希言、龙雰,将见禁罪人编叙系囚,定其罪目,申尚书省进呈取旨降下,择日引见。

出处:《宋会要辑稿》刑法五之一五。

朱熹特改合入官主管台州崇道观诏
（乾道九年五月二十八日）

安贫守道,廉退可嘉。

出处:《勉斋先生黄文肃公文集》卷三四《朱先生行状》。又见《晦庵先生朱文公文集》卷二二《辞免改官宫观状》。

除兴元府欠税诏
（乾道九年六月三日）

兴元府乾道四年至六年分拖欠商税、增息科利等钱引六万二千二百四十六贯、银六百一十八两、绢三百九匹,并予除放。

出处:《宋会要辑稿》食货六三之三三。

禁诸路监司郡守妄进羡余诏
（乾道九年六月八日）

诸路监司、郡守不得非法聚敛,并缘申请,妄进羡余。违者重置于罪,令御史台常切觉察弹奏。

出处:《宋会要辑稿》职官四七之三七。又见同书职官四五之二九,《中兴两朝圣政》卷五二,《宋史全文续资治通鉴》卷二五。

有事南郊御札
（乾道九年六月八日）

朕绍中兴之鸿烈,受太上之燕谋。谓三岁一郊,涓选休成而并况;故九州四海,函蒙祉福以常期。方敬率于旧章,将复称于元祀。矧荷两仪之祐,丕承列圣之休。农扈屡丰,戎轩载戢。崇礼乐而四达,嘉风俗之再淳。玉卮每奉于亲暗,美化遂形于海宇。兵足食足而百姓足,声和形和而万物和。祗候新阳,虔修大报。肆预颁于一札,庸诞告于百工。朕以今年十一月九日谒欵于南郊。咨尔攸司,各扬乃职,相予肆祀,罔或不恭。

出处:《宋会要辑稿》礼二八之三三。

诚谕守令监司劝农诏
(乾道九年六月二十八日)

朕惟天下之本,在乎务农,故自即位以来,罢游畋,却供献,蠲不急之费,省无名之赋,凡山林川泽之禁,悉弛以便民,庶几富而教之,跻二帝三王之盛。而志勤效浅,十有二年于兹,度地非益广,而耕者不足于力;度民非益蕃,而贫者不足于食。间遇水旱,散财发粟,而犹以病告。岂吏之不良,政之不平,夺吾民时欤?抑从事于末者众,而游手仰给者多欤?朕闻昔之为诗者曰:"馌彼南亩,田畯至喜。"又曰:"星言夙驾,说于桑田。"其劝戒成就之如此。今吾诏书数下,劝民种艺,而功未兴,当有任其责者。比览旧章,守令、监司实劝农之官,岁终稽其勤惰来上而赏罚之。今诸道或城连十数,而县又数倍,旷岁无有以一人应令者,是吏奉诏不虔,而劝民不至也,将何以助朕修耕织之政,而丰衣食之原乎!继自今其悉乃心,共乃服,出入阡陌,劝课农桑,视吾新书从事,以殖财阜民,则赏不汝遗;厥或怠惰自如,邦有常刑,必罚无赦。播告中外,谕朕意焉。

出处:《宋会要辑稿》食货六三之二二〇。又见同书食货一之四七。

合配人免驻屯配军诏
(乾道九年七月一日)

今后合配人免配屯驻军,各随所配地里远近,配诸军州牢城收管。

出处:《宋会要辑稿》刑法四之五三。

禁大姓猾民避免赋役诡立女户诏
(乾道九年七月四日)

诸转运司行下所部州县,将女户如实系寡居,及寡居而有丁者,自依条令施行。其大姓猾民避免赋役,号为女户无丁,诡名立户者,即自三等已上及至第四等、第五等并与编户一等均敷。仍令州县多立文榜晓谕,限两月陈首,与免罪改正;如违,许告。断罪、告赏,并依见行条法。

出处:《宋会要辑稿》食货六五之一〇一。又见同书食货一四之四七。

遇祈祷御厨进素膳诏
（乾道九年七月八日）

今后遇祈祷,禁屠宰,御厨早晚并进素膳。

出处:《宋会要辑稿》职官一三之四四。

罢琼州置主管市舶官诏
（乾道九年七月十二日）

广南路提举市舶司申乞于琼州置主管官指挥,更不施行。

出处:《宋会要辑稿补编》第六五二页。

委官点检诸路州军常平义仓钱斛诏
（乾道九年七月二十一日）

诸路提举将所部州军常平、义仓钱斛委官点检,见在数目一万硕以下尽行盘量,一万硕已上抽摘盘量,依实保明闻奏。

出处:《宋会要辑稿》食货五三之三三。又见同书食货六二之四七。

大礼皇太子从祀乘金辂诏
（乾道九年七月二十三日）

将来大礼依《五礼新仪》,皇太子从祀合乘金辂,令有司排办施行。

出处:《宋会要辑稿》舆服一之五。

皇太子乞从祀免乘金辂宜允诏
（乾道九年七月二十八日）

朕绍承圣绪,茂建储闱。守器宗祧,既凤闻于仁孝;贰体宸极,必求称于礼文。矧亲郊将事于紫坛,则从祀当承金辂。兹典章之具在,岂恩意之敢逾? 卿毓德粹温,挺资庄重。谓方修于大报,期克谨于骏奔。备陈私意之难安,乃加力请;爰屈彝仪而俯徇,用协雅怀。勉申从欲之恩,益懋好谦之义。所请宜允。

出处:《宋会要辑稿》舆服一之五。

令诸路州军开具招到禁军人数等诏
（乾道九年八月三日）

令诸路帅司行下所部州军,开具免行起发后逐年招到人数。曾无敷额,其阙额未招人数、请给等见作如何封桩支使,逐一具申枢密院。

出处:《宋会要辑稿》食货六四之七八。

进马军兵不得差效用
（乾道九年八月四日）

令兵部行下诸处,今后进马军兵不得差效用,并守阙进勇副尉至下班祗应人充牵马,并执色合千人。

出处:《宋会要辑稿》职官一四之一〇。

监司郡守等任满再除授上殿事诏
（乾道九年八月七日）

监司郡守、诸路厘务、总管、钤辖、都监任满回,已经见上殿,再除授在半年之内,与免朝辞日奏事。

出处:《宋会要辑稿》仪制六之二九。

<h1 style="text-align:center">检视浙东灾伤州军诏</h1>
(乾道九年八月九日)

浙东州军间有阙雨去处,不无损伤田亩,可令两浙路转运司委官躬亲检视,如有所损分数,即仰核实依条减放,仍具已施行去处申尚书省。

出处:《宋会要辑稿》食货六一之七七。

<h1 style="text-align:center">令开具绍兴府湖处州人户身丁科折申尚书省诏</h1>
(乾道九年八月十四日)

两浙州军人户身丁盐钱折纳绸绢数内,绍兴府、湖、处州比之他州最重,敷纳不均。访闻民户避免,至于生子不举,有伤风化。可令提举常平官限一月取见逐州所管户口、丁数、等第、每丁岁纳若干、有无科折,核实保明,攒具成册,缴申尚书省取旨。

出处:《宋会要辑稿》食货一二之一九。又见同书食货六六之一二。

<h1 style="text-align:center">禁县令因公事科罚百姓钱物诏</h1>
(乾道九年八月十四日)

县令辄因公事敢科罚百姓钱物者,坐私罪放罢。

出处:《宋会要辑稿》职官四八之三九。

<h1 style="text-align:center">禁藏带银两铜钱至缘边州军榷场及沿淮地分诏</h1>
(乾道九年八月十五日)

敕:今后如有藏带银两铜钱至缘边州军榷场及沿淮地分,已装载下船捉获,虽未离岸,并依已渡法。许人告,捕人一半充赏,一半没官。

出处:《庆元条法事类》卷二九。

考校说明:捕人,疑当作捕入。

诫谕监司守令兴修水利诏
(乾道九年八月十六日)

朕惟旱乾水溢之灾,尧、汤盛时有不能免,民未告病者,备先具也。间者数年比不登,江湖闽浙之人或荐告饥,岂有肥硗人事之不齐乎?将火耕水耨不得其时,地有遗利乎?抑赋役繁多,或夺其力乎?何种入之寡乏也!深惟其故,未烛厥理,乃博延群臣,访问得失。吏有从南方来者,言豫章诸郡绵亘阡陌,近水者苗秀而实,高仰之地雨不时至,苗辄就槁。意者水利不修,失所以为旱备乎?唐韦丹为江西观察使,治陂塘五百九十八所,灌田万二千顷,此特施之一道,其利如此,矧天下至广也?农为生之本也,泉流灌溉,所以毓五谷也。今诸道名山川原甚众,民未知其利,然则通沟洫,潴陂泽,监司、守令顾非其职欤!其为朕相丘陵原隰之宜,勉农功,尽地利,平繇行水,勿使失时。虽年有丰凶,而力田者不至拱手受弊,亦天人相因之理也。朕将即吏勤惰,行殿最而寓赏罚。各殚厥心,无蹈后悔。

出处:《宋会要辑稿》食货六一之一二一。又见同书食货八之一五,《宋史》卷一七三《食货志》,《宋史新编》卷一一,《南宋书》卷二,《宋元通鉴》卷八四。

令诸路监司郡守遵行劝农令诏
(乾道九年八月二十日)

令诸路监司、郡守恪意遵行,限次年正月终各保奏以闻,毋致违戾。

出处:《宋会要辑稿》职官四五之二九。又见同书食货六三之二二一。

玉牒所进玉牒事诏
(乾道九年八月二十五日)

玉牒所进呈光尧寿圣宪天体道太上皇帝、今上皇帝玉牒,用九月六日进书,礼仪并依乾道六年已得指挥。

出处:《宋会要辑稿》职官二〇之六二。

军兵劫盗罪主将诏
(乾道九年八月二十八日)

孙福等更不推恩,捕获官依已降指挥支赏。吏部引法不当,可从杖一百科断。

出处:《中兴两朝圣政》卷五二。

除江东民户欠钱诏
(乾道九年八月二十九日)

江东乾道六年分民户积欠未纳钱物,并日下除放。

出处:《宋会要辑稿》食货六三之三三。

禁藏带金银过淮及北界诏
(乾道九年九月三日)

敕:藏带金银过淮及过北界,其犯人及知情、引领、停藏、负载人,并透漏不觉察地分合干官吏,并以所藏带金银估计价直,依铜钱出中国界条格断罪推赏。所是榷场官吏不觉察者,比附市船司当职官吏"不觉察铜钱出中国界或以铜钱与蕃商博易"断罪施行。

出处:《庆元条法事类》卷二九。

配犯免配屯驻军诏
(乾道九年九月三日)

令刑部自今后将配诸军充重役人,并免配屯驻军,各随所配地里远近,分配诸州军牢城收管。

出处:《宋会要辑稿》职官一五之二五。

考校说明:此诏与乾道九年七月一日《合配人免驻屯配军诏》内容基本相同,不知是否有误。

呈验文武官初参部及升改文字诏
(乾道九年九月四日)

应文武官初参部及升改,并录白出身文字同真本赴部呈验。

出处:《宋会要辑稿》职官八之三五。

秀州平江府置场和籴诏
(乾道九年九月九日)

秀州、平江府合委官置场趁时和籴米五万硕,知通认数桩管,听候朝廷指挥,限至年终收籴数足。所有合用价钱,每硕约以二贯五百文省,令提领左藏南库所以会子支降。

出处:《宋会要辑稿补编》第六三七页。

倚阁浙东旱伤州县下三等人户所欠私债诏
(乾道九年九月十日)

今年浙东州县旱伤至广,朝廷除已行下轸恤倚阁残零税赋差官检放外,尚虑形势之家驱迫偿债,不能安业。可将浙东旱伤州县下三等人户所欠私债并与倚阁住索,俟末岁收成丰熟,即仰依约理还。

出处:《宋会要辑稿》食货六八之一二七。又见同书食货五九之五二。

临安府城内外军巡诏
(乾道九年九月十六日)

临安府城内外军巡,可依旧差殿前、马、步旧司人与临安府将兵同共巡逻。

出处:《宋会要辑稿》兵三之一〇。

台州火令拨米赈济诏
(乾道九年九月十九日)

可于平江府常平米拨二万石、秀州一万石下台州,令津遣海船般取。若以台州见在常平义仓米充赈济,即以此米充赈粜,委本州守臣拘钱发还两郡。仍就委见差在本州措置会子官、监登闻鼓院耿延年与本州守臣同共措置。

出处:《宋会要辑稿》瑞异二之三六。

推恩玉牒所官吏诏
(乾道九年九月二十三日)

已修进会要、玉牒系光尧寿圣宪天体道太上皇帝中兴盛典,可特依下项推恩:修书官各特与转行一官,内选人与改入官;经修不经进官并内侍官各特与减三年磨勘,内选人比类施行。都大提举诸司并承受、主管诸司官各特与转行一官,碍止法人依条回授。本所点检文字、检书等各特与转行一官,愿换支赐者依例施行。三省、吏、礼房提点、点检、都录事、主书令史、守当官、守阙,各特与减二年磨勘,内守当官、守阙减半。点检诸驱印房依条施行,愿换支赐者依例施行。天文官特与减二年磨勘,提举诸司、承受诸司下人吏各特与减一年磨勘。守门亲事官、库子、兵级等各特与犒设一次,经修不经进使臣人吏特与犒设,减三分之一。应该今来转官、减年内未有官、未有名目及未合收使人,并候有官有名目日,依今来指挥特作转官资、减年数目收使;磨勘年限不同人依四年法比折,内减年碍止法人愿依条回授者听。

出处:《宋会要辑稿》职官二〇之六二。

令讨论冬至正旦大朝会立班仪注诏
(乾道九年九月二十五日)

每岁冬至、正旦大朝会,例降指挥权免所有百官称贺,立班仪注令礼部、御史台、阁门、太常寺讨论,申尚书省取旨。

出处:《宋会要辑稿》礼八之一七。又见《中兴礼书》卷二〇〇。

靖州职官循资诏
(乾道九年九月二十六日)

靖州职官任满无犯,举主不用职司;如前任已有文字,通今任。自有举主三员,即依本州曹掾例循两资,候磨勘后收使。教授任满,亦依职官体例施行。

出处:《宋会要辑稿》职官一一之五四。

根刷姓名进呈敕
(暂系于乾道八年二月至乾道九年十月间)

宰执当守法度,以正百官。梁克家违戾,差过员数最多,候服阙日落职;曾怀可降观文殿学士。

出处:《齐东野语》卷一。
考校说明:编年据梁克家、曾怀宦历补,见《宋史》卷二一三《宰辅表》。

逐路州军差员专一主管归正官存恤诏
(乾道九年十月七日)

逐路漕司行下本路州军,各差通判或签判一员,专一主管归正官按月帮支请给并安泊去处应干事件,务要存恤,月具支过人数钱米数目申枢密院。

出处:《宋会要辑稿》职官四五之三〇。

总首队长不得擅自捕人诏
(乾道九年十月八日)

令总首、队长须听捕盗官及县道约束,除正贼外,不得擅自捕人。或当会保伍及出界捕逐盗贼,即于官司出给文引,报所在去处,方许前去。

出处:《宋会要辑稿》兵一之三六。

条约州县交易产业诏
(乾道九年十月九日)

逐路常平司行下所属州县,自今交易产业,既已印给官契,仰二家即时各赍干照砧基簿赴官,以其应割之税一受一推,书之版簿,仍又朱批官契该载遇割之详。朱批已圆,方得理为交易。如或违戾,异时论诉到官,富豪得产之家虽有契书,即不凭据受理。

出处:《宋会要辑稿》食货六一之六七。

梁克家罢右丞相制
(乾道九年十月十二日)

宅百揆以亮工,凤重股肱之寄;殿大邦而维屏,允资牧御之良。进退虽列于两涂,中外盖同于一体。眷维右辅,求解近司。肆颁诏绋之公,用宣朝绅之听。具官梁克家清名肃物,雅量镇浮。蹈君子之中庸,夷险不更其守;备贤人之德业,语默必惟其时。曩收晁董之科,亟奉严徐之对。言谟馨忠嘉之蕴,文章舒邦国之华。越自禁林,晋陪庙论。参基命于宥密,且宣夙夜之劳;赞独化于陶钧,遂处弼谐之任。再期于此,百度向成。以用人为立政之先,以劝农为富民之本。方共熙于庶绩,乃愿释于繁机。累贡奏封,力陈疾疢。闭平津之阁,弗为朕留;图申伯之居,勉从尔志。学士冠延恩之宠,富沙号节镇之雄。并举徽章,式昭异眷。於戏!入而论道,既隆岩石之瞻;出则剖符,增焕潜藩之望。往祗茂渥,尚告远猷。

出处:《宋宰辅编年录》卷一七。
撰者:王淮
考校说明:《全宋文》误作"乾道八年十月辛未"(第二二五册,第一五七页)。

陈自修等进中兴会要转宣教郎告词
（乾道九年十月十四日）

敕左迪功郎、守秘书省正字陈自修等：昔司马谈为太史，方天子建汉家之封，而留滞周南，以所欲论著属其子迁。于是绅石室金鐀之书，而《史记》作焉。盖抱良史之才，当笔削之任，遇大典册曾不得措辞其间，可胜惜哉！惟我太上皇帝中兴盛典，讲于俶扰之际，得于授受之日，固已越商周而追唐虞。久而无述，惧有阙焉。肆命大臣，典领成书。尔等俱以儒英，入馆阁佐太史氏，亲见圣王之传，顾不韪欤。晋陟京联，以旌尔劳。以贻训于亿万世，则尔与有无穷之闻。可。

出处：《崔舍人玉堂类稿》附录。

撰者：王淮

曾怀除右丞相制
（乾道九年十月十五日）

朕丕承慈训，允迪大猷。制治保邦，克谨几康之戒；图事揆策，是资弼亮之贤。肆登进于旧人，爰敷告于列位。具官曾怀器博而用远，实大而声闳。谦谦崇君子之风，卑以自牧；謇謇励王臣之操，知无不为。夙推心德之同，起赴事功之会，清而容物，善靡近名。服在禁涂，持橐罄论思之效；擢居计相，理财通损益之宜。惟道学之素优，故经纶之有裕。比协舆人之望，俾参大政之元，阅岁于兹，厥功甚茂。总诸儒而著录，宝牒用光；赞百度以弥缝，朝纲式叙。顾岩瞻之允属，适鼎席之方虚，宠升右辅之联，妙斡洪钧之重。肇开公社，增峻文阶，以昭物采之华，以侈圭腴之盛。於戏！魏相务行故事，汉家果致于中兴；房乔善建嘉谋，唐室遂隆于贞观。矧惟乃祖，实相昭陵，其克对于前闻，以有辞于永世。

出处：《宋宰辅编年录》卷一七。又见《海虞文征》卷一，《虞邑遗文录》补卷三。

撰者：王淮

考校说明：《全宋文》误作"乾道八年十月甲戌"（第二二五册，第一五六页）。

申奏入递机要文字实封不得显露事因诏
（乾道九年十月十八日）

令兵部遍牒诸路州军等处，将申奏入递机密要切文字并实封，于皮筒内外及文引止排字号，不得显露事因。如违戾，取旨重作施行。

出处：《宋会要辑稿》职官一四之一〇。

郊祀大礼犒设殿前司所差使臣效用诏
（乾道九年十月十九日）

郊祀大礼，殿前司差充代诸班直并执擎仪仗龊巷使臣、效用，特与依乾道六年例犒设一次。

出处：《宋会要辑稿》礼二五之四八。

吉州造船场依旧诏
（乾道九年十一月一日）

吉州造船场权令依旧，仍仰帅、宪、提举司同相度经久利害便，连衔保明以闻。

出处：《宋会要辑稿》食货五〇之二六。

诸蕃入贡差官在驿几察事务诏
（乾道九年十一月三日）

今来交趾进奉人到阙，特差识字巡视亲事官四人在驿几察务。今后诸蕃入贡依此。

出处：《宋会要辑稿》职官一三之四七。

郊祀前二日朝献景灵宫圣祖天尊大帝册文
(乾道九年十一月七日)

于赫我宋,受命溥将。衍庆流光,实繄道祖。顾维眇质,嗣守鸿图。肆类郊丘,上帝是享。先期葴事,朝献有仪。奕奕閟宫,灵斿所御。尚冀昭假,永孚于休。

出处:《中兴礼书》卷三二。

郊祀前一日朝飨太庙祖宗帝后册文
(乾道九年十一月八日)

天祚炎德,神器有归。以圣继明,宜有世祀。属兹寡昧,寅绍丕基。霄旰靡宁,未知攸济。建用皇极,思念永图。维时仲冬,躬执圭瓒。先见清庙,爰昭紫坛。来顾来歆,曾孙之庆。

出处:《中兴礼书》卷三二。

郊祀前一日朝飨别庙懿节皇后册文
(乾道九年十一月八日)

富有天下,必宁其亲。永言孝思,别庙是享。彤管有美,徽音如存。三岁而郊,以反物始。情与文称,祼献宜先。笾豆静嘉,牲牷丰洁。乐以象德,礼备祼容。神其顾歆,降以遐恩。

出处:《中兴礼书》卷三二。

郊祀飨昊天上帝册文
(乾道九年十一月九日)

莫神于天,为群物祖。孰尸造化,上帝所临。三光既全,四时迭运。自形自色,岁功以成。顾予眇躬,诞膺保命。小心翼翼,昭事靡忘。拜况于郊,敢不斋

863

栗。庶蒙降鉴,传序无穷。

出处:《中兴礼书》卷三二。

郊祀飨皇地祇册文
(乾道九年十一月九日)

地职持载,曰惟乾元。德静而方,含洪光大。肆以凉菲,主名山大川。锡美储休,靡受其宝。九畴攸叙,六府用修。配天同功,难穷造化。爰举旧典,交神泰坛。既右飨之,与宋无极。

出处:《中兴礼书》卷三二。

郊祀飨太祖皇帝册文
(乾道九年十一月九日)

五季纷披,民坠涂炭。天造草昧,肇启有邦。是生圣人,克肖厥德。灵旗所指,乾清坤爽。言念眇躬,获承大宝。夙夜祇惧,弗遑康宁。属兹郊社,陟配上帝。申锡纯嘏,用保惠于无疆。

出处:《中兴礼书》卷三二。

郊祀飨太宗皇帝册文
(乾道九年十一月九日)

真人龙翔,实基帝业。授我太祖,卒其伐功。氛祲廓然,海内混一。世继大统,施及冲人。寅畏历精,惧德弗类。卜以日至,祀于国阳。对越在天,有严陟配。福禄来下,子孙保之。

出处:《中兴礼书》卷三二。

南郊大赦改淳熙元年制
（乾道九年十一月九日）

门下：合二仪而藏事，聿严报本之诚；假九庙以揭虔，式表奉先之孝。朕钦承慈训，寅绍丕图。念创业守文之难，有临深履薄之惧。宵旰将周于一纪，几康夙谨于万微。庶与黎元，共臻嘉靖。荷上穹之孚佑，赖列圣之储休，威械戢而疆场安，农事邵而田畴辟。气顺消乾溢之变，政平忘愁叹之声。顾非凉菲之堪，敢罄斋明之报。阳适亨于明复，物初底于西成。稽肆类于《虞书》，丕讲精禋之礼；考思文于《周颂》，益崇陟配之仪。是用修朝献于閟宫，谨祼将于太室。乃肃青城之驾，乃亲紫畤之祠。多士骏奔，执豆笾而显相；一纯致恪，奉珪币以周旋。神庬吉而嘉虞，乐写和而奋豫。美光旁烛，宵然吹馨之交；馨德昭升，纷若福祥之下。用覃四海之泽，上接三灵之欢。寿慈极以称觞，御端闱而肆眚。载惟年统，仰体乾刚，既用九以宅师，将通贯变；宜改元而发号，茂介纯熙。肇易嘉名，肆敷庆赉。可大赦天下。乾道十年正月一日改为淳熙元年。於戏！酌先祖之道以养天下，欣缛典之备成；饮皇极之福以锡庶民，岂蕃厘之专乡？爰推雷雨作解之施，以广乾坤好生之仁。尚赖辅弼同寅，忠良协力，共赞保邦之业，永恢垂世之规。赦书日行五百里，敢以赦前事言者，以其罪罪之。

出处：《中兴礼书》卷三八。又见《宋会要辑稿》。

赐成闵上表再辞免加食邑实封恩命不允不得再有陈请诏
（乾道六年十一月六日后或乾道九年十一月九日后）

王者公予夺以驭臣，人臣明辞受以事上，古今之通谊也。日朕躬郊拜贶，均惠文武，有怀宿将总戎于外，虽无侍祠之劳，而有制阃之功。载加多邑，以溥吾恩，非妄予也，卿其可异众而独辞乎？所辞宜不允，不得再有陈请。

出处：《后乐集》卷三。
考校说明：编年据成闵宦历、南宋郊祀时间补，见《宋史》卷三四《孝宗纪》、卷三七〇《成闵传》。卫泾开禧元年十一月至开禧三年十一月间任两制，此文当为《后乐集》误收。

赐复庆远军节度使差充镇江府驻札御前诸军都统制成闵辞免加食邑食实封恩命不允诏
（乾道六年十一月六日后或乾道九年十一月九日后）

朕吁俊以尊上帝，非惟常伯常任是赖，亦惟赖虎贲之长，越在外服，简恤尔士。尚迪果毅，以登乃辟，肆予一人汝嘉，用承天休，赉尔多邑。诞告有众，咸曰允哉。毋或固辞，共朕之诏。所请宜不允。

出处：《后乐集》卷三。

考校说明：编年据成闵宦历、南宋郊祀时间补，见《宋史》卷三四《孝宗纪》、卷三七〇《成闵传》。卫泾开禧元年十一月至开禧三年十一月间任两制，此文当为《后乐集》误收。

郊祀毕奏谢诸陵表文
（乾道九年十一月九日后）

肇禋吉土，合覆载以灵承；遥睇故陵，痛烟尘之杳隔。既竣缛礼，实赖遗休。敢陈奏谢之仪，终冀顾歆之惠。

出处：《中兴礼书》卷三二。

淮西收籴米斛诏
（乾道九年十一月十二日）

建康府止籴五万硕，余五万硕令淮西漕臣措置收籴，于和州无为军并巢县桩管。

出处：《宋会要辑稿》食货四〇之五六。

淮东应募力田无力耕种者特蠲元借钱谷诏
（乾道九年十一月十七日）

淮东应募力田已补官归正，贫乏无力耕种，可将元借钱谷特与蠲免，其补官告命愿缴纳者听。

出处:《宋会要辑稿》食货六一之八八。

郊祀大礼皇太子充亚献诏
（乾道九年十一月十九日）

今来郊祀大礼，差皇太子充亚献，所有支赐依亲王例三分增一分支给。

出处:《宋会要辑稿》礼二五之二五。

祈雨诏
（乾道九年十一月二十一日）

令临安府并诸路州县阙少雨泽去处，委长吏精诚祈祷名山大川、圣迹祠庙，降旨委监司郡县遣官严洁致祭。

出处:《宋会要辑稿》瑞异二之二四。

兴修水利诏
（乾道九年十一月二十五日）

令诸路州县将所隶公私陂塘川泽之数，开具申报本路常平司籍定，专一督责县丞以有田民户等第高下，分布工力，结甲置籍，于农隙日浚治疏导。务要广行潴蓄水利，可以公共灌溉田亩。如无县丞处，即责以次县官依此措置。候岁终，令本州参酌将工力最多去处保明申常平司，差官核实，申朝廷推赏；其怠慢不职之人，按劾取旨责罚。

出处:《宋会要辑稿》食货六一之一二二。又见同书食货八之一六、职官五九之二九。

起发纲运差押官诏
(乾道九年十一月二十九日)

除孔目职级典押并无官土豪土著不许差押外,今后监司、守令起发纲运须管任责,照前后指挥依公选委,纲解内分明声说元差监司、守令职位、姓名。如有失陷,户部具元差官取旨施行。仍令本部检坐条旨,同敕令所立法。

出处:《宋会要辑稿》食货四四之一三。又见同书食货四八之二一。

左中大夫同知枢密院事沈复除资政殿学士知荆南府制
(乾道九年十二月六日)

结知既深,责望斯太。辍从辅弼,往义蕃宣。职兹眷笃之诚,勉副倚毗之意。

出处:《宋会要辑稿》职官七八之五二。

检视严州被水民户诏
(乾道九年十二月十四日)

严州守臣选差谙练职官一员,将已行检视之数下诸县审实。如委被湮没去处,即与倚阁二税,候至将来开复,却行起催。

出处:《宋会要辑稿》食货六一之七八。

广西复行官般官卖盐货诏
(乾道九年十二月十五日)

广州复行官般官卖盐货,仰转运司遵守前后成法,不得仍前科扰抑配。如人户所纳苗米委无本色,愿依时价折钱者,听从其便。

出处:《宋会要辑稿》食货二七之四四。

考校说明:文中"广州"当为"广西"之误。《宋史》卷三四《孝宗纪》:"(乾道九年十二月)癸酉,罢广西客钞盐,复官般官卖法。"《中兴两朝圣政》卷五二:"(乾道九年十二月)诏广西盐住行钞法,拨还运司,均与诸州官般官卖,以充岁计。"亦是同一诏书,惟节文各异。

定内宿诊御脉大方脉医官额诏
(乾道九年十二月十六日)

内宿诊御脉、大方脉医官额管五员,内二员见差赴德寿宫祗应,内宿阙人应奉,可于元额内添置二员,通以七员为额。

出处:《宋会要辑稿》职官三六之一〇六。

蠲免两淮州军二税诏
(乾道九年十二月二十七日)

两淮州军淳熙元年合起催二税,更予蠲免一年。并当年合发上供诸色窠名钱物,依乾道九年极边全行展免一年,次边展免一半。

出处:《宋会要辑稿》食货六三之三四。

赐曹勋辞免加食邑食实封不允诏
(暂系于乾道九年十二月后)

祭必有泽,古也。乃者三岁躬郊,先期宿庙,重阴为沴,荐祼之夕,同云雨雪,大辂启行,日光穿漏,礼行乐奏,光景并见,灵鉴昭答,福应洊至。顾朕何以堪称,亦□尔左右小大之臣,交修协相,用端命于上帝皇天。□于休成,靡敢专乡。《诗》云:"烈文辟公,绥以多福,俾缉熙于纯嘏。"视劳畴赏,于国有程,趣宜祗服,用共承□□休。

出处:《崔舍人玉堂类稿》卷八。
撰者:崔敦诗

考校说明:编年据同集前后文时间、崔敦诗任两制时间、南宋郊祀时间补,见《宋史》卷三四《孝宗纪》。

赐太尉威武军节度使提举江州太平兴国宫李显忠上表再辞免加食邑食实封不允不得更有陈请诏
(暂系于乾道九年十二月后)

人主荷天之休,不贵于能有而贵于能□;人□□□之宠,不求于能逊而求于能报。朕比以阳正景序,□款泰坛,礼成休明,嘉应并见。顾吾虎臣,有旧劳于王家,肆于竣词,亦俾均福。卿其忠纯果毅,勉图厥庸,以茂对于宠休,则予一人汝嘉。辞避之章,其止勿上。

出处:《崔舍人玉堂类稿》卷八。
撰者:崔敦诗
考校说明:编年据同集前后文时间、崔敦诗任两制时间、南宋郊祀时间、李显忠宦历补,见《宋史》卷三四《孝宗纪》、卷三六七《李显忠传》。

赐皇弟璩辞免加恩不允不得再有陈请诏
(暂系于乾道九年十二月后)

朕比卜景至之日,躬执圭币,用事南郊,上帝□临中坛,赐朕洪禧,休嘉砰隐,著见景象,战战栗栗,惧不克称,思昭天地,覃福万邦。《诗》云:"岂无他人,不如我同姓。"加地之宠,趣宜钦承,逊辞虽勤,数上无益。

出处:《崔舍人玉堂类稿》卷八。
撰者:崔敦诗
考校说明:编年据同集前后文时间、崔敦诗任两制时间、南宋郊祀时间补,见《宋史》卷三四《孝宗纪》。

赐居中免辞加恩不允诏
(暂系于乾道九年十二月后)

朕比以天正之吉,肆禋于郊,盛牲列陈,和乐具奏,灵斿来下,虞乐紫坛。顾瞻在列,而吾令昆弟肃肃雍雍,周旋其间,执笾奉璋,实朕承翼,汔于熙成,朕何□□天地之况施,而不与吾亲贤共安利之乎?诞敷□□,具存彝章,睦族尚仁,视劳行赏,皆朕所以不庸释□卿也。往宜钦承,毋事多逊。

出处:《崔舍人玉堂类稿》卷八。

撰者:崔敦诗

考校说明:编年据同集前后文时间、崔敦诗任两制时间、南宋郊祀时间补,见《宋史》卷三四《孝宗纪》。

赐蒲察久安辞免加食邑食实封不允诏
(暂系于乾道九年十二月后)

朕登礼上神,膺受祉福,惟尔熊罴之士,爪牙之臣,□卫乃翼,汔于熙事,加赐多邑,厥惟宠休。卿其惠朕熙天之命,惟忠惟勤,宏乃丕绩,区区多辞,毋复以闻。

出处:《崔舍人玉堂类稿》卷八。

撰者:崔敦诗

考校说明:编年据同集前后文时间、崔敦诗任两制时间、南宋郊祀时间补,见《宋史》卷三四《孝宗纪》。

赐魏王再上表辞免加恩不允不得更有陈请诏
(暂系于乾道九年十二月后)

朕郊见上帝,飨承嘉休,远及裔夷蛮貊之邦,微至辉胞翟阍之役,配天其泽,云行川流,岂吾嗣贤而可遗乎?函封再却,陈义虽高,廷告一行,金言已允,亟宜祗服,毋咈朕怀。

出处:《崔舍人玉堂类稿》卷八。

撰者:崔敦诗

考校说明:编年据同集前后文时间、崔敦诗任两制时间、南宋郊祀时间、"魏王"(赵恺)宦历及卒年补,见《宋史》卷三四《孝宗纪》、卷三五《孝宗纪》。

赐黄中辞免除龙图阁学士依所乞致仕止令守本官职致仕不允诏
（乾道九年十二月后）

朕甚贪贤而钦老,凡一时耆庬魁礌之臣,非甚病不能事,犹冀其复从吾游,辞荣之奏,屡上数却,不忍画可。卿全德宿望,身名俱荣,高卧丘园,既起复去,精神不衰,谋猷尚壮,朕固迟其来也。上章力请,坚不可回,是用陟河图之隆名,以华其归。还笏朝□,挥金□□,卿之于宠利亦云澹然矣,朕固以扬高风而□□□耳。勉承休渥,毋事谦辞。

出处:《崔舍人玉堂类稿》卷八。

撰者:崔敦诗

考校说明:编年据崔敦诗任两制时间、《晦庵先生朱文公文集》卷九一《黄公墓志铭》补。

赐吴拱辞免加食邑除武康军节度使不允诏
（暂系于乾道九年十二月后）

朕惟尔先世,秉谊忠正,经营四方,厥有显庸,藏在盟府,肆贻庆于尔后人,勤劳王家,宏乃旧服。今予授尔节,亦惟望尔以先世之事,尚克祗厥宠,无烦我申训。

出处:《崔舍人玉堂类稿》卷八。

撰者:崔敦诗

考校说明:编年据同集前后文时间、崔敦诗任两制时间补。

赐曾觌辞免加恩不允诏
（暂系于乾道九年十二月后）

朕惟君之于臣,义均一体,有福咸飨,贺庆同之。□□旋陪朕,有年于兹,柔嘉靖共,休有燕誉。比用□□□郊丘,万灵宴娱,百祥顺向,亦惟尔肃□显相之助,□将予于有成。竣祠逆厘,沛泽庶位,章明上天之休施,衍封加邑,姑循彝典,朕心固不惬然也,尚何辞为! 宜即钦承,毋勤攸训。

出处:《崔舍人玉堂类稿》卷八。

撰者:崔敦诗

考校说明:编年据同集前后文时间、崔敦诗任两制时间、南宋郊祀时间补,见《宋史》卷三四《孝宗纪》。

赐郑藻辞免加恩不允诏
(暂系于乾道九年十二月后)

朕以眇躬,嗣守大统,赖天之灵,中外宁壹,乃令□□日,拜况于郊。景象屑然,礼无不答,震于休祥,不敢□乡。卿以外族之贤,典卫宫闱,朕得饬躬专精,接神灵,蒙休应,皆卿之力也,加地进律,于典有稽。趣其钦承,无稽我已成之命。

出处:《崔舍人玉堂类稿》卷八。

撰者:崔敦诗

考校说明:编年据同集前后文时间、崔敦诗任两制时间、南宋郊祀时间补,见《宋史》卷三四《孝宗纪》。

蒲察久安明堂制
(暂系于乾道九年十二月后)

门下:朕躬三岁之明禋,候一阳之初籥,骍牺丰硕,瑄玉洁温。来燕来宁,既毕合祛之礼;有严有翼,爰嘉在列之英。扬于大廷,绥以多福。具官蒲察久安疏通而能断,沉毅而善谋。日碑常侍于宴游,忠诚自著;契苾久更于战斗,骁勇无前。参希冕于孤班,拥崇牙于将阃,宠名赫奕,恩数便蕃。比修美报之容,实赖骏奔之助。出则骖乘,既亮纯衷;祭有归膰,厥存彝典。陪敦多邑,申衍真畬。於戏! 展采错仪,诞受于万年之祐;发爵赐服,敢遗不二心之臣? 勉答殊私,益图显绩。可特授依前检校少保、大同军节度使、提举万寿观、奉朝请、通化郡开国公,加食邑五百户,食实封二百户。主者施行。

出处:《崔舍人玉堂类稿》卷二。

撰者:崔敦诗

考校说明:编年据同集前后文时间、南宋郊祀时间、蒲察久安宦历补,见《宋会要辑稿》食货六一等。据文中所述"朕躬三岁之明禋,候一阳之初篇",标题"明堂"疑为"郊祀"之误。

皇弟居中明堂加恩制
(暂系于乾道九年十二月后)

门下:朕荷天骏命,考古上仪。祼庙告虔,灵阴阴而般雨;登坛展采,光穆穆以流波。声气协同,神祇欢喜。迄成盛典,实赖懿藩。礼既作于恭先,恩宜从于亲始。肆颁涣号,用锡褒章。皇弟、具官居中质厚而气温,身端而行治。雍容道义,浑然忠孝之资;涵泳诗书,展矣豪英之誉。主粢盛于益庙,授旄钺于斋坛。率履罔愆,饬躬匪懈。维时禋祀之举,诞辑灵明之休。有来雍雍,赞予熙事;厥犹翼翼,嘉尔粹容。奉笾豆以无违,执圭璋而有恪。受兹介福,惟上帝弗异于下房;绥乃思成,念他人不如我同姓。陪敦采邑,申衍腴租。於戏!登汉歌之十九章,朕敢专博临之施;维周基之八百载,尔其坚夹辅之图。勉迪令猷,钦承丕训。可特授依前保康军节度使、权主奉益王祭祀、天水郡开国公,加食邑五百户,食实封二百户。主者施行。

出处:《崔舍人玉堂类稿》卷二。
撰者:崔敦诗
考校说明:编年据同集前后文时间、南宋郊祀时间、赵居中宦历补,见《中兴礼书》卷二九七等。《中兴礼书》卷二九七载赵居中薨于淳熙五年闰六月十一日,《宋会要辑稿补编》则称"(淳熙)四年七月十九日,诏以保康军节度使居中身故,差多庆权主奉益王祭祀"(第七页)。然孝宗朝第一次举行明堂大礼是在淳熙六年九月,标题"明堂"疑为"郊祀"之误。

吴拱加恩制
(乾道九年十二月后)

门下:朕涓选休成,称秩元祀,灵斿下而虞席,美光烛而昭廷。天其相民,诞锡庬洪之福;予有御侮,阻陪扈卫之劳。彻俎均釐,敷朝涣号。具官吴拱才全而行果,志大而气刚,用兵法若珠之走盘,摧敌锋犹刃之破竹。当百年胜残之会,共起壮图;念三世为将之家,独怀冲尚。拥大纛高牙之贵,从珍台闲馆之游。比葳盛容,用虔美报。皇矣上帝,博临中坛;念兹戎功,越处外服。肆辑神娭之厚,肇开公社之崇,加畀爰田,申陪奠赋。於戏! 予惟奉若于天命,衷对纯休;尔尚追配于前人,答扬明训。勉坚忠节,嗣奋勋庸。可特授依前捧日天武四厢都指挥使、武康军节度使、提举兴隆府玉隆观,进封武功郡开国公,加食邑五百户,食实封二百户。主者施行。

出处:《崔舍人玉堂类稿》卷二。

撰者:崔敦诗

考校说明:编年据崔敦诗任两制时间、南宋郊祀时间、吴拱宦历补,见周必大《玉堂类稿》卷一二《吴拱除侍卫马军都指挥使口宣》等。

史浩明堂加恩制
(乾道九年十二月后)

　　门下:朕钦承慈训,丕讲明禋。燎烟焜而精意升,鎗玉鸣而和声倡。戎有良翰,莫陪执豆之骏奔;史无愧辞,敢侈祝厘之专乡! 诞扬褒册,敷告治朝。具官史浩宽裕而纯明,惠和而忠肃,奥学探天人之致,懿文钩造化之微。感会潜藩,赖直谅多闻之益;爕谐初政,见弥缝藏用之功。诚信久而自章,谋谟远而可绩。比畴宿望,往抚全闽。煌煌巨镇之旌旄,奕奕上公之衮绣。□此大惠,汔其外庸。属当迎日之长,诞举就阳之祭。美光旁魄,恍万象之留俞;灵祲鸿平,纷百祥之缊豫。肆颁庆泽,加劳宗臣,申衍圭腴,陪敦井赋。於戏! 六变致天神之降,朕惟备馨于斋精;十伦见爵赏之施,尔尚克蒙于商赉。祗膺明命,益励壮猷。可特授依前崇信军节度使、开府仪同三司、判福州军州事、提举学事兼管内劝农使、充福建路安抚使、马步军都总管、奉化郡开国公,加食邑一千户,食实封四百户。主者施行。

出处:《崔舍人玉堂类稿》卷二。

撰者:崔敦诗

考校说明:编年据崔敦诗任两制时间、南宋郊祀时间、史浩宦历补,见《宋史》卷三四《孝宗纪》、《攻媿集》卷九三《纯诚厚德元老之碑》等。史浩乾道八年十一月以检校少傅、知福州进开府仪同三司(《宋史》卷三四《孝宗纪》),淳熙元年秋提举洞霄宫(《攻媿集》卷九三《纯诚厚德元老之碑》)。在此期间宋廷并未举行过明堂大礼,标题"明堂"疑为"郊祀"之误。文中所述"属当迎日之长,诞举就阳之祭"亦是一证。

悉里地茶兰固野明堂加恩制
(暂系于乾道九年十二月后)

门下:朕钦承帝事,穆卜天正,权火升而云杳冥,玉梢举而星明润。美应昭答,嘉祥大来。辨位设仪,尚阻鸾旃之戾;考图数贡,实存象译之通。爰辑庆章,用扬显册。具官悉里地茶兰固野宅心淳固,秉德直温。山川土田,奄先世之赐履;声明文物,赖本朝之假灵。本恭俭以守邦,推宽慈而抚众。修方弥切,率职无违。维时景运之隆,丕讲圆陜之飨。四方和会,多士骏奔。虽地隔重溟,后诸侯之来助祭;顾天无暴雨,知中国之有至仁。通周道以输诚,款汉关而慕化,肆均商赍,敢缓褒康!是用陪敦采邑之丰,申衍圭畲之实,萃兹异数,昭乃洪休。於戏!福禄来崇,夙夜永怀于基命;会同有绎,春秋尚谨于承王。祗服宠荣,益坚忠顺。可特授依前检校司徒、使持节琳州诸军事、琳州刺史、充怀远军节度琳州管内观察处置等使、兼御史大夫、阇婆国王,加食邑五百户,食实封二百户,散官勋如故。主者施行。

出处:《崔舍人玉堂类稿》卷二。
撰者:崔敦诗
考校说明:编年据同集前后文时间补。据同集前文,标题"明堂"疑为"郊祀"之误。"悉里地茶兰固野",又作"悉里地茶兰固野",见《建炎以来系年要录》卷五二、《宋会要辑稿》蕃夷四、《忠惠集》卷一《阇婆国王悉里地茶兰固野明堂加恩制》等。

成闵明堂加恩制
(乾道九年十二月后)

门下:朕绍膺景命,衮对纯休。奠币圆坛,邸四圭而错事;回舆端阙,第五玉以疏封。庆赐毕行,迤逦咸喜。武侯承德,眷乃旧劳;媪神蕃厘,敢兹专乡?畴咨在服,明听作猷。具官成闵沈毅而不回,端庄而有立。凛凛冠军之勇,捍我王家;煌煌敌忾之勋,藏诸盟府。自释辕门之重,久安琳馆之间,据鞍虽缓于请行,擐甲犹闻其可用。属涓令日,祗藏精禋,黄钟奏而灵嘉虞,紫幄张而神安坐。驾龙十二,允严天仗之徐驱;被练三千,适阻戎车之密护。肆均庆泽,诞辑徽章,增衍圭腴,申加井赋。於戏! 观时而行典礼,朕方茂讲于禊容;帅师而修封疆,尔尚勉思于远驭。钦承丕训,益展壮图。可特授依前庆远军节度使、提举江州太平兴国宫、武功郡开国公,加食邑五百户,食实封二百户。主者施行。

出处:《崔舍人玉堂类稿》卷二。

撰者:崔敦诗

考校说明:编年据崔敦诗任两制时间、南宋郊祀时间、成闵官历补,见《宋史》卷三七〇《成闵传》等。《宋史》卷三七〇《成闵传》:"(完颜)亮死,闵引兵渡江趋扬州……闵至泗州,奏已克复淮东。寻入朝,凡侍从、卿监、阁门、内侍,皆有赂遗。左正言刘度劾之,犹超拜太尉,主管殿前司公事。寻复为御史论列,罢太尉,婺州居住,夺庆远节。乾道初,听自便,归湖州;寻诏复节,都统镇江诸军。九年,请祠,致仕,治园第于平江。淳熙元年卒,年八十一。赠开府仪同三司。"乾道九年至淳熙元年间,宋廷未举行过明堂大礼,标题"明堂"疑为"郊祀"之误。文中所述"奠币圆坛"亦是一证。

郑藻明堂加恩制
(乾道九年十二月后)

门下:朕祗循彝典,丕蒇盛容,奠华璧于圜丘,裸黄流于太室。为能飨帝,敢归福于朕躬;时庸展亲,爰覃休于戚阅。肆颁明命,宣告大庭。具官郑藻肃括提身,靖共谨度。周申伯之柔惠,宜厥家邦;汉阴尉之忠平,保其禄位。衮服视公台之贵,驲旌高将阃之华,从容间馆之游,委逮盛权之地。属时休运,昭举明禋。泰坛八弧,具严牲币;宫隅七雉,全倚亲贤。讫兹熙事之成,可后显庸之报? 申加多邑,并衍真畲。於戏! 受宣室之厘,朕每怀于寅畏;赐伯舅之胙,尔尚克于钦承。益保令图,永坚素履。可特授依前保信军节度使、开府仪同三司、充万寿观使、武功郡开国公,加食邑五百户,食实封三百户。主者施行。

出处:《崔舍人玉堂类稿》卷二。

撰者:崔敦诗

考校说明:编年据同集前后文时间、南宋郊祀时间、郑藻官历补,见周必大《玉堂类稿》卷四《郑藻辞免开府仪同三司加食邑实封不允诏》等。据文中所述"奠华璧于圜丘",此制标题"明堂"疑为"郊祀"之误。

赐刘懋上表再辞免加食邑食实封不允仍断来章批答
(暂系于乾道九年十二月后)

朕比卜景至,承神嘉坛,礼成休明,福嘏绥辑,岂曰予一人之能! 今灵厘之下,不敢遗小国之臣,而吾戚畹之爱,既亲且贤如卿者,乃以多辞,何哉? 惟天休之不可稽,惟朕命之不可格,往宜祗服,毋复重陈。

出处:《崔舍人玉堂类稿》卷三。

撰者:崔敦诗

考校说明:编年据同集前后文时间、崔敦诗任两制时间、南宋郊祀时间补,见《宋史》卷三四《孝宗纪》。

蒲察久安加恩赐告口宣
(暂系于乾道九年十二月后)

上仪丕阐,庆泽旁流,维予忠荩之臣,厥有褒嘉之典。钦承明命,益展壮图。

出处:《崔舍人玉堂类稿》卷一四。

撰者:崔敦诗

考校说明:编年据同集前后文时间补。

郑藻加恩赐告口宣
(暂系于乾道九年十二月后)

阳陔之祀,甫讫上仪;戚畹之英,首均嘉况。往颁恩綍,宜即钦承。

出处:《崔舍人玉堂类稿》卷一四。

撰者:崔敦诗

考校说明:编年据同集前后文时间、文中所述"阳陔之祀"补,见《宋史》卷三四《孝宗纪》。

史浩加恩赐告口宣
（暂系于乾道九年十二月后）

朕燔柴蒇事,彻俎均禧,肆颁宠数之隆,爰及弼谐之旧。益宣贤业,用答眷私。

出处:《崔舍人玉堂类稿》卷一四。
撰者:崔敦诗
考校说明:编年据同集前后文时间、文中所述"朕燔柴蒇事"补,见《宋史》卷三四《孝宗纪》。

赐杨倓御札
（乾道九年）

闻建康粮食极阙乏,卿可速具奏来。付杨倓。

出处:《赵氏铁网珊瑚》卷二。

赐杨倓御札
（乾道九年）

赵公称已罢总领,朕欲使卿兼之,可否奏来。付杨倓。

出处:《赵氏铁网珊瑚》卷二。

诸路发运使史正志罢官制
（暂系于乾道九年前后）

多取赢于郡国,无遗算于鸡豚。校数岁之中以为常,本无心计;无三年之畜曰不足,徒有口才。

出处:《诚斋诗话》。

撰者:黄钧

考校说明:编年据黄钧任两制时间补,见同书所载《苏轼赠太师谥文忠制》。

诵金刚般若经降上天竺住持讷法师御札
(乾道九年后)

平昔以来,所食禽鱼之类,伤害为多。今仗般若,为除此过,庶使群生,俱承解脱。

出处:《杭州上天竺讲寺志》卷一一,武林掌故丛编本。又见《佛祖统纪》卷一七,《续补高僧传》卷三。

为陈康伯营圹立祠诏
(乾道间)

朕惟人臣有显绩于国者,殁有褒恤之典,所以示激劝之道,全终始之义也。故太师、鲁国公陈康伯历事先朝,克效劳勚,受托辅朕,愈著忠勤。其殁于王事,已命有司营圹,葬其衣冠,立碑纪载成绩。复命立祠,永远奉侍香烛,子孙世守。其一应官员、军民、僧俗人等,不许耕牧樵采,侵毁欺凌。如敢有违者,必重罪不宥。故谕。

出处:康熙《广信府志》卷二八。又见《陈文正公家乘》卷一,民国《弋阳县志》卷一八。

缺 题 制
(乾道间)

欲营军食之储,必讲屯田之制。尺籍所隶,日有增加,邦赋所入,岁有定类。既不可剥下以取给,固不若兴田以杂耕。

出处:《洺水集》卷一五《朱惠州行状》。

篇名索引

卷一　绍兴三十二年

1　德寿宫诸门依皇城门及宫门法诏

1　求遗书诏

2　重定朝德寿宫日期诏

2　登极赦文

5　吴宏叙复制

5　诣德寿宫从驾臣僚等作歇泊假诏

6　宰执以下诣德寿宫起居日不视事诏

6　有司详议朝问太上皇帝事诏

6　修整御辇院库屋等诏

6　直言时政阙失诏

7　上太上皇帝太上皇后尊号诏

7　授陈康伯左金紫光禄大夫诰

8　设官裒集建炎绍兴诏旨诏

8　谕工部长贰诏

8　宗子不括补承信郎制

9　军器所措置提点官叙位诏

9　文武臣僚转官磨勘该载未尽事答诏

9　金华知县右通直郎周世修擅移兑折帛钱降一官制

9　权罢临安府保甲夜巡诏

10　上太上皇帝太上皇后尊号诏

10　铸钱司钱纲以二万贯为一全纲诏

10　强盗等流配之人刺填龙猛龙骑指挥诏

11　赐辛次膺诏

11　赐张浚赴行在手书

11　修学士院诏

12　赐观文殿大学士知绍兴军府事汤思退乞宫观不允诏

12　赐新除兵部侍郎周揆辞免恩命不允诏

12　赐新除右谏议大夫任古辞免恩命不允诏

13　赐新除保平军节度使王彦辞免恩命不允诏

13　俞布等循资制

13　滕瑃循资制

14　王宏补官知兰州制

14　宋兴祖补官制

14　朱祥等补官制

15　萧一中亲属补官制

15　赐尚书左仆射陈康伯乞寝罢礼仪使支赐银绢不允诏

15　御前军器所专隶提举制造御前军器所诏

16　赐守令诫谕诏

16　诫谕守令诏

16　诸军卖酒息钱减磨勘事诏

17　宰执等只初二日朝德寿宫诏

17　两淮知县任满无过减举主一员诏

17　除张浚少傅依前观文殿大学士充江淮东西路宣抚使进封魏国公制

18　汝州阵亡赵吉等赠官制

18　赐新除少傅观文殿大学士魏国公张浚告口宣

19　川陕宣谕使司将起发赴行在纲马关报都大提举川秦茶马两司那融差拨应付诏

19　赐少傅观文殿大学士魏国公张浚辞免册命宜允诏

19　岳飞追复元官诏

20　梁康民张安上充差遣制

20　御前激赏库拨归左藏库诏

20　令张守忠带兵前往淮西措置边备诏

21　权借拨诸路州县官应请职租诏

21　御前激赏库拨归左藏库合行事件诏

21　除吴益少傅充醴泉观使依前保康军节度使进封大宁郡王制

22　除吴盖开府仪同三司充万寿观使依前宁武军节度使制

22　赐新除少傅充醴泉观使进封大宁郡王吴益辞免恩命不允诏

22 　赐新除开府仪同三司充万寿观使吴盖辞免恩命不允诏

23 　造军器合用筋角等许客人径赴军器所中卖诏

23 　杜胜叙复制

23 　职田米禁折纳见钱诏

24 　输纳夏税禁令人户纽价纳钱诏

24 　制造御前军器所依旧隶属工部诏

24 　直言上书付中书门下后省看详诏

24 　圣节合进金银钱绢等权与蠲免诏

25 　浙东等路各添招弓手五分诏

25 　华旺除防御使制

25 　令宰执等论定与金故礼及纳中原归正人事诏

26 　宋藻转左朝奉郎制

26 　徽猷阁直学士左朝散大夫致仕郑望之赠四官制

26 　都遇降一官与宫祠制

27 　诫约诸县受民输税官吏诏

27 　赐王刚中敕

27 　皇子生日并诸节序依元丰令取赐诏

28 　蠲减淮南路佃逃绝田税课诏

28 　诸房百司依数目差破禁军诏

28 　采石立功人各转官制

29 　杨林渡阵亡王匀等赠官制

29 　孟思恭落阶官授文州刺史制

29 　光州城西威惠庙神加封制

30 　大庆殿发册宝日丽正门等开启时刻诏

30 　德顺军东北三十里陇干北山乱石湫神嘉润公加封显应嘉润公制

30 　杨从仪除防御使制

31 　隔奴滩功赵振董巽转官制

31 　德寿宫官吏诸色人各转两官制

32 　上太上皇帝尊号册文

32 　婺州观察使韩恕除知阁门事兼客省四方馆事制

33 　伯圭除集英殿修撰知台州诏

33 　潜邸官吏转官制

33 　犯贩私茶盐不得信凭供指诏

34　州县捉获盗贼不得泛滥追呼诏

34　禁省部人吏舞法诏

35　罢役人吏不得巧生词讼诏

35　宽恤诏

36　海船人户出力自办捍御等推恩诏

36　般运粮草往屯驻州军人夫等免科役一年诏

36　禁州县受纳苗米官吏贪赃诏

36　临安府官司所用民田合蠲免和买诏

37　两浙州县抚恤复业之人诏

37　孙璋转官制

37　御史台引赞官出职事诏

38　李贵降罢制

38　陈康伯特授特进制

39　吴国大长公主乞罢册命答诏

39　郭氏追册皇后制

39　议皇后郭氏谥号诏

40　牛永寿牛师正补承信郎制

40　皇子愭特授少保永兴军节度使进封邓王制

40　皇子恺特授雄武军节度使进封庆王制

41　皇子惇授镇洮军节度使进封恭王制

41　常士廉带行閤门祗候制

42　皇子府抱笏人张世昌转一官制

42　曹泽降罢制

42　御马院给还侵占盐地民产寺观等业诏

43　皇子愭等立班序位诏

43　经筵开讲诏

43　四方献言令催促来上诏

43　侍从台谏举堪为蜀都转运使者诏

44　陈诚之董德元余尧弼复端明殿学士制

44　余尧弼宋朴等复龙图阁学士制

45　史才复龙图阁学士制

45　安知和等各转官制

45　郴州苏仙观冲素真人加封制

46　李寀差干办内藏库制

46　令差兵前去扬州屯驻诏

46　宗子伯诏补承信郎与差制

47　张兴世孙瑠并除阁门祗候制

47　随龙从义郎赵衍依孙瑠例除阁门祗候制

47　吴昱除阁门宣舍制

48　张说落阶官勘会制

48　姚仲罢宫观降充郢州防御使达州居住制

48　魏良臣追赠一官制

49　辅达李福转官制

49　权行减半差破白直兵士诏

50　铸钱司押发钱纲推赏事诏

50　蔡州功申立元广赠官制

50　郭昇除阁门宣赞舍人制

51　周葵兼侍讲制

51　钱庚转官制

51　陈恬母罗氏封太孺人制

52　少傅奉国军节度使吴璘授少师制

52　御前激赏库依左藏库见行条法指挥诏

53　推恩上书人吴悖等诏

53　赣州宁都县孚惠庙神特封灵应侯制

53　抚问侍卫亲军步军指挥使吴拱到阙并赐银盒茶药口宣

54　抚问镇江府驻札御前诸军都统制张子盖到阙并赐银盒茶药口宣

54　能诚转官制

54　侍从等举可任监司郡守之人诏

55　戒公卿举所知诏

55　知抚州张孝祥复集英殿修撰制

56　左仆射陈康伯乞解机政不允御笔

56　改人姓犯御名者诏

56　招刺五十人赴御前马院填阙诏

56　楚国夫人吴氏特赠秦魏国夫人制

57　机察纲运住滞诏

57　两府使相宣借兵士事诏

57　收复汝州将士推恩诏

58　太上皇帝御羊马令尚书省差人供送赴院诏

58　王友直除观察制

58　前执政某除端明殿学士依旧宫祠制

59　养济老疾贫乏乞丐诏

59　武德郎建康府驻札御前右军副将淮西安抚司统领军马侯守权转一官制

59　能诚转两官制

60　内侍张璩特与落致仕差充追册皇后攒宫都监制

60　岳飞叙复元官制

61　马文贵补右迪功郎致仕制

61　访问李若朴等诏

62　岳飞孙甫申经纬纲纪并特与补承信郎制

62　岳飞妻李氏特与复楚国夫人制

63　岳飞男云追复左武大夫忠州防御使制

63　岳飞男雷追复忠训郎阁门祗候制

63　岳飞男霖右承事郎与合入差遣震霭与补保义郎制

64　岳云妻巩氏复恭人制

64　澧州彭山英泽庙广泽显烈公加封广泽显烈顺济公制

65　军器所万全作坊兵匠等支给月米等事诏

65　蠲免民间未纳及拖欠诸色窠名钱物米斛诏

65　瞿志行授承节郎制

66　赵述转防御与观免朝制

66　蔡州阵亡李贵等赠官制

67　蔡州阵亡官兵无家属李云等一十有九人各赠承节郎制

67　海州劫寨身死长行翁颜赠承信郎与一子守阙进勇副尉制

67　李璘项膺各循一资制

68　故右监门卫大将军郓州防御使士仌赠昭化军承宣使追封安康郡公故右监门卫大将军眉州防御使士窨赠镇东军承宣使追封会稽郡公故右监门卫大将军复州防御使士阶赠保宁军承宣使追封东阳郡公制

68　知明州韩仲通复敷文阁直学士知平江府沈介复敷文阁待制制

69　泉州德化县威惠庙灵助侯加封嘉显灵助侯制

69　庐州焦湖德济庙灵应助顺妃加封孚显灵应助顺妃制

70　馆职学官不定员数诏

70 岳飞妻李氏及子云等复官封诏

70 李师颜除官制

71 书拟事诏

71 赐陈康伯御札

71 令杨佚等措置浙东西犒赏酒库诏

71 降授成忠郎阁门祗候都遇与复元官制

72 武节郎侍卫步军司前军副将李师颜特差充阁门宣赞舍人制

72 武翼郎皇甫倜与转三官除阁门宣赞舍人制

72 镇江都统制张子盖除淮南东路招抚使制

73 兼知临安府赵子潚修城及陴转一官制

73 临安府修城官第二等通判刘邁转一官制

74 禁止创置税务诏

74 辛次膺除御史中丞付陈康伯御札

74 令学士院降诏改元诏

74 改隆兴元年诏

75 赐四川制置使沈介诚谕诏

75 刘敦义除武学博士填见阙樊仁远除武学谕填复置阙制

76 敷文阁直学士知潭州刘岑改除敷文阁待制依旧宫观制

76 寿春阵亡兵士唐达等赠官制

76 张焘辛次膺朝谒礼数诏

77 建宁军节度使提举江州太平兴国宫天水郡开国公士㑤赠少师追封咸安郡王制

77 昌化军宁济庙神加封制

77 赐都督张浚审订北讨长策诏

78 赐两淮将臣李显忠邵宏渊条具出师方略诏

78 张纲辞免赴阙宜允诏

79 李宗训转翰林医官制

79 戒帅臣监司举劾部内知州臧否诏

80 赐四川宣抚使吴璘回师秦陇诏

80 擢陈康伯兼枢密使进信国公诰

81 御营宿卫使司准备差遣左迪功郎卫博结局转两官循左儒林郎制

81 侍从台谏条具方今时务诏

81 赐侍从台谏等笔札修具弊事诏

82　棨到福建常平义仓米钱拨充五分弓手钱诏

82　王栋转官制

82　江东州军抛买生黄牛羊皮减免一分诏

83　田开元再任制

83　吴谦放罢制

83　三省详加访问王正己诏

84　陈州阵亡戴规赠官制

84　广西取拨钱物买马诏

85　起复武功大夫范旺王顺胡成李玘并特转遥郡刺史翊卫大夫利州观察使
　　刘锐特转亲卫大夫右武大夫果州团练使秦祐特转左武大夫制

85　王实转官制

85　追谥安穆皇后册文

86　忠义前军阵亡李义等赠官制

86　诸州赴纳行在纲运事诏

87　考核立功军兵军籍诏

87　凤州梁泉县嘉陵谷神加封制

87　张说落阶官赐陈康伯御札

88　节度使同知大宗正事士街赠少师追封咸义郡王制

88　赐张浚鞍马手书

88　张浚貂帽手诏

89　王廷珪除国子监主簿诏

89　赐陈康伯御札

89　赐陈康伯御札

89　赐陈康伯御札

90　赐陈康伯御札

90　吴挺除官制

90　保义郎郝谧管押温州钱纲违程两月降一官制

91　婉容翟氏进封特与依格合得恩泽亲属故武节郎蒋世忠特与赠武义大
　　夫制

91　进武副尉陈玠转承信郎制

卷二　隆兴元年

92　付史浩密诏

92　武举中荐举五等人事诏

92　蠲免安丰军进奉天申节绢诏

93　检校少保安德军节度使龙神卫四厢都指挥使充镇江府驻札御前诸军都
　　统制张子盖守本职致仕制

93　张浚除枢密使制

94　史浩除右仆射制

94　特奏名进士请解事诏

95　进士及曾经御省试人推恩诏

95　三衙诸军不得克剥士卒请给诏

95　东华门外殿司新司交割付修内司诏

95　翟楷韩仲通循右从政郎制

96　诸军加转官资人请给事诏

96　蠲免鄂州上供钱诏

96　江浙诸州军夏税等折纳价钱诏

97　令佐抄札籍记民户抛下田产屋宇诏

97　宗子不庬换授右承奉郎制

97　张子盖赠太尉制

98　抚定中原蜡告

99　吏部差注堂阙事诏

99　马回山下阵亡郑祥等赠官制

99　董遇转遥刺制

100　严任子法诏

100　许章等转官诏

100　周洽再转两官诏

100　许章转官制

101　舒州小孤山神加封制

101　省试诸科取士条约诏

101　改正将校军兵等重叠功赏付身诏

102　免绍兴三十一年蕲州上供钱诏

102　量试宗子补官制

102　成闵落太尉在外宫祠婺州居住制

103　诸军不得抑勒兵士回易图利诏

103　令将省试上十名策卷编类投进诏

103　黄祖舜除资政殿学士知潭州制

104　海州立功人与转官资诏

104　郑思廉赠拱卫大夫遥郡团练使制

104　吴某转两官制

105　诸路监司州军会庆节贡物免桩发诏

105　光化军鄝侯德怀庙特封助顺文终侯制

106　泉州广利庙神加封制

106　静江军承宣使天水郡开国侯士嵘赠开府仪同三司追封和国公制

107　故敷文阁待制蒋璨用二十五年二十八年郊祀恩赠父右宣奉大夫制

107　试中书舍人兼直学士院刘珙磨勘转左朝散郎制

107　吴璘军统领官武功大夫王玠转行右武大夫制

108　静海军节度使李宝曾祖朝散大夫大理寺丞舜卿赠太子少保制

108　蕲州防御使浙西副总管秀州驻札郭振除宜州观察使差遣如故制

109　邵希直特封成州团练使致仕制

109　婉容翟氏进封亲属张氏淑人刘氏孺人制

109　右奉议郎湖州德清县丞张蕃降一官制

110　武德大夫关保监督制造军器精碻转一官制

110　武翼郎池州驻札中军统领赵思忠父端身故特与起复制

110　赵渭郭毅并转六官制

111　忠训郎王瑛除阁门祗候制

111　修武郎充阁门兼祗应苏永坚转一官制

111　忠训郎阁门祗候护圣军副将王瑀再丁母楚国夫人忧起复制

112　雷化州运判邓酢赠一官直秘阁制

112　忠训郎武学博士张德明除阁门祗候与副都监差遣制

112　黄圭除阁门祗候制

113　武翼郎刘绩除阁门宣赞舍人制

113　忠翊郎南安军兵马监押武成同巡尉获贼转一官制

113　故武翼大夫泰州兵马都监赵辐特赠两官与致仕恩泽制

114　知内库齐安郡夫人奏主管文字承信郎刘泽转一官制

114　右从事郎国大同循右儒林郎制

114　成安大夫陈孝廉阶官遥郡上各转两官制

115　权军事判官承信郎王璪权录参承信郎孙鉴各转一官制

115　太尉吴盖献钱五万贯与男忠训郎吴玫转一官制

115　带御器械宋钧除权知阁门事制

116　司封员外郎王十朋兼崇政殿说书制

116　温州通判张大年起发经总制钱最违慢降一官制

116　知化州廖颙知容州欧阳庠雷州签判欧阳坚知化州吴川县周孝称武经
　　　郎岑瑾武翊郎徐观忠翊郎胡大同保义郎陈宸罗纹承节郎贺福陈绍宗
　　　承信郎林胜王世昌成忠郎崔迪各转一官制

117　东南第十二将武节郎高居弁武翼郎高森忠翊郎邓富进义校尉廖琼成
　　　忠郎王宏各转两官制

117　归正人营燮补承信郎制

117　东南第四副将范雄丁母忧起复制

118　吉州进士易嘉谋进纳米斛准钱八千贯补右迪功郎制

118　阁门祗候王瑀持祖母余服起复充殿前司副将制

118　报登宝位使副下三节人转官制

119　承信郎陈隽母某氏年九十五岁封太孺人制

119　岳阳军节度使韩公裔遇辛巳明堂赦封赠三代制

121　龙神卫四厢都指挥使镇南军承宣使荆南驻札御前诸军都统制李道该
　　　遇三十一年九月二日赦封赠制

122　左中奉大夫充敷文阁待制提举江州太平兴国宫周绾遇明堂赦封赠制

122　节度使曹勋赠三代制

124　太尉宁国军节度使主管侍卫马军司公事李显忠封赠三代制

126　舒州观察使安康郡开国侯戴皋封赠父母妻制

126　士街妻令人张氏清河郡夫人制

127　李嵩转官制

127　卫经补保义郎致仕制

128　赵善仁降一官制

128　宋藻国大同并转官制

128　瓜州及皂角林阵亡官兵赠官制

129　清河口皂角林立功官兵转官制

129　徐希颜降官制

130　于诚降官制

130　刘宝封保义郎致仕制

130　李师尧转官制

131　史侁转官制

131　陈子常授防御使制

131　张珣转两官制

132　赵忠叙承信郎制

132　潘师尹等落看班衔制

133　杨厦杨麻补成忠郎制

133　李宏转官制

133　陈端夫转翰林医痊制

134　杨亨转遥刺制

134　时贵降官制

135　竹友直循右修职郎制

135　李如冈转一官制

135　邵宏渊除正任观察使制

136　李藻杨师中各降一资制

136　赵不愚等转官制

137　瓦亭战功人等转官制

137　吴盖妻赵氏封通义郡夫人制

138　蒲待聘降两资制

138　甄援降两官制

138　曾觊除遥刺制

139　侯士通转官制

139　王大亨转官制

140　徐亿补右迪功郎致仕制

140　港口阵亡翁喜第赠官制

140　余武康循右从事郎制

141　叶均循右文林郎制

141　魏钦绪循三资制

141　程千载循右从事郎制

142　赵汝勋转右通直郎制

142　符镇降一官制

143　李绰转殿使遥郡制

143　窦彬李权吴知新各赠官制

143　霍千吕直阵亡赠官制

144　宋实降官送潭州制

144　阎德叙复制

145　顿遇转遥刺制

145　孙德刘广各降一官制

145　宗子伯瑀补承信郎制

146　陈秉直转两官制

146　陈文彦等降一官制

147　王万修循修职郎制

147　曹家庄阵亡韩敏等赠三官制

148　张孝祥转朝散大夫诰

148　支给秀王夫人张氏等请给事诏

148　训练禁军诏

148　前执政某人落职饶州居住制

149　前执政子右承直郎某特降一资勒令随侍制

149　御史台察案后推书吏比换事诏

150　除放民间利息过本者诏

150　博访遗材诏

150　付给舍御札

151　进奏院主管等阙留充荐举并升擢及试中人诏

151　周必大金安节缴驳龙大渊曾觌差遣状批答

151　左太中大夫同知枢密院事新除参知政事张焘除资政殿大学士提举万
　　　寿观兼待制制

152　通问国信使副三节人转官事诏

152　蠲免泰州进奉天申节绢年额绢一年诏

152　减年磨勘转官事诏

152　孙谅等转官诏

153　诫谕郡守诏

153　试特奏名进士诏

153　步军司军马改差李福统押诏

153　该遇去年赦恩转行事诏

154　监司守令赈恤困穷诏

154　胡沂除殿中侍御史赐陈康伯御札

154　支给犒设镇江等处见今差出屯戍官兵诏

154　令速结绝公事诏

155　选人改官额诏

155　福建转运司具每年造茶合用钱数闻奏诏

155　督责浙西官吏务令水路通快诏

155　王之望除集英殿修撰诏

156　免真州进奉银绢等价钱一年诏

156　许人户越诉官吏掊敛事诏

156　犒设差出德顺屯戍官兵诏

156　客贩耕牛往淮南州县变卖免税诏

157　令两淮知县县令招诱楚州涟水军民户耕种诏

157　捉到私茶处罚条约诏

157　虑囚诏

158　免光化军上供银诏

158　有司所行事件遵依祖宗条法诏

158　令宗正司岁举宗子诏

159　承节郎王元庆降一官制

159　知富州田洪昉长男思富授银青光禄大夫检校国子祭酒知溪洞富州军
　　　州兼监察御史武骑尉制

160　溪洞夷人首领龚万尧授银青光禄大夫检校国子祭酒兼监察御史武骑
　　　尉充宁远州溪洞巡检制

160　右宣义郎大理司直刘敏求除大理寺主簿制

161　广勇下名副指挥使巩秀换秉义郎制

161　赵师韩赵彦纯补承信郎制

161　左迪功郎赵汝譿循左修职郎制

162　胡铨上左右史职事笞诏

162　张玘特添差监度牒库诏

162　隆兴元年及第进士第等授官诏

162　归正官给料钱文历诏

163　荐举上书赏罚诏

163　秘书省人吏解发出职年限诏

163　立定军须之物并兴贩条约诏

164　史浩罢右仆射制

164　与张浚手书

165　秘书省员额诏

165　诫谕百官省役诏

165 御前忠勇左右中军发赴御前使唤诏

166 专典作匠公吏等食用和剂局肉药赏罚条约诏

166 支散三衙诸军夏药诏

166 杂买库收买药材事诏

166 责降汪澈赐陈康伯御札

167 给赐殿前步马军三司出戍淮上官兵家属钱银诏

167 赐陈康伯御札

167 督视湖北京西路军马行府结局诏

168 吕祖谦特授左从政郎改差南外敦宗院宗学教授制

168 周葵除参政赐陈康伯御札

168 召虞允文奏事赐陈康伯御札

168 沿海州军人户结保诏

169 赈济两浙江东被水之家诏

169 罢辛次膺赐陈康伯御札

169 虑囚诏

170 辛次膺除资政殿学士提举临安府洞霄宫制

170 战斗重伤官兵许令子弟亲戚承袭诏

170 广西经略司买发战马诏

170 蠲免信阳军进奉天申节银绢一年诏

171 蠲免二广科敷诏

171 诚饬守令监司劝农诏

171 推赏水军统制周明诏

171 罢太学补试诏

172 减放宫人诏

172 再赐张浚手诏

172 赐张浚待罪手诏

172 赐陈康伯御札

173 赐陈康伯御札

173 侍御史周操兼侍讲制

173 汤思退拜右相制

174 赴德寿宫见谢辞起居奏事班次事诏

174 减阁门人吏诏

174 天文局官王伯祚特降一官诏

174 以旱罪求直言诏

175 李显忠侵欺官中金银钱物拘收入官诏

175 文思院制造到平辇等赴御辇院交割诏

175 推恩孙俊诏

176 省罢国子监官事诏

176 六部长贰置官诏

176 太府寺省主簿一员诏

176 宗正寺省主簿一员诏

177 学士院权安奉钦宗皇帝几筵诏

177 令将广西土丁输竹木上籍诏

177 许张宋卿通理前任月日成考诏

177 郡守须到任二年方许差除诏

178 郑伯熊差监潭州南岳庙诏

178 借职田添助国用指挥更不施行诏

178 刘宝可特授安庆军节度使依前捧日天武四厢都指挥使充镇江都统制
兼淮东路招抚使节制本路军马食邑实封如故制

179 赐刘宝告口宣

179 赐安庆军官吏军民僧道耆寿等示谕敕书

179 消弭天灾诏

180 展免淮南州县税课诏

180 诸司诸军审计司减罢吏额诏

180 诸路茶盐司起到钱物令逐项桩管诏

180 六曹寺监裁减员阙事诏

181 司农寺省主簿一员诏

181 委监察御史一员催促决狱诏

181 推赏四川茶马司官事诏

181 知藤州廖颙降官制

182 与金主书

182 令浙东西州军守臣条具赈恤蠲免事件闻奏诏

182 覃恩南班宗室诏

183 内外主兵官进奉会庆圣节礼物事诏

183 兵将官奏报文字径赴行在通进司投进诏

183 诫谕军器所当职官吏诏

183　捕蝗诏

184　推赏灵壁虹县立功官兵先次回程人诏

184　权免绍兴府诸县住卖茶盐等比较课额诏

184　免放湖州乌程等六县四等以下户见欠苗税诏

184　放免灾伤私田租诏

185　给还归业主田土诏

185　诚谕执政大臣勿受私谒手诏

185　侍卫步军司摆铺使臣王伸降官制

185　敷文阁待制周绾故父邈赠开府仪同三司加少保制

186　曾觌解带特转遥郡一官制

186　周绾故母荣国夫人叶氏赠定国夫人制

187　周绾故继母嘉国夫人宋氏赠福国夫人制

187　成忠郎兼水军同统制冯湛转官制

187　梁珂解带特转遥郡一官制

188　武节郎金均房三州都巡检使冯绥降官制

188　刘章除秘阁修撰制

188　泉州晋江尉徐公寿循资制

189　刑部侍郎路彬磨勘转官制

189　何伯谨太学博士制

189　洪适除司农少卿江淮总领制

190　知衢州沈度转官制

190　忠翊郎添差福州指挥使潘喜降官制

190　实录院吏张昇循修职郎制

191　长大祗候东西班都知权信可敦武郎制

191　宋之才父右中散大夫道元赠官制

192　知吉州王佐除直宝文阁制

192　户部支降左藏库钱与淮西总领所交割桩管诏

192　令殿前司差步骑军往江淮都督府诏

193　夏执中特补承信郎制

193　太史局灵台郎杨觉民等转官事诏

193　蠲免扬州坊场钱一年诏

193　户部支会子贴助淮东大军支使诏

194　养济临安乞丐诏

194　与陈康伯御札

194　诸军主帅取索重叠补转人付身开具保明诏

194　贤妃夏氏立为皇后诏

195　赐韩仲通御笔

195　王时升吏部侍郎制

195　王时升磨勘转官制

196　文武臣引年致仕事诏

196　夏执中除阁门祗候制

196　立皇后制

197　盐场官武臣不许差军班诏

197　礼部太常寺奏立夏皇后事答诏

197　知盱眙军周淙除直徽猷阁制

198　扬州并安抚司官推赏事诏

198　王时升除集英殿修撰知婺州制

198　依旧制除授环卫官诏

199　令宰执等谨察妄有荐毁者诏

199　优恤军民诏

199　令福建提举司契勘常平义仓米诏

199　学士院与经筵官宿直官起居宿直事诏

200　推恩伯圭及其诸子诏

200　推恩入内内侍省官诏

200　犒设三衙等出戍官兵诏

201　赐右大中大夫钱端礼辞免除户部侍郎兼枢密都承旨恩命不允诏

201　杨由义换通直郎制

201　赐特进尚书左仆射陈康伯等乞解机政检会前奏速赐罢免不允诏

202　赐陈康伯乞祠不允诏

202　赐张浚腊药敕书

202　陈康伯可罢尚书左仆射同中书门下平章事兼枢密使特授少保观文殿
　　　大学士判信州进封福国公加食邑食实封制

203　赐陈康伯告口宣

203　赐抚问张浚到阙并赐金合茶药口宣

204　张浚除右相制

204　汤思退转左仆射制

205 蠲免广西广东合起牛羊皮等诏

205 临安府常平义仓米减价出粜诏

205 诸路州军不得侥冒赏典诏

206 补拨前任侵支拖欠上供钱物推赏事诏

206 差人管押岁额川陕纲马诏

206 令汉阳军收发马监选择牧地诏

206 令三衙及江上诸军差人前去汉阳军取押川陕纲马诏

207 奖谕临安府狱空诏

207 禁约令人代名及为人冒名赴省试诏

207 赐陈康伯御札四

208 赐陈康伯御札

208 赐陈康伯御札

208 赐陈康伯御札

卷三　隆兴二年

209 郊祀务从省约诏

209 人户不得隔越陈诉诏

209 添破荆鄂逐军在寨老小军兵请受诏

210 蠲免广西引钱一十五万贯诏

210 答知潭州黄祖舜乞遇钞至县立便按籍销注诏

210 武举第三名已上人差遣事诏

211 禁诸州公库以钱物私馈见任官诏

211 诸州饮燕不得丰侈过当诏

211 增德寿宫应奉祗应人诏

211 六曹依限供申都省立限勘当等文字诏

212 严惩干事等于诸军收受馈送诏

212 先降度牒三千道下两浙等路出卖诏

212 民间典卖田宅等投税违限令经官自陈诏

212 令福建路监司以时结绝刑狱诏

213 广西买马官买到溢额马等第推恩诏

213 吏部遇给降祠部等专差大使臣方许差拨诏

213 冯忠嘉等零分纲减半推赏诏

214 戒谕将臣诏

214 任尽言除直秘阁江淮都督府参议官制

214　放免秀州被水灾伤人户拖欠苗税诏

215　令誾子浦各荐堪任宗官者诏

215　大礼赏给事诏

215　令四州总领所措置招诱商贩乾姜等诏

215　张孝祥升中书舍人直学士院诰

216　能说转官制

216　都虞候姚元换授制

216　张建阵亡与子德普恩泽补承信郎制

217　潘得臣男汝楫补官制

217　田溉转官制

217　曹绂除湖北提举制

218　乐寅孙李抃赵达不觉察过淮人降官制

218　胜捷都虞候谢兴换从义郎制

218　王汉臣米纲折欠违程降官制

219　采石巡检时宣讯民致死降官制

219　进书赏人吏等转官制

219　陈靖转遥郡承宣使制

220　刘嗣立吴怿进书赏转官制

220　王汉臣李大援转官制

220　杨庆祖李大正循资制

221　陈汉除直宝文阁知平江府制

221　查籥除夔州路运判制

221　叶谦亨除浙西提刑制

222　韩元吉除度支郎中制

222　张德远除利州路提刑制

222　吕揩除司农寺丞制

223　冯巽之除刑部郎官制

223　韩彦直除淮东提举制

223　张俊彦循资制

224　晁公武除监察御史制

224　戒谕将臣诏

225　优恤军民诏

225　赈济徽州诏

225 令二广四川结绝刑狱诏

225 放罢刘度御批

226 三衙军兵皆令归司诏

226 罢诸军等创置副都统制诏

226 高藤雷容州德音

228 赐左朝散大夫试兵部尚书湖北京西制置使虞允文乞除宫祠不允诏

228 钱端礼王之望兼充两淮宣谕使宣布德音诏

228 军器所出文榜令逃走人匠首身诏

228 补拨前官任内侵支拖欠上供钱物推赏诏

229 罢江淮都督府诏

229 除张浚少师保信军节度使判福州依前魏国公加食邑实封制

230 赐张浚再辞免恩命不允不得再有陈请诏

230 赐张浚第三辞免恩命乞致仕不允不得更有陈请诏

230 赐保信军官吏军民僧道耆寿等示谕敕书

231 免滁州经总制无额钱等一年诏

231 赐吴拱于祁山堡等处大获捷奖谕诏

231 赐王彦时俊戚方奖谕诏

232 赐姚宪乞以籴到米一万石助平江府常州阙乏奖谕诏

232 赐刘宝奖谕诏

232 赐潘清卿等乞以秦国大长公主所留金银助视师犒劳之费不受奖谕诏

233 赐王彦戚方时俊皇甫倜奖谕诏

233 金州拨隶利州路诏

233 赐王彦奖谕诏

234 答张浚乞留平江致仕手诏

234 赐吴璘为发遣吴拱于祁山堡等处掩杀番贼大获胜捷奖谕诏

234 再答张浚乞留平江致仕手诏

235 赐金安节辞免吏部尚书兼侍读不允诏

235 付淮西总领李若川御札

235 赐汪应辰辞免敷文阁直学士四川安抚制置使不允诏

236 赐四川制置使汪应辰银合夏药敕书

236 免无为军合起发隆兴二年上供钱物等诏

236 赐四川宣抚使吴璘夏药敕书

237 会稽县税赋与免支移折变诏

237　监司差除诏

237　蠲免吉州下户二税等诏

237　赐枢密院官满散天申节道场香口宣

238　赐殿前司满散天申节道场香口宣

238　赐三省官满散天申节道场香口宣

238　赐皇子邓王庆王恭王满散天申节道场香口宣

239　尚书省置籍检举未勘鞫内外赃私不法官吏诏

239　淮东西商旅贩物货减半收税诏

239　抚恤淮东西归正人诏

240　臣僚乞禁盱眙并楚州界客人装载货物私相博换钱宝答诏

240　阎安中中书舍人制

240　付钱端礼御笔

241　付钱端礼御笔

241　赐资政殿学士知潭州黄祖舜乞宫观不允诏

241　赐兵部尚书湖北京西路制置使虞允文乞宫观不允诏

242　赐徐林辞免给事中不允诏

242　赐户部侍郎淮东宣谕使钱端礼乞宫观不允诏

242　保正副不得泛有科扰差使诏

243　郊祀大礼御札

243　赐钱端礼辞免吏部侍郎不允诏

243　严禁临安府兴贩私盐诏

244　赐龙图阁直学士赵子潚辞免知福州不允诏

244　朱夏卿充郊祀大礼提点一行事务官诏

244　相度夷陵利便等事诏

245　赈济浙东两淮被水人户诏

245　蠲免淮南西路科买朴硝等诏

245　赐宰执汤思退等乞全免南郊支赐不允诏

245　回赐南平王李天祚敕书

246　赐福建路安抚使张浚夏药敕书

246　赐阶文龙州经略使吴拱等夏药敕书

246　赐湖北京西路制置使虞允文淮东西路宣谕使钱端礼王之望夏药敕书

247　赐荆湖南路安抚使黄祖舜夏药敕书

247　赐南平王李天祚历日敕书

247 赐户部尚书韩仲通辞免荆襄制置使不允诏

248 抚问犒设荆襄将士口宣

248 归正官注授诏

249 奖谕詹叔善诏

249 推恩德寿宫官吏诸色人诏

249 蠲免扬泰楚滁州盱眙高邮军隆兴二年坊场钱诏

249 太上皇后生辰事诏

250 蠲放船户欠米诏

250 令侍从等疏陈阙失及当今急务诏

250 赐文武百寮汤思退等上表请皇帝御正殿复常膳不允批答

251 赐汤思退等再上表请御正殿复常膳不允批答

251 赐汤思退等三上表请御正殿复常膳允批答

251 令江浙守臣措置水利诏

252 致仕文武官许更陈乞恩泽一次诏

252 罢措置所签厅官吏诏

252 蠲免福建路州军煎盐亭户科敷色役诏

252 赐皇兄岳阳军节度使开府仪同三司居广生日诏

253 赈济临安府民诏

253 赵不溢转官诏

253 遣官决刑狱诏

253 赐贺允中辞免落致仕提举万寿观兼侍读不允诏

254 赐贺允中赴阙诏

254 抚问贺允中到阙并赐银合茶药口宣

254 决遣浙西江东刑狱诏

255 赐知枢密院事兼参知政事贺允中乞依旧致仕及还纳前后锡赐恩数不允诏

255 赐资政殿大学士左通议大夫致仕贺允中辞免知枢密院事兼权参知政事恩命不允诏

256 赐贺允中再辞免知枢密院事兼权参知政事恩命仍断来章批答

256 赐贺允中辞免同知枢密院事断来章批答口宣

256 赈济淮东被水人户诏

257 赐尚书左仆射汤思退生日诏

257 付钱端礼御笔

257　赐虞允文辞免显谟阁学士知平江府不允诏

258　赐崇信军节度使开府仪同三司充万寿观使赵密乞致仕不允诏

258　赐赵密辞免少保乞守本官致仕不允诏

258　赐金安节辞免敷文阁学士不允诏

259　赐汤思退等为水潦害稼待罪不允诏

259　赐吏部尚书金安节乞致仕不允诏

260　赐汤思退等为水潦再上表待罪不允不得更有陈请诏

260　赐赵密再上表辞免少保不允仍断来章批答

260　赐少保致仕赵密告口宣

261　赐赵密辞免少保不允批答口宣

261　赐少保观文殿大学士充醴泉观使福国公陈康伯辞免判绍兴府不允诏

261　抚谕四川军民诏

262　初除阁职人供职事诏

262　赐皇子镇洮军节度使开府仪同三司恭王生日诏

262　蠲放欠米料纲稍五十石以下人诏

263　令江东路相度措置开决宣州童淤诏

263　浙东酒库事诏

263　诫谕江东浙西监司郡守诏

263　赵密落致仕权殿前司职事制

264　钱端礼兵部尚书都督府参赞军事制

264　龚茂良太常少卿制

265　新除郎官先上殿后供职诏

265　戒戢赃吏诏

265　知盱眙军郭淑直秘阁制

266　抚问王之望到阙并赐银合茶药口宣

266　差发军马往淮东诏

266　出内库银赈济民户诏

267　郭刚达州刺史制

267　赐左谏议大夫充淮西宣谕使王之望再辞免参知政事乞宫观不允诏

267　赐左谏议大夫淮西宣谕使王之望辞免参知政事不允诏

268　给事中吴芾转左朝议大夫制

268　赐王之望再辞免参知政事不允断来章批答

269　赐王之望辞免参知政事断来章批答口宣

269　付钱端礼御笔

269　除汤思退都督江淮东西路建康府镇江府江阴军江池州屯驻军马依前特进尚书左仆射同中书门下平章事兼枢密使岐国公加食邑实封制

270　赐汤思退口宣

270　赐左仆射汤思退辞免都督江淮军马不允诏

271　令刘宝专一措置清河口盱眙军防御诏

271　归正有差遣待阙令吏部改添差见阙一次诏

271　除杨存中都督江淮东西路建康镇江府江阴军江池州屯驻军马依前太傅宁远军节度使和义郡王加食邑实封制

272　赐吏部侍郎淮东宣谕使钱端礼辞免兵部尚书都督府参赞军事不允诏

272　赐少保崇信军节度使赵密辞免落致仕权殿前司职事不允诏

273　赐太傅宁远军节度使醴泉观使和义郡王杨存中辞免同都督江淮军马不允诏

273　赐杨存中上表再辞免同都督江淮军马不允仍断来章批答

273　赐杨存中辞免同都督断来章批答口宣

274　赐赵密落致仕权殿前司职事告口宣

274　赈济绍兴府御札

274　布置备御军马诏

275　决配命官犯自盗枉法赃罪条约诏

275　张宗元司农少卿制

275　向沟提举淮东常平茶盐制

276　权剑门县杜羕循资制

276　韩彦古将作监丞制

276　赐左仆射汤思退乞罢机政不允不得再有陈请诏

277　赐太傅宁远军节度使和义郡王杨存中生日生饩诏

277　赐淮东宣谕使钱端礼乞罢遣不允诏

277　赐起复检校少保威塞军节度使充河北路招抚使建康府驻札御前忠毅军都统制萧琦乞宫观不允诏

278　赐张浚辞免少师保信军节度使判福州恩命不允诏

278　阎安中国子司业制

279　推恩陈敏等诏

279　镇江府后军统制胡明转武经大夫制

279　知涟水军夏俊转武节郎制

280 魏胜转右武大夫忠州团练使知楚州陈敏转成州防御使知高邮军制

280 范荣忠州防御使制

280 颁郊祀行礼仪式诏

281 诫约郊祀行事执事官严肃诏

281 贺允中资政殿大学士致仕制

281 郊祀大礼陈康伯免导从驾等诏

282 赐枢密院官满散会庆节道场香口宣

282 赐三省官满散会庆节道场香口宣

282 赐三衙满散会庆节道场香口宣

283 赐皇子邓王庆王恭王满散会庆节道场香口宣

283 令杨存中等措置捍御真阳六合险要形势诏

283 执政大臣入便殿奏陈诏

283 汉阳等州军水陆般运去处人户秋税放免一半诏

284 单时秘书丞王东里著作佐郎戴达先莫冲校书郎制

284 唐阅都官员外郎制

284 赐给事中吴芾辞免吏部侍郎不允诏

285 吴飞英太学博士制

285 商江等赠官制

285 苏岘太常寺主簿制

286 李进右武大夫制

286 揭阳县令余致和广德县令赵善礼循资制

286 知枢密院贺允中赠三代制

288 徽猷阁待制周执羔封赠制

289 王选高州刺史制

289 忠训郎戴青降一官制

290 度支员外郎吴巘升郎中制

290 刘大辩太府寺主簿制

290 抚问少保恩平郡王璩到阙并赐银合茶药口宣

291 传宣抚问宣押陈康伯赴行在口宣

291 考功郎中沈度直秘阁知平江府制

291 魏郊武功大夫忠州刺史制

292 激谕将士诏

292 荆南郢州出戍军马家小津发前去就粮屯驻诏

293　拘收魏杞将带使金礼物充犒军支用诏

293　赐参知政事王之望辞免督视江淮军马乞致仕不允诏

293　改郊祀诏

294　起用陈康伯御札

294　赐杨存中都督江淮军马告口宣

294　赐杨存中辞免都督不允诏

295　赐左仆射汤思退乞罢机政不允诏

295　晁公武侍御史制

296　汤思退罢尚书左仆射同中书门下平章事兼枢密使特授观文殿大学士
　　　提领江州太平兴国宫依前特进岐国公制

296　赐汤思退提举太平兴国宫告口宣

297　赐汤思退辞免观文殿大学士不允诏

297　吕擢直徽猷阁知建康府制

297　推恩魏胜家属责罚郭淑孔福诏

298　学校轻薄喜乱之辈惩戒诏

298　汤思退请到激赏金银等拨赴杨存中充激赏支用诏

298　免光化军合纳天申节银等一年诏

298　避正殿减常膳诏

299　赐参知政事周葵生日诏

299　差发出戍官兵转一官资诏

299　赐文武百寮等再上表奏请御正殿复常膳不允第二批答

300　赐文武百寮奏请御正殿复常膳宜允批答

300　赐文武百寮宰臣陈康伯等上表奏请御正殿复常膳不允第一批答

300　令有司检点郊祀故事闻奏诏

301　令阶文龙州经略使兼沿边屯驻军马吴挺买马诏

301　亲往视师诏

301　又视师诏

302　视师诏

302　抚问陈康伯到阙并赐银合茶药口宣

303　除陈康伯尚书左仆射同中书门下平章事兼枢密使依前少保进封鲁国
　　　公加食邑实封制

303　召陈康伯复相御札

304　赐陈康伯告口宣

304　赐陈康伯辞免召赴陪祠不允诏

304　赐陈康伯再辞免尚书左仆射诏

305　赐陈康伯辞免尚书左仆射不允诏

305　赐陈康伯再辞免尚书左仆射不允仍断来章批答

305　宣押陈康伯赴都堂治事口宣

306　赐陈康伯批答口宣

306　尹穑右谏议大夫制

306　开具漏落未保明阵亡人推恩诏

307　魏胜赠节度使制

307　钱端礼端明殿学士左通议大夫签书枢密院事兼提举德寿宫制

308　赐兵部尚书钱端礼辞免端明殿学士签书枢密院事不允诏

308　赐钱端礼再辞免签书枢密院兼提举德寿宫不允仍断来章批答

308　赐钱端礼辞免签书枢密院兼提举德寿宫断来章批答口宣

309　侍从两省官每日一到都堂诏

309　虞允文端明殿学士同签书枢密院事制

309　赐显谟阁学士虞允文辞免端明殿学士同签书枢密院事不允诏

310　赐虞允文再辞免同签书枢密院事不允仍断来章批答

310　赐虞允文辞免同签书枢密院事断来章批答口宣

310　选兵官知郢州诏

311　吴芾吏部侍郎制

311　吴芾徽猷阁直学士知临安府制

312　赐草土沈介辞免特起复元官显谟阁直学士知鄂州兼鄂岳江黄州汉阳军沿江制置使不允诏

312　赐吏部侍郎吴芾辞免敷文阁直学士知临安府不允诏

312　刘宝落节度使制

313　王彦落龙神卫四厢都指挥使制

313　抚谕归正将士人民诏

314　徐哲知绍兴府制

314　唐尧封殿中侍御史制

315　王迷右正言制

315　李宝移明州驻札与陈康伯御札

315　惠迪国子博士制

316　保义郎阎揆降一官制

316　李喆赠奉议郎制

316　归正官张彦循儒林郎制

317　钱宗俊承信郎制

317　李益谦户部员外郎制

317　参知政事王之望赠三代制

319　敷文阁直学士王大宝转一官致仕制

319　陈俊卿知泉州制

320　知漳州王晞亮秘阁修撰致仕制

320　陈大年循文林郎制

321　赵禹阁门祇候制

321　起居舍人季南寿直秘阁宫观制

321　王稽中考功员外郎制

322　朱夏卿权户部侍郎制

322　王槐孙赵壬杨友循资制

322　沈清臣太学录制

323　程叔达监察御史制

323　薛良朋直显谟阁浙西转运副使制

323　张全赠拱卫大夫防御使杜斌赠拱卫大夫团练使李庠赠左武大夫团练
　　使制

324　何熙志御史台检法官制

324　抚问张纲到阙并赐银合茶药口宣

324　复用王珏诏

325　王佐直宝文阁知宣州制

325　李若川权刑部侍郎都督府参赞军事制

325　崔皋正任观察使制

326　赐步军司后军统制崔皋辞免鄂州观察使不允诏

326　赐参知政事周葵乞赐黜责不允诏

327　周葵资政殿学士提举临安府洞霄宫制

327　赐周葵辞免资政殿学士不允诏

328　赐敷文阁直学士王刚中辞免翰林学士兼给事中不允仍特免回避祖
　　讳诏

328　赐王刚中辞免改除礼部尚书兼给事中直学士院恩命不允诏

328　王迷直秘阁宫观制

329　王刚中转朝散大夫制

329　曾逮浙西提点刑狱制

330　吕广问敷文阁待制在京宫观兼侍讲制

330　庆王夫人韦氏华国夫人制

330　恭王夫人李氏定国夫人制

331　邓王夫人钱氏广国夫人制

331　李成秦飞各特与转七官资诏

332　沈介起复权兵部尚书湖北京西制置使制

332　又所生母阮氏赠硕人制

333　兵部尚书沈介故母莫氏赠硕人制

333　赒恤临安府士人诏

333　赐沈介辞免权兵部尚书不允诏

334　内藏库支借银应副户部支遣诏

334　王之望端明殿学士提举江州太平兴国宫制

334　赐王之望辞免端明殿学士不允诏

335　皇后封赠三代制

336　翟贵妃封赠三代制

338　馆阁更不立额诏

338　蒋芾起居郎制

338　王刚中礼部尚书兼给事中直学士院制

339　何俌权工部侍郎制

339　张宋卿秘书郎郑升之正字制

340　与陈康伯御札

340　与陈康伯御札

340　赐陈康伯辞免长男伟节除直秘阁次男安节赐同进士出身不允诏

341　赐郭振辞免捧日天武四厢都指挥使不允诏

341　杨似循从事郎制

341　王天觉循资制

342　潘景直秘阁致仕制

342　李璕常仲循资制

342　张运知广州制

343　邵及之福建运判制

343　程宏远太常博士制

343 江淮都督杨存中父震秦国公制

344 晁公武权户部侍郎制

344 佥书枢密院钱端礼封赠三代制

346 户部侍郎朱夏卿父胜非鲁国公制

346 莫延葚银青光禄大夫检校太子宾客使持节南丹州诸军事南丹州刺史兼御史大夫知南丹州公事武骑尉制

347 叶颙母封赠制

347 敷文阁待制朱翌左朝议大夫制

347 虞允文父祺太子太师制

348 陈岩肖礼部员外郎制

348 知天台县王琰转官再任制

348 张绶潘景珪贾选大理评事制

349 韩彦古太府寺丞制

349 吴总右朝奉大夫制

349 任天锡左武大夫遥郡防御使制

350 张进董江遥郡刺史制

350 郭振捧日天武四厢都指挥使制

351 叶颙故妻陈氏令人制

351 吴盖妻赵氏越国夫人制

351 陈正同赠四官制

352 左仆射陈康伯祖居仁越国公制

352 陈伟节直秘阁制

353 王师心知湖州制

353 王时升权兵部侍郎制

354 王宣防御使制

354 唐阅司封员外郎制

354 王稽中起居舍人制

355 赐王逯御笔

355 抚问杨存中赐金合药口宣

355 抚问诸大帅并赐鞍马口宣

356 赐陈康伯辞免兼提举玉牒所监修国史提举编类圣政不允诏

356 给赐沈介衣带诏

356 四川夏秋正税畸零之数听纳钱诏

356　郡守赈济两淮流移之民诏

357　薛良朋知临安府制

357　吴芾吏部侍郎制

358　郊祀大礼改用献岁上辛诏

358　两淮州军招集流民归业诏

358　放免两淮半年商税诏

358　改上辛郊祀诏

359　有事南郊诏

359　胡昉直秘阁知盱眙军制

359　王刚中端明殿学士金书枢密院事制

360　钱端礼参知政事兼权知枢密院事制

360　虞允文同知枢密院事兼权参知政事制

361　赐钱端礼辞免参知政事兼权知枢密院事不允诏

361　赐王刚中辞免端明殿学士签书枢密院事不允诏

361　赐虞允文辞免同知枢密院事兼权参知政事不允诏

362　赐钱端礼再辞免参知政事兼权知枢密院事不允批答

362　赐虞允文再辞免同知枢密院事兼权参知政事不允批答

362　赐王刚中再辞免端明殿学士签书枢密院事不允批答

363　赐王刚中断来章批答口宣

363　赐钱端礼断来章批答口宣

363　赐虞允文断来章批答口宣

363　巩衍大理正制

364　赈济两浙路州军灾伤民户诏

364　缘边残破州军德音

365　郊祀前二日朝献景灵宫圣祖册文

365　郊祀前一日朝飨太庙帝后册文

365　郊祀前一日朝飨太庙分诣别庙懿节皇后册文

366　祝闳利路运判徐人杰江西提举常平制

366　唐仲友秘书省正字制

366　范成大秘书省正字制

367　与陈康伯御札

367　赐戚方辞免捧日天武四厢都指挥使不允诏

367　龚涤国子正制

368　倪俦太常寺主簿制

368　赵涣江东运副制

368　魏昂魏昌承信郎制

369　钟世明复直徽猷阁知庐州制

369　鲁詟太常丞周舜元太府丞鲁可封将作丞制

369　汪澈端明殿学士知建康府制

370　周时霙路运判制

370　唐辂大理司直制

370　黄钧国子正关耆孙国子录制

371　张子盖妻封国夫人制

371　周用之循资制

371　张宗益起复武翼郎充殿前司将官制

372　赐江东安抚使汪澈银合腊药敕书

372　与陈康伯御札

372　与陈康伯御札

373　与陈康伯御札

373　与陈康伯御札

373　赐杨存中御札

373　赐杨存中御札

374　赐杨存中御札

374　赐杨存中御札

374　赐杨存中御札

375　赐杨存中御札

375　赐杨存中御札

375　赐杨存中御札

375　赐杨存中御札

376　赐杨存中御札

376　赐杨存中御札

376　赐陈康伯御札

376　赐陈康伯御札

377　赐陈康伯御札

377　赐陈康伯御札

377　赐陈康伯御札

377　赐陈康伯御札

378　赐陈康伯御札

卷四　乾道元年

379　改乾道元年制

379　郊祀昊天上帝册文

380　皇地祇册文

380　太祖皇帝册文

380　太宗皇帝册文

381　立皇太子册文

381　郊祀大礼赦文

386　郊祀毕端诚殿受贺枢密宣答宰臣词

386　端诚殿宣答枢密词

386　端诚殿宣答管军词

387　丽正门肆赦宣答宰臣词

387　皇帝答皇后诏

387　大同军节度使提举万寿观蒲察久安进封开国侯加食邑实封制

388　赐蒲察久安告口宣

388　郊祀毕宣劳将士口宣

388　赐太尉昭信军节度使曹勋生日诏

389　供进德寿宫御酒事诏

389　令诸路州军通放客米诏

389　决狱事诏

389　茶长引限半年于短引地分住卖诏

390　赈济临安府乞丐不得漏落诏

390　赈济乡村贫民诏

390　馆职更迭补外诏

391　江西转运司改拨上供钱米三十万硕赴行在送纳诏

391　两淮县令丞守倅劝农推赏诏

391　赈济绍兴诸县诏

392　赈济湖秀州流民诏

392　令两淮督责守倅令丞劝民广行种植诏

392　绍兴府等州府取拨常平米养济诏

392　蠲免楚州等处合起诸色窠名官钱一年诏

393　支钱劳赐张守忠一军诏

393　蠲放泰州上供钱等诏

393　严惩孔福顿遇诏

393　赐签书枢密院事王刚中生日诏

394　赐皇子少保邓王滄生日诏

394　赐左武大夫宜州观察使龙大渊辞免落阶官不允诏

394　姜诜两浙运判制

395　付钱端礼御笔

395　赈济两浙江东水伤州军诏

395　免行起发诸路州军封桩厢禁军阙额请给诏

396　盱眙军榷场提辖官支钱等事诏

396　委官检察浙东西赈济事诏

396　赈济高邮军寿春府流民诏

396　差程叔达检察临安府诸县赈济事诏

397　委姜诜韩彦古同临安府措置赈济诏

397　考校医生医官等事诏

397　内外诸军统制将佐等不得辄作名目增重员阙诏

397　堂除已授在外差遣人不许干求更换差遣诏

398　提刑司体究两淮州县巧作名色科敷诏

398　遣官决狱诏

398　淮南东路屯田委官措置诏

398　绍兴府开浚鉴湖诏

399　曾逮审实平江府水利诏

399　减免浙东西路灾伤人户身丁钱绢诏

399　令淮东总领所将寄收屯田钱等拨充屯田使用诏

400　淮西总领所置场和籴诏

400　支拨和籴米养济无锡县饥民诏

400　诸军收买物色遵依已降指挥诏

400　赐陈康伯乞解罢机政不允诏

401　谕士人就秋试诏

401　诊视医治临安府饥民诏

401　陈康伯罢左仆射制

402　陈辉知广州制

402 向子固转官职制

403 蠲免楚州等进奉天申节内藏库绢一半诏

403 随州枣阳县榷场移置事诏

403 令沈介等措置淮西湖北荆襄屯田诏

403 赐参知政事虞允文乞宫观不允诏

404 大金报问使辞宴诏

404 资政殿学士湖南安抚使黄祖舜转一官致仕制

404 黄祖舜赠五官制

405 逐州府县不得依旧催理赋役诏

405 推恩卢沂等诏

405 蠲免六合县人户赋税诏

406 举贤良方正能直言极谏诏

406 韩悫胄循资制

406 竹友直循资制

407 马希言太府寺主簿制

407 左迪功郎龚总父绂封右承事郎制

407 放纳年六十以上并残疾僧道丁钱诏

408 赈济民户粜到价钱不得移易借兑诏

408 文武官监当人遵依见行条法关升诏

408 胡坚常直秘阁知盱眙军制

409 医治流民疾疫诏

409 临安府疾病残废等人展限给散粥药养济诏

409 魏方添差镇江府兵马监押诏

410 条具出给功赏告命文帖等事诏

410 赐虞允文乞宫观不允更不得再有陈请诏

410 刘芮湖北提点刑狱郑丙湖南提举常平制

411 刘立等转官制

411 权洮州赵令结妻包氏封令人制

411 刘淑赠官制

412 莫延荫承信郎制

412 朱华孙降官制

412 李晖降官制

413 洪葳大理司直制

413 高邮军立功人转官制

413 魏吉甫大理评事制

414 吴㧻驾部郎官制

414 孙谅转遥郡刺史制

414 袁震循资制

415 韩彦古转官制

415 李如冈磨勘制

415 魏彦转官制

416 张训通复官制

416 薛凤国子正季翔太学录制

416 李珂改官制

417 吴㧻转五官太府寺丞制

417 杨贵等转官制

417 张孝祥复集英殿修撰知静江府制

418 彭昇贵州刺史制

418 周梦若母许氏封孺人制

418 梁俊彦转遥郡刺史制

419 凌景夏复敷文阁直学士制

419 知赣州赵公称复直秘阁制

419 周葵封宜兴县子制

420 吴益转右朝奉郎制

420 吴抦转五官直秘阁赐紫章服制

420 王之望封襄阳县子制

421 除吴璘太傅依前奉国军节度使四川宣抚使领御前诸军都统制充利州
西路安抚使判兴州进封新安郡王加食邑实封制

421 赐吴璘告口宣

422 赐吴璘辞免太傅新安郡王不允断来章批答口宣

422 赐吴璘辞免太傅新安郡王不允断来章批答

422 温台处徽州官吏不得妄有科折诏

423 差州都监监押条制诏

423 支给官钱埋瘗两浙死亡饥民诏

423 孙显祖加阁门祗候诏

423 监司帅守讲究实有革弊事闻奏诏

424　总领帅漕臣等兼提领措置屯田诏

424　诸酒库补纳前官拖欠事诏

424　赐三省官满散天申圣节道场香口宣

424　赐三衙满散天申圣节道场香口宣

425　放临安府全家患病贫民房钱一月诏

425　犯罪者有司据情理直引条法定断更不奏裁诏

425　赈济光州诏

426　赈济广东诸州府诏

426　赐王大宝辞免礼部尚书不允诏

426　除四川州县虚额钱诏

426　吴璘判兴元府制

427　王大宝礼部尚书制

427　仪鸾司官使臣等磨勘诏

427　赐知福州赵子潚乞致仕不允诏

428　赐凌景夏辞免复徽猷阁直学士不允诏

428　叶颙磨勘制

429　郑立改官临安府知县差遣制

429　赵伯强承信郎制

429　王承祖等转官制

429　唐阅国子司业制

430　刘仪凤磨勘制

430　方滋权刑部侍郎制

431　王弗权户部侍郎制

431　保平军节度使龙神卫四厢都指挥使提举江州太平兴国宫王彦加食邑
　　　实封制

432　赐王彦加恩告口宣

432　不引上殿班日分诏

432　刘涤为浙东路兵马钤辖绍兴府驻札诏

432　潼川府路转运判官窦敷乞铨量见任守令事答诏

433　左中大夫同知枢密院事王刚中致仕制

433　改正内外诸军立功官兵重叠转授官资诏

433　推诚顺化崇义怀忠保信向德安远承和秉礼归仁协恭励节继美功臣静
　　　海军节度观察处置等使特进检校太师安南都护上柱国南平王李天祚

918

加食邑实封加遵度功臣制

434　审实诸县大辟诏

434　饬谕守令劳来安集诏

434　命官被论列事诏

435　许人户越诉科扰诏

435　非泛起纲马令逐路转运司预于经过驿顿桩办应副诏

435　赐御前都统制郭振等银合夏药敕书

435　赐江东安抚使汪澈银合夏药敕书

436　赐吴璘夏药敕书

436　优恤赵居厚遗孤诏

436　诸路州军被差体究官不得轻重出入诏

437　禁贩沙鱼皮过界诏

437　浙东西措置犒赏酒库拨付三衙分认课额诏

437　职田权拘三年诏

437　令诸路监司铨量见任老病守臣闻奏诏

438　马草合用本钱事诏

438　呈试出官大小使臣诏

438　薛良朋进职制

439　姜诜进职制

439　令刘洪不得一例诛杀诏

439　铸建康府榷货务茶场新印诏

439　免关外四州归业民户今年二税诏

440　免湖南残破州县今年夏税诏

440　添差官不得兼权州县正官等诏

440　讨论皇子宫室典礼诏

440　修盖皇太子宫室诏

441　三省枢密院精加铨量宗室合堂除不厘务人诏

441　册皇太子敕文

442　文武知州军等见辞并令上殿诏

442　诸路常平契勘诸州以新易陈借兑数目诏

443　招刺能造作工匠子弟诏

443　向均特与叙元官诏

443　革和籴四弊诏

443　钱端礼除资政殿大学士提举万寿宫仍奉朝请制

444　给散诸军功赏付身诏

444　虞允文除端明殿学士提举江州太平兴国宫制

444　转官之人特免绫纸钱诏

444　皇太子取赐生日礼物则例诏

445　钱氏立为皇太子妃制

445　榷场开具全年所收钱数比较施行诏

445　洪适右仆射制

446　汪澈枢密使制

446　逐殿山楼并不拆去诏

447　诫约诸路如法养济老疾贫乏乞丐诏

447　添收头子钱诏

447　令湖南茶盐司重定批发住卖茶盐额诏

448　命官诸色人杀贼推恩条约诏

448　定纳卖盐钞所添钱数诏

448　赐金国贺生辰使人绢诏

448　福建提举司契勘常平义仓米诏

449　吴挺特与升差都统制诏

449　选锋军忠义将北军归正官兵不愿从军之人并罢从军诏

449　后省缮写进呈上书可采者诏

449　赵志忠磨勘事诏

450　令浙西常平司赈济归正人诏

450　魏均添差常州兵马监押诏

450　荆湖北路州县所团保伍军器免行纳官诏

450　已授监司郡守人赴任事诏

451　免两淮湖北京西诸军新开耕屯田来年赋诏

451　来年正旦臣僚赴殿事诏

451　禁士人受赇冒名入试诏

卷五　乾道二年

452　条约人户越诉事诏

452　令侍从台谏参考汉制上计之法进呈诏

452　选择通泰等州军盐仓押发袋盐官诏

453　给利路运粮人夫钱诏

453　侯汶降两官诏

453　张之纲奏二广拘留重役土保丁事答诏

453　举监司郡守依旧法诏

454　放散淮东沙田芦场拘留人户诏

454　追回真州出戍官兵诏

454　承勘翻异公事不得泛滥追呼诏

454　阁门宣赞舍人以下官应奉金使到阙转官诏

455　杨存中献纳官庄不合放免租课诏

455　慎刑诏

455　试武举进士制策

456　乾道二年殿试策题

456　严禁私铸铜器诏

456　差吴王益王府教官诏

457　推恩杨钦等官兵诏

457　除郎官须先关报阁门上殿诏

457　武举进士推恩诏

457　进士及第赐官诏

458　武举出身人授军职诏

458　武臣以捕盗立功推恩免纳绫纸钱诏

458　有出身选人曾任县令方许授教官诏

458　洪适罢右仆射制

459　湖南广东帅漕宪臣措置收捕贼徒除官诏

459　环卫官请给人从出职恩例事诏

459　进纳官与理官户事诏

460　决狱诏

460　遣官决狱诏

460　权住催钱物诏

460　以淫雨避正殿减常膳诏

461　废罢温汤井隔槽酒务监官诏

461　真州盐仓监官任满推赏诏

461　韩彦古直徽猷阁知严州制

462　汪澈除观文殿学士提举临安府洞霄宫制

462　浙东见桩粳米以新易陈诏

462　除放浙西开掘围田佃客债负诏

462　令经筵官拟定考课法诏

462　程諲特降一资放罢新任诏

463　应副淮东盐钞改降镇江务场入纳诏

463　叶颙罢参知政事制

463　住支新借职田选人月支茶汤钱诏

464　平江湖秀州围田起税事诏

464　恩平郡王璩妻王氏特进封泽国夫人诏

464　户部别降钱措置籴米诏

464　讲求救灾恤荒之政诏

465　临安府安抚司酒库悉归赡军库诏

465　新及第进士授官诏

465　令相度常州江阴军水利诏

465　除放江阴军夏税诏

466　诸州教授不得理作实历亲民资序诏

466　条约诸路州军起解钱纲诏

466　押纲官吏不得作弊诏

467　修整都亭驿班荆馆诏

467　令取问租户耕永丰圩诏

467　王瀹浙西提点刑狱窦敷潼川运副制

468　决狱诏

468　定酒务额诏

468　贴纳盐钱每袋三贯诏

468　韩仲通拣选强壮官兵往江阴军弹压海贼诏

469　诚谕执政常遵近制诏

469　买扑酒坊诏

469　申严不得辄差禁军充镇厢军窠役诏

469　户部给降茶盐钞引付湖广总领所措置籴米事诏

470　令举人限七月到阙诏

470　钱卓将带武锋军去六合县措置屯田诏

470　减江阴军寄买临安府和买绢诏

470　蠲免襄阳府合起诸色官钱一年诏

471　放行特奏名事诏

471　展免均随二州二年二税诏

471　四参事诏

471　赈济镇江府贫乏归正人诏

472　林安宅王伯庠罢任诏

472　坐垂拱殿日枢密承旨赴朵殿侍立诏

472　钱卓依旧武锋军统制诏

472　特奏名注官诏

473　立定战功显著去处推恩格目诏

473　除放两浙江东未纳出籴米诏

473　整会重叠功赏免纳绫纸钱诏

474　司马伋授总领淮西江东军马钱粮、专一报发御前军马文字兼提领措置屯田告词

474　閤门奏四参百官起居班次事答诏

474　令宋藻往温州赈济被水阙食人户诏

475　令唐璘等具温州合赈恤事件闻奏诏

475　令唐璘点检温州并诸县刑禁诏

475　拣汰教习邕宜融等州土丁诏

475　免湖北虚带屯田职事诏

476　诸路厘务总管钤辖都监赴任事诏

476　北使往来遇夜令州县备火点照诏

476　监司守臣保明知县县令治状诏

476　台谏侍从章奏置簿诏

477　按劾黜责稽违拖欠上供钱物州军监司诏

477　向起赠官词

477　王彦赠官词

478　宽恤温州诏

478　学士院宿直事诏

478　除放诸州军外坊拖欠酒钱诏

478　按发命官事诏

479　差拨管押粮斛纲运官事诏

479　追封皇第四子邵王词

479　诸路御前诸军都统制不许宾客谒见诏

479　会庆节等免供设炉火诏

480 更免两淮残破州县二税一年诏

480 太史慈封灵惠侯制词

480 赐宰臣辞免提举圣政书成转官诏

480 修圣政转官制

481 禁温州诸路将酒坊趁额不及课利违法科敷民户诏

481 发遣殿前马步军司人诏

481 诸路州郡纲运解发见钱诏

482 诸路兵官按状不得私受钱物诏

482 大理寺治狱贴书充推司磨勘事诏

482 限执政私第见客诏

482 孝宗大阅讲武诏

483 人使宴辞百官及应奉人并出入和宁门诏

483 两省检正尚书左右司不许出谒诏

483 赐叶资政辞召命诏

483 立定狱案断议限诏

484 经总制钱令知通拘催县令丞管干诏

484 叶颙除左仆射制

485 叶颙左仆射制

485 魏杞除右仆射制

486 建康府笪桥酒库等拨还萧鹧巴军诏

486 赐四川特奏名进士恩例诏

486 宰相带兼制国用使参政同知国用使诏

487 放免诸路州军岁额弓甲物料等诏

487 李师颜赠官制

487 慰抚黎人诏

487 魏杞赠母词

488 魏杞赠父词

488 魏杞封妻姜氏词

488 赐温州司理参军蔡伯尹敕

489 赐宁国府录事参军蔡伯尹敕

卷六　乾道三年

490 减临安府岁发钱五万贯诏

490 诚廷尉大理官敬刑诏

490 诸色物帛不得一例科折诏

491 内侍以二百五十员为额诏

491 青城山蚕丛氏封侯词

491 造册进呈五项请给御笔

492 宝应等县屯田庄只隶属步军司并淮东总领所诏

492 措置屯田所收物斛诏

492 粮纲有欠断遣推勘事诏

492 给赐戚方等武经龟鉴孙子诏

493 蠲免泸叙州长宁军非泛科敛诏

493 虞允文赠父词

493 定医官员额诏

494 罢太医局诏

494 刘孝韪放罢诏

494 注授四川窠阙事诏

494 诸路州军驻泊医官二年一替诏

495 宗室外官序位诏

495 编修诸路州郡添差差遣员额格法诏

495 销欠温州逃移死绝人丁所纳绢诏

495 市舶司所发船不得拘截抽解诏

496 给赐夏药诏

496 吴璘奖谕诏

496 执政辞经修哲宗宝训转官批答

497 定三省大程官员额诏

497 定三省行首司员额诏

497 魏尧臣特降一官放罢诏

497 许李远通理零考诏

498 张孝祥除秘撰改知潭州权荆南提刑诰

498 答陈敏步帅诏

498 盱眙军守倅改兼措置榷场提辖榷场诏

498 蠲除诸路州县岁认见任官职田虚数诏

499 有事南郊御札

499 起复知金州制

499 盖造仓廒事诏

500 除放潼川府利州夔州路人户白契税钱诏

500 处置淮西江东诸军庄使臣军人诏

500 四川见从军官兵换给付身事诏

500 曾怀等奏大行皇后支费所粗恶绢系信州等处所纳答诏

501 襄帅王宣赠官制

501 吴挺兴州制

501 严禁沿边州军私渡买马诏

502 严洁宗庙诏

502 责罚医官杜楄等诏

502 减免桂阳军未起发上供钱等诏

502 郭良免编管诏

503 戚方拘收少壮堪披带人归军诏

503 取索诸路州军厢禁军见管人数闻奏诏

503 创盖仓敖事诏

503 行在和籴场官吏籴米诏

504 庄文太子哀册文

504 将江鄂州荆南军马岁用并作一科降付总领所诏

505 支钱犒赏王友直军诏

505 条约监司郡守赴行在奏事诏

505 刘共甫除翰林学士制

505 戚方家财可劳军御笔

506 四川逐路帅臣监司辟差知县事诏

506 决狱诏

506 蠲光濠等州军上供钱物诏

506 尚书左仆射叶颙右仆射魏杞参知政事蒋芾同知枢密院事兼权参知政事陈俊卿等上表以霖雨待罪答诏

507 以霖雨决狱诏

507 约束人户借贷米谷不得作米钱算息诏

507 人户被水许展限陈诉诏

507 御膳进素诏

508 禁诸军统制统领官子弟就本军任主兵差遣诏

508 令守臣检察江州等处大军仓库诏

508 禁兵将官交结内侍诏

508 疾速差除注拟赴部注授或求望差除者诏

509 夏氏封缙云郡夫人诏

509 蠲免温州经总制钱二分诏

509 蠲免扬州上供经总制钱等诏

509 郊祀祭器果实务要严洁诏

510 士辂恩数依居广例诏

510 诫约诸路监司帅守诏

510 郊祀前二日朝献景灵宫圣祖天尊大帝册文

510 增赐从驾并诸军官兵柴炭诏

511 郊祀前一日朝飨太庙祖宗帝后册文

511 郊祀前一日朝飨太庙分诣别庙懿节皇后册文

511 郊祀飨昊天上帝册文

511 郊祀飨皇地祇册文

512 郊祀飨太祖皇帝册文

512 郊祀飨太宗皇帝册文

512 南郊赦文

513 赵士衎制

513 南郊赦文

514 叶颙罢相制

514 魏杞罢右仆射制

515 令台谏侍从两省官直陈时政阙失诏

515 台谏官引对事诏

515 令湖广总领所将印造会子铜版缴申尚书省诏

515 除放临安府属县欠赋诏

516 在外待阙舍人填阙事诏

516 降三合同关子应副湖广总领所诏

516 起居舍人直前奏事诏

516 客人买引未曾起茶须贴纳翻引钱诏

517 州县到任赏候任满日陈乞诏

517 诸州教阅禁军定三等诏

517 令诸路提举官常切点检常平义仓诏

517 截拨泉漳等州军上供银专充抽买乳香等本钱诏

518 合待报事令置簿抄上诏

518　潼川神加封词

卷七　乾道四年

519　除放福建上四州积欠盐本等钱诏

519　令臣僚集议牒式冒滥等事诏

520　令赵撙于汉阳军修盖马监诏

520　令逐路差官前去点检驿舍桥道草料等诏

520　阳山龙母词

521　罢福建路卖钞盐诏

521　程逊奏与澧辰沅靖四州刀弩手田亩事答诏

521　户部支降关子会子修盖三合营寨诏

521　蒋芾除右仆射制

522　答蒋芾辞免诏

522　令有司举贤诏

523　赐枢密逐房副承旨金带服系诏

523　拨赐嗣濮王土辖屋宇事诏

523　诸仓支诸军月粮口食不得抑勒籴买诏

524　御厨逃走工匠库院子事诏

524　封台州城隍为显祐通应灵惠昭贶侯敕

524　举贤良方正能直言极谏诏

525　令茶马司选差军兵管押三衙并江上诸军纲马诏

525　福建江东赈粜诏

525　禁商旅贩牛过淮诏

526　赐史大观文以新蜀帅改越辞免诏

526　季光弼循两资制

526　措置行使会子事诏

526　客旅等将带会子经过场务不得收纳税钱诏

527　起解官钱等以会子见钱对半送纳诏

527　民间举质等行使会子事诏

527　王瀹降官词

528　诸路点检常平义仓以实数申尚书省诏

528　令军器所将造铁甲去处减半诏

528　赵忠简谥制

528　放免滁州未起经总制钱诏

529 梁介除直秘阁利州路转运判官诏

529 辟差二广州军守臣诏

529 周必大辞免翰林学士不允诏

530 诸路州军起发钱物赏罚诏

530 措置江东人户典卖田宅物业违限不行税契诏

530 汪观文复官制

530 广西盐课令本路转运司管认出卖诏

531 广西盐钱拨还转运司诏

531 赈济建宁府等州军诏

531 诸路州军依实具申水旱诏

532 令诸路州县拘催收桩义仓米诏

532 除免州县拖欠税赋诏

532 每岁疏决系囚事诏

532 免邛蜀州今年夏税一料诏

533 傅忠信转官回授诏

533 日轮侍从官前去明庆寺烧香祈雨诏

533 祈雨诏

534 除放临安府诸县乾道二年苗米等钱诏

534 除放诸路酒税欠折等诏

534 令监司按举守臣罪状诏

534 赈济襄阳府饥民诏

535 禁屠诏

535 制造御前军器所拨属步军司诏

535 沈介帅潭制

535 临轩决遣系囚诏

536 诸州知通推赏事诏

536 诸州将见管常平义仓钱米具实数申尚书省诏

536 令王权等措置荒草地牧养御马诏

536 制作御前军器所拨属步军司诏

537 淮西转运司将相视到牧马监地段标界诏

537 推恩安恭皇后家诏

537 选官遍诣灾伤州军尽实检放诏

538 差官编叙系囚定其罪目诏

538　差决遣罪人编排引见官诏

538　责罚李庚等诏

538　奖谕临安府狱空诏

539　诸路常平司见卖户绝没官田产等住卖诏

539　归正官升陟事诏

539　刘琪除端明殿学士知隆兴府制

539　令沿边州军严禁私渡诏

540　臣僚及诸处官司直得旨依条申朝廷奏审诏

540　惩无赖健讼者妄自毁伤诏

540　按发放罢止系公罪人令户部放行注授诏

540　两浙置场收籴诏

541　差官根刷州县借支常平雇役钱诏

541　赐周淙奖谕临安府狱空诏

541　有家累官兵亡殁支请给一月诏

541　将拘收本钱均拨于江西丰熟州军措置收籴诏

542　义乌县放散柜户牙人任其买卖诏

542　马军司差拨官兵前去和州使唤诏

542　除四川诸州拖欠诏

542　四川酒务推赏诏

543　蠲和州今年上供等诸色钱物诏

543　陈俊卿右仆射制

543　幸滩上阅军从驾事诏

544　淮东州军酒坊召人酬价开酤诏

544　两淮教阅义兵诏

544　宋邦达起复制

545　殿前司差拨官兵起发前去扬州诏

545　修盖郢州出戍军马合用寨屋诏

545　徐子寅措置淮南官田利害诏

545　选人任岳庙不理考第诏

546　减婺州兰溪酒坊所认净利钱诏

546　护圣步军差出扬州更戍兵马诏

546　骑御马直将校军兵放行时服事诏

546　罢御前南荡挚生马监诏

547　除放诸路州军未补发米斛诏

547　时俊特脱军职诏

547　殿前司等差往扬州看守城壁官兵一年一替诏

547　户部措置支给三总领官兵春冬衣诏

548　资政殿大学士知宁国军府事钱端礼奏到任已旬月年逾耳顺乞复令奉祠退就闲馆不允诏

548　捧日天武四厢都指挥使安远军承宣使吴拱辞免除兼知兴元军府事充利州路安抚使恩命不允诏

548　差编修国朝会要官诏

549　除放英韶二州批请过钱米诏

549　夔州路转运司奏上供钱物侵移借兑欺隐科罪事答诏

549　减两浙江东西路明年夏税和市之半诏

549　蒋芾辞免依典故给月俸之半差破随行干办使臣等恩命不允诏

550　蒋芾再辞免依典故给月俸之半并依格法指挥差破随行使臣等恩命依所乞诏

550　薛良朋奏恩科出官有岳庙考第之人事答诏

550　给降度牒赈济雷州诏

551　赐虞允文诏

卷八　乾道五年

552　推赏夏聚诏

552　高州置博茂盐场事诏

552　宗室大小使臣添差亲民兵马监押诏

553　令文思院官精微制造奉使马鞍诏

553　舒州驻泊兵马都监专一充教阅民兵诏

553　受纳折帛银价不得辄有减降诏

553　贡院并别试所纽取分数诏

554　续破火一月诏

554　四川茶园户私贩茶依旧法诏

554　太常寺官点检太庙殿室法物等诏

554　支遣诸路州军常平米事诏

555　踏逐放牧马等事诏

555　蠲除科敛诏

555　除放临安府见欠折帛钱诏

555　新除参知政事兼同知枢密院事王炎辞免恩命不允诏

556　新除参知政事兼同知枢密院事王炎乞于所除新命特免一职事不允诏

556　罢国用司诏

556　除诸州欠赋诏

556　新除端明殿学士签书枢密院事梁克家辞免恩命不允诏

557　吏部出给合行寄理之人公据理作付身诏

557　四川正奏名进士李延上等权赴殿试诏

557　试礼部奏名特奏名进士制策

558　试武举进士制策

558　任天锡责授忠州团练副使诏

559　除放成都府路人户运对籴米脚钱诏

559　未曾赴乾道二年殿试正奏名进士还试唱名诏

559　除钱塘仁和县所欠夏税诏

559　申严传送递角见行条法诏

560　推赏靖邕等州到任文武臣诏

560　左中大夫参知政事兼同知枢密院事王炎除四川宣抚使制

560　知枢密院事四川宣抚使虞允文辞免赴行在乞解罢机政除在外宫观差遣不允诏

561　参知政事王炎乞只令以旧带端明殿职名充四川宣抚使不允诏

561　命监司帅臣荐管军侍从诏

561　尚书省将杨子方等敕降付礼部收掌诏

562　端明殿学士签书枢密院梁克家再乞解罢职任退奉外祠不允诏

562　赵师训等召赴都堂审察诏

562　令太史局刘孝荣等各具太阴五星排日正对赤道躔度申御史台诏

563　新知太平州周操辞免除徽猷阁直学士恩命不允诏

563　敷文阁直学士知太平州吴芾辞免除徽猷阁直学士知隆兴府恩命乞检会前奏除一宫观差遣不允诏

563　吏部看详薛良朋集议指挥诏

564　赈饶信州饥民诏

564　给贫乏之家生子者钱米诏

564　新及第进士注官诏

564　沿江十州军措置团集兵民立定日限诏

565　存恤灾伤逃亡人户诏

565　武学升补内舍生诏

565　赐知扬州莫濛御笔

565　除奉新县三乡寫税正额钱等诏

566　置言事籍诏

566　诸路州军招填弓手土军阙额诏

566　镇江府都酒务监司减罢一员诏

566　知枢密院事四川宣抚使虞允文银合夏药敕书

567　奖谕临安府狱空诏

567　吕祖谦除太学博士制

567　祫飨太庙安置安恭皇后神主诏

568　赐学士院冰诏

568　差填军器所监造官窠阙事诏

568　差拨神勇军马屯戍江州诏

568　除虞允文特授枢密使加食邑实封余如故制

569　赐新除枢密使虞允文诰口宣

569　新除枢密使虞允文再辞免恩命乞检行累奏许解机政不允批答

570　虞允文辞免恩命不允批答口宣

570　上殿班事诏

570　资政殿大学士知宁国府钱端礼银合夏药敕书

571　支降会子收籴米斛诏

571　知通交替点检常平钱米诏

571　虞允文右仆射制

572　陈俊卿左仆射制

572　禁折绢钱诏

572　除职事官诏

573　蠲江淮等路欠合发内藏库岁额钱诏

573　拘收镇江都统司及武锋军屯田官兵入队教阅诏

573　管官物仓场库务等少欠钱物令依条陪还诏

573　新除户部侍郎杨倓辞免恩命不允诏

574　诸路监司纠察贪惰官吏诏

574　镇江都统司及武锋军屯田招人请佃事诏

574　浙东福建所起一番海船减半推赏诏

574　江东州县圩田租米发赴总领所诏

575　罢福建路创置甲头等追税之扰诏

575　整肃军政诏

575　补授阵亡之家恩泽诏

576　试吏部侍郎薛良朋乞检会前奏除一在外宫观差遣不允诏

576　赈台州被水之民诏

576　取拨户部桩管米等与台州减价出粜诏

576　责罚王之望陈岩肖诏

577　降付钱银会子与马步军司作犒设使用诏

577　镇江府赐金国贺会庆节人使银合茶药口宣

577　镇江府赐御筵口宣

578　赤岸赐金使酒果口宣

578　赐金使上寿毕归驿御筵口宣

578　归驿赐酒果口宣

579　归驿赐酒果口宣

579　试给事中兼直学士院兼侍讲陈良祐辞免除吏部侍郎恩命乞守一州或奉外祠不允诏

579　端明殿学士新除荆南刘珙辞免除资政殿学士恩命只令带见今职名往知荆南不允诏

580　降付马军司钱会子诏

580　改仓名诏

580　淮东置场减价赈粜诏

581　降授安德军承宣使成闵辞免复钺恩命不允诏

581　极边州县官到任任满推赏诏

581　屯戍高邮军御前右军官兵拨隶武锋军诏

582　新除敷文阁直学士依前成都潼川府夔州利州路安抚制置使兼知成都府晁公武辞免恩命不允诏

582　郡守离任交替事诏

582　赐知建康府江东安抚使史正志金带诏

582　新除吏部侍郎陈弥作辞免恩命不允诏

583　显谟阁学士提举江州太平兴国宫王师心乞致仕不允诏

583　镇江府都统制成闵银合腊药敕书

584　御前军器所隶步军司诏

584　令人户依限纳契税诏

584　权行住卖度牒诏

584　步军司二十二酒库拨归户部开沽诏

585　增修内军器南库库屋诏

585　休宁等五县赋帛止纳本色诏

585　除李显忠特授威武军节度使充左金吾卫上将军食实封如故制

586　遣官决狱诏

586　榷货务都茶场委都司官提领措置诏

586　大金贺正旦使到阙赤岸赐御筵口宣

586　赤岸赐金使御筵口宣

587　大金贺正旦使到阙平江府赐御筵口宣

587　武锋军都统制陈敏银合腊药敕书

587　参知政事四川宣抚使王炎银合腊药敕书

588　观文殿大学士两浙东路安抚使史浩资政殿学士知温州王之望资政殿
　　　大学士知宁国府钱端礼资政殿学士湖北安抚使刘珙银合腊药敕书

588　四川安抚制置使兼知成都府晁公武银合腊药敕书

588　御前诸军副都统制张荣郭刚王明张青王承祖秦琪银合腊药敕书

589　御前诸军都统制郭振王友直赵搏杨钦吴拱员琦银合腊药敕书

卷九　乾道六年

590　正月一日赐金国贺正旦人使入贺毕归驿御筵口宣

590　赐金国贺正旦人使大银器口宣

590　金使赴阙赐被褥钞锣口宣

591　金国贺正旦人使玉津园射弓酒果口宣

591　赐生饩口宣

591　金国贺正旦人使玉津园射弓御筵口宣

592　玉津园射弓赐酒果口宣

592　赐内中酒果口宣

592　赐内中酒果口宣

592　赤岸赐金国贺正旦人使回程御筵口宣

593　赐金国贺正旦人使回程龙凤茶饼金镀银合口宣

593　盱眙军赐金国贺正旦人使回程御筵口宣

593　赤岸赐金国贺正旦人使酒果口宣

594　镇江府赐金国贺正旦人使回程御筵口宣

594　赤岸赐金国贺正旦人使回程御筵口宣

594　赐金国贺正旦人使朝辞讫归驿酒果口宣

595　平江府赐金国贺正旦人使回程御筵口宣

595　赤岸赐金国贺正旦人使回程御筵口宣

595　正月三日赐金国贺正旦人使内中酒果口宣

596　正月四日赐金国贺正旦人使玉津园射弓弓箭例物口宣

596　正月六日赐金国贺正旦人使朝辞归驿御筵口宣

596　正月六日赐金国贺正旦人使朝辞归驿御筵口宣

596　依旧给卖度牒诏

597　沿江诸郡税场不得违法收税诏

597　钱卓降三官诏

597　支降会子均付两淮总领所收籴马料诏

597　除郭振武泰军节度使赐本军示谕敕书

598　徐子寅除驾部告词

598　浙西等沙田芦场估价出卖诏

598　推赏军器所制造诸色军器人诏

598　张安道补下班祗应诏

599　谕群臣诏

599　条具三省密院烦碎不急之务申尚书省诏

599　吕企中措置招人耕种淮西屯田诏

599　刘汲谥忠介制

600　立定三榷货务都茶场岁额钱数诏

600　枢密院奏本院吏额事诏

600　强盗断罪事诏

601　武学生李国勋廷试绝伦弓弩诏

601　赐南平王李天祚郊祀加恩制诏敕书

601　徽猷阁直学士提举江州太平兴国宫凌景夏乞致仕不允诏

602　徽猷阁直学士新知建宁府凌景夏乞改授一在外宫观差遣不允诏

602　显谟阁直学士知潭州充荆湖南路安抚使沈介乞除宫观不允诏

603　显谟阁直学士知潭州充荆湖南路安抚使沈介乞除一宫观差遣不允诏

603　龙神卫四厢都指挥使广州观察使赵搏乞赐收还特转行一官恩命检会近上奏札辞许赐自便不允诏

603　显谟阁直学士知潭州荆湖南路安抚使沈介为招到三衙军兵并皆少壮及等不扰而办奖谕诏

604　新除宝文阁学士致仕凌景夏辞免恩命不允诏

604　徽猷阁直学士新除知建宁府凌景夏辞免恩命不允诏

604　观文殿大学士知绍兴府事史浩乞解府事赐一在外宫观差遣不允诏

605　边镇节度使制

605　试户部尚书曾怀乞除一宫观或外任差遣不允诏

606　徽猷阁直学士知隆兴府江南西路安抚使吴芾乞许守本官职致仕不
　　　允诏

606　尚书左仆射陈俊卿乞许解机务不允诏

606　尚书左仆射陈俊卿上表再乞许解机务不允诏

607　尚书右仆射虞允文再乞解罢机政不允诏

607　试尚书吏部侍郎兼侍讲兼直学士院陈良祐乞许奉祠或州郡差遣不
　　　允诏

608　尚书吏部侍郎兼侍讲兼直学士院陈良祐乞界外祠不允诏

608　刘章辞免除礼部侍郎兼侍读恩命不允诏

608　新除资政殿大学士致仕周葵辞免恩命不允诏

609　淮东总领所并归淮西总领所等事诏

609　四川铨试人就宣抚司收试诏

609　天申节诸处排宴事诏

609　诸军暴露立功等赏格以三年为限诏

610　约束浙西诸路州县借名差雇夫马诏

610　差拨官兵赴江州王明军使唤诏

610　新除检校少傅保宁军节度使依前知绍兴军府充两浙东路安抚使加食
　　　邑实封史浩辞免恩命乞许仍旧秩改奉外祠不允诏

611　除罗愿太常博士制

611　资政殿学士荆南路安抚使刘珙银合夏药敕书

611　参知政事四川安抚使王炎银合夏药敕书

612　御前诸军都统制郭振王友直赵搏陈敏吴拱员琦王琪杨钦御前诸军副
　　　都统制张荣郭刚张青郭谌王明银合夏药敕书

612　四川安抚制置使兼知成都府晁公武银合夏药敕书

612　观文殿学士福建安抚使汪澈银合夏药敕书

613　观文殿大学士两浙东路安抚使史浩银合夏药敕书

613　赐陈俊卿手札

613　臣僚奏诸州积欠户部钱物事答诏

614　刑部差出手分请受诏

614　精加教阅弓手诏

614　吏部拟定并省本部吏额事答诏

614　监司郡守上殿事诏

615　吕祖谦除太常博士制

615　降会子赐忠锐军犒设使用诏

615　点检赡军激赏酒库所官转官诏

615　许两浙转运司辟官措置兰溪买扑酒坊诏

616　教阅淮东万弩手诏

616　陈俊卿罢左仆射除观文殿大学士知福州制

616　天申圣节斋筵事诏

617　戒饬士大夫诏

617　楚州护圣步军发遣归殿前司诏

618　修盖寨屋诏

618　陕西河东路敢勇效用等隶兵部诏

618　给舍台谏言事毋忽微细诏

618　令俞召虎与徐子寅同措置营田御札

619　遣官决狱诏

619　皮剥所将马皮尽数赴军器所送纳诏

619　转行依隆兴元年四月立定格目指挥诏

619　诸路总领监司州军受纳解发钱贯事诏

620　差官编叙系囚诏

620　修换鞍辔库鞍辔诏

620　制造排办等子出职例物事等诏

620　入内内侍省差官抽摘诸食支遣军米料事诏

621　黄石降二官诏

621　江东路被水下户放身丁钱诏

621　令张松劝谕江东人户往淮西耕种诏

622　徐考叔请求曲法降官诏

622　申严卿监郎官更迭补外之制诏

622　有事南郊御札

623　催煎买纳盐官推赏条约诏

623　亭户少阙钱物许借贷诏

623　太学武学生特与放行秋补一次诏

623　诸州军守臣选择招集籍定武勇材能少壮愿立功名之人诏

624　周必大授权发遣福建路提点刑狱公事制

624　南郊无色号人毋得放入诏

624　川广监司郡守任满再除授须赴行在奏事诏

625　除授郎官令上殿讫供职诏

625　周必大除秘书少监兼直学士院制

625　招填仪鸾司人匠诏

625　定御厨额诏

626　显谟阁直学士左朝议大夫知潭州沈介乞守本官致仕不允诏

626　推恩德寿宫官吏诸色人等诏

626　收籴马料马草诏

627　置阁门舍人十员诏

627　阁门舍人优异与郡守差遣诏

627　知阁门事等位序诏

627　敷文阁直学士降授左朝请大夫晁公武辞免知扬州乞除在外宫观不允诏

628　端明殿学士左中奉大夫知平江府汪应辰乞宫观不允诏

628　户部等处见管朝廷钱物申三省枢密院置籍诏

628　按发监司郡守事诏

629　移置石埭县税务诏

629　奖谕镇江府驻札御前诸军都统制成闵将本军不曾销落缴纳批凿隐匿付身共九千八百六十件缴申三省枢密院乞行毁抹诏

629　禁妄行传报诏

630　赐皇兄检校少保岳阳军节度使开府仪同三司充万寿观使永阳郡王居广生日诏

630　右朝议大夫曾怀辞免龙图学士知婺州乞宫观不允诏

630　左中奉大夫行司农少卿韩彦直辞免特换观察使知襄阳府不允诏

631　赈济濠州诏

631　徽猷阁直学士左朝请郎知太平州周操辞免改知泉州乞宫观不允诏

631　依宁国府例修整损坏圩岸诏

631　买扑楚州故晋东西店谢阳店酒坊诏

632　淮南监司属官酬赏事诏

632　措置壖门酒坊买扑沽卖事诏

632　检放受灾州诸路税租诏

632　殿前司步军司所管在外酒坊日下交割诏

633　赐端明殿学士新知信州洪遵口宣

633　永嘉郡夫人供奉官吏推恩诏

633　差拨游奕军等前去高邮军出戍诏

633　委官前去建康府收马诏

634　取马官赴建康府审验诏

634　起江西湖南常平义仓米赴建康府桩管诏

634　取拨建康府桩管米赈济和州诏

635　徽猷阁直学士左朝奉大夫周操辞免知泉州及奏事恩命乞宫观不允诏

635　令措置约束三省枢密院官人从出入省门诏

635　犯狂盗合编配人案内须声说有无家属诏

635　犯强盗贷命配到重役人逃亡者捕获径依军法施行诏

636　令逐州守臣检实圩田合修治处诏

636　推恩玉牒所修书官吏诏

636　赐郭振御批

637　左正议大夫蒋芾再辞免观文殿大学士知绍兴府不允诏

637　车驾诣青城编栏从人诏

637　观文殿大学士左光禄大夫知福州陈俊卿乞宫观在外不允诏

638　观文殿大学士左宣奉大夫提举临安府洞霄宫魏杞辞免差知平江府不允诏

638　徽猷阁直学士左朝奉大夫新改差知泉州事周操乞改除宫观差遣不允诏

638　左朝散郎试中书舍人兼侍讲兼直学士院郑闻辞免礼部侍郎不允诏

639　左朝请郎试尚书户部侍郎江浙京湖淮广福建等处都大发运使史正志乞守本官职致仕不允诏

639　敷文阁直学士右承议郎知明州兼沿海制置使赵伯圭乞在外宫观差遣不允诏

640　筵宴等支赐带御器械官环卫将官插戴花朵诏

640　丘崇杨万里国子博士告词

640　诚约漕臣催科不用役法诏

640　拨扬州桩管米赈济楚州盱眙军诏

641 敕葬周执羔诏

641 复威武军节度使左金吾卫上将军李显忠辞免主管侍卫马军使不允诏

641 赐新知隆兴府蒋芾口宣

642 左正议大夫守尚书右仆射虞允文辞免转官加食邑实封不允诏

642 赐皇子庆王恭王满散会庆节道场乳香口宣

642 赐三省官满散会庆节道场乳香口宣

643 赐枢密院官口宣

643 赐殿前司口宣

643 赐马军司口宣

644 赐步军司口宣

644 玉津园射弓赐弓箭例物口宣

644 降汪应辰朝请大夫敕

645 十月二十三日玉津园射弓赐酒果口宣

645 玉津园射弓赐御筵口宣

645 差置左藏南上库监官人吏诏

646 十月二十八日朝辞讫归驲赐酒果口宣

646 朝辞讫归驲赐御筵口宣

646 密赐使副大银器口宣

646 回程赐龙凤茶并金镀银合口宣

647 左正奉大夫守尚书右仆射虞允文辞免修进敕令转官加食邑实封批答

647 答金国贺会庆节国书

647 申严铜钱过北界之禁诏

648 十一月一日回程赤岸赐酒果口宣

648 回程赤岸赐御筵口宣

648 回程赐使副冬至节绢口宣

649 回程赐三节人从冬至节绢口宣

649 回程平江府赐御筵口宣

649 回程镇江府赐御筵口宣

649 回程盱眙军赐御筵口宣

650 郊祀前二日朝献景灵宫圣祖天尊大帝册文

650 郊祀前一日朝享太庙祖宗帝后册文

650 郊祀前一日朝享太庙别庙懿节皇后册文

651 南郊赦文

653　郊祀祭享昊天上帝册文

653　郊祀祭享地祇册文

653　郊祀太祖配享册文

654　郊祀太宗配享册文

654　郊祀大礼毕端诚殿受贺内侍宣答管军词

654　阁门宣答枢密词

655　枢密宣答宰臣词

655　丽正门肆赦阁门宣答宰臣词

655　皇弟璩郊祀加恩口宣

656　皇子恺郊祀加恩口宣

656　刘懋郊祀加恩口宣

656　蒲察久安郊祀加恩口宣

657　郑藻郊祀加恩口宣

657　皇兄居广郊祀加恩口宣

657　成闵郊祀加恩口宣

658　令有司集议太上皇帝太上皇后尊号诏

658　留守司桩管建康府所添行宫酒库所收息钱诏

658　赐尚书右仆射虞允文生日诏

658　张松乞推赏创造寨屋官兵答诏

659　皇帝请加上太上皇后尊号第一笺

659　蠲温州民户欠赋诏

659　郊祀赏给诏

660　选差应办人使舟船管船使臣诏

660　再上太上尊号诏

660　左承议郎权尚书工部侍郎兼侍讲胡铨辞免工部侍郎不允诏

661　恭请加上光尧寿圣太上皇帝尊号表

661　恭请加上寿圣太上皇后尊号笺

662　淮东州军轮差应副使臣往来牵挽舟船等军兵诏

662　百僚拜请太上皇帝太上皇后尊号仪范诏

662　上尊号不允诰

663　榷货务都茶场监官通行管干诏

663　皇帝请加上太上皇帝尊号第二表

663　恭请加上光尧寿圣太上皇帝尊号第二表

664　恭请加上寿圣太上皇后尊号第二笺

664　德寿宫答允诰

664　尚书右仆射虞允文辞免提举详定一司敕令恩命不允诏

665　允上尊号诰

665　付周必大御札

665　右仆射虞允文辞免敕局进书转官口宣

666　遣使贺来年正旦国书

666　李显忠主管侍卫马军司公事口宣

666　参知政事梁克家辞免兼同提举详定一司敕令恩命不允诏

667　幸茅滩教阅从驾事诏

667　加上太上皇帝太上皇后尊号诏

668　尚书省赐宰执以下喜雪御筵口宣

668　自今起纲须开具所发钱会数目诏

668　赈济太平州池州诏

669　免钱塘仁和二县人户欠赋诏

669　赐新知平江府魏杞口宣

669　皇子庆王恺郊祀加恩制

670　观文殿大学士左光禄大夫知福州陈俊卿乞在外宫观差遣不允诏

670　榷货务都茶场官赏罚事诏

670　皇子雄武军节度使开府仪同三司魏王恺辞免加食邑实封不允诏

671　淮南等路帅守保举县令诏

671　皇子庆王恺再辞免食邑实封批答

671　皇子再辞免口宣

672　改正给还已经辨雪民户田产诏

672　皇兄永阳郡王居广郊祀加恩制

672　皇弟恩平郡王璩郊祀加恩制

673　皇子庆王恺三辞免食邑实封批答

673　皇子庆王恺辞免郊恩口宣

673　左中大夫参知政事梁克家辞免进封清源郡开国侯加食邑实封不允诏

674　蠲免扬州所欠旧赋等诏

674　皇兄检校少保岳阳军节度使开府仪同三司充万寿观使永阳郡王居广
　　辞免加食邑实封不允诏

674　刘懋郊祀加恩制

675　太尉郑藻郊祀加恩制

675　委龚茂良等收籴诏

676　皇兄居广再辞免食邑实封批答

676　太尉保信军节度使充万寿观使郑藻辞免加食邑实封不允诏

676　诸军统兵官遇阙依次升差诏

677　州县到任赏诏

677　阇婆国王郊祀加恩制

677　成闵郊祀加恩制

678　蒲察久安郊祀加恩制

678　仓场库务等处官照条依时出入诏

678　黄中宫祠制

679　郑藻再辞免食邑实封批答

679　郑藻再辞免郊祀加恩口宣

679　士铢再辞免郊祀加恩口宣

680　皇弟少保静江军节度使判大宗正事恩平郡王璩辞免加食邑实封不允诏

680　左朝议大夫黄中辞免除显谟阁学士在外宫观恩命不允诏

680　李显忠再辞免郊祀加恩口宣

681　榷货务都茶场委都司官提领措置诏

681　叶衡起复制

681　赈粜和州饥民诏

681　昭庆军节度使致仕刘懋辞免加食邑实封不允诏

682　皇兄居广再辞免郊祀加恩口宣

682　责罚史正志诏

682　昭庆军节度使致仕刘懋再辞免食邑实封批答

682　奉国军节度使同知大宗正事士铢再辞免食邑实封批答

683　威武军节度使主管侍卫马军司公事李显忠再辞免食邑实封批答

683　刘懋再辞免郊祀加恩口宣

683　新知通州许克昌可秘书省秘书郎兼权司封郎官制

684　知临安府姚宪可司农少卿兼权户部侍郎制

684　资政殿学士王之望致仕转官札

684　以绢计赃增一贯诏

685　赐恩平郡王璩口宣

卷十　乾道七年

686　赴阙盱眙军传宣抚问赐御筵口宣

686　镇江府赐银合茶药口宣

686　镇江府赐御筵口宣

687　平江府赐御筵口宣

687　赤岸赐御筵口宣

687　赤岸赐酒果口宣

688　赐使副春幡胜口宣

688　赐三节人从春幡胜口宣

688　赐接伴使副春幡胜口宣

688　到阙赐生饩口宣

689　到阙赐被褥鈔锣等口宣

689　岁除赐内中酒果口宣

689　光尧寿圣宪天体道太上皇帝册文

690　皇帝加上太上皇后尊号玉册文

691　加上太上尊号礼毕皇帝致贺太上皇帝

691　侍中传旨宣答

691　皇帝致贺太上皇后

692　内侍承旨宣答

692　侍中承旨宣答

692　侍中承旨宣答

693　正月一日入贺毕归馹赐御筵口宣

693　入贺毕归驿赐酒果口宣

693　条约行遣官兵功赏诏

694　皇弟璩再辞免加食邑实封不允诏

694　正月三日赐内中酒果口宣

694　正月四日玉津园射弓赐弓箭例物口宣

695　玉津园射弓赐御筵口宣

695　玉津园射弓赐酒果口宣

695　正月六日朝辞讫归驿赐酒果口宣

696　正月六日朝辞讫归驿赐御筵口宣

696　密赐使副大银器口宣

696　回程赐龙凤茶并金镀银合口宣

696　回程赤岸赐御筵口宣

697　回程赤岸赐酒果口宣

697　回程平江府赐御筵口宣

697　回程镇江府赐御筵口宣

698　回程盱眙军赐御筵口宣

698　令胡坚常等措置赈济诏

698　起复新知庐州叶衡可敷文阁待制枢密都承旨制

699　叶衡改除敷文阁待制枢密都承旨制

699　马军司酒库归户部诏

699　龙图阁直学士右朝议大夫知婺州军州事曾怀乞在外宫观不允诏

699　与金主书

700　户部开具州县没官田产等估定价直诏

700　推赏发放海船州军诏

700　起发上供钱物七分见钱三分会子诏

701　差拨军兵前往广南驻札诏

701　尚书右仆射虞允文再辞免转左光禄大夫特封成国公加食邑实封批答

701　搭卖淮东积盐诏

701　三衙牧马事诏

702　参知政事梁克家再辞免转官批答

702　虞允文辞免庆寿加尊号转官进封口宣

702　梁克家辞免庆寿加尊号转官口宣

703　令湖广总领所应副马料诏

703　右中大夫充徽猷阁待制新除知荆南府姜诜辞免敷文阁直学士不允诏

703　龙神卫四厢都指挥使广州观察使赵樽再辞免昭化军承宣使不允诏

704　犒设忠锐军诏

704　浙西常平司借支平江府义仓米赈济湖州饥民诏

704　答贺正旦国书

704　遣使贺生辰国书

705　右奉议郎张权可军器监主簿制

705　条约人户合纳牙契税钱诏

706　招填土兵弓手诏

706　复庆远军节度使差充镇江府驻札御前诸军都统制成闵辞免加食邑实封不允诏

706 赐参知政事梁克家生日诏

707 大理寺应承受到断案通作元限行遣诏

707 令晁公武等契勘所部州军所种二麦诏

707 更于扬州拨米赈粜招信县诏

707 令监司帅守条具便国利民事件诏

708 量支拣汰官兵盘费津遣诏

708 放免温州下户合纳身丁绢诏

708 皇子惇立为皇太子诏

708 立太子诏

709 皇子恺进封魏王制

709 皇子镇洮军节度使开府仪同三司恭王某辞免立为皇太子不允诏

710 皇子庆王恺再辞免雄武保宁军节度使判宁国府进封魏王加食邑实封批答

710 皇子庆王恺辞免进封魏王口宣

710 皇太子辞免立储口宣

711 皇子恭王再辞免立为皇太子批答

711 讨论魏王判宁国府置官属等典故诏

711 皇子庆王恺再辞免雄武保宁军节度使判宁国府进封魏王加食邑实封批答

712 皇子庆王恺辞免进封魏王口宣

712 诫约沿路州军督责纲运诏

712 修盖马军司廨舍诏

712 立皇太子敕

714 魏王恺妻男撼请给事诏

715 将帅选差将佐事诏

715 户部科拨钱米赴淮东西总领所诏

715 诸军该覃恩转官之人免纳绫纸钱诏

715 浙西拆移牧马寨屋事诏

716 魏王判宁国府建置官属诏

716 令湖南帅司招募军兵发往鄂州诏

716 成闵再辞免食邑实封不允诏

717 龙神卫四厢都指挥使宜州观察使主管侍卫步军司公事王友直辞免升侍卫亲军步军都指挥使不允诏

717　魏王出镇取赐金银诏

717　吏部给降太孺人告就户部置场出卖诏

717　江南东路转运副使沈度可秘阁修撰宁国府长史制

718　皇子魏王恺再辞免依文彦博例宴饯玉津园不允诏

718　盐官乌墩两酒务拨付殿前司诏

718　抵换临安府老弱病患弓手土兵诏

719　左中大夫参知政事四川宣抚使王炎乞罢机政解使权除在外宫观不允诏

719　利州观察使韩彦直辞免除鄂州驻札御前诸军都统制不允诏

719　王十朋詹事制

720　陈良翰詹事制

720　尚书礼部侍郎兼直学士院兼侍讲郑闻磨勘可左朝请郎制

720　国子监主簿潘慈明可太常寺主簿武学博士刘敦义可国子监主簿制

721　令有司贡士诏

721　李氏立为皇太子妃制

721　士庶进状事诏

722　定国夫人李氏辞免立为皇太子妃不允诏

722　令逐军主帅根刷本军所授付身重叠之人申朝廷改正诏

722　马军司津发官兵前去建康诏

723　令张松于建康府城内修盖马军司廨舍等诏

723　玉牒所减罢人吏诏

723　吴挺奏乞干办官等添支请给答诏

723　参知政事梁克家辞免兼权知枢密院事不允诏

724　皇太子辞免立妻李氏为皇太子妃不允诏

724　明州观察使张说辞免除安庆军节度使提举万寿观加食邑实封不允诏

724　右相虞允文加封制

725　虞允文庆寿加尊号转官口宣

725　显谟阁学士左中奉大夫知潭州沈介辞免召赴行在乞宫观不允诏

726　学士刘珙辞免起复除同知枢密院事不允诏

726　观文殿学士左宣奉大夫知平江府魏杞乞在外宫观不允诏

726　观文殿大学士左正议大夫知绍兴府蒋芾再乞在外宫观不允诏

727　赵雄使回奖谕制

727　曾怀户部尚书制

727　军中拍试恩赏诏

727　推赏郭谞等诏

728　令举贤良方正能直言极谏诏

728　敷文阁直学士王十朋辞免太子詹事乞依旧奉祠不允诏

728　诸处合送大理寺公事申取朝廷指挥诏

729　福州观察使提举佑神观曾觌辞免转官不允诏

729　放民间欠赋租诏

729　左大中大夫给事中王曮辞免翰林学士乞外宫观不允诏

730　左中大夫参知政事四川宣抚使王炎再辞免进封清源郡开国侯加食邑
　　　实封不允诏

730　敷文阁直学士左朝议大夫知扬州晁公武辞免知潭州不允诏

730　赐皇子雄武保宁军节度使开府仪同三司判宁国府魏王恺生日诏

731　赐贺金国生辰使副赵雄口宣

731　定武军承宣使安定郡王令德辞免知南外宗正事不允诏

731　赐太尉保信军节度使充万寿观使郑藻生日诏

732　敷文阁直学士左朝议大夫知扬州充淮南东路安抚使晁公武乞外宫观
　　　不允诏

732　皇子雄武保宁军节度使开府仪同三司判宁国府魏王恺辞免增供给钱
　　　等不允诏

732　新除翰林学士左大中大夫王曮辞免兼侍读不允诏

733　皇太子领临安尹制

733　差拨防护人诏

733　皇太子再辞免临安尹批答

734　皇太子辞免领临安尹口宣

734　皮剥所马皮令三衙差人交拨诏

734　洪皓追封魏国公制

734　宣召翰林学士王曮入院供职口宣

735　付徐子寅御批

735　徽猷阁直学士左朝奉大夫提举江州太平兴国宫周操辞免龙图阁直学
　　　士不允诏

735　知通起发无额上供钱物推赏诏

736　观文殿大学士左光禄大夫知福州陈俊卿辞免实封不允诏

736　临安府判官推官序位诏

736　观文殿大学士左光禄大夫知福州陈俊卿辞免转官不允诏

737　奖谕御前诸军都统制利州路安抚使知兴元府吴拱诏

737　增造内军器一库库屋诏

737　赐刘珙诏

738　祈雨诏

738　御药院取索钱物事诏

738　蠲免盱眙军朱墨钱等诏

738　赐皇太子口宣

739　赐马军司口宣

739　赐步军司口宣

739　侍卫亲军步军都指挥使武昌军承宣使吴挺辞免除步帅不允诏

740　侍卫亲军步军都指挥使宜州观察使王友直辞免殿帅不允诏

740　令内外诸军比较养马优劣赏罚诏

740　建康府都统司于庐州所置军库等令李舜举拘收诏

741　赐皇子魏王恺口宣

741　李显忠复太尉制

742　李显忠辞免特复太尉不允诏

742　左中大夫参知政事四川宣抚使王炎再乞在外宫观不允诏

742　差官编叙系囚诏

743　诸军收使转资人限期行遣诏

743　马步军帅前后殿起居序位诏

743　端明殿学士左中大夫知太平州洪遵辞免知建康府乞外宫观不允诏

743　为民祈雨令御厨早晚御膳并进素诏

744　放行归正并曾经从军拣汰下班祗应年七十以上人诏

744　郑藻辞免开府仪同三司加食邑实封不允诏

744　民间输纳依分数行使会子诏

745　被拣汰统制官等添差外路差遣条格诏

745　僧道度牒等权用杂花绫充诏

745　学士刘珙三辞免起复乞早赐抽还中使徐俌不允诏

746　观文殿大学士左光禄大夫知福州陈俊卿再辞免转官不允诏

746　鄂州等诸军虚请钱物令项桩管诏

746　十三处战功显著之人差注岳庙事诏

747　疾速注拟赴部注授或求堂除在旅之人诏

747　入纳官物许民户于官钞上声说钱会若干诏

747　两淮民户垦辟地亩止令送纳旧税诏

747　李显忠特复太尉口宣

748　赐端明殿学士新知建康府洪遵口宣

748　禁牒试贡举改移乡贯诏

748　王抃秦琪点拣荆南官兵诏

748　令江西帅臣选择清强能吏措置赈济诏

749　令龚茂良收籴米斛均拨江西最不熟州军桩管诏

749　学士刘珙再辞免起复宜允诏

749　侍卫亲军步军都指挥使宜州观察使主管殿前司公事王友直乞宫祠不允诏

750　右朝散郎权尚书吏部侍郎王之奇辞免落权字不允诏

750　存恤马军司身故官兵诏

750　入内内侍省官转官事诏

751　周必大权礼部侍郎兼权直学士院升同修国史实录院同修撰制

751　选人循资酬赏事诏

751　拣汰招填江西土兵诏

752　王炎除枢密使加封邑制

752　王炎除枢密使依旧四川宣抚使口宣

753　杨万里太常博士告词

753　赐皇叔祖检校少保昭化军节度使开府仪同三司嗣濮王士辂生日诏

753　左宣教郎马大同可国子监主簿制

754　右宣教郎奉使大金祈请国信所书状官赵磻老回程可通直郎制

754　敷文阁直学士知明州赵伯圭磨勘可朝奉郎制

754　沈复工部侍郎兼临安府少尹制

755　赈济江州诏

755　赈济饶州诏

755　中书门下省言推赏旱伤州军纳粟及赈粜之家答诏

755　诸军统制统领拣汰罢军添差职事诏

756　修盖太子宫门诏

756　检放江西灾伤州军下户秋税诏

756　左朝散郎致仕巫伋辞免复龙图阁学士不允诏

756　湖南转运司将籴到米斛拨赴灾伤州军赈济赈粜诏

757　蠲两淮民户本名丁钱诏

757　龚茂良乞归不允诏

757　蔡洸收籴米斛诏

757　韩玉兼提点制造御前军器所诏

758　皇帝进奉太上皇后生辰贺笺一

758　断配海贼并凶恶强盗专差人管押诏

758　赈济饶州南康军诏

759　提举两浙东路常平茶盐公事周闵可户部员外郎总领淮西财赋制

759　汪澈转一官致仕制

759　汪澈特赠左金紫光禄大夫制

760　推赏四川总领所主管文字事诏

760　赐南平王李天祚乾道八年历日敕书

760　令礼部拟上夏鲁奇封爵庙额诏

761　令刘孝韪前去江州赈济诏

761　观文殿学士左通议大夫提举临安府洞霄宫汪澈乞致仕不允诏

761　周必大兼侍讲制

762　降度牒会子赈粜湖南诏

762　诫约鄂州巡尉多方捕盗诏

762　吕祖谦除秘书省正字制

763　人户合钞送纳税租与丁绢凭由一体俵散诏

763　奖谕右通议大夫充敷文阁待制提举江州太平兴国宫张运就饶州以私家米谷助赈济诏

763　文武臣铨试呈试不中出官事诏

763　禁兴修水利推赏不实诏

764　有司奏逐司分责赈济灾伤答诏

764　降授左中奉大夫刘章辞免显谟阁学士不允诏

764　太尉昭信军节度使致仕曹勋辞免落致仕提举皇城司不允诏

765　倚阁饶州南康军第五等人户夏税五分诏

765　令赵善俊等将淮西流民措置官庄诏

765　倚阁江饶州第四等人户夏税诏

765　吏部已散举主人依条施行诏

766　审核诸路见勘公事五次以上翻异人闻奏诏

766　江东西湖南北帅漕臣招诱大姓假贷农民种麦诏

766 命官在贬所身死许家属自便归葬诏

766 淮东淮西帅漕臣劝民耕种诏

767 诫约江州官吏悉力赈济民户诏

767 督责饶州守令多方存恤赈济民户诏

768 举贤良方正诏

768 诸路监司将诸州抽差人兵尽行发遣诏

768 广南市舶司起发粗色香药物货诏

769 绍兴府大宗正行司并归行在大宗正司诏

769 赴阙盱眙军传宣抚问赐御筵口宣

769 赴阙镇江府赐茶药口宣

769 镇江府赐御筵口宣

770 平江府赐御筵口宣

770 赤岸赐酒果口宣

770 赤岸赐御筵口宣

771 十月十八日到阙赐内中酒果口宣

771 十月十九日到阙赐被褥鈔锣口宣

771 二十二日上寿毕归驲赐御筵口宣

771 二十二日上寿毕归驲赐酒果口宣

772 祝櫟将一官回封父制

772 十月二十三日玉津园射弓赐酒果口宣

772 二十三日赐内中酒果口宣

773 玉津园射弓赐弓箭例物口宣

773 玉津园射弓赐御筵口宣

773 令建康府借拨会子应副淮西总领所支遣诏

774 左中大夫参知政事四川宣抚使王炎辞免除枢密使应干恩数并依宰臣
恩命不允诏

774 诸军拣汰到部人免呈武艺事诏

774 答贺会庆节国书

775 御集英殿试贤良方正能直言极谏李垕制策

775 赐考官等茶酒诏

775 起复左朝奉大夫充敷文阁待制枢密都承旨兼户部侍郎叶衡辞免户部
侍郎不允诏

776 士秀提举隆兴府玉隆观诏

776 拣选军兵发赴湖南诏

776 直秘阁知盱眙军龚鋆职事修举除直徽猷阁制

776 吕游问除知襄阳制

777 李安国除湖广总领制

777 敷文阁直学士左朝散郎知成都府张震乞外宫观不允诏

778 敷文阁直学士右中大夫知荆州府姜诜辞免昨任宁国府修圩岸转官恩命不允诏

778 令江东西湖南路州县守令开具逃移户口等闻奏诏

778 祈雨诏

779 陶定除湖南提刑制

779 选差奉使所差三节人诏

779 刑部将乾道新修条令等编类成册诏

780 四川宣抚使王炎再辞免枢密使不允诏

780 直秘阁知安丰军张士元职事修举特转一官令再任制

780 令薛季宣等赈济淮西流民诏

781 翰林学士左大中大夫知制诰兼侍读王曮乞致仕不允诏

781 浙东七州禁军弓弩手交替犒设诏

781 王世雄转一官制

782 戒谕军帅五事诏

782 龙图阁直学士左朝奉大夫提举江州太平兴国宫周操辞免召赴行在不允诏

782 阁门舍人以次轮对诏

783 增收福建路銙截片铤茶钱诏

783 左中大夫参知政事四川宣抚使王炎乞检会前后陈乞宫祠辞免新除枢密使不允诏

783 复置诸路准备差遣差使诏

784 左朝散郎湖南提刑陈从古除湖南运判制

784 删改职制令杂压诏

784 统兵官举人诏

785 户部将乾道新修条令等编类成册诏

785 奖谕皇太子上狱空诏

785 王庭珪除直敷文阁诏

卷十一　乾道八年

786 寄居见任文武臣许押纲诏

786 赐太尉昭信军节度使提举皇城司曹勋生日诏

786 太医局更不置局依旧存留医学科诏

787 军器少监兼权度支郎官单夔差知湖州填见阙制

787 正月三日赐内中酒果口宣

787 权吏部右侍郎张津落权字制

788 正月四日玉津园射弓赐弓箭例物口宣

788 玉津园射弓赐御筵口宣

788 玉津园射弓赐酒果口宣

789 正月六日朝辞讫归驿赐酒果口宣

789 正月六日朝辞讫归驿赐御筵口宣

789 密赐使副大银器口宣

790 观文殿大学士左正议大夫知绍兴军府事蒋芾乞检会前奏除宫祠不
允诏

790 光州观察使高邮军驻札御前武锋军都统制兼知楚州陈敏乞外宫观不
允诏

790 回程赐龙凤茶并金镀银合口宣

791 回程赤岸赐御筵口宣

791 回程赤岸赐酒果口宣

791 回程平江府赐御筵口宣

791 回程镇江府赐御筵口宣

792 回程盱眙军赐御筵口宣

792 权户部侍郎姚宪除权工部侍郎兼临安少尹制

792 权工部侍郎兼临安少尹沈夏除权户部侍郎制

793 特放行国学生赴省试事诏

793 右朝奉郎陈唐弼主管官告院虞似良并除大理寺丞主管右治狱制

794 犒设浙东七州府起发弓弩手诏

794 特放行武学生赴省试事诏

794 侍卫亲军步军都指挥使宜州观察使主管殿前司公事王友直乞外宫观
不允诏

794 御史台开具觉察弹劾事件申尚书省诏

795 赵师夔转一官制

795 敷文阁直学士右大中大夫提举江州太平兴国宫方滋辞免知绍兴府不

允诏

796　右朝散郎陈岘除福建路转运判官填见阙制

796　右迪功郎太学录梁汝永再任制

796　张璹等差知州制

797　龙图阁直学士左朝奉大夫提举江州太平兴国宫周操除太子詹事制

797　王秬除知饶州制

798　遣使贺生辰国书

798　赐贺金国正旦使副莫濛孙显祖口宣

798　吕企中除提刑制

799　赐梁克家生日诏

799　四川宣抚司差郭成等部押西兵到行在推赏诏

799　推赏尹真等诏

800　吏部理任事诏

800　改左右丞相诏

800　差姜诜叶衡点检战船诏

801　福建所招水军往沿海制置司水军收隶诏

801　正官名诏

801　阁门舍人转官事诏

801　续拨义仓米令龚茂良充赈济使用诏

802　支两浙土兵弓手请给诏

802　御史台觉察弹劾事件分隶六察诏

802　除虞允文梁克家左右丞相御笔

802　梁克家除右丞相制

803　虞允文除左丞相制

804　梁克家辞免除右丞相口宣

804　梁克家辞免左正奉大夫右丞相兼枢密使进封清源郡开国公加食邑实封不允诏

804　梁丞相辞免恩命不允批答

805　虞允文辞免特进左丞相兼枢密使进封华国公加食邑实封不允诏

805　梁克家再辞免左正奉大夫右丞相兼枢密使进封清源郡开国公加食邑实封批答

806　虞允文再辞免特进左丞相兼枢密使进封华国公加食邑实封批答

806　虞允文再辞免除右丞相口宣

807　敷文阁直学士右大中大夫提举江州太平兴国宫方滋差知绍兴府制

807　三省取索三衙文字贴子事诏

807　奉使经过州县帅臣监司等不许迎送接见诏

808　条约上供钱物事诏

808　令户部措置押纲偷盗之弊诏

808　修内司官赵志忠等转官诏

808　试礼部奏名进士制策

809　试武举进士制策

809　时俊特与复龙神卫四厢都指挥使诏

810　诸州军开具见任离军添差大小使臣等申枢密院籍记诏

810　皇太子讲尚书终篇推赏诏

810　梁珂与在京宫观诏

810　王守信等补转官资诏

811　武举进士本贯系潜藩人升名诏

811　赐虞允文札

811　除萧果卿直秘阁湖南提刑制

811　两淮湖广总领官赴行在奏事事诏

812　诸路常平官取索义仓收支数目等申户部稽考诏

812　修立一州一路任满赏法诏

812　两淮二税只且催纳秋苗诏

812　勘给两浙酒库监官料前衣赐诏

813　差官编叙系囚诏

813　新及第进士授官诏

813　改枫桥镇为义安县诏

813　都承旨等通轮宿直事诏

814　差陈举善覆实太平州宁国府新修圩田诏

814　客旅算请长引止贴纳翻引钱七贯诏

814　王昇等补官诏

814　减湖州人户赋绢诏

815　减严州等处人户赋绢诏

815　农隙教阅沿江诸州民兵及两淮万弩手诏

815　两淮归正人所耕田土课子特与蠲放诏

816　军功补授事诏

816　令马大同赴池州措置逃户耕种事诏

816　将安丰军等荒闲田给付归正人开耕诏

816　潘甸特转一官诏

817　起发广钞事诏

817　放免筠州等带纳之数诏

817　三省守阙以一百人为额诏

817　减淮南等沙田芦场草地租税诏

818　废罢庐州见差建康官兵屯田诏

818　减免徽州赋诏

818　赈济四川被水州县诏

819　司农寺差斗子赴丰储仓伺候差官前去盘量诏

819　修整六合县官兵寨屋诏

819　招客户耕种淮南屯田官兵退下田亩诏

819　令李安国措置荆鄂两军营屯田诏

820　杨万里可太常丞告词

820　三省枢密院创行指挥事诏

820　奖谕临安府狱空诏

820　虞允文罢左丞相制

821　吏兵部言殿前司诸军已改正代名官兵磨勘事答诏

821　人户合钞送纳税租遵依见行条法诏

821　除临安府城内外官司所占民间地基租税诏

822　胡元质收籴米随市价支还价钱诏

822　场务解纳上供经总制钱朱钞须开具事项诏

822　教阅淮西路保甲诏

823　修盖平江府诸军寨屋事诏

823　经筵官与学士院官通轮一员宿直诏

823　海船乘载禁物经由伪界贸易者陈首诏

824　蠲免当湖等四酒库欠钱诏

824　知县兼监盐场磨勘条制诏

824　委户部措置诸路没官田产营田申报价钱事诏

824　蠲放乾道四年五年拖欠未起上供钱物诏

825　文武臣除授监司郡守等赴在四年之外赴行在奏事诏

825　修盖诸军寨屋诏

825　两浙州军起到厢军与支犒设一次诏

825　浙西州军送纳和籴米斛事诏

826　归正士人许与本贯士人混同补试诏

826　带卖积盐日下住卖诏

826　左藏西库监官各特降两官诏

826　除授上殿诏

827　修盖出戍扬州官兵寨屋诏

827　出卖没官田产屋宇并营田诏

827　宁国府浚筑两圩事诏

828　通进司收接投进文字诏

828　令湖广总领所取拨会子趁时收籴诏

828　诸路职田止理正色诏

828　州县人户已纳常赋日下销钞诏

829　淮南州县不许差雇应副往来士夫诏

829　绍兴府增起苗米免行起发诏

829　画一约束两淮荆襄沿边州郡诏

829　池州驻札御前前军统制王世雄起复授左千牛卫将军制

830　拘集教阅两淮民兵诏

830　钱塘仁和会稽三阙依旧堂除诏

830　按治监酒坊不职官吏诏

830　禁兴贩硫黄等过淮及往极边次边州县博易诏

831　榷货务都茶场算请茶盐事诏

831　奖谕吴挺诏

卷十二　乾道九年

832　干办御药院官应奉人使到阙每及十番转一官诏

832　王之奇除资政殿学士知扬州制

832　重别修盖后殿门诏

833　诫饬监司诏

833　人户典卖田宅物业不行税契者立限令自首诏

833　王之奇检实两浙应募耕荒田人诏

834　民户输纳税赋等并用钱会条诏

834　福建盐复官卖法诏

834　淮南盖造仓廒诏

835　周必大除知建宁府制

835　李发特授迪功郎致仕制

835　出卖官田免税条制诏

836　令湖广总领所疾速收籴诏

836　诸路州军推勘强盗事诏

836　追理纲运见欠诏

837　令宰执条具宽恤事诏

837　除放追理官赃钱物诏

837　禁侵夺农民已耕之田诏

837　赈济临安府民户诏

838　拘催给发付身等事诏

838　令左右司点检觉察狱案诏

838　支遣出戍官兵食粮事诏

838　收拨津发马草诏

839　人户承买官产免差役诏

839　估价召人承买四川户绝没官田产诏

839　令诸路监司限十日条具不便民事诏

840　赐保宁军官吏军民僧道等诏

840　减免高安上高两县民户乾道八年抛荒田亩秋苗诏

840　令薛元鼎专一拘催诸路卖到田产乳香价钱等诏

840　苏轼赠太师制

841　苏轼赠太师谥文忠制

841　林枅等除秘书省正字告词

842　福建上四州县客人般到钞盐尽数中卖入官诏

842　令傅自得等将福建官卖盐未便事件措置以闻诏

842　进奏院依旧隶门下后省诏

843　刑部长贰等往大理寺临安府亲录囚徒诏

843　胡与可取淮南力田所耕顷亩等开具申尚书省诏

843　令两浙江东州军点检会子官缴纳文历诏

843　州县税务不得擅自差置机察措置提举等官诏

844　拨赐田亩不许指占已佃之田诏

844　令张孝贲周嗣武措置出卖江东西营田没官田产诏

844　离军横行使臣与差遣事诏

844　选官拘催两浙犒赏酒库见趁课息诏

845　皇太子再乞免尹临安宜允诏

845　杨万里等授将作少监告词

845　放免额外钱绢诏

846　蠲放承买营田没官田产者欠赋诏

846　除浙西人户欠赋诏

846　临安府复置知通签判推判官诏

846　蠲放饶州南康军人户乾道七年残欠苗米诏

847　除江州等处人户欠赋诏

847　责罚李继宗等诏

847　赈济受灾民户诏

847　私置税铺住罢诏

848　令御史台觉察在外臣僚迁延赴行在者诏

848　禁将带铜钱过淮诏

848　禁将带铜钱过江北诏

849　差拨官兵屯戍麻城县大冶县诏

849　起发无额上供钱物增羡推赏诏

849　疏决罪人差编排官诏

849　朱熹特改合入官主管台州崇道观诏

850　除兴元府欠税诏

850　禁诸路监司郡守妄进羡余诏

850　有事南郊御札

851　诚谕守令监司劝农诏

851　合配人免驻屯配军诏

851　禁大姓猾民避免赋役诡立女户诏

852　遇祈祷御厨进素膳诏

852　罢琼州置主管市舶官诏

852　委官点检诸路州军常平义仓钱斛诏

852　大礼皇太子从祀乘金辂诏

853　皇太子乞从祀免乘金辂宜允诏

853　令诸路州军开具招到禁军人数等诏

853　进马军兵不得差效用

853　监司郡守等任满再除授上殿事诏

854　检视浙东灾伤州军诏

854　令开具绍兴府湖处州人户身丁科折申尚书省诏

854　禁县令因公事科罚百姓钱物诏

854　禁藏带银两铜钱至缘边州军榷场及沿淮地分诏

855　诫谕监司守令兴修水利诏

855　令诸路监司郡守遵行劝农令诏

855　玉牒所进玉牒事诏

856　军兵劫盗罪主将诏

856　除江东民户欠钱诏

856　禁藏带金银过淮及北界诏

856　配犯免配屯驻军诏

857　呈验文武官初参部及升改文字诏

857　秀州平江府置场和籴诏

857　倚阁浙东旱伤州县下三等人户所欠私债诏

857　临安府城内外军巡诏

858　台州火令拨米赈济诏

858　推恩玉牒所官吏诏

858　令讨论冬至正旦大朝会立班仪注诏

859　靖州职官循资诏

859　根刷姓名进呈敕

859　逐路州军差员专一主管归正官存恤诏

859　总首队长不得擅自捕人诏

860　条约州县交易产业诏

860　梁克家罢右丞相制

861　陈自修等进中兴会要转宣教郎告词

861　曾怀除右丞相制

862　申奏入递机要文字实封不得显露事因诏

862　郊祀大礼犒设殿前司所差使臣效用诏

862　吉州造船场依旧诏

862　诸蕃入贡差官在驿几察事务诏

863　郊祀前二日朝献景灵宫圣祖天尊大帝册文

863　郊祀前一日朝飨太庙祖宗帝后册文

863　郊祀前一日朝飨别庙懿节皇后册文

863　郊祀飨昊天上帝册文

864　郊祀飨皇地祇册文

864　郊祀飨太祖皇帝册文

864　郊祀飨太宗皇帝册文

865　南郊大赦改淳熙元年制

865　赐成闵上表再辞免加食邑实封恩命不允不得再有陈请诏

866　赐复庆远军节度使差充镇江府驻札御前诸军都统制成闵辞免加食邑
　　　食实封恩命不允诏

866　郊祀毕奏谢诸陵表文

866　淮西收籴米斛诏

867　淮东应募力田无力耕种者特蠲元借钱谷诏

867　郊祀大礼皇太子充亚献诏

867　祈雨诏

867　兴修水利诏

868　起发纲运差押官诏

868　左中大夫同知枢密院事沈复除资政殿学士知荆南府制

868　检视严州被水民户诏

868　广西复行官般官卖盐货诏

869　定内宿诊御脉大方脉医官额诏

869　蠲免两淮州军二税诏

869　赐曹勋辞免加食邑食实封不允诏

870　赐太尉威武军节度使提举江州太平兴国宫李显忠上表再辞免加食邑
　　　食实封不允不得更有陈请诏

870　赐皇弟璩辞免加恩不允不得再有陈请诏

870　赐居中免辞加恩不允诏

871　赐蒲察久安辞免加食邑食实封不允诏

871　赐魏王再上表辞免加恩不允不得更有陈请诏

872　赐黄中辞免除龙图阁学士依所乞致仕止令守本官职致仕不允诏

872　赐吴拱辞免加食邑除武康军节度使不允诏

872　赐曾觌辞免加恩不允诏

873　赐郑藻辞免加恩不允诏

873　蒲察久安明堂制

874　皇弟居中明堂加恩制

874　　吴拱加恩制

875　　史浩明堂加恩制

876　　悉里地荼兰固野明堂加恩制

876　　成闵明堂加恩制

877　　郑藻明堂加恩制

878　　赐刘懋上表再辞免加食邑食实封不允仍断来章批答

878　　蒲察久安加恩赐告口宣

878　　郑藻加恩赐告口宣

879　　史浩加恩赐告口宣

879　　赐杨佚御札

879　　赐杨佚御札

879　　诸路发运使史正志罢官制

880　　诵金刚般若经降上天竺住持讷法师御札

880　　为陈康伯营圹立祠诏

880　　缺题制